JN205899

多国籍企業の世界史

グローバル時代の人・企業・国家

[著] ロバート・フィッツジェラルド
Robert Fitzgerald
[訳] 川邉信雄・小林啓志・竹之内玲子・竹内竜介

THE RISE OF THE GLOBAL COMPANY

Multinationals and the Making of the Modern World

早稲田大学出版部

THE RISE OF THE GLOBAL COMPANY
Multinationals and the Making of the Modern World
By Robert Fitzgerald

First published 2015 by Cambridge University Press

This Japanese edition published 2019
by Waseda University Press, Tokyo
This translation of THE RISE OF THE GLOBAL COMPANY
is published by arrangement with Cambridge University Press
through Tuttle-Mori Agency, Inc., Tokyo

序文・感謝の言葉

私は，いくつかの目的を持って本書の執筆を始めた。つまり，近代的な多国籍企業の起源から今日にいたるまでの発展や影響に関する包括的な研究を世に出したいと考えたのである。その結果，明らかになった物語が，専門家に洞察力を与えるのみならず，歴史や世界の出来事に関心を持つ様々な読者にもアピールすることを期待している。

本書では，おおむね年代に沿った説明を行うことにした。多国籍企業の通史にとって，このような説明はいままで存在しないという確かな根拠がある。そして年代的な記述―― 一連の事件を叙述し，歴史的な流れと詳細な出来事を結び付ける――は，歴史家の道具箱の中の基本的部分である。1冊の本や1人の著者が200年以上にわたる多国籍企業のあらゆる側面をカバーすることが不可能なことは，明らかであった。そのため私は，世界史あるいは国際関係史の出来事における多国籍企業の主要な役割に焦点を当てた。帝国，国民国家，政府の政策，戦争，そして経済発展の差異は，多国籍企業の進化にとって，また自らの競争優位を開発しグローバル・ネットワークを構築する多国籍企業の能力にとって決定的に重要であった。本書を読み終わるまでには，読者はいつ，どこで，なぜ，そしてどのようにして多国籍企業が，その長期にわたる歴史を築いてきたかについて，より明確な見解を持たれるだろうと確信している。

もし私が，本書の目的のいくつかでも達成することができているとすれば，それは多くの人のお陰である。まず，ケンブリッジ大学出版局の歴史編集者であるマイケル・ワトソンに対して，内容から構成や言葉づかいに至るまであらゆることについて，洞察力に富んだ有益なアドバイスを受けたことに感謝したい。同時に，本書の担当であった優れた編集者であるパット・ハーパーにも謝意を表したい。また，私の問い合わせに答えてくれた会社，公文書館，図書館からは多大な支援を受けた。そして，本書出版の最初の企画書や最終原稿について，疑問を出していただいた匿名の審査員にも謝意を表したい。さらに，とりわけミラ・ウィルキンスには，多くの時間を割いて本書の原稿を読んでもらったことに感謝したい。彼女の分析の精密さや誰もが知る学識の高さから多くのものを得ることができた。また，このような大部な歴史学術書を執筆する間，励ましていただいたロンドン大学ロイヤルホロウェイ校経営学部の同僚や，他の学部，そしてロンドン大学連合の同僚たちから受けた支援に対しても，衷心より謝意を表したい。

最後に，休暇を遅らせるなどいろんな負担をかけた妻のマリア・クリスティーナ，幸いなことに私の大きな愛情を受け入れてくれている幼い娘イザベラ，息子のアレックス，ほかの家族ルイザとクリストファーに感謝する。

ロバート・フィッツジェラルド

日本語版への序文

日本語版への序文を書くに当たって，まず深い感謝の意を表したい。私の友人であり同僚でもあった川邉信雄早稲田大学名誉教授は，最初に本書の翻訳の可能性を私に提案し，出版を早稲田大学出版部に掛け合ってくれた。また，翻訳の労を買って出ていただいた川邉信雄，小林啓志，竹之内玲子，竹内竜介の先生方に感謝したい。本書のような大部な学術書を別の言語に翻訳することは，困難かつ時間のかかるものである。その翻訳という仕事の成果と，学問の向上以外には報われることのない翻訳者に重ねてお礼を申し上げたい。

本書は，5大陸にわたる多国籍企業についての19世紀以後急速に拡大した時期から現在に至るまでの研究である。私は，ある地域や国に偏らない，新たな国際的な視点を示すという目的を達成しようとした。これまで，多国籍企業研究は，英国あるいは米国企業に偏ってきた。その理由の1つは，歴史のいろいろな時期において，それらが世界経済において主導的な地位を得ていたことによるが，英語の史料，文献により容易にアクセスできるという実際的な理由もある。本書が，適切な視野の広がりにおいてグローバル・ビジネスの起源，範囲，そして意義を示すことによって，そしてとりわけ本書が日本語で出版されることによって，これまでの偏りの矯正に役立つことを望んでいる。

私は，歴史的な記述は，多国籍企業のような複雑な現象を理解するための重要な手段であると信じている。それは，人々や企業の動機や行動，国内および国際的な構造，そして長期的傾向や劇的な事件が相互に関連して，多国籍企業の進歩や退歩をいかに決定したのかを示すことができる。国際ビジネスは，企業の内部の動きに焦点を合わせることが多く，より広い文脈に触れることは容易ではなかった。そして，静態的なアプローチでは企業の熟慮と失敗，学習過程，そして戦略，組織，能力の絶え間ない再構成をリアルタイムで説明することはできない。経営史は国際ビジネスに関する研究を提供できる多くのものを有している。私は，国際ビジネス研究のあらゆる側面に明確に答えるという不可能な仕事を試みたわけではない。しかし，本書によって読者が，多国籍企業の起源，発展，そして意義について十分な理解を得ることができ，世界のいろいろな場所で，時間の経過とともに変わる姿を比較考察できる，よりすぐれた位置に立つことができるように期待している。

取り扱う内容の広さとともに，私は本書が国際経営史をより一般的な世界史のなかに位置づけることに成功したと自負している。国際経済の文脈とともに，国家，戦争，外交的な事件との関係を理解することなしに，多国籍企業の成長を評価することは不可能である。19世紀の帝国主義は海外直接投資（FDI）の形態を形づくった。しかし，本書が示しているように，多国籍企業は，しばしば経済のみならず政治形態の変容に力強くかつ積極的に関わった。冷戦は，1945年後の数十年間における企業の動機や投資を決定づけた。そして，1990年代以降の先進国のネオリベラリズムや途上国における国家支援による工業化は，多国籍企業の所有，構造，運営における変化に影響を与えた。超国家史においては，いかなる国の歴史も，他国との関係なしに孤立した状況のなかで理解することはできない。本書は，多国籍企業がその本国や受入国の政府と持った重要な関係の決定要因の重要性を強調している。国民国家と多国籍企業との間の協調や絶え間ない対立は国際経済の進化の根本的な構成要因である。

周知の通り，1980年代は日本のビジネスの歴史における転換点であった。日本からの海外直接投資の規模は，関税や輸入割当に対応して急拡大し，この急増した大規模な投資は米国や西ヨーロッパに向かった。この10年間に，日本の製造業者の経営手法や競争力が世界的に認知された。そして，彼らはその能力を新しく設立した子会社に移転しようとした。この時期における日本の多国籍企業の経営に関する文献は膨大なものがある。

しかし，過去30年という期間は，19世紀以降の多国籍企業の長い歴史の小さな部分を占めるにすぎない。そのため本書は，太平洋戦争以前の時期における日本の政治・経済における外国企業の役割，日本の商社の成長，そして植民地の製造業や天然資源投資についても考察している。グラバー，ジャーデン・マセソン，三井，三菱，東京海上，南満州鉄道，ウエスタン・エレクトリック，シーメンス，富士通，NEC，その他多くの企業が日本の国際ビジネスの初期の歴史において目を引く。われわれはその物語を，グローバル経済において並行して生じたいろいろな発展と重ね合わせて辿ることができる。

そして，1945年以後の，また1980年以降の日本の多国籍企業の発展とそれら企業の物語の関係性や影響を考察できるし，そこでの日本の国際ビジネス研究者のきわめて特別な貢献について指摘しうる。というのは，日本の研究者たちは日本の経験の探究を通して，国際ビジネスがいかに政治経済や経済発展の問題と結びついているかを説明してくれており，それは，多国籍企業と途上国との関係をより広く理解する上で大いに役立っているからである。

2017年4月5日

ロバート・フィッツジェラルド

目　　次

第1章

多国籍企業，国家および国際経済

国際ビジネスと歴史家

グローバル企業の台頭の経緯を明らかにすることによって，私たちは現代という時代に重要な影響を与えたものを観察できる。つまり，世界経済に対する多国籍企業の重要性には疑いの余地はほとんどない。しかし，それだけではなく，多国籍企業は各国の政治や社会，また国家間の関係やパワーバランスを作り出してきた。国際関係史を説明する上で，経済と政治の結びつきはしばしば軽視され，国家，外交的な同盟，そして戦争に，より多くの関心が払われてきた。しかも，19世紀におけるヨーロッパの工業化と生活水準の上昇は，原材料と一次産品，貿易と海外投資，さらには帝国の拡大の追求を誘発した。冷戦による分断と米国の経済的，技術的，そして軍事的な覇権は，戦後の国際経済の活動の枠組みを作りだした。19世紀末以降の市場と国境を超えた投資の自由化とともに，諸国間の経済的相互依存を促進し変質させたのは，まさに多国籍企業であった。

投資国の政府は海外に進出した自国企業を支援し，一方，受入国の政府は，自らの政策によって，海外からの投資から利益を得るとともに，多くの場合，国家主権の侵害を防ごうと努めた。つまり，グローバル市場の動向と同程度，多国籍企業にとって政府はビジネス活動における取り組むべき課題の重要な部分であった。グローバル企業の台頭は，国々の性格を変えたことに加えて，国民経済は孤立した状態で発展したものではないことを，私たちに想起させてくれる。つまり，資本，技術，ビジネス慣行の国境を超えた相互作用などは，国やその国の産業の運命を決定してきたのである。その結果，多国籍企業は変化やダイナミズムの1つの要因であり，批判や関心を集めるものでもあった。

1960年代に経済学者は，「多国籍企業」という概念を，それがビジネスの形態としてどのくらいの歴史を持つものか認識することなく作り上げた。間もなく，他の研究者たちは，戦後世界の1つの顕著な特徴となっていた巨大な国際企業は，長い歴史を有していることを理解した（Wilkins, 1970; Stopford and Wells, 1972; Stopford, 1974; Franko, 1976）。それにもかかわらず，こうした新しい事実の発見も，主要な分析の前置きの位置に留まった。なぜ，われわれはそうした状態に代えて，歴史研究を表舞台に立たせたいと思うのであろうか。1つの提案は，戦略的経営や国際ビジネスに関する理論における主要概念から多くを借用している。というのは，これらは企業つまり多国籍企業を組織構造，経営知識，技術，製品，そして技能の独特の結合とみなしているからである。企業内部に保有されたこれらの「能力」は，競争企業に対する多国籍企業の成功の源泉として，また多国籍企業が「外国」市場で生きるという不利を克服する理由として描かれている（Dunning and Lundan, 2008）。意識的であれ無意識的であれ企業内で行われる決定は，時を経るなかで，独自の発展経路を進化させ，その業績や競争企業の成否に長期的な影響を与えるものである。当然，企業内能力の発展は歴史家の手法に適したテーマになりうる（Jones and Khanna, 2006）。

別の議論は，企業の外部要因とより密接に関連しているように見え，（国際）政治経済学のアカデミックな伝統により根差したものである（Stopford and Strange, 1991）。というのは，多国籍企業は国民国家やグローバルな商業活動の構造に大きな影響を与え，同時に多国籍企業はそれらによって影響を受けてきたからである。そのため，分析家は，長期にわたるそれらの複雑な相互作用を研究できるにすぎない。最後に，歴史はまさにその性格のため，「新しいもの」だという主張に疑問を提起する役割をもっている。われわれは，グローバル化は1990年代に始まったとか，グローバル化は必然的に国民国家の終焉をもたらすとか，あるいは世界は今までにない転換点に達したという多くの大胆な主張についていかにして判定を下すのだろうか。過去は，現在の事象について有益な代替的な見方を提供してくれる可能性があるし，実際にそれを提供してくれるものである。

他方，国際ビジネスの継続性を探求し，長期的な変化を見つけることができなければ，われわれは正反対の誤りを犯す危険性を負う。われわれはまた，歴史は現代的な問題点にとっての実験の場となるべきかどうかを問わなければならない。もしそうなら，現在とのつながりを誇張しないために，また過去に生じた状況を誤解したり無視したりしないために，どの程度まで過去にさかのぼるべきであろうか。企業の競争力の起源がいつなのかを明らかにすることが，企業の現在の強みや弱みの分析にどのように役立つかは，すぐに明白になるわけではない。2008年において最大の多国籍企業はゼネラル・エレクトリックであった。同社の歴史は米国の技術の歴史と密接に結びついており，偶像視される革新者エジソンの実験室から成長した1つの企業と結びついているのも驚くべきことではない（Whitney, 1985）。

しかしこの事実は，世界中に立地する5カ所で，GEが現在400億ドル以上を研究に支出しているという詳細な説明をなにがしか変える可能性があるだろうか。2011年には，『フォーチュン』誌の「グローバル企業上位500社」は，現在のGEを「多角化した金融」企業として分類している。なぜならば，同社は複数の製品をつくる複合ビジネス・グループとなっているからである。同じように，『フォーブズ』誌の「グローバル企業上位2000社」も，同社を「コングロマリット」として分類している。GEは，その経営活動をもはや電気工学に集中してはいないし，その利益のほぼ半分を貸付やサービスから得ている。ビジネス，なかでも多国籍企業を研究する歴史家なら誰しも直面する困難は，すべての歴史家にとって困難なものでもある。われわれは，ドイツ・ナショナリズムをマルティン・ルターの時代に遡ることができるであろうし，ジュネーブ条約を中世の騎士たちの騎士道精神に関連づけることができかもしれない。しかし，19世紀および20世紀における同じような事件や状況の方が，もっと重要だと思われる。

国際ビジネスの理論家たちは，より広範な（国際経済の構造や傾向，あるいは多国籍企業がそのなかで活動する国民国家の状況といった）問題よりも，企業の戦略や企業内（例えば，技術的競争力の構築など）に焦点をあてがちである。経営史家は，経営学者に分析において厳密と見られて広く受け入れられたいと思い，経営学の枠組と概念を模倣してきた。遂行された研究の質はいかに多くのものが学ばれたかの証しであるが，どのような問題が軽視されてきたかを問う方がフェアだろう。

2009年における，国際ビジネスに関する理論についてのひとつの評価は，50年間にわたる分析が多くの洞察力を「ビジネス」にもたらしたかどうか疑問を呈したが，とりわけ「国際的」ということについてはなにも言及しなかった。企業は海外での販売や利益を求めて活動してきたかもしれない。しかし，企業の意思決定や手法は，国内市場においてのみ販売して利益を得ようとする企業のそれと比べて，基本的にそれほど異なるものではなかった。国内においても海外においても，諸原則は同じである。つまり，企業は時間の経過とともに自らの内部的な「能力」を構築したり，これらの活動をサプライヤー，販売会社，専門家，あるいは戦略的なパートナーに，いかにして外注したりするかを決定する必要があるということである。解決策は，国家間の経済発展の異なった段階，あるいは異なったマクロ経済的，制度的，そして文化的な環境のような，まさに国際的になりうるものにより注意を払うことであると論じられた（Pitelis, 2009）。

コラム 1.1

過去の理解，現在の解釈

歴史の有用性は何かとの問には，その誤用は何かという問がつづく。この研究分野の起源は通常，ドイツの歴史家ランケに遡る。1820年代から，彼は歴史をひとつの学問分野（哲学や文学からは独立した）として確立し，一次史料を要求することによって，歴史の記述に革命をもたらした。彼は，単に記録された証拠を受け入れるのではなくそれを問い質すことに信をおいていた。われわれの目的のためには，彼が国の歴史を記述することを強く選好した（より広いヨーロッパという文脈に気づいてはいたにしても）ことには価値がない。そして，彼に続いた歴史家たちは彼の偏向に従い，極めて国家主義的な歴史を志向した。

批判者たちは，ランケをファクトにのみとらわれた頑迷な経験主義者であるとレッテルを貼った。しかし，彼は大局的な枠組みを作ったり普遍的な解釈を加えたりすることには慎重であった。一方で彼は，逆説的に国家はどういうわけか倫理や神聖な力を組みこんでいると信じていた。彼自身は，過去と過去の人々を彼ら自身の言葉において理解しようとした。換言すれば，彼らは現在を正当化し既存の政治的制度を美化するというありがちな危険をおかすために利用されるべきではないということである（R. J. Evans, 2005; Iggers and Powell, 1973; Stern, 1973）。

一連の固有の状況から成る過去は，あえて注釈を加えて説明する必要がないほどはっきりと自らについて語ることができるだろうか。あるいは歴史家は自らの優先順位を必然的に押し付ける者なのであろうか。哲学者クローチェは，ランケ以後数世代にわたる疑問を次のように要約している。「すべての歴史は現代史である」（Croce, 1941）。カーは，スターリンの犯罪は進歩のために必要な代価であったというソ連寄りの見解で有名であるが，歴史と社会科学は，現代的な問題・仮説・そして一般化が歴史的な証拠によって探求され検証される上で，もっと近付くべきであると主張した（Carr, 1962）。歴史の研究分野は戦後期に拡大された。つまり，政治的，外交的，そして軍事的問題と並んで，経済的，社会的，そして文化的問題が主流となったのである（R. J. Evans, 2005）。研究分野としての歴史は，理論的な信頼性を証明しなければならず，経済学など厳密な意味の「科学」に対する劣等感を持ち続けなければならない。純粋な物語風の歴史は，良き評価を得られない。歴史的な記述（専門家に向けた）は，より厳しい厳密さを要求し，良いか悪いかは別にして，決して多くの聴衆を引きつけたり広範な影響を与えたりはしない。

最初のメディア界のドンの一人であるA. J. P. テイラーは，歴史の唯一の要点は歴史であることであり，この研究分野は人間が過去に興味を持つという理由だけで研究する価値があると言い続けた。彼は，歴史家として成熟するにつれて，自分の主な仕事は「次に何が起こったの」という子供の質問に応えることである，とますます信じるようになったと主張した。彼は専門家として天邪鬼であったが，ここに彼の純粋な信念が存在すると考える理由がある（A. J. P. Taylor. 1984）。彼はまた，フランス皇帝ナポレオン３世の生涯をまとめたとき，次のように述べている。彼は過去から学ぶ人間の能力を信じえなかったようである。「歴史を勉強した多くの人と同じように，彼は過去の失敗からどのようにして新しい失敗を生み出すかということを学んだ。」（A. J. P. Taylor, 1963）。ナポレオン３世は，1870年に起こったいろいろな出来事によって，最もよく思いだされる。その年に，彼は普仏戦争に敗れ帝位を失い，ビスマルクがヨーロッパの中心に統一ドイツを生み出すことを可能にした。しかし，興味深いことに，彼が無理やり退位させられる前に，彼は英国の自由貿易政策や海外拡張を模倣しており，それらを近代化と国の繁栄に結びつけていた。

ポストモダンニスト（歴史家よりも文芸批評家や哲学者の割合が多い）は，歴史的事実は証明可能で，何らかの有意義な教訓を引き出しうるという観念を攻撃した。彼らは，歴史家を歴史的記録に自らの仮説やイデオロギーを押しつけているとみなし，「真実」は単に相対的なものであり文化的に規定されたものであると議論した。この世においては，ある信念がいかに他のものよりもいかに確実に支持されうるかを証拠からは示すことができず，そのため（ひとつの間違いなく情緒的で重要な事例を挙げれば）ホロコーストは，生じたことでもあり生じなかったことでもある。

一部の人々は（まったく正しくないが），歴史家は一般に記録史料を信頼しすぎると主張した。それに対して，歴史家は彼らの手法は常に証拠に疑問を呈すこと，事実の注意深い立証とその照合確認，そして注意深い解釈や一般化に基づいていると応えた（R. J. Evans, 2005）。ホブズボウムは，なぜ殺人事件の裁判で無実の人は証拠による判断を好むのかを熟考した。一方，ポストモダニストは証拠や真実の本質に疑問を抱いており，歴史はすべて主観的であると主張する。そのため，ポストモダニストの不確実性論と相対主義は，まさに証拠や真実に基づくと困るので抗弁を必要とする罪を犯した者に訴える力があると思われる（Hobsbawm, 1998）。

国家史が盛んであった時代においても，いく人かの歴史家は世界的な出来事によって特定の国土の伸縮が影響されたであろうと指摘した。超国家的な視点は，国家史の重要性を排除するものではないが，国家間の多様なレベルで起こる強力な相互作用にも言及することを望んでいる（Miller, 2012）。超国家史は，国境線がいかに絶えず変化しているかを強調するので，領土間や国家間で働く要素や力に焦点を当てて，世界史における多国籍企業の適切な役割を認めてはいない（Saunier, 2013）。経済史は一般史の独立した構成要素ではなく，歴史一般に対する特有の視点の形成のために使用されるべきであるという見解がある。我々は，多国籍企業史は歴史研究分野の一部ではなく，世界史あるいはグローバル史を考察するための洞察力に富みかつ重要な手段として役立つべきものである，と主張することによって，そのアプローチを受け入れることができる。

超国家史とグローバルな影響要因

本書は，まぎれもなく世界史あるいは超国家史のカテゴリーにふさわしいものである。それは，国家の物語を超え，国境を超えた影響力や出来事を明らかにする役割を与えられており，多国籍企業をグローバルな変化を引き起こす強力な牽引車として精査している。次第に多くの関心が，国家間の結びつきに払われるようになってきている。もっとも「国際関係」史，「超国家」史，「グローバル」史，あるいは「関連した」あるいは「共有した」歴史が，よりよい述語であるかどうかについては議論の余地がある。多国籍企業の研究は，国家を政治的，経済的，そして文化的な人類の歴史を理解するための主な制度として研究する，という長期にわたって確立した歴史的伝統に，不可避的に挑戦するものとなる。さらに本書は，国際政治経済の１つの研究であり，企業，国家，そして両者の相互作用の重要性を認識するものである。

われわれは，19世紀における経済の国際化の急速な進展と，市場取引，大陸間の一次産品の複雑な連鎖，大規模な資本の流れ，技術移転，そしてビジネス慣行の収斂に基づく国際的な経済システムの台頭から始めることにする。この分析ではまた，これらの発展における多国籍企業の役割を考察する――多国籍企業はいかに国境を超えた資産，商品，そしてアイデアの移転を加速させたのか，いかに国民国家の運命に影響を与えたのか，そしていかに国際政治の駆け引きに影響を与えたのか。グローバルな投資と貿易は経済成長や消費に拍車をかけ，インフラや都市を建設し，鉱山を採掘し，入植地の建設によって景観を変え，そして国境を超えた金融，商業，および生産のネットワークに組み込まれた人々の仕事や生活を一変させた。

その過程は，地域間においても産業間においても不均等であったし，時の経過のなかで円滑に進んだものではなかった。しかし，多国籍企業は累積的な革命――グローバル，地域，国内，地方レベルにおいて同時に生じつつある――において，中心的な存在であった。そして多国籍企業は経済的近代性の伝達者でありモデルであった。多国籍企業は単一のグローバル市場を創出するという意味において世界を「フラット」にしたわけではない。なぜなら，国家間および領土間の相互作用は経済力や成果の不均衡を明らかにしたからである。国家間の相互依存性を育んだり押しつけたりする一方で，国際経済は国家間および国内で分断を引き起こしたり高めたり，重大な格差や不平等についての認識を高め，敵意や紛争を生み出すことにもなったのである。

本書はまず，1914年以前の数十年間における「第１次グローバル経済」がどのように働いていたのかを究明する。そして，次の世代につながる第2段階に経験される世界規模の紛争，不安定，そしてナショナリズム期における「後退」を探究する。また，本書は1950年代および1960年代における「第3次グローバル経済」と第1次のものを比較し，1980年代から始まった動向がグローバル経済の新たな「第4」段階と見なされてよいかを問う。このアプローチはそれ自体が歴史家の思考の中で最も重要な「なぜ，これらは変化してきたのか」という問いに資するものである。

ヨーロッパ，北米，それに続いて日本という先進国経済出自の多国籍企業は，歴史的に海外直接投資や国境を越えた商業を支配し，国家間および地域間の技術的，軍事的，外交的，そして経済的優位性の混合したものを反映していた。実際，正当な理由をふまえて，「西欧」は過去500年間，世界史の大きな流れを決定してきたと主張されてきた。広く読者を集めたファーガソンの著書は，「近代性」——法律の支配，市場競争，財産権，科学，技術，そして高い生活水準——についてよく定着した考えを再定式化し，これらの近代性の要素は基本的には西欧的なものであり，「他の地域」が模倣すべきものであるという議論を再び主張したのである。さらに彼は，西欧文明は何が西欧を成功に導いたのかを無視したために，自らの衰退を確実にしていると付け加えた（Ferguson, 2011)。ベイリーによる世界史の別の見方では，近代性は歴史的に西欧によって主導されたと考えられているが，西欧と他の地域の相互作用は，均等ではないとしても，一方通行ではないと主張されている（Baily, 2004)。

それぞれの国家は，適応と学習を通して，グローバルなベスト・プラクティスを模倣することにより近代化する。しかし，それぞれの文脈が異なり環境は変化するため，まったく同じ方法で近代化することは決してできない。西欧が工業化を始め，歴史的にグローバル化の傾向を決定したが，物質的な幸せに対する望みはもとより西欧に固有のものではなかったし，西欧的な制度によってのみ実現されるものでもなかった。国際化，市場，競争といった要因は，先進国経済によって広められる一方，動態的なものであることは明らかである。なぜなら，それらは各国それぞれの制度に適応できたからである。たとえ西欧が最初で，歴史的に影響力があったとしても，他の国々は必ずギャップを埋めようとしたであろうし，採用したり（より可能性が高いのは）適応したりするための独自のベスト・プラクティスを生み出したであろう。したがって，西欧の企業は，1980年代に，競争の脅威を感じたため，日本の進んだビジネス・システムを模倣しようと試みた。西欧の企業は，それに成功したり失敗したりして，日本型モデルを見境いなく取り入れることは決してなかった。

1904年にマックス・ウエーバーは，周知のように北部ヨーロッパと北米の成果は，プロテスタント的な職業倫理によるものであるとした（Weber, 1903-4）。これに対して批判者は，プロテスタンティズムと資本主義が一緒に出現したことは事実だとしても，プロテスタンティズムが存在しなくても資本主義は生じただろうと言う（Tawney, 1928）。中国の工業化の失敗は儒教の精神で説明できるというマックス・ウエーバーの結論はあまり知られていない。明らかに，時代は変わった。より最近の分析は，東アジアの台頭を労働倫理，義務，長期的視野，教育，そして自己改善を含む儒教的価値と結び付けている。あるいは，深い文化的特徴にとって代わったりそれを再解釈したりすることによって，近代化，企業者活動，そして工場の決まり切った仕事を行う規律をもたらしたのは，経済発展，競争市場，そして国際的な貿易や投資であったのだろうか。成長を生み出したのは効率的なビジネス・システムというベスト・プラクティスであり，西欧的価値でも他の一連の価値観でもなかったのである。つまり，工業化や国際経済は西欧で始まったが，たとえ西欧が存在しなかったとしてもそれらは生じただろうと言える。

西欧の興亡についての議論は多くの点で，トインビーの著作を想起させる。つまり彼は，明確に定義できる性格や「魂」を持った人物の例を挙げ，偉大な人物やエリートが文明を創出したと信じ，辛苦や奮闘が退廃的な社会よりも主導的な文明の成長に有効に働くと信じた（Toynbee, 1934-61）。ゲールは，伝統に則って紳士的に反駁するという立場をとらず，歴史の豊かさと複雑さを「仮説的解釈」へ矮小化したとして，トインビーは歴史家ではなく預言者であると非難した（R. J. Evans, 2005; Geyl, 1955）。われわれはまた，しばしば国家間の政治的，社会的，経済的な差異を見過ごすという誤りを犯す。他方では，それらの差異の重大さを強調しすぎる（Smith, McSweeney and Fitzgerald, 2008）。1980年代以降の日本の多国籍企業の登場，10年後に始まった新興国の多国籍企業の台頭は，いままで西欧企業が有していた優越性の理由について興味深い疑問を呈すものである。

意味：グローバル化と多国籍企業

批判者たちは，地域の文化やアイデンティティに対するグローバル化の脅威や利益を追求する大企業に対する地域社会の無力さを懸念する。環境主義者は経済成長の上に築かれた国際経済に疑問を呈す。そして，反資本主義運動家は，搾取的で社会に根をおろしていない強力な既得権益に反対して，声高に繰り返し訴える。グローバル化は，長くつづく経済的・社会的変化，絶えざる不安，そして危機の循環や急速な感染と結びついている。究極的には費用よりも便益の方が勝ったとして，国際貿易や多国籍企業の拡張を正当化する者もいる。というのは，国際経済の唱道者にとって，国際経済は国境の制約なく生産的な資源を効率的に配分し，企業と国家の双方の利益を生み出すからである。そのダイナミズムは，人々の富や物質的幸福が創出される基礎である技術，ビジネス組織，経営システム，そして市場における革新に拍車をかけるのである。

グローバル化は，生産者がベスト・プラクティスを採用すると予想する。一方，消費者はより低い価格や改善された製品やサービスを享受する。多国籍企業による投資，貿易，そして産出高の規模が大きくなることは，自動的に進歩と結びつく。しかし，読者は，発展途上国において最も顕著に見られる多国籍企業の教育や健康を改善する能力によって，あるいはその失敗によって，グローバル化の影響を評価することもできる（Stiglitz, 2002）。1979年以降，中国は自給自足経済や中央政府による計画経済という実験に終止符を打ち，数億人を貧困から脱却させることにより，人類史上最も目ざましい変革の１つを達成した（Sachs, 2005）。しかしながら，数十年にわたって内陸の農村地域にはほとんど手がつけられないままであった。そして工場労働者は，輸出の驚異的な増大を可能にした，長時間で過酷な労働条件に耐え続けた。工業化過程にある国としての中国の経験は，経済成長の二重の性格と歴史的に見て経済成長に伴う国際化過程を示している。グローバル化の影響は，国内においても国々の間においても不均衡なものであった。多くのアジアの国々は変化から大きな恩恵を受けたが，アフリカの国々は一般的に同じ水準の経済的・社会的変容を達成してはいないのである。

グローバル化という言葉は，いかなる傾向をも説明しうる包括的なものとして使用されており，誤解を招く可能性がある。それはまた，ある意味では不可避という意味合いをもって使用されている。ここで再び，歴史学は矯正手段を提供しうる。国際経済の働きは，単純かつ安易に要約できそうにはない。国際経済は国家，多国籍企業，金融や商品市場，そして世界貿易機関（WTO）や国際通貨基金（IMF）といった超国家機関を含んでいる。それは，政治問題，規制，外交・貿易関係，経済発展の水準，通信，技術，そしてビジネス組織といった問題と関連性を持っている。これらの要因はすべてが相互に影響を与え合い，いずれも他の要因と切り離して考えることはできない。グローバル化の影響は，国境を超えた取引，国家，地域，そして企業レベルで研究され得る。

いくつかの国民国家は他の国々よりも，国際経済に深くかかわってきた。これらの国々は政策において，また諸傾向にうまく対応したり国際的な貿易や投資からの利益を最大化したりする能力において，他の国々と異なっていた。国々の中のいくつかの地域は，しばしば特定の産業やクラスターを生み出し，他の地域より発展しグローバル化してきた。いくつかの企業は他の企業に比べて，国際的な貿易や投資をより強く志向してきたし，外国企業との合弁事業や戦略的提携により強く関与してきた。理論的には，グローバル化は，必然的に主導的な企業や国家の模倣をもたらすことになる（収斂といわれる）が，同時に，継続的な革新や差別化を行なおうとする欲求は，すべての企業や国家が同じになることを妨げてきた（多様性をもたらした）。経済的な国際化やグローバル化の進展の輪郭を描くことは，結果的に意外に困難であり，費用と便益の議論を解きほぐそうとすると，いっそう困難になる。

それでは，われわれはいかにして論理的にグローバル化を描写したり，この用語を使用したりできるだろうか。この用語は，1960年代に初めて登場した。これは，「多国籍企業」がより受容されるようになった時期であった。しかし，20年後，この用語は多くの世界的規模の動向を表す共通の標識へと進化した。「グローバル」とか「グローバル化」という流行ともいえる専門用語がタイトルに使用されている書籍や専門論文を大雑把に数えてみると，1980年代半ばからかなり増加していたが，1992年以後は「爆発的な増加」であったといえる（Dicken, 2003）。

第1に，それは社会レベルで考察されうる。ある人たちはメディアや通信手段の発達を考慮して，文化や価値の同化を予測していた。第2に，それは国民国家とその主権について考察しうる。1980年代以後，いろいろな国の政府は民営化，貿易・投資の開放，そして規制緩和といった流れに沿って行動してきた。そしてそれらの政府は，（議論の余地はあるが）市場重視の英米型のビジネス・モデルに向かって収斂した。さらに，国家主権はWTO，IMF，国際標準化機構（ISO）のような超国家的な経済組織と競合したばかりでなく，国際刑事裁判所の権限の拡大，世界健康機関（WHO）の政策，ヨーロッパ連合（EU）のような国際的な政治主体，北米自由貿易協定（NAFTA）やASEAN自由貿易地域のような貿易体制に対して，さらには，基本的な経済資産を有し，またある程度その本国から独立している多国籍企業と競合してきたのである。

第3に，文化や政治といった面にはあまり焦点を当てず，国境を超えた貿易や投資といったレベルのものにより焦点を当てがちな人々がいる。彼らは，主に関税貿易に関する一般協定（GATT），後にはその後継機関であるWTOによって確立された国際的な枠組みのもとで，各国政府が促進してきたますます盛んになる製品，知識，ヒト，資金の自由な移動，ますます高まる国民経済間の相互依存に注目する。「超グローバル主義者」の認識は，この考えを拡大し，ボーダーレスなグローバル市場の形成を予測した（Friedman, 2005; Ohmae, 1995; Ohmae, 1999; Gidens, 1999）。批判者は，ローカルな慣行が意味を持たず国家間の摩擦が少ない単一のフラットな「競技場」を，現実ではなく理念として認識している。彼らは，国家の終焉という主張や，貿易条件を交渉し規制を実施し制裁を課すという国家の権限が終焉するという主張に異議を申し立てている（Held et al., 1999）。グローバル化の議論にもかかわらず，われわれは，経済の国際化の過程は明らかに地域的なものであり，北米，ヨーロッパ，そして東アジアの「3極」内にとどまっていると付け加えることができるであろう（Rugman, 2005）。もっとも，2008～2009年の経済の崩壊以降，一般的には新興経済への移行がみられるのではあるが。

超グローバル化という概念は，国民国家の役割やビジネス組織に与える地域性の影響にほとんど注意を払っていない。それは，国際化の複雑な諸問題を無視しがちであり，政府の政策が無力化する新たなグローバル時代の到来として，現在生じている様々な傾向を描いている。一方，歴史家たちは相互依存の国際的な経済の起源を数百年前まで遡って追跡するが，とりわけ19世紀半ば以降に生じた産業，貿易，技術，そして経営における急激な変化に注目する。それぞれの国民国家は，国際的な経済システムの枠組み作りにおける重要なアクターであり続けてきたし，主要国経済は，外国投資，ビジネス組織，そして技術の提供者として重要であり続けてきた。外交的な同盟，敵対，領土の支配はすべて，天然資源の交易や国際的な分業の形を作ってきた。国民経済の国際化（つまりグローバル化）が示すものは，その過程が世界史一般からきれいに分離され得ないということである。

第4に，グローバル化のさらに別の面は，多国籍企業の役割である。一企業内における，あるいは一企業が国境を超えて生産，技術，金融，製品開発，人事管理，そしてマーケティングを行なう組織は，製品やサービスの輸出に比べて，国際的な統合と相互依存のレベルがはるかに深化している。2カ国以上で操業を行なうための戦略的意思決定は資産への長期的なコミットを含んでおり，企業は海外で子会社を設立するという困難なさまざま問題と相殺するような強固な優位性を必要とする。多国籍という用語を1960年代に創出した時，専門家たちは戦後期における米国企業の急速な国際的拡大に衝撃を受けた。彼らは，なぜ企業は輸出，あるいは他の方法としてライセンス供与により自分たちのために働いてもらうといった組織的にもっと簡単な方法を選択しないで，海外に子会社を設立し運営するのかを説明したいと考えたのであった。

これらの開拓者的な研究者——主として米国の製造業が西ヨーロッパに投資をした実績が大きいことを評価した——は，海外直接投資（FDI）の理論，つまり多国籍企業によって直接行なわれる資本その他の資源の国境を超えた移転の理論に，著しい影響を与えた。すでに指摘したように，彼らは多国籍企業は内部的に固有の技術，マネジメント，製品，あるいは他の何らかの企業能力を有していなければならないと考えた。なぜならば，その会社は，受入国で成功するために，その優位を本国から海外子会社へ移植することができたからである。当初の考えでは，多国籍企業を自らの独占力を海外市場に拡大したいという欲望によって動機づけられたものと見ていた。そして，貿易に対して継続的な障害があることを前提とすると，FDIは自らの目的を達成するための最も有効な選択肢であった。後には，国際競争の影響および雇用，産出高，技術，ビジネスの専門知識，消費者の選好，そして輸出といった点から見たFDIが受入国経済にもたらす利益を認識するようになった。また，その考えは，多国籍企業は子会社への投資費用や経営支援費用を相殺する規模の利益，顧客需要への対応，技術知識への接近，低い労働賃金，あるいは輸送コストの軽減といった，海外に進出することによって新たに生じる競争優位をいかに獲得することができたかを指摘している。

次いで，多国籍企業の国際ビジネスが進化するにつれて，多国籍企業は本国内での販売にはあまり依存しなくなるという議論が続いた。多国籍企業は強力な親会社と依存度の高い複数の子会社を基礎とした組織構造から，子会社が生産管理，製品開発，マーケティングにおいてより大きな責任を有する構造へと移行した。このような会社の戦略は次第に国境を越えたものになり，原理的には，上級管理者の任命においていっそう国際主義的にならなければならない。その競争優位は，本国経済に由来する親会社の多国籍企業の能力，その能力の子会社への移転から，子会社がいろいろな場所において有する優位の利用と調整へと移行する。

FDI理論の枠組みを最初に構築した人たちは，製造業と企業内における能力の国際移転に焦点を当てていたために，彼らの考えは，外部のネットワークや地域的な能力の開発に基づく戦略を用いる多くのサービス企業にはあまり適していなかった。また，多国籍企業の長期にわたる歴史も考慮されていなかった。そして19世紀からの多国籍企業戦略，ビジネス組織，そして国際政治経済についての研究は，彼らに別の洞察を与えることになったと思われる（第2章参照）。1980年代以降の国際経済における変化——最も顕著なものは，単一製品の生産のために国際的な多くの立地に展開した国境を超えた生産連鎖の急速な発展と新興経済からの多国籍企業の台頭――は，多国籍企業の目的や組織に関する新たな疑問を提起した（第5章参照）。

それでは，われわれは多国籍企業をいかに定義づけるべきであろうか。混乱の1つは，いくつかの用語が存在することである。それらは，企業間の差異を識別するために採用されることもあるが，一般的には代替的に使用される。“multinational enterprise（MNE）”に加えて，“multinational corporation（MNC）”，“transnational corporation（TNC）”という用語が使われているし，究極的には単に国際的な広がりというのではなく，まさに世界規模の企業をグローバル企業（global company）と表現しているのを見る。試みられたいかなる定義についても言える1つの問題は，動く標的に照準を合わせる必要があることである。つまり，国際企業――その地域的範囲，組織，立地――は，19世紀に誕生して以来，例外なく変化してきたことである。それにもかかわらず，多国籍企業あるいはグローバル企業は，国境を超えた立地とビジネス機会との間の距離を縮めたり管理したりしようとしてきた。

理論家たちは，まず，多国籍企業というものは外国に経済資産を有していなくてはならず，この要因こそが多国籍企業と純粋な国内企業とを基本的に区別するべきものであると指摘した。しかし，親会社と外国の子会社との関係は複雑であったし，その形態は産業や国によって，また時間の経過とともに異なっていた。いくつかの子会社は，明らかに多国籍企業の一部であったが，競合関係にあることもあった。その関係の1つの側面は，子会社が親会社によって完全に所有されているのか部分的に所有されているかであり，親会社による戦略的支配や効率的な国際的統合のために必要な株式の割合はどのくらいか，10%，あるいは30%，あるいは少なくとも51%であるべきか。さらに，多国籍企業は国際的な戦略的提携を取りまとめ，複数の当事者を含む調整された生産と流通のネットワークに参加した。国際経済における，そして国民国家における，多国籍企業の戦略的影響力や経済的重要性は，実際には法的に所有している子会社を超えて広がってきている。

FDI理論は，海外企業の所有や企業内の能力の保持を強調したため，外部との関係やパートナー企業との関係構築に必要なスキルや，国際契約による生産，ロジスティックス，支援サービスといった主要な戦略を軽視した（Gereffi, 1994）。国際ビジネスは，多国籍企業内の資金調達，生産，マーケティングの内部経営組織と並んで，企業間の協調や契約の網の目から構成されている。多国籍企業の1つの定義は，――「自社の主要な製品やサービスを生産するための子会社や資産を海外に持つ企業」に代わるものとして——，「自ら子会社や資産を海外に所有していなくても，２カ国以上で業務を調整・支配する力を有している企業」である（Dicken, 2003）。多国籍企業の歴史は，複雑かつ多様な内部組織や外部ネットワークの変化を示すと同時に，国際経済システムや国民国家の状況に適切な関心を払わず企業内外の能力にばかり焦点を当てているFDIの理論に疑問を提起する。

企業は，次のようないくつかの段階を経て国際化あるいは「多国籍化」する。つまり，輸出に始まり，海外の販売代理店の指定，海外市場における独自の販売会社の設立，自らの主要な製品やサービスの最終段階を実行する子会社の設立，そして最後に，自らの全面的あるいは広範な主要な活動に携わる会社を受入国に設立するといった発展段階である。多国籍企業の緩やかな解釈は，「２カ国以上において価値を生み出す資産を所有したり支配したりする企業」というものである。そして，本書で示されるように，厳密な定義は必ずしも多国籍企業やその戦略，組織の複雑さを認識するものではない。分析や統計は多国籍企業に関連した異なる形態の区別を一貫して行なっているわけではない。輸出からFDIへの移行は多国籍企業の進化において１つの重要な契機であるので，本書では，輸出や販売代理店の事例については，背景として必要な場合にのみ触れているにすぎない。本書はまた，直接所有している販売子会社にもある程度は焦点を当てているが，それよりもはるかに多く，外国市場における主要な製品やサービスの生産へという戦略的に重要な移行に焦点をあてている。

国際経済システム，国家および企業

多国籍企業は，国際経済システムと国民経済内の双方において業務を行なってきたと言ってよい。多国籍企業は，自らが立地する国々において役割を維持するだけでなく，貿易と投資の流れのなかで，また生産と流通の国境を超えたネットワークにおいて，自らの拠って立つ場を確立しなければならなかった。国際「システム」という考え方は，誤解を招きかねない。なぜならば，それは，異なったレベルで機能するある基本計画に従って作られたものではない，２国間および多国間のさまざまな関係だからである。国家間の通商条約，国家機関，政府間組織，そして輸出業者，輸入業者，金融業者，多国籍企業，仲介業者，生産および商品の連鎖，および企業間連携はすべて，国際経済における機会を形作り，慣行や標準の収斂のレベルを決定したのである。

金融，生産，技術，そして政策におけるグローバルな構造変化は——19世紀以来，そしてその後の諸段階を経て——，多国籍企業を国際経済システムの表舞台に押し上げた。有力な国民国家は国際経済の運営のもう1つの決定要因であった。なぜなら，いくつかの国の経済は，国際的な経済の取組みの条件を設定するうえで有利な立場にあったからである。歴史的に見て，国際システムの台頭を加速化し，貿易，資本，技術，そして経営慣行の流れを決定づけたのは一国あるいは一地域の主導によるものであった。統計を見れば，19世紀の国際経済に対する英国の重要性を，また第2次大戦後の数十年間における米国の役割を，さらには貿易，資本，そしてFDIの流れに対する先進国経済の継続的な影響が分かる。

「西欧の挑戦」とその協力者は，ある生産システム（小作農業，封建主義，あるいは重商主義のような）が別のもの（資本主義）に取って代わられることとして描かれてきた（Wallerstein, 1974-2011; McNeil, 1963）。資本主義という用語は，強いイデオロギー上の嫌悪と称賛を伴う。資本主義は，自由市場，企業家精神，高度な投資，産出高と利益の体系的追求，そして実施可能な法律と統治の構造と結びついている（中国が世界第2位の経済大国であることを考慮すれば，最後の要件については確信が薄れるが）。資本主義が国際的に広がる過程で，資本主義あるいはその最も進んだモデルは，英国とその帝国圏，そして米国とその覇権へと順に結びついてきた。

搾取的な帝国の歴史は古代にさかのぼるが，19世紀の資本主義の時代とグローバル経済は1つの重要な要素を付け加えた。ある人々にとっては，ヨーロッパは単に外国の領土を占有したのではなく，生産の新しいダイナミックなシステムを輸出したのである。国際経済の出現は，絶えず国境の障壁を弱体化させ，経済や社会を変容させた。しかも，国際経済システムにおける英国の役割はその帝国よりも大きく，単純に同国の海軍や陸軍の侵略に依存するものではなかった。ロンドンは世界にとってのグローバルな金融の首都であり，同国の多国籍企業は植民地を超えて，とりわけラテンアメリカにおいて成功裏に経営を行なっていた。それにもかかわらず，英国の帝国に対する支配力や経済力に基づく優位は，同国が支配できない多くの条件に依存していた。そして同国の指導力は他のヨーロッパの列強，米国，そして日本との関係が変化した20世紀には打ち破られた（Darwin, 2009）。1939年から1945年の第2次大戦にかかった費用と米国の経済的支配力が一緒になって，ヨーロッパの帝国主義を崩壊させた。

測定することが難しい問題であるので，われわれは膨大な数の事例に依拠しなければならないが，戦後期の世界経済における米国の投資，技術，マネジメントの優位性——公的な帝国に頼らない——は，19世紀における英国の商業上の指導力に勝るとも劣らないものであった。さらに，多国間の外交・軍事関係は米国，カナダ，そして西欧間の国際的な貿易や投資の形態に影響を与え，それを深化させた（たとえ，それらが実際の動きを完全に説明するものでないとしても）。さらに，冷戦による緊張が，米国が西欧，日本，韓国，台湾，その他の同盟国への技術・金融援助を与えた説明要因であった。経済的産出高，生活水準，貿易，海外投資，多国籍企業，そして軍事・外交関係の関連は，明白であった。

20世紀の後半までには，ヨーロッパや日本の多国籍企業がようやく復興し発展したために，米国や英国に対して，より大きな競争力をもつまでになった。国家と産業との関係やマネジメントにおける英米，日本，中欧のシステムの相違は，1つの支配的な生産システム（端的に言えば資本主義）ではなく，さまざまな教訓や長所を引き出しうる多くの競合する資本主義システムが存在することを示している。市場が最も重要であるということについては基本的な合意がある。途上国や旧共産圏諸国は市場に基づく解決策を受け入れ，対内投資を自由化し，そして多国籍企業の誘致に努力を払うことになった。しかし，政府，金融，そして雇用関係の性格における差異は残っている。1980年以後の傾向は，グローバルな経済力が，よりいっそう中国，インド，そしてブラジルといった国々へ移行していることや，西欧による国際経済の支配の絶頂期が過ぎつつあることを示している。それにもかかわらず，少数の国々が国際経済システムの働きから不釣合いなほどの利益を獲得し続けている。

多国籍企業は，多地域性，相互依存，国境を超えた統合，市場，そして契約上の義務に目を向けてきた。それに対して，国家は領土，自立，統一，法律，制度，そして軍事力の独占的行使といった概念の上に構築されていた。本質的な差異にも関わらず，両者は協力することが相互に有益だという理由を有している。多国籍企業の意思決定は，国家の厚生に影響を与えてきたし，国民経済は国際ビジネスの出現や立地に影響を及ぼしてきた。例えば，国家が科学研究，教育，金融システムにおいて主導権を持つと，これらの国々は国際的に競争力のある産業クラスター，高度な企業レベルの能力，そして究極的にはグローバル企業の台頭のための諸条件を得ることになった。国家間の経済発展の差異はグローバル化の過程を支えてきたし，国際ビジネスの支配は，新興国経済出自の多国籍企業が近年増大しているとはいえ，依然として先進高所得国において顕著に見られるのである(Dunning and Lundan, 2008)。

本国経済の経済発展の段階とその対外FDIとの間には強い関係があった。しかしながら，長期的に成功を収めるには，多国籍企業はさらに国境を超え，受入国で行う経営活動から追加的な便益を得なければならなかった。法律，税制，補助金，規制，そして政策を通して，国家は多国籍企業のビジネス戦略，企業組織，そして雇用に強い影響力を及ぼした。優れた統治は投資への誘因や成長率に影響を与え，市場の効率を高めた（North, 1990）。工業化途上の経済においては，政府は，発展のための技術の獲得，限られた資源の優先順位付け，そして戦略的産業の選択において，中心的な役割を果たした（Gerschenkron, 1965）。第2次大戦後における東アジアの急速な成長は，開発型国家や輸出志向の工業化政策と関連してきた。

他方，いくつかの企業は主として国境を超えた活動を通して，またその「国レベルの」活動拠点の外部で自らの中核能力を獲得してきた。いくつかの立地は，貿易志向あるいは保税倉庫機能によるものであった（シンガポールのように）。また，小規模な経済は規模と拡大のために海外に目をやらなければならなかった（オランダのように）。そして他の国々は，基本的には非常に大規模な隣国やその国の需要によってかなりの程度影響を受けた（カナダのように）。国家や自治領や準州が主権を行使してきたところでは，彼らは多国籍企業を締め出す（地場企業を発展させるために）政策か，対内投資を促進する（経営，技術，競争の力を増進するために）政策かの選択をしなければならなかった。対内投資の影響は，政府の政策とならんで現地の誘因構造，革新能力，そして企業家精神といったいくつかの要素に依存していた。近代国際経済のすべての時期にわたって，FDIの供給国と受入国の双方が，主導的な国民経済に高度に集中していたのである。

多国籍企業——超国家的な経済関係における主要な組織である——は，諸国経済を結びつける能力によって競争優位を獲得したり提供したりした。国家が多国籍企業との関係を効率的に管理するための交渉力や行政資源を必要としたように，そして，もちろん常に当てはまるわけではないが，多国籍企業は政府との取引のために，あるいは現地の企業との商業上の提携を構築するために必要な能力を開発しなければならなかった。国が十分なインフラや安全性を保証あるいは確保できなかった場合には，多国籍企業は自らの本来のビジネス活動を超えた一連の活動をすることも考慮に入れなければならなかった。そして，受入国政府との困難な問題は，多国籍企業の本国政府を巻き込む可能性があった。多国籍企業の理論は企業のミクロ経済学と大きく関係しているため，これまでは国民国家の政策，経済発展の水準，そして国際政治経済といった諸問題を広範には扱ってこなかった。1980年代以降，国民国家は多国籍企業が支配する能力や資源に次第に依存するようになっていることを認める政策を採用したが，国民国家は消滅する方向には向かってはいない。

多国籍企業は，2国間および多国間の複雑な経済的・政治的関係からなる超国家システムの一部となったのである。以下のような多くの疑問点が残っている。つまり，なぜ，いつ，そしていかにして，多国籍企業の役割は国際経済において現在のような重要性を得たのか。多国籍企業の基本的な機能について。そして技術上，組織上，企業家活動上，金融上の資源を移転したり調整したりするその能力について。そしてまた，経済成長のエンジンとして多国籍企業は望ましいものかどうかについて。したがって，答えを提供する際，我々はただ多国籍企業の内部の仕組みやその一群の資産を見るだけではいけない。もちろん，多国籍企業の歴史は，多国籍企業が所有・管理する資産を通して，あるいは戦略的提携やビジネス・ネットワークの調整を通して，国境を越えた生産や取引を組織化して富を生み出す実体の戦略的な動機や能力を取り扱わなければない。しかし，多国籍企業の歴史はまた，経済的，政治的，外交的な条件の変化，そして多国籍企業の意思決定を形成した国際的な出来事も取り扱わなければならない。

19世紀以来の貿易の増加は，第1次産業革命や，国内では入手できない原材料や消費財に対する先進国経済の需要の増加と結びついている。富と権力の格差は，製造活動を行う国と一次産品を生産する地域との間の分業をもたらし，アジアやアフリカの大部分の植民地化をもたらした。あまり知られていないのは，主にヨーロッパで生まれた多国籍商社の役割である。これらはグローバルな貿易の多くを組織化し，帝国主義的な事業において中心的な役割を演じた。貿易の拡大は，なぜ工業国から生まれた多国籍企業が新興地域の鉱山，プランテーション，そして輸送インフラへの投資を行ったのかを説明するものである。輸送および通信における変化――蒸気船，スエズ運河，あるいは電信――は，企業家に国際ビジネスを設立するさらなる機会を与え，一方で商業規模の拡大を支えた。

19世紀の後半以降に生じた第2次産業革命は，電気製品，化学製品，自動車といった新しい技術や製品と関連している。製造業の本質を変える革新は，大量生産と大規模な組織を必要としたし，企業は科学，金融，組織，そして人的な資源を所有することによって，また企業内でのプロセスと意思決定を統合化・体系化することによって，競合企業に対して競争優位を獲得した。これらの製造業者は，その多くが馴染み深い名前のついたものとなっているが，技術やブランドの所有権をもつのが常であった。そしてそれらの企業は，複数製品の事業活動から，規模あるいはシナジー効果による収益を得る能力を開発した。他者との取引は，技術的な指導力，製品の品質，あるいはブランドの評価を失う危険があった。生産，マーケティング，技術，マネジメントに必要な能力は，企業が国境を超えた事業活動と結びついた付加的なスキルを獲得するのに役立った。自らの中核能力を海外の子会社に移転する際に，これらの企業は海外市場に親会社のミニチュア版を創り出した。

1950年代および1960年代における米国製造業者による投資は，国際経済の性格を変えた。もっとも，製造企業のFDIの高まりと70年～80年前の大量生産の発明との間の遅れは，複雑な一連の原因を示唆するものではあるが。専門経営者によって運営される米国の巨大な統合化された多国籍製造企業は，多国籍企業のモデルとなった。しかしそれは，国際経済の歴史における貿易や金融の多国籍企業の役割を無視しているという見解をもたらす。さらにそれは，ある特定の競争優位，国際ビジネス戦略，そして経営組織の形態を他のものに比べてより強調するものである。市場取引や購買者，供給業者，そしてパートナー企業との契約を最小化し，企業内に諸活動を内部化するという戦略に代わって，大規模な企業や多国籍企業は，戦略的提携や調整されたビジネス・ネットワークを利用することができる。これらの手法は，19世紀の国際経済の特徴であったが，20世紀を通じていくつかの部門とりわけサービス業において，重要なものとして存続している。興味深いことであるが，それらは21世紀のグローバル経済においてますます再現されつつある。

歴史と視野

超国家的関係における主要な要素の1つは，多国籍企業あるいはグローバル企業である。外交的，軍事的，そして政治的要素が国際ビジネスの運命をかたち作ったが，国際ビジネスはまたしばしば国際的な出来事に積極的に関与もしていた。企業のミクロ経済学は教えてくれるところが多いが，それ自体で視野を限定してしまう可能性がある。世界史や超国家史の研究者は国家を基礎にした歴史を避けようとする。なぜなら，現代をかたち作ったかなりの要素は国境を超えた性格を有しているからである。大きなテーマ，複雑な問題，そして多数の要素を考慮する際に，歴史（学）はとくに有益なのである。歴史（学）の伝統的な役割は特定の原因とその環境とを一緒に分析することであり，時間の経過を踏まえて原因と結果を注視することである。歴史学は，証拠が真正であることを提示する。そして，統制された実験室での実験に人間の社会を委ねる手段を持たないので，われわれの理解を深めるためには長期的な視野が必要とされる。

歴史家であるブローデルは，時間は常に同じ速度で経過するわけではないと述べた（Braudel, 1996［1949］）。彼の意味するところは，多くの関係する要素——経済的であれ，社会的であれ，政治的であれ——は，異なった場所において，同じ割合あるいは同じ方法で変化するものではないということであった。グローバルな力は，過去200年以上の歴史を変容させる特徴をもつものであった。しかし，その影響は，世界にわたるものであれ単一の国家内のものであれ，均等ではなかった。ブローデルは，長期的な要因——ゆっくり動く経済的・社会的な傾向あるいは精神構造——が決定要素であると考え，それ以外のすべてのものは「表面的な撹乱要因」であるとみなした。それにもかかわらず，本書で取り扱う内容は，必然的に直近の出来事と結びつけて長期的にみられており，深く根差しかつ急激な変化がいかに可能であるのか，いかに多国籍企業が主要なグローバルな勢力であったのかを明らかにしている。過去は現在に影響を与え，現在はおそらく未来を形づくるため，出来事の順序を研究することは重要である。

歴史家は出来事の順序，つまり時間の経緯を描写したり，出来事の原因を説明したりすることに関心を持っている。歴史家は誰でも，物語と分析とを織り上げる難しさを認識している。物語は，傾向や出来事の複雑な順序・帰趨を叙述したり説明したりする強力な手段である。たとえそれが数字を大量に処理することはないとしても——おそらく，物語は大量の数字を処理するものではないからであろう——，意味のある結論を生み出しうる。国際政治経済や多国籍企業の役割はまったくの偶然によってではなく，過去の人間の意思決定を通して進化したのである。そのため，われわれは多国籍企業の発展を形づくってきた出来事の帰結を理解するために，過去を掘り下げる必要がある。歴史家は，一元的な説明を避けようとする。グローバル企業の台頭を十分に分析することについても，まったく同じことである。歴史家は一度の人生しか有していないので，彼あるいは彼女は限られた数の問いを提起せざるをえない。しかし，願わくば過去の豊富さや複雑さを失わないようにして。

グローバル企業，その進化，そしてその影響に関する本研究においては，いくつかの主要なテーマが生じるであろう。本研究では，国際ビジネスの歴史と国際関係史，外交史，軍事史，政治史一般との強い結びつきを強調している。経済を他のテーマと統合するいろいろな歴史が確かに存在するが，グローバル企業の台頭は決して主流ではなく，世界史上の出来事は国際ビジネスの歴史研究においては一時的な言及にとどまっている。工業化，グローバル化，そして植民地主義は19世紀に同時に生じた。また，冷戦時代の勢力圏は戦後の国際貿易や投資の地理学を決定づけた。そして，20世紀末からのイデオロギーや商業活動の境界の崩壊や新興経済からの競争は，ともに既存の国際秩序を崩し，グローバルな統治構造について疑問を呈し，多国籍企業に新たな課題を与えた。

歴史家は，――テレビや広く読まれた本を通して――，広く人々に影響を与えるようになり，国際問題について見解を述べるようになった。経営史はこれまで発言を控えており，より広いトピックスよりもミクロ経済学あるいは企業の組織上の詳細に関心を払ってきた。本書は，国際的な経済システムやその発展について理解を促すために，また国家間の関係に関する歴史理解を深めるために，多国籍企業の戦略，組織，そして能力について綿密に考察している。本書は，国民国家に十分な注意を払わずに多国籍企業を研究することは不可能であると認識している。それらは共に進化し，互いの発展に影響を与え合ったのである。

資本輸出，対内投資に対する制限，法体系や制度，貿易協定，そして外交的な同盟は，すべてグローバル経済の構造や運営に影響を与えた。各国政府は，外国企業の専門能力――その資本，技術，マネジメント，製品，供給ネットワーク，マーケティング・チャネル――を手に入れようとするかもしれないが，両者の利害が同じものであることはあり得ない。国家は，自らの国民経済の保護・発展を追求しているため，国際経済の勢力に対して開放的であれば矛盾を抱えることになる。重要な人的・組織的資産の支配を通して，多国籍企業はあらゆる政府の経済政策を形づくってきたし，国民国家も多国籍企業の投資を求めて競争するようになっている。加えて，多国籍企業はより小規模あるいは弱小な国の政治的・社会的発展に強い影響を与えてきた。そして，国際的な財産権と国家主権との間の衝突は，多国籍企業史のなかで繰り返し生じる主要な問題である。いくつかの国家は，制度的にあるいは経済的に，多国籍企業という存在をより巧みに扱ってきた。

本書は受入国の経済に対する多国籍企業の影響を考察している。グローバル化は歴史的には変化の推進力であった。多国籍企業は，資本，ビジネス・システム，技術，製品，そしてサービスの伝達者であったし，制度的にも文化的にも多様化した場所における複雑な業務の運営者であった。多国籍企業は「近代性」――より高い生活水準，消費，競争，専門化された経営管理，そして科学的研究――をもたらすものであった。しかし，多国籍企業は現地で育った企業の不利な立場を強めると非難されている。最近の世界史の人気は，一国の歴史から逃れ，いかにして世界が形成されたのか，その全景的な理解を得たいという願望の表れである。本書は，現代世界の性質を決定づけるうえで，いかにして多国籍企業が表舞台に立ったのかに関して書かれたものである。

第2章

企業帝国：1870～1914年

多国籍企業と帝国

1914年以前の数十年を，グローバル化の時代を生み出したいろいろな要素が生じた時期として描くことは，どれくらい妥当性を持つだろうか。我々は，19世紀のなかに，工業化，都市化，電化，自動車輸送，長距離電気通信を含む「現代」世界への道筋をすぐに見出すことができる。

そこには，民主主義（後には反民主主義）的な大衆運動，強力な国家意識，破壊的な技術で武装した軍隊があり，科学を活用し大規模生産に着手した企業の存在があり，都市内部の広範な貧困の中に，大量消費の起源が見出され，そして，国際的な貿易と投資の流れや大陸を越えて活動する多国籍企業に依存する世界があった。

第1次世界大戦後，経済学者のケインズは戦勝国を非難した。なぜなら彼は，戦勝国側の政府は，地球規模での相互依存への適切な配慮なしに和平協定の条件を強要した，と考えたからである。ケインズは，1914年の破局前に国境を超えた事業の驚くべき高まりがあったことに気付いていた。それはロンドンに住む誰かが，電話によって地球中の製品を注文し，世界中で発見されうる天然資源に投資できることを意味していた。彼は，社会経済生活の国際化は「実際にはほぼ完成している」と見ていたが，またどのように「軍国主義や帝国主義，民族および文化の対抗関係，独占と規制と排除の企てや策略……が，この楽園における蛇の役割を果たすことになった」（Keynes, 1919）かを知っていた。自ら認めているように，ケインズが描いた大都会の姿は，ロンドンの住人の大多数ではなく，彼の属する社会階級を象徴していた。しかし，19世紀を通して，国際的な貿易と投資は増大し，世界の隅々の人々に広範囲な強い影響を与えるまでになっていた。

多国籍企業の始まりを明らかにすることと同様に，我々は多国籍企業が持つダイナミズムに興味がある。1914年以前の国際経済は，後の時代とはどのように異なっていたのか，そしてどのように最初のグローバルな経済，つまり「国際経済Ｉ」について話すことができるだろうか。我々がこれから見るように，多国籍企業はこの国際経済システムの１つの確立した特徴となってしまっている。必然的に，その影響は純粋に商業上のものではなく，政治，社会，外交問題の発展と密接に結びついていた。19世紀後半は，きわめて安易に帝国の時代として性格づけられている。帝国主義の規模は，後には衰退して行くことになるが，帝国主義がどこまで及んだかによって，地球規模での貿易と投資の流れがかたちづくられた。1865年から1915年にいたる世界の地表の４分の１強の再配分は，多国籍企業の戦略と運営に影響を与えた。植民地を追い求めた国家と企業は，偶然ではなく国際経済における中心的な担い手であった。（プエルトリコとフィリピンを獲得した）米国と（台湾と朝鮮を領有した）日本を例外として，領土支配の拡張は，主にヨーロッパ列強によるものであった（Hobsborm，2003）。

結局，1945年以降の数十年間に，ヨーロッパは世界の支配力を失った。その理由は，列強にとって軍事紛争はいつも高くついたこと，植民地解放運動，さらに競争相手である米国との間の外交および経済権益の複合的な関係にあった。「帝国」は，ヨーロッパが国際ビジネスに対する支配を終えるとともに，過去に根をもつ汚点となった。１つの時代の風潮が他を説明しうるだろうか。帝国主義の使命は，決してすべてが経済的なものではなかったが，１つの動機として，経済的な計算があったことを無視することは無謀であろう。国際ビジネスは帝国から利益を得ることができたし，実際そうした。というのは，帝国は領土，天然資源や労働力を国際経済の中に無理やり引き入れ，さらに多国籍投資の安全と自らに有利な条件を獲得できたからである。他方，一般的には国際貿易と投資に特有のダイナミズムと，それらが地球規模での変容を引き起こす影響力をもつことを認めねばならない。19世紀の国際ビジネスの成功を特徴づけ，それらがもたらした衝撃を最終的に説明するのは，独立した国家や植民地，絶対君主国，芽生えたばかりの民主主義国を含む，広範囲で多様な国際・国内環境に適応し，その中で繁栄して行く能力であった。国際ビジネスの成功は，たとえ帝国が持つ様々な強みが外国企業や現地企業に優先して，それらの様々な活動を支援していたとしても，特定の潜在能力と商業上の優位性――経営知識や製品知識，技術，金融あるいは貿易のネットワーク網や消費者市場へのアクセス――に，依存していた。

帝国主義は19世紀後半に，母国で受けのよい政治運動として，また海外における人類の進歩を促進する避けがたい対立を含む理想として，徹底的に作り直されていた。さらに同じ時期，ナショナリズムの概念と民族的な国家意識が考え出された。帝国主義とは異なり，国民国家は現代世界の鍵となる構成要素として留まっている（もっとも，20世紀末におそらく自由気ままな世界企業は，国家主権のリアリティを攻撃し始めたといえるが）。ちょうど国民国家と多国籍企業が互いの発展に影響を与えたように，帝国諸国と多国籍企業は，歴史的にも，互いに影響し合ったのである。

国民国家，国際的な政治経済，および多国籍企業の間の複雑で変化する関係を整理するためには，個々の事例についての証拠が必要であるが，前もって１つの一般的な論点を指摘することは可能である。すなわち，1914年以前の数十年間に，２つの全く異なった「世界」の存在が多国籍投資の出現を決定づけ，帝国主義の現実を支えた。一方の側にはヨーロッパと急速に力をつけつつあった米国があり，そしてそこには産業が棲息する様々な場があり，応用科学，資本投資，大量消費，そして進んだ企業制度があった。これらの国々は，先進経済国であり，世界の貿易と生産高の両方でより大きな割合を占めていた。経済的に最も発展し，都市化した国であった英国は，外国市場において最大の占有率を持ち，同時に最大の帝国主義国でもあった。しかもまた，英国は次第にその覇権が衰退しつつあることを恐れる国でもあった。1850年，英国は全製造品輸出高の43％を供給し，1870年には世界の製造生産高のほぼ32％を占めていた。しかし，1913年になると，英国は世界のわずかに14％強を占めるにすぎなかった。一方ドイツは，ライバルである英国を越えて15.7％を占め，米国は35.8％を占めて，産業覇権を確立していた（Chandler, 1990; Matthews, Feinstein and Odling-Smee, 1982）。

そのため，アーネスト・エドウィン・ウィリアムズは1896年に，英国人同胞に警告しようとし，自らの著名な著書『メード・イン・ジャーマニー』のなかで，平均的な英国家庭で見られる多くのドイツ製品について，次々に述べている。それには，人がすべてをリストアップする時に使う鉛筆も含まれていた。ウィリアムズはドイツを「巨大な商業国家」として描き，ドイツは英国と国際貿易を競うことになり，最後にはヨーロッパを引き裂き，そして1914年以前の時期における国際経済の第１段階にひどい損害を与えることになる利害衝突について強調していた（Williams, 1896）。

ウィリアム・トーマス・ステッドは，キャンペーン・ジャーナリストであり，自由改革家であり，（英国の権力が自由の理想を拡大するのに役立つと期待する）帝国主義者であった。彼は大西洋の対岸に，英国のリーダーシップへの１つのより大きな脅威の存在を感知した。自らが著した『世界のアメリカ化』の中で，英国の多くの家庭にある米国製品の心乱す存在を，自分のこととして述べ，とくに英

表 2-1　地域別に見た1人当たりGDP　1820～1929年

（単位：1990年米ドル換算）

	西欧	西欧からの派生地域	南欧	東欧	ラテンアメリカ	アジアとオセアニア	アフリカ	平均額
1820年	1,292	1,205	804	772	679	550	450	651
1870年	2,110	2,440	1,108	1,085	760	580	480	895
1913年	3,704	5,237	1,750	1,690	1,439	742	575	1,539
1929年	4,385	6,653	2,153	1,732	1,832	858	660	1,806

（注）マディソンは，米国と英自治領（米・加・豪・新）を「西欧からの派生地域」の分類に含めている。
（出所）Maddison (1999).

国の「普通の人々」は，自分の子供がクェーカー・オーツ社の朝食用シリアルに夢中になるのに抵抗できないし，あるいは米国製のエレベーターや路面電車を使用するのを避けることはできないと述べた。ステッドは続けて，米国の経済的，政治的および文化的支配を予言し，ヨーロッパ「世界」は凌駕されるだろうと論じている (Stead, 1902)。19世紀末までには，ドイツ人と米国人は，高度な製造品および管理技術における英国の明白な主導権を終わらせていた。この分析を考慮して，ステッドは，ハーグで開かれ1899年以後は懐疑的な様々な政府が参加することになる国際平和会議の積極的な支援者であった。1911年に米国のタフト大統領が呼びかけた会議に出席するための旅行で，彼は不幸にも「タイタニック号」での航海を予約した。ステッドの死亡までには，ヨーロッパの各国政府はすでに予想された戦争の準備をしつつあったし，保護関税と自国優先主義が外交および軍事上の緊張に加えて経済的危機をももたらしていた (Schults, 1972)。

ヨーロッパと米国以外の世界の大半は，主に工業化されていない――つまり経済的に未開発の――地域で構成されていた。結果として，これらの地域はしばしば植民地であったり，あるいはこうした先進国の影響力の及ぶ地域であったりした。弱小の国家と経済は，帝国主義の侵略者に対して脆弱であることが立証され，国際経済の変動と多国籍企業の活動に動揺させられ続けた。アジアとアフリカの生活水準は，1870年までは西欧に比べてはるかに後れていた。そして1913年になると，さらに遅れていた。もっとも，ヨーロッパ人が入植した場所（移住者を惹きつけた膨大な資源と土地を持つ）は，ヨーロッパから新世界に移民すれば豊かになれるという当初の希望の実態を明らかにしていたのではあるが（表2-1参照)。未開発と発展途上の地域は，経済的・政治的変化を共にもたらす驚くべき力をもつ相互依存の国際システムに引き入れられた。

そうした多くの工業化過程や大量消費の生活を持続させるために，ヨーロッパは遠く離れた地域の天然資源と一次産品を必要とした。製造と流通の国際的なつながりが，原材料の集荷とそれらから作られる製品やその最終消費とを結びつけた。資本，労働，そして専門知識の大陸間を越えた移動と金融支援サービスのネットワークがあった。1821年から1915年の間に，約4,400万人のヨーロッパ人が移住し，10億エーカーほどの新しい土地が開墾された。世界の食品輸出は，1850年から1914年に10倍に成長し，1914年には約4,000万トンに達した。英国は小麦の80%，果物の65%，そして食肉の40%を輸入した（Ponting, 2000）。その新たな可能性と高い利益を見込んで，ヨーロッパ企業は海外に進出した。19世紀の最後の四半期に貿易，鉱業，そして一次産品に従事していたそれら企業は，多国籍ビジネスを支配していた。そして他の多国籍企業は，鉄道，港湾そして他の形態のインフラの建設に専門知識を提供した。

多国籍企業と経済変容

総体としての植民地主義経済が持つ重要性を誇張するといけないので，先進国の間で持っていた総商業価値が相対的にいかに大きいままであったかを強調しておくことは重要である。さらに未開発地域は，実際には世界システムに不可欠な一部になっていた。そして，その世界システムの中で，ヨーロッパは一次産品を輸入する見返りに，製造品を輸出した。この時期，その国際システムの構造およびヨーロッパとその植民地の間の特定の関係を説明するために，貿易と海外直接投資（FDI）を区別しておかなければならない。すなわち，帝国は国際商業全体に比べて，多国籍企業により大きな影響力を持っていた。

この時期，先進世界の産業企業は，自らの出身国での製造を好み，外国の需要は輸出によって満たしていた。そして，それら輸出の大部分は比較的高い生活水準を持つ他国向けでありがちであった。しかし未開発地域，とくに天然資源が豊富であった未開発地域には，異なった戦略的な対応を必要とした。ヨーロッパの資本，マネジメントそして技術を移転する必要や，貿易のルートと補給基地を構築する必要があったので，企業による直接投資と国境を越えたマネジメント（それこそが多国籍企業の定義）が後に続いた。1914年までには，英国と米国からの海外直接投資全体の半分を天然資源が占めるまでになっていた。フランスやオランダの企業もまた，海外からの供給品の中心的な買手であった。そして，母国での増大する工業生産高に供するために，ドイツ企業は金属鉱業と貿易に指導力を発揮した。英国の直接投資の3分の1は，公益事業，鉄道，そしてそのプロジェクトの多くが一次産品志向であった金融サービスに向かった。主要な世界の経済国間での貿易の流れが支配的であった一方で，アジア，アフリカあるいはラテンアメリカは，遅くとも1930年代には，FDI資産の約60%を受け入れていた国や地域であった（Wilkins, 1970; Corley, 1994）。

『共産党宣言』は，グローバル化する経済が持つ力を認め，次に大企業の台頭へ進むという予言をしている。著者であるマルクスとエンゲルスは，英国と中国とのアヘン戦争の終結からわずか6年後に同書を書いた。インド亜大陸を支配する英国政府の特許状をいまだに保持していた東インド会社は，ケシの栽培と加工処理を監督し，精製した麻薬を中国に密輸した。東インド会社に，国外在住のスコットランド人によって創設された独立した貿易会社であるジャーディン・マセソン商会のような，より新興の力強い会社が加わった。英国が支配している企業は，もう1つの価値ある消費財，はるかに常用性の低い茶を持ち帰った。数十年間ためらった後に，中国政府は公式にアヘン輸入の禁止を実施することを決定した。英国の砲撃によって，貿易を行う権利が断固として国家主権の上位に置かれ，中国は無理やりその決定を撤回させられ，国際ビジネスが手に負えなくなったという悪名高い一例をマルクスとエンゲルスに提供した。

競争と市場の原則に基づく1つの制度として，資本主義は商品と金融に自由な移動を促進するか，あるいは必要なら義務づけることによって，国と国の間の関係を決定した。きわめて重要なことは，資本主義は，競争市場のやり方を再生し，経済的・政治的・社会的な変化を広げて行く未曾有の力を持っていたことである。マルクスとエンゲルスは，次のように述べている。

「ブルジョアジーは，世界市場を搾取して，あらゆる国の生産と消費に世界主義的な性格を付与した……自国生産によって満たしていた昔からの欲望の代わりに，今や我々は自らの満足のために，遠く離れた土地や地域の製品を必要とする新たな欲望を見出している……あらゆる方向で絡み合い，国家が全般的に相互依存の通商を行っている……その商品が低価格であることは，中国のすべての壁を打ち砕く重火砲である……。」

マルクスと密接に関連して連想するもう1つの言葉に，以下のものがある。

「……ブルジョアジーは製造工業の足元から，自らが立つ国家の土台を作り上げた。」（Marx and Engels, 1848）。

この見解の中では，国家と伝統的な商業制度は，その時代を特徴づけていた単一の支配的な経済制度の現実に無力であった（現代の批評家は，国民国家の弱まっていく地位についての所説を繰り返しているだけのように思える）。マルクスとエンゲルスの階級に基づく分析では，万国共通の経済の勃興はただ単に，考え方や利害においてますますコスモポリタンになると思われる企業のオーナーの利益にのみ資するというものであった。崩壊する運命にあると見た本質的に不安定な制度の特徴を説明するに際して，彼らはその複雑性とそれが持っていた時と共に様々な立地を越えて適応する能力を過小評価した。「帝国主義」という言葉は，マルクスの著作の中には見られない。エンゲルスとマルクスが著作を書いたのは，帝国の政治，文化そしてさらに経済の影響力が頂点に達する前であり，国家が政府の機能を市民の日常生活にまで広げて強い国民的アイデンティティ（自主性）を創り出そうとする前であり，より多くの産業エリートが事業を展開する「現代の」大量生産と大量消費の時代の前であった。

19世紀後半のグローバルな経済体制は，諸帝国や国民国家そして台頭する工業生産と消費者需要からなる世界において作動していた。国際経済は魅力ある景気の見通しを提供したが，（現代のグローバル化の批評家たちと同じように）同時代の人たちは，当事者間での絶え間ない変化，不安定，厳しい損害を目撃した。（より多くのあと知恵の強みを持った）作家のH. G. ウェルズは，19世紀における国際貿易の規模と本質について次のように論評した。「従来，ヨーロッパ列強を不安定で未開な地域に惹きつけて来た主要商品は，金などの金属，香辛料，象牙あるいは奴隷であった。しかし，19世紀の最後の25年間には，ヨーロッパの人口増加によって政府は必需食料品を求めて海外に目を向けざるを得なくなった。そして科学的工業主義の発展は，新たな原材料，あらゆる種類の脂肪や油脂，ゴム，そして他のそれまで等閑視されていた物質に対する需要を生み出しつつあった。英国，オランダ，そしてポルトガルが，熱帯および亜熱帯の産物を多く支配することから，大規模かつ増大していた商業上の利益を獲得しているのは明白であった」（Wells, 1920）。たとえば砂糖，マーガリン，コーヒーおよび紅茶のような人気商品を手に入れることができるかどうかは，国際ビジネスと帝国主義をどのように結びつけるのかに依っていた。ウェルズは，科学的工業主義と大量生産をそれ以前の工業形態と区別し，それらが世界中から集めた原材料に大幅に依存していることを認識した。それは，先進国の生活の質が著しく上昇した時期であったし，大多数の人が（たとえいかに程度の差が大きかったとしても）生産者もしくは消費者として国際経済に利害を持った時期であった。

帝国は古代にその起源があった。そして「帝国主義」は，1870年代までに，政治的にも文化的にも新しい概念になった。それは高揚するナショナリズムの感覚の上に創り出され，しばしば民族の優越性の主張の上に創り出された。そして，それは他国を征服し，変えてしまう意図をもって遂行された。ヨーロッパでは大衆運動としてのナショナリズムと帝国主義は絡み合い，経済権益の追求に関わり，そして一連の危険な国際的競合関係を作り出していた。アジア，続いてアフリカにおいては，商業権益，交易所，現地支配者との協定，そして裁判権をめぐる係争は，国境を不安定にし，国際紛争を引き起こし，ヨーロッパ諸国による介入を納得させ，そして最終的には植民地化したのであった。そうした政府は，しばしば必要な財政および行政経費に注意を払い，外交および軍事上の複雑さを慎重に考慮しなければならなかったが，1880年代以後ヨーロッパでは増大していた国家間の敵対が，帝国の威信を求める傾向をいっそう促した。海外に原材料を確保することは——産業競争が激化していたので——，さらなる正当化の要因となった（Fieldhouse, 1965）。

自由党の著述家ホブソンは，帝国主義の政治と経済を関連づけた。彼は，不平等と貧困が母国における「過小消費」をもたらし，それが外国市場への投資家の強い関心を説明していると論じた（Hobson, 1902）。彼は，30年後にケインズのパイオニア的な分析のための着想を提供した。ケインズの分析は，景気循環が悪いほうに向かう時にはいつでも，停滞している国内需要を刺激するために政府支出を求めた（Keynes, 1936）。レーニンもまたホブソンの着想の上に議論を立て，世界は「独占資本主義」の段階に入ったと信じた。すなわち，企業は原材料に対する膨大な需要を獲得したので，世界の土地と資源を支配する巨大な権力を必要とし，手に入れたのだと（Lenin, 1916）。我々はホブソンやレーニンの中心論点を必ずしも認める必要はないが，19世紀に世界経済の統合が次第に深まったことが，国益と国境を越えた商取引との間の関係を強化し，帝国主義が国益と経済利益を追求する1つの手段となったことは明らかである。20世紀末の論争は，「国民国家」の様々な制度と多国籍企業を含む「グローバルな」社会的勢力を対比させた。しかしながら，国際システムの初期の起源を見ることによって，我々は「帝国」という第3の構成要素を付け加えることができる。

もし，我々が「歴史記録」を厳密に見ることができれば，我々は単に「国内」と「外国」投資を区別する伝統を越えて，とくに「帝国内」投資の概念を区別すべきであろうか。考えるべき事例がある。というのは，確立した植民地に投資するのか，または正式な主権国家に投資するのかでは，政治と経済のリスクの性格とバランスは，紛れもなく異なっているからである。しかしながら，適切で入手可能なFDIに関するグローバルな統計は，たいていその区別をしていない。我々が後に見るように，多国籍企業は，この時期にFDIの大きな割合が向かった正式な主権国家であるラテンアメリカ諸国とアジア植民地で，事業の運営方法と組織は同様のものを採用していたのである。そうした企業は，母国に持ち帰る天然資源や一次産品に対する投資に偏りがあった。そして，そうした企業は，未開発あるいは発展途上の地域にあったが故に，取引形成，提携の取決め，貿易業務，銀行業務，製造業，そしてインフラにおける能力を示さなければならなかった。確かに，FDIと植民地化はしばしば密接に絡み合っていたけれども，植民地化よりむしろこれらの要因こそが，FDIの場所と具体的な特徴を説明してくれるのである。

古代からの歴史記録は，帝国は搾取的であり，征服した領土から余剰農産物を収奪していたが，一方でおそらくより大きな貿易の機会を提供したことを示している。19世紀に帝国による搾取の例を見つけるのは，確かに易しい。この時期，「西洋」によって世界の他の地域に対して示された挑戦は軍事的・帝国主義的であったが，また経済的でもあった。この時期，ヨーロッパの帝国諸国を区別していたのは，理論的には，競争市場に依拠した体制を広め，主張し，すぐれた業務の慣行，資本，技術そして世界規模の供給・流通網を普及させていく能力であった。多国籍企業は，一見矛盾した2つの目的を遂行した。すなわち，そうした事業は，国際的なベストプラクティスの活用を通じて世界の異なった地域をつなぐ能力と，カメレオンのように，きわめて多様な政治・経済状況の中で成功裏に事業活動をする能力との双方を必要とした。

したがって，植民地政権がヨーロッパの多国籍企業が熟知している統治規則や事業制度を組み込むことを可能にし，所有権の保護の保証が，国際投資家のリスクを軽減することに役立つものであった。帝国諸国は，グローバルな通信と輸送（軍事上・商業上の理由から）を促進することによって，通商網の構築を促進した。多くの場合，制度上の偏向，人的ネットワークそして関税によって，帝国主義国を起源とする企業は，不公平に恩恵を受けることができるようになり，実際その恩恵に与った。しかしながら，不利な条件にもかかわらず，非ヨーロッパ系の貿易業者や投資家は，植民地経済できわめて重要な役割を果たし続けた。それは，とりわけアジアで顕著にみられた。勃興した世界経済は，国際化と相互依存を通じて，主権の土台を掘り崩す潜在的な可能性を持つグローバル・システムの特徴を持っていた。にもかかわらず，多国籍企業は様々なレベル——地方，全国，地域，国際そしておそらく帝国および大陸を跨ぐ——で，事業活動を行なわなければならなかった。「世界システム」の創出は，ヨーロッパから，そして次に米国から推し進められたが，ヨーロッパと米国の影響力だけを見るだけでは説明されえない。ヨーロッパと北米以外では，多国籍企業は現地の生産者と商人の協力を必要としたし，そして様々な業務の慣行と取決めを統括した。

重商主義とアヘン

青銅器時代，コーンウォールで採掘された錫はヨーロッパ全土に広がり，人類の進化の中で1つのまとまった時代を定義する技術の飛躍的進歩を容易にした。もちろん，かなり多様な商品の国際貿易は，その古代世界の1つの特徴であり，それは16世紀以後ヨーロッパの大航海および領土拡張主義の時代に拍車をかけた。19世紀の世界を形成するためのきわめて明白な先行期があったが，それにもかかわらず貿易の急増，より大規模な国境を越えた商取引，そして決定的に重要な国際経済の構造と組織の変化は，特徴的であった。我々は，1つの類型の体制の最終的な終焉とその交替とを見ることができる。要するに重商主義と奴隷制度は，国際的な競争市場と，（悲劇的な例外は続いたが）賃労働にとって代わったのである。重商主義は，植民地とその資源の活用，そして帝国の利益のための通商の制限と結びつくようになった。

正確に言えば，自国政府によって海外での独占の権利の許可を与えられていた多数の特許会社は，長期間にわたる衰退の過程にあり，それらの多くは18世紀に解散した。その中には，モスクワ会社（1746年），王立アフリカ会社（1752年），フランス，デンマークそしてオランダの東インド会社（それぞれ1769，1779，1800年），そしてフランス西インド会社（1791年）が含まれていた。しかしながら，イギリスの東インド会社とハドソン湾会社と同じく，レヴァント会社（1825年）はもう少し長く存続した（Gabel and Bruner, 2003）。産業資本家こそが，国境を越えて原材料の確保と市場での売買の経路を統合し，そして重商主義を絶滅させたという考え方は間違っている（Dunning, 1933）。主として，19世紀の製造会社は，FDIに乗り出すよりもむしろ輸出を増やすことを選んだので，そのような解釈をすることは，歴史的時期設定としてはありえない。民間の貿易会社こそが，18世紀以後，特許会社にとって重大な挑戦者となった。そうした企業は，世界規模の企業者機会をすばやくとらえるのに熟達していたことを示している――民間の貿易会社は，自社の事業活動範囲を制限するような特許状を与えられてはいなかった。そのため，それらの企業は資金調達の手段と組織に順応性があることを示した。

ヨーロッパの列強は，保護主義と政府支援の独占に基づいた商業を放棄した。彼らはそれらに代って工業化，科学的原理や進歩と結びついていた市場，競争，自由貿易の利点を迎え入れた。（Wallerstein, 1974-2011; McNeil, 1963）。新しい体制がもたらしたものは，関税のかからない自由な貿易による相互利益であった。すなわち，各国は商品や一次産品の生産に特化して自国の生活水準を上げた。そして，すべての関係者は経済的な相互依存と交易から利益を得た。しかも，特許会社は完全には消滅しなかったので，そうした貿易障壁を終焉させ，そして利益を共有することは，共に１つの理念あるいは目標――ほとんど現実ではなかったが――として残った。そして，国家目標と保護主義は，19世紀末に向けて相互貿易という国際協調主義者の哲学的精神に挑み始めた。

帝国の支配は，主権国家間の自由交易という考え方とは食い違っていた――当然，国家主権という理想に異議申し立てをしていた。そして，それは必ずしもすべての事業に対して公平な活動の場を提供したわけではなかった。自由労働市場の原則は，ニュアンスとしては冷静に説明されえたであろう。砂糖，タバコそしてゴムを含む，「西洋」向けの一次産品を供給し続けるために，多くの場合自由のない年季奉公労働者が所有奴隷に取って代わった。アフリカでは多くの植民地政権が過酷な，時には凶暴な方法を使って，土着の住民に国際市場向けの商品を生産するよう強いた。1830年から1914年にかけて，推計で約400万人――たいていはインド人，次に中国人，しかしまた日本人，マレー人その他――が，カリブ海地域，ラテンアメリカ，太平洋およびインド洋諸島そして東南アジアのプランテーションや鉱山に働きに行き，1830年～1914年にかけて米国や発展途上地域での建設や鉄道事業で働いた（Bayly, 2004）。日本人に続いて中国人労働者が，ペルーの糞化石肥料貿易と農業栽培地に必要とされた。そして南インドのタミール人はセイロンの茶プランテーションまで働きに行き，後にはマラヤと結びついたゴム産業を可能にした。また，インド人は，カリブ海地域の砂糖プランテーションで働き，その実地の経験を得て故国に戻り，その後は東アフリカの鉄道建設のために働くことになった。

政府は投資家に独占の権利と保護関税を授ける特許状を与えていた。その見返りに，政府は公租公課を受け取り，特許会社は植民地経営，さらには戦争行為の実施さえをも民営化する手段であった。政策は，海外領土を開拓し，輸入を制限し，そして金や銀の対内流入を最大にしようとした。つまり原則として，それは可能ならいつでも帝国本国だけに利益を与え，帝国本国だけを強めることを基本としていた。旧体制の最もよく知られている例の１つは，英国の王立アフリカ会社であった。ヨーロッパ人は，製品とアフリカの香辛料，象牙そして奴隷を交換した。次にそれらを西インド諸島で売った。そして帰路につくことで，歴史上最も悪名高い「三角」貿易は完了した。ヨーロッパ人は砂糖を運んで来た。それはアメリカ大陸で奴隷労働によって栽培された最も重要な作物であったが，タバコ，綿，コーヒーそして鉱業もまた，奴隷労働による犠牲の一部を占めていたと言える（Carlos and Kruse, 1996）。強制的に大西洋を越えて移送された1,100万人のアフリカ人のうち，英国商人はおそらく300万人の奴隷を扱ったと言える。

自社の独占権を初めて失った時，王立アフリカ会社は奴隷売買を続けたが，最終的には象牙や金に依存するようになった。オランダ西インド会社は強力な競争会社であった。なぜなら，同社はフランス西インド会社とポルトガルの船積会社に取って代わり，フランス領アメリカ植民地に自社で売買して得た人間を運んで引き渡した。同社はまた，世界最大の奴隷市場であったブラジルへの主導的な輸入業者となった。ヨーロッパ諸国は，西洋ばかりでなく東洋をも利益と略奪を求めて注意深く見ていた。フランス，デンマークそしてスウェーデンの東インド会社があったが，イギリスとオランダの会社こそが，究極的には商業と戦闘の両方の部隊として名声を博した。オランダ連合東インド会社は，ポルトガルを多くの交易地から追い出し，次に遠くは日本まで通商関係を確立した。オランダはバタヴィア（現在のジャカルタ）を手中に収めることによって，オランダの植民地史と海外投資双方において，長期的な意味合いを持つ一連の展開を始めた（Gabel and Bruner, 2003）。

英国は，自国が持っていた帝国と経済の権益の広さの故に，高い評価も悪評も得た（Bowen, Lincoln and Rigby, 2002; Jones, 2000）。7年戦争（1756〜63年）の間にフランス東インド会社が英国のライバル企業に敗北したことは，1つの転換点となった。1818年までに，インド亜大陸の多くはイギリス東インド会社の支配下に落ちた。そして，北アメリカ領を失った後，同社はインド亜大陸に展開した新たな大英帝国経済の核となった。貿易によってインドはヨーロッパの勢力範囲に入れられてしまい，英国とフランスの貿易会社間で戦われた政府の代理戦争が同社の運命を決めた。勝利したイギリス東インド会社は，1600年に遡る遠い昔に起源を持ち，18世紀になると「重商主義体制」の最も顕著な例となった。そのために，アダム・スミスの非難の対象となった（Smith, 1776）。ムガル帝国は，1765年にイギリス東インド会社にベンガル地方における徴税権を与えた時，日和見主義で無慈悲な執行官に自らの扉を広く開けることになった。ムガル帝国の権力が分解し続けるにつれて，東インド会社は政治的な策謀と征服を通じてさらなる領土を手に入れた。同社は，自らの通商上の利益のために拡大と安全を求めた。しかし，その新たな責務を常に利益があがるように管理運営できたわけではなかった（Chaudhari, 1978; Bowen, Lincoln and Rigby, 2002; Carlos and Nicholas, 1988）。

より大胆な独立した商人たちが重商主義者たちと競争し，最終的には彼らにとって代わった。そして，商業的独占はまず執行不能になり，次に望ましくもなくなった。東インド会社は存在したが，1813年に国王から与えられた特許状が改定され，茶の貿易と中国との取引という例外を残して，インド貿易の支配を終えた。グラスゴーのジェームズ・フィンレー（ヨーロッパとアメリカにおける綿貿易業者）は，インドに素早く事務所を設立した商人の１人であった。以前は南北アメリカにおけるトウモロコシ，綿花そして砂糖の貿易業者で，西インド諸島の奴隷使用のプランテーションの所有者であったリバプールのジョン・グラッドストーンが続いた。通常の慣例として，彼は親戚の１人に海外に行って関連会社を設立するよう頼んだ（Jones, 1986; James Finlay, 1951）。ジョン・グラッドストーン卿は後に，英国首相ウィリアム・エワート・グラッドストーンの父親として記憶にとどめられるようになった。

東インド会社は，40年の間に，ベンガル地方におけるアヘンの作付けの独占権を得ることによって，インドを世界の主要な麻薬供給国とした。その結果，同社は中国に麻薬中毒を持ちこむことになった。アヘンと原綿はインドから輸出され，中国茶は英国に送られ，そして最後に繊維製品と機械類が英国からインドに運ばれた。すなわち，新たな三角貿易が，かつて大西洋を渡って奴隷と物資を交換していた旧三角貿易に取って代わった。アヘンの儲けはきわめて大きかったので，英国とインドの貿易業者は，東インド会社の公式の統制を無視した。そしてそれは，インド西部の藩王国から新たな独自の供給源を手に入れることができたことによって助長された。「ヤンキー貿易業者」も麻薬の大きな利益に惹き付けられた。というのは，彼らは麻薬をトルコからホーン岬をまわって，中国まで運ぶ価値があると知ったからである。私会社は，英国企業が先頭に立っていたが，インジゴ，砂糖，綿花そして香辛料の取引の収益率がきわめて高く，時として不法な事業活動を行なっていた。

1820年代までは，東インド会社はおそらくインドからのアヘン輸出のわずか３分の１を占めるにすぎなかった。1832年に正式に登記したジャーディン・マセソン商会は，中国への主要な玄関港である広東（現在の広州）と外国貿易の３分の１を支配するまでに頭角を現わした。同社が中国茶を英国まで届けた最初の企業であった。同社の創業者の１人，ウィリアム・ジャーディンは，東インド会社に外科医として雇われており，ジェームス・マセソンは，中国で自ら一財産を得ようとする前には，カルカッタにあった伯父の貿易会社で働いていた。J. S. デント商会は，アヘンの売買においてジャーディン・マセソンの最大の商売敵であった。独立商人たちの圧力によって，1833年，英国政府は中国貿易に対する東インド会社の空洞化した独占に終止符を打った。清朝政府がアヘンの輸入を禁止し，そして英国人に敵愾心を露わにする公然の理由を提供した時，その理由は国際貿易業者と主権国家の権利について国際的な論争をもたらした。1839年から1842年にかけての第1次アヘン戦争中，ジャーディン・マセソンは同社の事業に対するいかなる禁止措置をも打破すると決心した。同社は便宜的にデンマークの旗を掲げて事業活動を行った。そして，ジャーディン・マセソンは広東におけるデンマーク領事の地位を引き受けた。

1842年の南京条約によって，中国人は賠償を払うこと，香港を永久に割譲すること，さらに4つの港を開港することを強いられた。2年後の1844年に，ジャーディン・マセソンは同社の本社を香港に移し，そこで同社はいまや英国による支配と中国本土への容易なアクセスを享受できるようになった[1]。1856年から60年にかけての第2次アヘン戦争中は，英国とフランスの軍隊が北京と広東を占領した。戦争の第一段階の終わりに，1858年の天津「不平等」条約により，さらに10の港が開港され，揚子江へ外国船が入ることが認められた（Cheong, 1979; Lange, 1971; Allen and Donnithorne, 1954; Keswick, 1982; Harcourt, 1981; Fairbank, 1980）。中国への違法なアヘンの輸入は，1842年から1858年の間におそらく2倍となった。カルカッタの競売会社と中国沿岸の間を運航していた95隻の快速帆船のうち，インドからきたゾロアスター教徒のコワスジー家は6隻を所有し，ラッセル商会（旗昌洋行）は8隻，デントとジャーディンは合わせて27隻を所有していた[2]。1820年代には，太平洋を渡るアメリカの貿易業者を，ホノルルやマニラで見つけることができたであろう。1824年創立のラッセルは，19世紀のアジアで，長期にわたって存在感を確立した。同様の活動をしたオリファント商会は1848年から1878年にかけて広東に事務所を持っていた。

新たな国際システム

インドと中国の間の交易の流れは，東南アジアに変化をもたらした。英国はナポレオン戦争中ジャワを統治していた。ジャワの総督で，一時は東インド会社の執行官であったラッフルズは，領土をめぐって戦っていたため，ジャワがオランダに返還されたことに憤慨していた（Wutzberg, 1986）。それ故，地域のスルタンの協力を得て，ラッフルズはその代わりに 1819年にシンガポールという未開拓の港を受け取り，マレー半島における英国の影響力を増大させた。ガスリー社（1821年）とエドワード・ボウステッド社（1830年）は，この新たな自由貿易港に代理店を設立した。こうした企業は，地域規模の通商交易網を通じてヨーロッパとアジア双方の企業と商取引を行った。とくに，東南アジア全体を通じて最も確かな地位を得ていた事業者である華僑と取引をした。東インド会社は，1826年には支配をビルマ沿岸地帯まで広げた（イラワディ川沿いで英国の蒸気動力の機関銃搭載哨戒艇から学んだ海軍の教訓は，後にアヘン戦争で用いられた）(Myint-U, 2001; Ponting, 2000)。シャム（現在のタイ）は，様々な国際的な重大な出来事の推移を熟視し，1855年のボウリング協定の下，より開放的な通商関係をしぶしぶ受け入れた。マレー半島の南端に位置するシンガポールという通商上・軍事上の中継拠点を巡って，砂糖，コーヒー，ナツメグそして丁子への投資が，その地域全体の潜在的な可能性を際立たせていた（Wyatt, 2003; Jones, 2000; Allen and Donnithorne, 1957; Chew and Lee, 1991）。

ジャーディン・マセソンとJ. S. デントは共に，1850年代までボンベイと中国の間のアヘンの輸送を牛耳っていたP&O蒸気海運会社の株式を所有していた。この2社はアヘンの輸入価格を事実上支配していたが，彼らにとっての良い時代は永久には続かなかった。第2次アヘン戦争後，中国は麻薬を合法化し，現地の生産者のために値段は下落した。綿貿易のためにボンベイにすでに定着していたイラクのユダヤ人であったデーヴィッド・サスーン&サンズ商会は，インドの農民から直接収穫物を買い付け，ジャーディンおよびデントの2社によるアヘンの販売市場の独占に挑んだ。ジャーディン・マセソンは，自社の事業を多角化し，通商路を拡大できたので，生き残った。しかし，マキノン＝マッケンジー商会が最大の企業集団となった。同社は1847年にカルカッタに事務所を設立し，英国から繊維完成品を輸入し，茶，砂糖そして米を輸出した。インドは儲けの多い貿易ルートの中心に位置しており，そのルートは東方へは中国や究極的には日本とオーストラリア，そして西方へはアフリカやヨーロッパの方へと拡大した[3]。マキノン＝マッケンジーは，多くの国外在住のスコットランド人企業のもう1つの例であった。そうしたスコットランド人企業の中には，ジェームズ・フィンレー社，ジャーディン・マセソン，ガスリー商会，ウォレス・ブラザーズ社，T.D.フィンドレー商会，グラハムズ社そしてボルネオ会社があった。そうした企業が，アジア全域のみならず世界の大部分にわたる通商勢力となった。たとえば，（マンチェスターに本拠を構える）ユール社，あるいは，グラッドストーン社とバルフォア・ウィリアムソン社（いずれもリバプールの）といった他の企業も，スコットランド系であった（Jones, 2000）。

第1次独立戦争（英国では「インド大反乱」）こそが，代理の政治権力としての東インド会社を終わらせた。そして，インド亜大陸は翌年，1858年英国の直轄植民地に切り替えられた。にもかかわらず，1874年に最終的に解散するまで，東インド会社は英国政府の代理としてインドの茶貿易を管理し続けた。特許状を付与されていたハドソン湾会社（1670年に創設された）は，より復元力があることを証明した。同社は新たな儲かる通商手段を見つけ，それを19世紀の国際システムで競争できる１つの事業へと転換させた。カナダ西部での独占権を失い，ロンドンの商業銀行家によって1863年買収された同社は，総合的な商社・小売業者として生まれ変わった（Hudson's Bay Company, 1934; Taylor and Baskerville, 1994）。[4]重商主義企業は，特許状の条件によって明確に定められ，形式上競争業者もなかったので，通商上のライバルが持っていた適応能力を持っていなかった。独立貿易業者は自社の事業と技術を世界の１つの地域からアジアへと移転させ，ついには正規の東インド会社の独占の経済的基盤を掘り崩した。これらの企業は，競争的貿易に基づいた国際システムのより大規模でより強い変容力を持つ性格に，よりうまく適合した。

アジアとアフリカの植民地化が世界経済の拡大と関連していたが，一方でその植民地化は逆説的に，ラテンアメリカにおける新たな機会を生み出していた帝国主義の終わりでもあった。これは，英国人にとって最も顕著であった。フランス人は，ナポレオン戦争中にスペインを侵略した。そして，アメリカの植民地全域にわたるスペインの威光は段階的に消えて行った。革命の波が，究極的には貿易と投資を捜し求める国民国家を産み出した。ラテンアメリカを統治していたエリートたちは，ヨーロッパに進歩のモデルを求め，時の経過とともに，自由貿易と外国企業が近代化をもたらすという１つの強い信念を持つに至った（Abel and Lewis, 1985; Williamson, 1992）。コミッション・マーチャントと仲介業者は世界各地の人々と協業する才を持つ多国籍事業者へと発展していった（Platt, 1972; C. Jones, 1987）。貿易と一次産品の重要性が，ラテンアメリカに外国の多国籍企業が介在することで，地域の発展を加速させるのか妨げるのかという論争に火を点けた。より確信を持って次のように言うことができる。19世紀から1930年までの長期にわたるラテンアメリカにおける貿易の急激な発展は，公式的かつ政治的な帝国主義から自らをすでに解放していたこの地域において，経済的に再び征服されるのではないかという心象の高まりをもたらした（Topik and Wells, 1998）。

国際貿易こそが，魅力のない鳥の糞の山を１つの商品に変えた。もともと1808年に創業されたアンソニー・ギブズ&サンズ社は，フランスとの戦争によって，スペインにおける繊維輸出事業を失っていた。同社は，どこか他の場所で事業を確立しなければならなかった。そこで同社は，ラテンアメリカに行くという一大決心をおこなったのである。同社は，自社の通商スキルと売買の貿易関係を，19世紀の世界経済に合うように適応させた国際ビジネスの1つの良い例である。しかも同社は，そのことを帝国の優位性のまったくない市場において行ったのである。ギブズ社は，1822年にペルーのリマで，1826年にチリのバルパライソとサンチャゴで事業に着手した。ペルー政府は，糞化石の租税収入に頼るようになったため，同国政府は当初もともとリバプール出自の貿易会社とつながりのあった現地の資本家たちに頼った。1842年にペルー政府は，アンソニー・ギブズ&サンズのこの製品を外国市場に供給する能力と組織のスキルを認めて，同社に肥料となる糞化石の採掘権を与えた。同社もまた，どのようにして採掘する許可を得るかを知っており，政府とその役人に資金を提供した。需要が増えるにつれて，ペルーは年季奉公契約の中国人労働者の入国を奨励し，彼らにスコップで糞化石を採集するという骨の折れる不潔な仕事をさせた。それは結果として，同国の改革者たちが黒人奴隷制と原住民の強制労働を廃止するのに役立った。1861年には，ギブズに対する現地の反感と扇動が大変強くなり，同社との契約は更新が不可能となっていた（Platt, 1977; Pike, 1967; Williamson, 1992）。同社はこうした年月の間に，ペルー政府——債務を抱え，不安定で，しばしば行動が専制的であった——に，どのように対処するかを学習しなければならなかった。それは，同社の独占が終わるまでは，とくには懸念されていなかった。他に捉えるべき好機があった。そして同社は「糞化石疲れ」に苦しんでいた。ギブズはペルーとボリビアでの硝酸肥料の生産へと転換し，その製品を太平洋沿岸地帯，カリフォルニアそしてヨーロッパ中で販売した。同社は後に　ロンドンの商業銀行家たちとおなじように，貿易の業務と金融サービスの間の境界を容易に消滅させることによって，成功を収めた（Maude, 1958）[5]。

貿易の類型

経済成長と製造業と貿易の高まりがどのように同時に起こり，ヨーロッパがいかに発展の中心にあったかを示す多くの統計がある（Kuznets, 1966; Miller, 2012）。世界の貿易は，1500年から1800年の間に年1%ほど増加したが，19世紀が転換点のように思える。1人当たりの世界の生産高は，1800年から1913年の間に，10年当たり7.3%平均で成長したことがわかるが，1人当たりの世界の商品貿易は平均で33%拡大した。そのため，1913年の1人当たりの生産高は，1800年と較べて2.2倍に大きくなっていた。一方，貿易は驚くことに25倍も大きくなったのである。国際交易は1850年と1880年の間に大体4倍になり，1880年から1913年の間には3倍にも大きく伸びた（Kenwood and Lougheed, 1992; Maddison, 1999）。

表 2-2 1820〜1929年の世界の輸出額とGDP

（単位：1990年 100万米ドル換算）

	世界の輸出額	世界のGDP	輸出額/GDP(%)
1820年	7,255	694,772	1.0
1870年	56,247	1,127,876	5.0
1913年	236,592	2,726,065	8.7
1929年	334,408	3,696,156	9.0

（出所） Maddison（1999）.

これらの数値は，貿易が19世紀全般にわたる成長の促進要因であったことを示している。これらはまた，輸出は19世紀全体を通して1914年まで世界国内総生産（GDP）と並行して伸びたため，多くの国々が経済的な相互依存の度合いを高めたことも示している（表2-2）。

確かにヨーロッパ人は，他のヨーロッパの人々やヨーロッパの様々な植民地と多くの取引をしていたが，世界の他の地域との取引も重要であった。ヨーロッパの工業と国民は，国際的な供給源から入手した原材料や一次産品に依存していた。1913年には，英国のFDI資産だけで国民所得の57%以上の価値があったが，1914年時点では米国のその割合はわずか9%であった。興味深いことに，E. E. ウィリアムズにとって，問題は英国が国際経済を通じて獲得していた強みではなく，その脆弱性にあった。すなわち「我々は我々の食料や衣服だけでなく，我々が投資した莫大な資本のために，外国の言いなりになっている」（Williams, 1896）。アメリカ人が大規模な大陸横断的で資源が豊かな経済を築く間に，ヨーロッパは自らが行なう国際的な商取引にますます過度に依存するようになっていった。1850年には，ヨーロッパは世界貿易総額の70%も占めていた。1913年には，依然として62%を占めていた。ヨーロッパの世界の他の地域への依存は，1870年以降の数十年間にとくに高まった。それは帝国主義が高まった時代であり，同時代の人たちが同様に人口，消費，都市化，そしてH. G. ウェルズの言葉を借りると「科学的な工業主義」における成長を意識していた時代であった。ヨーロッパの世界貿易における支配的な割合に続いて他の地域を見ると，1913年には明らかにより内向きであった。すなわち，北米は世界貿易総額の13%，アジアが11%，ラテンアメリカは8%，そしてアフリカとオセアニアを合わせて6%であった（Maddison, 1999; Lewis, 1978）。

北大西洋が交易の主たる場所であった。他の市場とくにラテンアメリカでの成長にもかかわらず，1913年の米国の輸出の60%はいまだにヨーロッパ向けであり，そして輸入の50%はヨーロッパからであった。こうした通商関係は，米国の経済発展と豊富な天然資源によって促進された。その結果，ヨーロッパの大規模な投資は米国に殺到した。米国の輸入に占める英国の割合は，頂点であった1853年の約46%から，1913年には17%まで下落した。この時までに他のヨーロッパ諸国はほぼ33%まで割合を増やしていた。ドイツは，国際市場を求める競争に成功していた。すなわちドイツの製造品輸出額は，1873年には英国の３分の１程度であったが，1913年には，ドイツは主要な競争国の英国を追い抜いていた。1860年には，アジア，アフリカそしてラテンアメリカからの輸出の半分は英国向けであった。他の国々が工業化するにつれて，貿易パターンは変化した。すなわち，この数値は，1990年には他の西欧向けが31%であったのに比べて，英国は25%であった（Pollard, 1985; Hobsbawm, 1987; Topik and Wells, 1998）。

1904～５年においては，ラテンアメリカの貿易の約66%が依然として対ヨーロッパのものであった（米国との貿易割合は24%であった）。米国が裏庭と称したこの地域で，ヨーロッパとくに英国企業の影響力に大きく歯止めをかけ始めたのは，もっぱら世紀転換期からであった。これにより，米国が南北アメリカにおけるヨーロッパ帝国主義への対決を宣言したモンロー主義に，通商上の実体を与えた。一連の統計数値が，そのことを如実に示している。1876年から1880年にかけて，一次産品が全輸出品の62%，そして工業製品が38%を占めていた。1913年までは，その数値は依然としてそれぞれ62%と38%であった。全輸出品に占める低開発地域の占有率は，1876年から1880年には27%であり，1913年には28%であった（もっとも，実際の貿易水準は劇的に上昇していたのではあるが）。その数値自体は，国際ビジネスの性格をまさに変えた多くのものを隠している。しかし，一方では，ヨーロッパとヨーロッパの植民地，そして他方では，アジア，ラテンアメリカ，アフリカそしてオセアニアの広大な区域という「２つの世界」の間には著しく安定した関係があった（Kenwood and Lougheed, 1992）。

英国の輸入品の22.5%（1892年から1896年の平均）は同国の植民地からのものであったが，反対に輸出品の33.2%が同国の植民地に向かった。最大であった大英帝国は３億2,500万人の市場を内包していた（にもかかわらず，場所によってその富はきわめて多様であった）。一方，第２位のフランスはわずかに3,620万人しか擁していなかった。植民地からの輸入品は，ポルトガルは15.8%，オランダは14.5%を占めていた。そして，スペインは支配地域に輸出品の24%という大きな割合を振り向けていたが，大部分のヨーロッパ諸国にとって，その輸入と輸出の数値は10%以下であった。

全体的にみて，帝国主義は支配力以上に，植民地経済により大きな影響をもたらした。結果として，英国の植民地の輸出品の49％は英国に向かい，英国の植民地への輸入品の約55％が英国からであった。同様に，フランスの植民地貿易の61％がフランス本国と関連していた（Foreman-Peck, 1994; Fieldhouse, 1965）。帝国主義は貿易類型に影響を与えた。とくに，様々なヨーロッパの市場は，需要と成長機会を与えた。植民地は資本，技術，そして事業組織を必要とし，そのため，貿易はもちろん多国籍企業の様々なサービスを必要とした。ラテンアメリカや中国では，より大規模な自由競争が可能であったが，他の場所では，ほとんどの植民地で帝国に著しく偏っていた。途上国での見通しは，多国籍企業の発展にとりわけ重要な意味を持っていた。というのは，その戦略と組織は，驚くべきことではないが，しばしば貿易と結びついていたからである。

国家の政策と関税

国際経済の活力は，重商主義の衰退と自由貿易の台頭を予見した政策変更と密接に関連していた。経済的な理由ばかりでなく政治的な理由のため，その転換は円滑に進んだというより，むしろぎくしゃく進んだ。1842年から英国は関税による保護と英帝国内特恵関税とを終息させる手続きを始め，1860年には関税がかかるものは48品目となっていた。英国の植民地政府はあまねくこれに続いた。自由経済の活力がカナダを帝国の権力から離れて新しい方向に向かわせ，1855年，同国は米国との通商条約に署名することになった。弱体化した中国政府にむりやり開港させたのは，英国そのものであった。シャムもまた譲歩した。シンガポールと香港での英国の影響力を間近に見た米国は，1854年から日本に圧力をかけ，外交および通商関係を樹立した。他方，多くのヨーロッパ諸国は，決して英国ほど自由貿易主義を実現するために十分な努力をすることはなかった。

英国の政策は，経済的にはもちろん，哲学的にも説得力のある一連の理論的な原則を求めることができたが，また利益も計算されていた。世界の英国以外の人々には，製品，サービスそして管理手法で英国がリードし，それ故自分たちの発芽期にある産業を英国が押しつぶす力をもっていることを恐れる理由があった。1860年代から現実のものとなっていった二者協定は，関税の撤廃ではなく，関税の削減を見た。国内ビジネスを保護する（全く不当な）徴税と国庫収入を上げる（全く正当な）徴税を区別するのは，いかなる場合においても実務上困難であった。自由市場が自らの利益に適していなかった時には，英国もまた政策の原則をないがしろにしていたといえる。たとえば，英国はインドを自国の綿製品の市場として保持するために，インドに特恵関税をかけ続けていた（Kenwood and

Lougheed, 1992; Ashworth, 1964)。1885年以後のアフリカにおける政府支援の特許会社の復活は，収益が上がりそうにもなく膨大なリスクを持つ地域の開発を経済的に正当化するための試みであった。独占の付与は，彼ら帝国主義者の目的を果たすために必要であったが，一方で自由市場の様々な原則と食い違っていた（Fieldhouse, 1965）。

1850年から1880年の間は，世界自由貿易の頂点と見なされるようになって来たが，揺り戻しはすでに明らかであった。独立戦争および英国による重商主義支配を拒絶することによって創り出された米国は，製造業による自給自足と保護主義の方向に傾斜して行った。それは，元財務長官のハミルトンによる報告書の中で表明された最も有名な見解であった（*Report on Manufactures*, 1791）。ハミルトンは，ドイツの経済学者リストの考え方を構想に組み入れた。リストは，全体に適合する１つの通商政策という考え方を攻撃し，その代わりに後進国の産業は国家の保護を必要としていると論じた（*The National System of Politaical Economy*, 1841）。確かに関税は，米国では1833年以後徐々に削減されていたが，1861年には増強された。その施策は，北部の製造業者を支援しているように見えた。そして，南部からの綿花とタバコという輸出品に対する海外からの報復の恐れを強めたため，その施策は米国の分裂を広げた。1861年から1865年の南北戦争中，政府支出はますます大きくなったため，まもなく高関税へ復帰せざるを得なくなった。この頃，農奴を解放し，それ故，労働市場も解放していたロシアは，騒然とした国内状況を安定させることに関心を払い，そのために1868年に自国の新興産業を保護することを意図した施策を導入した。

まもなく，たいていの独立国家は，自由貿易の縮小に傾いて行った。1873年から始まり，公式には1896年まで続いた大不況では，価格と利益が下落したため，ヨーロッパの諸政府は自国の農業と製造業の両方を保護しようとした。米国からの安価な穀物は，ヨーロッパの有力な農業関係者や地主階級にとって脅威となる一方，小作農民をニューヨークに向かう船に乗るようにとせきたてた（Hatton and Williamson, 1998）。ヨーロッパの国であれば，通商条約を結んでいないいかなる国をも不利な立場におくことができたし，再交渉は関税水準の上昇傾向をもたらした。あとに残されたものは，大いに混乱した差別関税の構造であった。1880年から1913年の全期間にわたって，英国，オランダそしてデンマークだけが，自由な交易を実行した。自由貿易という最高の理想は，国家の自己利益と帝国主義の現実には脆弱であった。1879年から，とりわけ1902年以後，ドイツは完成製造品および農産物には過酷な税金を課したが半成品に対する関税は低く，原材料は税関への申告をしなくてもよかった。フランスは1892年まではあまりはっきりしなかったが，イタリアは1878年から実施した。米国では1890年に，マッキンレー関税法が平均課税率を約50%増加させ，とくに繊維，鉄鋼，ガラス，ブリキ板そして農業に影響を及ぼした。さらに，1897年のディングレー法は57%という課税率を制定した。

貿易の拡大

しかしながら，自由貿易原則の部分的な放棄によっても，なぜ貿易の拡大は止まらなかったのか。英国以外の経済の産業構造の変化，様々な新技術の普及，より能率的な管理手法，それに伴う生活水準の改善が，すべて関連していた。あらゆるタイプの商品への需要が拡大したことは，一次産品，鉱石，原材料，資金，様々なサービスそして労働力の国境を越えた移転を促進した。関税の増大は，経済の国際化と相互依存の高まりを決定的に阻害する要因とはならなかった。統計数値が明らかにしているように，19世紀の最後の四半世紀に世界の生産高の大きな割合を占めていた国々は，世界市場においても大きな存在であった。各国政府が通貨と金準備とを結びつけていた金本位制度は，19世紀には広く採用されていた。それは，インフレに対する防波堤と見られていたし，国際ビジネスと為替相場の安定への信頼を生み出していた。金本位制度は，1873年から1897年の大不況期にも放棄されなかった。

保護主義と国家介入の背後にあった動機は，それがもたらした結果と同様に複雑であった。地主と製造業者は自らの既得権益を実際に守ったし，高まり行くナショナリズムは，活力のある成長産業の保護に容易に向かいがちであった。もし通商規制の政治的かつ現実的な恩恵が認められれば，国家によるその他の介入行為も認められえた。各国政府は，産業と貿易を共に促進するインフラを支援した。顕著な例外である英国を除いて，財政上の補助金や土地の供与は，鉄道の敷設を奨励し，路線が国有となる例もあった。鉄道運賃は，国内の商品あるいは輸出品に有利に決められていたが，興味深いことに，英国の実業家は，自国内の鉄道が実際には外国製品をえこひいきしていると不平を述べていた。国の補助金は自国の商船隊の拡大を促進した。さらなる政府の軍備支出は，国際的対立の強まっていることの予兆であり，国内の様々なエンジニアリング会社や造船会社の成長を後押しした。拡大した通商領事業務は，経済競争の重要性を強調するもので，それは国民国家による輸出の割合を高めるというはっきりとした意見の表明であった。普通教育制度は，社会的かつ経済的な意図をも持っていたのはもちろん，国家的な意図をも持っていた。学校は自国の歴史と国民としての帰属意識についての授業を行い，基本的な読み書きの能力と算数は，工場，売買そして様々なサービス業における仕事に人々が従事する準備であった。

ドイツの電機製品であれ，米国の機械であれ，あるいはオランダのマーガリンであれ，経済的専門化を通じて，国々は成長とより高い生活水準を達成した。しかしその専門化は，自国では生産していないか，あるいは効率よく生産できない商品や原材料を取引して買い入れる場合にのみ可能であった。英国以外の国々の工業化は，英国の覇権を終わらせた。他国はその格差を埋めるにつれて，国際市場と資源の獲得競争を活発に行った。新たな代替的な成長源の探求は，一般的には帝国主義と結びついていたが，個別的には1884年から1885年のベルリン会議と関係していた。この会議において，ヨーロッパ列強はアフリカを分割した。しかしながら，この取決めが持つ象徴的な意味と1つの大陸の政治的・社会的発展に与えた影響は，当初は，それがもたらした経済的な帰結よりも強力だった(Shillington, 2005)。世界規模で見たアフリカの通商・投資機会は，相対的に小さいままであった。世紀の転換期には，アフリカ大陸は世界貿易総額の20分の1未満を占めていたにすぎなかった。しかし，英国のアフリカ向け輸出は，1880年から1884年の同国の総額の5～6％から1900年には約12%まで増加した。1913年には，ヨーロッパは，一次産品輸入総額のほぼ85%を占めていたが，それは次第に熱帯，つまりはるかかなたから得るようになっていたのである（Kenwood and Lougheed, 1992: 60-73; Ashworth, 1964)。

世界規模でのデフレ，そして保護主義へと向かう風潮にもかかわらず，それにさからって貿易と事業の拡大の継続を確実なものとする流れが十分にあった。たとえば，毛織物や鋼鉄のような特定の国々への輸出品は不利であったとしても，半製品や一次産品の比率は最終製品を犠牲にして伸びていった。全体的な傾向は，貿易，一次産品および鉱石といった多国籍企業の主要な事業を劇的に減らすことはなかった。1820年から1870年にかけて，商品の輸出は年率4.2%で伸び，1870年から1913年の間には（そしてより広範な基盤から）依然として平均3.4%の伸びであった（Maddison, 1999)。人類の欲求――とその高まる期待――は，満たされなければならなかった。1880年代には，世界の人口は15億人ほどであったが，それは100年前のおそらく2倍であった。人口は1914年には約17億人となり，そのうちの半数はアジアで，4分の1余りがヨーロッパに住んでいた。1890年には，60万人を超える人口を持つ都市が103あり，食品や一次産品を必要としていた（Hobsbawm, 2003)。それ故，大不況を特徴づけた価格の下落は，消費者

(世界の工業国に住んでいた人々）の実質賃金を押し上げた。そうした人々のより大きくなった消費力が，不可欠な食品，家庭用包装商品，そして半高級品の消費を増加させた。

新しい需要は，それにふさわしいインフラを必要とした。1840年の鉄道総マイル数は総計4,772マイルであったが，1870年には13万361マイル，そして1900年には49万974マイルになった。中米の列車はかつて異国情緒に富んでいたバナナを大量生産品に変え，米国の中西部とアルゼンチンの大草原を穀物・食肉事業へと発展させる道を開いた。技術進歩は海運業の性格も変えた。つまり，ホルト社やブース社のようなリバプール出自の会社は，モーリシャス，ブラジル，インドそして中国への直行商船航路の導入を始めた。世界の商船隊（1880年には2,000万純トンそして1910年には3,460万トンあった）は，商品および乗客の移動の需要を充たした。商船隊は，港湾，倉庫，水路，石炭積込地そして補給地への投資によって支援され，しばしば多国籍企業が，それらの資金を供給していた。それらは，潜在的にはすべて帝国と海軍との関わりを持っていた。最初の冷蔵船は，1877年ブエノスアイレスからフランスに出航した。スエズ運河は1869年開通し，パナマ運河は1912年に開通した。北海とロッテルダムの接続は1872年に改善され，マンチェスター運河（リバプール港を通じて他の世界と「綿業都市」マンチェスターをつなぐ）が，1894年までには建設されていた。

電信は，1866年にロンドンをカルカッタとをつなぎ，1872年にはオーストラリアとつながった。そして，1866年には北大西洋を横断して営業された。たとえばケーブルを製造・敷設したドイツ人所有のシーメンス[6]や英国の運営会社イースタン電信会社のような企業は，１つの技術革新を実用できるものに転換した[7]。そして，明らかな必要性の故に，戦略は地球規模であった。そうした企業は，英国の国際電信省（1869年）によって支援された。そして同省は，万国郵便連合（1874年）や国際著作権保護に関するベルヌ条約（1886年）のように，共通の基準や業務の確立を促進した（Ashworth, 1964）。最終的には，国家間の互恵通商条約によって，投資家と貿易業者に財産権と完全な賠償金の権利を確約する国際法の１つの伝統が確立されていた。1914年以前には，外国所有財産の大規模な接収はなかったし，そして国際システムはそこに参加する企業に対して実質的な安全を保証していた。

海外直接投資（FDI）

貿易は国際システムの活力の１つの指標であった。海外投資はもう１つの指標であった。しかし19世紀について，我々は不幸にもその重要性を計るためのきわめて大雑把な算定基準しか持っていない。1914年までの世界の外国投資のストックの計算値は，400億ドルから450億ドルのレベルにとどまっていた。大多数は疑いもなく証券投資で，これは多くの政府が世界の金融資本から資金を借りたり，あるいは会社の発起人が冒険的事業のための資金を調達したりすることを意味した。そして，それはしばしば海外で所有され，支配されていたインフラ計画のための資金であった。ロンドンは世界における中心的な金融市場であり，英国は国際投資の最大の供給源であった。これらの資金の大部分は米国やラテンアメリカにも向かったが，ずば抜けて大きな部分は植民地向けであった（表2-3）。英国の資本輸出は1850年代以後加速し，その資産は第1次世界大戦前夜には20倍に増えていた。大部分は鉄道会社，政府債および地方債へと向かっていた。したがって，大半は証券投資であった（表2-4および表2-5）。

フランスの資本輸出は，1850年代以降大幅に増加した。そして1880年以後の34年間に3倍になった。1894年に露仏同盟が調印されると，フランスの資金はロシアの鉄道，産業そして政府債に注ぎ込まれた。英国の場合とは対照的に，フランス資産の70%は1914年まではヨーロッパにあり，ロシアの総株式資本の3分の1をフランスが占めていた。1880年代はドイツの海外投資，とくに米国とラテンアメリカにおける投資の1つの転換点であった。米国の投資家について見ると，その貸付は1897年以降一気に加速した。そして彼らは，主としてカナダとメキシコに目を向け，ヨーロッパ全般，西インド諸島，そして残りのラテンアメリカ諸国と続き，最後にアジアを頭に，アフリカそしてオセアニアと続いた。優先順位は，鉱業，石油業，製造業，農業，鉄道，その他の公益事業，そして販売組織であった（Wilkins, 1970）。1914年までには，英国は世界の海外資産の約40%を所有し，そしてフランスはほぼ18%，ドイツは12%，そして米国は5%であった（Gabel and Bruner, 2003）。英国は，第2次世界大戦まで国際資本の最大の供給源であり続けた。

1914年の海外資産の400億ドルから450億ドルのうち，一体どれだけが証券投資に正確に分類できるかについては，きわめて不確かである。それに続いてその他のもの――ある国に本拠を置き別の国で事業活動を行っている多国籍企業によって投資されるFDI――は，正確な数値に欠けている。FDI統計の総額と構成については，共に決着のついていない論争がある。専門家たちはかつて全海外投資の10分の1，すなわち40億ドルから45億ドルがFDIであると支持していた。一方，より最近の学者たちは海外資産の数値を3分の1，つまり約146億ドルと計

表 2-3　1914年における英国海外資産の所在地

米国	21%
ラテンアメリカ	19%
欧州	5%
アジア（英国植民地を除く）	5%
英国植民地	44%

（出所）Crouzer（1982）.

表 2-4　1914年における英国総資産の分野別分布

鉄道会社	40%
政府債と地方債	30%
原材料生産，とくに鉱業	10%
銀行と金融会社	8%
公益事業	5%

（出所）Ashworth（1964）.

表 2-5　1910年における英国の海外直接投資（FDI）の分野別分布

資源を基盤とするもの	27.2%	銀行業と保険	4.8%
鉱業	21%	公益事業	10.8%
プランテーション	2.6%	電力	1.1%
石油	1.9%	ガスと水道	1.9%
市場を基盤とするもの	9.3%	路面電車	4.4%
食品と醸造業	1.7%	電信	3.1%
金属（製造業を含む）	7.6%	海運業と港湾	0.3%
鉄道業	28.9%	土地など不動産	17.1%

（出所）Corley（1994）.

算しなおした（Platt, 1980; Platt, 1986; Feinstein, 1990; Dunning, 1993）。その一方で最新の分析は，145億ドルを最小の総額とし，約180億ドルを支持する傾向にある（Dunning and Lundan, 2008）。いずれの場合でも，FDIのストックは1914年までは，世界の国内総生産（GDP）額の9％から11.1%の間の数値に等しかった。上記の状況は，1960年には4.4%となり，そして1990年の9.4%に至るまで，1914年以前の数値に匹敵するものは得られなかった（第4章および第5章参照）。加えて，1913年の商品輸出水準（世界GDPの8.7%）は，1929年のウォール街の株式崩壊と第2次世界大戦から，1964年（8.8%を記録した時）まで回復しなかったことは，注目に値する。この時期のFDIについてのデータ源が不十分であることを考慮するならば，我々はいくつかの局面に注意を払わなければならない。にもかかわらず，FDIと貿易についてのデータは，第1次世界大戦前に世界経済における国際的な統合が歴史的に見て高い水準であったことを示唆しているし，ほぼ80年の間，それを上まわることがなかった世界経済において，多国籍企業が1つの役割を果たしていたことを示している。

ヨーロッパから北大西洋を横断し，そして発展途上国へと向かうFDIの大きな資金の流れは明らかであった。1914年には，英国は世界のFDI資産の45%を

表 2-6　1910年における英国FDI資産の地域別分布

帝国と自治領		外国の所在地	
南アフリカ	25.1%	ラテンアメリカ	16.3%
その他アフリカ	2.3%	米国	10.8%
オーストラリアとニュージーランド	12.6%	欧州	10.0%
カナダ	6.3%	中国，日本，タイ	7.0%
インドとセイロン（スリランカ）	5.1%	小計	44.1%
マラヤ	1.6%		
その他	2.9%		
小計	55.9%		

（出所）Corley（1994）.

表 2-7　投資国別の推定累計FDIストック　1914～38年

（単位：100万ドル，%）

	1914年	1938年
先進国経済地域	18,029 (100.0)	26,350 (100.0)
北米		
米国	2,652 (14.7)	7,300 (27.7)
カナダ	150 (0.8)	700 (2.7)
西欧		
英国	8,172 (45.3)	10,500 (39.8)
ドイツ	2,600 (14.4)	350 (1.3)
フランス	1,750 (9.7)	2,500 (9.5)
ベルギー，イタリア，オランダ，スウェーデン，スイス	1,925 (10.7)	3,500 (13.3)
その他欧州あるいは欧州から派生した地域		
ロシア	300 (1.7)	450 (1.7)
日本	300 (1.0)	750 (2.8)
オーストラリア，ニュージーランド，南アフリカ	180 (1.0)	300 (1.1)
その他	－ (－)	－ (－)
途上経済地域	－ (－)	－ (－)
総計	18,029 (100.0)	26,350 (100.0)

（出所）Dunning and Lundan（2008）.

占め，ドイツは14%，フランスは10%，オランダが５%，そして他の西欧諸国が５%を占めていた。15%を占めていた米国は，残りの大部分を占めていたことになる（Dunning and Lundan, 2008; Sluyterman, 2003）（表2-6および表2-7）。ある情報源によれば，英国のFDIのうち1910年における自治領と植民地へのFDIの割合は66%であった。1914年では，自治領と植民地における証券投資とFDIは共に，総額の44%であった。証券投資の機会は，世界中で生じた。一方，多国籍企業は，帝国内により関心を集中させていた。というのは，そこでは資本と経営の専門知識が必要とされ，かつ政治状況が有利に働いたからである（Davis and Huttenback, 1986）。資本集約的な鉱業権益を持つ南アフリカ，それに続いてオーストラリアとニュージーランドは，英国のFDIのための場所として，1910年まではとくに突出していた。ラテンアメリカと米国が，外国（すなわち非帝国）の領土に対して行われた44%の残りの部分のほとんどを占めていた（Corley, 1994）。1938年には，英国はいまだに世界のFDIストックのほぼ40%を所有していたが，米国はその差を急速に詰め，28%にまで肉薄した（Dunning and Lundan, 2008）（表2-7）。

1914年の世界のFDI資産の所在を見ると，米国が10%を超え，中国はほぼ8%，ロシアは7%をわずかに超え，カナダは6%近くで，これらが最大の投資受入国であり，対する英国は1.4%にすぎない。米国は，国内銀行の取締役に外国籍の人物がなることを禁じており，多国籍企業は銀行への投資に対する障壁が，投資ができないほど高いことを知った。同様に，鉱業権を所有できるのは米国の市民や企業のみであった。他方，保険業の大部分は，鉱業や石油の採掘と同様に，対内FDIに対しては自由であった。いくつかの州は土地の外国人所有を禁止しており，これらの規定は，牧場経営や農業への投資を阻止していた。しかし全体として，米国の規模，その豊かな資源，そして急速な成長は，外国の投資家にとってすべて大きな魅力であった（Wilkins, 1989）。

決定的に重要なこととして，対内FDIの大多数（約60%）は，ラテンアメリカやアジア，そしてはるかに小さいがアフリカの発展途上経済地域で見受けられた。もし西欧や米国以外のすべての地域を取り上げるならば，その数値は80%を超えるまで上がる（Dunning and Lundan, 2008）（表2-8）。インドと中国が，アジアにおける主たる投資先であり，ラテンアメリカでは，ブラジル，アルゼンチンそしてメキシコが突出していた（Dunning and Lundan, 2008）（表2-8）。英国のFDIの大多数，つまり56%もが植民地に向かい，たとえ製造業が過小に報告されていると認めたとしても，より大きな割合が未開発あるいは発展途上経済地域に向かっていた（表2-6）。ドイツのFDIはヨーロッパにおいて重要であり，その範囲はグローバルで包括的でもあった。しかも，通常知られている製造業の分野だけでなく，さらに鉱業，銀行業，貿易業そして保険業においても行われていた。フランスの巨額なFDIの背後にある詳しい事情を我々はあまり知らないように思えるが，フランスからの投資とビジネスは，とくにロシアとスペインにおいて重要であった（Wilkins, 1993）。1880年から1913年にかけて，ロシアの工業会社へ投資された総資本のほぼ50%は，外国からのものであった（McKay, 1970）。

さらに，確かに入手できる数値は海外における製造業のFDIの水準をいくぶん過小評価しているかも知れないが，英国の対外FDIの大部分は鉄道業や天然

表 2-8　投資受入国／地域別の推定累計FDIストック　1914～38年

（単位：100万ドル，%）

	1914年		1938年	
先進国経済地域	5,235	(37.2)	8,346	(34.3)
米国	1,450	(10.3)	1,800	(7.4)
カナダ	800	(5.7)	2,296	(9.4)
西欧	1,100	(7.8)	1,800	(7.4)
英国	200	(1.4)	700	(2.9)
その他欧州	1,400	(9.9)	400	(1.6)
ロシア	1,000	(7.1)		
オーストラリア，ニュージーランド，南アフリカ	450	(3.2)	1,950	(8.0)
日本	35	(0.2)	100	(0.4)
発展途上経済地域	8,850	(63.8)	15,969	(65.7)
ラテンアメリカ	4,600	(32.7)	7,481	(30.8)
アフリカ	900	(6.4)	1,799	(7.4)
アジア	2,950	(20.9)	6,068	(25.0)
中国	1,100	(7.8)	1,400	(5.8)
インドとセイロン	450	(3.2)	1,359	(5.6)
南欧	n/a	(n/a)	n/a	(n/a)
分類できない国際投資	−	(−)	n/a	(n/a)
総計	14,085	(100.0)	24,315	(100.0)

（出所）Dunning and Lundan (2008).

資源に向けられていた（Corley, 1994）（表2-5）。おそらく，世界のFDIストックの55%は，天然資源（再生可能および再生不能の資源）に投資されていた。そして，20%が鉄道業へ，10%が貿易，流通，公益事業および銀行業へ，そして約15%が製造業へ投資され，最後の製造業はほとんどすべてが西欧と北米におけるものであった（Dunning and Lundan,2008）。19世紀を通して，発展途上地域や植民地における天然資源，インフラ投資，貿易，FDIの必要性と多国籍企業の台頭の間には，強いつながりがあった。

多国籍企業の組織と活動

FDIの重要性とそれがもたらした結果を十分に評価するために，我々は資本ストックという指標を越えて，それがどのように統制され，組織的に行われたのか，その方法について検討する。シーメンス社とシンガー社の中に，海外における製造業投資の開拓者的性格を見ることができる。すなわちこれら2社は，経営スキル，生産体制，そして技術知識を母国から海外子会社へ移転させた。これら2社は自社のミニ版を再現し，外国市場に子会社を設立し，製造会社内部に本来備わっているべき固有の組織上の能力と体制を移植しようとした。このFDI形態は，戦間期に顕著であったが，とりわけ第2次世界大戦後の数十年間に広く普及し，通常（それら両方の期間において）この形態は多くの先進経済地域に向けられた。19世紀の多国籍企業に目立っていたのは，フリースタンディング企業（FSC）である。このFSCの母国は，本質的に資本投資の供給源であり，正式に登記がなされる場所であった。しかし，業務活動は最初からどこか海外市場で行われ，母国で最初に確立されたものではなかった。主要な経営人材以外は，専門能力（たとえば技術とかマーケティングのような）を正規の海外子会社へ移転させることは，目立ってはいなかった。

FSCは，急激に発展している世界経済と帝国の拡大の機会を活かすべく作られた，投資の手段であった。英国とオランダは，2つの最も国際化した経済圏を持つ国として，FSCの設立を先導した。オランダで創設されたFSCの75%が，植民地のオランダ領東インド諸島（現在のインドネシア）で事業活動を行っていたことは，決して偶然ではなかった。FSCは単一の核となる活動，すなわち一次産品やサービスに集中しがちであったが，いかなる範囲や規模の欠如も，戦略的提携，兼任重役制，そして株式の所有でつながっていた企業集団を通じて克服することができた。そうした企業は，植民地と発展途上経済地域で事業活動を行うことを前提としていたので，しばしば貿易や天然資源の開発にかかわっていた（Wilkins, 1988a; Corley, 1994; Sluyterman, 1994; Hennart, 1994a; Jones, 1998; Wilkins and Schroter, 1998）。

何人かの歴史家の結論にもかかわらず，（大量生産と米国企業に連なる）複雑で統合された組織構造の採用に失敗したことが，FSCを不利にしたという証拠はない。FSC形態は遠隔地における貿易，銀行業務そして資金調達に適しており，現場での迅速な企業者活動と柔軟な商取引を可能にした。ヨーロッパは資本あるいは経営陣の供給源であったが，商業機会とそれに伴う事業上の決定はほかの場所で行われた。1960年代に経済学者たちが「多国籍企業」を「発見した」時，彼らは当時支配的であった米国製造会社を説明するのに役立つ概念を用いた。FSCが後年に明らかにされ考察された時，それらは奇異なものに思えた。にもかかわらずFSCは，国際的な経営構造と様々な本社機能を展開することができ，そして多くのFSCが19世紀末まで実際にそうしていた。もし20世紀の多国籍製造企業のシステムと同等でないのならば，我々はFSCが比較可能であると仮定すべきではない。というのは，FSCと結びついている事業の性質に，FSCはしばしば適しておりふさわしかったからである。

以下で述べる多国籍事業の7つの類型は，1914年以前に顕著になり，製造業を例外としてすべてにおいて，FSCのわかりやすい事例を生み出していた。しかし，それらの特徴の説明が具体的に示していたのは，企業の事業活動は異なった企業類型の間で流動的で，いかなる企業もある特定の分類概念に当てはめるのは困難だということであった。そうした説明はまた，サービス，天然資源，工業という3分類を採用している統計の限界を際立たせていた。第1に，国際的な商業の規模と範囲は，主に大手貿易商社の能力によって決まった。ヨーロッパはそうした企業の設立資金と最高経営者層の供給源であったが，しばしば彼らが競争に打ち勝つことができたのは，現地の商取引の知識と彼らが持つ海外におけるビジネス仲間のネットワークによっていた。企業者的機会主義と多様な製品を抱えていることが貿易商社の特質であったので，彼らは容易に農業，牧畜業，鉱業そして工業へと事業を拡大した。儲けの多い仲介商から，作物の収穫や製品の製造への投資は小さな一歩であった。そして，結果として貿易商社は供給を確保した。投資から銀行業や保険を含む他の金融サービスへの進出も，同様に小さな一歩であった。そして，貿易商人は当然海運業や輸送業に引き寄せられて行った。貿易商社は，そうした自らの多様な商業活動から，様々な経済利得を得ていた。そして，貿易商社は複合企業（コングロマリット）へと発展した時はいつでも，世界の他の地域において当時の多国籍企業がほとんど対応できなかった重要な役割を，アジア，ラテンアメリカ，アフリカで発揮した。

帝国主義は貿易業者に有利な投資環境を提供した（その結果，マレーシアのガスリーやオランダ領東インド諸島のボースニジ社の歴史がつくられた）。しかも，南北アメリカにおける英国のバルフォア・ウィリアムソン社やシャムのスイス人所有のフォルカート社によって立証されていたように，彼らは市場知識と世界中で成功する組織上のスキルを必要としていた。ラテンアメリカ，アジアそしてアフリカでは，西洋の貿易商社は自社の世界的あるいは地域的な活動範囲から儲けていた。重要なことは，そうした企業は貿易や海上輸送に要する資金を調達するのにヨーロッパ資本市場を利用できたことである。そして，貿易に関連したプランテーションや工業（顕著な例としては，地域の事業家たちと）に投資するために，その資金の流れを使った。大規模な多角化した国際企業として，自ら戦略上・戦術上の有利性のために，ヨーロッパの貿易商社は植民地で模倣者（たとえば，1914年までに貿易から繊維製品，鉄鋼生産，石炭業そして電力供給へと移って行ったインドのタタ財閥のような）を刺激し，究極的には，競争力のある挑戦者を刺激した（顕著なのは日本の三菱商事と三井物産であった）。

ヨーロッパ内の貿易業者は概して，同様に大規模なFDIを行って国際事業へと発展する機会を持っていなかった。よく知られている例外は，ロシアで紡績工場を開設し，そして広範な銀行業関連の事業や投資活動を不動のものとした綿貿易商，W. H. ハバード社であった（Jones and Schroter, 1993）。もう1つの例は，ロシア政府に戦艦を建造するのに必要な鉄を供給していたジョン・ヒューズであった。自らのコネクションと市場知識のおかげで，彼はドネツ盆地の石炭および鉄鉱石の採掘権を獲得し，そして自らの新ロシア会社を1871年に設立した。鉱山を中核に創設された開拓地は，所有者の名前にちなんでユーゾフカと名付けられたが短命であった（Milward and Saul, 1978）。しかしながら，豊富な土地と資源を持つ大規模な市場ではあったが，ロシアは技術的に遅れた資本の乏しい国であった。後に見るように，19世紀の間，同地の海外投資の大部分は，製造業ではなく鉄道業，公益事業，石油につぎ込まれた。大手の貿易業者は重要な事業を創設し，そして複雑な一連の商取引に参加することができた。

1860年代までには，オランダのヴァンストーク社は，ロシア南部，ドナウ盆地そして米国から穀物を運びこむための流通網をドイツで築き上げていたことが知られている。しかも後に，生産者が西欧の裕福な都市市場とのつながりを自ら創り出すと，外国の貿易商はロシア貿易において，自分たちが果たしていた中心的な役割を失ってしまった（Minoglou, 1998; McCabe, Harlaftis and Minoglou, 2005）。ギリシャのラリ家は15もの共同事業に携わっていた。すなわち，リバプールの事務所は繊維製品を，オデッサの事務所は穀物を取り扱い，そしてカルカッタ支店は同家が国際的に活動範囲を広げていたことを明らかにしていた。同家の事業は後にロンドンに移動し，銀行業に多角化した（Minoglou and Louri, 1997; Minoglou, 1998; Harlaftis, 1996）[8]。

第2に，貿易業と同じく仲介サービスの1つである金融業があった。貿易商社と密接に連係して，銀行が多国籍企業の重要なモデルとして新たに登場して来た。1830年代から，英国の海外銀行が植民地で地盤を築き，次にラテンアメリカやアジアで事業展開し，大きな影響力を持っていた。当初，銀行は貿易の後を追い，貸付金と為替サービスを英国の取引先に提供したが，海外の顧客基盤を築くことによって進化した。こうした銀行の所有権は通常ロンドンで保持されていたが，その事業活動は多額のFDIに依存したものではなかった。ヨーロッパの銀行および金融グループは，植民地やラテンアメリカに集中していたが，世界の主導的な地位の金融センターとしてのロンドンに代表者を派遣しておくことがしばしば必要とされた。北米とヨーロッパにおける国際的な資金調達は，発展途上地域とは異なり，コルレス銀行，実際は世界の金融センターに本拠を置く取引仲間の金融機関に，依存し続けた（Jones, 1993; Hertner and Jones, 1986）。保険会社もまた，海外からの多額の収入を生み出していた英国，ドイツ，フランス，米国そしてカナダの企業と大規模な世界的利害関係を持っていた。国際的な保険業と銀行業の間には強いつながりがあった。加えて，上述のように，国際的な貿易と銀行業と保険業の間にも強いつながりがあった（Borcheido, and Haueter, 2012; Wilkins, 2009; Borcheid and Pearson, 2007; Pearson, 2010）。

第3に，インフラおよび交通輸送事業があった。これらの事業は，鉄道，港湾，トンネル，運河そして橋梁を建設する専門家としてのスキルと技術を持った建設業および土木業の多国籍企業を惹きつけた（Linder, 1994）。S.ピアソン＆サン社のような英国企業ばかりでなく，ドイツのホルツマン社，あるいはデンマークのクリスティアニ＝ニールセン社などのライバル企業があった。そうした企業はグローバルに事業活動を行っていたが，未開発地域ではさらにいっそう大きな競争優位を持っていた。経済権益ばかりでなく，軍事上の権益も続いた。すなわち，フランスおよび英国政府は，スエズ運河（スエズ運河会社によって着手された）の戦略的な重要性を見過ごすことはできなかった[9]。そしてバグダード鉄道は，オスマン帝国，ドイツそして英国の間での外交上の緊張の源であった[10]。資金の流れは大部分がとくにロンドンからであったが，建設および土木事業に供給され，次にこれらは取引される商品の供給をしばしば容易にした。

第4に，世界規模での都市化現象があった。都市化は，路面電車，ガス，電気，下水設備そして上水道から電話までの公益事業の資金供給，建設そして運営への国際的な需要を生み出していた。英国人所有のルーカス＆エドア社は，ガスおよび上水道の主導的な施工業者であった。一方，たとえばAEGやシーメンス社のようなドイツの電気工学技術会社の海外での成功は，英国の工業と技術の将来について高まりつつあった疑問を投げかけていた（Linder, 1994）。政府と都市は，たいていこれらの大規模な事業計画に責任があり，その所有権を持っていた。そしてその発起人は，地元では手に入るとはかぎらない資本と専門技術知識を共に持ち込んだ。

第5に，一体どこで宝石用原石，金属そして鉱石が採掘されるべきなのか，その場所を地質学が決定づけるという事実があった。先進世界の天然資源に対する需要を充たすために，（たとえばリオ・ティント社やメタルゲゼルシャフト社のような）国際的な鉱業会社こそが，大規模で複雑かつ資本集約的な冒険的事業に必要な専門技術，経営そして資金供給の能力を持っていた。アフリカ，アジアそしてラテンアメリカでは，経済的・政治的意味合いは大きかった。たとえば，ダイヤモンドと金は南アフリカの歴史を変えた（Harvey and Press, 1990）。フリースタンディング企業（ある1つの国で資金調達され，そこに本拠を置き，別の国で事業活動を行なっていた）は，資本市場を海外の天然資源の開発事業と結びつける一般的な組織的手段であった。鉱山業は，譲渡不能な資産への危険性の高い投資であり，（文字通りの）埋没コストを最初から内に持っていた。さらに，鉱業は技術的にも組織的にも複雑で，設備，専門技術知識，そしてマネジメントの国際移転を含んでいた（Hennart, 1982; Hennart, 1986）。土地と採掘権を取得する際，企業は自らの投資の安全が守られたり保護されたりするという適切な確信を得る必要があった。いくつかの場合には，植民地化が投資の契機となって，その拡大する機会を開発しようと，フリースタンディング企業が創設された。他の場合には，様々な投資が植民地化の契機となった。不可欠な原材料は，単なる通商問題ではなく，国家の安全保障上の重大事であった。

第6に，様々な再生可能な天然資源に関わっていた多国籍事業活動があった。天然資源は，採取産業や公益事業の需要と同じように，立地に縛られていた。ますます増大し豊かになって行く人々は，生活必需品（小麦，牛肉，茶，石鹸そしてゴムを含む）の供給源を世界に求めるようになった。そして自らの新たな購買力で，より珍しい品目（ココア，バナナそして南洋材）を求めるようになった。安定し拡大しつつあった供給は，大量生産と表裏をなしていた。それは，生産設備への大規模投資を守るものであった。生産設備は先進世界にとどまり，そして経営と国際的な供給と生産の連鎖のより大きな確実性と支配権をもたらした。たとえば，石鹸のためにパーム油を必要としていたリーバ・ブラザーズ社やタイヤ生産のためにゴムを必要としていたダンロップ社のようないくつかの製造会社は，貿易複合企業や海外投資会社を模倣して，海外に大きな栽培地を取得した。天然資源の多国籍企業は，国際資本，流通チャネル，そして最終消費者への接近方法を持ち，しばしば小農たちの努力を圧倒した（Fitzgerald, 1995; Wilkins, 1970; Wilkins, 1974; French, 1991; Bucheli, 2005; Fieldhouse, 1994）。

最後，第7に，製造業FDIの最も初期の例があった。その目的は，たいてい市場追求であった。そして，他の6つの多国籍事業の類型とは異なり，主に他の先進経済地域，カナダそしてヨーロッパに目を向けていた。というのは，そこには自社製品に対する需要があったからである。米国の製造会社は，海外に子会社を設立する範囲が例外的に大きかったと言っても差し支えない（Wilkins, 1970）。もっとも，ドイツやフランスと並んで，英国の製造会社もまたある程度の顕著な例を提供していたが。少数の支配企業の主導によって，スイス，オランダそしてスウェーデンといった，より小規模な経済の国々は，自国のGDPと比して高い製造業FDIの水準を示していた。多くの場合，フォード社，インターナショナル・ハーベスター社，コートールズ社，シーメンス社，バイエル社あるいはネスレ社にみられるように，企業レベルや母国での生産，技術あるいはブランドが持っていた将来伸ばしうる能力が，海外に投資する意思決定や海外で成功するための能力の土台となっていた。各国に本拠を置いた子会社の経営は独立して運営される傾向があったが，本国から派遣された経営者の支援や技術援助を得た。多国籍製造企業は，移転された様々な所有資産を監督するために完全支配の子会社を創立したが，そうした子会社は，現地の価値ある知識を持っている現地の同業者と合弁会社を設立することをいとわなかったし，そうする時は受入国政府から便宜を与えてもらいやすかった。

コラム 2.1

多国籍企業の理論と競争優位

国際ビジネス理論の創始者として認められているのは，ハイマーである。彼は海外で商取引活動を行う不利な立場を補うには，企業は優位というものを保有していなければならないと論じた。彼はその会社が——たとえばイノベーション，費用，資金調達あるいはマーケティングにおいて——「所有している」優位は，母国の本社から受入国の海外子会社へと，すなわち「企業内で」移転されると主張した。FDIは単なる資本金の移転ではなく，様々な企業資源の移転であった。続いて，投資する企業は国境を越えて管理する必要がある。言い換えれば，国際経営についての様々な経験に学ぶ必要があると論じた。ハイマーは，多国籍企業の戦略が独占をめざすものであり，大企業は母国市場での主導権を海外の経済に拡大しようとしたと，見て取った（Hymer, 1960）。

バーノンは，ハイマーの研究成果を自らの国際プロダクト・ライフ・サイクル論で精緻化した。ある革新的な製品がライフ・サイクルの初期段階にある時，開発費用は高く，市場の意識，規模の利益，販売，そして利潤は低い。海外需要は輸出を正当化するが，FDIを正当化はしない。ライフ・サイクルの第2段階では，市場の意識と規模の利益がFDIを可能にする。そして企業は，受入国経済において潜在的な競争企業や模倣企業に対して，自らの製品についての先行者利益を得ようとする。第3の成熟段階では，子会社が輸出で大躍進を成し遂げる可能性が生れる。しかし，競争相手や代替製品が利潤を引き下げ，企業はもう一度ライフ・サイクルを始めるために，また別のイノベーションを必要とすることになる。同時にそれは，より低コストの生産者に自社の開発製品のライセンス（製造許可）を供与したり，労働その他の生産要素費用がより少ない国に投資することになりうる（Vernon, 1966）。

ハイマーとバーノンに対する１つの批判は，彼らが多国籍企業の経営の側面にほとんど注意を払わなかったということである。そして，企業組織，後方統合・前方統合，国境を越えた調整，あるいは産業固有の様々な相違についての洞察が乏しかったことである。コースの著作（Coase, 1937）を用いて，バックリーとカッソンは取引費用理論を使い，外部の関係者との契約はリスクがあまりにも高すぎ，不確実で，実質的な成果が期待できない可能性が高いと明確に述べ，そして多国籍企業は，自らの組織内で業務を内部化していると論じた。新しい製品や製法への技術投資とその実施は，長い時間のかかる計画であり，長期の評価と徹底した経営管理上の調整を必要とする。契約企業の動機，誠実度そして能力の不確実性は，それ自体が費用となり，多国籍企業のみが，特定の製品やサービス向けの技術，工場設備，様々な組織そして人的資源における諸資産を効果的に統合することができるのである。

統合は，規模や範囲の経済をもたらし，内部化は現地の競争企業とその競争優位を相殺しうる利益をもたらした（Buckley and Casson, 1976）。たしかに取引費用理論は，企業の内部の様々な側面に注意を向けていたが，多国籍企業の親会社と子会社の関係や，時が経つにつれて，またFDIを最初に行った後に徐々に進化していく多国籍事業活動の特徴について，詳細に検討している訳ではない。しかしこの理論は，多国籍企業内の後方および前方統合がどのレベルにあるのかを検討し，ある期間にわたって多国籍企業の戦略と組織に関する諸問題を説明するために適用されうる（Hennart, 1982; Hennart, 1986; Hennart, 1994）。

取引費用に関するウィリアムソンの著作――企業成長，事業活動の内部化，そして市場メカニズムの代替についてのもの――は，いっそう全般的な影響力を与え続けてきた（Williamson, 1975 参照）。経営史家たちは，ペンローズ（Penrose, 1959）の洞察を経営資源（企業成長にとって鍵となるので）に広く応用してきたし，（規模と範囲を通じて競争する企業内で資金の調達，供給，生産，技術そしてマーケティングの調整のための１つの方策としての）経営者企業という現象についてのチャンドラーの洞察（Chandler, 1962, 1977, 1990）も採用してきた。彼らの考え方は多国籍事業に適用されうるものである。なぜなら，経営者の人材と様々な部門と事業部の内部構造は，親会社と子会社の間で国境を越えて資金調達，供給，生産，技術そしてマーケティングを調整する必要があったからである（Chandler, 1980; Chandler and Mazlish, 1997）。

多国籍企業について，最も影響力のある考え方をしているのはダニングである。彼は，どの要因も１つでは多国籍企業の複雑さを適切に説明できず，広い包括的アプローチが必要であると論じて，「折衷パラダイム」を展開した。したがって，彼のOLI（Ownership, Location and Internalization）の枠組みは最大限の範囲の諸要因を包括しようとする試みである。彼はハイマーの理論に基づいて，成功する多国籍企業は所有（O）の優位，つまり技術，経営管理，人的資源，財務，生産そしてマーケティングの分野において組織内部の能力を持っていなければならないと述べた。そのために，成功する多国籍企業は母国市場から海外へ，自社が持っている競争上の優位を移転することができる。

ダニングは後の著作の中で，Oの優位の3類型を具体的に述べている。すなわち，イノベーションを行う能力，そしてマネジメントと組織における経験（資産の所有：Oa），その組織を統治し，そして資本，労働者そして様々な資源を能率よく配置する能力（所有権の実行：Ot），そしてその中で多国籍企業が発展していく協力的な政治的・制度的・社会的な情況である（所有権の制度化：Oi）。ダニングは取引費用分析を適用して，内部化（I）の優位を強調した。優位の中で，多国籍企業は国境を越えた生産，マーケティング，研究そして人的資源の調整を通じて能率を達成する。内部化の優位が強ければ強いほど，様々な活動を内部化する誘因がより大きくなり，国境を越えた経営者階層が見受けられるようになり，そして市場に基づく契約の危険性は減少する。

ダニングはそうした所有と内部化の優位に，立地（L）の優位という概念を付け加えている。異なる国に立地しているために，多国籍企業は研究開発（R&D）ネットワーク，より低い費用，人的スキル，中間投入資本，インフラ，市場への近さ，より安価な資金調達，あるいは政府援助のような優位を獲得できる。国際ビジネスにおいては，企業は輸出，ライセンス供与，そしてFDIのいずれかを選ぶことができ，OLIの3つの優位すべてを見つけることができる所では，企業はFDIに決定するであろう。ダニングは，Oの優位それ自体ではFDIを論理的に説明できないという，取引費用の理論家の見解を取る。なぜなら，成功企業は輸出とライセンス供与を通じて，母国経済にこれらの優位を活かし続けることができるからである。輸出とライセンス供与を比較して，費用を減らしたり，あるいはFDIの便益を増やしたりする立地要因は必要であり，多国籍企業が内部化や国境を越えた調整を通じて優位を最大限に活用できるのは，まさに国々の間には立地上の差異が存在するということである（Dunning and Lundan, 2008）。

3つのOLI要因の相対的重要性は，企業や産業によって異なるであろうし，とりわけ重要なことは，時の経過とともに変わっていくことである。結局，焦点は多国籍企業の親会社であり，それをどのように創立し，そして所有の優位をどのように移転するかであり，母国と受入国での事業活動の調整を通じて，多国籍企業の親会社がどのように戦略的に立地と内部化の優位を用いていくのかである。子会社，知識と事業のネットワーク，そして政府の役割は，比較的受動的であった。

19世紀の多国籍企業――天然資源を獲得・販売するために低開発地域で事業活動を行っていたヨーロッパの貿易商社と米国の同様の企業とが重要な役割を果たしていた――の歴史は，そんなにすっきりとOLIのアプローチには当てはまらないことが分かる。多国籍商社は，母国経済の中でOの優位を発展させなかった――確かに資金源が確保できるところに典型的に存在していたのではあるが――。そして，そうした企業の事業活動は海外で始められ，そのほとんどすべてが海外で行なわれた結果として，海外勤務するトップの人員を派遣する以外は，いわゆる受入国経済にOの優位を移転することはなかった。経営の意志決定や増大していく権限の統制の内部化に関するいかなる考え方も，多国籍企業史におけるこの重要な事例の中で，このはるかに緩いネットワーク構造をそれほど論理的に説き明かしてはいない。OLIモデルの多くを認める一方，より完全な説明のためには，どこか他を見る必要があるのかも知れない。

英国のインド統治と多国籍投資家

貿易は発展途上経済にとってはずっと重要であり続けた。なぜなら，そうした国々の国内市場は，総需要と1人当たりの消費の低さに特徴づけられるからである。たいていの場合，発展途上経済は，自国の天然資源を輸出に向け，交通輸送，機械そして土地不動産への国際投資を必要とした。結果として，貿易は経済成長と近代化に関わるようになった。そして，さらなる国内開発あるいは工業化が生じるまで，産出高に占める天然資源の高い割合が続く。それはまた，植民地化の恐れをもたらす。もし産業企業が，とくに1950年代後半以後，FDIの先頭に立っていたとすれば，1914年前にそれを主導していたのは，貿易，鉱業そしてサービス部門であった。そして，その投資の流れの大部分は，ラテンアメリカ，アジアそしてアフリカ地域の開発に向けられていた。

成功するために，貿易業者たちはビジネス・ネットワークに依存して，顧客と信頼関係を築いた。個々人の企業家精神，名声，縁故そして市場知識が取引を育み，そして確かなものにした。貿易業者たちは国際的な需要を供給に結びつけることによって栄え，きわめて多様な範囲の財とサービスを取引する道を開いた。個人的なつながり，私的な協力関係，そして柔軟な仕事の進め方が重なって，競争上必要な強みとなった。他方，規模が大きくなり，あるいは自社の活動が高度に多様化した貿易商社は，紛れもなく組織的により複雑になった。そして，その大陸を股にかけた権益は，経験を積み専門的な知識を持った経営管理チームの調整を必要とした。それにもかかわらず，そうした企業は，その成功が基本的に内部における決まった生産手順や応用技術に依存していた大量生産企業とは異なっていた。大抵の場合，先進国に輸出していた製造会社は，既存の販売代理店や現地の流通業者に頼ることができた。海外に生産体制を移転し，海外で経営することから得られる便益は明白ではなかったし，その会社の輸出市場の規模と性質は，そうした投資を正当化するものではなかった。しかし，19世紀の世界経済の趨勢は，通商的にもまた帝国主義的にも，多国籍貿易業者にとって重要で利益をもたらす誘因となった。

インド経済が1860年代に加速した時，その多くがカルカッタの商業中心地に定着していた英国商人にとって，それは当然魅力的なものであった。彼らは繊維取引での自らの経験を持ち込んだが，一方で有利な政治上および制度上の優位を享受した。英国総督はインドを宗主権者として支配しており，帝国の保護の下で続いていた藩王国以外の地域では，行政機関，裁判所，警察そして軍隊を統合した制度があった（Fieldhouse, 1965）。イングランドのランカシャーは，紡織業における世界を主導する中心地であったが，米国の南北戦争が原綿の供給を途絶させた時，同地の多くの紡績工場は生産を削減するか，閉鎖しなければならなかった。インドは綿花を育てる代替地であり，1869年のスエズ運河の開通は，アジアとヨーロッパの間の大陸をまたぐ交易と輸送を促進した。

たとえば，アンドリュー・ユール社は1863年にインドに進出し，バード商会は1864年に登場し，ショー・ウォレス社が1868年に続いた。インドにおいて非英国系の貿易業者の中で突出していたのは，フォルカート・ブラザーズ・ヴィンテルトゥール社であり，綿花と工業製品の売買を目的にスイスとボンベイに事務所を構えていたが，まもなく思い切ってコーヒーに進出した（Guex, 1998; Jones, 1998）[11]。国外在住のインド人実業家（印僑）と現地インドの実業家は，いずれも貿易業から素早く多角化していった。記録によると，彼らは綿花と同様に，ジュート，茶，コーヒーそして砂糖のプランテーションを取得した。そして彼らは，石炭，銅，そして錫鉱山の採掘へと事業を拡張していき，製粉工場，石油，路面電車，軽便鉄道そして内航海運に資産を保持した。マドラスのビニーズ社は２つの綿紡績工場を設立した。グリーブス・コットン社とキリック＝ニクソン社は共に，インドの綿製造の中心地であるボンベイに工場を建てた。そこでは，通常，現地のインド企業が企業家精神を発揮していた。ランカシャーの綿製造業者について言えば，彼らはインドの子会社を設立したり買収したりすることにまったく関心を示さなかった。

英国の貿易商社は，法的に独立した鉱山やプランテーションや工業会社を設立することを好み，大抵はその地で登記し，次にしばしば儲けの多い経営代理業務をこれら新たに創立した関連企業にあてがった。非公式のインドの資本市場とビジネス・ネットワークは多くの投資を生み出したが，ロンドンのシティもまた主要な供給源であった。1911年までには，７つの経営代理商がインドのジュート，茶，そして石炭会社のほぼ半分から３分の２を支配していた。バード商会とアンドリュー・ユール社は，インド最大のビジネス・グループに成長していた。バード商会は東インド鉄道との業務契約に源を発し，ジュートと石炭の会社の多くを所有していた。そしてアンドリュー・ユール社は，ジュート紡績工場（4），綿工場（1），製茶会社（15），石炭会社（4），製粉工場（2），鉄道（1），石油流通会社（1）を持ち，カルカッタの経営代理商のなかで最も多様な事業を運営していた。ショー・ウォレス社は，1886年にロンドンのR. G.ショー社とカルカッタのショー・ウォレス社に改組され，綿および茶の売買から石炭鉱業に移っていった。1891年以降，同社の最も重要な事業は英国所有のビルマ石油のための灯油の流通であった（Ray, 1979; Bagchi, 1972）。セイロン（現スリランカ）では，ボウステッド・ブラザーズ社が茶の栽培地と路面電車と発電の会社を所有した。

主要な貿易商社は，多角化した国際事業集団へと発展し，何社かは自らの拡大する業務のための資金を調達するために，ロンドンに本社を設立した。デーヴィッド・サスーン社は1872年正式に本店をボンベイから移転させ，ダルゲティ社は1884年にオーストラリアとニュージーランドに所有する会社に資金を供給する手段として株式会社化した（Daunton, 1989; Vaughn-Thomas, 1984）。1891年にドッドウェル＝カーライル社がインドと北米に権益を持つある会社を支配するために創立された時，同社はロンドンに本店を構えた[12]。インドと中国の茶貿易で十分に基礎を固めていたハリソンズ＆クロスフィールド社は，1890年代からオーストララシア（南洋州）と北米に事務所を設立し，種々雑多な分野の商品に携わっていった。加えて，1899年から1914年にかけて，同社はインドとセイロンの茶の栽培地，マラヤのゴムそしてオランダ領東インド諸島の茶とタバコに投資した（Brown, 1994; Allen and Donnithorne, 1957）。同社のロンドン本社は，一次産品貿易，保険と金融，輸送業務そしてプランテーションの経営と助言を監督する支店を統制した。ハリソンズ＆クロスフィールドは，プランテーションと製材業を別々の独立した企業に委ねた。同社はこれらの企業の株式を保有し，それらの企業の取締役会構成員を任命した。同社は1903年から1914年の間に，ロンドン市場で40社ほどのゴム農園会社の株式を公開していた。

そうしたすべての企業の中で，最大の海運貿易会社であったマッキノン＝マッケンジー社は，英領インド蒸気船海運会社（BI）が1865年に設立された時，同社の旅客代理店を務めていた。貿易業者のグレイ・ドーズ社はマッキノン社の連合体の中に深く組み込まれ，同社はロンドンにおけるBIの旅客代理店であった。同社はアラビア湾にいくつかの事務所を持ち，そこで海運会社の広範囲にわたる貨客輸送および郵便業務を組織化することができ，繊維からアヘンまでの商品を輸入した。ロンドンで，マッキノン＝マッケンジーは，インドの茶とジュートの会社をいくつか設立・登記した。オーストラリアでは，同社は食肉加工業の任務を引き受けた。そしてインドでは，綿紡績の仕事を担った。同社は，ウィリアム・マッケンジー卿が1873年にロンドンに戻ってから1893年に亡くなるまで，彼の優れた管理の下で急速に成長していった。カルカッタの事務所で19年間勤めていたジェーム・ライル・マッケイは，当時同社で指折りの人物となり，新たな合名会社と合弁会社を通じて同社の活動を拡大した。1914年にBI会長のインチケープ侯は，P&O社との合併を取り決め，英国からアジアやオーストラリアまでの旅客および商業輸送を支配する世界最大の海運グループを確立した（Munro, 1987）。ジャーディン・マセソン商会やスワイヤー商会の場合と同様に，マッキノン・マッケンジー・グループを主導する人物は，英帝国の首都ロンドンに常駐し，そこから複雑な事業ネットワークを調整することができた（Jones, 1998; Jones, 2000; Roy, 2006; Allen and Donnithorne, 1957）。

中国と貿易の強要

19世紀の中国は，日本と同じように，政治と産業を一新する能力があることを示していたが，内紛が西欧列強諸国とそれら諸国の事業権益の侵入に対して，同国を脆弱なままにしていた。清朝に対する太平天国の乱は，同国の異民族である満州族の地位継承への不信が依然として存在することを示したものであったが，1864年には終わった。しかし，それは極めて多数の犠牲者と広範な経済秩序の崩壊をもたらした。中国で最も開発された地域であった揚子江の三角デルタは，とくに荒廃の影響を受けた。同地における通商の可能性を追い求めた最初の企業の1つが，1824年に設立された米国の船積会社のラッセル商会であった。同社は，アヘン貿易から利益を上げ，上海に仲買人として開業した。新たな創業の才は，1人の従業員，エドワード・カニングハムから生じた。彼は，中国の金融業者や商人とのつながりを使って，1862年に上海蒸気船海運会社を共同で設立した。[13] ラッセル社は揚子江デルタ地帯での貿易を支配し，ほぼ20年間にわたって多くの米国およびその他の貿易業者の代行をした（Wilkins, 1970）。揚子江は，ミシシッピ川の至る所ですでに試されていた外輪蒸気船に最も適した水路であった。

1870年の中国は，インドの2億1,200万人（世界の人口の19%）よりもさらに大きな3億5,000万人（同28%）の潜在顧客を抱える国であった。通商可能性の規模に外国の貿易業者は大変興奮し，西洋商品の市場としてあまりにも過大視した。英国のある製造業者は，中国の当世風で裕福な無数の家庭に，自社製のピアノを販売できると誤った予想をしてしまった。上海では，1867年から1881年の間に，様々な英国企業がラッセル社の例に続いた。そして，合同蒸気船海運会社（貿易業者はグラバー商会），中国海運会社（バターフィールド・アンド・スワイヤー社）が設立された。一方ジャーディン・マセソン社は，自社だけで3つの海運会社を発足させた。もう1つの重要な企業である華北船会社は，ドイツ人所有のトラウトマン商会に所属していた。一時ラッセル社は，米国のライバル企業オーガスティン＝ハード商会との競争に成功していたが，初めにジャーディン・マセソン，そして次にバターフィールド・スワイヤーが，現地の商人たちと培った徹底したネットワークの故に，中国で最も重要な国際企業として頭角を現わした（Liu, 1962）。

中国全土にわたるジャーディン・マセソンの支店は，その中で突出していたのは上海と香港の支店であったが，鉄道，絹，砂糖，港湾，海運業，保険そして銀行業に投資し，1895年には中国で最初の綿紡績工場を建設した（Borscheid and Haueter, 2012）。ひとたび米国海軍が無理やり日本に貿易を開かせると，ジャーディン・マセソンが1858年横浜に開業した最初の外国企業となった。同社は次に神戸と長崎に支店を設立した。長崎では，かつて日本人が出島という小さな人工の島を通じてオランダ人にだけ通商することを許可していた。ジャーディン・マセソンはグローバルな野心を持ち，所有を通じて結びついていた代理店や共同出資者をしばしば利用した。すなわち同社は，ニューヨークで事務所を営み，カルカッタではジャーディン・スキナー商会と提携して仕事をし，ロンドンではマセソン商会が代理を務めていた。同社は，スペインやカリフォルニアでの銅鉱山を所有する商業銀行であり，イランで銀行業務を行ない，カルカッタに自らの貿易商社を持っていた。もちろん，すべてが成功していたわけではない。たとえば，ジャーディン・マセソンのロシアにおける鉱山業における冒険的事業やペルーでの石油開発はうまく行かなかった。1886年から，マセソン家の1人の親戚，ウィリアム・ケズウィックが支配権を徐々に得て，ロンドン本社から世界規模の企業グループを管理した。1906年にジャーディン・マセソンとマセソン商会が合併して株式会社化された時，彼が社長に選ばれたのは当然のことであった。[14] 貿易商社であったデント社の破産が1866年に公になった。同社は，評価が高く，慎重であった英国の銀行であるオーバーエンド＝ガーニー社が，危険性の高い鉄道株への投機家へと変身して破綻したことが原因で起こった国際的な信用危機の犠牲者であった。しかし，デント家はアジアの至る所に，かなりの影響力を持つ事業権益を持ち続けた（King, King and King, 1987-8, vol. III）。[15]

19世紀中葉までには，リバプールは貿易事業を生み出す主要な地域として，グラスゴーに取って代わりつつあった。ハリソンズ&クロスフィールド社，ブッカー・ブラザーズ社そしてバルフォア・ウィリアムソン社が例として挙げられる。リバプールの貿易商社と海運会社は，彼らが結成したいくつかの合名会社の恩恵を受け，リバプールは通商上の情報交換と取引の国際的な中心地となった。リバプール出身の主要企業の1つは，海運会社アルフレッド・ホルト商会であった。1865年に同社は綿製品の販売から発展して，その著名な記章の故に青煙突海運としてよく知られている大洋汽船会社を設立した。冒険的事業の今1人の株主は，ジョン・スワイヤー&サンズ社であった。同社は綿と米国に貿易権益を持つ，同じくリバプールに本拠を置く企業であった。同社は，1867年上海にバターフィールド&スワイヤー社を設立し，ラッセル社やジャーディン・マセソン社との長きにわたるライバル関係が始った。この地域で活動していた中国海運会社（1872年に創設された）からの貨物は，大陸を跨ぐ青煙突海運の航路で運ばれ，世界市場につながっていた。さらに，ホルト社はシンガポールのマンスフィールド商会と提携していた。貨物輸送代理店として，マンスフィールド社は，両方の地域における貿易と大陸を跨ぐ貿易のために，東南アジアの至る所で様々な商品――砂糖，香辛料，米を含む――を購入した。スワイヤー社とホルト社は，1881年に香港で太古煉糖廠を開設し，ジャワとフィリピンからの農産物を加工した。1890年代の初めまでには，スワイヤー社は綿，茶その他の商品に直接に関わることを止め，より利益の上がる海運業と代理店業に集中していた。

収益と利潤を守るには，様々な手段があった。1879年にスワイヤー社は，主要な海運会社，貨物輸送代理店，そして貿易業者の間で料金安定を意図した協定である中国協議会の結成に尽力した。[16] その方式は成功したので，スワイヤーはそれを1897年の海峡協議会でも繰り返した。ジャーディン・マセソンとスワイヤーの茶貿易での主たる競争業者であったアダムソン＝ベル社は，1887年以降，まずカナダの，次に米国の鉄道と契約を結ぶことによって，太平洋岸の主要海運会社へと変貌を遂げた。同社の中心的な人物であったジョージ・ドッドウェルはドッドウェル＝カーライル社を創立し，1891年に同事業を引き継いだ。そして，彼は同社を再編成して，1899年までにはドッドウェル商会と呼ばれる非公開有限会社として登記していた。同社は英国，米国そしてロシアに茶を輸出するばかりでなく，1914年にはセイロンに茶とココナッツの栽培地，バンクーバーに鮭の缶詰工場，タコマとシアトルに製粉工場，そして中国，日本，ニューヨークに支店を持っていた。ジョージ・ドッドウェルはまた，マラッカ・プランテーション社の会長も務めていた。[17]

一次産品と東南アジアの植民地化

インドの場合と同様に，ビルマはいくつかの段階を経て英国の植民地となった。国境での緊張が，第１次イギリス＝ビルマ戦争（1823～26年）へと発展した。その戦争を通じて，英国はインドの国境地域を拡大し，そして南部，テナセリム（現在のタニンダーリ）の割譲を得て足場を築いた。口実を設けて，英国は第２次イギリス＝ビルマ戦争（1852～３年）を引き起こし，下ビルマと知られるようになった地域を併合し，イラワディ川下流域を支配下に収めた。この新たな国境地域内には，偶然ではなく，豊かなチークの森林と他の価値ある資源があった。グラスゴー出身の貿易業者のある一族は，ビルマの業務活動を管理するために，1839年T.D.フィンドリー＆サン社を創立した。同社のイラワディ小型船会社は，４隻の汽船と３隻の平底荷船をもって1865年に事業を開始した。スコットランド人の高級船員がダンバートンで建造された船を指揮し，その一方で船員はインド人によって供給された。契約業者は数百頭の象を雇い，材木を水路によって下流に流し，最終的には世界最大の河川輸送隊の１つとなった会社によって下流域で集積された[18]。

1863年にウォレス・ブラザーズ社は，インド商人のあるグループとボンベイ・ビルマ貿易会社をチーク材の伐採と取引のために設立した。1885年にビルマがボンベイ・ビルマ社に違法な伐採と課税逃れに対して罰金を科した時，それは第３次イギリス＝ビルマ戦争（1885年）の口火を切る口実となった。ビルマ王は専制君主と描き出された。英国の通商関係者は，イラワディ川上流域の資源と中国への新しい貿易ルートの可能性に長いあいだ目をつけていた。またそこには，外交上のライバル国に対する思惑もあった。すなわち英国は，（現代ベトナムの）トンキンの支配をめぐる紛争（1884～85年）で，中国を打ち負かしたばかりのフランスによる西方への拡大の脅威に対応しようとしていたからである。かつて存在したペナンの本拠地を離れ，T.D.フィンドリー＆サン社は，ラングーンにいくつかの地域海運会社からなる連合体を創立し，グラスゴー，リバプールその他の場所への国際ルートを創り出した[19]。1886年に英国のインド統治に上ビルマが併合された後，英国企業は稲田に投資し，多数の労働者をインドに移送した。彼らはビルマ経済を変容させたが，概して土着の村民に恩恵を与えることはなかったし，多くの村民は自分たちの土地から退去させられた。自社の新たな米事業を管理するために，ウォレス・ブラザーズ社はアラカン社を設立した。スティール・ブラザーズ社は，ビルマやはるか遠くドイツに精米工場を建て，チーク材，石油そして象に投資した（Myint-U, 2001）。

マレー半島に対する東インド会社の政策とそれに続く英国政府の政策はよく似ていた。すなわち，その目的は沿岸の拠点を確保し，国境を安定させ，事業権益を守り，そして最終的に貿易を拡大することであった。1824年の英蘭協約の後，英国はシンガポール，マラッカそしてペナンの海峡植民地を治める責任を担った。1874年から1910年の間，マラヤのスルタンたちは英国政府を代表する「総督代理」の任務を引き受けた。その取決めは，独立を形式的には認めていたが，（究極的にはインド陸軍の支援を受けて）実質的な植民地化へ導くものであった。英国の投資家たちは，その主たる関心が錫の採鉱，そしてより程度は低かったが金の採鉱であったため，彼らは政府の介入は自らの資産を守る手段であると見做していた。1877年以降，彼らはアマゾン原産のゴムの木を1つの輸出用作物として開発するためにマラヤに持ち込んだ（Huff, 1994）。

1896年英国の指揮の下，マレー連合州が結成され，セランゴール，ペラ，ヌグリ・スンビランとパハンの行政が合理化され，マレー半島で最も発達した地域において英国の権力が強化された。確立した海峡貿易業者であり，シンガポールにおける英国の保険会社の代理店であったガスリー社は，この同じ年に同地に進出し，コーヒーに加えて，現地の華僑と提携してゴムに投資することを決定した。英国企業と中国系の企業家と金融業者の間の取引が一般的であった。さらに，かなり大規模な中国人社会があり，マラヤの鉱山，工場そして船着場で働く労働者を供給した。1891年までには，シンガポール，ペナン，イポー，そしてクアラルンプールのような都市とペラおよびセランゴールの州は，中国系が多数派となっていた。クアラルンプールの中国人カピタンと呼ばれたヤップ・アロイ（葉亜来）は，1890年代までに，鉱山，プランテーションそして商店の所有を通じて，マレー半島で最も裕福な人物となっていた。この華人こそが，マラヤのスルタンたちがしばしば借金状態に陥った時に，いつでも彼らに資金を融通した地元の銀行業および保険業を支配していた（Chew and Lee, 1991; Andaya and Andaya, 1982）。

19世紀の最後の10年に自転車が大衆の心を魅了し，そして自動車が登場したことによって，ゴムは大量に扱われる国際商品へと変貌した。ビルマの米作の大農園におけるように，英国企業は土着の村民を退去させ，そして地域の人々を周縁に追いやった。彼らは同様にインド，とくに今回はタミール語を話す南インドから，年季奉公契約の労働者を移入した。グローバル企業に成長し，その本社をリバプールからロンドンに移していたハリソンズ&クロスフィールド社は，1903年からゴムに投資し，2年後にはゴールデン・ホーン・ゴム・エステート社と長期にわたる提携を始めた。1903年から1914年の間，同社はロンドン市場において，東南アジアの至る所に立地していた約40のゴム農園が株式を公開していた。マラヤでは，エドワード・ボウステッドとボウステッド・ブラザーズ社は，第1次世界大戦時までには，他のいくつかの企業とともに，非常に多くのゴム生産会社を支配していた。ウォレス・ブラザーズのアラカン社は，マラヤとオランダ領東インド諸島で，1906年以後ゴム農園を取得した。

英国のタイヤ・メーカーのダンロップ社は，マラヤにおけるゴム栽培を，要となる原材料への戦略上重要な投資と見なして，1910年に同地でいくつかのプランテーションを開設した。そして，USラバー社はオランダ領東インド諸島に同様な理由から進出した。20年もたたないうちに，東南アジアは世界のゴム供給の3分の2を占めるようになっていた[20]。西アフリカ原産のパーム油は，オランダ領東インド諸島での栽培に1848年から成功していた。1902年，スコットランド人の企業家，ウィリアム・サイムとイングランド人の銀行家ヘンリー・ダービーが，マラッカで同地の中国系の企業家の積極的な関与を得て，貿易商社を創立した。サイム＝ダービー社は，1910年パーム油の木（アブラヤシ）をマラヤにもたらし，そして事業を始め，それがマラヤの風景と経済に，長期にわたって大きな影響を与えることになるのであった[21]。

既存の通商上の利害関係，国境の不安定な状態，現地の支配者との協定をめぐる紛争，そして国家のライバル関係が広く結びついて，フランスによる東南アジアの植民地化を引き起こした。サイゴンの貿易商は，メコン川の三角デルタに対する支配を拡大し，トンキンで事業活動をすることを望んだ。というのは，そこでフランスと中国が，自らの勢力と領土を求めて競い合っていたからである。ビルマとマラヤへの英国のさらなる拡大の脅威（すでにみたように，後に現実になった）は，もう1つのきわめて強い動機であった。1858年から1884年にかけて段階的に，フランスはコーチシナ（サイゴン周辺を中心とした地域），アンナン（現代ベトナムの中部），トンキン（北部），そしてカンボジアに保護領や植民地の基礎を築き，1887年にはフランス領インドシナ連邦を形成した。フランスはシャムを占領しようと企図していたが，英国をあまりにも挑発することになるのではないかと用心して，ラオスを占領するのにとどめた（Karnow, 1994）。英国は1896年正式にシャムの独立を保証し，シャム王国は自由貿易政策を続けた（Fieldhouse, 1965）。

アンデルセン商会は，シャムの船に勤務していたデンマーク人船員ハンス・ニールス・アンデルセンによってバンコクに設立され，1886年以後チーク材を輸出した。同社は，独立を維持した数少ないアジア諸国の1つであるシャムで，強力な通商上の権益を築くことから始めた。そして同社は，1897年自由港のコペンハーゲンに登記した東アジア会社（EAC）の前身であった。デンマーク同郷銀行（後のダンスク銀行）は，この冒険的事業を支援し，そしてEACに初代会長を送り込んだ。EACは貨物輸送と旅客輸送の両方の航路を運行していた。同社は，自社の海運航路をバルト海，黒海，アジア，北太平洋そしてロンドンへと広げた。そして1907年には，シャム汽船海運会社を創立し，同王国の至る所で事業活動を行なった。そして1914年までには，同社はサンクトペテルブルグ，パリ，南アフリカ，中国，シンガポール，そしてゴム農園を購入したマラヤに貿易事務所を設立していた。自社の船が，デンマークに輸入して同地で加工する植物油脂，石鹸，食品そしてその他のアジアの商品の積荷を下ろして空になると，EACの復路は，自社のセメントや大豆粕の工場の製品で満たした（Guex, 1998: Eggers-Lurat, 1993; Jones, 1996）。[22]

東南アジアにおける英国企業の支配

正式な医学教育を受けていないにもかかわらず，米国人ジョサイア・ハーランは，第1次イギリス＝ビルマ戦争で東インド会社の軍の外科医を勤めていた。彼は性格的に進取の気性に富んでいたため，まもなく命令されることが嫌になった。その代わりに，アフガニスタンで彼は地元の統治者に代わって遠征隊を率いた。1840年に彼は，とうとうゴール王子となった。ハーランは，ラドヤード・キプリングの冒険旅行小説『王様になった男』（1888年出版）のおそらく着想の源であった。ボルネオでも，同様に華々しい私的な冒険が長期にわたる影響を与えた。同地においては，英帝国政府は現地政府が英国企業を冷遇しない限り，治安維持活動を差し控えようとしていた。しかも1839年には，別の東インド会社の軍の将校ジェームズ・ブルックが，相続した財産を使って1隻の船を購入し，その傭兵はサラワクでの反乱の鎮圧に役立った。この領土は，正式にはブルネイのスルタンによって用心深く統治されていたが，彼は1841年，（感謝と恐れの）入り混じった感情から，ブルックをサラワク王（ラジャ）に任命した。ブルックは，自らのクチンの本拠地内にとどまることなく外部へと進出し，その過程でブルック王国を創設した（この王国は日本の侵略の後も，1946年まで正式には廃止されなかった）。1847年にロンドンへの旅の途中で，彼はボルネオの英国総領事に任命された。そして，ヴィクトリア女王によってナイトの爵位が与えられた時，彼は正式かつ公的に認められたのである。

1856年に創設され，シンガポールを本拠としたボルネオ会社（BCL）は，ブルック家と提携したグラスゴー商人の企業グループによって設立された。結果的に，ブルック家は同社に特別な貿易特権を与えた。タイは国際貿易を開始したばかりであったので，ボルネオ会社は直ちにバンコク支店を開設した。加えて，同社はカルカッタ近郊にジュートおよび砂糖工場を建設することを決定した。グラスゴー，ロンドンそしてカルカッタを本拠としたR. & J. ヘンダーソン社が最大株主となり，そしてBCLは1つの事業子会社へと発展し，独自に権利を持つ有限責任会社にとどまった（Longhurst, 1956）。1879年以降，同社は中国系の投資家によって所有されていたビルマの金鉱山を買収することが認められた。そして1884年以降，同社はボンベイ・ビルマ貿易会社に次ぐタイで最大のチーク会社となった。確かに同社は，後にシンガポールで煉瓦を製造し，オランダ領東インド諸島で茶を栽培したが，金とチークが同社の商取引の主力商品であった。タイで第3位の大手チーク材の生産者は，ボンベイに本拠を置く英国商人たちによって1884年に設立されたアングロ＝シャム社であった。

ブルネイのスルタンが，ボルネオ島西部の支配権を失ってから久しかった。そこでは中国系の客家の移住者たちがやって来て，金と錫の鉱山で働いていた。華僑たちは，自分たちの母国と独立国である蘭芳大総制（蘭芳公司）との間の貿易を支配した。共和政体であった蘭芳大総制は1777年からオランダによって打ち倒される1884年まで続いた。ボルネオ島北東部のサバでは，いくつかの有力者たちが支配権を求めて争い，スルタンは反乱と海賊行為への対処に外部の助力を必要とした。1865年ブルネイ駐在の米国領事クロード・リー・モーゼズは，北ボルネオの10年間の租借権を得た。そして彼は，その租借権を米国人と中国系投資家グループとに所有されていたアメリカ・ボルネオ貿易会社に譲渡した。サラワクの前例に倣い，ブルネイのスルタンは同社の中心人物，ジョゼフ・W.トーリーをアンボング・マウデゥ王（ラジャ）と北ボルネオ藩王（マハラジャ）に任命した。

ボルネオ・アメリカ貿易会社は発展することができず，香港駐在オーストリア領事グスタヴス・デ・オーヴァーベック男爵が，北ボルネオの租借権を引き継いだ。彼は租借権を売買して一儲けしようとしていた。すなわち彼は，北ボルネオをできるだけ速やかにドイツに売り，利益をあげることを期待していたのである。次に彼は，オーストリア＝ハンガリーに，そして最後にイタリアに希望を賭けた。しかしながら，彼にとっては残念なことに，これらの国々はすべて彼の申し出を断った。1877年に彼は，デント貿易商社での彼のかつての雇い主アルフレッド・デントとの取引を探った。デントは，どんな投資家も英国の軍事上および外交上の支援という保証を必要とするだろう，と彼に説いた。そして，オーヴァーベックは，スールー王国のスルタンの反訴に決着をつけることに同意した。というのは，彼の残りの領土はスペインによって占領されているとみなしたからである。ロンドンで，アルフレッド・デントの弟エドワードは重要な企業関係者，政治家そして政府の役人を結ぶ中国系利益圧力団体を使うことができた。彼らは，サラワクの「白王（ラジャ）」チャールズ・ブルックからの反対を撃退するために戦わなければならなかった。なぜなら，彼も同様に英国議会内に強力な仲間を求めることができたからである。デントにとって幸運なことには，ブルックはその嫌な性格と攻撃的で無神経な態度で知られており，競争相手が持っていたコネの強さに太刀打ちできなかった。しかし，英国政府を簡単に説得することはできなかった。まさに英国政府が行動へと駆り立てられたのは，争っていた領土におけるスペインさらにはドイツの介入の恐れによってのみであった（Turnbull, 1989）。

『エコノミスト』誌は，1882年の国王からの会社設立認許状の付与は，時代錯誤で理解できないと見なした。自由党首相ウィリアム・グラッドストーンは，英帝国が様々な危険を冒すことには懐疑的であったし，そして彼は英国の自由貿易政策の創設者の１人であった。他方，かつての重商主義者とは異なり，ブリティッシュ北ボルネオ会社（BNBC）は正式には独占の様々な権利，あるいは行政上の様々な責任を与えられていなかった（かつては共に与えられていたのではあるが）。設立認許に反対していた植民省は，BNBCの取締役会に１人の政府の役人を派遣した。最終的に，同社は現地の人々の権利保護を明言しなければならなかったし，強制労働あるいは奴隷制度は用いないと約束した。デント兄弟が知っていたように，設立認許は，現地のあるいは外部からの様々な脅威の可能性に対して，自分たちが行なう事業計画への英国の支援を表わしていた。そしてBNBCは，最終的には同地域の豊かな木材資源を開発する最も重要な位置にあった。1888年には，北ボルネオとブルネイのスルタンの領土は共に英保護領となった。もっとも，（1942年に日本軍が来るまで）北ボルネオは同社によって治められ続けたのであるけれども[23]。同設立認許を獲得するのを助けた中国ロビーは再編成され，1889年に中国協会となった。アルフレッド・デント卿が初代会長であった。他の加盟者には，スワイヤー社，ジャーディン・マセソン社，パトン・アンド・ボルドウィンズ社，最終的にはシェル石油に加えて，英国の政治および行政機関の権力者たちが含まれていた（Jones, 1998; Jones, 2000; Allen and Donnithorne, 1957; King, King and King, 1987, vol.III）[24]。

アジアにおけるオランダとドイツの企業

19世紀の大部分のあいだ，オランダ貿易会社（NHM）が東インド諸島の支配と経済発展の責任を負っていた。ナポレオン戦争中にフランスによって占領された時，オランダは敗北し，英国に植民地を奪われた。しかし，1824年の英蘭条約によって領土紛争は解決され，英領マラヤとオランダ領東インド諸島がそれぞれ確定した。すでに見たように，それがボルネオ島の中央部における不安定な地域を創り出し，ブルック王国と1つの英保護領（ブルネイ）をもたらす結果となり，ボルネオ会社（BCL）とブリティッシュ北ボルネオ会社（BNBC）が開設されることになった。オランダ植民地政府はバタヴィアに置かれ，ジャワ島の多くを1830年までに，そしてスマトラ島西部を1837年までに奪回していた。東インド諸島の他の場所でも，オランダ植民地政府は交易所を通じて，また現地の支配者と協定を結んで支配した。1824年にNHMを設立する際には，オランダは当初そのモデルとして，特許会社オランダ東インド会社（VOC）――連合東インド会社――を見ていた。確かに，王命は公的な権力や政府公認の独占権を授けはしなかったし，その新会社は可能な時はいつでも，民間企業と契約しそれを利用することとなっていたのではあるが。オランダで船を建造し，国内の商人に権限を委嘱する義務を負っていたので，同社の目的はオランダ経済に再び生命を吹き込むことであり，もともと植民地を開発することではなかった。同社のオランダの港湾間での気前の良すぎる運賃と固定化された貿易の役割分担は，競争とイノベーションの士気を挫いた。

同社は，自らの野心をオランダ領東インド諸島での投資に限定する前に，南北アメリカや中国での冒険的事業においてかなりの金額を失っていた。植民地政府は，1830年代に強制栽培制度を導入し，税金と労役の代わりに現地の住民に彼らの土地の5分の1で商品作物を栽培することを強制した。そして，繰り返し起こった伝染病と飢餓は数十万人もの住民に死をもたらした。NHMはオランダ全土にある自らの競売会社で販売するために，強制的に栽培されたコーヒー，砂糖そして藍を輸出した。NHMは宗主国で砂糖，精米そして綿製品の会社を育成し，加工機械類をオランダ領東インド諸島へ輸出した。1850年には，オランダへの輸入の50～60％は植民地の生産品となっていた。1856年以降の数年間で，スマトラ島や他の島々が植民地化されたが，それはしばしば軍事行動を通じて行われた。それにつれて，商業興信所，銀行そして海運会社，なかでも最も突出していたNHMとジャワ銀行は，自らの勢力範囲を広げて行った。しかしNHMの収支は悪化し続け，同社がオランダ国内で設立するのを助けた多くの企業は，1870

年に保護関税が撤廃された後は長くは持ちこたえることができなかった。その結果，4年後には，NHMは同社の多様な通商事業の多くを放棄し，銀行業に集中することを決定した。

1861年，オランダ領東インド諸島において貿易および船積みの制限が撤廃された。そして，不当な強制栽培制度と地域関税が1870年になくなった。NHMと契約することなく，民間企業は先を競って商品作物を栽培し輸出した。そして，東インド諸島全域の海運とインフラを，しばしば容赦のない軍事作戦の軌跡を追って拡大して行った。工業化が19世紀の第4四半期中にオランダで加速化したので，大規模な貿易商社と単一商品の専門企業は，その難題に対応した。スエズ運河の開通と共に，オランダ汽船会社（SMN）はバタヴィアへの定期汽船運航を始めた（1870年）。そしてロッテルダム・ロイド社がそれに続いた（1872年）。デリ社とタバコ会社「アレンズバーグ」は，スマトラ島東部でタバコ栽培地を開発した。デリ社はまた，マラリアの薬キニーネを採るキナ皮，乾燥したココヤシの実コプラ，そして軽便鉄道の権益を持ち，ゴム栽培の先駆者であった。ジャワ島，スマトラ島，そしてボルネオ島のカリマンタン（同島南部・東部で現在のインドネシア領の部分）にわたって，いくつかの企業が錫と石炭の鉱山を開発した。1879年に創業されたアムステルダム貿易商社（HVA）は，1900年以降，広範な農産物とプランテーションに投資し，ジャワ島に製糖工場を建設し，そしてマンチェスターとシンガポールに営業所を開設した。王立郵船会社（KPM）は海運会社であるSMNとロッテルダム・ロイド社によって創設され，政府契約の義務を負い，そして東アジア全体において海運業を組織化した。1914年には，石油，ゴムそしてコプラといったより新しい生産品が東インド諸島輸出の3分の1を占めるようになり，灯油の需要が驚異的なものとなった。そして，ユルヘンス社やヴァンデンバーグ社のような有名なオランダの製造業者が，自社のブランドのマーガリンや石鹸にコプラを用いた。

東インド諸島の輸出は，ますます世界市場を志向し，そのためオランダにはあまり依存しなくなった。生まれ変わったNHMは，オランダ領東インド諸島における有力な海外銀行として台頭し，サウジアラビアとスリナムに支店を持った。オランダ＝インド貿易銀行，ロッテルダム銀行その他は同様に，植民地の事業とプランテーションに必要とされた銀行業務を提供すべく成長して行った。1870年から1914年までに，オランダ領東インド諸島で商業的な成功を目指した4,000を超える企業があった。それらの大部分は，農産品やその他の一次産品を取り扱うフリースタンディング企業であった。オランダ領東インド諸島へのオランダの投資は，1900年から1914年の間に倍増し，植民地への総投資額のほぼ70%を占めていた。内訳は，プランテーション（45%），鉱業（20%），そして加工産業（残りの大部分）であった。

1870年以降，バタヴィアはシンガポール経由でヨーロッパと電信で情報が伝達できるようになった。そしてその結果，1888年から1902年にかけて，コーヒー，胡椒，コプラ，錫，丁子そして砂糖を取り扱う先物市場がオランダで設立された。ジャワ島の生産者たちは，自社の砂糖をより大きな商業の中心地であるロンドンで販売しなければならなかったので，ロンドンに代表部を設けた。ボルネオ＝スマトラ貿易会社（ボルスミ）は，1905年に初めて電信で販売をおこなった。同社は台頭して来たオランダの5大植民会社の1つであり，インターナシオ社が先導し，またジョージ・ヴェリ社，リンデテーブス社，そしてジャコブソン&ヴァンデンバーグ社がその中に含まれていた。ボルネオ・スマトラ貿易会社は，J. W.シュリマー商会およびその他の主要会社によって，1894年に正式に創立された。同社は河川と域内の海運会社を所有し，ゴムと籐（とう）を売買し，炭鉱業，ゴム農園，コーヒー輸出（米国に直接販売した），そしてロイヤル・ダッチ社向けのパラフィンへと事業を広げて行った。1912年までにはハーグに本社を移し，取締役たちは同社の様々な活動と総支配人を監視すべく定期的に長距離を巡回し，そして同社の支店の営業支配人は四半期毎の報告書を提出した。ロッテルダムの実業家たちは，1863年に有限会社である仲買問屋として国際信用・事業連合会社（インターナシオ社）を設立したが，同社は既存の企業を買収することにより変容していった。同社は，インド，中国そして日本と貿易を行い，1878年にはロッテルダム・ロイド社が同社を東インド諸島における自社の代理人として任命し，ロッテルダム本社は文書を通じて指図した。一方で，インターナシオ社が国際的な営業支配人網を監督するアジアにおける総支配人の役割を果たした。

オランダはニューギニア島の西半分に対して，長きにわたって土地占有権を有していた。英国の植民地であったオーストラリア連邦の北東部のクィーンズランド州が，同島の南東部を領土として併合していたので，ドイツの首相，オットー・フォン・ビスマルクはベルリンの実業家たちを奨励して，1884年にニューギニア会社（NGC）を設立させ，同島の残りの北東地域の土地占有権を主張した。ビスマルクは営利事業者に植民地政府の仕事を引き受けさせたいと考えた（彼は，それを帝国のやるべきこととしては末梢的であると見做していた）。しかし，自分の思い通りにすることはできなかった。NGCの目的は，ドイツ領ニューギニア，あるいはドイツ皇帝ヴィルヘルム・ランドと呼ばれていたものをつくり，その資源を開発することであった。同特許会社は，1889年から92年には同社の広範囲な行政上の権力と責任を放棄し，1899年までにはより完全な形で放棄した。そして自社の独占を維持したが，ビスマルクの懐疑的な考え方を実証することとなり，いかなる利益をもたらすこともできなかった。スペインは，スペイン領東インド諸島（後にマーシャル群島と呼ばれた）をドイツに売却し，その取得した地域は1886年にドイツ領ニューギニアへと編入された。同地の貿易商社であるヘムスハイム商会とドイツ貿易・農園会社（DHPG）が合併してヤルート社となった。この新会社は行政上の責務からは放免されたが，独占権は純然と保持し，そして同社の太平洋を横断する商取引の中心から，まさに利益を生み出した（Fieldhouse, 1965）。北ドイツ・ロイド社（ブレーメンを本拠とし，その起源は1857年にさかのぼる）は，北大西洋の海運業において大きな影響力があったが，1885年以降ドイツ政府は同海運会社に，アジア太平洋地域におけるオーストラリアとその属領への郵便業務を行う権限を委嘱した。同社は英国のP&O社に次ぐ，世界最大の海運会社の１つとなった。1899年に同社は，スコットランド東洋汽船会社とホルト東インド洋汽船会社を買収し，アジア・太平洋地域における貨物，旅客そして郵便業務を確立した。そうなるとドイツ系企業である同社は，英国の国益を無視することになり，英国で広く論争を引き起こした（Jonker and Sluyterman, 2000; Sluyterman, 2003; Dick, 2002; Vickers, 2005）。

印僑と華僑の貿易業者

アジアで貿易，海運そして金融において業務活動を行う西洋企業は，非常に多くの優位を持っていた。大陸を跨ぐ交易の規模と区域はずっと拡大し，これらの企業はヨーロッパと北米の豊かな市場へのアクセスを支配した。そして，彼らは国際的な資金調達源を使うことができ，汽船，鉱業あるいは農作物の病気に関連した技術などにおいても先行していた。さらに彼らは，しばしば帝国の当局者たちから支援を受け様々な利権を得ていた（必要な時にはいつでも，武力を借りて）。西洋企業は大陸間の交易を変容させ，同様に地域内の交易にも影響を与えた。しかし，西洋企業はアジアの国際システムのわずかな部分を形作ったに過ぎなかった。印僑，華僑そしてアラブ商人が，同地域の貿易ルートをすでに切り開いていた。アジア経済における，彼らの果たす役割は消えていなかった。すなわち，実際，経済成長と貿易の拡大は，彼らに新たな機会を提供したのである。アジアの西洋企業が現地企業と競争するに至る一方，同様に西洋企業は現地企業の協力，提携，貿易の専門知識，市場についての知識，そしてはっきりと記録に残されているように，彼らの資金を必要としたのである。国外への移住と家族の関係を通じて，国境を越えたネットワークが貿易業者間の信用水準を不動のものとし，そして様々な取引を開始し何とかうまく処理する能力を強化し，そして素早く商取引に関する情報を伝達した。

インドの栽培業者と船積会社はアヘン貿易に深く関わっていた。そしてコワスジー家はジャーディン・マセソン，デントそしてラッセルに匹敵する取引関係と資源を有していた。同家は，歴史的には南アジア企業にとって大規模な活動領域であるインド洋を取り囲む場所に配置された，貿易・金融代理店を通じて仕事を行なった（Lombard and Aubin, 2000）。カルカッタは亜大陸の商業の中心地として存続し，英国統治下の経済は，鉱山とプランテーションの開発に資金を供給するために，国際資本と同様に現地資本の調達に依存していた（Bagchi, 1972）。西洋の貿易業者は，インドの市場と商業活動に参入するためにインドの実業家たちと商取引をし，そして彼らの経験から学んだ。インド商人たちは投資のネットワークを動員することができ，そのネットワーク網は業務では柔軟で，形式的には独立していた様々な企業を結びつけ，通商情報を拡散させ，そして商取引のリスクを分散させた。亜大陸の全域で，バード商会やユール社のような西洋の大手企業は，既存の事業ネットワーク網や提携の慣行を単純に模倣したり，あるいはすんなりとそれに飛びついたりした。インドのプランテーション，鉱山，商品取引，交通輸送そしてインフラへの欠くことのできない資本の供給と同様に，インド商人たちはボンベイ・ビルマ貿易会社，インド・ナショナル銀行，香港銀行，そしてインド＝ビルマ石油会社への主な投資家や共同出資者であった。

英国の共同出資者やマラッカの華僑との間の取引が，サイム・ダービー社にとって出発点であった。マラヤでは，すでにみたように，様々な工業部門，なかでも最も顕著な錫鉱業の場合は，英国企業と同じく華人企業の活動に依存するようになった。海峡汽船会社は，マンスフィールド商会と裕福なシンガポールの実業界の巨頭である陳若錦，陳恭錫，そしてリー・チェン・ヤンとの間で結ばれた1890年の協定にその起源を持っている。同社は，最初は錫鉱石の運搬に集中していたが，コーヒー，胡椒，米，ゴムおよび煙草でかなりの貨物を取り扱い，そして華人労働者をマレー半島全体に存在した錫鉱山やゴム農園で働かせるために連れて来た。中国では，西洋の貿易業者は成功するために，現地の共同出資者，投資家，買付業者，販売代理店そして支配人に頼った。上海海運会社の所有権は米国の海運会社，英国の金融業者，そして欠くことのできない貿易の知識と様々なビジネス関係を持つ中国人事業者グループの間で平等に分けられていた。

中国本土の輸出入におけるジャーディン・マセソン社とバターフィールド・アンド・スワイヤー社の成功は，現地の代理店に依存していた。1842年以降，西洋列強に対して治外法権の様々な権利を正式に認めた時，中国政府は外国貿易業者と取引する一手独占権を持つ，政府公認の貿易商人を任命する制度を終わらせた。中国内部に浸透して取引するために，「買弁（ばいべん）（欧米商人と中国商人の間の仲介商）」のネットワークを展開し，資金調達や取引を行った。そのうちに，多くの買弁は十分な経験や資源を蓄積し，独立した仲買問屋としての地位を確立した。商取引に対する彼らの支配が強まるにつれて，西洋企業にとっての利益は減少していった。ジャーディン・マセソン社は，最終的には中国内の取引からは撤退し，その代わり，後にバターフィールド・アンド・スワイヤー社が行ったように，1902年に金融および輸送業務に方向転換した[25]。いくつかの多国籍輸入業者は，確かに典型的な取り組み方ではなかったけれども，4億人強の中国人顧客を獲得しようと，直営の流通網，貯蔵設備，そして輸送機関で対応した。顕著なのは，英国の化学会社ICIであり，ランプの油として使うために，大々的に販売促進されていたスタンダード石油会社の灯油であり，そして，1911年にある中国人出資者とユニオン・トレーディング社を創設し，自社ブランドの紙巻きタバコの販売のためにみごとなマーケティング組織を創り出したブリティッシュ・アメリカン・タバコ会社であった（Cox, 2000）。

1861年以降，清朝政府は洋務運動（自強運動）を展開し，一連の教育，行政および軍事の改革に着手した。結果として，同政府は1872年以降，輪船公司招商局（CMSNC）を支援した。同じく，貴州製鉄所（1891年）と湖北織維会社（1894年），後に開平炭鉱，上海綿紡績廠そして電報総局が近代化の試みとして創設された。清朝政府は，自国の沿岸貿易に西洋が浸透して来るのを止めたかった。そして，中国の最初の株式会社として，CMSNCは同国内における事業実践における分水嶺であった。同社の創業者，李鴻章は自らの華僑との取引関係を使い，同社は北京への穀物税の納税を独占することによって利益を享受した。

1873年以降，CMSNCは，かつてジャーディン・マセソン社の買弁をしていた唐景星によって経営された。そして唐は，上海汽船海運会社を1877年にラッセル商会その他の共同出資者から購入したが，それは中国貿易において米国の占有率の下落へとつながる歓迎すべき措置であった。CMSNCは，内務府内の民間資本を募集し，官が監督し，私企業が経営する官督商弁企業として，1885年まで多国籍競争企業を相手に利得を得ていたが，強まっていく政府による支配と官僚的な経営の失敗が，同社の後の成果を蝕んで行った（Lai, 1994）。中国の近代化に資金を供給する農工商部は，中国人を国外移住させ，彼らを通じて国際資本を調達しようとした。錫王フー・チー・チュンは，広東と福建でのいくつかの事業計画を支援し，そしてある海外コンソーシアムは，潮州＝汕頭鉄道に資金を供給した。しかしながら，いかに周知のことであったとしても，そのような事例は稀であった。

1856年にオランダ領東インド諸島に移住したチャン・ピー＝シーはペナンと北スマトラの間の汽船会社を設立し，後には世界で最も裕福な華人の1人として名声を得た。彼はオランダ海軍から契約を取り，オランダ国旗を風に翻し，そして彼の3隻の汽船は西洋の汽船会社と立派に競争した（Yen, 1982）。福建省は，とりわけ国外移住した商人企業を多く輩出した。そして，同地出身の企業家たちは，東アジア全体にわたって華人の貿易ネットワークを築き上げた。張保靖は16歳の時にアモイを離れ，オランダ領東インド諸島で貿易に従事し，そして益和茶会社を創設した。郭春陽は1872年にオランダ領東インド諸島のサムランにある伯父の企業に加わった。1914年までには彼は，台湾，香港，厦門，漳州，上海そして天津に貿易商社を設立していた。彼は中国に砂糖プランテーションを所有し，香港で製品に精製した。政治的には彼は現実主義者であった。彼は清王朝政府とも，1911年以後は清朝を倒した共和政体の後継者たちとも，共に良い関係を維持した。彼は1888年以降，台湾の烏龍茶貿易に関わり，そしていろいろ異なった香りの褒忠茶を，オランダ領東インド諸島やタイ全土に住む華人向けに輸出した。

中国が1894〜95年の日清戦争に負け，そして日本の軍隊が台湾を占領した時，郭は同島の居住者の身分を有していると主張し，日本国籍を取得した。この意思決定のおかげで，彼の台湾事業はより大きな法律上の保護を受け，そして税金も軽減された。そして，オランダ領東インド諸島における反中国感情が，もう1つの動機であった。大手台湾企業の多くの所有者たちは福州，厦門そして広州といった福建省の港町の出身であり，日本政府当局者からの圧力により，大多数は自分たちの国籍を変更した。郭の弟は，ジャーディン・マセソン社の買弁として初めて三井物産と相対した。そして三井物産は，郭の烏龍茶を1898年から米国で販売し始めた（Lin, 2001）。

英国企業は，マラヤにおける錫鉱山に投資するのが遅かったので，主導権は他の者に譲っていた。1912年以前には，マラヤの産業に投入されていた資本のほぼ80％は華人によるものと推定されている（しかし，オランダ領東インド諸島ではいかなる華人も錫鉱山を所有していなかった）。事実，マラヤの錫は地表近くにあり，採掘しやすかったので，資本費用はそれほど必要ではなかった。マラヤの錫は不純物をほとんど含んでいなかったので，たいていの製錬業者は，その錫を使用することができた。そのため，製錬業者が後方統合してマラヤの鉱山を買い上げる誘因は小さかったのである（Hennart, 1982; Hennart, 1986）。マラヤ，オランダ領東インド諸島そしてシャムの中小のゴム農園の多くは，華人が所有していた。マラヤ，シャムそしてオランダ領東インド諸島において事業活動を行なっていた主要な華人グループは，商品取引はもちろん，海運，造船所，保険そして銀行業に関わっていた。許泗漳と彼の家族は，シャムの錫の採掘，製錬そして輸出において重要な存在となった。これにより彼らはシャム政府と緊密な関係を確立した。すなわち，彼らは税金を徴収し，地方総督として官職に従事し，中国人労働者を移入し，そしてラノーン県で労働者が彼らの置かれた状況に抗して反乱を起こした時には，冷酷に王室の権威を回復させた。シャムにおいては，主要な華人事業グループはまた，米とチーク材の輸出を支配した。そしてその多くは，シンガポールや香港に輸出された。スマトラ島のティオ・ティアウ・シアットは，オランダ植民当局と契約して海運事業を展開し，そしてメダン・デリ銀行とバタヴィア銀行の設立に参加した。東南アジア全体で，華僑たちが米と魚の取引のための資金の融通，加工，流通において中心的役割を果たし，そして果物，野菜，家禽，豚肉，茶，大麻そしてチーク材の取引において影響力を持った。加工と貿易の地域の中心であったシンガポールでは，小規模な華人工場がビール，炭酸水，氷，食品，家具そして建築資材を生産していた（Barnett, 1943）。

他方，オランダが東インド諸島の政治的および経済的支配を強めるにつれて，プランテーションと海運会社への投資は，生産者および中間商人としての華僑に不利となる操業規模を生み出していった（Lasker, 1946）。政治的・外交上の様々な出来事が，他の場所でも衝撃を与えていた。朝鮮における日本の武力外交（西洋の帝国の例を真似たに過ぎないが）は，1876年の江華島条約へと導き，朝鮮半島を貿易のために開かせた。朝鮮における日本の影響力が増大しているにもかかわらず，清国商人の貿易の技術は当初同地において大きな存在感を維持し，朝鮮はたとえば朝鮮人参や金地金のような商品を輸出し，清国の絹や漢方薬に加えて，西洋のマッチ，灯油，石鹸そして綿織物を輸入した。1905年日本による朝鮮の完全な占領とその後1910年の併合によって，ついに清国商人の成功は終わったのである（Larsen, 2000）。

南北アメリカと非植民地投資

ラテンアメリカに早くから進出したギブズ社という英国の貿易商社は，1860年代以降の国際商品取引の急成長から利益を得るには，絶好の立場にあった。英国は同地域に対し公式的な支配をしていなかったので，同社は政治的なつながりを必要としたが，同社は商取引の専門知識，輸送網そしてグローバルな視野をも持っていた。チリとペルーにおける同社の硝石（硝酸塩），銅，鉱業および製粉業の権益と同様に，ギブズ社は貨物輸送代理店，沿岸海運業，羊と牛の牧場経営，そして鉱業において事業を立ち上げた。同社は，オーストラリアにも様々な権益を持ち，海外事業計画を実現するために，ロンドンで有価証券を発行したり融資を受けたりした（Platt, 1977）。バルフォア・ウィリアムソン社（1851年創設）は，リバプールで生まれ，チリのバルパライソで１つの事業を開始した。1869年までには，同社はサンフランシスコに進出し，バルフォア＝ガスリー社という関連事務所が穀物や農産物を輸出し，英国の化学製品とオーストラリアの石炭を輸入した。バルフォア＝ガスリーの活動の内容は多様なものに成長していった。すなわち，それはカリフォルニア州とオレゴン州全域での海上保険，倉庫業，材木，炭鉱業，鮭漁，製粉業，ブドウ園，果物の栽培と缶詰，そして担保付き融資を含んでいた。チリとペルーでは，硝石，鉄道，水道会社，沿岸海運業，製粉業，そして銀・鉛・銅の製錬に投資がなされた。そして，1900年代にはほとんど経済的な見返りはなかったが，ペルーとカリフォルニアの石油産業に思いつきで手を出した（Hunt, 1951; Rothstein, 1963）。アルフレッド・ブース商会はホルト＝スワイヤー・グループと緊密に提携し，汽船業務を持つ同社の米国の事業から，1865年にはブラジルへ多角化した。同社はその後，同地で港湾や輸送施設を所有し，ゴム貿易の必要性に対応し，加えてロンドンとニューヨークに皮なめし工場を所有した。E.ジョンストン＆サンズ社は1870年代までに，ブラジルで第２位の大手コーヒー輸出業者となり，最後には関連した支援・金融サービスに投資した。同社はコーヒーを米国に送り，リバプール行きの木材を集め，そして様々な製造品をブラジルに持ち帰った（Platt, 1977; Topik and Wells, 1998）。

驚くには及ばないが，米国の貿易業者はラテンアメリカで初期には積極的であった。たとえば，バルパライソのアルソップ商会（1824年設立），リマのアルソップ＝ウェットモア商会，チリのオーガスタス・ヘメンウェイ社（共に1828年までに），そしてブエノスアイレスのS. B. ヘール商会（1833年）があった。ヘメンウェイ社は，加えて銅の採鉱と製錬業に参入した。新興国に対して国際ビジネスが与えた影響力を示す初期の例と見做されるが，アルソップ商会はボリビアの関税歳入の1％を得ていたが，とくにそうした歳入は銀の売買から生み出され，そして同社が同国政府の債務を救済した時，将来性の高い採掘権を得た。たとえばラッド商会のような貿易業者は，1830年代からハワイの砂糖農園の建設を主導した。そしてドレーク・ブラザーズ社は，1840年代後半までにキューバに砂糖プランテーションを取得していた（Wilkins, 1970）。

ウィリアム・ラッセル・グレースは，じゃがいも飢饉から逃れるために，飢えに苦しむ貧しいきわめて多数の同国人と同じように，アイルランドを出て，肥料や黒色火薬の原料となる海鳥の糞化石である硝石の採取と輸送に係っていた米国の貿易業者ブライス商会の船舶雑貨商としてペルーで働き，驚くべき自分史を開始した。彼は独自の事業，W. R. グレース商会を1854年ペルーに設立し，砂糖と糞化石を輸出し，1860年には自らの商業汽船会社を設立した。同社は米国での輸入事業を拡大し，ヨーロッパとの三角貿易を促進するために，1865年，ニューヨークに本社を移した。グレース商会は1880年にチリ営業所を，そして20年後にはアルゼンチンにも営業所を開設した。同社は，1880年代には南米の経済発展に参加し，ペルーでは綿紡績と毛織物製造と製糖，チリとコロンビアでは植物油と製紙の各種事業を経営していた。ニューヨーク市長を2期務めたグレースは，1885年にはフランス国民からの贈り物である自由の女神像を受け取った。ペルー，チリそしてニューヨークでそれぞれ自由に組織化された3社は，同社の様々な活動が多くの国々にわたり，より高度な経営管理上の相互調整の措置が必要とされた1899年までには整理統合され，株式会社化した。グレース商会は，1914年にはパナマ運河を通過する最初の商業輸送船舶を送り出すという名誉を得た。そして，グレース・ナショナル銀行（ミッドランド海運の前身）と共に，自らの商業活動の分野を拡大していった。[26]

ガンサー社という企業は，よく知られている消費財ブランドのメーカー，リービッヒズ牛肉エキス会社を支配し，森林地・木材・鉄道会社を1906年に創設した。同社はベルギーに起源を持っていたが，世界のビジネスの中心地であるロンドンにいて，自社の事業を経営することを選んだ（De Guevara and Miller, 1999）。[27] オランダ出自のW. H. ミュラー商会は，ラテンアメリカで鉄鉱石の鉱山を所有し，そこからヨーロッパへ自社の産出物を運び，最も有名な所ではライン川を上り，エッセンにあるクルップ社の鋼鉄・軍備工場まで運んだ（Jonker and Sluyterman, 2000）。また，現地で活動するために現地人によって所有されていたが，資金を調達するために，ロンドンで登記・上場されていたペルー・アマゾン会社のような企業もあった。同社の仕事は森林地域からゴムを採集することであったが，

1910年には，同社が現地労働者を酷使していたため，奴隷廃止運動家のロジャー・ケースメント卿がペルーに関心を持つようになった。このときすでに，同じようにゴム生産のためにベルギー領コンゴではびこっていた暴虐を暴露したことによって，彼は国際的な称賛を得ていた。ラテンアメリカにおける貿易商社の支配はまさに衰退していた。たとえば，1870年のチリの輸出の27%を担っていたギブズ社は，1907年には4%を保持していたにすぎない（もっとも，依然として大いに儲かっていたが）（Platt, 1977）。ラテンアメリカで最も重要な経済であったアルゼンチンでは，主要な食肉，穀物そして羊毛の企業は，自社の海外販売駐在員を雇うに十分なほど大規模になっていた。

ラテンアメリカにおける最大の多国籍企業の1つは，1830年にロンドンでフリースタンディング企業として設立され，ブラジルのミナスジェライス州の南部で鉱山を運営・リースしていたセントジョン・デル・レイ鉱業会社であった。同社の経営者の大多数は，国外在住の英国人であったが，同社の多くの鉱山で働いていた多くは奴隷であった。英国海軍が英国による大西洋を跨ぐ人身売買を実力を行使して禁止したずっと後になっても，ある英国に登記された企業は海外で奴隷を所有し続けていた。奴隷制度廃止が実現するのはブラジルでは遅く，1882年であった。それ以降，コーヒー栽培業者や他の既得権益占有業者は，自由な農村労働者やポルトガルやイタリアからの移民へと切り替えた。1913年までには，セントジョン・デル・レイ社は世界で最も深い鉱山を所有し，150人のヨーロッパ人の他に2,500人を雇い，ブラジルの金の大部分を産出し，鉄道，水力発電施設，そして住宅・建物複合施設を支配していた（Eakin, 1989）。

銀の採取をするバトピラス鉱業会社や鉛と銀の合同カンザスシティー製錬・精製会社のような，数十社に及ぶ米国の鉱業および加工の会社が，1880年代までにはメキシコに進出していたと思われる。同国は，それら企業にとって隣国であり，ポルフィリオ・ディアスの統治の下で安定していた。労働問題はほとんどなく，企業は関税，徴税，税金その他採掘権の条件について，話し合って取り決めることができた。その後数十年にわたって，きわめて密接に米国の工業化と大企業に結びついていた「新興成金」一族が，投資の速度を決めた。グッゲンハイム家は，自ら所有する製錬所で加工処理するために鉛と銀鉱石をメキシコから輸入していたが，1890年には国境の向こう側に2工場を建てた。メキシコおよび米国における米国鉱業会社の動機は，一般的に言って貿易商社の目的とは異なっていた。すなわち，より安価な労働費用から利益を得ることに加えて，母国での業務のための供給量を確保し垂直統合することが第1の目的であった。

M. グッゲンハイムズ・サン社が，メキシコの銅鉱山を購入したのは1893年であり，同社は1898年にはボリビアで銀製錬所を操業していた[28]。メロン家の金融支援を得て，ピッツバーグ還元会社はスペインから併合した領土であるプエルトリコにボーキサイト鉱山を所有した（1907年に，同社はアルミニウム・カンパニー・オブ・アメリカ社〔アルコア社〕となった）。1899年までに，メキシコ石炭・コークス社は，コアウィラ州の同社が開発した企業町で自己統治を確立し，そこで機械工場，病院，薬局，学校，刑務所，郵便局と電報局を所有していた。ロックフェラー家とスタンダード石油につながる何人かを含む主要な実業家たちのグループが，1899年に米国最大のトラストの１つである合同銅鉱業会社を創設した。彼らの新たな企業は，アナコンダ銅会社の過半数を取得し，ロスチャイルドのロンドン社とパリ社を共に買収し，世界の銅生産の40％をも支配した[29]。合同銅鉱業会社は，1906年にメキシコに小規模に参入した（Meyer and Sherman, 1987; Williamson, 1992）。

1901年にケネコット鉱業会社は，グッゲンハイム銀行一族によって創立され，J. P. モルガン社の支援を得て，チリの銅鉱山を買収したが，その中でもブラーデン銅会社の，アンデス山脈の中にあったエルテニエンテは，世界最大の地下鉱山であった[30]。スタンダード石油関係者たちは，米国における非鉄金属加工を支配する手段として，1899年にアメリカ製錬・精製会社（ASARCO）を創立した。攻撃的な戦術によって，グッゲンハイム家は２年後に同社を乗っ取り，ASARCOは５つのメキシコの鉱山の買収を含む急拡大の時代を経験した。ASARCOによって，グッゲンハイム家は1904年には64の有名企業を持つ，メキシコで最大の投資家として頭角を現わした。そして同家は，こうした場所の多くで企業城下町を運営していた[31]。米国企業は早い時期からの南米への投資家であり（1914年までに約３億200万ドルの投資），そしてカナダへの投資家であった（より少額の１億5,900ドルの投資）。我々は1900年までには，アングロ＝アメリカン製鉄会社とベスレヘム鉄鉱石会社に加えて，世界のニッケルの大部分を供給するカナダ銅会社があったことを知っている[32]。1810年には，米国資本がケベック州周辺を中心としたアスベスト事業を支配していた（Wilkins, 1970）。米国の化学会社デュポン社は，1912年にはチリの硝石鉱山への投資によって，垂直統合を通じて供給量の安全確保を求めた工業会社の初期の例となった。しかし，その資本の関与は小規模であった[33]。

ニューヨーク・アンド・バーミューダ・アスファルト社は，ラテンアメリカで投資家が陥る政治的なリスクを思い起こさせるものであった。ベネズエラの大統領を3度務めたアントニオ・レオカディオ・グズマン・ブランコは，関与した政治献金の見返りに何度にもわたって「排他的」採掘権を与えるという性癖があった。インターナショナル電話会社と1883年に署名して承認された取引の後に，別の米国企業のさらなる「独占」が続いた。グスマンはグアナコのアスファルト湖を含む権利を，アイルランド系米国人，ホレイショー・ハミルトンに与えた。彼は，この年，グスマンの政権に関与していた。ハミルトンは，その事業計画を監督するために，1885年にニューヨーク・アンド・バーミューダ社を設立した。しかし，無能な経営のために，その採掘権はバーバー・アスファルト舗装会社に1892年に売却された。ベネズエラは英領ギアナとの国境沿いの領土を巡って紛争中であった。そして1895年，英国が米国の介入と国際仲裁手続きに同意した時，それは事実上，モンロー主義の原則を認めたことになった。パリで開廷された裁判所は，最終的に英国を支持する判決を下し，必然的にベネズエラにおける憤慨と民族主義感情を掻き立てた。1898年中にホアキン・シンフォリアノ・デ・ジーザス・クレスポがグスマンの後継となり，グアナコのアスファルトに対する権利を巡る法的な紛争を，現地企業に有利になるように解決した（Ewell, 1999; Wilkins, 1970）。

バナナ共和国

自社のプランテーションで育てたバナナの最初の輸入業者の1つは，かつて太平洋郵便会社で用度係をしていたカール・フランクによって設立されたフランク・ブラザーズ商会であった。そして1866年以降，同社はパナマ（当時はコロンビアの1州であった）からニューオリンズまでその果物を運んでいた。貿易，鉄道そしてプランテーション事業計画が合同してできたユナイテッド・フルーツ社は，中米の経済と政治とうまく関わるようになって行った。「蛸」の異名で呼ばれた同社の起源は複雑であった。ロレンゾ・ダウ・ベイカーが1885年にボストン・フルーツ会社（BFC）を設立し，まもなく自社所有の栽培地からジャマイカ産のバナナを船積みし販売した。ヨーロッパ産の甜菜が1870年代に熱帯産のサトウキビに取って代わり始めた時，ジャマイカは生計を立てる代替手段を探していた。そして，米国の投資家たちを歓迎した。1896年には，砂糖はジャマイカの輸出のわずか11％を占めるだけになっていた。そして，バナナはその減少分を埋める形で，20％を占めていた（ほとんど全部をBFCが取り扱っていた）。1899年までには，米国のバナナ輸入業者は114社存在し，そのうちの22社が海外プランテーションを所有していた。しかしながら，これらの企業はこの時点では，より品質が良く安価なバナナを中米とコロンビアから確保しようとしていた。そのため，BFCはキューバで砂糖農園や他の商品作物へ多角化することによって対処しようと試みていた。

コスタリカにおいて，マイナー・クーパー・キースは，企業家精神に富んだ冒険的事業家であり，鉄道と港湾を建設することに始まり，一国の経済と政治を個人で握るにまでいたった。ヨーロッパへのコーヒー輸出がコスタリカ経済の大黒柱となっていたが，同商品はそれが栽培されていた中部地域から，不便なことに太平洋岸にあったプンタレナスまで，牛車で運ばれねばならなかった（Topik and Wells, 1998）。首都のサンホセとカリブ海側のリモンとを結ぶ目的で，同国政府はロンドンの銀行から調達した資金で，1871年に鉄道の建設を発注した。同路線は十分な収入をあげることができなかったので，キースは1873年に同路線沿いにバナナを植えることを決めた。プロスペロ・フェルナンデス・オレアムノ大統領の政府は1882年に支払不履行に陥り，キースにその事業計画のために再融資をさせ，キースはその見返りに3,200平方キロの土地，つまり国土の5％を取得し，99年の賃借権を得て，この新鉄道を経営することとなった。自らの偉大な事業計画を完成させるために，1890年キースは1人の伯父と2人の兄弟を失い，そしてコスタリカを支配している一族に婿入りしたと言われている。また，4,000人以上がジャングルでの様々な状況と病気で生命を失い，その代わりの労働者をジャマイカ，中国そしてイタリアから導入しなくてはならなかった。続いてキースは，パナマとコロンビアのバナナ農園を開発し，ラテンアメリカにおける果物生産を支配するようになった。彼はまた，英国のホードリー商会を使い，それに加えて，自らの海運会社を設立した。

金融上の問題からキースは，1899年にBFCとの合併に追い込まれ，ユナイテッド・フルーツ社（UFC）が創立された。同社は，中米の25万エーカーを支配し，そして112マイルの鉄道を運営した。さらに，11隻の汽船を所有し，11隻のチャーター船を運航していた。同時に，米国全土にわたって卸売・販売網を持っていた。おまけに，他の9つの輸入業者の支配的株主であった。バナナのような繊細で腐敗しやすい生鮮食品にとって，栽培，輸送そして流通をつなぐ垂直統合という主張は説得力があった。新企業の船舶は，広範な商品を運んだ。グアテマラは同社を雇い，1901年に米国への郵便業務を運営させた。キースは同国の大統領マヌエル・エストラダ・カブレラとある契約に調印し，土地の無償譲渡，免税そしてバナナ農園を拡大する機会の見返りに，3年後，同国の大西洋側で鉄道と港湾を建設し，そして電報業務を立ち上げ，管理した。にもかかわらず，これはグアテマラのコーヒー栽培業者からの反対を引き起こした。というのは，彼らは鉄道と港湾の料金に対して，もっと大きな発言権が望んだからである。1912年以後，キースは自らの中央アメリカ国際鉄道（IRCA）を完成させたが，グアテマラからパナマ運河までの鉄道網 を築く野望には失敗した。カリブ海沿岸沿いに，UFCは貯蔵所，病院，路面電車そして購買部を設けて，同農園とその労働者の需要を充たした（時として，小規模な町となった）。1914年までには同社は北米で食されるすべてのバナナの3分の2を供給していた。

エルサルバドルでは，バナナはコーヒーの商業上の重要性に取って代わることはなかったが，UFCにとって英国人所有のサルバドル鉄道会社の中に競争相手がいた（Topik and Wells, 1998）。それはベッサラビアからの移民，サミュエル・ザムライであった。彼はユナイテッド・フルーツ社の最大のライバルとなり，無慈悲なことではキースの評判を上回る男だった。学校教育を受けたこともないザムライは，独力でニューオーリンズでも指折りのバナナ貿易業者の1人となり，21歳までには一財産を作っていた。彼はホンジュラスで取引をするために，1隻の船を購入した。ホンジュラス政府は，1903年に外国資本の誘致を目指し，土地使用権を売却することを決定した。もう1つのニューオーリンズ企業，ヴァッカロ・ブラザーズ社――ジョゼフ，ルカそしてフィーリクスは，もともとはシシリア出身であった――は，1899年以来バナナを輸入していたが，同社は政府の提案に応じた。ユナイテッド・フルーツの助力を得て，同社はラ・セイバの港から同社の新しいプランテーションまで鉄道を建設した（同社は，後にスタンダード・フルーツ社へと発展し，後にドール食品会社となった）。ザムライは，1910年から1911年の間にホンジュラスにバナナ栽培地を開設した。今回はユナイテッド・フルーツは，脅迫じみた「マシンガン」マロニーと呼ばれるビジネス仲間を派遣することによって対応し，鉄道を建設し，そしてバナナ栽培事業を確立した。プランテーションの立地がこの路線のルートを決定し，同路線は山脈の周りを輪を描くように回り，平らなジャングルの平原地帯に到達した。

この地域の政治と米国の外交政策は，分かち難いほどに事業の戦略的な進め方と関わり合っていた。ホンジュラスとニカラグアの政府は共に，以前の協定を履行していなかったにもかかわらず，国際融資を得ようとしていた。米国の銀行であるJ. P. モルガンは借款引受業者の役割を引き受け，関税歳入の徴収と貿易の様々な利権を直接に管理する見返りに，ホンジュラスの債務を安定させた。ザムライは疑い深い性格の故に，キュヤメル・フルーツ社は，同社が必要とする政治的な影響力から徐々に排除されつつあると信じた。米国国務長官フィランダー・

ノックスは，ホンジュラスが不安定化するのを望んでいなかった。そして，ザムライに介入しないよう警告した。それに応えて，ザムライはニューオーリンズに戻り，秘密裏に前ホンジュラス大統領マニュエル・ボニーヤ・チリノスと会い，ボニーヤが傭兵を雇うための資金を供給し，ボニーヤは1912年から1913年の間，政権に復帰した（Topik and Wells, 1998）。

キュヤメル社とUFC社とは，いろいろな出来事によって1913年に危機に陥るまで，現実的かつ全般的に，むしろ協働する方を好んでいた。UFCはハバード=ザムライ海運会社に投資さえしていたが，司法省がキュヤメル社を取り調べると見込まれたので，同社の持株を売却した。しかし，バナナはそれが育った土地を急速に疲弊させたので，キュヤメル社とUFCは，モタグア川渓谷で衝突するまで，さらに内陸部へと移動し続けた。ザムライはボニーヤと彼の後継者フランシスコ・バートランドを支援していた。そして2社間の争いは，ホンジュラスとグアテマラの未解決だった国境紛争を悪化させた。UFCと関連会社のIRCAは，1914年には，グアテマラの独裁者エストラダ・カブレラと不安定な関係となっていた。この中米2カ国は，1917年に巨大な隣国=米国に，国境とバナナをめぐる紛争の仲裁を依頼した。米国はちょうどヨーロッパでの戦争に参戦したばかりで，同国の主たる関心は食糧供給のいかなる中断をも避けることにあった。重圧を感じてザムライは，1918年1月に，自らの事業の実質的な支配権を維持するという条件で，秘密裏にUFCに対してキュヤメル社の株式を彼が買い上げることに同意した（Wilkins, 1970; Casson, 1983; Dosal, 1993; McCann, 1976; Davies, 1990; Wilkins, 1970; MacCameron, 1983; Walker, 2011; Leonard, 2011）[34]。ウィリアム・シドニー・ポッター――詐欺師として一度有罪判決を受け服役し，むしろオー・ヘンリーというユーモア作家としてよく知られている――は，1904年の短編集『キャベツと王様』の中で，最初の「バナナ共和国」アンチュリア共和国のモデルとしてホンジュラスを使っている。

ジャマイカにおける米国バナナ企業の存在は，英帝国の事業計画に自らの野望を結びつけていた1人の著名な英国の政治家に，解決できないジレンマを投げかけていた。ジャマイカ島のある司教が，同地域で生じた最近の出来事の結果，ユナイテッド・フルーツ社がジャマイカから完全に撤退するのではないかと懸念し，英国の植民相ジョセフ・チェンバレンに働きかけた。1898年，キューバでの反乱は米国をスペインとの戦争にまきこみ，そして米国によるその島の占領で終わった。経済権益の保護は，その介入の背後にある強い動機であった。そして，米国投資がますますキューバに惹きつけられて行くという十分な見通しがあった。

実際に，米国政府は実現性のある政治的解決策を見つけるのに失敗した。すなわち，米国政府はキューバを1902年に独立させたが，1906年から1909年に同島は再び占領され，1912年には再度軍事介入がなされた（Williamson, 1992）。バーミンガムの製鋼業者一族の出であったチェンバレンは，アイルランド自治の政策を巡って英国自由党を分裂させていたが，統一＝保守党首相ソールズベリー卿に植民相の職を求め，同時代の人々を驚かせた。チェンバレンは，特恵関税と共通の利害に基づく商業的にも政治的にも統一された，帝国の建設者であることを望んだ。ジャマイカは，こうした野心を抱く精力的な政治家にとって，1つの試金石となる事業計画となった。

チェンバレンの第1段階は，ジャマイカ農産物会社を説得して契約させ，ジャマイカから英国へ果物を運ぶ3隻の汽船を運行させることであった。同社は，国庫から2万ポンドの補助金を毎年受け取るという限りでは熱心であった。気前のよい条件と思われたにもかかわらず，同社はまもなく厄介なことにまきこまれた。そして，チェンバレンの次にとった方法は，西アフリカに権益を持つ貿易海運会社で，（1892年以来）カナリア諸島から英国へのバナナの輸入業者であったエルダー・デンプスター社からきたアルフレッド・ジョーンズに相談した。エルダー・デンプスター社は石炭積込代理店として事業を始めたが，英国アフリカ汽船海運会社とアフリカン汽船会社を買収して，英国と西アフリカ間の商船業をほぼ独占していた。ジョーンズはジャマイカに調査員を派遣した。その調査員は，チェンバレンの事業計画の提案には実現性がないと報告した。英国植民相であったチェンバレンは事業計画の実現に向けて圧力をかけ続けたので，ジョーンズは年に6万ポンドの補助金を要請した。ジャマイカ政府が半額支払うという条件で，両者は4万ポンドで合意した。そして，帝国直航西インド郵便業務会社は1900年まで営業していた。

ジョーンズはまもなくファイフ＝ハドソン商会に提携を申し込み，同商会を通じて，英国のバナナ貿易を1つにまとめ再編成することができた。そのような大規模な統合事業の1つのモデルとして，直近に結成されたユナイテッド・フルーツ社（同社はジャマイカでバナナ栽培を支配し続けた）を目指した。エルダーズ&ファイフ（海運）会社は1901年に設立されたが，1903年までにはユナイテッド・フルーツ社が50%の株式を所有し，1910年には完全な支配権を握っていた。このようにして，ジョーンズ個人は帝国の政治的な失敗から，自社株を売り利益を得た。その過程で，かつて船室付きの給仕だった少年は，ナイトの爵位をものにしていた（Davies, 1990; Beaver, 1976）。この場合，そうした国際経済の現実――米国がジャマイカに惹きつけられて行ったこと，巨大なUFCが競争上優位な立場にあったこと，そして世界をまたにかける仲介取引事業関係者の非情な行為能力——が，帝国建設者の思惑を打ちのめした。[35]

アフリカにおける国際的対立関係とビジネス

ヨーロッパ列強がアフリカ大陸を権益の及ぶ領域に分割した時，アフリカは19世紀末の帝国主義の最もわかりやすい例となった。1884年から85年のベルリン会議までは，アフリカの約80%はいまだ植民地ではなかった。しかしその時以降，アフリカ大陸は帝国による占領下に陥った。経済的な利益を期待する人々を喜ばせるために，ベルギー，ドイツそして自由貿易の英国ですら，特許会社を復活させた。これは我々がすでにニューギニアや太平洋諸島について指摘したように，ドイツが広げた政策であった。列強諸国は当時認められていた実効性の疑わしい万能薬を飲み込み身を委ねたが，明らかにヨーロッパの投資家たちは，未開発で未経験な土地で冒険的事業を行なうには自由市場は適していないか，余りにも危険だと見た。ベルギー国王レオポルド2世こそが，アフリカ大陸全体とその人民が変容して行くことを煽動した人物であった。ポルトガルは長い間コンゴの領有権を主張していたが，決して実効支配はしていなかった。そしてベルギー政府は，その領土に対する自国の王の企てを支援しようとはしなかった。そこでレオポルドは，1876年にある探険組織を創設し，3年後，当初は民間資本を使って，コンゴ国際協会を設立し，まもなく同協会を全面的に所有・支配した。その前線組織はヘンリー・モートン・スタンリー（探検家のリヴィングストン博士を探し出したと考えられていた人物）を1879年から1884年にかけてコンゴに派遣した。彼は商業組織というよりはむしろ慈善団体のために働いていると信じて，コンゴ川南部の首長たちに賄賂を贈り，（最終的には，コンゴ自由国を構成することとなる）政治的な権限と商業上の権利を与えるという協定を正式に締結した。

しかも，レオポルドはフランスを挑発して海軍士官ピエール・ド・ブラザを派遣させ，（コンゴ共和国の枠組みを定める）ブラザビルを創り上げた。そしてレオポルドは，また英国の支援を受けていたポルトガルの反発を引き起こした。彼は広範囲な波紋をもたらす国際的抗争の始まりとなる銃火を放った（要するにチュニジア，ギニア，エジプト，スーダンそしてソマリランドでの軍事行動，保護領や植民地化）。そして，ビスマルクは（ヨーロッパの外交関係に与える影響を計算して），ドイツ人にコンゴ会議として知られる1884年から1885年にかけての会議を呼び掛けた。同会議が結んだ協定は，ヨーロッパが支配するすべての地域で奴隷制度を終えることを主張して，民衆から支持されることを目指した。そしてコンゴ自由国は，すべての欧州からの投資に開放することの見返りに，コンゴ国際協会（レオポルドの私的財産）に与えられた。その協定はまた，土地の支配の第1段階として，アフリカ首長とヨーロッパ諸国が協定に署名する土地を明示した。したがって，ベルリンでの会議は，一般に信じられたようには，すべての紛争地域の問題を解決しはしなかった。すなわち，積極的に領土に立ち入ったり，効果的な行政機関や警察隊を創設したり，あるいはきわめて重要なことだが，土地を経済的に活用し開発したりすることに失敗し，いかなる土地の占有権の主張をもすべて原則として却下することにつながったのである（Chamberlain, 1999）。

企業と政府は共にベルリン会議での決定に圧力をかけ，自らの既得権益を確保し拡大しようと競った。英国陸軍工兵隊に従軍中にアフリカに登場したジョージ・トーブマン・ゴールディは，ニジェール川デルタ地域にある英国の交易所を植民地に組み込んだ中心人物であった。彼は同地に1877年着任し，そして20年を費やし，もし特許会社というアイデアが復活すれば，その領土を英帝国に加えることができると主張した。ヨーロッパの貿易業者は，西アフリカ沿岸に点在した交易所を通じて活動し，現地人によって栽培・収穫された商品作物を購入していた。英国とフランスの部分的に重なり合っている権益網があり，それらは様々な緊張を生み出していた。そこではドイツが，自らの存在を不動のものとし始めていた。この段階では，貿易業者はプランテーションを所有したり，あるいは取得したりしようとしてはいなかった。そして，アフリカの支配者たちの協力を必要としていたので，貿易業者たちは様々な協定に署名する準備ができていたし，喜んで署名しようとした。この時点では，ヨーロッパの各政府は，いくつかの帝国の事業計画の一部としてアフリカを見ているというよりも，難しい関係への関与とそれらの関与のもたらす必然的結果の代償が高くつくのではないかということに注意を払っていた（Fieldhouse, 1965）。

自らの個人的な野望を達成する第1段階として，ゴールディは1879年にニジェール川における英国の商業権益を支配していた4つの会社を合併させて，連合アフリカ会社とした。1881年に，英国政府は同社に特許状を付与することを拒否したが，ゴールディは思い留まりはしなかった。同社は国立アフリカ会社（NAC）と改称され，より多額の資本とより多数の貿易拠点を持って再建された。ベルリンでの会議がニジェール川のデルタ地域を英国の勢力範囲として明示した時，フランスと外交上あるいは軍事的衝突の危険性は回避された。ニジェール川の下流地域のフランスの貿易業者を買収し，ニジェール専門家としてベルリンの会議に出席することによって，ゴールディはそこでの決定が自らに有利になるように促した。もはや国際紛争を気にすることもなくなった英国政府は，特許会社の利点を進んで再審議した。しかしながら，19世紀後半までは，土着の人々の権利に対する一般国民の関心を考慮しなければならなかった。ひとたびゴールディが現地の首長たちと400に上る協定に署名すると，1888年にNACを王立ニジェール会社（RNC）に変えるために必要な法案が可決され，RNCはパーム油，パーム仁（核），ピーナッツ，錫，獣皮そしてゴムの取引において突出した位置を与えられた。現地の首長たちと有利な協定を結ぶRNCの能力が，結局ナイジェリアの植民地の規模を決定した。自らの事業と母国への働きにより，ゴールディにはまもなくナイトの爵位が与えられた（Fieldhouse, 1965）。

RNCの初代総裁は，初代アバデア男爵ヘンリー・オースティン・ブルースであった。というのは，彼は石炭と鉄鋼の大立者であったが，元内務大臣そして枢密院議長として，故国のロンドンでの政治的なつながりを利用できたからである。RNCのアフリカでの主たる問題はドイツであった。1890年に皇帝によって首相を解任させられるまで，ビスマルクは絶えずカメルーンの植民地を広げようと努め，そしてドイツの貿易代理商はRNCの許可なくナイジェリアで活動した。法的措置は，ビスマルクの甥であったドイツ領事からの賠償金請求を引き起こした。1890年7月，英国首相ソールズベリーはドイツとヘルゴラント＝ザンジバル条約を締結した。そして，ゴールディは北からのフランスの脅威をより懸念するようになり，1893年にはナイジェリア＝カメルーン境界が決着した。また，内部には様々な意見の不一致があり，ゴールディは直々に遠征隊を率いて現地での抵抗を鎮めようとした。彼は1895年アバデア卿の跡を継ぎ，RNCの総裁となった。フランスとドイツの保護領に囲まれた直轄植民地について，英国政府は国際関係上の紛争地帯の統治をRNCに任せたままにしておくことをますます懸念するようになった。1900年，総額86万5,000ポンドを支払って領土の支配権は譲渡され，1年後ナイジェリアは，英帝国の正式な一部として再登場した（Heaton, 2008）。

いかなるドイツ企業もカメルーンやトーゴランドに投資したがらなかったという事実は，ビスマルクにとって期待はずれの失敗であった。そのため，ドイツ政府は直接統治を引き受けねばならなかった。ドイツの東アフリカ植民地（後のタンガニーカ，そして現在のタンザニア）を創設する際の中心人物は，カール・ペータースであった。彼はドイツ植民協会を設立し，そして現地の内陸部の首長たちと協定を締結した。彼は，1885年に母国に戻って，ドイツ東アフリカ会社を創設し，ベルリン会議の政策決定に圧力をかけた。価値もわからないどこかの見知らぬ領土に関心もなかったビスマルクは，英国との様々な関係により大きな懸念を持っていた。なぜなら，英国はインドとの貿易そしてスエズへのルートを有していたからである。ペータースはレオポルド2世にドイツの利権を売却するぞと脅した。そして，帝国議会における帝国のためなら何でもする支持者からの圧力があり，ビスマルクは「その愚か者」に植民地を自由にする権力は授けるが，いかなる商業独占も付与しないという特許状を与える政策を採った。

それにもかかわらず，ビスマルクは翌年には，慎重に1つの協定に署名し，英国との対立する土地占有権の主張に対する暫定的な解決を得た。ペータースは1888年にザンジバルのスルタンであるハリファ・ビン・サイードと，アフリカ大陸の近隣の沿岸地域を開発する協定を独自に結び，次に内陸部のブガンダ王国（現在のウガンダの南東部にあった）へドイツ政府の裁可なしに入り，同地の支配者，ムワンガ2世と1つの協定を締結した。英領東アフリカ会社（IBEAC）からのかなり大規模な遠征隊が到着すると，ペータースは逃げざるを得なかった。英国は，マッキノン複合企業の一部分であるIBEACに，さらにコンゴと結びつける歴史的な貿易ルートであるインド洋とヴィクトリア湖の間の土地の行政権を与えたところであった。

1890年のヘルゴラント＝ザンジバル条約の中で，ドイツは，ザンジバルとモンバサ海岸の西の中央部の湖水地帯までの地域（後にケニアとウガンダとなる）を，北海とバルト海とを結ぶキール運河に近い英国所有の島および戦略上重要ないくつかの港と交換した。同条約では，さらに南西アフリカ（ナミビア）に対するドイツの様々な権利を英国が追認し，カメルーン＝ナイジェリアとトーゴランド＝黄金海岸（現在のガーナ）の境界線について決着を得た。ドイツ東アフリカ会社には，後にドイツ領東アフリカとなるダルエスサラームから内陸の経済的メリットの無い領土が残された。ペータースの苛酷な支配に対して，アラブ人首長のアブシリに率いられた住民が反乱を起こした時，ドイツ政府は軍隊の派遣を余儀なくされた。軍隊は容赦なく軍事行動を行い，それによってドイツ東アフリカ会社の植民地行政の責任は打ち消された[37]。時の経過とともに，同社は植民地の様々な鉱業事業を支配し，関税，土地取引そして銀行業から収入を得た（Fieldhouse, 1965）。

ドイツ領東アフリカ総督，「絞首刑執行人」ペータースは，現地の住民に対してさらに犯罪を行い，そのために1897年故国で有罪となった。そこで彼はロンドンに向けて発ち，そこで金採掘会社を経営し，ローデシア（現在のジンバブエ）

とポルトガル領東アフリカ（現在のモザンビーク）において事業計画を展開した（ペータースは，1914年ドイツに歓迎されて戻ることになる。彼の犯罪は，没後，アドルフ・ヒットラーによって正式に赦免された）(Perras, 2004)。IBEACもまた，武装した抵抗に遭い，英国政府は同じように1893年同社の植民地支配を引き継いだ。マッキノンとその仲間の投資家たちは，補助金の約束が守られなかったと感じ，IBEACへの興味を失った[38]。にもかかわらず，スミス・マッケンジー社は，マッキノン・グループの同地域における貿易代理店として活動を続け，ザンジバルのコーヒーとゴムに投資した (Munro, 1987)。同社は1896年から1901年にかけてのモンバサ港とヴィクトリア湖岸のキスム間の鉄道建設への資金供給は，植民地政府に委ねた。そして同社は，鉄道建設に必要な労働者をインドから移入したが，彼らの多くは二度と母国に戻ることなく定住した。この鉄道は，肥沃な高地の平原を沿岸につなぐことによって，茶とコーヒーの栽培地に対するヨーロッパの投資を促進した。ドイツ人たちも，ダルエスサラームからタンガニーカ湖岸のキゴーマ＝ウジジまで，英国が敷いた鉄道と平行するかのような鉄道路線を建設した (Wolmar, 2009; Shillington, 2005)。

国際的な憤激とアフリカ

ロッテルダム出身のケールダイク・アンド・ピンコフス社は，1857年以後，コンゴ川沿いおよび周辺で交易所を設立し，しばしば商品を英国に運んでいた。1869年に同社は，アフリカ貿易会社（AHV）へと進化した。同社は，スタンリーの探険を後援した最初の会社であった（これは，彼の会社がレオポルド国王と協同するようになる少し前のことであった)。スタンリーはAHVの様々な事業，同社の医療施設，住宅供給，そして同社が労働者に豊富な食料を提供していると公然と褒め讃えた。ルイス・ピンコフが詐欺の告発から逃れるためにニューヨークに逃げ去った時，同社の事業は1879年に新アフリカ貿易会社（NAHV）として再法人化された。1861年，ヘンリック・ミュラーはオランダ出自では西アフリカ最大の貿易商社を設立し，1883年にそれを東アフリカ会社（OAC）と改称した。東インド諸島に完全に集中していたオランダ政府は，自国のアフリカにおける貿易商社を積極的に支援はしなかったし，ガーナにあったミュラーの防備の固い交易所を，1872年に英国に譲り渡した。またオランダ政府は，NAHVが50カ所の交易所を有し，200人のヨーロッパ人と2,000人のアフリカ人の従業員を擁していたニジェール川流域とまたコンゴ川流域における自由貿易に，単に賛成の意見を述べただけで，ベルリン会議にあまり注目していなかった。

帝国主義が高揚した時代に，自国政府からの強力な支援もなく，NAHVは徐々にコンゴ川流域地方から姿を消して行った。その領土は，今やベルギー国王のレオポルド2世個人の資産・領地であり，彼はその私領を1つの資金投資と見ていた。鉱業に投資する資本がなかったので，彼は代わりに象牙，野生ゴム，パーム油に傾注した。独占を禁止したベルリン会議の取り決めに違反して，彼はコンゴ自由国の3分の2――私領――を，自らの代理人や自らが出資していた特許権所有者に任せた。利益を搾り取る彼の他の手段は，人頭税の代わりに，オランダ領東インド諸島の今やなくなった強制栽培制度を模倣した強制労働であった。

初めは，レオポルドがコンゴ自由国の占有によって得たものは，ただ負債だけであったが，彼の冒険的事業を経済的に救ったのは，まさに1890年代に突如として生じたゴム需要であった。しかしその占有は，彼の支配の残虐性に対する国際的な憤激となって終わった。私領内では，地区の役人の給料は売買手数料頼みであり，地元民は国が決めた価格で，象牙とゴムの割当数量を満たさなければならなかった。処罰は死刑，暴行，背筋も凍るような両手の切断，そして村々の焼き払いを含んでいた。飢餓と疾病が，広範囲かつ多数の人命の喪失に拍車をかけた。正確な数値を出すことは不可能であるが，その数は数百万人強と推定される。

海運会社事務職員のE. D. モレルは，ゴムを積んだ船がなぜコンゴ自由国に銃と弾薬を積んで戻るのか不思議に思い，真相を究明しようとジャーナリストになり，植民地でのレオポルドの独占体制の破壊を望む社会運動家や商人たちの支援を得た。英国議会は調査を要求し，ロジャー・ケースメント領事は同地における人間の悲劇の深刻さを世界に暴露した勇敢な調査で有名になった。ジョゼフ・コンラッド（『闇の奥』），アーサー・コナン・ドイル（『コンゴの犯罪』），マーク・トウェイン（『レオポルド王の独白』）といった文豪たちは皆，民衆の懸念と怒りを支持していた。

ヨーロッパ諸国と米国は改革を要求し，そしてベルギー政府は，不承不承，1908年に国王からコンゴ自由国の支配を引き受け，ベルギー領コンゴとした。ゴム価格がすでに下落し，今や東南アジアの供給源はより競争力があったので，政府への支配の移管はレオポルドに事業から実質的に手を引かせることになった。総督はブリュッセルに報告し始めたが，広範囲に渡る残忍な行為と厳しい労働条件と同様，人頭税に見合うだけの強制労働は続いた。ゴムからの税収が減少し，同植民地はヤシの実の利権を注視し，そして地域共同体に土地と森林を明け渡すよう要求した（Fieldhouse, 1965; Hochschild, 1998; Davidson, 1969）。リーバ・ブラザーズ社――後にリーバヒューム卿と呼ばれたウィリアム・リーバによって創立された――は，当時は石鹸の大量生産会社であり，パーム油の安定した供給を必要としていた。同社は，1911年に同植民地にプランテーションを開設した。そして，同社は同植民地の強制労働制に頼っていたので，継続して行なわれた残虐行為に関する報告書には同社の名前も当然に入っていた（Fieldhouse, 1965）[39]。

過酷な処罰と強制労働は，アフリカの植民地物語の一部であった。残虐行為の規模とその悪名の高さは，とくにベルギー領コンゴが抜きんでていたが，さらにポルトガルが行った様々な政策もまた国際的な憤激を引き起こしていた。アンゴラからサントメ＝プリンシペの島々まで移された強制労働者と彼らの苛酷な労働条件に関するニュースが，1904年に明らかになった。ポルトガルの植民地貿易は，独立したブラジルとの貿易ほどは価値がないままであったことを思い起こしておくことは意義がある。帝国の通商と関税がまさに，利益をもたらす商品の再輸出を統括するリスボン商人と，自社の独占と政府契約を持つ国立海運会社の定期航路に恩恵をもたらした。ココアは，他の主要商品であるゴムやコーヒーに比べて2倍の価値があった。そして，サントメ＝プリンシペは当時世界のココアの主要供給源であり，そのため，ポルトガル帝国にとって貴重なものであった。

奴隷制度のうわさは，とくに英国のキャドベリー・チョコレート会社を当惑させた。平和主義者のクエーカー教徒として，同社の所有者一族は，過去には大西洋の奴隷貿易の廃止に賛同していたし，より最近では，コンゴでの虐待と南アフリカの鉱業における年季奉公中国人労働者の使用に反対する社会運動を行なっていた。仲間のクエーカー教徒の企業や競争相手のラウントリー社と同様，キャドベリー社はサントメ＝プリンシペからの供給に頼っていた。両社は共にカリブ海の西インド諸島にプランテーションを購入（キャドベリー社は1897年，ラウントリー社は1899年に）していたが，いずれの投資もそれに見合った結果を生まなかった。1909年までには，キャドベリー社は，同社のカカオの大部分を黄金海岸（西アフリカのギニア湾北岸地域，現在のガーナ）に何とか切り換えていた。とりわけ重要なことには，その間，所有者一族は自ら調査し，そしてポルトガル当局に政策を転換するよう圧力をかける一方で，所有していた大衆紙『デーリーニューズ』に，カカオ・プランテーションの奴隷制度に対する非難に言及しないように指示していた。通例見られるように，その指示こそが同社に対して，同社が奴隷制度から利益を得ていたという主張を巡って原告が訴訟を起こす決断へとつながった。所有者一族は裁判では勝訴したとは言え，少しばかりダメージを受けた（Fitzgerald, 1995）。

確かに，ベルギー海外銀行はサントメ＝プリンシペでの栽培のために土地を購入していたことで知られていたが，サントメ＝プリンシペとポルトガル領南西アフリカ（現アンゴラ）での開発のためには，入植者の資本が供給された[40]。ポルトガル帝国では，大西洋銀行が銀行業務で非常に多くの独占的な優位を享受し続けていた。貸し手である大西洋銀行は債務が不履行になった時はいつでも，カカオ栽培地，河川海運会社そしてタバコ工場を取得した。同行は1900年にはカゼンゴ農業会社を創設し，倒産した西アフリカのコーヒー農園主から業務を引き継いだ[41]。外国企業はしばしば破綻した企業も救済した。たとえば，ザンベジ川の三角デルタにおいては，セナ砂糖農園は，ポルトガルとトランスヴァール共和国（現南アフリカ共和国の北東部にあった）に輸出していたが，フランスの投資家たちはボーアール社とマダル社の傘下にあるいくつかのコプラ事業会社を支配下に置いた。1884年から1885年のベルリン会議で，モザンビークはポルトガル領東アフリカとなり，モザンビーク会社は，特許状を1891年にポルトガル政府から得ていた。それによって，モザンビーク会社はザンベジ川とサベ川の間の地域における独占権と主権を持ち，強制労働を行う権力を持った（Neil-Tomlinson, 1998）[42]。短い間に，同社はフランスのオスマン帝国銀行に支配されるようになった。同社の金鉱と鉄道事業計画は好ましい収益を生み出さず，そのため同社は，土地の賃借権とアフリカ人の人頭税に依存した（G. Jones, 1990）[43]。南アフリカの鉱山業者であったルイス・アンド・マークス社は，モザンビーク北部の特許会社ニヤサ社を所有し，1912年ポルトガル政府がその実施を禁止するまで，労働者を移入した。さらにニヤサ社は奴隷を中東に人身売買することによって利益を得ているという多くの非難があった[44]。

南アフリカでは，冒険家型資本家のセシル・ローズこそが，帝国の建設に際して，国際的な鉱業で最も著名でかつ個人として正体が明らかになっている人物である。1887年までには，デビアス社はダイヤモンドの産出地キンバリーを支配していた。ローズはこのダイヤモンド・ビジネスを打ち立てた人物であったが，彼はロンドンのロスチャイルド銀行の頭取で，同社最大の株主になったナサニエル・ロスチャイルド卿とのつながりに頼っていた。1年も経たないうちに，ローズはリンポポ川の北に位置する金鉱床の可能性に引き寄せられた。ひとたびヌデベレ族の王によって採掘権が与えられると，彼は地元民による支配の終焉を望んだ。そして英帝国を代表して，以後すみやかに中央アフリカに進出していった。1889年には，アフリカ人との売買を確立し，協定を結び，土地を分配・管理し，そして警官隊を組織する通商上の職務を擁する特許会社ブリティッシュ南アフリカ会社（BSAC）が創設された。ローズは自らの事業を「新たな東インド会社」

と呼んだ。英国政府にとって，それは中央アフリカを横断して大西洋岸から太平洋岸まで続く領土を所有しようとするドイツとポルトガルの計画を阻止する，代理人による１つの作戦行動であった（Fieldhouse, 1965）。BSACは700人の警官隊を採鉱の採掘権を巡るヌデベレ族との紛争を解決するために派遣し，マキシム式速射機関銃の力を借りて，シャンガニ戦役でいかなる抵抗も一掃した。興味深いことに，ロスチャイルドはまたマキシム速射機関銃会社の取締役の１人であった。そして，そのマキシム銃の殺傷力は，今やきわめて明瞭に示されたのであった。

ついに，BSACはザンベジアと名付けた１つの領土を切り取り，次に（現代のザンビアとジンバブエを含む）ローデシアを切り取った。17世紀に南アフリカに入植したオランダ系移民の子孫のボーア人の２つの共和国，トランスヴァール共和国とオレンジ自由国が，南アフリカにおける英国支配に対する主たる敵対勢力として現われた。1890年にローズは，ケープ植民地の首相に選ばれ，そしてトランスヴァール政府の存続を危うくさせることを期待して，密かに自らの公的な職権を使ってジェームソン・トランスヴァール急襲隊を組織した。同隊の襲撃は大失敗し，ローズは1896年職を辞した。彼は，全世界は英国支配から利得を得ることができるという信念によって動機づけられており，真剣に米国の英帝国への復帰について語っていた[45]。しかしボーア人たちとの対立は，主として経済的なものであった。つまり，トランスヴァール共和国は世界の金の供給量の４分の１を産出し，鉱山事業は大部分が英国資本から資金を得ていたのである。

ソールズベリー英国首相は，併合の利益を１つひとつ計算することを好み，アフリカ大陸の全域で最大限拡大するというローズの意見に与(くみ)することはなかった。彼は英国の領土は喜望峰からカイロまで（とずっと考えられていた）線状になっているので，戦略上攻撃されやすいと考えていた。しかし，彼の植民相であったチェンバレンはもっと空想家であった。1899年にチェンバレンは，**南アフリカの英国人移住者**に選挙権を与えるといういんちきな要求に基づいて，ボーア戦争を引き起こした。世界帝国に対するボーア人の農民たちによる初期の成功は屈辱をもたらした。そして，1902年の英帝国の最終的な勝利の１つの代価は，少数の農民とその家族に対して行なった残忍な行為に対する国際的な評判であった。にもかかわらず，1910年の南アフリカ連邦の成立は敵同士の間での和解の１つの注目すべき例であり，経済的な活動に関心をもつ人々を安心させた。1914年には，鉱業に投資された世界資本の５分の２は，南アフリカの金の採掘につぎ込まれていた（Harvey and Press, 1990; Shillington, 2005）。

貿易と多国籍銀行業務

商人と銀行家たちの起源を厳密に見ると，両社を区別することは困難である。たとえばロスチャイルド社やシュローダーズ社のような外国貿易会社は，ロンドンに本拠を定め，そして外国為替手形を引き受け，証券発行業務を行う金融機関であるマーチャントバンクへと進化していった。貿易業者と代理店は顧客宛の為替手形を回収・決済し，外貨を扱った。そして預金を受け入れ，信用を供与し，商取引の債務履行の保証を出した。マーチャントバンクは，貿易金融を通じて，海外の政府や企業に接触するようになり，彼らのためにロンドン証券取引所で有価証券を発行するに至った。時間の経過とともに，銀行家と貿易業者は何らかの業務に特化する傾向にあったが，アントニー・ギブズ社，ウォレス・ブラザーズ社とマセソン商会は，両方のタイプの事業を続けた。貿易業者は海外銀行の設立のために共同して働き，そして資金供給源を獲得し，財源を利用できることを必要としていた。英国の海外銀行の大多数はロンドンで登記され，フリースタンディング企業の形を採った。そして，それらすべての海外銀行は，英国で営業する銀行企業とは無関係であった。オランダの海外銀行も正式には故国に本拠を置き，そして国内企業とは別個であった。しかしフランスとドイツの海外銀行は，国内企業の子会社であったり，あるいはある事業融資団（シンジケート）とつながっていたりした。この時期，米国は外国との関与に用心深く，多国籍化しつつあった外国の銀行に厳しい制限を課し，そして国内の銀行の取締役は米国人でなければならないと声明を出していた（Wilkins, 1989）。

西欧および米国内では，国際ビジネスは，ロンドン，パリ，ニューヨーク，ブリュッセル，ハンブルグ，チューリッヒやベルリンを含む発達した金融中心地に多くが本拠を置いていたコルレス先銀行網に頼ることができた。協力の取り決めは，資金の移動，信用の取得，あるいは外国為替の入手のための安定した手段であった。銀行はまた，公債や政府証券を売るために海外の金融中心地に駐在員や代理店を持っているのが常であった。ロンドンのロスチャイルド家は，ヨーロッパ全域に存在する一族のメンバーを通じて，業務を行なった。これらはすべて，公式的には独立した企業として運営されていた。海外銀行の場合は，登記と所有権は通常ヨーロッパにあり，一方経営と事業運営は他の大陸で行われていた。

ある推計によれば，1880年には56の海外銀行が653の支店を持っていた。これらの銀行のうち，34銀行（60.7%）と600支店（91.9%）が英国所有であった。1912年までには，146のそれとわかる海外銀行が，85の主権国または植民地において2,369の支店を持って営業していた。英国の多国籍銀行とその支店は，競争

表 2-9　海外銀行と支店の数（1912年）

	銀行	%	支店	%
英国	46	28.8	1,525	64.4
オランダ	7	4.8	73	3.1
フランス	28	19.2	419	17.7
ドイツ	26	17.8	169	7.1

（出所） Battilossi and Cassis (2002).

相手に押されて衰え始めていたけれども，この時ですら，国際的に主導的な立場を維持していた（表2-9参照）。オーストラリア，ニュージーランド，南アフリカとカナダにおける大規模な銀行のネットワークは，なぜ英国が海外支店のほぼ3分の2を支配していたのかを説明してくれる。金額で計ると，英国の多国籍銀行によって保持されていた資産の過半数はアジアにあった。東インド諸島での植民地政策と拡大しつつあった交易は，オランダの海外銀行の台頭に大いに影響を及ぼした。フランスの海外銀行は地中海沿岸地域と中東でとくに突出していた。ドイツの海外銀行は，ドイツの経済的影響力の及んだ南欧と東欧にしばしば見出されることができた。もっとも，第1次世界大戦前には，伝統的に英国の通商活動範囲であったラテンアメリカやアジアに見事な進出を見せていたのではあるが。

英国の多国籍銀行は，その起源を1830年代に遡ることができる。すなわち，この時代の推移する変わり目に，個々の特許状には準備金と資産のレベル，または現地通貨を発行する資格が明記された。そして植民地銀行規則を施行するのに，その特許状が活かされた。またその特許状によって，公債を取り扱うとくに有利な権利が授けられることになった。そして，各銀行は特定の地域に限定されていて，かつての東インド会社のような特許状による独占こそなかったが，過去の重商主義の原則を思い起こさせるものであった。1856年から62年にかけて会社法が改正され，銀行は設立認許状も必要とせずに，株式会社を創設することが認められた。英国の投資家たちは，ギリシャ西方のイオニア諸島が保護領になった後，1839年にイオニア銀行を創設した。1842年ボンベイに開設されたオリエンタル・バンク・コーポレーションは，設立認許状を得ようともせず，英領インドの監督支配体制で充分であると確信していた。他方，アングロ＝エジプト銀行とペルシャ・インペリアル銀行は，後に英帝国勢力圏に入った領域でのみ事業活動を行った。

貿易会社と同様に，1860年代以降の国際経済の成長が転換点であった。そのため，ロンドン・アンド・リバープレート銀行とロンドン・アンド・ブラジル銀行を創立したのは，まさに貿易業者であった。アルゼンチン，ウルグアイ，ブラジルそしてチリで，英国の銀行が主たる経済的な役割を果たし，鉄道，鉱業そして公益事業における開発のための資金を供給した。ジョン・トーマス・ノースは，チリの硝石産業とその関連鉄道の大部分を支配し，そしてタラパカ・アンド・ロンドン銀行で責任ある立場にあった。インド人と国外在住の英国人の実業家たちが一緒に1866年にカルカッタでインド・ナショナル銀行を設立したが，同社の登記はロンドンで行なった。1894年に成立したブリティッシュ西アフリカ銀行は，エルダー・デンプスター汽船会社と直接関係していて，アフリカにおける英国の通商および帝国の権益を拡大する手段となった（Cameron and Bovykin, 1991; Jones, 1990; Jones, 1993; Cassis, 2006）。

様々な貿易会社が，アジアにおいては紛れもなくこの時期の最も重要な海外銀行であった香港銀行（そしてそれは香港上海銀行，つまり今日のHSBCの前身）と緊密に提携していた。同行の目的は，域内貿易の資金を提供し，そして同行を設立した企業の欲求を満たすことであった。英国企業が，14名の取締役会構成員のうち6名を占めた。すなわち，それらは初代会長としてジョン・デントを送り出したデント商会，ギルマンズ社そしてボルネオ会社であった。さらにドイツと米国の企業，3名のボンベイの商人（パールシー所有の企業2社と，イラクのユダヤ人に起源を持つデーヴィッド・サスーン社を含む）がいた。ジャーディン・マセソンにとって，デントとサスーンはアヘン貿易の最大の競争相手であったので，同社は1877年まで香港銀行の取締役会に加わることを拒否した。そして，同社が経営に参加したため，スワイヤー社を1912年まで締め出していた。将来のP&O蒸気船海運会社の会長であるトーマス・サザーランドが同行を設立し，「スコットランド原則」で運営した。同行はロンドンに対抗して，異例な形をとり香港で登記されたが，同行の所有者および経営陣の多くは英国人であった。そして，1888年までには，同行の預金の36％は英帝国内の資本からのものとなっていた。[46]

海外業務が多国籍銀行にとって経営の根幹であった。貿易商社にとってと同様に，教育を受けた英国人が故国を離れ，植民地での経営管理の職員として勤めた。他方，オーストラリアでは，英国の海外銀行は最終的には現地の経営人員を多数雇った。第1次世界大戦までには，国内企業からの競争によって，カナダ，オーストラリアそしてニュージーランドの自治領での英国企業の支配は徐々に減退し始めていた。1890年のベアリング銀行危機に続いて，アルゼンチンでの過剰な貸付とリスクを冒した結果，ラテンアメリカ企業は競争をより強化してきた。ロンドンの信用危機は，オーストラリアにおいては移住者に資金を貸した1893年の「不動産融資会社」の破綻の引き金となり，銀行の無謀な政策を暴露した（Jones, 1990; Jones, 1993）。

すでにみたように，オランダ貿易会社（NHM），オランダ＝インド銀行，そしてロッテルダム銀行は，オランダに起点を持つ海外企業であったが，大部分は，植民地であったオランダ領東インド諸島で活動していた（Jonker and Sluyterman, 2000）。ベルギーのソシエテ・ジェネラル銀行は，1902年中国＝ベルギー銀行を設立し，初めに上海で，そして後に天津と北京に支店を開設した。ソシエテ・ジェネラル銀行は，1905年正式にベルギー・ソシエテ・ジェネラル銀行（SGB）となった。そして4年後，つまりベルギーが国家としてコンゴに対して責任を取るようになった1年後に，同行は他の主要なベルギーの銀行と一緒に，紙幣発行と政府契約を独占するコンゴ＝ベルギー銀行を設立した。SGBはまもなく主たる所有者となり，ラテンアメリカで業務を行っていたイタリア＝ベルギー銀行に次ぐ主要勢力となった。1913年，中国＝ベルギー銀行がSGBの正式な子会社となり，ベルギー外国銀行と名称を変えた時，同行はヨーロッパから中東そしてアジアのいたる地域において役割を果たすこととなった[47]。

2つの国内銀行が，1875年，インドシナ銀行を設立した。すなわち，同行はフランス政府が東南アジアにおける自国の資産を管理するのを助け，この地域のフランス領での事業と投資を支配した。1900年以降，同行がフランスと清の間で商取引を行い，そして外国の進出に反対する義和団事件後，清に課せられた賠償金の取り立てに際して，フランスの代理人を務めた。東南アジアの外では，インドシナ銀行は上海に進出していた（上海電力会社や上海路面電車会社に資金を融通した）。また，同行はバンコク，香港そしてジブチにおいて，1914年までには全部で19支店を保有していた（Meuleau, 1990）。1900年までにはリヨン・インドシナ会社は，フランス人たちの領土的野望を清朝政府が大いに懸念していた昆明で活動していた[48]。フランス国内の銀行は1901年以降，西アフリカ銀行を支援していたが，同行の資金の多くを同行のロンドン支店を通じて調達した（Brunschwig,1970）。フランスの大手国有銀行のクレディ・リヨネは，1914年までには植民地を除いて20の海外支店を運営していた（Cassis, 2006）。

パリ・ロスチャイルド家は，国際ビジネスの世界では重要な事業家であった。すなわち，同家はロシアで油田と製油工場施設を持ち，1914年までにはスペインのいくつかの鉄道における広範な権益の他に，大規模な金属加工・販売事業を持っていた（Mckay, 1970）。米国のインターナショナル・バンキング・コーポレーションは，1914年には17の海外支店を持っていたが，それらは東アジアの全域，パナマそしてメキシコに広がっていた。同社は，いくつかのニューヨークの企業から構成された共同企業体であった。この共同企業体は，米国では州境界線を越える事業を行なわず，国内の銀行が外国支店を所有することを禁止している連邦法に違反するものではなかった（同法は1913年に改正された）（Wilkins, 1970; Cassis, 2006）。米国内の顧客のニーズに応えるために，ニューヨーク・ナショナル・シティ・バンクはブエノスアイレス支店を開設した。

自国の増大する国際貿易に応えて，日本政府は1880年に横浜正金銀行を設立した。同行は1892年に初めて海外に進出したが，それは景気に沸く貿易の中心地であり港であった上海への進出であった。1914年までには，同行は中国，米国そしてヨーロッパの至る所に20の海外支店を持ち，そして香港銀行や他のヨーロッパ人所有の銀行に対して，有力な競争相手であると主張することができた。台湾銀行は，同島が植民地化された後の1899年に，同地の商品取引とインフラに投資するため開設された。同行は，その名称から日本が所有しているように見えなかったため，反日感情を引き起こさなかった。そのため，中国本土で支店を設立するのに用いられた。朝鮮の植民地政府であった朝鮮総督府は，1910年に朝鮮銀行を創設し，満洲での商取引を支援した（Jones, 1990）。

ドイツの銀行は主に母国経済の発展に専念していた。しかし，1851年の創設30年後にディスコント＝ゲゼルシャフト（〔割引会社〕）は，ヨーロッパ，ラテンアメリカそしてアジアで支店網を展開し始め，他の地域においてはロシア，ルーマニア，日本そして中国に対する国家借款のまとめ役となった。同社は，1888年から1892年にかけてクルップ社によって建設されたグレート・ベネズエラ鉄道に資金を供給した。同鉄道は1902年に，砲艦外交のもう1つの例として終わることとなるが，この時点では，ドイツ海軍がベネズエラの債務の不履行に対して行ったものであった。ディスコント＝ゲゼルシャフトは，1914年以前に植民地カメルーンでの鉄道敷設に必要な資金を調達した。この時までに，同社は，ドイツの金融において持っていた指導力をドイツ銀行に奪われていた。ドイツ銀行は，1870年に英国企業がすべての国際的な短期信用および貸付事業を引き受けるのを阻止するために創設されたものであった。そのためドイツ銀行は，早くも1872年には上海と横浜に支店を創設した。同行はこれに続いて，ロンドン，ブリュッセルそしてイスタンブールに支店を設置し，さらにブエノスアイレスとモンテビデオで事業を行なっていたドイツ＝ベルギー・ラプラタ銀行を買収した。同行は1886年にドイツ外国（貿易）銀行（DUB）を創設するために，最終的には清算された。DUBはまもなくチリで，そして主に（大いに期待できる地として認められた）アルゼンチンで業務を行っていた。同行は1893年にドイツ海外銀行として再建された。これはまた，アルゼンチン危機の新たな影響であった。その影響は，1914年までにはボリビア，ウルグアイ，ブラジル，ペルー，スペイン，（ドイツのシュパイアー商会と共に）メキシコで，そして（スイスの代表的な金融機関であるクレディ・スイスと共に）中米で見られた。

ディスコント＝ゲゼルシャフトとブライッヒローダー社との共同事業として，1889年にドイツ銀行は独亜銀行（DAB）を創設した（Cassis, 2006）。同行に対して，香港銀行がハンブルク支店を開設したのは，露骨な仕返しであった。ちょうどいくつかの貿易業者がクルップ社の競争相手であるアームストロング社やシュナイダー社の代行を喜んで行なったように，ジャーディン・マセソンは，清国がクルップ社製の大砲を購入するための資金を供給した。その結果，政府からの圧力によって，ドイツの銀行が競争相手に打ち勝ち，そしてDABの創設に助力を与えたことは重要であった。そうした新しい子会社は，清朝政府の借款や鉄道事業計画に資金供給する際に，香港銀行と協調し，多くの成果を挙げた。1888年以降，ドイツ銀行はバグダード鉄道の資金調達によってオスマン帝国と密接な結びつきがあった。そのバグダード鉄道は面倒でかつ完成することがなかった事業計画であり，ペルシア湾における英国の権益を脅かすものであった。1909年にはイスタンブール支店ができた。貿易関連の金融の機会，政府借款そして海外の鉄道の事業計画は，1880年代に拡大していた。この1880年代には，ドイツの銀行は，その規模と資産を最大限に活用する手段として，銀行業務と証券業務を制度的に区別しないユニバーサル・バンキング方式と株式会社形態を採用することができた。

ディスコント＝ゲゼルシャフトと北ドイツ銀行は，1887年にドイツ・ブラジル銀行そして1895年にはチリ・ウント・ドイツ銀行を創設した。1914年までに，ドイツの銀行はブラジルの銀行預金のほぼ3分の1，そしてアルゼンチンとチリでは4分の1強を支配下に置いていた（Gall et.al., 1995）。ドイツの投資にとって最も重要な場所は，米国であり，鉄道への投資も含まれていた。そして，共有されたドイツ人の個人的なかつ同族的なつながりは，米国の銀行との固いきずなを結んだ。1つの例が，ハンブルクのヴァールブルク家とニューヨークのクーン＝ローブ商会であった。そして，ドイツ銀行の1人の取締役がシュパイアー商会のメンバーと姻戚であった。同商会は，チリにおけるDUBの代理店となった。結局，ドイツ銀行は1914年には7,300万ドルの海外資産を持つ，ドイツ最大のFDIの供給者へと発展していた。

ドイツにおける銀行と産業の緊密な結びつきは，大規模な工事計画の受注を助け，ドイツ製造業者の規模と価格競争力を増大させ，そして輸出を増加させるための資金を供給する海外事業へと転換して行った。最も影響力が大きく，ドイツの最も重要な多国籍企業の１つは，1895年にドイツ銀行とAEG（総合電機会社）の率いる銀行共同企業体（コンソーシアム）によって設立されたドイツ海外電力会社（DUEG）であった。ドイツ銀行はオーストリア＝ハンガリー政府に借款を供与したが，ドイツ企業は東欧にはほとんど進出しなかった（Hennart, 1982; Hertner and Jones, 1986; Jones, 1990; Jones and Schroter, 1993）。１つの例外は，ドイツ銀行が石油事業会社ステアウア・ロマーナ製油所を1902年に買収したことであった。ルーマニアの石油資産の半分は，1914年までにドイツによって所有され，加えてドイツ銀行はヨーロッパ全土にわたる主要な石油流通業者であった（McKay, 1970）。

世界的視野を持った金融業者

植民地の利点は海外銀行業務という１つの突出したビジネスの構成要素の発展をもたらしたが，国際金融という事業が国家への帰属意識や忠誠心を消滅させたこともまた明らかである。現地と国外在住の外国人実業家が一緒になって，インド・ナショナル銀行を設立した。世界的な視野を持ったサスーン家は，パリ・ソシエテ・ジェネラルとベルギー海外銀行が行ったように，イースタン銀行（1909年にロンドンで設立）に出資し，取締役会のメンバーを派遣した。オスマン帝国銀行は，ロンドンとパリで取締役会を持ち，コンスタンチノープルに経営陣がいる，英仏公認の銀行であった。香港銀行の役職者たちの大部分が英国人であった一方，同行の創設者の中には，ドイツ，米国そしてインドの企業が含まれていた。植民地での競争関係は，香港銀行とペルシア・インペリアル銀行に必然的に影響を及ぼしたが，商業組織として，世界的視野からの利害を考え，両行は適当な距離を保とうとした。ドイツ銀行は，バグダード鉄道と関わるようになり，外交上のパワープレイの真っ只中にいることに気がついた時，英仏の投資家を巻き込もうとした。ある時，ドイツ銀行はロシア政府に同行の持株を売ろうと試みた。確かに同行にとって，１つの良い撤退手段であったかもしれないが，ロシアが関与する脅威は，おそらくドイツとのつながり以上に，さらに英国を怒らせることになったであろう。

ヨーロッパ内では，銀行は商業上のリスクを分散させ，利用可能な資本を最大化し，そして国境を跨いで現地の商業上・政治上両面のネットワークの利用を可能にする共同企業体を好んだ。海外銀行に対するフランスの投資は，1891年から1914年の間に10倍に増加し，その多くは完全支配よりもむしろ少数株主としての基礎を固めるものであった。東ヨーロッパ，ロシアそしてオスマン帝国における英国の影響力を排除したいという願望に一部動機づけられて，フランス政府はドイツ系その他の銀行との協調を奨励した。パリ・オランダ銀行（通称パリバ）は，ドイツ銀行とウィーン銀行連合と長年にわたる同盟を結成した。ユニオン・パリジェンヌ銀行（BUP）はそれ自体，1つのオートバンクの共同企業体であったが，同行はアングロ＝オーストリア銀行，ウィーン銀行連合そしてトリエステを本拠とするギリシャ＝ルーマニア・エコノモスと共同で，1906年にルーマニア商業銀行を誕生させた。フランスのソシエテ・ジェネラルは，オーストリア・ランダーバンクおよびアングロ＝オーストリア銀行と共同で，南東ヨーロッパとオスマン帝国で業務を行った。1910年にはレンダーバンクと提携して，ソシエテ・ジェネラルはハンガリー割引両替銀行を買収した。他方パリバは，1906年に独自にブルガリア銀行を設立し，そしてソシエテ・ジェネラルとBUPは1910年までにはバルカン銀行を買収していた。

これらの投資は，フランスの銀行の間で見られたビジネス手法の1つの変化を示唆していた。すなわち，政府に信用を供与する機関という立場に代えて，フランスの銀行は現地に根を張った支店と，多様な事業の道筋を発展させるための関係を構築し始めた。しかし1914年以前は，英国，ヨーロッパあるいは米国では，国内銀行業への外国の浸透は，規模が小さかったり存在しないままであったりした。フランス，ベルギー，ドイツそしてスイスの企業は，しばしばヨーロッパとラテンアメリカの至る所で公益事業や交通輸送網を築き上げた国際的な金融持株会社に関与していた（DUEGはその一例であった）。他方，ドイツの銀行はドイツ企業のために，工事契約や，国外への輸出注文に資金供給するように動機づけられていた。一方，批判者たちは，フランスの銀行家たちを，英国の競争相手と同じく，ただその取引の潜在的利益しか見ていないと非難した。

国際金融業者の役割を果たすために，銀行は世界の主要な資本市場において存在を示す必要があった。ロンドンで調達された資金は，世界中の国内外の冒険的事業に供給された。J.P.モルガン，ラザードそしてシュパイアーという主要な米国企業は，もし外国の資金を惹きつけ債券を販売したければ，ヨーロッパにいなくてはならなかった。そのため，これら3社はすべてロンドンとパリに店舗を構えていた。1870年以降，トルコとエジプトでの自社の業務を助けるために，クレディ・リヨネはロンドン支店を持っていた。そして同行の後に，ドイツ銀行（1873年），ドレスナー銀行（1895年），ディスコント＝ゲゼルシャフト（1899年），そして他の非常に多くの銀行が続いた。銀行間のコルレス関係が変化し続ける商業上のニーズに合わなくなっていた場合もいくつかあった。絹貿易への関心が高まってきたので，香港銀行は1881年に独自にリヨン支店を設立し，同行の代理人であったクレディ・リヨネに取って代えた。1895年にパリに支店を開設したロンドン・アンド・リバープレート銀行は，もはやフランスのロスチャイルド一族のサービスを利用する必要はなくなっていた。英国の2つの国内銀行——ロイズ銀行とロンドン・カウンティ・アンド・ウエストミンスター銀行——は，1911年から1913年にかけてパリに引き寄せられた。香港銀行，ロンドン・アンド・ブラジル銀行，南アフリカ・スタンダード銀行，ブリティッシュ西アフリカ銀行は，1913年にはニューヨークに進出していた11社の英国企業の一部であった。そして，合計5行の英国の銀行が，海運および金融の中心地であったハンブルクに進出していた（Jones, 1990; Cassis, 2006; Cameron and Borykin, 1991）。

金融およびサービス分野の中で保険業は，大部分が海外代理店の設置に関わっていたとはいえ，海外の支店や関連会社を通じて，正真正銘のFDIの事例を提供するかなりの規模の国際的な活動を示していた。この分野においては，英国企業が先導した。すなわち，ロイヤル保険会社とリバプール・アンド・ロンドン火災生命保険会社は，1851年にニューヨーク支店を設立した。南北戦争後には，英国，ドイツそしてカナダの企業が，米国において全面的に事業を展開していた。1914年までにはロイヤル保険会社は英国，その植民地（とくにカナダ），ベルギー，デンマーク，フランス，オランダおよびスペインで事業活動をしていた。そして，フェニックス保険会社もまた，世界規模の事業ネットワークを持っていた。ニューヨーク生命保険会社は——カナダ，イングランド，フランス，ドイツ，スコットランド，ベルギー，ロシア，アイルランド，スイス，イタリアそしてオーストリアにおいて——，様々な英国企業の好敵手でありえたし，他の米国の大手生命保険会社，エクイタブル生命保険会社とミューチュアル生命保険会社は，重要な国際的企業であった。アジアの企業があったことも知られている。たとえば，東京海上保険会社と揚子江保険会社は，国際的な商取引を行っていた。さらに，ブルガリア・ナショナル保険会社はニューヨークに支店を持ち，そしてファースト・ブルガリアン保険会社は，イングランド，ドイツ，ベルギー，フランス，オランダ，ギリシャそしてトルコで保険証券を販売していた。

蒸気船と電信の到来，そして貿易の拡大は，海上，火災そして再保険業務向けの市場をあまねく発展させた。もっとも，一般的に言って，生命保険証券は，規制のせいもあって，国内向けに留まりがちではあったが。ロンドンで設立された雇用者責任保険会社とチューリヒ総合災害責任会社は，災害保険サービスを提供した。1890年以降，ロンドンで設立されたアリアンツ保険会社はフランス，スイス，ベルギーそして米国で国際業務に乗り出した。アーヘン・アンド・ミュンヘン火災保険会社とプロイセン・ナショナル保険会社の事例に見られるように，アリアンツ社はかなり国際的であった。第1次大戦時までには，14のドイツ企業が200万件の保険証券を米国で販売していた。ある推計では，1901年における中国の全生命保険の90%はニューヨークの企業によって提供されていた。そして，1912年にはスペインの生命保険のほぼ3分の2は外国企業によってカバーされており，1914年までにはスイスの生命保険のほぼ50%はドイツ企業が保険の契約を担っていた。アルゼンチンでは，大多数が英国企業である合計30社が，1914年における保険料の掛け金の3分の1を占め，大部分は主として火災および海上保険部門におけるものであった。そして，ウルグアイでは1911年までに外国企業が全火災保険の3分の2を占めていた（Borcheid and Haueter, 2012; Wilkins, 2009; Borcheid and Pearson, 2007; Pearson, 2010; Wilkins, 1970; Wilkins, 1986a; Wilkins,1988; Wilkins, 1993）。

日本の工業化と国際ビジネス

マシュー・ペリー提督は，米国政府により1852年と1854年に派遣され，日本を開国させ，通商への門戸を開かせたことにより有名になった。一連の「不平等」条約は1858年に調印され，国際貿易商社はそれによってもたらされた儲けの可能性に迅速に対応することとなった。ジャーディン・マセソンのウィリアム・ケズウィックは，日米修好通商条約を含む安政の五か国条約が承認されるや否や横浜に姿を見せたが，これにパリ割引銀行（1867年），香港銀行とオリエンタル・バンク（1870年），ドイツ＝アジア銀行（1905年）そして合弁会社である日仏銀行（1912年）が続いた。訪日の1つの結果として，1859年，ケジックは21歳の従業員トーマス・ブレーク・グラバーを長崎に派遣した。1861年グラバーは自分自身の会社，グラバー商会を設立し，留学生その他関係者の海外派遣や，日本の南西諸藩の地方支配者たちが徳川将軍家の退陣や明治天皇による王政復古に必要とする武器の輸入に専念した。

ジャーディン・マセソンと協力して，グラバーは1863年「長州五傑」を日本から密出国させ，英国で彼ら5人はこの貿易商社のトップの共同経営者であるジェームズ・マセソンによって扶助された。当時，日本人の海外渡航は禁止されていたが，その出国者たちは教育を受け，働くために，英国に行く決意をしていた。

彼らは，徳川将軍家による支配に抵抗するために，長州閥に率いられる日本の南西諸藩の近代化と武装を望んでいた。5人の中には，将来の閣僚がいた。伊藤博文は1885年から1901年の間に4度日本の首相になった。彼は生涯グラバーの友人であった。もう1人は山尾庸三であった。彼はアンダーソン・カレッジ（現在のストラスクライド大学）に行き，そこで技術研修を受け，技師ヘンリー・ダイアーとも出逢っている。伊藤博文は1871年から73年にかけて，世界規模の岩倉遣外使節団の1員として英国を再訪し，そしてダイアーに，東京にある工部省工学寮の初代都検になってくれるよう依頼した。山尾は工部卿として工部大学校を監督した（彼はまた，スコットランド民謡「オールド・ラング・サイン」を学校の卒業式で歌われる「蛍の光」として日本に持ち込んだとされている）。ダイアーは1882年に離日し，そして実業家階級の間で倦むことなく日本びいきのロビー活動を広め，そして日本におけるスコットランドに関する正しい情報に基づいた見解の形成に努めた（Miyoshi, 2004）。彼はまた日本を「東洋の英国」と見なし，母国は「偉大な目的を達成するために真に国民的な精神を求めて」日本の後に続くべきであると論じた（Dyer, 1904）。

食料品や一次産品の取引と並んで，グラバーは長州藩や薩摩藩に兵器を販売して富を築き，1865年に薩摩から五代友厚など15人の藩士を英国に派遣する手配をした。以前から敵対していた薩長は最後には同盟を結び，1868年の明治維新ではきわめて重要な役割を果たした。グラバーはまた積極的に機械類を日本に持ち込み，技術者を招聘し，そして埠頭，造船所，造船業，石炭鉱業，鉄道から灯台まで多くの事業計画を引き受けた。それらはすべてが成功した訳ではなく，グラバー商会は，1870年に破産した。彼は他の機会を見つけ出し，1877年に（当時の日本で最も新興であったが，最も急速に発展していた財閥の1つであった）郵便汽船三菱会社が，グラバーを同社の顧問とした時，彼の人生の浮沈は回復した。グラバーは，当時の日本では前例のない，外国人として勲二等旭日重光章を授与され，そして1911年に日本で亡くなった。[49]

経済を改革し，そして植民地化を何とか食い止めるための，当時の日本の新政府の第1の目的は，工業化ではなく，同国の通商の支配権を取り戻すことであった。1880年代までには外国の貿易会社や海運会社が，日本の対外貿易のほぼ10分の9を支配していた。日本が米国，英国，オランダ，ロシアそしてフランスと結んだ1858年の安政の五か国「不平等」条約は，関税自主権を取り上げただけでなく，外国との通商・貿易のため重要な港を開放することを強いた。これらの開港場の居留地で，日本の商人たちは外国の貿易商社と取引をしなければならなかった。そうした貿易商社は，自らの国際海運会社との契約，保険サービスそして資金調達を通じて，日本との貿易に対する自らの支配力を保ち続けていた。1860年代初頭には，横浜で開業し，日本に参入した最初の英国商社であったと評されるW. R. アダムソン商会は，1867年にはアダムソン＝ベル社となった。日本米を1872年に最初に輸出した会社は，米国のウォルシュ・ホール商会であり，そしてE. フィッシャー商会は横浜からの多くの石炭輸出を取りまとめた（米国船舶向けの燃料が，ペリーが日本に対して砲艦外交を行った1つの動機であった）（Kawabe, 1989）。

日本と貿易を行った専門業者に，マーカス・サミュエル商会があった。同社は機械類，とくに繊維織機を輸入し，そして貝殻細工の箱，装飾品，米，石炭そして利益を生みそうな物なら何でも輸出した。同社はサミュエル・サミュエル商会を創立した。同社はもともと横浜，そして次には神戸で営業活動を行っていたマーカスの弟によって設立された。後にM. サミュエルは，ロシア産とオランダ領東インド諸島産の石油をアジア全体に流通させた。1875年以降，日本政府は日本独自の貿易商社を設立したいと考えた。また為替と信用を提供する東京海上保険会社（1879年）や横浜正金銀行（1880年）の創立によってそれを支援しようとした。そのような流れの中で生じたのが，1881年の横浜連合生糸荷預所に対する国際的な不買同盟であった。荷預所は日本のその当時の最も重要な輸出品を監督管理していた。そして，似たような脅威が日本の通商発展を妨げた。増大する経済力と1894年から95年の日清戦争の勝利によって，日本は権限を強め，1899年には開港場の外国人居留地を廃止し，そして1911年関税自主権を回復した。1911年には，日本は輸出の51％と輸入の64％を直接に支配していた。

主要な総合商社は，しばしば財閥の最も頼りになる部門であり，政府の後援や契約は，総合商社の発達にとって重要であったし，あり続けた。総合商社は日本企業に欠けていた多くの海外の専門技術や知識を開発し提供した。また，多くの製品を取引し，多くの顧客の代行をすることによって，その規模の大きさは，この時点でより経験を積みより優れたコネを持ち続けていた国際的な競争相手に対抗する優位性の源泉となっていた（Yonekawa and Yoshihara, 1987; Fruin, 1992; Yonekawa, 1990）。総合商社の規模と多様性は独特のものと見られて来たが，すでにみたように，多くの英国とヨーロッパの貿易業者は1914年には，複数製品を扱うグローバル企業として事業活動を行っていた。総合商社をまさに特徴づけていたのは，日本経済とその発展にとって総合商社が果たしたその重要性であった。一方，英国とヨーロッパの貿易商社は，母国経済において単に形式的に登記していただけで，大部分の事業はどこか別の所で行っていた。総合商社を特徴づけるもう1つの要因は，経営者チームの存在であった。総合商社は新卒採用とそのスキルの開発に投資した。経営の中核となる幹部は，単一の公式的な企業内部組織において国境を越える事業取引を調整・指揮した。一方英国の商社は，緩やかに編成された代理店の会社，パートナーシップ，相互持株のネットワークを統括していた（Yonekawa and Yoshihara; 1987; Yamazaki, 1987）。総合商社は結果として，多くの場合，学卒者を専門の商業学校から毎年採用した（Yonekawa, 1990）。

1876年に設立された三井物産は，江戸時代初めから続く日本の最も旧い商家の後継であった。元大蔵大輔井上馨は政界復帰の直前に，造幣権頭であった益田孝と共に1873年に下野し，商人の岡田平蔵と同年秋，東京鉱山会社を設立した。鉱山事業に加えて，貿易事業も始めようと，同社を発展させ，1874年1月岡田組を設立した。しかし設立から2週間後に岡田が急死し，岡田組は解散した。井上と益田らは岡田組から残った人員で新会社を興した。新会社名は，最初は千秋社であったが，1874年3月先収会社が発足した。井上が総裁となり，東京本店の頭取は益田であった。1876年井上の政界復帰に伴い，先収会社は解散し，益田は新会社，三井物産会社を6月発足させた。益田は先収会社の残っていた人員と事業を，三井組内の三井組国産方と11月に合併させた。この新たな総合商社は，日本政府と緊密に関係し，そして国家の発達目標に企業家的に対応する立場にあった。井上は「長州五傑」の1人であったし，日本の最も重要な政治家かつ近代化推進者の1人となった。

1876年以降，三井物産は，米の取引においてウォルシュ＝ホール商会に挑んだ。もっとも，その目的を達成するには，同社はもう一組の外国貿易商，E. B. ワトソンの協力に頼らざるを得なかった（Kawabe, 1987）。日本国内では，三井物産はカーネギー製鋼，アメリカン機関車製造会社，そして綿織維機械の世界の主導企業であった英国のプラット・ブラザーズ社の代理店を務めた。総合商社は輸出貿易における日本の支配を徐々に拡大すると同時に，工業化に必要な原材料と機械類を入手した。1912年までには，三井物産は同国の機械類輸入の80%を占めていた。

この時期，国家のための中心的な代理店であったが故に，三井物産は陸軍に毛織物を供給し，大蔵省に代わって地租の米を徴収し，売り捌いて，同社の組織の礎を築くことができた。1878年に，同社は政府のために船舶を用船契約した経験を活かして，自社の船舶部を創設し，官営炭坑の石炭を輸出した。同社は，きわめて収益性の高い三池炭坑の払下げを受け1888年に購入した。三池炭坑は北ドイツ・ロイド社，P&O社そしてメッサジェリーズ海運会社に燃料炭を供給した。メッサジェリーズ海運会社は，フランスによる東南アジアの植民地化によって猛烈な勢いで同地域に展開し，サイゴンに自社にとって二番目に重要な港を建設した。三井物産は，明治政府が工業化を開始して国家を一新させるために自ら創設した官業の払下げを受けて，1893年，富岡製糸所を買収した。米国が最大の市場であったので，三井物産は1896年にニューヨーク支店を創設した。同社は，（1877年に）ロンドンに綿代理店を開設してすでに支援を受けていた貿易商のR.W.アーウィンの協力を得て，1879年にロンドンに支店を開設した（Kawabe, 1987）。

したがって，海外での様々なつながりと海外市場を広げるに際して，三井物産はすでに確立していた外国の提携企業との結びつきに依存した。同社は原綿をインドから買い付け，1893年以後ボンベイに出張店を持ち，そこでラリ・ブラザーズ社と協同した。1893年から1908年の間に，三井物産はアジアの至る所（とくに中国），シベリア，米国，オーストラリアそしてドイツに支店を開設した。同社の成長は，横浜正金銀行に加えて，同社の親会社の財閥の一部である三井銀行との緊密な関係に支えられた。他の日本の貿易業者と同じように，三井物産は自社の製造業と天然資源への投資を通じて，植民地の経済発展と統合の手段となった。

1894年から1895年の日清戦争は，朝鮮の鉄鉱石と石炭の鉱床，そして他の商業資産の支配と将来を決定した。中国は戦闘に敗れ，朝鮮の独立を正式に承認し，遼東半島，台湾そして澎湖諸島を割譲した。三井物産は台湾の砂糖プランテーションと同島の砂糖輸出への主たる投資家として台頭した。台湾はこの時期，日本の海外投資において主たる投資先であり，同地で砂糖を生産するために設立された株式会社は，資本金額で測って見ると，日本の最大企業の中でも優位を占めていた（Suzuki, 1990）。しかしながら，日本が中国に課した苛酷な要求から，外交上の複雑な状況がそのあとに続いた。憂慮した西洋列強，すなわちロシア，ドイツそしてフランスは，日本に獲得した利権のいくつかを放棄するよう強いた。

遼東半島はロシアに移譲され，そしてロシアは大連に隣接したポートアーサー（旅順）海軍基地の建設へと進んでいった。加えて，ロシアはシベリア横断鉄道に拍車をかけ，シベリア南東部のチタからハルビン経由で大連とポートアーサーをつなぎ，加えてウラジオストックへの近道を創設した（この路線は東清鉄道と呼ばれることになる）。韓国国境の全域での約20万人の軍隊と鉱業および森林地の利権は，さらなるロシアの拡張主義に対する日本の不安を高めた。専制的な帝政ロシアは日露協商の締結を拒否し，そして伊藤博文が韓国をめぐる保障の確保に失敗した後，結果として1904年から1905年の日露戦争と，日本による決定的なロシアの敗北が起きた。興味深いことに，日露戦争中にドッドウェル商会は日本政府の用船の一手代理店を務め，その後，たとえば石炭，磁器そして麦わら製品のような日本の産品取引をアジアに広げた。[50]

1904年から1905年の日露戦争後のポーツマス条約では，満洲の大部分から両国軍隊が撤退し，中国に返還されることになった。しかし，日本は遼東半島租借地（大連と旅順込みで）とロシアが南満洲に建設した鉄道を，同地域の経済資源に対する利権付きで得た。また日本は南樺太を得た。韓国は1905年，日本の保護国となり，そして1910年には併合され完全な植民地となった。日本は1906年に南満州鉄道を設立した。同社の採算が合うかどうかは，当時の大豆および大豆製品の取引に大いに依存していた。三井物産は南満州地域の開発を先導し，そして豆粕の生産のために大連で合弁事業として三泰油房を設立した（Patrikeff and Shukman, 2007）。

中国では，三井物産は上海にアジアの商取引の中心を確立していた。そして同地に綿紡績および製粉工場を持ち，そして繊維に関する利権を上海紡績に併合させた。英国とヨーロッパの貿易業者が中国内陸部での取引の支配権を失いつつあった時期に，三井物産は独立していた代理店網を，中国語を話す日本人経営者によって運営される自らが直接所有する流通組織に取って代えた（Yonekawa, 1990）。1910年には，同社は原綿と繊維機械の輸入に中心的な役割を果たす一方，日本の綿織物輸出の約半分を捌くようになっていた。1914年には，自社の30の海外支店で日本の貿易の約20%を担っていた。

三井物産の最大の競争相手は，岩崎弥太郎であった。政府の大臣たち，中でも井上馨の最大のライバルであった大隈重信とのつながり，そして官営事業の払下げを通じて，岩崎は1つの財閥を築き上げた。1870年に岩崎は，海運会社で事業を始めた。九十九（つくも）商会は3年後に三菱商会と改称した。岩崎の事業の目的は，外国海運会社に負けない自らの貿易会社を創ることであった。そして彼は，1885年に政府の仲介で設立された日本最大の海運会社，日本郵船株式会社（NYK）に関与した。後に，三菱商事が1918年に独立した総合商社として正式に設立された。[51]日本綿花（日綿）は，大阪の紡績会社等が綿花輸入会社として設立したことに起源を持つが，リバプール，ロンドン，ミラノそしてブレーメンに支店を開設し，三国間貿易に積極的に携わった。[52]確かに，（毛織物とレーヨンで事業を始めた）丸紅，（繊維および鉄鋼，化学製品および機械類を取り扱った）安宅産業，そして

（1869年に書籍と雑貨品の輸入商に起源を持つ）丸善のような例外もあったが，大部分の貿易商は，総合商社になる前は，日本で最も重要な輸出品となった綿織物の取引で事業を始めていた（Allen and Donnithorne, 1957; Beasley, 1972; Beasley, 1963; Gordon, 2003）。

運河，鉄道および主権

２つの運河が，当時の最も有名な土木工事であった。補足すると，それらは重要な地政学的意味を有していた。そして，それらは共に外国人所有の多国籍企業であった。エジプトの支配者であったサイード・パシャは，1854年にスエズ運河を建設する勅許を，所有権を残したまま運営権を渡すコンセッション方式で，99年間の運営賃借権（リース）を付けてフェルディナン・ド・レセップスに与えていた。ド・レセップスが統治することをフランスが支持したことが１つの要因であったが，彼の一族がエジプトで外交官として私的な関係を築いていたこともも う１つの要因であった。当初は国際的に所有される会社が構想されていたが，1858年に設立されたスエズ運河会社は，フランス人投資家とサイード・パシャによって所有されるようになっていた。インド貿易への影響を強く危惧した英国は，このプロジェクトに反対し，強制労働の使用を巧みに非難し，現地での反乱を扇動した。英国はまた，エジプトの実質的支配者ではなかったとはいえ公式な支配者であったオスマン帝国皇帝が，その水路の建設承諾を与えない確約を得た。

スエズ運河は1869年に完成したが，当初の収益は不満足なものであった。今や副王になったサイード・パシャは，いくつかのヨーロッパの銀行に大借金を抱え，みずから財政的な困難を抱えていた。そして，彼の内閣で指名された英国人およびフランス人の監督委員が，実質的には彼の政府に責任を有していた。ド・レセップスは，1875年に，自ら所有する株式を，自国議会から正式には承認を得ることなく，違約金の支払いのためにロスチャイルド家からの資金調達という援助を受けて，英国政府に売却した。英国は，短時間の間に運河に対する反対者から過半数所有者へと転じた。1882年に民族主義者が優勢になったとき，英国とフランスは軍事介入し，エジプトを英国の保護国とした。英国の代表者３人がスエズ運河会社の取締役会のメンバーとなり，1884年に彼らに７人の海運関係の商人やビジネスマンが加わった[53]。エジプト経済の主な動脈は外資系の多国籍企業であり，英国およびフランスはスエズ運河地帯の公式的で強固な支配権を保持した（Hall, 2012; Barnett Smith, 1893）。

エジプトが，スエズ運河と関わり，同国の歴史にとって破滅的ともいえる結果をもたらしたときには，ド・レセップスはその精力を他の場所に移していた。彼は，コンゴを植民地化するためにベルギーのレオポルド2世によって設立された隠れ蓑組織のトップに就き，ピエール・ド・ブラザがフランス領コンゴを建設するのを手助けした。1879年までには，彼は外国人所有のパナマ鉄道の路線につながる，パナマ運河会社の設立に必要な資金を調達していた。決して偶然ではなかったのであるが，彼は1886年に米国に自由の女神像を贈ったフランス＝アメリカ・ユニオン財団を主導した。次に彼は，パナマ運河プロジェクトに関与した。しかし，これは失敗に終わり，この建設計画では約2万3,000人が死亡した。1889年に，この事業は清算された。本国では，投資家の間に予想どおりの怒りが生じた。その影響としては，1892年における汚職についての裁判があったが，これにはパナマ運河のための資金援助に賛成投票していた150人のフランス議会議員が関与していた（Piquet, 2004）。

1898年の米西戦争後，米国は海軍を増強し，フィリピンのように遠方の統治領を管理し，太平洋全体にわたって自らの影響力を確立しようとした。そこには，南北アメリカにおけるヨーロッパの影響力を排除するという堅忍不抜の意志と，地域の経済的利益を守るという断固たる信念があった。1902年に，米国は，中米の地峡を横切る戦略的な水路という理由を採用して，1903年に，セオドア・ルーズベルトの下，パナマがコロンビアから独立を勝ち取るのを助けた（Kinzer, 2006）。米国は1904年にフランスのパナマ会社を買収し，自国の陸軍工兵隊の支援を得て，1914年にはこの水路を完成させた（McCullough, 1977; Wilkins, 1970）。

外国の資金が，19世紀の鉄道建設ブームを助長した。もっとも，投資の大半は直接投資ではなく証券投資の性格を持っていた。鉄道は，経済発展の中心的な構成要素であり，鉄道は巨額の資金を必要としたが，そのすべてを現地で調達できるものではなかった。一般的に，ヨーロッパでは国家が資金調達と新技術の開発において主導権を発揮した。もっとも，初期の段階では，英国の顧問技術者に対する継続的なニーズがあり，なかでも最も目立ったのがトーマス・ブラッシーであった。ロシアおよびインドの鉄道システム――政府によって建設された――は，海外での債券発行によって一部資金が調達された。そして，米国の鉄道――民間によって建設された――は，1875年から1914年にかけて同国の対内投資の最大の動機であった（Wilkins, 1989）。

シベリア横断鉄道は，軍事的・政治的なプロジェクトであり，それほど商業的な事業ではなかった。当時併合したばかりの極東の地域にロシアの権威を印すものであり，移住をとおして「ロシア化」を促進した。すでにみたように，そのことが日本との戦争の主要要因として働いたが，その結末はロシアの予想もしなかった不名誉な敗北であった。アフリカでは，鉄道建設はすべて一次産品の開発・輸出に関連していた。鉄道建設は，ほとんど植民地政府の主導のもとに行なわれたが，いくつかの事例では政府の許可を得た会社が代行した。もっとも，英国の支配地域においては，地元企業であれ多国籍企業であれ，民間企業が活躍した。

ケープタウンとカイロを結ぶアフリカ縦断鉄道は，アフリカの沿岸部と内陸部を結ぶ横断鉄道と同じく，セシル・ローズが描いた帝国主義者的な未来像であった。彼は，ケープ植民地政府と共に活動した。同政府は1885年に，彼に説得されてキンバリーやローズの鉱業事業を結ぶ鉄道を建設した。1889年に，許可を受けて4日以内に，ブリティッシュ南アフリカ会社（BSAC）は，キンバリーから北へ延びる鉄道を建設し始め，まさに1年強でベチュアナランド（現ボツアナ）のフレーブルグへ至る路線が完成した。ケープ植民地政府鉄道は，次に新たな路線を買収した。そして，これは1897年にブラワーヨまで延長された。ローズは，1893年にロンドンで設立され99年にローデシア鉄道と名称変更されたベチュワナランド鉄道の会長であった。さらに，彼は1892年にロンドンで，ポルトガル領東アフリカを経由してマショナランドのソールズベリーへ至るベイラ鉄道会社を設立した（ソールズベリーは現在のジンバブエの独立によって，ハラーレと商標変更されている)。金融上・建設上の問題が一緒になって，同社はBSACとポルトガル人による投資を組み合わせ，ベイラ連結鉄道として，再編成された。ポルトガル領との国境にあるウムタリ（現ムターレ）につながる路線は，最終的には1898年に完成した。そして，その運行はその建設業者であるポーリン社に委託された。[54]

ローズの仲間として，ジョージ・ポーリン，彼の兄弟のハリーおよびいとこのハロルドは，アフリカ南部および中部における鉄道の建設，運行，さらには資金調達において重要かつ有力な人物であった。彼らの会社は1897年に設立されたマショナランド鉄道を手中に収めて運営し，1899年にウムタリとソールズベリーを結んだ。彼らは，1904年までにはブラワヨから北進してワンキー（現ホワンゲ）の炭田およびヴィクトリア滝にまで軌道を敷設した。しかしながら，政府の建設した南部のスーダン・アンド・エジプト鉄道への接続はついに実現されなかった。そのため，ローズやポーリングが心に描いた，ケープタウンとカイロを結ぶ帝国主義的なアフリカ縦断鉄道はその後も実現されることはなかった。コンゴのカタンガ（現シャバ）で銅が発見されると，ベルギーの植民地政府は沿岸部までの鉄道網を建設するためにポーリンの会社に依存し，中心地のウアンボ周辺にレンガの住宅，学校，そして病院を備えた企業城下町を建設した。銅は近隣の北西ローデシア（後のザンビア）のブアナ・ムクンバに埋蔵されていたので，ローデシア鉄道は，BSACとポーリンの会社と連合して路線網を拡大し，エリザベートビルのカタンガ鉄道に合流させた[55]。そして銅埋蔵地帯を開発に曝したことは，中央アフリカ，その経済や社会をその後数十年にわたって変容させることとなった（Wolmar, 2009; Raphael, 1973）。

ラテンアメリカでは，FDIは鉄道建設の共通した推進役であった。もっとも，一般的に言って，所有権は次第に地元の企業に移譲されたのではあるが。ある米国企業が1851年に設立され，1855年に完成したパナマ鉄道に責任を有していた。そのプロジェクトは，米国の最初の大規模投資であったということができる。しかし，米国本国において1869年に遡る大陸横断鉄道の完成によって，パナマ鉄道の商業的な存在理由は損なわれた（Gabel and Bruner, 2003）。キューバの場合には，砂糖の価格の下落が内陸の鉄道を建設していた現地農園主に損害を与え，英国および米国の投資家が路線の大半を買収した。ベネズエラはインフラと外国の土木工事の専門知識の双方を必要とした。1883年にグスマン大統領は，米国の投資家を利用して，グアイラからカラカスまでの鉄道を建設した（Ewell, 1999）。

資金不足やチリとの紛争によって，ペルーにおける鉄道建設は中止を余儀なくされた。そして，1890年には英国支配のペルー・コーポレーションが同国の鉄道システムを手に入れた。英国の資金と多国籍金融企業が，アルゼンチンに大きな影響を与えた。ウィリアム・ブラッジは，アルゼンチンにおける最初の鉄道の営業権を勝ち取り，ブエノスアイレスからフロレスまでの路線を完成した。しかし，３年もたたないうちに，財務上の困難な状況に直面して，同社はそれをブエノスアイレスの政府に移譲し，この鉄道システムは，ブエノスアイレス西部鉄道会社となった。英国資本は1870年に設立されたアルゼンチン中央鉄道や，1888年に開設されたブエノスアイレス＆パシフィック社を所有・経営した（Lewis, 1983; Regalsky, 1989; Wolmar, 2009）。1914年には，海外の英国系の鉄道会社は全部で142社あったが，そのうちの75社はラテンアメリカに立地していた（Jones, 1996; Williamson, 1992）。

ドイツ銀行の最も華やかなで議論の的となった海外事業は，バグダード鉄道であった。皇帝であるアブドゥル・ハミト２世は，コンスタンチノープルまでの鉄道を建設することによってアナトリア地方を開発したいと望んでいた。しかし，その路線のさらなる延長は，より政治的な意思表示のための，つまり遠隔地域に権威を示すための手段であった。彼の政府の資金や債務を管理するオスマン帝国銀行については，この皇帝はより大きな権限をフランスの金融家に移譲したくなかったため，他の資金源を模索した。ドイツ銀行は，ひとたび自らの政府の外交上の支援を確保すると，アナトリアン鉄道を建設するためドイツ人のコンソーシアムを主導した。オスマン帝国における鉄道への国際的な支援を取り付けることを望んで，同行はいくつかの英国の銀行に参加するように要請したが，彼らはこれを断った。

1890年にビスマルクが首相を解任されたのち，カイザーはバグダード鉄道を通してドイツの影響力を拡大する可能性に惹きつけられ，躊躇していたドイツ銀行にそのプロジェクトを無理やり主導させた。1903年にバグダード鉄道会社に営業権が与えられた。ドイツ銀行（株式の40%），オスマン帝国銀行（同30%），そしてアナトリア鉄道会社（同10%）が参加し，ウィーン銀行連合，クレディ・スイス，イタリア商業銀行，そしていくつかのトルコの銀行と提携していた。バグダードからバスラへの路線計画は，英国系の河川航行会社や中東およびインドにおける英国の利権全般に脅威を与えた。ドイツ銀行は，英国政府がバスラ路線に同意するなら，コンスタンチノープル政府によって与えられたモスル油田の採掘権を喜んで交換に供したいと考えていたが，合意は決して実現しなかった（Gall et al., 1995）。

外国の影響力を恐れた中国は，以前は国境内におけるすべての鉄道の建設に反対していた。ジャーディン・フレミング商会によって組織された最初の路線は，正式の認可を得ずに，1876年に上海と呉淞港の間で建設された。英国は圧力をかけて，中国政府が主権に基づいてその路線を解体する決定を行う前に，中国政府に無理やりその路線を購入させた。国内資本に依存する――あるいは，実現しなかったが華僑資本に依存する――という政策は，鉄道建設がきわめて緩慢な速度で行われたことを意味した。開平炭鉱周辺につくられた複合施設が，国有鉄道システムの大きな部分を占めていた。そして，同国のほとんどの場所は，時代を特徴づけた輸送技術が導入されないままであった。1896年の日本との戦争での敗北は，国家的な再検討の引き金となった。そして，鉄道は外国の侵略に対抗するために求められた中国近代化の主要な手段となったのである。

しかし成功は，逆説的だが，外国の資本や参加次第だった。中国はすぐにロシアとの同盟条約に署名をした。（サンクトペテルブルクで1895年に設立された）外銀の露清銀行は，日本への敗戦後に課された賠償金の資金調達に，中国政府の債券を活発に発行した。続いて，同行はフランス資金の調達に依存した。露清銀行を少数所有することによって，中国政府は，1897年に建設作業が始まった東清鉄道（CER）の資金調達に必要とされた同行との結びつきを得た。CERはロシアによって保有・建設されたが，中国国内に入ってくるための中国の同意を得ており，そのプロジェクトは1903年に完成した。同鉄道の盛衰は，ロシア，中国，そして日本との間の満州の主権をめぐる争いと複雑に結びついていた。露清銀行は，中国第2位の規模の銀行へと発展し，合併によって1910年に露亜銀行となった。

中国のロシアとの合意は，国際ビジネス社会にとって1つの指針となり，その後，中国からの許可を争って得た結果，1914年までに29路線が建設されることになった（1915年から1936年の間には，さらに45路線が建設された）。香港銀行は，鉄道の認可を得るためにジャーディン・マセソン社と密接に協力した。そして，インドシナ銀行，ベルギー外国銀行，中国＝ベルギー銀行（1910年以後，中国ベルギー興業金融会社），独亜銀行，そしてインターナショナル・バンキング・コーポレーション（IBC：1901年設立され，1915年に，パートナーの1つであったニューヨーク・ナショナル・シティ・バンクが完全に買収した）がすべて関与した。これらは英国あるいはヨーロッパの建設会社を雇い，鉄道建設プロジェクトは一般的に広東省＝九龍，あるいはドイツの青島のような支配地域の貿易を支援した。外資系銀行はすぐに中国政府からより良い条件を確保するために，取引を協同で行なったり割り当てたりし始めた（Lin, 1937）。

1911年に中国の皇帝は退位させられた。そして，彼にとって代わった共和制の政権は独亜銀行，香港銀行，インドシナ銀行，露亜銀行，そして横浜正金銀行に「再建貸付」を提供するように要請した。しかし米国政府は，IBCを断固として参加させなかった。新しい中国政府は近代化に関わり，その目的のために，中国興業銀行を設立しようとした。申し出を受け入れる銀行がきわめて少なかったため，広い基盤を持つ国際的なコンソーシアムを結成することはできなかった。しかし，中国興業銀行は，1913年にフランスで登記された。パリの投資家は，資本の3分の2を引き受けたが，実際には中国政府が残りの3分の1を購入するために使えるように資金を貸し付けた。フランス政府は，改革された中国への外交的な影響力を増大することを望んで，その取り決めを積極的に推進した。インドシナ銀行は中国興業銀行に参加しないことを決定していた。そして，つづく10年の間にこの新規事業は，利益よりも金融上のスキャンダルを多く生み出したので，インドシナ銀行は正しい商業上の決断を行なったと言える（Patrikeff and Shukman, 2007）。

エンジニアリング，建設および公益事業

鉄道は，国際的なエンジニアリング・サービスに対する需要を刺激した。1840

年代における英国の鉄道網の敷設に参加して，ブラッシー社とピートー&ベッツ社は，ヨーロッパ大陸，インド，カナダ，およびラテンアメリカにおいて運行・支援契約を得ていた（Linder, 1994）。英国はガス灯でも開拓者であった。実際，インペリアル・コンチネンタル・ガス社は，1825年にフリースタンディング企業としてヘントで設立された歴史上まれに見る優れた企業で，1900年には10の地方自治体の事業を管理していたが，それにはベルリンの事業体も含まれている。英国企業，なかでもイースタン電信会社は，1850年代以降，海底ケーブルを敷設し始めた。その結果，英国は大西洋横断の電信の送受信の中心となった。そして同社傘下の企業は，アジアやラテンアメリカ中のルートを支配するようになった。1878年設立のメキシコ・ケーブル社（後にメキシコ電信会社）や，1879年設立の中南米ケーブル社（後に中南米電信会社）は，米国系であった。そして，アメリカン・ユニオン電信会社は，1879年カナダで事業を整えた（Wilkins, 1970）。他の優れたエンジニア企業は英国のルーカス&エアド社（ヨーロッパ，インド，アルゼンチン，ブラジル，そしてナイル川沿いのアスワン・ダムにおける水道およびガス工事），ドイツのホルツマン社（メソポタミアおよびドイツ領東アフリカ，そしてモロッコやロシアの港湾工事），およびデンマークのクリスティアニ＝ニールセン社（スカンジナビア，ロシア，ドイツ，英国における橋梁やコンクリート構造物工事）であった（Linder, 1994）。ヨーロッパやより広大な地中海地域において港湾やトンネルを建設する専門知識を得ていたフランスの企業は，1900年代にラテンアメリカに進出し，鉄道，下水設備，そして港湾工事にたずさわった（Barjot, 1988）。

英国出身のピアソン&サン社は，最初に同社の国際的な活動の足跡をニューヨークで示し，1876年から1911年までのほとんどの期間に権力の座にあったメキシコのポルフィリオ・ディアス政権と密接な関係を結んだ。同社は，メキシコ盆地を排水して干し，テワンテペク鉄道を再建し，多数の重要都市の電力供給を確立した。同社はメキシコでの経験を使ってチリにおける公益事業を経営し，サンチャゴの水力発電施設を建設したことで注目された。1つの問題は，公益事業の外国による所有と経営は地元による支配と規制を求める大衆の圧力との間に生じる緊張をほとんど避け難いということであった。ラテンアメリカ全体にわたる政治的不安と価格引下げへの圧力は，公益事業における投資の収益性と安全性にとって問題となった。時間の経過とともに，多国籍企業は売却される傾向にあった。

第1次大戦前夜までには，英国系のガス，電気，路面電車，バス，そして造船所を営む会社は，アルゼンチン，ブラジル，チリ，ウルグアイ，その他のラテンアメリカ地域に立地していた（Rippy, 1959; Finch, 1985）。カナダの多国籍企業もまたその地域の強力なプレイヤーであった。モントリオールに拠点を持つメキシコ電灯・電力会社は，1902年からメキシコ・シティにおいて水力発電や路面電車の路線を稼動させた。1898年に設立されたサンパウロ路面電車・電灯・電力会社と1904年設立のリオデジャネイロ路面電車・電灯・電力会社は，カナダのフリースタンディング企業であった。さらに，これらの会社は，これらの都市でガス事業や電話サービスの会社を経営していた。1912年に，トロントに拠点をおくブラジル市街電鉄・電灯・電力会社が両社を買収した。このカナダの多国籍公益事業会社は，真に国際的であった。メキシコやブラジルでの事業経営を支援するために，カナダの金融業者はロンドンその他のヨーロッパの都市で資金を調達した。エンジニアリングの専門知識は米国のものであり，資材購入の職務はニューヨークでなされた（McDowell, 1988; Armstrong and Nelles, 1988）。1904年に，ベルギーの電力グループであるアンパン社は，ゼネラル電気鉄道会社を創設した。この会社は，続いてヨーロッパやロシアにおいて電気関係および路面電車の資産を買収した。

電話はアメリカで発明された。そして同国は，1912年までには世界の電話の総台数の3分の2を有していた。この国内における優位性を利用して，エジソンは1880年ロンドンにエジソン電話会社を設立した。同社はアメリカン・ベル社と合併し，後にユナイテッド電話会社となった。アメリカン・ベル社とエジソン社は，ヨーロッパ中で，地方公営会社に投資した。もっとも，両社は独占あるいはライセンス協定を好む政府あるいは都市に対して，しばしば少数所有の方法を採った。さらに，カナダ・ベル社は，カナダにおける業界のリーダーであった（Wilkins, 1970）。しかしながら，普及率最高の栄誉はストックホルムのものであった（人口1,000人当たり19台，2位がロンドンで2.8台であった）。ストックホルム・アルマナ電話会社（SAT）はワルシャワやモスクワにおいて，同社の競争企業であるエリクソンとともに，より遠く離れたメキシコにおいて，電話システムを運営するための技術上の専門知識を有していた（Lundstrom, 1986b）。英国に移住していたイタリア人によって設立されたマルコーニ社は，無線通信に専門化していた。同社は，1899年に米国に関連会社を設立し，後には大西洋横断の送受信を始めた（Wilkins, 1989）。

19世紀末の数十年間から，多国籍企業は世界規模の電化の中心的存在となっていた。多国籍企業は，生活を変容させるサービスの規制の責任を社会全体に負い，認可の授与者である政府や地方自治体との複雑かつ発展する関係を構築した。多くの場合に，証券投資は諸要件を満たした。しかし，途上国は発電や送電のシステムを建設したり運用したりするために契約技術者を雇うのが常であった。他の場合には，多国籍企業は海外において特定の事業のための資金を調達するために，フリースタンディング企業形態を使用し，技術・経営スキルを移転することができた。所有と資金調達は国境を越えたものであったが，事業の運営はそうではなかった。したがって，この時期には，電力会社が多国籍企業に変容した例は知られていない（Hausman, Hertner and Wilkins, 2008）。

英国における発電の規制の枠組みは大失敗であったことが証明された。そして，複数の供給者が電気製品の製造業者の間での低水準の標準化を作り出したが，これは，結果として規模の効率，資金源，そして専門的研究に欠けていた。ヨーロッパおよびラテンアメリカにおいて電気工学プロジェクトの主導権を取ったのはドイツであった。企業家的取引——この場合，設備の注文の見返りに建設契約や海外公益事業の認可を実行に移すために資金調達すること——は，ドイツの電気施設や電気製品にとっての世界規模の市場を創出をすることを意味した（Schroter and Jones, 1993; Lanthier, 1989）。英国企業は競争相手に対して不公平な慣行だと非難した。というのは，AEGやシーメンスといった巨大企業はドイツの銀行と結びついており，ドイツの銀行は外国の政府や地方自治体にそのプロジェクト資金を提供するための貸付を行うことができたからである。実際，シーメンスは，同社の機関銀行として，ドイツ銀行の保証を得ていたし，この2社は重役兼任制度を有していた。それは，ドイツの会社がロンドンのシティの国際市場から海外プロジェクトの資金を調達するとき，二重に厄介なものとなった。ヴィクトリア・フォールズ&トランスヴァール発電会社は，英国で登記され，英国の支配地域で操業していたが，ドイツ系であり，英国の失敗の象徴であった。

AEGとシーメンスは，公益事業の株式を上場したり販売したりするために，いくつかの金融持株会社を銀行と設立した。これらの金融持株会社は，ドイツ人支配であることを隠すために，よくあるように本部をベルギーやスイスに設置していた。例えば，AEGはイタリア電気事業開発会社を設立した。ドイツ銀行とAEGは，バルセロナ電力会社の支配権を有していた。ラテンアメリカでは，AEGとドイツ銀行はドイツ海外電力会社（DUEG）の支配権を有していた。両社はともに株式の16%を所有しており，残りは8つのドイツおよびスイスの銀行に分けられていた。この多国籍企業はブエノスアイレスにおいて発電所，電灯，そして路面電車の建設から始め，アルゼンチン，ウルグアイ，チリにおいて強い存在感を確立した。同社は，1914年までには7,300万ドルの海外資産を有しており，ドイツ最大のFDIの事例であった。

資金調達は，世界的なものとなり得た。つまり，ドイツ銀行，AEGおよびクレディ・スイスは，チューリヒで1895年に設立されたエレクトロバンクの主要な株主であった。そして，シーメンスはスイス電気工業会社（つまり，1896年設立のIndelec）の少数株主であった（Hausman, Hertner and Wilkins, 2008; Cameron and Bovykin, 1991）。フランスのエンジニア会社であるシュネーデル社はヨーロッパ全体にわたる資金調達から利益を得たし，パリ・オランダ銀行（パリバ），ジュネーブ・ユニオン金融会社，そしてスイス・ユニオン銀行（USB）と共に，フランコ＝スイス社を結成した（Jones, 1990）。ベルギーの複数の銀行の共同企業によって所有されていた軽便鉄道会社は，1914年までには世界規模で路面電車の会社を有していた。そして，ベルギーの合計23社が，ロシアで路面電車網を運営していた（McKay, 1970）。

工業国と製造業

製造業FDIの初期の例は，近隣により大きな市場をもつ小国出身の会社に関するものであったが，これらは長くは続かなかった。1830年代に，スイスの複数の綿製品企業は，ドイツ南部の国境を越えて進出しており，発展しつつあった関税同盟の取り決めの恩恵を受けていた（Schroter, 1993）。1914年までには，化学製品，医薬品，電気設備，機械類，自動車，タイヤ，商標付き食品，そして紙巻きタバコに主要な事例が見られた。市場追求が，しばしば関税や受入国政府の圧力といった誘因とともに，西欧および北欧の企業が互いに相手国に投資を行った主要な要因であった。

技術，製品，あるいはマネジメントに優位をもっていた企業は，大量製造業者へと発展し，規模，価格，そして流通において競争上の能力を獲得した。これらの企業は，通商上の条件や輸入制限により，輸出が海外での大規模な事業の育成に適していない場所では，自らの商業上のリードを海外で発揮することを志向した。英国は，19世紀の最後の四半世紀にはほぼすべての産業部門で優位を有していたが，次第に化学製品，電気設備，機械類，自動車においてドイツや米国の競争相手の後塵を拝するようになった。第1次大戦までには，多くの産業におけるドイツおよび米国の優勢は，広く認識されるまでになっていた。多国籍製造企業の出現と成功は，国の経済力のバランスの推移を反映していた。

人工染料は，1856年の英国人による科学的発明であったが，さらなる研究を先導し，商業的に先行者利益を手にしたのはドイツ企業であった。さらに，ドイツ企業は他の化学製品や医薬品に多角化した。バイエル社は，設立後からわずか

2年後の1865年には，ニューヨーク州オールバニーの工場の株式を購入しており，1913年までにはロシア，フランス，ベルギー，そして英国に子会社を設立し，同社の1万人の従業員のうち約1000人がドイツ国外で働いていた[56]。バーデン・アニリン・ソーダ化工会社（BASF）とヘキスト社は，バイエル社と同じように1870年代から海外進出した。一方，ドイツの化学会社の好みの戦略的性向は，FDIではなく輸出であり続けた。そして関税障壁の引き上げは，多国籍化するという意思決定の大半を説明する[57]。そのため，1900年ごろまでには，ドイツ製造企業5社に所属していた6工場は，ロシア市場の80%を占めていたが，自由市場の英国ではリバプールのヘキスト社とBASFの工場は，第1次大戦前には両社でわずか94人しか雇用していなかったのである。

ある数字が新しい産業におけるドイツの支配の規模を示している。つまり，ドイツの会社の8社は，海外の子会社も含めて，20世紀の初めには世界の染料生産高の75%を生産していた（Wilkins, 1989)。ドイツ金銀精錬会社（デグサ）は，1914年以前に米国でシアン化物，漂白剤，ソジウム，クロロフォルムを生産していた（Wilkins, 1989; Chandler, 1990)。医薬品の専業メーカーであるE.メルク社は，1899年にニュージャージー州で工場の建設を開始し，4年後にモルヒネ，コダイン，コカインの生産を開始した。そして，同社は1912年からはフランスに進出することになった（Hertner and Jones, 1986)。

シーメンス&ハルスケ社は，1847年以降設立されたが，電信システムの設備設置や建設に集中していた。ロシア政府は，1853年に同社と大型契約を結び，フィンランドからクリミア半島に通信網を構築した。シーメンス&ハルスケ社は，商業的な可能性を有する未開発の市場で活動するために，1855年に同社初の海外子会社をサンクトペテルブルクに設立した。同社は，最初の深海ケーブルを生み出した後，1857年に現地で登記された独立した関連企業を英国に設立した。というのは，同社は英国において，自らが保有する新技術を利用することができたからである。電気工学のきわめて多くの分野で失敗したにもかかわらず，英国はケーブルの製造と敷設における国際的なリーダーにとどまっていた。シーメンス&ハルスケ社は，同国における機会から利益を得ようと同国に進出したのである。インド=ヨーロッパ電信ライン――ロンドン・カルカッタ間――の建設契約は，英国に投資することによって得られた初期の成果であった。シーメンス&ハルスケ社は，海外でのエンジニアリング・プロジェクトを受け入れ，1899年までには北京に電気設備プラントを建設し，同市の街灯や路面電車を設置した。同社の一部はシュッケルト社と合併し，1903年にシーメンス=シュッケルト社を設立し，電気技術におけるグローバルな地位を目指して関連会社あるいは子会社を設立している。シーメンス&ハルスケ社は，海外5カ国に10工場を所有し，そこで，1914年には同社の全従業員の5分の1を雇用していた。シーメンス一族のいろいろな構成員が，ドイツのカイザー，ロシア皇帝，そして英国王室から称号や勲章を与えられた[58]。

トーマス・エジソンが，1878年に最初に商業的に実用化された電球を発明したときから，シーメンス社は特許権をめぐる論争に巻き込まれた。シーメンスの訴訟行為は，母国での商業的な発展を失速させた。ドイツ銀行にいた同社の一族は，産業企業家エミール・ラーテナウの事業計画を含む，エジソンの技術に基づくプロジェクトの資金調達を妨害した。1883年までに，コンチネンタル社は，フランスにおける米国人発明者の特許の所有とドイツ人の権利を一緒にして，ラーテナウがドイツ・エジソン社（DEG）を形成するのを支援した。このフランス企業は，DEGの取締役会に2人の席を確保した。しかし，ドイツ人経営陣は米国の援助とノウハウを望み，フランスの参加について強い民族主義的疑念を示した。1887年におけるフランスでの事業の困難な状況は，DEGにエジソンの特許を取得させ，AEG（〔総合電機会社〕）という有名な商号となる企業を引き受けさせたのである。新会社であるAFGは，シーメンス社に同社の取締役会に席を与えることによって，重大な競争相手と協力的な関係を確保した。

AEGは――DUEGを通してエンジニアリング契約や公益事業を行なったのと同様に――ロシアやオーストリア=ハンガリーで企業を買収し，ロシアではシーメンス社と合弁事業を形成し，イタリアでは米国ゼネラル・エレクトリック社と提携した（Feldenkirchen, 2000; Weiher and Goetzeler, 1984; Hertner and Jones, 1986；Jones, 1996）。ドイツ銀行，シーメンス社およびAEGは，1899年に産業用・輸送機器用蓄電池メーカーであるブッシュ&ミューラー社と蓄電池製造所（AEA）を設立した。同社は，10年間でドイツの電池会社11社を買収した。そして同社は，1914年には，オーストリア=ハンガリー，スペイン，ロシア，スイス，ルーマニア，スウェーデンおよびノルウェーで製造活動を行っていた[59]。マンネスマン社の鋼管の圧延における革新は，1890年の同社の設立時から同社に競争優位を与えた。そして，同社はウェールズのランドーに鋼管の圧延工場，イタリアのダルミネに電炉式製鋼・鋼管所を取得した（Wessel, 1997）[60]。自動車製造業者ダイムラー社は，会社の発起人で詐欺師のハリー・ローソンにライセンスを与えた。彼は，1896年にコベントリーに独立した英国の企業を設立した。一方，同社は1902年にオーストリアで直接所有の製造活動を開始した（Laux,1992）。

ドイツの主要な多国籍鉱業企業３社は，本国での工業化の需要を支えた。それらは，アロン・ヒルシュ&ゾーン社，ゾンドハイマー社，そして最大のメタルゲゼルシャフト社であった。メタルゲゼルシャフト社は，1881年に金属の貿易業者として設立され，銅，鉛，亜鉛の採掘，加工，そして流通に進出した。メタルゲゼルシャフト社は米国，メキシコ，そしてヨーロッパに投資した。その子会社であるアメリカン・メタル社は，1887年までに採炭，金属の製錬・精製に携わるようになっていた。1912年に，メタルゲゼルシャフト社のベルギーの精錬所は，コンゴ植民地からきた鉱石を加工しており，ヨーロッパ最大であった。ドイツの金属企業は，非鉄金属の採鉱，製錬，精製，製造，マーケティングを国際的に統合していることで注目されていた（Dabritz, 1931[61]）。また彼らは，互いに協力することによって，鉛，亜鉛，銅，およびニッケルの世界価格を支配したことでも知られていた（Jones, 1998）。リオ・ティント社は，スペイン政府から銅山を取得するために1873年に設立された。そして，同社は，10年もたたないうちに，自らの中核事業を支援する大規模なインフラや複合施設を支配していた（Harvey,1981）。鉱業企業は資本集約的なので，銀行や投資会社が，拡大する国際事業に積極的に参加した。1905年までには，ロンドンのロスチャイルド家はリオ・ティント社の普通株の３分の１を所有していた（Wilkins, 1989）。そして，すでにみたように，グッゲンハイムの銀行一家を主に，それに加えてJ. P. モルガンが米国の採掘業者に広く投資した（Bosson and Varon, 1977）。

紛れもなく，米国の多くの大規模な製造業者――とくに，機械，自動車，電機，そして商標付き製品における――は，技術やマネジメントにおいて優位を保持していた。もっとも，大規模な国内市場は，第１次大戦以前には海外進出から注意をそらす働きをした。我々は，海外で運命を試した産業企業の初期のいくつかの事例を見つけ出すことができる。しかし，1853年に銃器メーカーのコルト社，1856年にゴム靴生産者のJ. R. フォードが，ともに英国に投資したが，その成功物語は長く続かなかった。その結果，シンガー・ミシン社が，米国最初の多国籍製造業者として引き合いに出されている。というのは，同社の子会社が1867年以後スコットランドのグラスゴーに存在し続けたからである。シンガー社を特徴づけたものは，その洗練されたマーケティングであった。同社は，当時目新しかった家庭用のミシンの利用価値を潜在的な顧客に証明し，その製品の高い知名度を勝ち取らなければならなかった。既存の流通業者は必要な実践的・技術的な助言を行うことができなかったし，製品はいずれも比較的高価な耐久消費財であった。そのため，シンガー社は個別訪問専門の販売員を創出し，直営の小売店を設置し，割賦販売による信用を与えた。1914年には，同社はカナダ，オーストリア，ドイツ，ロシアに工場を有し，4,000の流通拠点と小売店を展開していた。そして同社は，世界で販売されたミシンの90%を売り上げていた（Davies, 1976; Carstensen, 1984）。

トーマス・エジソンは，自ら発明した電球を商業化するために，1878年にエジソン照明会社を登記した。英国における同じ発明者であるジョセフ・スワンとの特許権争いを避けるために，彼は1883年に共同所有のエジソン・アンド・スワン合同電気会社を設立したが，カナダの子会社は完全所有であった。エジソンは，ヨーロッパでは自分の特許をライセンス供与し，コンチネンタル社とその代理人であるDEGと協力関係を確立することを好んだ。関税やドイツの特許法に基づく保護に関する権利によって，現地工場は不可欠なものとなりFDIを促進した。しかし，外国の裁判権や競争企業の特許権の実効性に疑問が生じたことによって，投資資金の調達は困難なものとなり，エジソンを潜在的な競争相手とのライセンス供与や合弁事業へと向かわせた。彼は自分の技術上の権利を販売するために世界中に代理人を雇った。しかし，1885年におけるバルパライソのケンドール社の破綻は，彼の名前を使って行なわれた詐欺行為を明るみにした。

シンジケートによって，エジソン・ゼネラル・エレクトリック社は再編成された。そして，この会社は米国の競争相手であるトムソン＝ヒューストン社と合併し，ゼネラル・エレクトリック社（GE）となった。同社はまた，カナダにGEの子会社を設立し，トムソン＝ヒューストン・インターナショナル・エレクトリック社を設立した。GEのコングロマリットへの成長を考案したのは，トムソン＝ヒューストン社出身のチャールズ・A. コフィンであった。この新しい会社は，主にトムソン＝ヒューストン・インターナショナル社を通して，外国企業の過半数所有あるいは少数所有を得ることによって海外に拡大した。フランス・トムソン＝ヒューストン社（CFTH）が1893年に設立され，1984年にはブリティッシュ・トムソン＝ヒューストン社（BTH）（この会社は存在期間中，ほぼ100%米国所有であった）が設立された。GEは，メキシコ（1897年設立），南アフリカ（1898年設立），そしてオーストラリア（1898年設立）においては子会社を完全に支配することを好んだ。同社が始めたのは，世界の電気産業における一連の複雑な，そして秘密の企業間関係であった。秘密主義は，重要な近代産業が外国人によって所有されるという民族主義者の抗議をかわした。そして，政府が同産業の最も重要な顧客であった。GEの戦略は，市場割当や価格協定の見返りに特許やノウハウを譲渡することに基づいていた。

1903年に，GEはCFTH（この会社は40年後にはトムソン＝CSF社に，1990年代にはタレス社へと変遷した）をめぐる所有権や権利を，すべてフランス人投資家に売却していた。同社はまた，AEGとも合意を取り付けた。その結果，同社はこのドイツの会社の少数株式を所有し，交換条件としてウニオン電機会社の所有権を売却した[62]。日本は1898年に中国に勝利した。その間に，日本は軍事力の強さと産業の発展を証明していたが，続いて治外法権を課していた通商条約を改正し，関税自主権を回復した。多国籍企業のGEは，1905年に東京電気株式会社を買収し，1909年から10年にかけて三井財閥の関連会社となった芝浦製作所に特許を分与し，少数株式を所有した（後に，両社は合併して東京芝浦電気となり，東芝という通称で呼ばれるようになった[63]）。

GEの強力な競争相手であるウェスチングハウス社の国際化は対照的であった。ジョージ・ウェスチングハウスは，合弁やライセンス供与戦略より完全所有を選好した。彼は，イングランドのマンチェスターにあるオールド・ストラットフォードに，1899年大規模な工場群を建設し，それは米国から派遣された技術者によって運営された。彼は英国の投資家に優先株を売る一方，自らのもつ親会社が支配権を持つように株式を保持した。BTH，ブリティッシュ・ウェスチングハウス社，ならびに完全に独立した英国ゼネラル・エレクトリック社（ドイツ人移住者によって設立された）は，英国とその植民地市場において電気設備の生産を拡大した。ウェスチングハウス社の工場は，フランス，ドイツ，カナダ，そしてロシア（ここでは，政府が唯一の顧客であった）に立地していた。GEの複雑な海外ビジネス網は利益を生み出したが，ウェスチングハウス社が直接的に支配した子会社は，商業的な期待という点では足を引っ張る形となった（Wilkins, 1970）。

技術とブランド

アメリカン・ベル電話会社の製造子会社であるウェスタン・エレクトリック社は，ベルギー政府との契約に応じて，1882年にアントワープに組立工場を開設した。同社は，1883年に英国子会社であるスタンダード電話会社を設立し，1898年までアントワープからほとんどを輸入していた。1898年には，ウェスタン・エレクトリック社はファウラー＝ウェアリング・ケーブルズ社を買収している。同社の最大の顧客であるナショナル電話会社——政府所有の郵便局による認可を受けて業務を行なっていた——は，国産品による供給を選んでいた。フランスおよびドイツにおける組立工場も，同様に現地契約を獲得することが必要であった（Wilkins, 1970）[64]。ウェスタン・エレクトリック社はまた，日本政府が外国からの投資を認めるやいなや，1899年に日本電気（NEC）の支配権を得た。この米国企業は，大規模な現地の製造業者との合意に達するのに失敗していた。そのため，同社は日本の投資家と合弁事業としてNECを立ち上げ，米国や日本におけるこの事業に関する知識を有していた技術者である岩垂邦彦を取締役専務に任命した。米国からの指示は一切なかった。そして，この現地の子会社は，この時点で日本の電気通信市場の大部分を占めていた政府からの発注を確保した。NECは1900年にもう１つの工場用地を三井から購入し，輸入部品の組立から始めて次第にレベルを上げて自ら製造するまでに事業を拡大した。逓信省は，日本列島を結び，続いて朝鮮や満州へと広がる帝国拡大の地歩を固めるための国家プロジェクトにかかわっていた。そして，NECは1908年にソウルに，1909年には旅順に，事務所を開設した。ウェスタン・エレクトリック社は，自らの技術を提供できた。同社は工場に機械，技術者，そして職長を持ち込み，主要な日本人従業員を生産システムや会計の訓練のために米国へ派遣した。[65]

ウェスタン・エレクトリック社のスウェーデンでの競争相手は，同じ主要目的を持っていた。ラーシュ・マグヌス・エリクソンは，1876年に自身の会社を設立していた。そして，とくにベル社やシーメンス社によって製作された設備を研究し改善することにより，３年後に独自の電話を作った。ストックホルムにおけるベル社の電話システムの支配を考えれば，1883年にストックホルム・アルマナ電話会社の形成という形で，米国企業に対するこの競争企業の設立がエリクソンに新しい重要な機会を与えるまで，彼は地方市場や輸出市場に依存せざるを得なかった。同社の最初の海外子会社であるサンクトペテルブルクの工場は，1899年以降，供給の継続性を確かなものにした。そして，さらに同社は，英国，米国，フランス，そしてオーストリア＝ハンガリーに誕生した工場によって，現地の注文を確保し，電話の交換機その他の設備を供給した。さらに，エリクソン社は1900年頃には，同社のスウェーデンにおける生産高の95％を輸出していた。[66]エリクソン社はスウェーデンの最も成功した多国籍企業となった。他にも，エンジニアリング会社で送電の専門企業でもあるASEAがあった。同社は1898年に英国企業を買収した。

フォード・モーター社は，1904年にカナダで現地の投資家と合弁会社を立ち上げた。そして，この子会社は英国を除く大英帝国への販売権を有しており，帝国の関税障壁の影響を受けないところに生産拠点を設置したのである。この米国企業は，1909年に英国に工場を建設し，そのオールド・トラフォード工場は，２年を経ずに輸入部品を使って自動車を生産していた。フォード社はまた，フランスにも小規模な組立施設を有していた（Wilkins, 1970）。動機は市場追求であり，1914年までにはオールド・トラフォードの子会社は，ヘンリー・フォードが考案した移動式の組立ラインを有していた。インターナショナル・ハーベスター社は，ロシアに投資することによって，1909年には多国籍企業に変容していた。同社のそうした意志決定を奨励していた財務大臣が，外国企業を助成していると批判されるのを回避するため，インターナショナル・ハーベスター社はロシア企業として活動すると応じた。関税を回避するために，同社は，1911年に，カナダ，スウェーデン，フランス，ドイツに4工場を設置していた。1911年には，海外子会社は同社の売上高の40%を占めていた。

オーチス・エレベーター社は，1902年から1914年にかけて英国，ドイツ，フランス，カナダに工場を建設することによって，最初の国際エレベーター・メーカーとなった。[67] アメリカン・ラジエーター社は1891年に，鋳鉄設備で優位な地位を獲得し，市場追求戦略を実現するために英国に進出した。続いて，同社は1898年から1911年にかけて，関税障壁を乗り越えるためにカナダ，フランス，ドイツ，イタリア，オーストリア＝ハンガリーで活動していた。[68] イーストマン・コダック社は，1891年にロンドン近郊のハローで製造を開始し，米国から設備と経営チームの双方を送り込んだ。[69] 業界の一番手企業であるナショナル・キャッシュ・レジスター社は，1914年にはドイツとカナダに工場を所有していた。[70] そして，デュポン社はブリティッシュ・ノーベル社との合弁事業として，1910年にカナダ火薬有限会社を立ち上げていた。[71]

3人の兄弟がスコットランドからバージニアに移住し，キャメロン・ブラザーズ社というタバコ・メーカーを設立し，1873年から1889年にかけて，関税障壁を乗り越えるために，オーストラリアのいろいろな植民地に4つの工場を建設していた。[72] アメリカン・タバコ社（ATC）は，自らの輸出市場を守るため，また高い輸入税に対応するためにキャメロン・ブラザーズ社の後に続いた。そしてATCは，1894年にニューサウスウェールズ植民地，サウスオーストラリア植民地，そしてヴィクトリア植民地において合弁会社の立ち上げを組織した。同社は続いて，1895年に同社がその頃買収していた企業を使ってニュージーランドATCを立ち上げた。同社は，この参入戦略を繰り返して，カナダATCを設立した。この米国企業は，紙巻きタバコの自動化により利益の高い大量生産の経験を積み，外国企業を買収するという戦術を通して自らの資源を利用した（Wilkins, 1970）。同社は，1899年に日本において，村井兄弟商会の株式の過半数株式を獲得し，これを基点にこの地域のアジア市場を開発し，その後まもなくヨーロッパ最大の市場であるドイツで工場の操業を開始した。

1901年に，ATCがオグデン社を買収した時，対抗措置として13社がインペリアル・タバコ会社と呼ばれる持ち株会社の下に結集し，卸商やタバコ小売チェーンの所有者への価格引き下げによって反撃した。インペリアル社の背後の最も重要な企業であるW. D. & H. O. ウィルズ社は，1901年にオーストラリアで合弁事業を立ち上げ，上海で米国人所有の工場を買収し，海外で戦いを繰り広げた。激しい競争は費用が高くついた。アメリカン社とインペリアル社は翌年，オグデン社を英国の複合企業に譲渡することに合意し，かつての競争企業はそれぞれ相手の本拠地市場で商売をしないことに合意した。世界の残りの地域については，彼らは共同でブリティッシュ・アメリカン・タバコ社（BAT）を立ち上げた。そして，この会社は真に世界規模の多国籍企業として台頭した。同社はATCとインペリアルの海外工場を引き継いだ。その結果，同社のカナダの事業を現地のマネジメントの下に，カナダ・インペリアル・タバコ社として設立しなおした。BAT（オーストラリア）は，ウィルズ社，ATC，およびキャメロン・ブラザーズ社といったさまざまな会社を統合した。そして，同社は1905年には永泰和社との合弁事業として，上海に拠点をおく製造会社を設立した。さらに，BATはグローバルな流通網を再組織し拡大し，これにより，自らの有名なブランドを広告した。米国における1911年の反トラスト判決によって，ATCは解体され，BATから強制的に分離された。こうして，BATは次第に英国系の高度に国際化された多国籍企業へと変容した（Cochran, 1980; Cox, 2000）。

英国の製糸会社であるJ. & P. コーツ社は，強力で管理の行き届いた企業であり，子会社を通して非常に優れた国際的な販売業者として現れた。同社は，1914年には，米国，カナダ，ロシア，オーストリア＝ハンガリー，スペイン，ベルギー，イタリア，スイス，ポルトガル，ブラジル，そして日本において工場を運営していた[73]。H. G. テットレーは，サミュエル・コートールズ社を近代化したいと決心して，同社を人絹つまりレーヨン製造における世界のリーダーとした。技術的な優位を利用し，避け難い関税を乗り越えるために，1910年にコートールズ社はアメリカン・ビスコース社を設立した。この会社は，2，3年のうちに親会社よりも多くを稼ぐようになり，英国の最も成功を収めた多国籍企業の子会社となった（Coleman, 1969）。ダンロップ・タイヤ社は，1892年以降，フランス，ドイツ，米国，オーストラリア，カナダに工場を設立した。もっとも，米国およびオーストラリアの企業はそれぞれ，1898年と1899年に売却された。その後1909年には，ダンロップ社は日本の神戸に工場を建設した（McMillan, 1989; Mason,

1990; Udagawa, 1990; Wilkins, 1990)[74]。同様に，イタリアのピレリ社は英国，フランス，アルゼンチンでタイヤを製造し，1914年には電線を製造するために英国のGECと合弁会社を設立した[75]。リーバ・ブラザーズ社は，1890年以後きわめて強力な多国籍企業として台頭した。同社は，1890年にマサチューセッツ州ケンブリッジの小規模工場で生産を開始し，1892年には工場を設立して拡大し，「ライフブイ」や「ラックス」といったブランドの製品の全国的な販売を実現した。1914年までには，他の子会社がカナダ，ドイツ，スイス，ベルギー，フランス，日本，オーストラリア，そして南アフリカに建設され，それぞれの異なる国の消費者市場に対応しようとした（Wilson, 1954; Wilkins, 1989; Wilkins, 2004）。

フランス企業は，製造業FDIのいくつかの事例を提供した。約200年間存在してきたガラスおよび化学製品の生産者であるサンゴバン社は，1857年にドイツのシュトルベルクに作業場を借り，競争企業であるサンキラン社との合併を通して，翌年にはマンハイムにおいて，もう1つの作業場を取得した。同社は次第に激しくなるベルギーからの競争に対して，自らの地位を確保しようとしていた。同じ考えが，1889年におけるイタリア，1900年のベルギー，1914年までのオランダ，スペイン，オーストリア＝ハンガリー，ドイツにおけるさらなる生産拠点の建設や買収を促進し，サンゴバン社はヨーロッパ最大のガラス製造業者となり，市場の約27％を占有していた。ミシュラン社は，1906年同社の最初の海外工場をトリノに，続いて1907年に2番目の工場をニュージャージー州のミルタウンに設立した。ルノー社は，自動車における開拓者であった。同社は，1913年にはロシアや中国を含む世界中にディーラーを有し，イタリア，スペイン，英国，米国に小規模な組立工場を持つようになった。ソシエテ・シュナイダー社は，1914年以前に英国，イタリア，チリ，ロシアで活動していたことが分かっている。そして，ロレーヌの鉄鉱山に加えて，同社はベルギーに炭鉱を取得した。同社は，モロッコにおいて鉱業，電気，そしてガスに多角的に関与し，アルゼンチンにおいて広い範囲の事業にかなりの規模の投資を行っていた。同社の主な目的は事業を拡大することであり，同社は合弁事業を好んだ。しかし，同社の事業の多くは脆いものであった（Laux, 1992; Wilkins, 1988; Wilkins, 1993; Wilkins, 2009）。

不釣り合いなほど――その経済規模に比較して――多くの件数のFDIを生み出したより小規模な国々がある。ベルギー出身の苛性ソーダのメーカーであるソルヴェイ社は1872年に英国に参入し，1900年までに米国（2工場），ロシア（3工場），オーストリア，ハンガリー，そしてドイツに進出し，1914年にはスペインとイタリアにまで拡大していた（Bolle, 1968）。オランダのマーガリンおよび食品企業であるヴァンデンバーグ社とユルヘンス社は，1908年にプール協定を結んだが，両社はドイツとベルギーで生産し，1914年までにヴァンデンバーク社は自社の製品をさらに販売するために英国の小売企業に融資し，協定を結び，この企業が必要とするマーガリン全部を供給した（Sluyterman, 2003)。スイスの化学製品メーカーであるガイギー社は1888年にロシアで製造を開始し，1892年にはフランスのリオンにある小企業を取得し，現地の繊維産業に供給した。第1次大戦までには，ガイギー社，チバ社およびサンド社は米国，英国，フランス，そしてドイツに進出していた。そして，ホフマン・ラ・ロッシュ社は，1909年に英国で工場を設立した（Schroter, 1993; Wilkins, 1970)。スシャール社は，1880年にドイツのレラッハにチョコレート工場を，1888年にはオーストリアに工場を有していた。同社は1901年に「ミルカ」ブランドを投入し，1903年にフランスで，1909年にはスペインで，製造活動を確立していた（Edlin, 1992)[76]。

1872年までには，アングロ＝スイス・コンデンスド・ミルク社は，世界で最大の消費者市場で活動するために英国で製造活動を行っていた。そのため，同社は2年後にイングリッシュ・コンデンスド・ミルク社を買収し，1881年にニューヨークの工場を買収した（1902年に，米国の競争企業であるボーデン社に売却された)。ベビー・フードやミルク・チョコレートの生産者であるネスレ社は，スイスに留まる決定をしたが，その意図に反して，1898年以後ノルウェー，米国，英国，ドイツ，スペインにおいて操業していた。アングロ＝スイス社とネスレ社は1905年に合併した。1906年における同社の最初の行動の1つは，またしても関税という馴染み深い理由のために，ブリスベンのクレスブルック乳製品会社を買収したことであった。そして，1914年までに，ネスレ社はスイスに6工場，英国に6工場，ノルウェーに3工場，そして米国，スペイン，オーストラリア，そしてドイツにそれぞれ1工場を有していた（Wilkins, 1989; Gabel and Bruner, 2003)。

国際石油ビジネス

1914年，ウィンストン・チャーチルは，新進の政治家であり海軍大臣であった。石油で動くタービンは，船舶をより速くしより機動力を高めることが明らかになったので，彼は英国海軍の艦船にこの新しい燃料を採用することを決定した。そうすることで，彼は，ウェールズ渓谷（世界で最良のボイラー用石炭を埋蔵していた）による安定した供給を断念し，ペルシアなどの不安定な油田による供給に代えた。当初からこの決定は，石油がいかに不安定な戦略的・経済的意味合いをもった国際ビジネスであるかということを内包していた。鉱業と同じように，それは技術的にも組織的にも高度なものを必要とした。すなわち，生産および流通の両面で大規模な投資を必要とし，企業の活動の領域は世界規模とならなければならなかった。

近代的な石油産業は，米国ペンシルバニア州の平地で始まった。同地で，1859年に最初の油井が掘削された。その主要な生産物は灯油であり，暖房や照明に使用されたが，潤滑油，パラフィン，燃料油に巨大な市場が存在した。そして石油は，次第に内燃機関に必要なものとなった。精製や販売を支配することによって，ジョン・D. ロックフェラーは，生産者を締めつけ，米国石油産業を支配し，1870年に正式にスタンダード石油会社を設立した。米国の灯油の生産の半分は海外に輸出され，その大部分はヨーロッパに向けられた。そして，スタンダード石油会社はこの貿易の90%を占めていた。

帝政ロシアのコーカサス山脈における石油採掘の成功は，スタンダード石油の独占に対する最初の挑戦であった。帝政ロシア政府が，同地域を競争入札によって開放すると，1871年にいくつかの会社が掘削を始めた。その頃オスマン帝国からロシアに併合されたバクー付近に製油所が集まり，そこから排出される油性を含んだ煙によって，「黒ずんだ町」というあだ名が付けられた。ノーベル・ブラザーズ石油生産会社が，リュドビックとロバートのノーベル兄弟によって設立され，同社は1873年にバクーに製油所を開設した。リュドビックはスウェーデン人で，ロシアにいくつかの兵器会社を所有していたので，きわめて強力なコネを持っていた。彼らにはアルフレッドというもう1人の兄弟がいたが，彼はダイナマイトとニトログリセリンで有名であった。ノーベル・ブラザーズ石油生産会社はロシアの全灯油の半分を生産するまでに成長し，いくつかの製油所，流通拠点，鉄道からなる複合体を有し，多国籍の労働者を雇っていた。自らの事業を拡大するために，リュドビックは国際的な金融を必要とした。そして，フランスのクレディ・リヨネが主要な貸し手となり，同行は将来の生産を担保として受け入れることをいとわなかった。

国内生産によって，米国からの輸入はロシア市場から締め出された。しかし，重い輸送費は輸出貿易の発展を妨げた。バクー産の精製油はカスピ海を渡って運ばれることができたが，バルト海までは川や陸地をさらに2,000マイルも行く必要があった。冬の数カ月は水路は凍結したので，暖房や照明需要が最盛期の時に輸送が停止し，そのために製油業務が停止した。ノーベル一族が北方へのルートをほぼ支配し，もう1つの生産会社であるブンゲ・アンド・パラシュコフスキー社は代替ルートを考え始めた。1877年にトルコから黒海沿岸のバトゥーミ港を併合した直後，政府は同社にバクーからバトゥーミへの鉄道建設許可を与えた。同社は金融的な問題に直面したが，パリのロスチャイルド一族によって救済された。ノーベル社とは異なり，彼らはロシアの国内市場よりもロシアからの輸出に興味を持っていた。

パリのロスチャイルド家は，1870年代以来，米国の石油をフランスへ輸入していた。同社はオーストリア＝ハンガリー帝国のフィウメに製油所を持っていたので，その時ちょうど低価格のロシア産を求めていた。1883年に鉄道が完成すると，同社はバトゥーミを世界で最も重要な石油港の1つに変えた。ロスチャイルド家は，カスピ海・黒海石油会社（キリル文字表記の頭文字をとってBnitoと呼ばれる）を1881年に設立し，バトゥーミでロシアにある自らの石油資産をすべて管理した。ノーベル家はすぐにロスチャイルド家の後を追って黒海に進出し，同じように国際的なマーケティングの会社を設立した。家族のコネによって，彼らは信頼しうるダイナマイトの供給を受け，それを，コーカサス山脈の一部を爆破してパイプラインを敷設するために使った。大規模な企業――スタンダード石油，ロスチャイルド，そしてノーベル――は，1892年から1985年の間に，世界市場を分割し価格を統制しようと何回か試みたが失敗したため，激しい競争が続いた。

自らのヨーロッパの流通網を構築する際に，ロスチャイルド家はロンドンを拠点とする船舶仲買人であるレーン・アンド・マカンドリュー社の一員であるフレッド・レーンの支援に頼っていた。彼の会社は，バトゥーミの石油を地中海のいくつかの港に販売していた。そして，同社は1884年に大量の石油を英国に運搬するためのタンカーの用船契約を行った最初のものとなり，それまで普及していたスタンダード石油型ブリキ缶への同社の依存を終わらせた。1888年に，ロスチャイルド家が，続いてノーベル家が英国に輸入および流通の企業を設立したとき，スタンダード石油会社もそれに倣った。そのアングロ＝アメリカン石油会社はスタンダード石油の最初の海外子会社であった（1907年には，スタンダード石油は米国以外に55の製油・流通会社を所有していた）。リュドビック・ノーベルは，この1888年に死亡した。しかし，いくつかのヨーロッパの新聞は間違ってアルフレッドの死亡と報道し，彼を正確にも爆薬の製造業者と呼んでいる。彼の名声は地に落ちていたため，アルフレッドは遺書を書き直し，科学，経済学，文学，そして皮肉にも平和構築における人類の進歩を表彰するノーベル賞への拠出金を提供したのである。

アジア全体にわたる石油の流通においては，いくつかのスコットランドの貿易会社が重要な役割を果たした。先行者企業はウォレス・ブラザーズ社であった。彼らは，1878年からスタンダード石油会社の製品をインドに販売し，10年後にはロスチャイルドのブニト社製品の販売に切り替えた。ウォレス・ブラザーズ社は，次に中国や日本においてジャーディン・マセソン社など他の貿易商社に業務を委託し，M. サミュエル商会（同社は，起源を完全にロンドンに持ち，スコットランドの会社ではなかった）と取引した（Sluyterman et al., 2007）。ウォレス家が1891年にブニト社との契約を失なった時，彼らはスタンダード石油に再び切り替えた。翌年には，貿易業者たちはオランダ領東インド諸島における採掘権を勝ち取り，オランダに登記したスマトラ石油会社を結成した（同社は後に，この植民地においてゴム園を追加した）。

レーンは，ロスチャイルド家とマーカス・サミュエルとの間の関係構築を手助けした。というのは，サミュエルが持っていた東アジア一帯の多くの英国貿易商社との関係を，銀行家たちが高く評価していたからである。マーカスはコーカサスに旅をし，ノーベル家によって道が開かれた大量に石油を運ぶタンカーの存在を認識した。マーカスは，大洋を航行するタンカー船団という考えを理解し，カルカッタ（現コルカタ）から日本までの貿易業者をそのプロジェクトに参加するように説得した。彼は，技術的な問題を克服した上でこの巨大な新船の業務を委託し安全の問題があったスエズ運河経由のアクセスを確保し，貯蔵流通基地の国際的なネットワークを構築しなければならなかった。彼は，スタンダード石油との自己破滅的な価格戦争を警戒していた。しかし，レーンはマーカスを説得してそのプロジェクトを遂行させた。サミュエル兄弟に加えて，レーン・アンド・マカンドリュー社やインドにおけるグラハム社とのパートナーシップ，マラヤのボウステッド社を含む主要な英国系貿易会社は，1892年にタンク・シンジケートを結成した。タンカーはバトゥーミからアジアへと東方に石油を運んだ。そして，石油が精製されると，タンカーはヨーロッパへの輸入品を運んだ。サミュエル社やタンク・シンジケートが販売を促進したシェル・ブランドの強みは，彼らが少数の油井しか所有していなかったにもかかわらず，すぐに彼らに市場競争力を与えた（Jones, 1981; Jones, 2000）。

実際には，英国の支配下にあった石油の供給源は1カ所のみであった。つまり，ラングーンにおいて事業開発しようする10年の試みの後，1886年のビルマ石油会社の形成の背後にあったのは，フィンレー＝フレミング商会という著名な貿易企業であった。この年に，ビルマの最終的な併合がなされ，貿易業者や投資家にとって，王室による独占，賄賂，強要といった難儀な障害が消えた。ビルマ石油会社はグラスゴー証券取引所に上場され，本社をスコットランドに設置し続けた。植民地当局は，ビルマ石油会社のための誘因として，外国企業の探査を認めないと約束し，そのためその後，スダンダード石油会社（1902年）とロイヤル・ダッチ社（1904年）からの申込みを拒絶することになった。この英国企業すなわちビルマ石油会社はラングーンに製油所を建設し，その製品の大部分をインドに販売した。インドでは，同社には関税の特典があり，究極的にはロシアや米国からの輸入にとって代わった。

マーケティング活動のために，1891年からビルマ石油会社は，カルカッタに基盤をおくもう1つのスコットランドの貿易業者であるショウ・ウォレス社に業務を委託した。そして，石油はすぐにショウ・ウォレス社の事業の主力商品となった。1908年には，現地の最大の競争相手はスコットランドのスティール・ブラザーズ社であり，同社は長く定着した多くのビルマ企業を有していた。同社は，インド商人たちとパートナーシップを組んで，インド＝ビルマ石油会社を設立した（Jones, 1981）。ビルマ石油は1903年から英国海軍に供給を始めたが，すでに枯渇しつつあった油田から必要な量を充たすことはできなかった。英国海軍はビルマ石油との契約条件を使って，ロイヤル・ダッチ社，シェル社およびスタンダード石油からもっと有利な取引を得ようとした。この英国系生産者，すなわちインド＝ビルマ石油会社はすぐに損失を出したが，英国政府は補償として有望なペルシア油田の探査機会を保証した。1904年から同社は，ロンドン事務所を設立し，意思決定の権限をスコットランドから移転し，ロイヤル・ダッチ社を見習って大卒を採用した。それにもかかわらず，米国人の掘削技師や経営管理者が引き続き同社の油田の責任者となっていた（Corley, 1983; Corley, 1986）。

1880年に遡って，東スマトラ・タバコ会社の経営者の1人であるエルコ・ヤンス・セイクラー（自称ティルケル）は，現地の湿地帯において灯油を発見していた。当時，スマトラは名目的にオランダの支配下にあったに過ぎなかった。しかし，バタヴィア（現ジャカルタ）を拠点とするコンソーシアムの後ろ盾を得て，セイカーはランカットのスルタンから採掘権を勝ち取った。そして，最初に成功した油井が，1890年に掘削された。ロイヤル・ダッチ社が1890年に設立されたとき，同社の名称は，石油の経済価値とオランダにとっての植民地貿易の重要性が正式に認められたことを反映していた。この年，セイカーは死去した。そして，指導者としての地位は，東インドの貿易業者であるバプティスト・オーガスト・ケスラーに移り，彼は強力な内部組織を構築する一連のプロセスを開始した。1892年に，石油は10 kmのパイプラインを通して，スマトラの北東沿岸部にある製油所に運ばれた。そこには，砦，牢屋，宿泊所があり，米国人の掘削技師と製油所の作業員，ヨーロッパ人の技術者，そして中国人や他のアジア人労働者が生活を共にしていた。この遠く離れたジャングル地帯においては，死亡率は高く，誤作動や事故のため，製油所の操業は支障をきたした（Sluyterman et al., 2007）。

ロイヤル・ダッチ社は，スタンダード石油会社の「デヴォー」ブランド製品との競争に努め，「クラウン」ブランドの缶入り灯油を作り出した。同社の船隊は，その生産量に対応するにはすぐに小さくなったが，オランダ領東インド諸島から排除されたタンク・シンジケートを利用することはできなかった。サミュエルは，自身のタンク・シンジケートがその供給を他社に依存しているということを知っていたので，東ボルネオのクタイの探査権を購入した。その油田の最初の噴油井には灯油は少なかったが，燃料油は豊富であり，サミュエルを石油動力船の唱導者に変えた。互いのニーズを一致させることを考慮して，ロイヤル・ダッチ社とサミュエルは1986年に話し合いを始めた。彼らは合意を探ったが，新しくナイト爵を受けたマーカス・サミュエル卿は，タンク・シンジケートに参加しているこれらの貿易商社の忠誠を確実なものにしたいと切望した。彼は1897年に，彼らをシェル輸送貿易会社の株主とした。同社は，タンカー船隊と石油企業，そして貯蔵流通拠点を法人化したものであった（Jones, 1981; Sluyterman et al., 2007）。

中国では，義和団の乱がシェル社の有望な市場の１つを破壊した。そして同社の施設の多くが略奪されたり，損害を受けたりした。非情な資本主義と無法が長い間コーカサス山脈の特徴であった。そして，1903年以後不平不満が石油労働者の間の絶え間ないストライキへと導いた。日露戦争におけるロシアの敗北に続いて，1905年の革命は帝政をほぼ終焉させた。そして，スターリン――一面はやくざで一面は反乱軍兵士――が最初に目標としたのは，バクー付近であった（Sebag-Montefiore, 2007）。タタール人とアルメニア人との間の民族紛争は，この地域の油井の約３分の２を破壊した。1904年から1913年の間に，いくつかの理由によって，ロシアの世界輸出に占める割合は31％から９％に低下した。ロシアからの供給に多くを依存していたシェル社に与えた影響は，差し迫ったものであった。

サミュエルは，交渉術の才能は見せたが，根気のいる経営管理にはあまり関心がなかったので，喜んで売却しようとしていた。強力な管理構造を構築することに失敗したことは，もう１つの弱点であった。スマトラでは，ロイヤル・ダッチ社の油井は枯渇しつつあった。同社は北に位置するプルラックで新たな場所を探し求めた。そこでは，反逆者が地元の王（ラジャ）に対する聖戦を宣言していた。ロイヤル・ダッチ社はヒューゴー・ルードン——技術者で元のオランダ領東インド諸島の総督の息子であった——を，その王（ラジャ）が支配する地域へ派遣した。彼は交戦中の両者と交渉することができた。そして，1899年における高品質石油の発見は，かつて胡椒貿易と結びついていた地域を変えることになり，ロイヤル・ダッチの商業的な見通しと交渉力を高めたのである。アンリ・ヴィルヘルム・デターディングは，1900年にアジアにおけるロイヤル・ダッチの管理者になった。彼はもともと，ロイヤル・ダッチの国際マーケティング体制の構築に合意する前に，銀行業務を行っていた有名なオランダ貿易会社（NHM）とともに，東洋はマラヤまで進出しようとしていた。

ここでも再び，フレッド「黒幕」レーンの仲介手腕のお陰で，サミュエルは，ロイヤル・ダッチ社との連合の合意に達し，1901年12月に大急ぎの契約が結ばれた。自らのシェルとの潜在的な結び付きをテコとして利用することによって，デターディングは東インド諸島の生産者を説得して彼の連合体に参加させた。シェルの資金が底をついたことを考え，かつてデターディングはスタンダード石油会社からの同盟という別の提案を断わってさえいたので，デターディングはより強力な立場を得た。彼は最高経営責任者に任命され，サミュエルは会長となった。半ば引退していたサミュエルは，ロンドン市長というもう1つの役職に，より多くの時間を割くことができた。シェル・トランスポート・ロイヤル・ダッチ石油会社が設立された。ロスチャイルド家はアジアにおける流通ビジネスの合同を望んだ。そして，この「ブリティッシュ・ダッチ社」は1902年6月にアジア石油会社に取って代わられた。

デターディングにとって，シェル社との結びつきはマーケティング経路とより安定した価格を得ることであった。しかし，彼は賢明にも，グローバル企業の構築において，英国の帝国主義上・外交上および貿易上の力がもつ優位性を認識した。彼は，ロイヤル・ダッチ社にとってオランダはあまりにも小さすぎると見抜いた。しかし彼は，外見的には国家主義あるいは愛国主義について発言したり行動したりしていた。そして本当は彼は，国際貿易の様々な策略によって得られる莫大な利益を主たる動機としていた。実際，彼はロンドンに住むことの商業上の価値を認識しており，英国流地主階級の習慣を受け入れていた。ロイヤル・ダッチ・シェル社（RDS）の本社は国際的な性格を有し，ロンドンの事務所にはドイツ人管理者や会計士が配属されていたことが特筆に値する。

シェル社の財務状況が悪化するにつれて，デターディングはオランダ人の支配力にとって代わることができた。1907年に，彼はロイヤル・ダッチとシェルを持株会社に変え，ロイヤル・ダッチが60%，シェルが40%を所有した。これらの企業は法的には独立していたが，オランダ支配の会社を，英国企業として，あるいは少なくともかなりの部分，英国企業に見せることができた。当時呼ばれていたように，このグループは以下の主要な3つの事業会社を有していた。つまり，バターフセ石油連合（BPM）はハーグの本社から生産と精製を監督した。一方，アングロ＝サクソン石油会社（輸送）と，アジア石油会社（これには，ロスチャイルド家が引き続き関与していた）は，大英帝国の首都に拠点を構えていた（Beaton, 1957; Garretson, 1958; Jones, 1981）。

スタンダード石油会社は米国においては強引にほぼ独占を獲得し，本音のところでは国際的な取引におけるパートナーシップの支配を望んでいた。しかし，バトゥーミがヨーロッパやスエズに近いので，スタンダード石油会社は若干不利な立場にあった。1つの戦略的な解決策はアジアに石油の供給源を見つけることであった。そして，同社は1897年以後，ロイヤル・ダッチ石油会社との取引を考えていた。しかし，この米国の会社は，ビルマと同様にオランダ領東インド諸島においては阻害されたままであった（Reed, 1958; Wilkins, 1970; Jones, 1981）。1904年に，同社はルーマニアに1つの会社を所有し，今や商業ベースにのる石油量を生産していた。そして，ダッチ・シェル社とドイツ銀行が他の2つの主要な投資家であった。ドイツ銀行の子会社であるステアウア・ロマーナ社はパリバの支援を受けて買収したものであったが，1903年以後同社の製品をヨーロッパにおいて販売する契約をシェル社と結んだ。

しかし，西ヨーロッパ市場における価格競争は，激しいものであった。1906年に，ロスチャイルド家，ノーベル家，そしてドイツ銀行はヨーロッパ石油同盟（EPU）と呼ばれるカルテルを結成した。そして，この同盟は後にタンカー輸送やクレオソートにまで拡大した。英国においては，フレッド・レーンがブリティッシュ・ペトロリアム社（BP）の設立について交渉した。BPはコンソリデイテッド石油会社（ロスチャイル家とノーベル家）とゼネラル石油（ドイツ銀行とシェル），ホームライト石油会社（ロシアの独立系生産者）の灯油ブランドを統一した。1911年には大きな動きがあり，ダッチ・シェル社がロシアにおけるロスチャイルドの事業を買収した。ダッチ・シェル社は，この事業を自ら所有する株式によって購入したので，その結果ロスチャイルド家はダッチ・シェル社の大株主となった。これらの2社——シェル・グループとスタンダード社——は，世界の石油産業を支配するようになっていたのである。

しかしながら，セオドア・ルーズベルト大統領によって始められた反トラストの措置は，1911年，スタンダード石油会社を解体させ，それによって現代の米国およびグローバルな石油産業が形成された。スタンダード・オイル・オブ・ニュージャージー社（後のエッソ社，次にエクソン社）は，もともとの事業のより大きな部分を占めていた。そして，他にはスタンダード・オイル・オブ・ニューヨーク社（モービル），スタンダード・オイル・オブ・カリフォルニア社（シェブロン），およびスタンダード・オイル・オブ・インディアナ社（アモコ）があった。スタンダード（ニュージャージー）石油は，ルーマニアやカナダの油田，ルーマニア，カナダ，そして西ヨーロッパおよびラテンアメリカの製油所を含む在外資産の最も大きな部分を受け継いだ。スタンダード（ニューヨーク）石油は東アジアの流通業務の支配権を得た。これらの企業とならんで，テキサス社（後にテキサコに名称変更した）があった。テキサス社は，1913年までにはヨーロッパ，ラテンアメリカ，そしてアジアにおいて販売業務を開発していた。

デターディングの根深い協調選好にもかかわらず，ニュージャージー・スタンダード社とシェル社は互いの裏庭を侵略した。スタンダード石油は1912年までにオランダの子会社を設立し，南部スマトラを探査しようとし，翌年，RDSはカリフォルニア州とオクラホマ州の資産を買収した（Wilkins, 1970; Jones, 1981）。同社はまた，カナダ市場にも参入した。1898年にインペリアル石油を買収していたスタンダード石油は，同国で強力な商業企業として確立していた。同社は，カナダを自らの米国業務の延長と見做しており，インペリアル社の製油所を閉鎖し，そのニューヨークの本社からマーケティングを管理していた。スタンダード・オイル・オブ・ニュージャージー社は，継承企業として支配権をトロントに返還し，インペリアル社を使って米国の反トラスト当局の目の届かない南米地域を開拓した（Taylor and Baskerville, 1994）。中国では，1914年までには現地商人のネットワークを独自の流通組織に取って代えていた（Cochran, 2000; Sluyterman et al., 2007; Tarbell, 2009）。

石油外交

1913年にシェル社によって買収された会社の１つに，カリフォルニア油田有限会社があった。同社は，1901年に英国の貿易業者であるバルフォア・ウィリアムソン社によって設立され，米国西海岸最大の生産者として台頭していた。同社は，アジアにおいてみられた発展形態を取った。すなわちアジアでは貿易会社が最初のシェル社（マーカス・サミュエル社）およびビルマ社（フィンレー＝フレミング商会）の形成要素であった。バルフォア・ウィリアムソン社は，1901年からペルーに事業を有し，1908年にロビトス石油会社を設立した。ジャーディン・マセソンは，1889年創設の別のペルーに基盤をおく企業ロンドン・アンド・パシフィック石油会社への主要な出資者であったが，ジャージー・スタンダード社へ1913年に売却した（Jones, 1981）。他方，S. ピアソン＆サン社は，国際的な建設技術者で構成される有名な企業であった。同社は，ロンドンのテムズ川の下を通るトンネルの１つを作り，また，ニューヨークとロングアイランドを結ぶトンネルも建設した。すでにみたように，同社はメキシコの鉄道を所有し，メキシコ・シティの開発において大きな役割を果たした。ウィートマン・ピアソン社はメキシコの独裁者ポルフィリオ・ディアスに対する影響力を使って，1902年に掘削を開始した。彼は，1910年に，自らの事業をメキシコ石油会社（メキシカン・イーグル社）として登記することは政治問題になるであろうと考えたが，過半数つまり支配可能な所有権を維持した。

1910年からの油田の大発見は，すぐにメキシコを世界第３位の産油国に変え，ピアソンがカウドレー男爵の称号を得ることを正当化した。イーグル社の最大の競争相手は，ジャージー・スタンダード社と密接な関係を有していた輸入業者のウォルターズ＝ピアス石油会社であった。革命によって，ディアスはフランシスコ・マデロにとって代わられた。マデロは米国大統領ウッドロー・ウィルソンの支援を受けた。マデロはヴィクトリアーノ・ウエルタの手にかかって殺された。そして，英国政府はウエルタを承認した。ウィルソンは，ウエルタにピアソンの影響を見てとったが，これは誤りであった。そして，米国政府はメキシカン・イーグル社の商業活動がラテンアメリカの残りの地域に及ぶのを阻止するために，かなり大きな外交的影響力を使った（Spender, 1930; Jones, 1981; Meyer, 1977; Williamson, 1992）。

戦略的な石油供給について憂慮していたにもかかわらず，英国政府は国際交易と外交が関係を持つことを直感的に避けようとした。しかし，同政府は自らが次第に中東に巻き込まれていることに気づいた。1900年に，ペルシア政府の１人の代表者が英国の企業家であるウィリアム・ノックス・ダーシーに近づき，石油の採掘権を購入させようとした。シャーは，自らの浪費的な生活様式を続ける必要があった。ダーシーは，英国に帰国する前にオーストラリアの金鉱で財産を築いており，新たな機会を探していた。しかしながら，ペルシアは多くの問題を抱えていた。その地域の多くはインフラや交通手段を欠き，中央政府の権限は必ずしも認められていなかった。ペルシアは拡大していたロシア帝国と英国領インド帝国との間の緩衝地帯となっていた。そして，両国の権力争いと競争的な経済外交は，同国を次第に無防備にしていった。ロシアは，ペルシア湾における海軍や海運の基地に関心を寄せていた。英国政府は，こうした状況をインドやスエズに対するけっして受け入れられない脅威であるとみなしていた。帝政ロシアはペルシアの最も重要な貿易相手であったが，英国政府は石油採掘権を得ることによって，ペルシアを次第に自分たちの勢力範囲に引き込めると期待していた。

そのプロジェクトの実践的・商業的に困難な問題がはっきりしているにもかかわらず，ダーシーは愛国主義的な使命感や，英国政府の後ろ盾や，言うまでもない大きな利益の魅力によって駆り立てられつづけた。1901年5月に，彼は同国の石油生産の約75%超を60年間にわたって取り扱う権利を購入した。彼はロシアを刺激しないように，北部の地域を除外していた。ロシアは，すぐにバクーからペルシア湾への石油パイプラインを設置する権利を要求したが，成功しなかった。あまり歓迎されない土地柄，風土，そして地元の種族は，ペルシア北西部のチア・スルクでの開発を阻害した。そして，すべての重機は，バスラからロバによってチグリス川や山岳地帯を経由して運搬されなければならなかった。この危険で投機的な事業は，1903年までに20万ポンドの費用を費やした。ダーシーは公的な接触も行った。つまり，彼のコンサルタントで，世界の石油産業に影響力を持っていた人物であるトーマス・ボバートン・レッドウッドは，英国海軍本部燃料石油委員会に席を占めていた。さらに，ボヘミアの高級保養地でダーシーは艦隊の改革者であったジャック・フィッシャー提督に会った。フィッシャーは，英国海軍の燃料の石油への切り替えを支持した（さらに彼は，間もなく英国海軍本部の委員会の委員長になった）。したがって彼は，貸付を得るために海軍本部に接近することができた。英国海軍と外務省はこのプロジェクトは国益にかなうとみたが，大蔵省は拒否した。

もう1つの油井が生産を始めた時，ダーシーは，葉巻の輸入商でホテル・レストラン業者でもあるジョセフ・ライアンズ社に投資をするように働きかけ，さらに少し愛国心に欠けていたかもしれないが，スタンダード石油やパリのロスチャイルド家に対しても働きかけた。彼らもまた用心深かった。結局海軍本部は，百万長者のストラスコナ卿によって主導され，帝国主義的なものの見方に大きく影響されていたシンジケートに資金援助をするよう説得した。レッドウッドは，彼の行なった多くのコンサルタント業務の中で，その専門知識をビルマ石油会社に提供していた。ビルマ石油は1904年に，英国が支配している唯一の確かな供給源から燃料油を供給することができるという理由により，仮契約を海軍本部と結ぶことができた。他方，インド国外では，ビルマ石油は，シェルの下流部門の支援が必要であった。ビルマ石油は1905年に，自らの供給を確実に行うためにシェルと流通取引についての契約に署名した。さらにビルマ石油は，年を追うごとにビルマ国外での油田を必要とした。フィンレー・フレミング社――ビルマ石油の所有者――は，政府がペルシアを保護国とみなすかどうかを知りたがった。ひとたび確信すると，同社はダーシーのペルシア事業を買収し，1905年にコンセッションズ・シンジケート社を設立した。

採掘はマスジェデ・ソレイマーンへと南下した。そこでは，地域の支配者たちが再び問題を起こした。そして，1906年7月にシャーが退位させられたとき，新しいイランの国民議会は石油採掘の条件を疑問視した。対応として，同社の施設を守るために英国政府はインド人部隊のわずかな一団を派遣した。ペルシアにおける困難は厳しくなったようにみえたが，世界情勢は落ち着いた。革命と日本に敗北したことにより，ロシアは弱体化していた。しかし，英国にとっての不安は，オスマン帝国内におけるドイツの影響力が増大したことであった。1907年の英露協商は，1908年5月にペルシア，チベット，そしてアフガニスタンにおける影響力の範囲を確定した。1909年に，アングロ＝ペルシア石油会社（APOC）がグラスゴー証券取引所に，フリースタンディング企業として再上場されたとき，株主たちは熱狂した。

パイプラインによって石油は，ペルシア湾のアバダンに運ばれた。そこでの新しい製油所を操業するために，インド人労働者がラングーンから移動させられた。1910年には，APOCは約2,500人を雇用していた。英国の海軍本部は，ペルシアで石油が湧出していることを戦略的な資産と見做したが，主要艦隊の燃料を石炭から石油へと切り替えるという重要な決定は躊躇し続けた。1911年のアガディール事件――フランスがモロッコを保護国にした代償として，ドイツは地中海の同港を併合すると脅した――は，海軍大臣としてのチャーチルを奮起させた。艦隊の燃料を切り替える必要性を受け入れたにもかかわらず，英国政府は燃料供給問題を解決してはいなかった。そして，1912年までに，APOCは運転資金を使い果たしていた。同社は，政府の資金と契約を得るために，シェル社による買収の脅威を利用しようとした。その間にメソポタミアを開発するためのトルコ石油会社（TPC）の形成は，ドイツがこの新会社を支援したこととあいまって，APOCの愛国主義的な動機を強化したようにみえる。TPCを資金援助した企業には，英国系のトルコ・ナショナル銀行，ドイツ銀行，シェル・グループがあった。

1912年に，APOCがシェルのアジア石油会社と必要な販売契約に署名した時，同社は燃料油を除外した。APOCの社長は，かつてはボンベイで貿易業を営んだ経験もあり，ビルマ石油の腕ききの経営者であったチャールズ・グリーンウェイであった。彼は引き続き，オランダ企業としてのシェルはドイツの圧力に動かされやすいと主張し，サミュエルがユダヤ人であることを強調した。オランダは戦略的には疑われたままだった。しかし，ビルマ石油すなわちAPOCは，英国の防衛上のニーズをすべて充たすことはできなかった。シェルとは距離をおく一方で，英国海軍は，アングロ＝アメリカン社とルーマニアにあるロマーノ＝アメリカーナ社というジャージー・スタンダード社の2つの子会社から6年間にわたって燃料油を購入し続けていた。必要に迫られて，英国海軍はドイツのドイツ銀行，パリのロスチャイルド家，そしてロシア＝スウェーデン・ノーベルズ社に共同所有されていたブリティッシュ・ペトロリアム社（BP）とも取引した。BPは，ドイツ銀行に完全に支配されていたステアウア・ロマーナ社によって生産された石油を販売した。

マーカス・サミュエルは，自国の政府に国際的な外交上の支援に対する見返りとして燃料契約を提案した。海軍本部はすぐには契約をしなかったが，1913年にメキシカン・イーグル社と契約を結んだ。それは，同社のウィートマン・ピアソンとの関係を友好的なものと見做したからであった。最終的には，1914年に英国議会は，APOCの51％の所有権をもつことに同意して，取締役を指名する権利を獲得した。議会での審議の中で，チャーチルは，政府が同社の経営に介入すべきだという自らの主張を強めるために，巨大企業シェルは外国企業であると攻撃した。マーカス・サミュエルは議員であった弟のサミュエル・サミュエルと同じく激怒した。デターディングは，如才のない皮肉な言葉を好んだ。英国の外務省はさらに，TPCと1つの協定を結んだ。そして，その協定によってAPOCは，シェルおよびドイツ銀行と並んでTPCの最大の株主となった。デターディングは，燃料油政策の責任者であるフィッシャー提督を通じて，シェルのタンカーは交戦中は英国に石油を供給することになると伝え，ドイツの影響力から同グループは自由であると表明し，説得した（Jones, 1981; Ferrier, 1982; Sluyterman et al., 2007; Tarbell, 2009）。

多国籍企業：1870年から1914年まで

超国家史の観点は，19世紀の世界，より正確には1870～1914年における世界を理解する上で，多くのものを与えてくれる。場合によっては，説明対象として国民国家を分析の中心に据える歴史研究は，国民国家を人間社会を組織するための自然な構造として受け入れてきた。最悪の場合には，歴史研究は国民国家の発展のストーリーを，独立国家としての意識を正当化したり育てたり，あるいは国の誇りや業績についての感情を高揚させるために，利用してきた（公立学校のために政府によって作り上げられた歴史の履修課程は，このことをあまりにも無批判に受け入れてきた）。この時期の歴史が示しているのは，ヨーロッパにおいて，米国，カナダ，ロシア帝国の拡大において，ラテンアメリカの全域で，アジア全般で，そして最終的にはアフリカの征服でみられたように，それぞれの国家の構成や性格と同じように，国家の境界に，劇的な変化が生じたということである。もしこの時期の出来事について説明を求めるなら，外部の様々な勢力が与えた影響は明白である。超国家史は，ある特定の国家に焦点を当てる既存の手法に代えることはできないが，その解釈は拡大されるべきであると求めることはできる。

19世紀の超国家史の１つのダイナミックな構成要素は，国際経済の急速な成長である。貿易の進展は，世界中で生産，消費，そして生活水準に影響を与えたが，最も明白なことは工業国に対して大きな影響をもたらしたことである。多国籍企業は，国境を越えたビジネスの相互作用に特別な要素を追加した。なぜなら，多国籍企業は進出先における所有や，場合によっては，マネジメント，人事，技術，そして資産の支配さえも要求したからである。多国籍企業は，企業が，事業の手法，法的な制度，そして政治的な志向について，潜在的にまったく異なった事柄が予測がされる進出先国経済の中で事業活動をすることを要求していた。

驚くべきことではないが，企業が海外で資産を取得すると，企業は自らの財産権を守り，自らの投資に対するリスクを最小化しようとした。多国籍企業がそのように振る舞った新しい国際環境——帝国主義の時代——は，受入国の主権が脅かされたり喪失したりすることが含まれていたが，多国籍企業には解決策がいくつか与えられた。課題が多くなったにもかかわらず，1950年代半ばまでは設定された枠組みが存続し，その影響はかつて植民地化されていた国々の貿易・投資政策において存続した。多くの人々と同じように，我々は1870年～1914年の間に，貿易，多国籍企業，金融，そして植民地化の間には強い結びつきがあった，と結論づけることができる。しかし，実際には，多国籍企業の戦略にとっての，あるいは多国籍企業への対応のための帝国主義の影響は，はるかに長く続いたのである。過去の遺産は，なぜビジネス研究が国境を越えたものであるとともに歴史的なものであるべきなのか，１つの明確な理由を提示している。

古代から軍事的征服は諸国民の間の関係を決定づけてきていたし，しばしば負けた側の強制労働などの経済的な搾取を含んでいた。それにもかかわらず，より強固な帝国は，時間の経過とともに，暴力から守られることとならんで政治的安定性，法律や行政の制度，そして通商路の発展をもたらしたと思われる。ヨーロッパの商人や冒険家が主導した貿易の拡大と軍事力による征服との混合したものが，15世紀以後グローバルな変革をもたらした。南米においては，征服者たちは希少金属を求めてやってきたし，大西洋を跨いだ鉱物資源および天然資源の流れは，スペインやポルトガルの経済を押し上げた。自らの政府から得た特許状に基づいて活動し，自らの軍隊を持つ法人化された企業は，沿岸の交易市場の建設によって始まり，英国の東インド会社の場合のように，ついに統治者にまでなった。重商主義と奴隷は，18世紀までに行きわたった国際政治経済の一対をなす特徴であった。ヨーロッパ諸国の台頭と資源を求めるための低開発地域の搾取は，グローバルな力関係における変化をもたらした。もっとも，インドの場合は，軍事力は間違いなくヨーロッパと同じかそれ以上に進歩していた地域の征服をもたらしたといえる。

その結果，何が19世紀に出現した国際システムを，それまでのものと異なるものにしたのであろうか。この時期には，——ときに考えられているよりも明らかにゆっくりとではあったが——，多国籍企業の出現が重商主義時代の特許会社にとって代わった。これらの独立した多国籍企業は，1820年以降，もっと明確には1840年以降，輸出入において前代未聞の活況をもたらした。独占権を与えられることなく，多国籍企業はマネジメント，技術，金融，国際的なロジスティクス，および市場接近において競争力を発展させた。そして，多国籍企業は，いかなる場所においても，いかなる事業分野においても活動できる自由を有していた。多国籍企業は，鉱業，プランテーション，港湾，鉄道，路面電車，下水道や電気に投資した。多国籍企業は，世界経済の統合と拡大のための基盤を設定した。多くの新興市場は，今日でさえ，グローバル経済Iの時代の多国籍企業によって構築されたインフラに依存し続けている。

さらに，われわれは1914年以前の時期において，あらゆる形態の多国籍企業——サービス，天然資源，金融，そして製造における——の出現をみることができる。それらが機能する仕組みは，世界経済における異なった部門の役割，そして企業が活動を行なう環境と同じように深化する一方で，いろいろな形態の多国籍企業は，その後何世代にもわたって馴染み深いものになったのである。資金，マネジメント，技術の移転と同じように，多国籍企業は競争市場から成る資本主義制度を促進した。もっとも，すでにみたように，政府や世界規模の組織の政策や企業間の結びつきや共謀の現実は，経済理論の諸原則に反するものであった。

競争市場のもたらした「創造的破壊」の功罪は，明確である。

FDIは主にヨーロッパから生じ，大部分は政治的に独立していたラテンアメリカと次第に植民地化されたアジアに向かった。後にヨーロッパ列強によって分割されたアフリカは，世界的な規模でみればFDIのわずかな部分しか受け入れていない。しかし，投資はアフリカ大陸に大きな影響を与えることになった。多くの場合に，貿易および投資の要請によって植民地化が促進され，1870年以後は帝国主義の要因が勢いを増した。多国籍企業の組織は，しばしば生産者，荷主，買い手，供給業者，そして共同出資者のネットワークに基づいており，貿易に関連した性質を持つFDIや先進国と一次産品国との間の国際分業を反映していた。帝国による保証は，きわめてリスクの高い場所を含む海外で全面的に活動する企業のために，金融および所有権の制度を支えた。貿易および鉱業会社の規模が拡大するにつれて，これらの企業は自らの「本国」経済での資金調達や，海外資産の国境を越えた調整を支えることができた組織集権化の例を生み出した。

1914年までには，米国以外の世界の資源の生産・マーケティングは，多国籍企業によって管理されるようになっていた。天然資源がどこに存在したかが，貿易，鉱業，そしてプランテーションの場所を決定した。一方で，公益事業，建設，土木での投資は市場追求であり，それはしばしば輸出産業によって生み出された発展や都市化の場所と結びついていた。大量生産および複数工場企業の出現はまた，その企業独自の技術，製品，マネジメント・スキルの移転を含む，工業化された受入国で市場を追い求めた製造業FDIの初期の事例（1920年代により強くなり重要となる傾向の初期の兆候）へとつながった。全般的に，それらの企業の戦略は生産と流通の国境を越えた調整から利益を得るというよりも，輸出に取って代わるものであり，親会社のミニ版として受入国市場で活動する子会社を有していた。全体的な製造業FDIの流れと資産は，一次産品，銀行業，サービス業における資源追求および貿易関連の投資よりも小規模のままであった。多国籍企業化した産業企業は，国際的に移転される能力や技術の明確な例を示している。そして，この時期には，通常，これらの企業は既に工業化された国々に投資することによってこれを行ったのである。

それにもかかわらず，貿易を行ったり，自然界から産物を採取する多数の多国籍企業によってなされた海運，港湾，鉄道，路面電車，電気への投資によって，また鉱業，石油，プランテーション，インフラ，加工・製造業への投資によって様々な能力やマネジメントがラテンアメリカ，アジア，アフリカに移転されたことが見て取れる。これらの企業は国際的な貿易，金融，そして天然資源の入手の性格を変えた。その結果，1914年までには世界経済は複雑な相互依存システムへと進化していた。国際的な投資の範囲は，1990年代以前のどの時期におけるよりもグローバルなものになっていた。

19世紀という視点から見てみると，今日の既存のFDI理論には，3つの要素が欠如している。第1に，この時期の多国籍企業の性格は，1つの組織階層のなかで重要な能力と資源を国際的に支配・調整するために多国籍企業は存在した，という考えを否定している。それはより緩やかなネットワーク構造が歴史的には十分に実用的で非常に効率的であったことを明らかにしている（後にみるように，それは1990年以降の国際経済において繰り返されているアプローチである）。第2に，FDI理論は途上国市場におけるリスクの計算を軽視している。リスクは，政治的な不安定，脆弱な法的保護，マクロ経済的な不安定さ，贈収賄や汚職，社会不安や暴動から生じる危険を含んでいる。現地の事業上の共同経営者は安全性を高める手助けをしてくれ，ラテンアメリカの多くでみられたように，地元の支配階級に影響力を及ぼし，第1次大戦前の時期には，保護を獲得し，あるいは買っていた（しかし，それ以後の時期には次第にそうではなくなった）。1914年以後の国際政治の変動は，1950年代まで続く後退へと多国籍企業を導いた，というのが一般的である。戦間期についてのわれわれの見解（第3章参照）は，このような叙述の正確さに疑問を投げかけ，とくに製造業投資における傾向について考察を加える。

第3に，FDI理論は，政府の重要性あるいは国家間の関係，あるいはその支配的な傾向（つまり国際政治経済）を適切に評価していない。FDI理論は，企業の内部の動きや能力を強調することによって発展し，後知恵としてより幅広い文脈を追加した。多くの要因が，多国籍企業とその受入先の経済圏との間の経済的な関係と権力関係を決定しうる。多国籍企業が自由にできる金融，マネジメント，技術や市場へのアクセスにおける資源や能力の規模がどれだけ大きいか，そして受入国がどの程度これらの資源や能力を必要としているのか，あるいはどの程度それらから支配エリートたちが利益を得る可能性があるか，という要因がある。受入国の制度的な脆弱性や規模の小ささは，多国籍企業の交渉力を増大させうる。第三者である母国政府もまた関与し得るだろう。

1870年から1914年にかけての高度な帝国主義の時代は，ヨーロッパの政府が多国籍企業と貿易業者の財産や利権を守るため，植民地化を行った事例を次々に示した。そうすることによって，ヨーロッパの政府は，投資家のリスクについての考え方を変えた。彼らは自由貿易は相互に利益をもたらすという支配的理念を唱えて植民地化を進め，そこでは，外国企業は現地の企業と同じ扱いを受けるべきであるとされた。しかし，帝国主義は通商関係や商取引の流れを偏重し，実際には支配権力から企業に対して，独占的地位ではないとしても優利な地位が与えられた。約50年後の冷戦時代における西側諸国とソ連の間のイデオロギー論争は，特定の第三世界への軍事的・外交的介入の主な理由となった。多国籍企業の投資の防衛は二次的な理由とされ，逆説的に，民主主義のためのグローバルな戦いは，抑圧的つまり専制的な体制を支援することを必要とした（第4章）。

19世紀の歴史が示しているのは，多国籍企業は，その中で働いている国際的シナリオへの受動的対応者ではなく，それを形づくるものであったということである。多国籍企業の活動は海外における政治的，社会的，経済的不安定の1つの原因であったし，多国籍企業は時として自らの帝国主義的政府を不承不承であったとは言え，彼らの支配や責任の拡大へと引き込んだ。軍事的な行動や介入は，継続的で増大するリスクに対する1つの解決策を与えた。変化は東南アジア――ビルマ，マラヤ，ボルネオ，オランダ領東インド諸島，ドイツ領ニューギニア――全体にわたって，このような事例を提供した。帝国主義の競争で敗北しつつあると感じていたフランスは，インドシナの支配にさらに熱心に乗り出した。アフリカの分割においては，各国政府は地域の支配をめぐる危険な衝突を解決したいと思った。ベルギーの国王は，コンゴを力ずくで強奪しうる場所と見なした。もっとも，その「見返り」は悪評高い搾取の例とされたことに見合うような高い期待に沿うものではなかった。商業上の利権あるいは実体のない商業上の利権に対する要求が，英国やドイツの政府を東アフリカに導いた。そうした不承不承の決定に実体を与えるために，英国とドイツの政府は時代錯誤の特許会社を復活させた。新たな特許会社の独占権は，商業上の成功を生み出すことに失敗した。そして，新たな特許会社が統治責任を果たすことができなかったとき，その領土は帝国主義の権力の手に公式に渡った。

シャムのように植民地化が生じなかったところでは，軍事的・外交的圧力により外国企業を保護する通商条約が必ず確保された。中国は治外法権の最も顕著な例である。これによって主権は損われ，同国の政治がより近代的な時代に移行するのを遅らせた。1899年以降，もっと妥当するのは1905年以降であるが，日本は貿易政策や商法に対する外国支配を弱めたアジアで唯一の国であるが，自ら植民地を求め外国の経済的利益を制限し続けた。ラテンアメリカでは，勝ち取ることができた土地の使用権や鉱物資源の採掘権の条件は，外国の多国籍企業や政府が現地のエリートに与えた影響力によって得られたものであった。後の世代の政府は，これらの特権の条件や権利に挑戦することになる。ペルーにおいては，英国の利権は米国の利権にとって代わられた。後には砲艦外交の例がみられた。そして，中米では，米国がその後につづく介入を始めた。外交的な圧力が機能しないところでは，米国の海軍や海兵隊の行動が地域の安定を確保し，多国籍企業の財産を保護した。ホンジュラスやグアテマラの歴史を理解するためには，それらの経済を支配していた多国籍企業（ユナイテッド・フルーツ社）についての説明なしでは不可能である。政府が多国籍企業の資産を接収したという記録の残っている事例はない（もっとも，戦間期において，また1960年以後は，次第に頻繁に生じた事例をみることができるが）。

換言すれば，アジアやアフリカにおいては政治的帝国主義に基づいて，またラテンアメリカにおいては経済的帝国主義に基づいて作られた国際政治経済において，国際的な投資のリスクは最小化された。多国籍企業は19世紀後半の国際関係史に影響を与えた中心的存在であったが，また一連の出来事によって大きな影響を受けた。多国籍企業は帝国主義を十分に説明することはできないし，帝国主義は多国籍企業，つまり国際ビジネスの発展を説明できないが，国際ビジネスの発展と植民地の拡大は並行して生じたもので，偶然に生じたものではない。石油の外部からの供給を必要としたすべての国にとって，また資源を有する領土を所有している国にとっても，国際的な出来事は，ビジネスと政府の切り離せないつながりを明るみに出した。1914年の夏にヨーロッパの複数の中心都市で生じた明らかな誤算は，第1次大戦のための複雑な原因を示すが，世界の市場や国際的な投資を巡る競争は，大国間の対立を著しく強めたのである。

多国籍企業の様々な欲求は，まぎれもなく中米における米国の対外政策，アジアやアフリカにおけるヨーロッパ列強の対外政策を複雑にした。しかし，すでに強調したように，国家に対する多国籍企業の影響は，時と場所によって様々であった。英国および米国は，FDIにとって最も重要な舞台であった。しかし，これらの大規模な先進国経済その他への対内投資の経済的影響は，実際にはそれほど目立ったものではなかった。同様に，米国の銀行業，保険業，そして土地所有における外国の関与について限定的な制限があったにもかかわらず，この時期には米国，英国，ドイツ，そしてフランスの政治に対して認識できる大きな影響はなかった。ロシアや日本にとっては，対内FDI投資は技術上・経営上の知識を移転するための仕組みとして好ましいものであった。そして，それらの国の政府は外資系企業に自国民が関与するように圧力を加えた。係争になったり取り消されたりした事業許可の事例はいくつかあったとはいえ，グローバル経済Iにおいて，多国籍企業の財産が接収された記録の残っている事例はないようである。ラテンアメリカは，投資家にとって政治的に複雑な舞台であった。しかし，この時期には，支配エリートは自由な交易を好み，それによって利益を得た。1914年以後，第1次大戦やロシア革命は，多国籍企業の子会社の接収の最初の事例をいくつかもたらした。大戦間の国際政治において，多国籍企業と帝国主義の問題はアジアやアフリカにおいて深く関わり続けた。変化したのは，ラテンアメリカにおける多国籍企業と政府との関係であり，それはますます大きな問題となった。というのは，経済を工業化し発展させようとするより大きな力が，外国の投資家に対して影響力を発揮するようになったからである。そして，1930年代までには，先進国および途上国の双方の側で，国家主権よりも国際交易を優先するという考えを受け入れる傾向は弱くなっていった。

第3章

後戻りか：1914〜1948年

第1次グローバル経済の終焉か

1914年以前は，ヨーロッパは世界貿易や多国籍ビジネスにとって安全な中心地のように思えた。しかしながら，その時期以後，グローバルな力は明らかに移動した。2つの世界大戦の中で，ヨーロッパは平和と高まる繁栄の時代に取り残され，自ら消耗戦へと戦いを進めた。19世紀によくみられたヨーロッパにおける戦いは比較的短かく，実際，1871年以後はどのヨーロッパ列強も互いに戦う理由を見いだせなかった。1880年代以後，競合する国々は領土紛争を外交的に解決することによってアフリカを植民地化した。つまり，帝国主義による利益は，ヨーロッパでの大きな紛争のコストよりもはるかに大きなものであった。アジアでは，英国，フランス，ロシア，ドイツ，米国，日本の政府が中国の港湾の支配を巡る紛争を解決した。一方，英国，フランス，オランダは，植民地化されつつある人々に対する軍事行動を保持することによって，東南アジアの土地や資源を次第に分割した。チベット，アフガニスタン，ペルシアはすべて一触即発の地域であったが，ロシアと英国はどちらも相手を戦争に引き込まなかった。それとはまったく対照的に，1907年の条約はそれらの国々の帝国主義的な競合の画期的な打開策となり，とくにペルシアに関する協定は，かの地における英国の石油利権を確保し，同国のインドへの貿易ルートを保証するものであった。

他方，ロシアは1904〜1905年に，経済的かつ軍事的に台頭してきた日本と戦い，その決定的な敗北によって，南満州の通商拡大の心臓ともいうべき鉄道を譲渡することになった。次に，英国・ロシアの和解は，英国，フランス，ロシアの間の3国協商の設立を促した。この同盟は，バルカン諸国のナショナリストによって不安定化したオーストリア＝ハンガリーを支援したドイツに対抗して組まれたものであった。1905年〜1911年にかけてのモロッコ，ボスニア＝ヘルツェゴビナ，そしてチュニジアをめぐる国際的な紛争は，あまり関心を引かない海外の紛争が，長期にわたる平和の時期をいかに脅威に陥れることになるかについて，初期の警告を発していた。歴史家は，第1次大戦の原因について論争を続けている。それにも関わらず大半の人々は，紛争は不可避とは言えなかったことを受け入れる一方で，2つの敵対する軍事ブロックによって分割されたヨーロッパにおける外交的な誤算の持つ危険性が，結局は証明された。1914年において，どの交戦国も，地域的な紛争を世界規模の破局へとエスカレートさせるそれぞれの戦略的・イデオロギー的な理由をもっていた。そして必然的に，すべての交戦国は，たとえその比重は異なるとしても，なにがしか責めを負うべきなのである（Clark, 2012）。

通商取引の競合関係は，国家は権力や成功をめぐる直接の競争当事者であるという認識をもたらした。自国の農業を保護するために，また本国の工業化をさらに進めるために，国家は次第に関税やその他の貿易障壁に頼るようになった。その結果，英国，オランダ，デンマークのみが，開放的かつ相互に利益を与える貿易という正当派的信念を守った。国境を超えた投資やビジネスは，しばしば開発途上地域における原材料探しに向かった。そして海外で競合する帝国主義国家は，ヨーロッパの緊張をさらに高めることになった。しかしながらその反面では，国々は商業上の責務，為替の安定の維持，支払い決済，海外投資家の法的権利の確保に対応し続けた。グローバル経済は，次第に統合化されつつあった（そして，事件が生じるにつれて，もろく傷つきやすいものとなりつつあった）。長期的な趨勢は上向きであった。すなわち，ヨーロッパおよび工業国家の間の貿易，工業製品と並んで資本のヨーロッパから世界の他の地域への流れ，その大半が工業国に向かったと思われる米国，アジア，アフリカからの一次産品の供給が増加しつつあった。生産技術，エンジニアリング，そして農業科学の改善が，人口増加，都市化の進展と生活水準の向上，そしてより優れた輸送・通信と結びついて実現したのと同じように，増加する移民，新たな土地の開発は，国際的な資本と貿易に対する需要を維持するのに役立った（Ashworth, 1964）。

1914年8月に勃発した欧州大戦は，不可避的に国境を超えた貿易や投資を阻害したり中断したりし，数十年間にわたる長期的な成長を後戻りさせた。紛争の規模が大きく長期にわたったため，交戦国は自らの経済を再構築し，資源や人材を商業的な目的から武器弾薬の生産や軍事活動の拡大へと転換せざるをえなかった。その紛争は，ヨーロッパから中東に波及した。そして，大西洋における海戦に加えて，アフリカ，アジア，太平洋におけるドイツの植民地を中心に戦闘がなされた。英国やフランスは，自らの帝国全体にわたって兵員を補充し，1917年

表 3-1　世界の生産高と輸出（1913〜50年）

（単位：10億ドル，1990年米ドル換算）

年	世界のGDP	世界の輸出	比率
1913	2,726.1	236.6	8.7
1924		253.8	
1929	3,696.2	334.4	9.0
1938		303.0	
1950	5,372.3	375.8	7.0

（出所）　Maddison（1999）.

には米国が連合国に参加することになった。それにもかかわらず，ヨーロッパはその戦争とそれによる破壊の主要な場所であった。そのため，全体的に見て，進歩したのは世界の他の地域における産業と貿易であった。第1次大戦は，戦闘員の総数や死者数からみて際立っていた。たとえ，1919年から20年にかけての忌まわしいインフルエンザの流行は，それよりもさらに多い死者数があった可能性が強いといえどもである。

それは最初の「総力」戦であり，前例のない数の軍隊の展開と並んで，政治システムや国民経済の再編成を必要とした。ヨーロッパ全土で，工場は武器弾薬の製造へと転換，さらに工業生産，海運，労働力に対する国家管理，そして最後には消費者への配給制は，社会的，政治的，そして経済的に深刻な反動をもたらした。財，人，資金の自由な流れに対する旧い信仰は，今や明らかに国家の安全保障のための要請と衝突したのである。なぜなら，貿易への依存は潜水艦による交戦，封鎖，モノ不足という事態をもたらしたからである。ヨーロッパは国際貿易の中心であり，食料や資源を輸入し，工業製品を輸出し，国境を越えた資金の供給源として機能していた。第1次大戦の終結までには，ヨーロッパは次第に大西洋の対岸からの輸入に依存するようになり，この時点でグローバル経済の生産能力を拡大するというよりも，政府の戦時負債をカバーするかたちで，米国が海外資金の主要な提供者としてヨーロッパに取って代わったのである。

戦勝国は，主要なドイツの多国籍企業の資産を永久に没収した。そして，それ自体ヨーロッパの紛争の明白な帰結であるロシア革命によって，多くの企業がその財産を失った。1920年から21年にかけての戦後不況に続いて，フランスの躊躇のない戦争の賠償請求やドイツの継続的な弱体化はすべて，グローバル経済の回復を遅らせた。しかし，回復は生じた。1924年以後の景気回復期に，世界貿易は実質で1913年に達成した総額にまで回復した（表3-1参照）。各国政府は，通常の状態，つまり開放的な貿易と固定為替レートに基づく，1914年の国際システムへの復帰に公然と関わっていた。もっとも，新興経済国は対内投資や工業化を促進するための手段として導入していた関税を守ろうと決意していた。

戦間期全体を通して，一次産品の輸出は貿易全体よりも急速に増加した。植民地の政策や貿易会社の投資は，ゴムやパーム油といった換金作物に集中し，過剰生産の状態をもたらした。価格の下落は先進国の消費者に恩恵を与えたが，一次産品の生産者や無数の国際的な貿易や海運の会社に損害を与えた。あらゆるところで，機械化，肥料，殺虫剤，そして品種改良は，農業の生産性を高めた。ヨーロッパでは，甜菜のような新しい作物を自給できるようになったが，これは南国のサトウキビ生産者に損害を与えた。小麦消費からより高価な食品への移行が見られた。採鉱技術の進歩によって，チリの銅のような低品質の鉱石への経済的な接近が可能になった。そして，石油やゴムの生産は，1920年代には急速に発展した部門となった。他方，レーヨンのような人工繊維の普及は，先進国における自給を促進した。1920年代には，すべての長期海外投資の半分は直接投資であり，その多くはゴム，コーヒー，石油，そして金属製錬に向かった。しかしながら，また鉄道，公益事業，財政への流れもあった。1930年までの英国の長期投資の半分以上は直接投資であった。そして，オーストラリア，インド，カナダ，南アフリカ，アルゼンチン，ブラジルが最大の受入国であり，総額の59%が帝国内に向けられていた（Ashworth, 1964; Kenwood and Lougheed, 1992）。

1929年以後の経済的崩壊は，19世紀の貿易原則を回復しようとするいかなる構想をも一掃した。第1次大戦とは異なり，ウォール街の大暴落は地球上のあらゆる場所で損害を与える衝撃となった。そして，衝撃の波が外に向かって拡大するにつれて，それは国民国家の安定や資本主義の存在に脅威を与えた。それは，倒産を引き起こし需要を著しく減少させた。それは，貿易の流れや国境を越えた投資を破壊した。そして，それは世界の多くの場所に，失業，収入の減少，そして貧困をもたらした。大恐慌は，日本，イタリア，ドイツといった国内に不満を抱いていた国々を，戦後の国境や領土についての決着を図ろうとする圧力となり，究極的にはそれらの国を戦争へと導いたのである。ラテンアメリカにおいては，困難と不平等が政府を急進化させ，国家が多国籍企業や外国の影響力に敵対するようになった。1930年代には，先進国も発展途上国も同様に，多くの製品やサービスについて高関税を課した。ドイツやスペインのようないくつかの国にとっては，自給自足経済は，それが捕えどころのないものであったとしても，望ましい目標となった。国民国家は自らの主権の及ぶ法的・政治的な影響力を国際企業に対して行使するようになったが，とりわけその企業の出身国を考慮してその力

表 3-2　世界の貿易に占める割合（1913〜37年）

（単位：%）

年	ヨーロッパの工業国	その他のヨーロッパ	米国・カナダ	オセアニア・南アフリカ・日本	残りの地域
1913	54.4	5.7	14.5	5.4	20.0
1928	43.1	7.9	18.8	6.9	23.3
1937	43.8	6.3	16.5	9.5	23.9

（出所）　Kenwood and Lougheed（1992）.

表 3-3　金額で見た輸出に占める一次産品の割合（1913〜37年）

（単位：%）

年	食料	農産物	鉱物	小計	製造物	合計
1913	27.0	22.7	14.0	63.7	36.3	100
1927	24.3	21.5	15.8	61.6	38.4	100
1937	23.0	21.0	19.5	63.5	36.5	100

（出所）　Foreman-Peck（1994）.

を行使し，多国籍製造企業から技術やスキルをより多く自国に得ようとした。政府は，自由貿易に与する自らの公式の立場を捨て去り，次第に自ら保護主義や輸入代替といった主義主張を取るようになった。

1929年〜1938年にかけて，世界の輸出の実質額は9.4%低下した（表3-1参照）。それは，第2次大戦後まで回復しなかった。グローバル経済の相互依存性は後退したのである。世界の生産高に占める輸出の割合は，1870年〜1913年にかけて5.0%から8.7%に増大したので，1929年の9.0%となっていることを見れば，1920年代半ばに国際経済の能力が急速に回復したことが分かる。しかし，1950年の7.0%と言う数字は，それ自体数年間にわたる回復の結果であるが，グローバル経済における国際貿易の役割に大恐慌と第2次大戦が重なって生じた未曾有の影響がどのようなものであったか，ある程度明らかにしてくれる（表2-2および表3-1）。1914年と比べて，戦間期には，ヨーロッパは世界貿易に対して自らが持っていた支配力をある程度失った。それは，一部には第1次大戦の帰結であり，一部には工業化過程の国が成功し続けることができたことによる（表3-2参照）。部門別の輸出品目の構成における変化は，同じ時期，食料から鉱物資源への移行を除くとかなり安定的であった（表3-3）。

戦間期におけるFDIに関する明確かつ比較可能なデータを確保しようとすると，1つの問題がある。現在の価値に換算して，1914年の海外資産の総額は180億ドルであった。1938年までには，その額は264億となっていた（表2-7および

表 3-4　投資国別の累積FDIの推計ストック（1938～60年）

国別	1938年		1960年	
	100万ドル	%	10億ドル	%
先進国経済	26,350	100.0	65.4	99.0
北米				
米国	7,300	27.7	31.9	48.3
カナダ	700	2.7	2.5	3.8
西欧				
英国	10,500	39.8	10.8	16.3
ドイツ	350	1.3	0.8	1.2
フランス	2,500	9.5	4.1	6.2
ベルギー，イタリア，オランダ，スウェーデンスイス	3,500	13.3	12.1	18.4
他の先進国経済				
ロシア	450	1.7	–	–
日本	750	2.8	0.5	0.8
オーストラリア			0.2	0.3
ニュージーランド	300	1.1	–	–
その他	–	–	2.5	3.8
途上国経済	–	–	0.7	1.0
合計	26,350	100.0	66.1	100.0

（出所）Dunning and Lundan（2008）.

表3-4)。戦間期の困難な経済状況にもかかわらず，多国籍企業は海外子会社を設立するいくつかの理由を見出した。これらの理由の大半は，明らかに市場獲得戦略を採用した米国企業や石油探査の急増による製造業のFDIの拡大によるものであった。工業化の目標をさらに大きくし，輸入を減少させるために，政府は関税や輸入割当を使用した。そして，多国籍企業は全面的に投資意欲を高めた（もっとも，1930年代の後半において，いくつかの国によって導入された政策は損害となる効果をもたらしたのではあるが)。英国は世界最大のFDI資産保有の地位を保ったが，1938年までには米国が英国との差を埋めようとしていた。第1次大戦の結果による接収と本国における継続的な経済的困難によって，1920年代にはドイツのFDIはほぼ消滅した。しかし，フランスは1914年から1938年にかけて世界総額のうち9～10%のシェアの維持していた。

第2次大戦まで，先進国経済および主として西欧および北米の経済は，依然として記録に残っているすべての対外FDI資産を占めていた。そして，それらの地域の優位は1960年にも依然として明白であった。1914年と同様に，FDI資産の約3分の2は，発展途上国に存在していた。したがって，多国籍企業の活動す

表 3-5　受入国／地域別の累積FDIの推計ストック（1938～60年）

国／地域	1938年		1960年	
	100万ドル	%	10億ドル	%
先進国経済	8,346	34.3	36.7	67.3
北米				
米国	1,800	7.4	7.6	13.9
カナダ	2,296	9.4	12.9	23.7
西欧	1,800	7.4	12.5	22.9
英国	700	2.9	5.0	9.2
他のヨーロッパ	400	1.6	−	−
オーストララシア・南アフリカ	1,950	8.0	3.6	6.6
日本	100	0.4	0.1	0.2
途上国経済	15,969	65.7	17.6	32.3
ラテンアメリカ	7,481	30.8	8.5	15.6
アフリカ	1,799	7.4	3.0	5.5
アジア	6,068	25	4.1	7.5
中国	1,400	5.8	−	−
インド・セイロン	1,359	5.6	1.1	2.0
南欧	−	−	0.5	0.9
中東	621	2.6	1.5	2.8
合計	24,315	100.0	54.5	100.0

（出所）　Dunning and Lundan (2008).

る場所が変わったのは，戦後期のことであった。これは，ヨーロッパ帝国主義の崩壊，製造業FDIの増加，そして冷戦時代における米国によって行われた西欧への大規模投資によって説明されうる（表2-7，表2-8，表3-4，および表3-5）。それにもかかわらず，われわれは，戦間期にFDIを行ったのは，製品，生産，技術，そしてマーケティングにおいて競争力を持つ大規模な製造業者であるという傾向を見出すことができる。これらの投資は経済的に進んだ経済から生じ，工業国あるいは工業化過程の国々に向けられた。

最初のつまずき：第1次大戦

敵国との貿易が犯罪行為となった時，主要な輸出業者は自動的に海外市場を喪失した。総力戦の時代においては，勝利は物資や労働力の大量動員に依存していた。そのために，消費や貿易の双方に対して軍需生産が優先し，結果的に広範な不当利得や価格の上昇を必然的に引き起こす需要水準の上昇を伴った。政府は輸入や船腹に対する規制を導入した。そして，工場の戦時生産への転換は「通常の」商業活動を途絶させた。ほぼ1世紀にわたる表面上はとどまるところを知らない成長の後，国際ビジネスはよろめいた。そして，国境を超えた貿易や投資ににおけるヨーロッパの指導力に対する挑戦は著しく大きくなった。

ヨーロッパの工業国は，1913年には世界貿易の54%以上を占めていたが，米国や工業化を進める国々全般に遅れをとり始めた。1928年までには，工業化したヨーロッパのシェアは，43%に減少していた（表3-2）。英国の海外投資額は1914年から1918年にかけて約15%減少した。しかし，フランスに属する投資は（とりわけロシア革命時における同国の著しい損失があって）55%も急減した。ドイツの海外資産は，その多くが接収され，1918年11月の休戦協定が締結した時には戦前のごく一部の価値しかなかった（Foreman-Peck, 1994）。ヨーロッパからの資本の流れは枯渇した。そして，戦費の支払いのために，ヨーロッパの国々は純負債国に転落したのである。というのは，米国による貸付は英国に向かい，米国と英国の貸付はヨーロッパの連合国へと供給されたからである。第1次大戦以前の海外投資とは異なり，これらの信用は貿易の可能性を拡大するものではなかったが，交戦国がその費用の高くつく軍事努力を維持することを可能にした。

経済戦争のいくつかの明確な事例がある。英国海軍は，ドイツに対する計画的な包囲網を展開した。オスマン帝国が参戦した時，同帝国はダーダネルス海峡を閉鎖し，大部分が石油，穀物，その他の重要な産品が占めるロシア貿易の約90%を停止させた。英国にとって，こうした海峡の閉鎖はスエズ運河とペルシア湾沿いのルートに沿った英国貿易にも脅威を与えるものであった。戦時の無限の需要を充たすために重要な原材料の調達先の転換は，国家間の外交関係に影響を与えた。1914年末におけるマラヤやセイロンでは，英国はゴムの商業的な輸出の禁止令を発したが，これは米国のタイヤ製造業者からの抗議を引き起こした。というのは，米国のタイヤ製造業者はゴムの供給を確保するために，いかなる製品もドイツの手には届けないと約束しなければならなかったからである。第1次大戦は，この米国の新興産業の主導企業の間に，英国が支配するゴム供給に対する深い猜疑心と，国際市場での購入に全面的に依存することは価格の上昇を意味するという懸念をもたらしたのである。1916年に，グッドイヤー社はオランダ領東インド諸島でプランテーション用地を買収することは賢明なことであると考えた（もっとも，その後7年間は生産できなかったが[1]）。米国政府にとって，ゴム資源の確保——つまり，英国以外からの——は，商業政策の目的となったのである（French, 1991）。

大戦中，リーバ・ブラザーズ社はパーム油の農園をさらに開発し，ベルギー領コンゴ製造所（HCB）は利益を生み出すよりも資本の吸収を続けた。一方，利用できる船腹不足のためにパーム油が新たに再開された工場に山積みにされたにも関わらず，供給不足や運行統制は，アフリカの西部沿岸に沿ったリーバ社の貿易企業の多くに多大な利益をもたらした。さらに3つの企業——ジョン・ウォークデン社，バサースト・トレーディング社，そしてキングズ・オブ・ブリストル社——は，リーバの貿易事業に吸収された。統合されたとはいえ，それらは地元の巨大会社であるニジェール社，ウエスト・アフリカン・アンド・イースタン・トレード・コーポレーションより小規模にとどまっていた。西アフリカの他の商人は，エルダー・デンプスター海運によるほぼ独占状態に依存しつづけていた。そして，リーバ・ブラザーズは1916年に，競争企業を創出するために船団を購入することを決定した（Wilson, 1954; Gondola, 2002[2]）。

オーストラリア，ニュージーランド，そして日本は，1914年末までに太平洋におけるドイツの属領を押収した。それらの属領の商業的価値は比較的小さかったため，主要な動機は軍事的なものであった。さらに，日本は中国の青島の居留地を引き継いだ。この居留地は，ドイツ人所有の醸造所や他の商業資産を含んでおり，戦時中全般にわたって日本が行った領土拡大によって，日本はこの地域の重要な大国としての地位を強化した。タンガニーカを例外として，アフリカにおけるドイツの植民地は，1916年までにフランス，ベルギー，英国，そして南アフリカの手にわたった。同盟国による海上封鎖と，ドイツの潜水艦による作戦は，経済戦争とその帰結をきわめてわかりやすく説明するものであった。北大西洋をわたる貿易の生命線は危険になったので，船腹は規制され，重要な原材料や食糧のために確保された。持ち船を危険にさらすこれらの海運会社のために，政府は海上保険を引き受けなければならなかった。客船に乗船した市民の死者数が増加したことが，1917年に米国が参戦した1つの主要な要因であった。そして，海上封鎖は究極的には，ドイツの戦闘能力を徐々に弱めたのである。世界の鉱物および石油資源の支配——自らの領土において，あるいはラテンアメリカ，アジア，そしてアフリカにわたって——は，最終的な連合国の勝利に不可欠な貢献をしたのである。

兵員数や必要な軍需品の規模は，未曾有のものであった。政府は，繰り返される非常事態を通して，自国の資源を動員するための管理能力を獲得しなければならなかった。そのために，政府は消費，輸送，資金，原材料，そして労働力に対して計画化と統制を課した。さらに国家は，ビジネスの運営，生産高の設定，あるいは武器弾薬の生産への転換に直接介入した。民生電気機器に対する注文が停滞した時，シーメンス&ハルスケ社は，それに代わって通信装置や軍需品に関心を向け，例えば航空機用エンジンや爆薬を製造した。同社の砲撃制御システムは，

1916年のユトランド海戦でドイツ海軍にその優れた砲撃力を与えることになり，英国海軍の2隻を撃沈するのに役立った[3]。自動車，航空機，そして戦車が非常に重要な軍事的役割を持つようになるにつれて，自動車製造業者やエンジニアリング会社は生産を切り替え，必要に応じて事業規模を拡大し，それによって生産の標準化を学習したのである。製造業者は，政府部門が奨励したり支援したりする研究を行ったが，これに自らのマネジメント技術を巧みに使ったのである。

アンドレ＝グスタフ・シトロエン社にとって，軍需は，パリに設置され1915年に完成した大規模な工場を建設するための機会となった（Galarad, 2004; Reynolds, 1997）。同様に，ジョヴァンニ・アニエリは，1917年から1919年にかけて，彼がトリノのリンゴット地区に新しい5階建の工場を建設した時に，米国から最新技術を導入した[4]。軍需は，オハイオ州アクロンのタイヤ生産の集積地としての力を再び強めた。そしてグッドイヤー社，B. F. グッドリッチ社，ファイヤストーン社は，その後の国際的な拡張を支えることになる生産や製品における競争優位を獲得したのである。他の戦時プロジェクトのなかでは，1917年からグッドイヤーは米国海軍のために飛行船を建造した。それ以後，同社は飛行船に同社の名前を書くという広告手法を加えている（French, 1991）[5]。ミシュラン社は，工場を軍用機器の製造，なかでも最も顕著なものでは航空機の製造に転換した。そして，公に愛国心を示すジェスチャーとして，同社は最初の100機をフランス政府に無料で寄付し，それ以後に生産された製品については原価で販売したのである。同社の現場は，軍の病院としての役割を果たした[6]。ドイツにおいては，ダイムラー社は，1918年3月に戦時省が同社のビジネスに直接責任を負うようになった時に自らの独立性を失ったが，同社の巧妙な収支計算と軍需品に対する過度の支払い要求によって怒りを買った（Laux, 1992）。

かつては自由貿易の英国において1915年に導入された関税制度は，戦時中にとりわけ必要とされた船腹の維持と正常な為替水準の維持を意図したものであったが，恒久的な状態となることになった。1921年に成立した産業保護法は，高分子化学製品から光学製品や発電機まで，戦略的にまた軍事的に重要と指定された工業製品に対して33.3%の保護関税を課した。これまたもともとは時限立法として，酔っ払いが軍事生産を低下させることを苦慮した政府は，1つの社会工学にもとづく法律を成立させることによって，パブの営業時間を短縮させた。50年間，リー・バレーやカーライルの軍事工場周辺に点在する酒類を提供する店を国有化することによって自由な営業を束縛したのである。改革主義者は，かつては戦後，英国，米国，その他の国々おいて定着し合法化されていたコカインやへロインの製品の国際的な販売を禁止したり制限したりする勢いを得た。米国の宗教家ロビイストは，14年間にわたる酒類の製造，販売，輸送を禁止するために戦時中の非常事態の議論を利用し，多くがカナダ南部にあった国境を超えた取引を非合法としたのである。

オーストラリアでは，紛争のトラウマと独立国家意識の高まりの双方が政治的・経済的共振を引き起こした。労働党の首相であるビリー・ヒューズは1916年の英国訪問において，また自らの閣僚メンバーが驚いたほどであったが，その大半をドイツから接収した25隻ほどの貨物船団を購入し，政府所有のコモンウエルス・シッピング・ラインを設立した[7]。港湾労働者連盟の設立者の1人として，また1人のオーストラリア人として，彼は英国の船主が自国の貿易において長い間行使してきた独占的支配に憤慨したのである（Meredith and Dyster, 1999）。米国においては，国家の安全保障の一手段として，海運会社の外国人所有を制限する法律が1916年に成立した（Jones, 2005）。

戦争の勃発時に，連合国は敵国の大西洋横断電信ケーブルを切断した。そのため，ドイツはオランダのような中立国経由での連絡に切り替えるか，成長の可能性を秘めた無線に依存しなければならなかった。1917年に，米国海軍は国際的な電信ケーブル網を手中に収め，支配し続けた。そして連邦政府は，その新しい技術は戦略的にも商業的にも重要な意味を持っていることを認識し，すべての無線の特許の所有権を獲得した。そして，同政府は無線設備の生産を陸軍，海軍，海兵隊，そして沿岸警備隊に割り当てたのである。陸軍省と海軍省は激しいロビー活動を行ったが，1918年には議会にこの国家独占を更新するように説得することができなかった。しかしながら，彼らは国内および国際的な無線産業の発展に影響を与えることができた。彼らは，米国におけるこの新技術の支配が外国の会社に渡らないように統制することを決定した。というのは，英国所有の米国マルコニー無線電信会社は，米国における最も成功していた事業者であった。同社はまた，パン・アメリカン電信会社と，ラテンアメリカにある一連の無線局を管理していた。陸軍および海軍はゼネラル・エレクトリック社に米国所有の会社設立を主導するように頼んだ。その見返りに，新会社はすべての長距離の無線通信を取り扱うことができるというものであった。次に，彼らはゼネラル・エレクトリック社やウエスティングハウス社，AT&T社，そしてユナイテッド・フルーツ社に，彼らが持っているさまざまな無線の特許を実質的にカルテルのなかで共同管理するように圧力をかけたのである。

ゼネラル・エレクトリック社は1919年に，ラジオ・コーポレーション・オブ・

アメリカ（RCA）を設立した。そして，マルコニー社は政治的現実を認識して売却した。RCAは，ナショナル・ブロードキャスティング社（NBC）の設立を含む，米国放送業界の発展のきっかけとなった。そして，同社は1929年には，日本ビクター（JVC）の主要な所有者である蓄音器メーカーのビクター蓄音機会社を買収した。1930年の司法省による反トラスト法に基づく措置によって，ゼネラル・エレクトリック社やウエスティングハウス社は，持ち分を強制的に売却させられた。しかし，再構築後，RCAはラジオや通信機器の製造業者および放送業者として存続することができた（Baker, 1988; 'Radio Comapany of America', 2010）[8]。

戦争と接収

すでに第2章でみたように，第1次大戦に至るまでの約20年間においては，ヨーロッパと米国の企業は，FDIの大半は発展途上の領土の多い南に向かって行われていたとはいえ，互いの領土にかなりの投資を有していた。いくつかの例をあげれば，これらの会社のなかには，J. & P. コーツ社，ダンロップ社，グラモフォン社，リーバ・ブラザーズ社，バイエル社，メルク社，デグサ社，AFA社，マンネスマン社，サン・ゴバン社，ソルヴェイ社，シンガー社，NCR社，インターナショナル・ハーベスター社，オーティス社，ウエスティングハウス社，アメリカン・ラジエーター社といった名前があり，これらはすべて1914年から1917年にかけて，敵性交戦国となった国々に投資を行っていた。興味深いことであるが，ダンロップの場合，1915年にドイツ企業との合弁会社の持ち分を失ったが，オランダの仲介により以前のパートナーたちと友好的に接触を保つことができた（Jones, 1986）。

敗戦国のドイツ企業にとっては，最も一般的に迫られた結末は接収と支配の喪失であり，ベルサイユ条約の条項によって海外資産を永久的に喪失することになった。ドイツ側が約70％を所有していた青島醸造所は，戦中から戦後にかけてドイツの多国籍企業が実質的に消滅したことを示す1つの小さな例であった。すでにみたように，イギリスの同盟国であった日本は，中国の膠州半島にあった青島醸造所の支配権を没収した。そして，上海に立地していたアングロ＝ジャーマン醸造会社は公式に親会社として存続したが，同社は1916年に資産を大日本麦酒に売却した（4年後，半島も醸造所も中国に譲渡されることになった）[9]。

英国では，政府がドイツ多国籍企業の子会社を接収した。それらのいくつかは，戦争努力のためには欠かせないものであった。なぜなら，BASFのような会社は軍服のために必要な染料を支配していたし，[10] ボッシュはほぼすべての自動車や航空機を始動させる磁石を供給していたからである。[11] 英国で使用されていた染料の90％ほどがドイツから輸入されており，国内で生産された10％は，ある程度はドイツ企業の関与に頼っていた。さらに，染料工場は副産物として火薬の原料を生産した。ブリティッシュ・ダイ社は，イングランドにあるハッダーズフィールドに本拠地をおくリード・ホリデイ＆サンズ社を国が買収することによって，1915年に設立された。同社は，かつては倒産の瀬戸際にあったが，ドイツ企業に対して競争的な革新レベルを維持していた数少ない会社の1つであった。170万ポンドの資本金を拠出した英国政府は主要な株主であり，研究プロジェクトに10万ポンドを貸し付けた。これによって，100人の化学者の雇用が創出された（もっとも，このうちの半数は，1918年に休戦協定が成立するのとほぼ同時に解雇されたが）。1919年にブリティシュ・ダイ社とレヴィンスタイン有限会社は合併して，ブリティッシュ・ダイスタッフ社を 設立し，英国の染料生産の75％を支配するようになった。そのため，同社は，ドイツの化学企業が開拓した規模の経済を達成し，1920年には戦前の全国生産高の8倍に相当する1万6,000トンの染料を生産したのである（Morgan Rees, 1922; Garfield, 2001; Reader, 1975）。[12]

1915年に，敵産管理局はシーメンス・ブラザーズ社とシーメンス・ダイナモ社の公式的な支配権を取得した。というのは，同社の重工業の工場とノウハウは戦争努力のために重要とみなされたからである。政策の問題として，新しい成長産業における英国の地位を強化するために，政府は接収した会社を国内の企業にのみ売却した。それにもかかわらず，戦間期にシーメンス・ブラザーズ社は，英国が家族の名前を盗んだことについてドイツ本国における怒りを抑えるために，かつては親会社であったシーメンス＆ハルスケとの協力関係を再構築することが商業的に有効であると感じていた。[13] ドイツ銀行は，膨大な資産を喪失した。英国においては，国有の事業であるアングロ＝ペルシア石油は，1915年に，大きな利益を上げ非常に儲かっていた同社の流通会社であるブリティッシュ・ペトロリアム社を取得した。そして，ドイツ銀行の子会社である独亜銀行は，インド，中国，日本にまたがる商圏を喪失した。[14] ボリビアでは，鉱業および金属流通会社であるメタルゲゼルシャフトは，同社のスズ精錬所を手放したが，それは最終的にはバルフォア・ウイリアムソン社によって買収された（Jones, 2000）。1916年8月にルーマニアが連合国側に味方して参戦した時，ドイツ銀行はもはや同社の主要な石油生産企業であるステアウア・ロマーナ社を管理できなくなっていた。しかしながら，戦後，英国その他で接収されたドイツ資産の成りゆきとは異なり，このケースではその会社を国際的な銀行連合に公式に売却することが認められた。[15] ドイツはレーヨンにおいて国際的に競争する巨大企業の本拠地であったが，これらの企業は今やすべて連合国市場から締め出されていた。そして，合同グランツシュトッフ・ファブリーケン（VGF）は，敵産管理局の媒介で，1917年初めにコートールズ社の支配下に入った。その英国企業は，戦時中にその生産高と利益を増加させた。その大部分は，1915年にヴィスコース社として再法人化された，その子会社であるアメリカン・ヴィスコース社（AVC）の業績によるものであった。この最も成功を収めた海外投資においては，不満を和らげるために企業城下町を基盤にした福祉政策や疾病手当を利用しようとしたにもかかわらず，生活費の上昇がストライキや賃金の高騰をもたらした（Coleman, 1969）。

化学会社は工業国家の戦争を推進する機構の中心的な歯車として出現した。というのは，それらの企業は爆薬や毒ガス，そして貿易封鎖の影響を解消する合成代替品を製造したからである。英国，フランス，そして米国はすべて，自国はドイツに対して技術的に劣位にあるとみなしていた。そして，政府は発展しうる国内の生産者を創出するために積極的に介入した。医薬品も連合国に同じ問題を突き付け，今やドイツの供給業者から切り離された。1917年に，米国は，参戦するやいなや，バイエルの医薬品および染料の子会社の支配権を手に入れた。[16] ジョージ・メルクはドイツの親会社であるE. メルク社の代表として米国に20年以上も住んでいたが，メルク社に占める自分の家族の持ち分を敵産管理局に譲渡する決定をした。彼の「愛国主義者的」行為は，1919年に報われた。300万ドルの起債後，メルク社は完全に民営化された。そして，ジョージ・メルクは責任者に復帰した。しかし米国でのビジネスは，ドイツにある同社の出身母体とは完全に分離したままであった。[17] メタルゲゼルシャフトのアメリカン・メタル社も同じように接収され，米国側の所有と経営に移行した（Wilkins, 2004）。

1918年から19年にかけて，米国の敵産管理局は米国バイエルの医薬品および化学製品事業の資産や特許を競売にかけ，バイエル・ブランドをスターリング・ドラッグ社に売却し，同社の所有していた合成品特許会社を，その染料の権利と共にグラッセリ化学会社に売却した。バイエルは，ベルサイユ条約での要求によって米国，英国，フランス，そしてロシアでの登録商標としての「アスピリン」と「ヘロイン」を失った。しかしながら，早くも1920年には，バイエルはスターリング社と合意に達していた。なぜなら，米国が参戦する前に，米国バイエルはラテンアメリカの商標の管理を北米事業に付け加えていたからである。そのため，ドイツからアスピリンをキューバやラテンアメリカへ輸出しようとすると，スターリング社から訴訟を提起された。これは大きな費用のかかるものであった。そこで両社は，この地域における商業的な競争はまったく意味がないと結論づけたのである。スターリング社がバイエル・ラベルの下で販売できる見返りに，バイエルはかなり大きな分け前を得た。つまり，同社はアスピリンの販売から利益の75%と，ラテンアメリカにおける他の同社の商標の製品からの対価を受け取るというものであった。しかし，1923年のバイエル社とスターリング社の親会社であるウィンスロップ・ラボラトリーズ社との間の追加協定において，米国側は米国バイエルとアスピリンの支配を維持でき，ドイツ側の科学データへのアクセス権を確保した。一方，バイエルはウィンスロップ社における50%の利益の配分を受けることになった。それには，アスピリンを除いて同社が以前所有していた特許が含まれていた。本国，つまり経験しつつあった経済的混乱とハイパーインフレーション下のドイツでは，利益がドルで国内に流入することは歓迎すべきものであった。バイエル社もスターリング社も，国際的な商標をめぐる，さらに解決不可能な法的な係争はすべて避けることに合意したのである[18]。

グラッセリ社は，米国政府によって接収された一連のバイエルの資産を購入するのとほぼ同時に，同社が優れた技術ノウハウに接近する必要があることを認識して，バイエルに協力を申し入れていた。バイエルは接収をくつがえしたり，米国において喪失した商標を回復したりする力はもっていなかったが，その提案に対して慎重であった。というのは，同社の技術的な主導権は，いまも海外市場において長期的な競争優位をもたらしていたからである。1921から22年にかけて導入された関税は，ドイツの化学製品に対して法外な輸入税を課すもので，米国の生産者の弱い立場を支援するものであった。そして，米国の立法者は，バイエル，ヘキスト，BASFが，同国での競争を排除する目的で，化学製品の原価を下回るダンピングをしていると非難した。ベルサイユ条約に設定された戦時賠償が，1923年に実行されなかった時，フランスおよびベルギーの軍隊はルール地方とその炭田を占領し，ドイツの経済的崩壊を加速化した。深刻なドイツ国内の困難は米国市場におけるバイエルの事業を復活させ，同社はグラッセリ社との交渉を開始した。彼らは，翌年50対50の合弁事業グラッセリ染料会社を設立し，米国とカナダのみでの生産に責任を持つように要求した。自らの合弁事業によって，バイエルは米国の関税障壁を打ち破り，世界で最も重要な市場への接近を確保し，そして北米および他の輸出市場における競争企業を排除した（Wilkins, 1989; Glaser-Smith, 1994; Jeffreys, 2008）[19]。

フランスにとって，同盟国であるロシアを支援する1つの方法は，そこに工場を建設することであった。ルノー社は，1914年にサンクトペテルブルクにトラックの組立てと砲弾の起爆装置の工場を建設した。そして，1916年に同社はリビンスクに自動車と航空機の部品工場を開設した。もっとも，革命による混乱によって，その工場での生産開始が実現することはなかったのではあるが[20]。それにもかかわらず，ロシアは依然として第1次大戦中に約4万台の軍用トラックを輸入する必要があった（Laux, 1992）。交戦国は武器弾薬や軍用機器に対する飽くなき需要に対応するために努力を払った。その結果，中立国出自の多国籍企業にとって商業機会が生れたのである。すでに1914年以前に英国で製造活動を行っていたスウェーデンのSKF社が経験したことは，国境を超えた急激な拡張と投資であった。同社はボールベアリング事業を行っていたので，連合国も同盟国もともに同社の製品を必要とした。そして同社は自らの市場を世界中に拡大し，国内生産に集中せざるを得なかった競争企業を犠牲にして，ヨーロッパ，北米，ラテンアメリカ，中国，日本，インド，そして南アフリカにまたがる販売網を構築することができた。1914年に設立された同社のモスクワ工場は，その後3年間に急速に拡大し，戦争から利益を得た。しかし，その工場は最終的にはボルシェビキによって国有化されてしまった。

1916年には，大西洋横断の輸送の費用と危険を避けるための1つの動きのなかで，SKFはコネチカット州ハートフォードに工場を建設し，米国の自動車産業と兵器産業に供給した。そして，2年にわたって同社はフィラデルフィアで2件の買収を行い，それらを使って，SKFインダストリーズ社を設立した。1917年に，同社はパリの近郊に工場を開設した（Fritz and Karlsson, 2007）。研究開発の著しい増加は，同社の競争力の基礎としてのイノベーション戦略を証明するものであったし，これはスウェーデンの製造業全般にみられる特徴となった商業的なアプローチであった（Lundstrum, 1986）。一方，戦時政府は電気通信を規制したため，エリクソン社は海外での拡大の余地をほとんど見出すことができなかった。そして，潜水艦その他の輸送上の困難から，スウェーデンからの輸出は中立国やロシアへのものに限られた[21]。

1914年以前では，ドイツの化学製品生産者はスイスの競争企業を業界から締め出すよりも，それらと協調することを選好し，互いに市場のニッチに集中することに合意していた。そしていくつかの産業においては，利益分配制やカルテル協定を締結していた。スイスの製造業者はドイツへの輸入について独占権を得ていたし，原材料の約80%をドイツの供給者に依存していた。しかしながら，戦時需要はこれらの取り決めを崩壊させた。チバ社やサンド社は，バーデンにある自分たちの工場の支配権を喪失したが，彼らは今やドイツ企業に閉ざされた市場において販売できる立場にあった[22]。これら2社とガイギー社——これら3社の売上高はスイス産業全体のそれに匹敵すると言える——は，英国企業から原材料を獲得し，その見返りとして彼らに染料を販売した。チバ社はフランスにおけるその生産能力を拡大し，ロシアにいくつかの工場を設立した（Enri, 1979）[23]。ホフマン・ラ・ロッシュ社——自社最大の工場をドイツのグレンザッハに有していた——は，英国やフランスにおいて，敵対国に供給していると非難されたが，皮肉にもドイツにおいてもまた同じように非難され，そのため3カ所すべての商業活動が損失を被ったのである[24]。

戦争が進むにつれて，また酪農製品に対する大規模な軍需にも関わらず，原料の供給不足によりヨーロッパ中のネスレの工場の活動が阻害された。そして，同社は米国などの場所で買収し引きつぐ方向に転換した。その結果，1918年には同社の世界の生産高は，戦争が勃発する前の生産高の2倍になった。1920年には，同社はオーストラリアの製造業者3社の支配権と，ラテンアメリカにおいて同社の最初となるブラジルの工場を有するようになっていた。翌年には，ネスレは世界中に80の工場を所有していた（Harrison and George, 1983; Heer, 1991）[25]。オランダ出身のマーガリンメーカーであるユルヘンス社とヴァンデンバーグ社は，長い間，戦略的提携により業務を行ってきた。この2社が7社もの子会社を所有していたドイツは，彼らの最大市場であり，最も重要な戦時の問題を抱えた場所でもあった。彼らが供給と海上輸送の困難のために英国における販売の多くを失った時，彼らは，最善の戦略的な対応は1917年中に工場を設立することであると決定した。しかし，彼らは商業取引の減少を食い止めることはできなかった。戦争により栄養価の高い食品の供給確保が必要となった英国政府に促されたリーバ・ブラザーズ社は，「プランターズ」ブランドの導入によって，石鹸からマーガリンまで，成功裏に多角化することができたからである（Wilson, 1954）[26]。

戦争と帝国

1914年の連合国の海上輸送に対するダーダネルス海峡の封鎖は，バクーからバトゥーミ経由での戦略的に重要な石油の流れを阻止したが，連合国はルーマニアで採掘された石油を除いて世界のすべての石油供給を支配した。ドイツ石油（エルデル）株式会社（DEA）のようなドイツのエネルギー・化学会社は，石油に代わって自らの科学的能力に頼らなければならなかったし，人造石油や石炭からつくる爆薬の製造において飛躍的な発展を実現した。残っていた唯一の天然石油源からドイツを切り離すために，連合国は中立国のルーマニアに1916年に無理やり参戦させたのである。そのため，ルーマニア政府はDEAが支配していた油田や設備を国有化した。DEAの資金は大半をディスコント＝ゲゼルシャフト社がまかなっていた。結果として，DEAは，ルーマニア・コンコルディア石油産業株式会社とヴェガ・ルーマニア製油所における過半数の持ち分を喪失した。[27]

ドイツ石油（ペトローレウム）会社（DPAG）によって所有されていたステアウア・ロマーナ社に戦争の影響は及んだ。結果的には，同社を所有していたドイツ銀行にも影響が及んだことになる。ルーマニアはさらに，ドイツ側がわずか5分の1しか所有していないにもかかわらず，アストラ・ロマーナを強制管理下に置いた。というのは，正当な理由があって，英国は過半を所有しているロイヤル・ダッチ・シェル社が，敵国と取引を行っていると疑っていたからである（Feldenkirchen, 2000）。報復として，ドイツはルーマニアを攻撃し占領し，石油は1917年には再び入手できるようになった。もっとも，燃料不足は続き，ドイツの戦争努力を阻害した。[28] 1918年春の西部戦線におけるルーデンドルフ将軍の攻撃は当初成功を収めたが，貧弱な物資供給のため勢いを失う結果となり，主導権は連合国側に戻り，米国軍の到着によって強化された。

第1次大戦が勃発した時，英国とインドの軍隊は，石油の新たな供給源となりうると推測されたものを確保するために，かつてのメソポタミア，現代のイラクにあるモスル地域に移動していた。オスマン帝国は，影響力のある国際的なディールメーカーであったカルースト・グルベンキアン社のおかげで，トルコ石油会社（TPC）にモスルでの独占的採掘権を与えていた。TPCは，世界主義的なビジネスの利害が絡んだ典型的な例――国際的な緊張の増加に対する反対の動き――であり，アングロ＝ペルシア石油会社（APOC），ロイヤル・ダッチ・シェル社（RDS），そしてドイツ銀行が主要株主として現れた。同盟国と提携するというトルコの決定を含む戦争の勃発により，すべての石油探査計画がやむなく休止した。英国政府にとって，とりわけ中東における石油源の確保は，最優先政策であり，同政府はオスマン帝国の解体から生まれた国々への領土的野心を持っていた。1916年，サイクス＝ピコ秘密協定は，アラビア半島以外のアラブ諸国を分割し，未来のイラクは英国に，シリアおよびレバノンになる部分はフランスに譲渡した。

ドイツ銀行はトルコ石油会社のわずか25%を支配していたにすぎなかったが，英国の公的管財人はその石油会社をすべて接収し，敵国が関与していたために同社の所有していたメソポタミアでの独占採掘権は無効になった，と宣言した。その決定は，政府と企業を含む複雑な一連の外交的な策略を開始させた。RDSの会長であるアンリ・デターディングは，グルベンキアンと接触した。グルベンキアンは，フランス政府にトルコ石油会社のドイツ銀行の持ち分を取り上げ，管理権をRDSグループに移す提案をするように説得したのである。1919年に，英国とフランスとのある覚書は，両国の石油政策を調整し，TPCの持ち分を英国70%，フランス20%に分けた。英国の持ち分の半分，つまり会社全体の3分の1の持ち分は，シェルの子会社であるアングロ＝サクソン石油が有していた。フランス政府はまた，RDSがトルコ石油会社の持ち分を管理するために石油探査会社を創設することに同意した。この多国籍企業は，グルベンキアンの5%のシェアも計算に入れることができた。そのため，RDSはトルコ石油会社の58%を支配することができた（Sluyterman et al., 2007）[29]。

1917年に英国の公的管財人は，ヨーロッパ石油同盟（EPU）の販売部門であるブリティシュ・ペトロリアム社を，国家が管理するAPOCに移した。EPUはロシアやルーマニアの石油のヨーロッパへの輸出を管理する共同体であり，第1次大戦までには，その主要な所有者はノーベル・ブラザーズ石油生産会社（Branobel），シェル，そしてドイツ銀行であった。ドイツの持ち分は少なかったが，上述のように，シェルは疑われたままであった。共通の認識は，「非英国的な」持ち分は経済的にまた軍事的に重要なビジネスの監視をするということであった。その資産は，520の貯蔵所，535の鉄道用タンク車，102台の貨物自動車，4隻のはしけを含み，APOCに同社が商業的に必要なモノ，つまりその石油の流れの主要な流通システムと，しばらくの間，英国における石油と灯油の独占販売権，を与えた。英国政府は，この局面ではAPOCを，同社が大規模な資産をペルシアやイラクに所有していたにもかかわらず，成長可能な英国の代表的な輸送会社とは見ていなかった[30]。

交渉に際して，デターディングは，RDSの大半を英国の商業企業と合併させ，それによってロンドンの帝国政府が望むような英国資本が主として所有する大手石油企業を創出するための策略を真剣に考えた。RDSとしては，戦争の困難な状況のなか，英国が提供可能な外交的支援が必要であると考え，その影響は複雑なものになると想定していた。大ルーマニアを支配したナショナリスト精神の強い政府は，シェルに対する配慮を正当化した。また，同国政府は石油産業から外国人所有を排除したいと思い，RDSのアストラ・ロマーナやジャージー・スタンダードのロマーノ＝アメリカーナ社に対抗して，かつてのドイツやオーストリアの子会社をもとに設立された新しい現地の石油企業を優遇した（Sluyterman et al., 2007）[31]。

一国の全住民や全産業の動員を含む総力戦の時代は，大国のいくつかが大変動を生き抜くのに適していないことを暴露した。徴兵制度は，1916年にアイルランドにおける反乱に油を注ぎ，強い民族感情は，英国に対する永く続く不快感を露わなものにした。ドイツにおける国内の不満は，渋る皇帝（カイザー）に，1917年の彼のイースターの演説において，無理やり議会制民主主義を受け入れさせた。ロシア帝国は没落の運命にあった最初の大国の統治体制であった。そして，ドイツ，オーストリア＝ハンガリー，オスマンといった戦争に敗れた帝国は，戦争終結の4年以内にすべて公式に消滅した。第1次大戦前に日本との戦争で敗北したことは，ロシアの改革の進まない専制君主制のあやふやな権威をすでに露わなものにしていた。戦争による疲弊，謀反，そして物資の不足は，皇帝が権力を放棄した1917年2月までに，同国の正当性を完全に破壊していた。暫定政府は，自らを確立することに失敗した。そして，その権力基盤をペトログラードとモスクワ，さらに武装した地方議会に持っていたボルシェヴィキは，翌年の10月にクーデターを実行した。彼らは，その後の内戦が生じるなかで，ロシアの大半の支配を得るために引き続き戦わなければならなかった。彼らは国内および世界の革命の推進者になることを意図していた。

ボルシェヴィキは，ソビエト社会主義連邦共和国の設立を宣言し，外国企業を国有化した。恒久的に接収された企業のなかには，シーメンス＆ハルスケ社やサンクトペテルブルクの工業地区の中心地に本拠を構えていた同社の重工業部門であるシーメンス＝シュッケルト社があった。ドイツは，またAEG，AFA，そしてBASFのような染料メーカーも喪失資産として数えている。連合国の間では，米国出自ではシンガー，ウェスチングハウス，インターナショナル・ハーベスターの各社が代表的なものであり，同様にベルギー出資のものについては多数の路面電車運営会社，化学会社のソルヴェイ社がすべてであった。電灯ならびに電力会社の90％は外国所有であった。英国のJ. & P. コーツ社とヴィッカース社は，ロシアに多額の投資を行っていた（McKay, 1970）。スウェーデンのエリクソンとSKFの両社は，この戦争に中立的な立場をとっていたために，ボルシェヴィキ革命によって始まった新しい時代のイデオロギー紛争において，あまり重要ではなかった。中立国のスイス出自のチバ社は，資産を失ったもう1つの例である。

ロイヤル・ダッチ・シェル社（RDS）が受けた損害は，1つのとりわけよく知られた事例であった。最初の法律や命令はバクーにおいて鳴り物入りで実施され，生産は不可能になった。1918年6月には，ボルシェヴィキ政権は石油産業を国有化した。RDSは同社の石油供給量の3分の1を失った。とりわけメキシコ，ベネズエラ，エジプト，そして米国での投資が期待に反した結果となった。そして，国有化は，ジャージー・スタンダード社と同等になるというRDSの野望を阻止したのである。デターディングは，ロシアの資産を取り戻すという妄想にとりつかれた。そして，英国軍が1918年の末にバクーを占領したとき，軍司令官は石油会社を民間企業や軍が管理する多国籍企業に返還した。長期的な解決策のために，デターディングはロシア白軍に望みを託さなければならなかった。しかしボルシェヴィキは，アントン・イワノヴィッチ・デニキン将軍が率いてモスクワに向けて進軍する軍隊を，1919年末までには打ち破っていた。デターディングはロシア白軍に対する信頼を失い，デニキンの後継者であるバロン・ピヨトール・ニコラーエヴィッチ・ヴラーンゲリ将軍に資金を提供するというグルベンキアンとバクーの生産者による計画を支援することを拒絶した。そして，彼はボルシェヴィキ体制が単に崩壊することを当てにしたのである。ジャージー・スタンダード社は，もっと楽観主義的であった。というのは，同社は1920年にバクーにおいてノーベル社が保有していた財産の半分の権利を購入した。その時までにボルシェヴィキは数カ月間その地域を占領していたのである。

ロシアの新政権は新経済政策によって全国的な商業活動の混乱に対応し，民間企業および西欧企業のための採掘権を一部返還することを宣言した。そして，RDSは，ソ連において生産する権利を取得あるいは再取得することについて，ロンドンで開かれたロシアの貿易代表団との秘密の会合に参加した。ところが，ロシア側がAPOCへの売却を考えたので，RDSは，自ら所有する企業が盗まれた財産を購入するという取引について，英国政府に抗議した。ジャージー・スタンダード社はうまく条件に折り合いをつけたが[32]，それらの条件が有効になる前に，レーニンは新経済政策（NEP）を終わらせた。そして，外国の石油企業のすべての見込みが消滅することになった。しかしながら，英国とソ連は貿易協定に署名した。これには，国有化した資産を補償するという原則が含まれていた。RDSはすぐに，英国政府がこの事例について戦い，あまり可能性は高くなかったが，レーニンやその同志から採掘権を確保してくれるという希望の下に，ロシア事業の名目的な所有権を同社のオランダに登記してあるバタヴィアの子会社からロンドンに登記[33]してあるアングロ＝サクソン社へ移転した（Service, 1997; Sluyterman et al., 2007）。

メキシコにおけるRDSの惨憺たる業績の原因は，主に地質学的なものであった。そこでは，同社の子会社であるラ・コロナが操業していた。メキシコは，ヨーロッパを覆っていた出来事から遠く離れていたが，政治的な不満や内部的な紛争によって分裂していた。不正な選挙は，メキシコ革命の直接的な原因であった。しかし，根本的な問題は，社会的・人種的なエリートが政府や富を強固に支配していたことであった。農村人口の半数は，支配階級の所有する農園で働いていた。そして，1914年に至る数年間に，外国の多国籍企業が抗議の対象となった。19世紀を通じて北に位置する隣国に広大な領土をとられ，革命派のパンチョ・ヴィラに対抗するために遠征隊を率いて石油，鉱山，土地への膨大な投資を守ろうとした，パーシング将軍のために，反米感情は強かった。問題は，メキシコはジャージー・スタンダード社の事業活動の基盤であり，米国の国内消費の約20%を供給していたことであった。

ヴェヌスティアーノ・カッランザは，1915年に政府のトップに就くと，急進派の要求の多くに対応した法制改革や土地改革を導入することができた。1917年の新憲法は，底土や鉱物の所有権を国家に与えたものであり，海外の石油企業や鉱業企業の既存の所有権に異議を申し立てるものであった。それは，現行の特権がすべて無効になるということを事実上宣言するものであった。しかし，頻繁な政権交代は，喫緊の政策の成果を不確実な状態にとどめた。もっとも，石油の生産や輸出に対する税金は上昇したのではあるが。ジンマーマン電報――1917年にドイツの外務長官によって秘密裏に送られたが，英国の諜報機関によって傍受され暴露されたが――は，米国が連合国に参加するようなことがあれば，メキシコと軍事同盟を望むものであった。すでにドイツの潜水艦による攻撃で多数の米国人の死者が出ていたので，それは米国での怒りを巻き起こした（Topik and Wells, 1998）。

非常に困難な政治的環境のさなかに，英国人所有のピアソン社は，1919年にメキシカン・イーグル社の石油事業をRDSに売却する選択をした。その結果，シェル・グループの原油生産高はすぐに2倍になった。主要な競争企業と比べて，この多国籍企業は需要圧力に見合う量の第1次供給を欠いていた。しかし，予期せぬ環境の変化のなかで，同社の世界的な商業戦略に損害を与えたのは政治的な出来事ではなく，メキシカン・イーグルの油田からの供給が減少したことであった（Garretson, 1958; Jones, 1981: Sluyterman et al., 2007; Meyer, 1977; Meyer and Sherman, 1987）[34]。

米国の指導的地位と自動車産業

「戦間期」は，この時期の2つの特徴的な戦争から自明的に付けられた名称である。そのため，多くの歴史家は，当然のことのように，1914年から1945年の時期を，一連の関係した出来事として，あるいは30年戦争の20世紀版としてみなしている。というのは，この30年戦争の間に，政治的・国際的に破壊的な結果をもたらす経済恐慌があったからである。経済的な視点からみると，第1次大戦は多くの連合国内で，またロシアを大きな例外として，工業化を後押しし，平均的な生活水準を引き上げた。とりわけ，米国と多くの非ヨーロッパ諸国が顕著な利益を得た。戦後不況の後，工業国では一貫して高水準の失業があったにもかかわらず，1920年代は，世界の生産と国際貿易の双方が回復する能力を示した。一方，大恐慌のおかげで，1930年代の諸傾向は不確実性の高まりを明らかにしている。そして，世界のGDPに対する国際貿易の割合は減少していった。

戦間期の政治的・経済的な混迷は，多国籍企業が海外投資を考える上で警戒の強化と撤退の検討を誘発したであろう。しかし，反対の傾向もあり，それらの多くは疑いのないものであった。つまり，無視できない数の人々は雇用がなく貧しかったが，それにもかかわらず，生活水準の長期的な向上があったこと，一次産品・製品・マネジメント・輸送における絶え間ない革新があったこと，そして大量生産・大量販売の技術の広範な応用，電気製品・自動車あるいは商標付き包装製品と関連した新しい技術に後押しされた部門や消費者志向の部門の台頭があったことである。そして，決定的なのは関税の導入や引き上げであった。というのは，通貨規制，送金，国有化に関する受入国政府の政策があまりリスクが高いように見えない限り，この関税政策が，輸出ではなくFDIを志向するビジネス戦略の選択へと向かわせたからである。

第1次大戦中に生じたヨーロッパとの貿易や投資の中断は，他の国々が自らの産業的・技術的能力を拡大し，ヨーロッパの商品にあまり依存しなくてもすむようになる余地を与えた。自らの所有する莫大な天然資源のおかげで，バナナその他の熱帯の産物への執着を除いて，米国は一次産品の輸入から以前より解放され，製造業における自給度がより高まったため，世界貿易／GDP比を著しく低下させたのである。したがって，議論の余地はあるが，1922年のフォードニー＝マッカンバー関税は，政治的な意味合いは強かったとはいえ，いままで言われてきたほどの経済的影響はなかった。レーヨンのような新しい合成繊維は，その最終市場かそれに近いところで生産された。燃料やゴムの合成技術における革新も同様に，国際貿易の必要性を減らし，FDIのさらなる機会を生み出した。方程式の他辺においては，天然石油供給とゴムプランテーションの急速な拡大は，国境を超えた商業に弾みを与えた。米国とヨーロッパが近年手に入れた植民地にとって，1920年代は比較的繁栄した時期であった。

自動車産業は，第1次大戦後，早くからFDIとの結びつきを示した。米国の製造業者は1920年代には，生産管理や操業規模における競争の優勢を確立していた。自動車は嵩張るため少なくとも目標市場における最終組立を志向したことと関税が海外に子会社を設立する主要な理由であった。受入国政府は，サプライチェーンやエンジニアリングノウハウをもつ子会社の設立によって自前の自動車産業を育成することを，工業化の不可欠な構成要素とみなした。米国企業は，英国やドイツにおけるように，市場規模が支出と経営の関与を正当化するほど大きい場合は，海外での自動車生産に着手した。しかし一般的には，国際的な子会社は，米国で実現された，コストと品質における優位を要求する部品組立ビジネスであった。キーポイントは，何らかの形で最終組立を行うことによって，多国籍自動車輸入業者が保護関税を回避することができたことであった。

米国自動車企業の海外での生産台数は，大部分が組立工場によるものであったが，約30万9,000台に達した。1国でこれ以上生産できる国は，米国を除いてなかったのである。戦間期に，ゼネラル・モーターズ（GM）とフォード——両社が米国企業であることは決して偶然の一致ではない——の2社のみが，海外に完全な生産工場を建設することになった。GMは，その海外市場が最良の成長が見込まれるか，現地生産が輸出に勝るかどうか，そして買収とグリーンフィールドの選択肢のどちらがより大きな優位を持っているかに基づいて，意思決定を行った。ひとたび投資計画が承認されると，同社は厳しい規制や関税についての運営上の疑問点や，また当該市場や他の現地の状況が親会社のそれとは異なる組織を必要とするかどうかを考慮した。第1次大戦後，GMは通常，海外でのほんの少しだけの現地仕様を含む完成車輸出か，「完全現地組立（CKD）」を含む組立事業かを選択したが，完全な組立生産は例外的なものであった。

第1次大戦以前では，マクローリン自動車はカナダのオシャワを拠点に，後にGMを構成するビュイック社のライセンス供与を受け，ビュイック車を生産していた。ウィリアム・P. デュランは，自ら所有するシボレーの工場を建てるかどうか考慮した後，1915年にマクローリン家に彼のために製造する機会を与えることを決定した。1918年に，そのカナダの企業家はこの会社の売却に同意したが，カナダGMの主要な経営責任者としてとどまった。サウスオーストラリアのアデレードに拠点を置く創業60年のホールデン・アンド・フロストは馬具製造から自動車の内装修理へと進み，さらにオートバイの部品製造へと発展した。1917年に，オーストラリア政府は，自国の車体生産産業を発展させるという明確な目的をもって，完成車の輸入制限を発表した。ゼネラル・モーターズは，車体を生産して輸入したシャシーに取り付ける会社として，ホールデン社を探し出した。同じように，クライスラー社は，これまたアデレードに拠点を置いていたT. J. リチャーズ＆サンズ社と提携した。1919年に，エドワード・ホールデンはホールデンズ自動車車体製作会社（HMBB）を設立した。同社は，1923年にGMから独占取扱権を得て，ウッドヴィルに新たな工場を建設し，最も優れた生産・マネジメント技術を導入した。3年のうちに，GM（オーストラリア）はオーストラリアの5つの州それぞれに，輸入したシャシーにホールデンの車体をつけるという同様の工場を有するようになっていた。

米国の親会社は，同社最初の大規模な海外事業をフランスで立ち上げることを考えていた。1919年に同社は，シトロエン社の半分の株式の購入について調査・報告するチームを派遣していた。同チームのメンバーたちは，あまりにも多くの問題点を発見した。それらには，現地のマネジメント，GMの経営執行者にとっては貧弱に見える設備の工場に今後どれだけ投資をする必要があるかの懸念，そして戦争にきわめて大きな貢献をした企業が外国による支配に移行することへのフランス政府の反対などがあった。しかし，GMには戦略上なすべきことが残っていた。つまり，戦争中に米国の補修部品や工作機械への依存が高まったことや，自らの販売高が落ち込んだため，ヨーロッパの自動車企業は自国の政府に，輸入車に保護関税を導入し，デトロイトからくる排気量の多い自動車に差別税を課すようにロビー活動を行っていた。

とにかく，1920年代にGMは完成車の輸送コストを認識して，広範に小規模な最終段階の組立工場を開設した。コペンハーゲンの工場は，1923年に設立されたものであるが，北米以外での最初の工場であり，続いてこの工場はシボレー車を他のスカンンジナビア諸国，バルト諸国，ドイツ，ポーランド，チェコスロバキア，オーストリア，ハンガリー，そしてソ連に再輸出した。ヨーロッパにおいては，GMはスペインにおけるビュイック車のCKD事業（1925年）でこの先例に従った。そして，ワルシャワにトラックと乗用車の組立工場を1928年に設立した。しかし，英国とドイツにおけるFDIは同社の国際的な関与への大きな移行を示すものであった。

第1次大戦中に，ボクスホール・モーターズ社は政府の軍需品需要に対応するため生産を停止していた。そして，同社は優れた設計による高出力の自動車製造業者としての評判を取り戻すことは決してなかった。マッケナ関税は，戦時措置として課せられたものであったが，自動車については恒久的なものとなり，英国に自動車を輸入する際の大きな障害となった。道路利用許可料金はエンジン出力に基づいており，保険費用はその道路利用許可料金に連動していたので，米国車の輸入は2倍，3倍も不利になったのである。大量生産のできないあまりに多くの英国生産者の存在は，英国市場をきわめて競争的なものにした。しかも，その状況は，米国企業にとって開放的ではなかった。GMはシトロエンの場合と同じように，オースチンの貧弱な工場とマネジメントに疑問を持っていたにもかかわらず，1924年に同社を買収しようと試みた。しかし，両社は評価額について同意にいたることはできなかった。その代わり，GMは1925年にイングランドのルートンに拠点を持つボクスホール社を買収したが，すぐに英国における市場や規制の条件に注目せざるを得なかった。というのは，それらはGMの現行の自動車の設計にあまりにも適合していなかったからである。

近代的なゼネラル・モーターズを作り上げた経営者であるA. P. スローンは，GMは1920年代に多国籍企業が直面した新たな問題としての「経済的ナショナリズム」を意識していたこと，そしてなぜドル不足の国々が関税や輸入割当を課す必要があると感じていたのかを認識していたことを記している。組立工場を建設すること，受入国政府の要求を充たすこと，関税の水準を引き下げることは，彼が好んだ戦略的対応であった。時が経つにつれて，GMは現地生産されたタイヤ，ガラス，車内装飾用品などの部品を使用しようとした。スローンは，1920年代における同社の経営組織の構築やフルライン政策およびマーケティング政策によって名声を博した。これらは，GMが米国の国内有力企業になる基であった。彼はまた，その後の30年間の輸出および海外投資戦略を決定づけた。GMはマジソン街トップの広告代理店JWTから，GMが組立事業あるいはフル生産工場を開設する国にはすべて，同社の店舗を開設するという約束を取り付けた。その時点では，北米以外では，この広告代理店はロンドンで事業展開をしているに過ぎなかった。そして，スローンは英国にさらなる投資を行うことについて懐疑的であったし，ボクスホールに最新鋭の工場を導入することで得られる見返りについて，疑問を持っていた。北米からのGMの輸出のピークは1928年の29万台であった。その時点以降，大恐慌の通商および政治的な衝撃を受けたにもかかわらず，同社は海外生産に，より強固に関与した。

スローンは一般的にフル生産に向けてのFDIについては用心深かったが，自らの率いるマネジメント・チームを信じようとして，英国よりもドイツの可能性の方を信じるようになった。ドイツの市場は大規模で，現地の自動車メーカーはこれから発展するという段階にあった。1926年からベルリンで基礎的な組立工場を操業したGMは，すでに同国2位の生産者となっていた。スローンと上級経営チームは，同国の最大の自動車生産者であり輸出業者であったオペル社を訪問し，1929年に同社の株式の過半数を所有した（2年のうちに，完全な支配権を得た)。彼らは，ヘッセにあるリュッセルハイム工場の優れた生産設備に注目していた。その設備の70%は，過去10年以内に購入されたものであった。オペルは大量生産，つまり流れ作業ラインを採用したドイツで最初の自動車製造業者となっていたのである。他の資産は高度な技術を持った労働力と国内最大の販売店網であった。

GMは，ドイツを，低コストの製造活動と大きな輸出量によって，国内経済や自動車産業を発展させうる国とみなした。またGMは，オペルのマネジメント――海外の子会社について繰り返し注意を払ってきた主眼点である――に関心を示し，同社が長期的な成功を収めるには規模の経済を実現しなければならないということを理解していた。GMはオールズモービル社の経営者であるI. J. ロイター――ドイツ人の家系で基礎的なドイツ語を話す能力を備えていた――を，新しい子会社の最高業務執行者（MD）の職務を担わせるために派遣した。1つの変化は，ディーラーに流すための互換性補修部品の生産であった。これは，独自のやり方で顧客サービスをするものであったが，高価であると同時にさまざまな結果をもたらした。オペルの買収に際して，GMはヨーロッパ風のデザインにこだわり，大きな既存の輸出市場がさらに発展するためには，大規模な国境を超えた投資が必要であることを認めていた。

ドイツの場合に重要であったのと同じように，GMはボクスホールをどのような形態の子会社にしたいのかを決定しなければならなかった。GMはオペルに管理権を与えないという決定をした。なぜなら，英国人が支配している生産のみが，北米以外での全自動車販売高の39%を占めていたイギリス帝国の残りの地域に特恵関税で接近できたからである。この多国籍企業は，最終的にはフル生産工場への投資を選択し，生産管理やコスト管理のノウハウを現地に適用することによって，基本的には米国車に変更を加えたボクスホール・キャデットやベッドフォード・トラックのような車を生産し始めた。ある自動車雑誌は，キャデットの米国の原型車について注意深く述べ，それが「長距離を怠け者が運転するための」自動車であると考えた。おそらく，それは運転が容易であることを意味した。ラテンアメリカはまた，GMの国際的な計画において重要であった。アルゼンチン・ゼネラル・モーターズ社は，1925年にブエノスアイレスで操業を開始し，北米から輸送された部品を組み立てた。そして，1929年までにはGM，オペル，そしてボクスホールにわたる広範な品揃えに対する需要を充たすためには，別の工場が必要であった。1925年から29年までの4年間に，GMはブラジルに3工場を設立し，親会社とドイツ・オペル社からの車種を組み立てた。ボンベイ（つまり，ムンバイ）の1928年から始まった乗用車，トラック，バスの事業は，この多国籍企業の輸出および最終組立戦略のさらにもう1つの例であった。

1929年までには，オーストラリアにおいてはホールデン車体製作会社（HMBB）が主要なメーカーとして，そして，3,400人の労働者を擁する大英帝国最大の自動車車体メーカーとして，台頭していた。大恐慌の始まりとともに工場を閉鎖し，労働者をレイオフした後，同社はGM（オーストラリア）に合弁事業を形成するように頼んだ。そして，GMは通貨規制のために利益を本国に送金することはできなかったが，現金でその事業資金を提供した。1931年にGMは，表面的にはオーストラリアの会社であることを注意深く保ちながら，新しいGMホールデン社を有効に支配していた。第2次大戦までには，ビクトリア州ポート・メルボルンにホールデンの車体工場があり，もう1つの工場がニューサウスウェールズ州のペイジウッドにあった。日本では，GM，フォード，クライスラーのビッグスリーのそれぞれが1925年から26年にかけて組立工場を設立し，すぐに日本市場を支配した。しかも，1929年には輸入は乗用車およびトラックで1万6,000台に達していた。そして，国内生産が1,000台を超えるには，その後4年もかかったのである（Wilkins, 1970; Sloan, 1964; Shimokawa, 1994）[35]。

経営移転と自動車

オーストラリアでは，かつて馬車製造業者であったT. J. リチャ―ズが，第1次大戦の直前に輸入自動車の販売を始めていた。ひとたび，1917年にT. J. リチャーズ&サンズ社として再編成されると，同社は米国からダッジ・ブラザーズ社によって輸入されたシャシーに載せる車体を作り始めた。ダッジは最終的には，クライスラー社の一部になって結末を迎えたが，リチャーズ社は同社と長期の関係を維持した（1947年にダッジが正式にオーストラリア・クライスラーに吸収されるまで）。オンタリオでは，1925年の設立と同時に，クライスラー社はカナダ・クライスラーを設立し，既にマクスウェル＝チャルマーズ社に統合されていた前身企業2社を買収した[36]。HMBBは，第1次大戦後オーストラリア・フォードと協働した数社の車体製造業者および小規模組立メーカーの1つであった。しかし，1925年以後，この米国多国籍企業はビクトリア州ジーロングで以前の羊毛梱倉庫を自動車工場に転換した。フォードは，第1次大戦前にカナダ・フォード社を設立していた。いくつかの理由の1つは，同社が大英帝国の他の地域における輸入税を免れようとしたことである。あるニューヨークの貿易会社が，東アジア全体にわたって米国の製造業者の販売代理店としてその地位を築いていた。しかし，1916年に組織の再編成に伴って，同社はダッジ・アンド・セイモアという名称を採用している。同社は1920年代までには，東京や満州のハルビンから上海，香港，インド，ペルシアおよびメソポタミア，さらにはニュージーランド，オーストラリア，南アフリカにいたるまで駐在員事務所を有していた。ダッジ・アンド・セイモア社は，インドではカナダ・フォードの自動車を直接販売し，マラヤでは1924年まではいくつかの取引のあった系列代理店の後継企業を使用していた。

マラヤ・フォード社は，アジアの大半をカバーする販売会社として1926年に設立されが，法律的にはフォード・カナダの子会社であった。そして，同社は次第にダッジ・アンド・セイモアに依存していた親会社の販売網に取って代わったのである。シンガポールでは，その新会社は代理店の従業員のすべてを引き取り，また車輪の取付けやいくつか仕上工程を行う小規模な工場を引き受けることになった。同社はまた，南北に長いマレー半島にそって発展してきた250店からなる既存ディーラー網を取得した。そして，同社はビルマ，インド，タイ，そしてオランダ領東インド諸島における自動車流通の責務を負った。また他の場所では，1926年から，この米国多国籍企業は組立事業としてインド・フォード社を設立した（ここでは，生産は約25年間続いた)。そして，1930年までにはシンガポールの工場は，カナダや英国から特恵関税の恩恵を受けて輸入されたセミノックダウンのフォード車を組み立てていた。南アジアおよび東南アジアでは，フォードの輸入された大量生産の自動車は，英国から輸入された車を締め出してしまった。そして，第2次大戦までには，カナダ・フォードの販売の約50%は，明らかにマレーシアとインドの2工場への輸出によるものであった。

フォードは，1917年にアイルランドの子会社であるヘンリー・フォード&サンズをコークに設立した――この場所を選んだ理由は，ヘンリー・フォードの父親が生れた場所だったからである――。そして，取締役には，ヘンリー自身，彼の息子のエドセル，そしてフォードの英国企業のトップであるパーシヴァル・ペリーが含まれていた。この工場は，1919年からフォードソン・トラクターを，そして2年後には英国から運ばれた部品を使って，乗用車を作っていた。それは，1922年にアイルランド自由国が流血をもってUKから分離されるまで続いた。関税や政治的憎悪によってトラクター生産が停止した。そして，1929年から1932年にかけての短期のトラクター生産の再開にもかかわらず，その工場は乗用車の組立てに集中した。1930年までには，８万人の町において，フォードは約7,000人を雇用していると主張した。

フォード個人にとって，アイルランドで製造することがどんなに情熱を駆り立てるものであっても，この国際的な自動車メーカーにとってドイツは大きな商業上の目標であった。しかし，1920年にはドイツ政府はすべての自動車輸入を禁止した。フォードは，１年以内にドイツが輸入禁止を終了し，代って禁止的な関税が導入されるが，この関税も２年くらいの間には著しく引き下げられるであろうという情報を得て，1925年にフォードAGをベルリンに登記する決定を行った。1926年までには，フォードAGは，倉庫を工場に転換し，輸入部品によってＴ型フォードを，次いでＡ型フォードを組み立てた。外国企業によって生産された自動車の販売はきわめて好調で，全国市場の28％を占めていたので，政府は組立車にも完成車にも，英国の政策にほぼ対応する30％の関税を課した。かつてヘンリー・フォードは，どのようにしてGMがオペルを買収したのかを聞いていて，完全な生産工場をドイツに建設することを決定し，1929年にフォード社はケルンに土地を購入した（市長で戦後首相になるコンラッド・アデナウアーと交渉して）。そのプロジェクトにかけた野心は，恐慌によって生み出された困難な時期を乗り越え，ベルリン工場を閉鎖してケルン工場は1931年３月に生産を開始した。英国におけるフォードは，その後の10年間に著しい成功を収めた。一方ドイツでは，同社はGM＝オペルからの価格競争に対して打つ手を持たなかった。しかし，1938年までには，同社は第１位のオペル以下，メルセデス＝ベンツ，そして蒸気自動車会社（DKW）を含むアウト・ウニオン社に続く，同国第４位の自動車メーカーに駆け上っていた。そして同社は，同じ世代にとって２度目となるヨーロッパ全土での戦争が勃発した年に，この会社をフォード＝ヴェルケに改組した。

フォードは，第１次大戦前に北米以外では，自社の流れ作業ラインの技術を輸出していた英国において最初の工場を開設していた。平和の回復とともに，同社はトラフォード工場を修復拡張し，1919年までには英国市場の40％以上を占めると主張していた。今やヘンリー・フォードは，デトロイトから自らのヨーロッパ事業を運営しようと決めたため，長きにわたる協力者で英国子会社のヘッドであったパーシヴァル・ペリーは，辞任する時だと決めた。いちずな企業家であるフォードは，米国で明確になっていた最近の製造における革新を模範とし，深水港を備えたより大きな工場を建設しようとした。1928年に，ヘンリー・フォードはロンドンにフォード・モーター社を設立し，米国の親会社が60％の株式を所有し，残りは公開買付を可能にした。英国における米国人経営者たちは自分を裏切ったと結論付け，フォードはペリーを会長として呼び戻すという劇的な動きをとり，彼にヨーロッパおよび中東の子会社のすべての監督権を与えた。

ロンドンの東部のダゲナムに，フォードは最新の海外自動車工場――ヨーロッパ最大――を建設した。しかし，その工場は市場に比して巨大すぎ，この点は大恐慌が始まるとより問題視されるようになった（Church, 1958）。1928年に策定されたグローバル計画は，特恵関税を利用できるカナダは大英帝国内の組立工場のために部品を製造することになるであろうと述べている。同じく，ダゲナム工場は，ヨーロッパに対して同じ機能を果たすものであった。英国においては，顧客にとってA型フォードはあまりに高価過ぎて税を払ったり維持したりできないことが分かった。北米以外で初めて設計された最初のフォード車であるY型フォードは，1932年に登場し，5年間で15万7,000台がダゲナムで生産されたり，コークで組み立てられたりした。大恐慌に対応した国の政策が，フォードのグローバル計画のなかで想定されたダゲナムの大陸規模の役割を終わらせてしまった。1932年，フランスとドイツの両国が輸入部品に対する高関税の導入を発表した。その結果，すべて海外の子会社はより高い独立性をもって事業を行なわなければならなくなったのである。フランス・フォード自動車株式会社（SAF）――その先行企業は，パーシヴァル・ペリーが最初の責任者としての任期中の1916年に設立され，ボルドーでの部品の組み立てでスタートした――は，1927年にパリの近くのアンエール＝シュル＝セーヌに移転していた。モーリス・ドルフュスの主導の下，同社は当初はA型フォードを生産していたが，1930年にはY型フォードに切り替えている（Bonin, Lung and Tolliday, 2003; Wilkins and Hill, 1964; Wilkins, 1974; Laux, 1992）[37]。

戦間期において最も興味を引くヘンリー・フォードの国際取引は，ソ連とのものであった。ソ連は世界で最もよく知られた資本家の1人であるフォードが主張するすべてと，イデオロギー的に正反対であった。1917年以降，世界革命の実現は緩慢であり，そのために国際的な孤立に直面して，ボルシェヴィキは早くも1920年代には失った貿易関係を再構築しようとした。彼らは，結果的には支払われなかったが，多国籍企業から接収した資産の補償について自ら話し合いをする意思を示した。ドイツでは，立憲ワイマール共和国が専制に取って代わっていた。しかし，ベルサイユ条約によって，同体制は戦争責任を受け入れ，過酷な賠償を支払うことに同意していた。同国はすぐに，その条約の条件と影響を弱めるように働いた。同国は，鉱業製品と経済支援に対する見返りとして，ソ連の莫大な天然資源を手に入れた。外交問題については，両国は再建されたポーランドに不信感を持って対応した。そして，ドイツはフランスとソ連との友好関係が決して生じないようにするために画策した。軍事的な協力によって，ワイマール共和国は同国の軍隊の規模を制限し再軍備を禁止するベルサイユ条約の条項を弱めることができた。民族主義思想を抱くドイツの外相ウォルター・ラテナウ——偶然にもAEIの創設者の息子である——は，1922年末に新しく成立したソビエト連邦共和国とのラパロ条約に署名した。

兵器製造業者および主導的なエンジニアリング企業として，クルップ社は経済的支援を提供する上で最も重要な役割を果たし，同社の不完全就業の技術者をソ連に貸し出した。熱烈な君主制擁護者であったにもかかわらず，グスタフ・クルップはベルサイユ条約の条項を克服するためにワイマール共和国と協働することを覚悟していた。ドイツは兵器の製造が禁止され，1920年代初めにおけるフランスとベルギーのルール地方の占領によって同社の主力であるエッセン工場が停止させられたため，クルップはスウェーデンでボフォール社の経営権の一部を購入し，オランダでステリウスという企業を設立した[38]。シーメンス&ハルスケ社，あるいは同社の電力部門であるシーメンス＝シュッカートは，1927年から5年間，ウクライナのドニエプル川の水力発電所の建設に携わった[39]。ドイツの支援は1928年以後，レニングラードやウクライナにおけるトラクターや機関車工場の近代化にとって重要なものであった。というのは，それらの場所で赤軍の戦車が製造されるようにもなったからである（将来の歴史の皮肉を負わされた事実）。1つの破壊されたトラック工場しかなかったので，ソ連はフォードの生産工学の能力を得たいと願った。1920年代を通して，ソ連は必要な自動車を輸入する以外に選択肢はなかった。そのため，例えば同国は，すべてフォードのコペンハーゲンの工場で組み立てられた1,400台の乗用車とトラックを購入した。同国はまた，約2万台のフォードソン・トラクターを購入した。そして，最終的にレニングラードのプティロフ工場がそれを模倣して製造したのであった。

ソ連の現実的な必要性が，フォードほかいかなる資本主義的な会社であろうと，その援助を取り付けることへのイデオロギー的な反対を消し去った。フォードなど多くの企業にとって，ソ連の工業化の速度と規模は，利益をあげる明確な機会を意味した。2年にわたる話し合いの末，1929年にヘンリー・フォードはある取引に署名し，次のように説明している。「インドであれ，中国であれ，ロシアであれ，産業的な見込みのあるところではどこにおいても，世界すべてがそこから何か良いものを得る義務がある。」彼の会社は，A型フォードやAA型トラックを生産するモスクワ近郊の組立工場の建設を監督することに合意した。しかし，長期にわたっては，同社はニジニノブゴロド（間もなくゴルキーと改名）に大規模で本格的な工場を建設することになる。続いて，儲けの大きな取引を要求する老資本家のため，ソ連は自ら約3,000万ドルに相当する約７万2,000台の自動車のための部品を購入したり，フォードによって派遣されたエンジニアや経営執行者のサービスに対価を支払ったりしたのである（White, 1986）[40]。アメリカンスカヤ・トルゴフリエ——あるいは，アムトルグとして知られるアメリカン・トレーディング社——は，この契約を仲介した。ロシア人の血を引き，社会主義の学習によって影響を受けた企業家であるアーマンド・ハマーは，５年も前に同社を立ち上げていた。しかし，ソ連は米国で貿易を指示したり技術を購入したりするために，またフォードその他の企業と技術援助協定の段取りをつけるために，大戦間のほとんどの期間，アムトルグを支配したのである。（ハマーは，戦後，オキシデンタル石油の最高経営責任者兼会長に，また有力な共和党員となっている。）（Nevins and Hill, 1962）[41]

フォードはソ連の工場の建設を監督したが，スターリンは権力を固め，農業の強制的な集団化は広範な飢饉と餓死の原因となった。その後の10年間に，中央で計画され加速化された工業化によって，ソ連は変革を始めた。そして，大いに必要とされたフォードの設計による自動車の生産は，1932年に名称変更されたゴーリキー自動車工場（GAZ）で行われた。一国革命というスターリンの政策は，国際的な緊張を和らげた。そして通商関係を構築した米国企業のおかげで，ワシントンは1933年に公式的に外交関係を確立した（Service, 1997）。GAZ工場は，10万台の自動車の生産を達成した1935年までには，フォードの部品にほとんど依存しなくなっていた。もっとも，こうした進展は品質の低下を引き起こした（Nevins and Hill, 1962）[42]。1938年には，そして資本主義世界における大恐慌とその結末とは対照的に，世界の工業生産高に占めるソ連の割合は，５％から10％に上昇していた（Hobsbawm, 2003）。

イタリアでは，イタリア・トリノ自動車製造会社——フィアット（Fiat）としてよく知られている——は，第１次大戦中に急速に拡大していた。1923年までには，ジョヴァンニ・アニエリの指導力と彼が雇用した生産エンジニアのヴィットリオ・ヴァレッタの指導力によって，製造のあらゆる段階を所有・支配する目的で，同社は，リンゴットにすぐに有名になる大量生産工場を建設した。２年の内に，フィアットはイタリア自動車市場のほぼ90％を供給した。部品に対する関税が低下することになったので，1926年同社は工場建設に際してGM，フォード，クライスラーおよびシトロエンと協力した。[43] アンリ・テオドール・ピゴッティは，1922年からフランス・フィアット（SAFAF）を設立し，フランスでイタリア社が生産した車を販売した。そして1928年に，彼は小規模な組立事業を立ち上げた。この工場はその後6年間にわたって約3万台を生産した。彼は1934年にシムカ社を設立し，翌年パリ郊外のナンテールにある自動車工場を買収した。そこで同社はフィアットの自動車を生産し，シトロエン，ルノー，プジョーに次ぐ，フランス第4位の生産者になったのである（Gallard, 2004; Reynolds, 1997）。[44]

アンドレ・シトロエンは，憧れのヒーローであったヘンリー・フォードに触発されて，第1次大戦中の需要量の多い時期に大量生産方式を導入していた。そして，1919年までにパリ工場において，彼の会社はヨーロッパで設計された最初の安価な自動車であるA型を生産することができた。シトロエンはこれを第一歩として，続いて拡大するディーラー網を支援し，フランスにおける大衆車需要を刺激するために，信用販売制度を導入した。1926年には，ヨーロッパや北アフリカの販売事務所を通じて輸出するのと並行して，シトロエンはドイツ，英国，ベルギー，イタリアに4カ所の組立上場を設立した。これによって，同社は輸送コストと関税を引き下げることができ，車体構造に何らかの現地仕様を導入することができたのである。ルノーの発展は，もっとゆっくりしたものであったが，シトロエンに続いて1926年にベルギー，1927年に英国に進出した（Laux, 1992: Gallard 2004, Reynolds, 1997）。英国の企業は，総じて国際的な拡張に熟達していなかった。モーリス社は，1925年にル・マン社の自動車工場を買収したが，フランス市場を突破することに失敗して，6年後撤退している。オースチン社は，国際ライセンス供与戦略を選択している。そして，同社はドイツ，フランス，および米国において権利を売却し，小さな成功を収めた。一方，日本では，日産となった会社がオースチン・セブンの改造車を製造した。[45]

国家の政策と工業化

第1次大戦中，途上国はもはやヨーロッパからの資金や工業製品の流れに依存できなかった。その戦争は，海運ルートがきわめて脆弱なものであることを示した。ブラジルは経済的・政治的帰結の1つの例であった。コーヒーの輸出への依存が大きかったため，同国は国の負債が急上昇していることを注視した。そして，産業家たちはサンパウロのコーヒー生産者を支援するために与えられた措置に対して怒りの声をあげた。米国における国内生産の拡大と関税の引上げは，ヨーロッパからの輸出に対する下方圧力を著しく強めた。一方，英国とヨーロッパの競争力は徐々に弱体化しつつあり，日本の工業化，とりわけ成長する繊維部門により大きな余地を与えた。ドイツの染料や化学製品生産者は自動的に日本へのアクセスを失った。日本は連合国側として参戦し，日本の企業は国内市場とならんで東アジアの大半にも供給したのである。

日本政府による支援と保護によって，三井鉱山と日本染料製造株式会社は，日本の近代的な化学産業を始動させた。他の連合国と同じように，日本政府はドイツの特許所有権を差し押さえ，それを自国企業に売却した（Kudo, 1994）。工業発展は，植民地にも広がった。1916年から1918年にかけて，南満州鉄道は奉天地区（現在の遼寧省）に鞍山鉄工所を設立した。それは，大狐山鉄鉱床と奉天鉄道工事の近くで，窯業製品，石油，油脂，小麦粉，砂糖，化学製品，シェール・オイル，電力を生産する工業地帯の一部となった（Matsusaka, 2003; Young, 1999）[46]。インドでは，軍需が産業家や大企業グループに未曾有の機会を与えた，そして供給危機と現地での窮迫した状態は，植民地政府に現地企業者活動に対するそれまでの無関心を無理やり転換させることになった。鉄鋼，ジュート，そして綿花の生産は戦争中に利益をあげた。1919年のある協定が，インドの保護関税を公式に受け入れたのである。もっとも，現実の措置はすぐに実施されたわけではなかったが（Tomlinson, 1989）。

カナダの新興産業は，1914年以前に鉱業および木材・パルプ産業から派生した製造会社や，自動車，金属，そして農業機器に投資した米国企業を通して，連合国の戦争努力に貢献することができた。カナダ経済は，第1次大戦の勃発から1929年のウォール街の崩壊まで，長期にわたる拡大の時期を経験した。そしてウォール街の崩壊は，カナダが一次産品の価格下落に依然として脆弱であることを示し，4年間に国民所得の3分の1の減少を引き起こしたのである（Pomfret, 1993）。南アフリカにおける戦前の製造業――セメント，エンジニアリング，そして火薬工業――は，ほとんどすべてが鉱業部門に関連していた。しかし，それ以後は，繊維製品，皮革製品，家具，酪農品，そして食品全般が急速に拡大した（Feinstein, 2005）。オーストラリアの小規模な人口と小規模な鉱業部門は，同国の産業部門の規模にとって制約となった。同国は政府の支援にもかかわらず，戦争中に酪農品，ドライフルーツ，砂糖，その他の消耗品の輸出市場を失った。もっとも，ネスレは，先に見たように，投資は十分に見返りをもたらすという見解を固めていた。英連邦自治領では，とりわけオーストラリアと南アフリカにおいて，戦争の環境は他の諸要因と結びついて，政策の変化をもたらした。そこでは，独立国家意識が増大しており，経済的な利害は次第に帝国主義大国のそれとは異なってきていた。そして，民間企業や外国企業による支配に懐疑的であった現地の労働党や労働組合は，財政および通商政策を将来修正する必要があることを指摘した（Meredith and Dyster, 1999）。

自動車部品の例で示したように，各国政府は関税その他の措置を使用して，自国の新たに拡大した産業を保護した。政府は，製造業における戦時利得が失われないことを確保したいと望んだ。そして，1920年代における一次産品価格の下落は，経済基盤を何とかして拡大することの緊急性を明らかにした。オーストラリア政府は，1921年から同国の鉄鋼，機械，綿花，製紙，繊維，化学といった産業のために，法外な関税を導入した。同様に，1926年に同国政府が設立した科学産業研究会議は，国の工業化を促進することを意図していた（Meredith and Dyster, 1999）。インドは，ヨーロッパにおける需要の低下に直面した生産者によるダンピングを恐れて，1923年以後，重化学工業品，鉄鋼，綿繊維製品を含む多くの産業のために保護政策を採った。戦間期に英国企業は，石鹸，タイヤ，化学製品，そして錫容器の工場を設立し続けた（Roy, 2006; Tomlinson, 1989）。

南アフリカの連立政権――1925年に国民党と労働党によって結成された――は，輸入品の流入と雇用の喪失の懸念に対応しなければならなかった。それにもかかわらず，製造業の台頭に注意を払わず，南アフリカは鉱業と金の輸出に依存し続けた（Feinstein, 2005）。英国のような工業国は，戦略的に脆弱に見える産業を保護し続けた。そして，ドル不足と貿易不均衡は，フランス，ドイツ，イタリア，スペイン，ベルギー，そしてオランダに，関税を導入したり引き上げたりするためのさらなる理由を与えた。これらの国の政府は，競争的な関税と通貨切り下げの危険性を認識していた。そして，1925年以後，主要国は第1次大戦前に信じていた貿易政策に再び関与するようになった。国際連盟によって組織された第1回世界経済会議は，新たな関税や割当制の導入を阻止するために召集された。しかし，国際システムにおける緊張は，1929年の大恐慌の始まり以前に十分明らかになりつつあった。

1920年代における製造業FDIの大半は，先進国経済から他の先進国へ向けられたものであった。1929年の資産で見ると，米国全体の約80%はカナダか西欧に対してなされていた。ヨーロッパの製造業者は，海外の植民地において小規模な事業を設立する傾向があり，一方，他のヨーロッパ諸国や米国には大規模な関与を行っていた（Jones, 1986）。政府が関税や輸入割当を課すときはいつでも，多国籍企業は海外市場での売上げを失うことを躊躇した。各国はそれぞれ自らの特定の問題を取り上げ，一方，企業は部品製造のための，或はより大きな市場では，一貫生産のための，海外投資をしたいと思っていたことを，一連の事例が証明している。関税の導入や引き上げが次第に多くの政府によってなされ，それが企業にFDIの展開を納得させたという多くの証拠がある。政府は，対内投資を確保するため，また工業化の目標を前進させるため，関税その他の措置を導入した。そして，いろいろな事例をみると，彼らの目的を達したことが確認される。関税は，米国，英国，イタリア，そしてスウェーデンに主導されたFDIの全般的な増加を説明するのに役立つ。一方，顕著なのは，資本不足がドイツ企業の投資活動の範囲を制限したことである。入手できる資本，製品，技術，あるいは生産管理における競争優位が，1920年代における米国からのFDIが倍増することに貢献した。さらに，一般的には，各国の政府は生産の場所に主要な関心があることを表明しており，1929年から32年の大恐慌以前は外国による所有に対して反対を唱えてはいなかった。

米国のタイヤ企業は輸出市場を確保する際に，自動車会社と同じ戦略に従った。そして，フォードやGMのような主要な顧客の海外における存在は，FDIを二重に正当化した。ファイヤストーン社は，1919年にオンタリオ州でカナダ・ファイヤストーン・タイヤ・アンド・ラバー社を設立することを決定し，3年後に生産を開始している。同社は英国を米国に次ぐ2番目に重要な市場と認識し，ロンドン西部のブレントフォードに工場を建設した。[47] B. F. グッドリッチ社は，フランスに1つの工場を持っていただけだったので，古河財閥傘下の1企業である横濱電線製造と共同で，1917年に横濱護謨の合弁の株式を所有することによって，新興市場である日本で注意深く活動を始めた。そして，1920年に同社はドイツでも再び共同方式をとり，コンチティネンタル社の20%を所有した。しかし，同社は，1923年により成熟した市場であるカナダに完全所有の工場で参入し，そして1924年には英国に参入した。[48]

1926年には，グッドイヤー社は世界最大のタイヤ・メーカーであると主張することができた。そして，野心的な多国籍企業として，同社はその歴史の新たな段階に踏み込みつつあった。同社は，第1次大戦前にカナダに設立していた工場に加えて，1927年にオーストラリアと英国に，1931年にアルゼンチンに製造工場を開設した。ツェッペリンのノウハウを利用して硬式飛行船を作るために，同社は1924年にグッドイヤー＝ツェッペリン社と呼ばれる合弁事業を設立するための交渉をまとめた。同社は1928年には航空事業部を設立し，同社の本拠地であるアクロンに世界最大の飛行船の格納庫を建設した。関税は，戦間期においてグッドイヤーの製造業投資の時期と場所を決める鍵となった。そして，同社の英国工場は，さらに帝国市場において特恵関税を，そしてヨーロッパ全体で販売する際には，米国からの輸入に比べて輸送コスト上の優位を享受した[49]。

ゴム産業においては，ヨーロッパ出自の競合する主要な多国籍企業が３社あった。第１次大戦前にスペインと英国で生産していたピレリ社は，1920年代にわたって，アルゼンチン，ブラジル，ギリシャ，トルコ，ドイツ，英国に，タイヤ，ゴム，そしてケーブル工場を設立したが，これらすべての工場はブリュッセルに登記され，ピレリ・インターナショナル社の傘下に置かれた。この統合された子会社は，大恐慌後にグッドイヤーが海外展開の規模で同社を追い越してしまうまで，すべてのタイヤ企業のなかで最も国際化されたものに発展していた[50]。ミシュラン社は，イングランドのストーク・オン・トレントとイタリアのトレントとにおいていずれも1927年に工場を開設することになった。しかし同社は，米国において競争力につながる革新を行うことができなかったために低迷し，1931年にはニュージャージー州における事業を閉鎖せざるを得なくなった[51]。ダンロップは，市場を求めて戦前にフランス，ドイツ，米国，日本に進出していた。そして，フランスとドイツでは，同社は自らの特許権を守るために現地生産を行おうとした。同社は合弁事業を構築することによって，リスクを最小限度におさえようと試みたが，短期間のうちに，合弁事業は実行不可能か少なくとも経営的には非常に問題が多いことが明らかになった。

第１次大戦前に日本ダンロップ社に投資していた住友財閥は，その英国の多国籍企業との商取引関係を利用し深めることによって，1917年に住友ゴムを設立した。戦後，ダンロップ社はマラヤの自らのゴム農園を拡大し始めた。そして同社は，1923年に世界最大のタイヤ市場である米国に参入し，バッファローで工場の操業を開始した。もっとも，同社は競争がきわめて厳しいことを見出すことになるが。戦後，ダンロップは自らのフランス事業を再編成した。そして戦争中にドイツの子会社で働いていた経営者たちのとの関係を驚くほど維持していたため，同社は1921年までにこれら接収された資産を再び取得したのである。1923年に，同社は世界最大の市場である米国に再び参入したが，競争がきわめて厳しいことを再び見出すことになった。次に同社は英帝国市場に集中し，1927年にオーストラリア，1928年に南アフリカで製造を始めた[52]。石橋正二郎――彼の会社の名前は英語ではブリジストン（橋石）と逆に付けられている――は，日本の伝統的な足袋に自社で作ったゴムの底をつけた履物会社を設立し，成功を収めていた。1931年に久留米において，彼はダンロップのエンジニアたちの技術支援を受けて，ブリジストン社のタイヤ工場を設立した（Mason, 1990; Udagawa, 1990）。

関税は同様に，ダンロップが海外において新たな工場を建てたり，既存の工場を拡張したりしたことを説明するものである。そして，取締役会は国際市場を巡る争いにおいて米国，イタリア，そしてフランスの競争企業に後れを取らないようにすることを決定している。ダンロップは，同社の名前を使用している以前の独立会社を，カナダでは1927年に，オーストラリアでは1928年に買収した（Jones, 1986）。

したがって，自動車とタイヤの双方において，関税その他の貿易障壁を課すことは，輸出志向の戦略からFDI志向への移行を説明した。というのは，英国においてタイヤに対する保護関税がなかった時代には，ダンロップは唯一の現地生産者であった。しかし，1927年に33.3％の輸入関税が課された2年後には，グッドイヤー，ファイヤストーン，グッドリッチ，ミシュラン，そしてピレリがすべて工場を設立していた[53]。英国の兵器およびエンジンニアリングのグループであるヴィッカース社は，1920年代にヨーロッパ全体で，そのすでに複雑であった合弁事業や現地企業における株式所有のネットワークを拡大した。同社は，イタリア，スイス，ルーマニア，ポーランド，スペイン，エストニア，ユーゴスラビアにおいて，そのアプローチによって関税障壁を打破し，外国所有の事業への依存による国家の安全保障に対する地元の過敏な感情を克服した（Jones, 1986）。

すでにみたように，1929年からフォードはソ連の自動車産業の拡大と近代化に大きな資源を投入した。しかし，他の西欧資本家の支援も求めることができた。米国，スイス，ドイツの企業は自動車用のガラス，照明，そして電気機器工場の設計や建設を支援した。多くの場合において，ソ連の技術者たちは必要な訓練を受けるために米国に旅行した。フランク・A. セイバーリング――自動車産業の「小ナポレオン」――は，共同設立事業であったグッドイヤーの社長を1921年に退任した後，新設のセイバーリング・ゴム会社を業界7位の企業に発展させた。さらに彼は，ソ連におけるタイヤ工場の創設に積極的に関与した[54]。我々は，ソ連の共産主義政権がデュポンやRCAから技術的・実践的支援を得たことを知っている（Gallard, 2004）[55]。

同様に，インターナショナル・ハーベスター社は，スターリングラードのトラクター工場の開発を委託された。この工場のシステムは，次にハリコフの工場で再現された（Wendell, 1992）[56]。そして，キャタピラー社は，ウラル山脈の東にあるチェリャビンスクにもう1つのトラクター工場を建設した[57]。同国政府は，ドニエプル川のダム建設について，またそこでの水力発電所建設について技術的な助言者を雇った。水力タービンのうち8基と発電機5基が米国において設計・製造された。しかし，レニングラードのエレクトロシラ工場はすでに貴重な経験を得ていたので，続く3基の発電機を生産することができた。電力は，サポロージェ・スチール・プラントとドニエプル・アルミニウム・プラント（DAZ）の2つの巨大な新設の施設に供給された（Dunn, 1995）。かつては注目されなかったサポロージェという田舎町の近郊にあるドニエプル・コンビナートの建設に際しては，国立冶金工場設計研究所（GIPROMEZ）が，シカゴのフレイン・エンジニアリング会社に高炉について助言を求めた。もう1つの米国企業であるユナイテッド・エンジニアリング・鋳物会社は，熱間・冷間連続圧延工場を建設した。[58]シーメンス=シュッケルト社は，ドニエプル水力発電計画に携わったもう1つの多国籍企業であった。同時期に，別のシーメンスの子会社はアイルランド自由国でシャノン川の流れを変えた。英国から独立するために苦しい戦争を戦った後，アイルランド政府は1925年に新しい国の電力供給をシーメンス=バウウニオン社に委託することを受け入れた。アードナクルシャ水力発電所の建設には4年がかかった。政府予算のきわめて大きな部分を費やしたこのプロジェクトは，フーバー・ダムが世界的な注目を引くまでは，エンジニアリングの偉業と国際的に讃えられた。[59]

ソ連における産業は，米国の代名詞とされていた大量生産方式を見習おうとしたが，上層部から独自の雇用慣行を押しつけられた。報酬は出来高に基づいていたが，いかなる最低賃金の保証もなかった。賃金は個人の努力の評価と直接に結びつけられていた。労働英雄の誤った解釈によって煽られたスタハノフ運動のプロパガンダの重圧は，労働現場における高い個人的な関与を要求した。食糧配給カード，社宅，そして雇用保証が，経験のある労働者を工業化の重要な労働現場に留めた。そして，完全な平等はマルクス社会主義に明らかに反するものだと宣言され，最も熟練した労働者や基幹労働者は，最高給を受け取った（Laux, 1992; Service, 1997）。

日本と多国籍企業

まさに，海外資産と商標を喪失してしまったので，1920年代のドイツ企業はFDIに対して用心深くなっていたし，海外投資の資金を持ち合わせていなかった。自らの技術・製品の優位性を保護・開発することに依然として傾倒して，ドイツ企業の多くは代替的な国際ビジネス戦略としてのライセンス供与の追求に躊躇し，それに代わって輸出に依存していた。したがって，ドイツの製造業者は貿易会社との取引関係を復活しなければならなかった。戦争によって，C. イリーズ社は自らにとって重要であった日本市場や東アジアの多くの国から排除された。しかし同社は，迅速に自らの海外事務所のネットワークを再構築した。同社は，早くも1920年に日本でボッシュ社の自動車およびエンジン部品の販売を始め，1923年の関東大震災後の建築資材，鉄鋼，機械に対する旺盛な需要に対応した。C.イリーズ社もまた成長した。なぜなら，ドイツの製造業者は日本の重化学工業部門――1920年代に急速に成長した――のために，設備や部品を供給したからである。そして，この貿易会社は，規模および能力を拡大していた陸軍および海軍の双方に武器を供給した。[60]

米国は長期にわたって工業国として，また太平洋の大国としての地位を確立していたが，ドイツの技術や組織を尊敬し模倣するという日本の伝統によってドイツの貿易商は利益を得つづけた。それは近年生じた戦争からの敵意の遺産を補って余りあるものであった。エッセンのクルップ工場は日本の皇族の訪問を受け入れる役割を果たした。そして，同社は，日本において広く尊敬されていたので，同社の重機械，軍需品，そしてエンジニアリングの専門知識は，この新興工業国に重要な影響を与えた。[61] ルール地方の技術的に優れた企業――著名なのはDr. C. オットー社とハインリッヒ銅会社――は，機械類を日本企業のために製作し販売した。それらの企業には，石炭とその副産物（タール，アンモニア，ガスなど）を処理する必要があった三井鉱山や三菱鉱業が含まれていた。[62] 第1次大戦後，日本は対内投資に対する開放性を維持し，再確認した。しかし，新興工業国として，日本政府は輸入許可制，関税，そして割当を利用して国内製造業を育成したのである。同国政府は，技術・経営移転の促進を期待して，外国の投資家との合弁事業を奨励した。したがって，1920年代末までは，そして大恐慌が流れを逆転させるまでは，鉱業と製造業が日本のGDPの23%を占めるまでに台頭した。同国の通商・産業政策はその10年の間の国際的に共通した形態に適合していた。この政策において，日本の政府は，大恐慌が流れを逆転させるまで，多国籍企業を歓迎していた。

シーメンス&ハルスケ社は，1923年東京に子会社を創立する正当ないくつかの理由を有していた。そのドイツの会社は日本の工業化の速度に強く印象づけられており，その市場をGEやウエスティングハウスに譲りたくなかった。同社は，長期的な発展のためには国際的な事業展開が重要であると認識していたし，ドイツでは同時に，製品多角化，標準化，そして流れ作業ラインによる製造の計画に着手していた。日本の子会社は富士電機製造，あるいは後になると単に富士電機と呼ばれた。自らの発展の機会の最大化のために，そして当時のドイツ企業にとって1つの重要な要素であった資本支出の最小化のために，シーメンス&ハルスケは大規模な財閥の一員である古河電気との共同事業を立ち上げたのである。「Fuji」という名前は，FurukawaとSimensのローマ字表記である「Jiimens」を合成して付けられた。同社の川崎工場でタービンや重機械が生産されることによって，1924年までに同社は，技術・経営移転の古典的な例となった（Kudo, 1994; Yuzawa and Udagawa, 1990）[63]。

インテレッセンゲマインシャフト（IG）・ファルベンは，長い間，日本の国境を超えた協力やノウハウの借用という政策を阻止しようとした。第1次大戦後，染料および窒素肥料の日本への輸出が復活した。なぜなら，ドイツ製品は現地の生産者に対して製品上・生産上の顕著な優位を持ち続けたからである。日本政府は，戦争中に台頭していた生まれて間もない化学産業部門を保護したいと思った。しかし，政府は自らの巨大な繊維企業と農業が低関税を必要としていることを知っていた。政府は，外国の多国籍企業が非支配所有に留まる限りは，彼らが合弁事業に投資をすることを奨励した。一方，化学製品を特許保護の対象としないことを決めた1921年の法律によって，外国の多国籍企業は日本の製造業者への協力にきわめて用心深くなった。1924年から，日本は多国籍企業の投資を奨励し，輸入を削減するために輸入ライセンス制度を導入した。BASF，ヘキスト，バイエル，アグファ，そしてグリースハイム＝エレクトロンは，彼らの日本での販売組織を合併して対応したが，製品・生産知識について自らの支配を弱める可能性のある製造業投資については除外した。これら4社その他の企業は，1925年に，世界の化学産業において新しく非常に競争力のある巨大企業となったIGファルベンというコングロマリットの設立において中心的役割を果たした。

ハーバー＝ボッシュ法――人工肥料および爆薬の生産に使用される――は，一方の日本政府および国内生産者と他方のIGファルベンとの間の衝突の1つの事例を提供してくれる。日本は第1次大戦中に，敵国であるドイツの企業から技術を接収していた。そして，日本政府から権利を購入するために，主導的な財閥は東洋窒素組合を設立していた。しかし，東洋窒素組合は，自らが購入したまさにその技術を自分では利用できないことを知った。そのため，日本政府は，ドイツ企業が盗まれたとみなしていた特許を利用するために，IGファルベンから有償で技術支援を受けることを決定した。IGファルベンは，当初，注意深くかつ消極的に対応した。そして同社は，日本企業が代替的な方策としてフランスの製造業者と取引しようとしても，それを阻止できた。というのは，フランスの製造業者自体が，このドイツのコングロマリットと協力協定を結びたいと思っていたからである。IGファルベンは日本政府を説得して，1925年にドイツの染料に対する輸入ライセンス制度を中止させた。その制度は，日本政府が日本が生産できる可能性のあるすべての製品の輸入を制限することを認めるものであった。ひとたび，取り決めがなされると，その協定は日独通商航海条約の締結を可能にした。もっとも，IGファルベンと日本政府との関係は，不安定であり続けたのではあるが（Kudo, 1994）。

日本の工業化に対する影響力という点では，ドイツ企業はその名誉を米国多国籍企業と二分する。第1次大戦中および戦後にかけて，ゼネラル・エレクトリックは芝浦製作所に関与していた。芝浦製作所は三井銀行，そして三井財閥と結びついていた。GEはさらに東京電気にも参画していた。これら日本企業2社——両社とも電灯および重電機生産に従事していたが——は，補完的な製品ラインを有していた（Odagiri, 1996）。1917年に，戦時期の急成長に対応するための努力の1つとして，三菱財閥はそのマネジメントと組織を再編成し，4年の間にいくつかの事業部門を別々の会社として設立したり再設立したりした。創設された会社をみると，そのすべてが三菱の名を冠しており貿易，造船・重工業，石油，そして内燃機関に携っていた。もう1つの別の会社である三菱電機は1921年に法人として設立され，ウエスティングハウスが株主となっていた。

第1次大戦前に，三好電気製造会社に投資し，この会社を後に日本電気（NEC）に変えることによって，ウエスタン・エレクトリックは，日本で最初の外国資本との合弁事業をすでに設立していた。この事例では，ウエスタン・エレクトリックは，過半数所有の合弁相手であった。NECは，自らのきわめて近代的な工場を使って通信設備を生産することに加えて，政府契約のもと日本列島に沿って電話網を建設した。同社は，朝鮮や満州といった植民地を日本帝国本土と結びつけ，中国での電信プロジェクトを引き受けた。電話委託業務が停滞してくると，同社は1913年から当時の日本人にはほとんど馴染みのなかった電気扇風機，台所器具，そして掃除機の輸入販売に切り替えた。しかし，次の段階の通信インフラ建設が，1916年に始まった。その建設に当たって，1918年に，インターナショナル・ウエスタン・エレクトリック（IWE）が，その日本の子会社に責任を負うようになった。それはちょうど，同社の米国における巨大な競争企業であるゼネラル・エレクトリックが，1919年にはその国際的な所有会社をインターナショナル・ゼネラル・エレクトリックと呼ばれる独立した国際事業部門に統合したのと同様であった。NECの経営陣は，電線の製造事業において，自分たちがIWEと同等のパートナーでありうる産業的な能力を欠いていると信じていたので，住友グループの電線製造部門である住友電線製造に参加を要請し，1919

年に3社による合弁事業を立ち上げた。契約の一部によると，すべてのケーブル製造機械とすべてのケーブル製造は，住友側が受けもつことになった。

NECは，1923年の関東大震災で，所有していた工場のうち4つを喪失したが，災害後に再建されると，数々のプロジェクトと注文の増加がもたらされた。同社はまた，ウエスタン・エレクトリックの有名なホーソン工場を模倣する形で三田工場に新たな設備を導入した。1920年代に同社は，スイッチング・ギアの製造・開発その他の技術を革新した。政府の委託事業をバックに，また米国のパートナーが製造した放送機器を使用することによって，1924年から1930年にかけてNECはラジオ放送を日本に導入した。この時期（1925年）に，ウエスタン・エレクトリックはIWEを，新たに登場し急速に成長をしていた巨大通信会社であるインターナショナル電話電信会社（ITT）に売却した。ITTは買収後この会社を，インターナショナル・スタンダード・エレクトリック（ISE）と名称変更した。

1930年に，親軍派が日本の国会の支配権を取ると，彼らは国内政策も外交政策も共に変更し始めたが，これが翌年の満州侵略をもたらした。国粋主義的・軍国主義的な政府は，本能的に海外資本の影響を減少させようとした。そのため，政府は住友がNECの業務に対して支配権を行使することや，独自の技術や製造能力にもっと投資をすることを望んだ。政府はISEに支配株主として所有している株式の15%を住友財閥に無理やり売却させた。増加した関税による保護によって，また国内の高い需要と結びついて，NECの売上高は次の5年間に7倍にもなることとなった。日本において国粋主義・軍国主義勢力が権力を握ることになったのは，明らかに大恐慌が契機であった。そして，このグループは産業の外国支配に反対を表明することになる。日本が中国を攻撃した1年後の1938年に，近代戦における長距離通信の重要性を考慮して，日本軍はNECの三田工場と多摩川工場に対する支配を確立した。日本軍はさらにISEに対し，またもまとまった株式を住友財閥に売るよう強要した。1941年12月の日本軍の真珠湾攻撃および東南アジアへの侵攻後，NECは系列会社である中国電気の直接支配を引き受け，オランダ領東インド諸島の郵便・電信・電話サービス会社に属していた無線通信研究施設も取得した[64]。

多国籍企業の投資戦略

エリクソン社は1918年にSATとの戦略的提携を完全な合併に切り替え，AT&T傘下のウェスタン・エレクトリックとシーメンス&ハルスケという主要競合企業2社に対して自らを強化した[65]。これら3社は1921年に国際カルテルを設立しようと試みたが失敗し，その結果，次の10年間を，世界市場をめぐる戦いに費やさなければならなかった。これらの企業はまた，ITTとも戦った。というのも，ITTは活発な国際ビジネスの成功の著しい例となっていたからである。ITTは1920年代に，ソスシーンズ・ベーンの様々な事業活動を合同することにより設立された。彼は，電話の巨大な潜在力を完全に理解するまでは，プエルトリコに砂糖ビジネスを構築していた。米国市民となった後，ベーンは第1次大戦中のヨーロッパ外征軍の通信連絡部隊に従軍し，国際電気通信システムというアイデアを思いついた。彼と弟のヒーマンは，彼らが買収していたカリブ海のいろいろな事業——プエルトリコ電話会社，キューバ＝アメリカ電話電信会社，そしてキューバ電話会社——を合同することから始め，彼らの新しい持株会社をさらに外国の事業を買収するための手段として利用し始めた。

ITTは，同社がスペインの電話サービス会社の支配権を得て，さらなる買収や成長のための1つのモデルを確立した1924年までには，企業家精神を発揮して大胆かつ楽観主義的な動きをした。その安定的な収益とナショナル・シティ・バンクの金融的な後ろ盾によって，ITTはウォール街で取引されていた証券の価値についての疑念を払拭した。そしてベーンは，個人的にスペイン政府の支援を勝ち取り，彼の新しい子会社であるスペイン国営電話会社（CTNE）（今日のテレフォニカのルーツである）の取締役会に現地人を任命した。ヨーロッパ滞在中に，彼が手に入れることのできる電話設備の品質に狼狽して，ベーンは設備製造業者を探し始めた。そして，幸運にも，米国政府によって提起された反トラスト訴訟によって，AT&Tがインターナショナル・ウエスタン・エレクトリックを含む海外事業を譲渡することを考えていた。ナショナル・シティ・バンクはベーンとAT&Tの会合を仲介し，1925年までに重要な特許を一時的に使用するという形で取引は完了した。

ITTは，以下の会社の所有企業として台頭した。つまり，ベルギーのアントワープに本拠を置く設備製造業者であるベル電話製造会社（BTMC），スタンダード電話・国際電報会社と名称を変更した英国企業の子会社，そして，いろいろなドイツの同業者が合併してできたスタンダード電機会社（SEG）——SEG自身，5年を経ずにC. ロレンツ社およびミックス＆ゼネスト社といった電子企業を買収することになる。同社は，自らをフランス，ドイツ，英国，そしてラテンアメリカの多くの国において，製造事業や免許事業を行う国際化されたコングロマリットへと変え，ニューヨークのグループ本社ではなく，現地の取締役会がマネジメントに責任を負うことを基礎として，事業活動を展開することとなった。一晩にして，ITT株は，この時期ウォール街は強気市場であったとは言え，最も人気の高い株式の1つとなっていた。しかしながら，我々が後に理解するように，1929年以後の経済・政治状況の変化は，大規模な借金による資金調達をひたすらさらけ出した。1930年代には，大恐慌とその負債の重さはITTの収益性を大いに阻害することになったが，同社の投資の規模と立地ゆえに，1936年に始まったスペインの内戦にはとりわけ傷つきやすかった（Wilkins, 1974）[66]。

各国軍は食料を保存したり，大規模な軍隊に食料を供給したりする手段を必要としたので，第1次大戦は缶詰産業が活況を呈した時期であった。錫の供給制限に対応するために，そしてかつてない大きな注文に協力して応じるために，英国の缶詰会社はある協会を設立していた。1921年から，その主導的なメンバーのうち4社が市場割当の取り決めを強化することを決定し，間もなくメタル・ボックス&プリンティング・インダストリーズと呼ばれるようになるものを設立した。しかしながら，それは高度にオートメ化された生産技術を備えたアメリカ製缶社によって脅かされた。というのは，同社が小規模な地場企業を買収してブリティッシュ製缶社と名称変更し，素早くメタル・ボックス社自体の買収にも乗り出したからである。救済をもとめて，メタル・ボックスはアメリカ製缶のライバル企業であるコンチネンタル製缶社に目を向けた。そして，同社は株式を交換することに同意し，その米国企業の機械，技術支援，訓練，特許に対する権利を得た。この取引によって，他のすべての英国の競争の有効性は排除された。そして，メタル・ボックスは，アメリカ製缶会社が21年間英国に参入しないことを条件に，ブリティッシュ製缶社を買収することに同意した。ロバート・バーローは，その新戦略を左右する人物であり，彼は設立時からの会社の取締役たちを集権的に支配したため，彼らは，彼の独断的なマネジメント・スタイルによって疎外された。海外については，この計画は世界市場を分割することで，メタル・ボックスはヨーロッパと英国植民地に集中し，他の国々はコンチネンタル製缶会社に委ねるものであった。バーローはフランス，オランダ，ベルギー，インド，そして南アフリカにおいて，共同事業や子会社を設立した。例えば，インド・メタル・ボックス社は，広範な容器や包装の製造を行うために，1933年にカルカッタで法人設立された（Reader, 1976）[67]。

スイスの主要な化学会社3社は，3社間の競争を終結して利益や技術知識をプールする目的で，1918年にバーゼルAGというカルテル会社を設立した。第1次大戦後，米国は国内生産を奨励しようと公然と企てて，輸入染料や化学中間物に関税をかけていた。そしてバーゼルAGは，その世界で最も急速に成長している市場において，海外子会社1社しかその存在を維持できないと決めた。1920年には，同社はアウルト・アンド・ウィブルク社を買収し，シンシナティ・ケミカル・ワークス社を設立した。これら2社は，スイス企業3社すべてのために生産を行った。にもかかわらず，これら3社は表面的にはそれぞれ自らの存在を示し，ニューヨークに別々の販売事務所を有していた。この部門における会社間の協力のもう1つの例は，これらスイスの企業がダウ・ケミカル社に，彼らの染料の多くを生産するためのライセンスを与えた事実と，ダウがシンシナティ・ケミカル社の原料を供給したという事実である。

チバ，ガイギー，サンド各社は，1925年のIGファルベンの設立に際して，ヘキスト，BASF，アグファといったドイツ企業と行動を共にすることを拒否することによって，スイスの中立の伝統と価値を意識していることを示した。1929年までには，異なった経済環境のなかで，これらスイス企業はドイツの巨大企業との市場シェアと利益水準を守るために設計された2社カルテルに参加する覚悟を決めた。フランスの会社が参加して，彼らは3社カルテルを創設した。そしてこれは，英国のICIがこの影響力の強いグループ事業の外にこれ以上とどまらないことを受け入れた時，4社カルテルへと発展した。これらの企業が設立したこの汎ヨーロッパ的なカルテルは，1939年に戦争が勃発するまで続いた（Enri, 1979）[68]。ジョゼフ・ネーザン社は，独特の物語を有していた。同社は，ニュージーランド出自の食品会社であり，1923年に医薬品に参入する前はオーストラリアで事業を展開していた。そして同社は，1935年にグラクソ・ラボラトリーズを別会社として英国で設立した（Jones, 1986; Davenport-Hines and Slinn, 1992）。

ドイツ政府の軍需品に対する需要は，第1次大戦終結までに，ドイツの化学産業を悲惨な状況に追いやっていた。そして，企業は海外市場と国際特許に対する支配権を失っていた。米国が，技術および生産工程の双方において競争者として台頭したので，ドイツ企業はその地位の喪失を逆転させうる合理化計画に魅きつけられていた。この基本的な考えは，1925年にIGファルベンの設立で頂点を迎えた（Chandler, Amatori and Hikino, 1997）。英国の主導的な化学会社2社――ノーベル・インダストリーズ社とブラナー＝モンド社――の最初の反応は，これに参加しようとしたことであった。しかし彼らは，条件に同意できなかった。第2の反応は，合併――ユナイテッド・アルカリ社とブリティッシュ・ダイスタッフ社が合同する形で――することであり，1926年にインペリアル・ケミカル・インダストリーズ（ICI）を設立することであった。これらの企業は，新たなドイツ企業のグループ化が主要輸出市場で仕掛けうる競争をとくに恐れた。そして，彼らはICIがIGファルベン，デュポン，アライド・ケミカルズとの共同事業において，世界の化学産業の合理化の第一歩になりうることを望んだ。ICIはその将来のすべてを肥料事業に賭け，ビリンガム工場に大規模な投資を行った。しかし，1929年までに同社は，IGファルベンとの生産割当に合意せざるをえなかった。すでにみたように，同社は4社カルテルに署名し，別の秘密協定によって，もたついていたビリンガム工場を開業し続けようと試みたのであるが，不首尾に終わった。

1935年に，ICIはIGファルベンがヨーロッパの大部分と中南米で窒素を専売することを認め，一方，英国，スペイン，ポルトガル，インドネシア，そしてカナリア諸島における市場を支配することになった。さらに，両社はアジアの大半においては，ビジネスを分け合った。第1次大戦以前に，国際カルテルは存在していた。しかしそのカバーする範囲と影響力は共に，戦間期にはるかに大規模なものになった。競争的な輸出，ライセンス供与，そしてFDIの間の選択肢に加えて，もう1つの明確な戦略的選択肢が存在した（Reader, 1970, 1975）[69]。第1次大戦後の販売の減少と，1929年の大恐慌の衝撃の後のさらなる減少によって，生産割当を設定し市場を分割したカルテルは，価格の上昇による安定や生産能力の合理化といった救済措置を提供した。全体的には，カルテルは輸出を維持し，潜在的には技術ノウハウを共有することを奨励したが，その結果，FDIの数は最小化した。現地の生産者は，自らの国内市場を独占することに同意して，関税政策，自国民による所有，そして外国の多国籍企業に対する敵意の高まりに対応させたのであった。IGファルベンは，20年ほどに及ぶその存在期間に，海外事業を打ち立てなかった。また，ICIは第2次大戦後まで，海外への動きを取らなかった。デュポンは自らの投資をラテンアメリカに限定していた。

レーヨン会社は，自らの製品に対する国際需要の1920年代のブームに乗り，一般的には，多国籍的な関与を著しく深化させた。1922年に，米国がレーヨンに対する関税を引き上げるやいなや，コートールズ社は現地での生産を拡大しなければならないと決定した。同社はヴィスコース社を新企業アメリカン・ビスコース社（AVC）と合同させた。同社の注意深く隠蔽されたきわめて豊かな利益の流れは，同社のなかであまり成功していない事業を支援した。英国の親会社は，とりわけ1924年から27年にかけて，一連の国際投資の資金を提供するための資源を有していた。同社は，またもやレーヨンに対する関税の結果として，カナダに工場を建設し，ボンベイにコートールズ（インド）を設立し，コペンハーゲンやバルセロナで工場を立ち上げ，そしてフランス事業であるカレー人絹会社（1934年にはカレー製糸会社という新しい名称になっていた）を設立した。コートールズは，VGFと合同でイタリア最大のレーヨンメーカーであるスニア・ヴィスコサ社の支配権を取得し，コートールズとVGFは合弁会社であるグランツシュトッフ＝コートールズ社を，ケルンを本拠地として設立した。グランンツシュトッフ＝コートールズ社の成立によって，英国とドイツの親会社が特許をめぐる争いを解決し，お互いの競争を制限するマーケティング・生産協定を締結することを可能にした。さらにコートールズは，その後数年にわたってVGF自体にかなり関与し，国境を超えたきわめて複雑な仕組みの統治構造を作り上げた。同社は，リヒテンシュタインに複数の子会社を法人登録して，いくつかのヨーロッパの工場や特許を正式に所有し，現地での課税を最小にしようとした。

デュポンは，米国においては人造繊維会社と，オランダの製造業者であるエンカ社と密接に協働し，1925年に英国に自身の工場を設立した。同社はVGFと合弁事業を立ち上げ，総合人絹合同会社（AKU）として1929年に法人設立した。そして同社は，合成繊維の製造におけるマーケット・リーダーとして台頭した。レーヨン産業のカルテル化は，1920年代の間，ヨーロッパの生産者の間での海外直接投資ブームと手を携えて機能した。グローバルな共謀は，主として占有技術の使用を保護したりそれに同意したりすることを求めるものであったが，不可避的に価格や利益の維持に役立った。1930年代に市場が縮小した時，共謀はさらに大きな重要性を持つようになった。その10年間に，AVCの業績——したがって，コートールズの業績——は，段階的にかなり縮小した。その英国企業は，混乱した経済状況に対応することはできたが，同社の研究や製品開発における記録は，急速に台頭してきた競争企業であるデュポンと比べると，対照的に望ましくないものであった（Coleman, 1969; Cerretano, 2012）。

商標付き商品の国際化

ハイパーインフレーションを含む1920年代におけるドイツの経済的困難は，マーガリン・メーカーであるユルヘンス社やヴァンデンバーグ社に対して，経営上の問題を容赦なく生み出した。もっとも，彼らはより高価なバターや他の動物性油脂に対するマーガリン市場の拡大から紛れもなく利益を得ていたのではあるが。生産，ブランディング，マーケティングにおける自らのリーダーシップによって，それらの会社は1920年代にドイツの主導的なマーガリン製造業者として台頭した。そして，彼らは最終的には1927年にマーガリン・ユニ社に参加した。マーガリン・ユニ自体はさらなる吸収のための基盤となった。同社は1928年に，オランダ，フランス，ベルギー，そしてチェコスロバキアに工場を所有していたフランス＝オランダの合弁企業カルビー食品会社を買収することによって，国際的に拡大した。1919年から1925年にわたって，リーバ・ブラザーズ社は，生活水準の上昇から利益を得るために，ノルウェー，スウェーデン，デンマーク，そしてフィンランドに工場を設立した。しかしながら，それぞれの投資規模は小さなものであった。米国において現地のマーケティングの知識を持っていたフランシス・A. カウントウェイは，米国におけるリーバ・ブラザーズ社を管理し続けた。そして，1919年には彼は自らの子会社を再編成した。彼は石鹸販売をニューイングランドを超えて拡大したかった。そのため，彼は米国を10の販売地区に分け，1925年まで「ラックス」「リンソ」「ウエルカム」「ライフブイ」といった商標の商品の販売に専念した。1925年には，彼は化粧石鹸としてのラックスの販売をも開始した。リーバ・ブラザーズは，小売業者からの注文を勝ち取る方法として卸売商との連携を模索した。そして，販促用の景品，特別なディスプレイ，実演販売，そして個別訪問によって，この事業は1929年までにはプロクター＆ギャンブル社とコルゲート＝パルモリーブ＝ピート社に次ぐ米国3位の地位へと上昇した。

1923年に中国市場の将来の見通しを有望とする決定を行っていたリーバ・ブラザーズは，上海に工場を建設した。リーバ・ブラザーズとマーガリン・ユニとの交渉は数年にわたって長引いたが，結果的には1929年に取り決めを終えた。これによって，1社はロンドンに，もう1社はハーグといった具合に，実際には2つの法的には別々の企業であるユニリーバが設立されたのである。リーバ・ブラザーズは主として石鹸のメーカーであり，マーガリン・ユニは食用油でより知られていた。したがって，ユニリーバ社は原材料，流通およびマーケティングにおけるシナジー効果を求めることができたのである。同社の最大の市場は英国とオランダであったが，3番目はドイツであった。ドイツでは同社は，自ら所有する25の現地工場によって供給されるマーガリン販売の70％を管理し，2,000万ポンドの投資額によって，1933年には，同社は同国における外国人所有の最大の会社であると主張することができた（Osterhammel, 1989; Cochran, 2000）。新たなユニリーバというコングロマリットは，1931年にインドの子会社を設立し，ヒンドゥスタン・バナスパティ製造会社と呼んだ。しかし，4年のうちに，インド・リーバ・ブラザーズ有限会社とユナイテッド・トレーダー有限会社に分かれた。同社はまた，タイ，インドネシア，アルゼンチン，そしてブラジルに新しい工場を創設した（Wilson, 1954）。

ディスティラーズ社は1925年から27年にかけて，禁酒時代に米国における酒類の流通のために，密輸業者であるサム・ブロンフマンと密約を結んだ。そして彼らは，モントリオールにディスティラーズ・コーポレーション＝シーグラムを設立し，国境を南に越えて輸送するためのウイスキーやその他の製品を生産した。彼らの共同事業は1933年のボルステッド禁酒法の廃止によって終わりを告げた。[71]

小規模経済国出自の主要な企業として，すでに大規模な多国籍企業となっていたネスレ社は，自らの事業をいっそう販売重視路線に持ち込むことによって，第1次大戦後の景気後退に対応した。同社は米国，英国，オーストラリア，ノルウェー，そして母国のスイスにおいてさえ工場を閉鎖した。再建が終わった時，そして経済状況が改善するにつれて，同社はフランス，ベルギー，イタリア，ドイツ，そして南アフリカで生産施設を拡大した。1928年に，ネスレ社はペーター社，カイラー社，コーラー社，そしてスイス・チョコレート社を合併して，成長しつつあった国際事業に，ヨーロッパ，南米，そしてオーストラリアの13工場を追加した（Harrison and George, 1983; Heer, 1991）。[72]

英国のクエーカー教徒の所有するココアとチョコレートの3大企業は，多くは合弁事業を通して，戦間期に国際化した。フライ社とラウントリー社は，それぞれ1919年と1927年にカナダに進出した。さらに，ラウントリーが1926年に南アフリカに，キャドベリー社とラウントリーがそれぞれ1921年と1934年にオーストラリアに進出した。そして，合併してできたキャドベリー＝フライ社は1930年にニュージーランドに進出した。関税障壁が高くなるにつれて，輸出取引を守り販売を拡大したいと強く望むようになった。その自治領のより小規模でまばらな人口とより低い1人当たりの所得は，英国から移転された商標付き商品を自動的に受け入れるものではなかった。そして現地パートナーとその販売部隊の支援による調整が必要であった。その自治領は一次産品価格の崩壊によって苦しんだ。そして，その経済的な状況は，戦間期を通してラウントリーやキャドベリー＝フライに貧弱な収益しかもたらさなかった（Fitzgerald, 1995）。

戦間期におけるFDIの流れに見られる1つの意味深い特徴は，米国製造業者による商標付き家庭向けの商品のヨーロッパにおける投資と，大西洋の対岸にアメリカ的マーケティング手法を適用しようとする彼らの強い意志であった。彼らの投資は，現地あるいは地域で販売するために英国，カナダ，オーストラリアに向かう傾向があった（Wilkins, 2004; Feldman, 1989）。プロクター＆ギャンブル社による1930年のニューカッスルの石鹸メーカー，トーマス・ヘドリー社の買収は，同社の英国への参入を告げるものであったし，ヨーロッパの中心部においてユニリーバ社に大きな挑戦状をたたきつけるものであった（Wilkins, 1974）。ハワード・J. ハインツ――1919年に，H. J. ハインツ社の社長として父親のヘンリーの後を継いだ――は，母国で1920年代に事業を即席スープとベビーフードへと拡大した。そして彼は，オーストラリア最大となる食品加工工場を1935年に設立するために，自分の息子の「ジャック」H. J. ハインツ・ジュニアを派遣した。[73] クエーカー・オーツ社は第1次大戦前にヨーロッパに工場を所有し，自社の製品をアジアやラテンアメリカ全体に販売していた。価格の下落前に穀物を購入していたことによって初めて生じた損失から脱却するため，同社は組織を再編成しなければならなかったし，1922年までには，総売上高の約4分の1に相当するすべての海外活動を本社の1つの事業部に統合しなければならなかった。[74] コーン・プロダクツ・リファイニング社――ヨーロッパやラテンアメリカ中に製油所を有していた――は，1926年にスープとブイヨンのドイツ・メーカーであるクノール社を買収することを決定した。

米国のシリアルのメーカーは，戦間期に国際的な活動の足跡を刻んだ。[75] ケロッグ社――第1次大戦直前にカナダで海外展開を開始していた――は，1924年にオーストラリアのシドニーに海外工場を開設し，米国の親会社のアプローチに基づいてマーケティング・プログラムを実施するために，執行経営者を1人派遣した。同社は，1928年，ボタニーに新しい工場を建設した。そこでは鉄道でその製品を埠頭に運び，そこからオーストラリア，ニュージーランド，そしてアジア太平洋地域全体に海上輸送された。同社は，地域の人々がすぐに労働力および消費者の源泉となることを認識し，1939年にマンチェスターのオールド・トラッフォードで工場を建設した。そして同社は，現地の運河の複雑なシステムに沿って穀物を購入した。[76] シュレッデッド・ウィート社――ナイアガラ瀑布の米国およびカナダの両岸で利用できる水力発電を長い間使っていた2つの工場を持っていた――は，1926年にイングランドのハートフォードシャー州ウェリンガーデン・シティで，同社のランドマークとなるような近代的な工場を開設した。ナショナル・ビスケット社（Nabisco）――1925年にカナダにおいて同社最初の海外子会社を設立していた――は，1928年にシュレッデッド・ウィート社の買収に乗り出した（Harrison and George, 1983; Heer, 1991）。[77]

ジェームズ・ブキャナン（バック）・デュークは，BAT（ブリティッシュ・アメリカン・タバコ会社）の会長にとどまっていた。もっとも，同社は彼のアメリカン・タバコ社とは公式の関係をもっていなかった。第1次大戦は，パイプ・タバコからより便利な紙巻きタバコへの顕著な転換をもたらした。そしてBATは，今や多数の女性労働者を雇用し，世界中に展開された軍隊への紙巻きタバコの供給に集中した。1920年代に，同社は政府の運営する沿岸取引所を越えて，人口の多い中国市場に直接販売することを決定した。1922年，BATは，天津において現地の製紙会社を所有し，入手可能な最新の機械を使用する紙巻きタバコ工場を建設していた。同社の西洋人マネジャーたちは特権的な駐在員生活を享受した。そして，彼らは一時帰国や保障された年金の資格が与えられた。いく人かの現地の店主は，数十年間自らの商標付き商品を取り扱ってきていたが，天津におけるBATのビジネスの大半は，盆から1本ずつ巻きタバコを取り出して販売する露店商によってなされた。同社は，中国人の従業員や仕事仲間に権限を委譲していることを誇りにしており，中国人の会計士や事務員を雇った。BATが最大の工場を有し，広告部門の拠点となっていた上海では，同社の従業員のための学校を運営していた（Williams, 2005）。

1923年に，ヒューゴー・カンリッフ＝オーエン卿がデュークに取って代わった。その後20年間にわたる彼の主な悩みは，中央政府が崩壊しつつあった時期に，中国での販売を守ることであった。そして，彼は中国BAT社を，地域的に独立して活動できるいくつかの地区単位に再編成することを決定した。彼は，他の国際事業においても，意思決定と財務成果を改善する目的で，分権化の諸原則を適用した。しかしその結果は，おそらくまちまちであった。カンリッフ＝オーエンは1927年にノース・カロライナのブラウン・アンド・ウィリアムソン社の買収を通じてアメリカン・タバコ社に対して直接競争を仕掛けたが，その時彼は，この米国企業との提携の最後の痕跡をも消し去ったのである（Cox, 2000）。

父親のビジネスを継承した後，イヴァール・クロイガーは不実表示と金融工学の天才的な策略を採用して，スカンジナビアのマッチ産業を統合し，最終的には1917年に最大の生産者を買収し，独占を勝ち取った。戦争の終結とともに，クロイガーは自らの持株会社であるスウェーデン・マッチ会社がヨーロッパ全土に広がる機会を利用できると期待した。そして彼は，オランダ，フランス，そして東欧全体にわたって攻撃的な一連の乗っ取りや合弁事業を開始した。スウェーデン・マッチ会社は1923年にリー＝ヒギンソン社に参加し，公式的にはニューヨークに登記されたインターナショナル・マッチ・コーポレーション（IMC）を設立した。この会社は，南北アメリカの事業すべてを監督した。1926年以後，IMCは米国のダイヤモンド・マッチ会社が所有していたブライアント＆メイ社と一緒に，ブリティッシュ・マッチ会社を設立した。反トラスト措置を回避するために，隠れ蓑的な会社を非合法的に利用して，クロイガーは究極的にはダイヤモンド・マッチの所有者となっていた。

政府に貸付を提供するという意思は，しばしば有利な事業条件を確保するのに役立った。そして，クロイガーと彼の会社は，世界中で多くの企業や産業に大規模な投資を行った。1930年までには，クロイガ—が過半数の株式を所有することのできたこれらの会社は，世界のマッチの40%を製造していた。そして，彼はドイツでは実質的には独占体制を有していた。彼は，スウェーデン——鉱業，パルプ，製紙，そして銀行での権益を同様に持っていた——ではSKFの主要な株主であったし，電話会社L. M. エリクソンを支配していた。SKFはそのグローバルな販売網を拡大し，国内では1926年に自動車会社のボルボ社を設立した（この事業は，その後9年で独立した事業となった[78]）。1929年に同社は，シュバインフルトとカンシュタット周辺に集中していたドイツの競争企業7社を買収することができ，これらの企業は合同ボールベアリング製造会社に統合された。SKFはドイツの再軍備によって早くから利益を得た企業となり，1938年にベルリン工場を開設した。同じ年に，同社はまたフランスでも買収を1件行っている（Osterhammel, 1989; Cochran, 2000）。

貿易，サービスおよび公益事業

1920年代には，価格の低迷と世界的な新たな供給源の開発によって，ゴム，コーヒー，砂糖，石油，そして錫の統制措置が導入された。英国の貿易会社は，一次産品の生産者および流通業者であることに加えて，重要な資本の移転者であった。しかし，戦間期に蔓延していた経済状況は，これらのビジネス活動の双方を弱めた。さらに，インドにおいては，英国の貿易会社は日本出自の新たな競争企業に市場シェアを奪われていた。そして，彼らはアルゼンチンを除くラテンアメリカで急速に後退していた。ラリ社は，最善の選択肢として，インド綿を日本で販売するために，日本側が過半数所有の企業——昭和棉化——を設立することを決定した。1920年に，リーバ・ブラザーズ社はニジェール社を買収する機会を見逃すことはできなかった。なぜなら，同社は重要な原材料の供給を確保し，さらにエルダー・デンプスター社の定期船がアフリカの西部沿岸に沿って支配力を拡大することを阻止しなければならなかったからである。利益が低下したため，アフリカン・アンド・イースタン・トレード社は，1929年にリーバ・ブラザーズとマーガリン・ユニの合併によって設立されて間のないユニリーバ社に売却されることになった。

ユニリーバは，同社がすでに支配下におさめていた巨大な貿易会社2社を統合して，連合アフリカ会社（UAC）を設立したが，この会社は親会社と離れて活動しがちであった。1931年から32年にかけて，巨額の損失を生み出したUACを浮上させるために，ユニリーバは約300万ポンドをつぎ込んだ。しかし，競争企業数社の崩壊は，アフリカにおける農産物の購買者として同社が活発化する力をもたらした。低下する価格を安定化させることを期待して，UACは西アフリカのココアに集中していたキャドベリ＝ラウントリー＝フライ社や船荷主であるジョン・ホルト社とともに，一次産品バイヤーからなる共同企業体を組織した。1930年代には，貿易からはあまり利益があがらなかったので，同社は一次産品の加工や自動車やガソリンの流通に多角化した。西アフリカ全体において，同社は石鹸，皮革，木材，シャツ，そしてベーコンの製造を始めたが，これらの収益もまたお粗末なものであった（Jones, 1998; Jones, 2000）。インチケープ・グループは，自らの高度に多様化した活動のなかでシナジー効果を見出すことによって状況に適応する能力を示した。しかし，同社は困難に陥っていたＰ＆Ｏ海運に非常に多くの資源を注入せざるを得なかった。1932年にインチケープの創業者が死去した時，同社の戦略的な方向は揺らいだ。バルフォア・ウィリアムソン社のラテンアメリカやカリフォルニアでの多角化の一連の試みは，失敗に終わった。同社は化学製品，自動車，そしてウイスキーのような商標付き商品に新たな機会を見出そうとした。しかしながら，不安定な市場において成長の機会はあまりなかった。

アクセル・ジョンソン社は，石油取引，そしてスウェーデン国内への投資に回帰して，製油所，アスファルト事業，そして建設会社に，すべて1920年代に，投資した。同社は，それに続く10年には，鉄工所とエンジニアリング会社を買収した（Jones, 1998）。W. R. グレース社――同社は，ラテンアメリカに海運，貿易，農業，鉱業，そして製造などの事業を有していた――は，新たな成長の原動力となる１つの事業を素早く手に入れた。W.R. グレース社は，1929年にパン・アメリカン航空に参加し，最初の国際的な航空サービス会社であるパナグラ社を設立した。パナグラ社は，南アメリカの西海岸に沿って営業した[79]。スイスからは，ディートヘルム＝ケラー社が機械，化学製品，医薬品，そして自動車分野の企業の買収によって拡大し，その業務をマラヤや香港に拡大した。第１次大戦中に，ドイツ企業と結びつきがあったことで汚名を残していたユニオン・トレーディング社は，ガーナやインドにおける資産を喪失していた。しかし，1921年以後，同社は，西アフリカにおける自らの商業上の関係をうまく回復した（Jones, 1998）。

1919年に，あるフランスの繊維グループは，ロシアやアジアにおいて販売を増加させるためにオプトルク社――ロシア語で「卸売」を意味する――を設立した。そして，1930年代末までには，同社はインドシナにおける最大企業５社のうちの1社へと発展していた。[80] 戦間期全体にわたって，フランス西アフリカ会社（CFAO）は，カメルーン，ガボン，トーゴ，コンゴ，その他の大まかに言ってフランス語圏の地域に子会社を開設した。[81] 英国海軍は，第1次大戦中，オランダの貿易会社のドイツ企業との関係を疑い，業務を強力に抑え込んでいた。そして，経済的には，1920年から22年はさらに危機的な時期であった。最大の企業であったインターナシオ社やボルスミ社は，これらの困難によりうまく対応できたように見えた。そして，ハーゲマイヤー社は，自らの経営管理や費用管理の改善によって対応した。1930年代における貿易障壁は不可避的に収益に影響したが，オランダにおける製造業とのカルテル協定は役に立った。そして，貿易業者や海運業者はオランダ領東インド諸島においてプランテーション，鉱山，製造業，そして公益事業に投資することによって多角化した（Jonker and Sluyterman,2000）。

第1次大戦は，日本企業がとりわけ繊維においてアジア全体に販売を拡大することを可能にした。しかし，海外での情報やネットワークを欠いていたため，彼らは総合商社に多くを依存するようになった。専門的な供給業者および流通業者はまた，規模の経済を提供し，国の競争優位を最大化した。さらに政府は，外国の貿易業者への依存を終わらせるという強い意志のもと，総合商社――高度に多角化した財閥の一部であった三井，三菱，住友を含む――を育成するための政策を策定した。一方，主要なアジア市場においてほとんど限られた競争にしか直面しなかった数年にわたる急速な成長と工業の拡大の後，日本は戦後不況によって大きな影響を受けた。1927年には鈴木商店が倒産し，三井物産は縮小と費用削減の時期を歩んだ。大恐慌の後の日本の成長と産業の拡大は輸出主導であった。ヨーロッパ人に依存した貿易は減少し，世界市場とりわけラテンアメリカ，中東，そしてソ連における総合商社の存在は増大した（Kawabe, 1987; Sakamoto, 1990; Kawabe, 1989）。

ロイズ銀行は，自らの長期にわたって確立したコルレス契約は，長期にわたって競争力がなかったと結論づけ，顧客に小口の支店業務を提供することを期待して，1918年にロンドン・アンド・リバー・プレート銀行のほぼすべての株を買収することによって国際的に拡大した。ロンドン・アンド・リバー・プレート銀行は，1923年にロンドン・アンド・ブラジル銀行と合併して，ロンドン・アンド・サウスアメリカ銀行（BOLSA）を創設した。いくつかの買収によって，ロイズはラテンアメリカにおける英国所有の銀行部門のほぼすべてに対して影響力を獲得し，インド，エジプト，そしてヨーロッパに広範なネットワークを発展させた。しかし，同社は自らが保有する今や大規模な海外事業を十分に監督しうる統一のとれた国際マネジメント構造を作り上げようとしてはいなかった。バークレイズ銀行は，1925年に西インド諸島，西アフリカ，エジプト・中東において3つの銀行を買収し，多地域銀行グループであるバークレイズDCOを作り上げた。これは，ロイズのものとは異なり利益を生んだ。オーストラリア，ニュージーランド，そして南アフリカにおいては，英国の銀行は自らの競争優位を維持した。もっとも，これを達成するに際しては，彼らは新たな参入の脅威を阻止するカルテルの恩恵を受けたのだが（Jones, 2000）。

アフリカやアジアにおいて石油掘削に関与したパリバは，1924年にフランス石油会社の設立に参加した。パリバが，フランスの主導的な植民地銀行であったインドシナ銀行の主要な競争相手になったのは，1920年代のことであった。1925年に，パリバ，インドシナ銀行，ラザード銀行，そして中国政府は，仏中商工銀行（BFCCI）を設立し，中国興業銀行の資産を取得した。そしてBFCCIは，北京，上海，天津に事務所を設立し，さらにサイゴン，ハノイ，そしてプノンペンを含むインドシナに8つ，フランスに3つの事務所を設立した[82]。第1次大戦の結果，ドイツ銀行はその偉大な多国籍企業の1つとしての役割を失った。ラテンアメリカにおけるその広範なネットワークにも関わらず，ドイツ銀行は1920年にDUEGをドイツ大西洋電力会社（CATE）とともに，イスパノ＝アメリカーナ電力会社（CHADE）と呼ばれる8企業連合へ売却せざるを得なくなった（Gall et al., 1995）。

米国の銀行は，1914年以前には国際的には限られた活動しかしていなかったが，1925年には107の海外支店を所有していた。シティバンクは，1914年に最初の海外支店をブエノスアイレスに開設し，1925年までには100カ所の海外支店を有していたが，その3分の2ほどがラテンアメリカに存在した（Wilkins, 1993; Cleveland and Huertas, 1985）。将来グローバルな意味を持つ企業が，米国人ビジネスマンであるコーネリウス・バンダー・スターによって，1919年に異常な環境のなかで上海に設立された。彼は，この企業をアメリカン・アジアティック・アンダーライターズ（AAU）と名付けた。彼は，他の保険会社のための証券引受業者として働いたが，1921年から，国内で保険会社を買収することによって国際化に逆行し始めた。彼は，1926年にニューヨーク事務所を設立し，それにアメリカン・インターナショナル・アンダーライターズ（AIU）と名付け，カリブ海および中央アメリカ全体に保険事務所のネットワークを構築した[83]。

第1次大戦は，世界的な電化のパイオニアとしてのドイツの役割を終わらせ，複雑なヨーロッパ規模の銀行連合におけるAEGやシーメンスのような会社の関わり方に影響を及ぼした。ドイツが資本の純輸入国となったので，エレクトロバンクとインデレックはドイツによる支配を終え，ベルギーに基盤を置くソフィナ社が，国際的な重要性を持った。しかし，最大の変化をもたらしたのは米国であった。アメリカン・アンド・フォーリン電力会社は，もともとはゼネラル・エレクトリックの１つの事業として1923年に設立された。そして，1929年までには，同社の海外子会社は，約４万7,000人の従業員を誇ることができた。同社はラテンアメリカにおける電力供給を支配し，一方では上海電力会社に巨額の投資を行い，カルカッタ電力供給コーポレーションに，より小規模ではあるが関与をしていた（Hausman, Hertner and Wilkins, 2008）。

1920年代には，より多くのFDIが，他のどの部門よりも公益事業に向かった。つづく1930年代には，多国籍企業は，不当利益や価格の引上げに対する大衆の疑念に対応しようとした国レベルや地方レベルの政府に，悪戦苦闘したのである（Wilkins, 1974）。すでにみたように，ITTが方式をリードした電話サービスは，国際公益事業の新たな姿であった。多国籍ビジネスのもう１つの革新的な特徴は，商業的な航空事業であった。国の経済優位とならんで軍事的防衛上の動機から，政府は海外での航空事業を支援し，着陸権や国内企業の外国人所有に対して制限を加えた。パン・アメリカン航空（パンナム）は，1927年にロサンゼルスの外での事業を始めた。その後，大西洋横断航路を開設し，同社が確実に巨大な地域企業になりうるようにラテンアメリカの競争企業を買収した。ヨーロッパの航空会社と同じように，パンナムは政府の補助金を受け取っていた[84]。インペリアル・エアウエイズ社は，1924年に設立された商業的な事業であった。同社はヨーロッパ各地を結びつける一方，南アフリカ，インド，マラヤ，そして香港といった帝国内路線にほぼ集中していた。同社は，カンタス航空（クイーンズランド・アンド・ノーザン・テリトリー・エアリアル・サービシーズ）およびタスマン・エンパイアー・エアウエイズ（TEAL）とパートナーシップを組んで運営していた。同社は，1939年に，完全に国有事業である英国海外航空協会（BOAC）に統合された[85]。オランダ航空（KLM）は，世界で最も古い航空会社の１つとして，その起源は1919年にまで遡ることができる。同社は，ヨーロッパ全土と植民地のオランダ領東インド諸島への路線を開設した（Wilkins, 1974; Dierikx, 1991; Sluyterman, 2003）。

国際的なサービス業におけるもう１つ別の発展は，めざましいものであった。1920年代における大量消費と大量マーケティングの急速な発展は，広告代理店のための可能性を開いた。米国企業は調査研究，ブランディング，消費者心理学，そして広告活動に関する新しい考えによってこの分野で先行した。かつて顧客であるゼネラル・モーターズがその自動車をどこで販売しようとも，同社に追随することに同意していたJ. ウォルター・トンプソンのような企業は，その専門知識・技能を国際的に移転した（Fitzgerald, 1995; Kipping and Engwall, 2003)。ロード・アンド・トーマス社もポール・E. デリック社も共に，同じように国際化したが，海外で顧客を探し出す前に，最初は国内の重要な顧客のニーズに対応したのである（Jones, 1996)。

天然資源の支配

1918年に平和が到来すると，ゴムに対する需要は突然減少した。そして，市場も同様の動きを示すことになり，供給過剰の状況は，一次産品価格に強い下落圧力を与えた。1920年までには，英国ゴム栽培者協会は，植民相であったウィンストン・チャーチルを説得して，調査委員会を設置させた。2年後，生産高を削減する提案内容のスティーブンソン計画が公開された時，マラヤおよびセイロンの植民地政府は，これを支持することを宣言した。そして，勧告内容は法制化されたのである。英国の商業権益は，世界の天然ゴムの全生産量の約75%を支配し続けた。一方，米国の製造業者はゴムの全生産量のほぼ75%を消費した。とくに，英国は米国に対して戦時負債を負っていたので，その貿易はドルを獲得するための重要な源泉であった。しかし，米国商務長官であったハーバート・フーバーは，スティーブンソン計画を不快な独占と旧世界の帝国主義が混在したものとみなしていた。

米国の経済問題を調整する権限を与えられたフーバーは，ワシントンDCの中心に1つの強力な部門を設立し，米国のビッグ・ビジネスとその「泥棒貴族」との30年にわたるきわめて難しい関係を変えようと決心した。1925年に彼は，米国は人為的に吊り上げられた高価格に対して自らを守ると通告した（Andaya and Andaya, 1982)。デュポンは合成ゴムの開発を主導した。そして，連邦政府は広く認められているほどの大きな成功は収めなかったが，国内で栽培可能なゴムの木を育成しうるように研究を支援した[86]。

英国と米国という通商上重要な2つの国の緊張がもたらしたもう1つの結果は，ハーヴェイ・ファイヤストーン——ファイヤストーン・タイヤ・アンド・ラバー社の創業者——によってなされた，リビアに世界最大のゴム農園を設立するという意思決定であった。当時，この国はアフリカで唯一の独立国であり，米国からやってきたかつての奴隷やその子孫の現地部族に対する支配力が，同国の政策を支配していた。米国は自らを，植民地勢力の脅威に取り囲まれ，歴史的かつ悲劇的に縁の深いこの小さな共和国の支援者である，とみなしていた。そして，リビア政府としては米国からの投資の可能性を歓迎した。ファイヤストーンもまた，同社が港湾を建設することに——商業的な理由ではなく米国海軍の基地を提供するために——に合意した。交渉がほぼ終わる時，ファイヤストーンは，リビア政府が米国から500万ドルの借款を受け入れるように力説した。その結果，リビア政府は英国所有の銀行に負っていた100万ドルの負債を支払うことができ，英国の全体的な影響力を弱めることができた。しかし，リビアは主権のさらに大きな部分をファイヤストーンと米国に対して失うことになったのである。

1926年に合意したリビアとファイヤストーンの協定は，99年にわたる100万エーカーの土地の借地使用権を含んでいた。これは，同国の耕作可能な土地の10%にも達した。自らの500万ドルの貸付を守るために，米国はリビアの収支を管理する財政顧問を任命し，結局，同国を保護国同然にしてしまった。リビア政府はプランテーション労働者を供給せざるを得ず，アメリカ＝リビアの支配エリート階級は，内陸の人々を，彼らにとっては伝統的には何ら価値のない一次産品を販売して現金を得るために，無理やり働かせたのである。1930年までには，国際連盟はこれら原住民の扱い方を公に非難した。そして結果として，不正に選ばれていたチャールズ・キング大統領は辞任し，結果的には来なかった改革への期待を高めたのである。国際連盟の報告の示すところによれば，1万人の労働者を雇っていたファイヤストーンは，リビアでは重要な唯一の雇用者であり，労働者が従順に従うように，同国の軍隊がこの多国籍企業の敷地内に駐屯していた(Dalton, 1965; Cassell, 1970; Smith, 1987)[87]。

すでにみたように，グッドイヤーはゴムの供給に対する英国の支配を阻止するための戦略として，第1次大戦中にオランダ領東インド諸島に投資をした。1923年に生産が始まったそのプランテーションは小規模で生産性が低かったので，同社は世界市場での取引や不安定な価格に依存し続けることになった。グッドイヤーは，スティーブンソン法を懐疑的にみており，1928年からフィリピンにプランテーションを開園し，1930年にはスマトラ事業を拡大することを決定している。しかし，これの投資は限られたサプライ・チェーンの優位をもたらすことになったに過ぎない。同年，英国は同法を廃止した。その理由は，マラヤにおける英国人生産者がオランダ領東インド諸島の栽培業者に販売を奪われつつあったことや，1920年代における米国産業の未曾有の成長が，生産高を制限するという考えをまったく無意味なものにしたことによる[88]。

フォードランディア——ブラジルの森林でゴムを栽培するというヘンリー・フ

ォードの試み——の話は，困難な場所での野心的なビジネス・プロジェクトへの戒めとなる教訓を与えてくれる。1928年までに，この有名な企業家は自分の会社が必要とするゴムを栽培するために，ブラジル政府と交渉し，彼のブラジル工業会社は，将来あがる利益の９％を手渡すことの見返りに，サンタレン市のそばに１万km^2の土地の使用権を得た。その土地は，ゴムの栽培にはまったく適していなかった。フォードの経営者たちは，熱帯農業についてわずかな知識しか持っていなかったというさらなる問題があった。アジアから持ち込んだ植物が現地の病気や害虫に対して抵抗力を持っていないということは，深刻な計算違いであった。労働者の反乱を制圧するという命令によって1930年にブラジル軍が到着した直後，フォードランディアの土地を放棄することが決定された。しかしながら，彼は自分の考えは放棄しなかった。そして，フォードはブラジル中部にプランテーションと居留地を再び建設したが，フォードランディアの基本的な失敗をすべて踏襲したものであった（この新プロジェクトは，1945年に終了した）。(Galey, 1979; Grandin, 2009)[89]。

米国のタイヤ製造業者とは異なり，ミシュランはフランスが支配していたインドシナへ容易に進出した。現地の植民地政府は，1920年に開墾のために広大な土地を割り当て，フランスの投資ブームを刺激して，森林の開墾，道路，苗木，建物，そして設備の支払いに充てた。メコン川にいたる植民地の南部の帯状の地域に沿って，約25のプランテーションが出現した。しかし，３万人以上の労働者は，北部のもっと人口の多いトンキン地方から補充された。ミシュランは，1925年にゴム・プランテーションのうち最大のものをビエンホア省のダウティエンやトゥアンロイに開園し，その製品よりもその奴隷的な労働状況でより有名になった事業を開始した。1930年には，共産主義者のトラン・ツー・ビンに率いられた5,000人のゴム園労働者は，フー・リエン・ゴム・プランテーションからその名前を取った，フー・リエン・ドー（つまり，レッド・フーリエン）を結成した。それは，ベトナム共産党が指揮をとった労働者の抗議運動の最初の例となった。

フー・リエン・ドーは４日間にわたりプランテーションを占拠し，監督者に彼らの要求を無理やり受け入れさせた。その後，彼らは植民地政府自体に異議を唱えた。外人部隊が，勢いを増しつつあった反乱を迅速に制圧した（そしてミシュランは，フランス軍の存在に取って代わった米軍をベトコンが封殺した1975年まで，ゴム・プランテーションの所有者として存続することになった）。1909年から13年にかけては，アマゾン流域，中央アメリカ，中央アフリカが世界のゴム需要の80%

を供給していたが，1930年代には，そのほとんどが東南アジアから供給されることになり，大半はマラヤ，オランダ領東インド諸島，そしてインドシナにあるヨーロッパ人所有のプランテーションで栽培された。植民地に住んでいた4万人のヨーロッパ人は別として，フランス領インドシナの現地労働者は，米，錫，茶，なかでもゴムの輸出貿易品を供給するために，過酷な条件で長時間働いた。[90]

ユナイテッド・フルーツ社は，1917年から18年にかけて，米国の戦争努力における自らの役割を果たした。同社は90隻からなる船団をもって母国へ必要な物資を供給し，ヨーロッパへ食料援助品を運搬した。この米国最大の栽培業者は，125万エーカーの土地を所有したり借りたりして，1,000マイルに及ぶ鉄道を経営していた。同社は，支配地域全体にわたって，いくつかの町，社会・医療施設，公益事業，インフラを建設・運営し，植物学研究に投資した。パナマおよびコスタリカにおける長期の投資のおかげで，1923年には，ユナイテッド・フルーツは，バナナ，果実，砂糖，木材の商業帝国に加えられたもう1つの一次産品であるカカオの単一の生産者としては世界最大となっていた。1924年に同社の社長に任命されたヴィクター・マッコーマー・カッター―は，ユナイテッド・フルーツのような規模の会社は，より優れた社内手続きとより洗練された広告や広報が必要であると認識し，より複雑な組織構造を構築した（May and Plaza, 1958; McCann, 1976; Wilson, 1947）。

第2章でみたように，米国国務省からの圧力を受けて，ユナイテッド・フルーツはホンジュラスやグアテマラにおける反対を和らげる手段として，キュヤメル・フルーツの株式を買収し，サミュエル・ザムライは，自分が創立した会社の責任者としてとどまることを条件に合意していた。国務省は近隣諸国の問題に介入する意思を示していたし，1919年および1924年には，ホンジュラスにおいて，秩序を回復した。国務省は，1920年に，ホンジュラスにおいてユナイテッド・フルーツのために行動することを拒否した。しかし，国務省はタコのように勢力を拡大したユナイテッド・フルーツの一部である中央アメリカ国際鉄道（IRCA）から取り上げられた鉄道の利用権の返還を助け，1929年に同社のために太平洋岸の港湾の利用権を得る手助けをした。それにもかかわらず，大恐慌期にIRCAは同社がヨーロッパからの輸入商品を運ぶべきではないという国務省の意図に反対する覚悟であった。グアテマラについては，1920年以降，11年にわたる急進的・進歩的な政策段階に入った。この時期においては，強力な外国企業の利権に対抗する地元の栽培業者の利権は，独裁政権下より大きな存在となった。

米国の法律事務所サリヴァン・アンド・クロムエルの上級パートナーであり，

後に戦後になって国務長官になるジョン・フォスター・ダレスが，IRCAのために働き始め，政府からの免許，企業間リンク，そして企業の再構築を行ったのは，まさにこの時期においてであった。一方，彼の弟であり，同じ事務所の同僚の弁護士であったアレン・ダレス（後のCIA長官）は，ユナイテッド・フルーツのために働いた。銀行家であるJ. ヘンリー・シュローダーとの関係によって，ジョン・フォスター・ダレスは土地購入を促進することができ，政府からの借款を取り決めることによって，競争者を閉め出すことができた。ユナイテッド・フルーツとキュヤメルとの間の株式の交換にもかかわらず，確定しない国境に沿ったバナナ・プランテーションをめぐる危険な商業上の紛争の余地は存続した。ザムライは，一般的にみて，状況を悪化させたので，米国東海岸にわたる流通戦争において自らの味方と思っていた企業のユナイテッド・フルーツに対抗するために，味方を探し求めた。地域の外交政策の複雑な状況は，再び国務省を巻き込んだ。そしてフランシス・ホワイト長官は1929年に交渉を開始した。連邦政府からの圧力のもとで，ザムライは全面的な合併を受入れ，ユナイテッド・フルーツは自らの有する米国バナナ市場の53％の市場シェアに，キュヤメルの有する米国バナナ市場の13％を追加したのである。キュヤメルはホンジュラスにおける鉄道の運営から手を引いた。というのは，同国政府はユナイテッド・フルーツに対抗できる大規模な措置を導入することができなかったからである。もっとも，アトランティック・フルーツ（1931年にスタンダード・フルーツに名称変更）に選択肢が１つ残っていたのではあるが。

大恐慌が長引くにつれて，リストラが行われた。ユナイテッド・フルーツについては，プランテーションの病害虫被害は，需要の減少による困難を強めた。ザムライは，同社の株価が崩壊する前に買収していたので，同社における支配権を得て，取締役を投票で辞めさせることができた。ザムライのビジネスに対する悪名高いアプローチは，マッコーマー・カッターによってユナイテッド・フルーツで展開されてきた会社の経営スタイルをすぐに覆した。1933年までに責任ある地位に就き，その後28年間にわたってその地位に留まったザムライは，世界で最も重要な多国籍企業の１つの，無法な指導者であった。ジョン・フォスター・ダレスの支援を受けて，ザムライはIRCAの支配可能な株式を取得することができた。少数所有の株主の不満の大半は，その鉄道会社の配当金が，安い貨物料金の設定によって抑えられたことである。一方でこれは，ユナイテッド・フルーツのような大口顧客には有利に働いたのである。グアテマラのチキサーテやバナネラでは，政府は港湾やインフラの独占的使用権をIRCAに与え，同鉄道は現地の軍事独裁者からの支援を享受した。そしてこの鉄道は，パナマやコロンビアの経済に対しても，同じように確固たる支配権を獲得した。ニカラグアやコロンビアでは，ユナイテッド・フルーツは自社所有のプランテーションに依存するよりもむしろ現地の生産者から購入し続けたが，同社はすべての輸出やマーケティングを独占した。バナナ栽培における規模の経済性はあまりないので，流通や施設や冷蔵設備への投資は重要であった。そして，このような傷みやすい農産物の弱点は，収穫場所から消費者までの配送に至る密接に調整された垂直統合を必要としたことである（Bucheli, 2005）。バナナ産業の存在しなかったエルサルバドルでは，英国所有のサルバドル鉄道会社は，コーヒー取引においてIRCAに依然として競争を挑んでいた（Dosal, 1993; McCann, 1976; Walker, 2011; MacCamerson, 1983）。

戦間期においては，ユナイテッド・フルーツの完全所有の子会社であるエルダーズ・アンド・ファイフスは，英国におけるバナナ販売を支配していた。同社は，1920年代にヨーロッパ大陸に販売子会社を設立し始め，1936年に成立し5年間続いた取引を通じて，ジャマイカにおけるすべての栽培者のバナナを輸送することに同意した（Davies, 1990; MaCameron, 1983）。コンゴにおいては，1923年まではベルギー領コンゴ製造所（HCB）が，当時の一次産品価格の下落にもかかわらず，最終的にはリーバ・ブラザーズ社のために利益をあげ，リーバ・ブラザーズが石鹸，マーガリン，その他多くのものに必要とするパーム油を確保した。ベルギーの植民地政府によって導入された改革にもかかわらず，リーバ・ブラザーズは1930年代までつづいた強制労働利用の汚名を免れることはできなかった（Gondola, 2002）。[91] ベルギー最大の金融持株会社ベルギー・ソシエテ・ジェネラルによりほとんど支配され，植民地政府や英国支配のタンガニーカ・コンセッションズ社と連携していたオート＝カタンガ鉱山会社（UMHK）は，アフリカの産銅地帯を経営し，広範な商業活動に携わった。リーバ・ブラザーズと同様，同社は雇用と富を生み出していると主張することができた。そして同社は，病院などの収容施設や文化的施設を備えた労働者の村を建設した。しかし，当時のコンゴにおいては，同社は過酷な扱いと強制労働についての悪評に巻きこまれていた。[92] パーム油産業においてプランテーションの段階は，1917年にマレーシアでテナマラム・エステート社が設立されたときに始まった。そして，1920年代には，貿易会社であるハリソンズ&クロスフィールド社，ガスリー社，そしてサイム・ダービー社が，西アフリカ原産の一次産品への最大の投資者として台頭した。[93] 茶の栽培においては，ユナイテッド・フルーツ規模の多国籍企業は存在しなかった。しかし，1940年代初めには，ジェームズ・フィンレー社は，約9万エーカーの土地を手に入れて13万人のプランテーション労働者を雇用し，大部分を英国や米国で販売し世界中でも販売する一次産品を生産していると主張していた（Jones, 2000)。

1920年代には，国際的な投資はマレーシアの沖積層の鉱床に存在する錫の採掘において規模の経済を達成した。そして，英国人所有の生産は，最終的には中国人業者のそれに取って代わった。錫の会社はゴムの会社と同じように，ロンドンで資金を調達し，海外で経営するために，フリースタンディング企業のかたちをとった。東南アジアで得られた錫は成分が均質で精錬所が加工しやすかった。したがって，垂直統合のための誘因はあまり生じなかった。ボリビアの板状の鉱床は，より多くの不純物やさまざまな成分を含んでおり，その資源固有の製錬所を必要とし，垂直統合をもたらし，企業は国境を超えて経営せざるを得なかったのである（Hennart, 1982; Hennart, 1986)。ロンドン錫会社（LTC）は，マラヤに投資していた多くのフリースタンディング企業を取得するために，1925年に設立された。そして，同社は，アングロ＝オリエンタル社を通じて，1937年までに同植民地の生産高の約3分の1を支配することになった。同社の2つの製錬所はマラヤの錫のほぼすべてを加工した。さらにLTCは､タイ，ビルマ，そしてナイジェリアに企業を設立していた（Lyttleton, 1962[94])。シモン・イツッリ・パティーニョは第1次大戦前にボリビアの外国人所有の錫鉱山をすべて取得していた。そして，彼は米国のナショナル鉛会社と協力して，製錬所を建設した。彼は，ラテンアメリカで最初の多国籍企業の1つを創設した。彼のビジネスは，1929年に国際的な発展をした。この年，資金調達のために，同社はニューヨークにパティーニョ鉱山統合会社を登記した。パティーニョはまた，マラヤにある精錬所を買収した。彼は世界の5大長者の1人であると噂された。そして彼は，まぎれもなく「アンデスのロックフェラー」というあだ名を得たのである（Thoburn, 1981; Hennart, 1986; Klein, 1965; Wilkins, 1993; Hillman, 1990)。

ラテンアメリカへの進出に加えて，世界のなかで最大かつ最も活力のある市場へアクセスできる資本と技術の双方を有していたのは米国の鉱業会社であった。彼らは，チリの硝石と銅，ペルーの銅，鉛，亜鉛，そしてボリビアの錫においてとりわけ突出していた。彼らはカナダのニューファンドランド島における新たな開発に対応して急速に拡大した。そして，彼らは鉛，銀，亜鉛，そして銅のごく最近発見された鉱床を開発するために，1925年までにオーストラリアのクイーンズランドに到達していた。アメリカン製錬・精製会社（ASARCO)，ケネッコット社，アメリカン・メタル社，アナコンダ銅会社，アルコア社，そしてフェルプス・ドッジ社は，すべて巨大企業として出現した（Wilkins, 1970; Wilkins, 1974;

Navin, 1978)。ユナイテッド・フルーツの場合と同じように，彼らが海外に進出した時には，比較的有利な採掘権を与えられた。そして，先行者利益により，彼らは受入国で確固たる地位を築き，追い出されにくくなったのである（Smith and Wells, 1975）。

ASARCOは，1922年にペルーに進出し，次にカナダ，メキシコ，オーストラリアに進出した。第1次大戦はアルミニウムの新たな利用を促進し，1920年代に需要が増大した[95]。アルコアのカナダの子会社であるノーザン・アルミニウム社は主要な供給業者であり，1928年に同社はアルキャン・アルミニウム社として分離独立し，米国ではアルコア，カナダではアルキャンと，両社を同じ経営陣が経営した。米国の反トラスト法から生じる厄介な問題を回避するために，そのカナダの会社は，オランダ領ガイアナのボーキサイト鉱山を除いて，ノルウェー，イタリア，フランス，スペインの鉱業および電力事業の管理を行った。そしてアルキャンは大英帝国の領土でより急速に発展できるという希望があった。1933年から，米国に拠点を置くニューファンドランド・セントローレンス社は，カナダ島の東にある蛍石やアスベストの広大な鉱床を開発し始めた。そして，アルキャンの子会社であるニューファンドランド蛍石会社が，1939年にパートナーとして参加した[96]。1917年に南アフリカにおいて創立されて以来，オッペンハイマー家に支配されてきたアングロ＝アメリカン・コーポレーションは，金とダイヤモンドの世界市場を支配するために株式持ち合いの方法を採っていた。同社は，1929年にデビアスの所有権を獲得し，1934年ロンドンに価格設定の仕組みとして中央販売機構（CSO）を設立した（Spar, 1994; Schmitz, 1986; Navin, 1978）。

石油の支配

1920年に，アングロ＝ペルシア石油（APOC）は，現地の産業能力を育成する意図で，オーストラリア政府との合弁事業としてコモンウェルス石油産業会社を設立した。そして同社は，同国最初の製油所を建設した。同社の本国市場に立ち返ってみると，1921年にAPOCが，自らの国のアイデンティティを強化し，自らの「英国らしさ」を広告するために，接収したドイツの子会社から取得した，BP（British Petroleum）という商標の使用を決定したことは皮肉であった。APOCは自らの能力の構築を始めた。それにより，同社は1922年にロイヤル・ダッチ・シェルとの協定を終了した。その結果，同社はアジアやアフリカに独自の流通ネットワークを構築することができた。そして，1年後には，商業的な考えと国民経済的安全保障の確保とを結び付けた主張を展開した，同社の英国政府に対する激しいロビー活動によって，同社はペルシアの石油資源に対する独占権を獲得した（Ferrier, 1982）。

一方ヨーロッパにおいては，同社の戦間期の活動は，現地の製油所や会社の持ち分の購入に依存していた。オーストリア・ハンガリー鉱物油製品会社（OLEX）との合併や最終的な買収は，同社の最も重要な取引の1つであった。もともとハンガリー，ルーマニア，そしてガリシアにおけるオーストリア＝ハンガリー帝国の領土からの生産を監視するために設立されたものであり，Petrolexportという電信アドレスからOLEXと呼ばれた同社は，主要市場であるドイツで地歩を固めており，ベルリンでこの企業OLEX石油会社を注意深く登記していた。OLEXは，第1次大戦前にヨーロッパ石油同盟（EPU）の一部となる会社を設立し，ドイツ石油（エルドル）会社（DEA）のための子会社および販売組織として発展していた。1926年に，ドイツ全土にガソリン・スタンド網を張りめぐらし始めたので，OLEXは，ある合併に際してドイツ石油販売会社（DPVG）に加わった。AOPCは，海外の石油供給を支配するために新会社の40%の株式を所有することを合意した。その後5年以内にAPOCは，EPUの持ち分の残りを購入し，ドイツ全土でそのBPブランドを広めるための戦略的かつ業務的な自由を得たのである。[97]

第1次大戦中に結ばれた秘密のサイクス＝ピコ協定の条項にしたがって，1920年に英国とフランスは，両国に中東の大部分について支配権を与えるという国際連盟からの委任統治権を確保した。英国，フランス，イタリア，そして日本が出席したサンレモ会議はオスマン帝国の解体について最初の決定を行った。これらの列強は，軍事的な計算や貿易ルートの確保によってこの地域へ長い間引き寄せられていたが，今や石油というもう1つ新たな魅力を見つけ，結局中東地域から米国企業を排除したのである。敗北したオスマントルコに代わって登場した非イスラムの新たな帝国支配者に対する反乱が，イラクですぐに生じた。英国軍隊は，その反乱を残虐に制圧した。英国空軍による非情な爆撃戦術は，後に悪評高いものになった。国際連盟による委任統治を放棄して，英国は1921年にイラク王国を創設することによって，自らの支配を合法化することが賢明であると考えた。英国はハシミテ一族による君主制を押し付けた。そしてハシミテ一族は，預言者モハメッドの家族の末裔であると主張したり，メッカやメディナといった聖地に対する守備隊を提供したりしながら，オスマン帝国に対するアラブの反乱を率いるナショナリストとしての信任を得ることができたのである（Fieldhouse, 2006; Sluglett, 2007）。

戦後，1919年には，フランス側はトルコ石油会社（TPC）の25％の株式を所有する見返りとして，サイクス＝ピコ協定にもとづくモスルを占有する要求を取り下げていた。厳しい交渉の後，1923年にイラクはかつて約束したTPCの20％の株式所有に対する要求を放棄した。なぜなら，イラクは設立されて間のないトルコ共和国へのモスル委譲に反対するため，国際連盟での英国の支持を確保したいと望んだからである。驚くべきことではないが，米国の石油会社はTPCをめぐる英国とフランスの取り決めに憤りを感じた。なぜなら，それがイラクにおける採掘や生産から米国企業を排除していたからである。ジャージー・スタンダードは，米国企業7社の連合を組むことによって対応した。また，ヨーロッパの帝国による通商上の差別に反対するという政策を展開する国務省からの手厚い支援を得て，TPCは無理やり再構築をさせられた。同社は，1924年にイラク石油会社（IPC）として再登場し，その所有者はAPOC，ロイヤル・ダッチ・シェル，フランス石油会社（CFP），そして米国企業連合であり，それぞれが株式の25％を所有した。フランス政府は，同年，その持ち分を受け入れることができる規模の会社を後押しするために，CFPの設立の背後で主要な働きをしたのである。1925年には，IPCは75年間の独占採掘権を与えるというイラク政府との交渉に署名した（Jones, 1981; Ferrier, 1982; Sluyterman et al., 2007）[98]。

2つの相互に関連した重要な要因が，戦後の数十年間に生産，加工，流通をほぼ完全に支配するようになる石油メジャーの台頭を説明してくれる。1つは，すでにみたように，APOCやCFPの出現にみられたエネルギー資源の確保を望む政府の支援であった。もう1つは，政治的に難しい状況となりうる石油供給源へのアクセスを確保することであった。外国の資産に対する支配権を与える採掘権を勝ち取る上で，ヨーロッパの企業は本国が帝国主義的な支配を行使しているところでは直接的な優位性を持っていた。一方米国の場合，国務省は受入国との取引において傍観していた訳ではない。1920年代には石油の供給が不足していたため，この重要な一次産品に対するアクセスは，国際的な外交問題となり緊張を生む事態へと発展した。しかし，1920年代末には，新たな油田が発見されたことによって，不足から過剰へと変わっていた。その時点で，国際カルテルを通じての価格と生産量の固定化は石油メジャーの戦略的な目標となった。IPCとの連携に入っていく過程で，アラビア半島を含む広大な地域からなる旧オスマン帝国の領土で鉱物資源を開発する時，石油メジャーは互いに協調して行動することを約束する条項に署名していた。一方，クウェートは，原則として英国のものであり，サウジアラビアとバーレーンは米国の会社のものとなっていた。IPCは1927

年に大規模な油田を発見し，中東の石油の商業的な可能性を完全に証明した。IPCを所有する国々は，地域全体にわたる紛争を解決し，急いで合意に達しようとした。そしてグルベンキアン社は，法的措置をとると脅しながら，同社が5％の持ち分を得ることを要求した。1928年の赤線協定のもと，IPCに参加した石油会社は歩調を合わせて，あるいは旧オスマン帝国領内では協働し，いかなる提案にも一致団結して行動することに合意した（Sluyterman et al., 2007）[99]。

革命に続いた暴力や政治的混乱のなかで，すでにみたように，メキシコは自らの天然資源の開発において，外国の多国籍企業の役割に挑戦した途上国初の事例を提供してくれる。旧支配エリート層に対する反抗は，依然として人口の大きな部分を占める農村の貧困層から，そして増加しつつあった中産階級や労働者階級から生じた。これら両グループは改革案をもっていくつかの政党を結成した。1917年の憲法は，すべての鉱物を国家に委ね，すべての石油採掘権を無効にした。しかし，実際の政策的意味合いは権力の座についた政府ごとに変わった。最終的には，1925年の新しい法律は，すべての石油の採掘権の裏付けを要求した。米国の企業は資本を引き揚げ，生産量を半減すると脅した。シェルは鉱物資源に関する憲法条項の原則についてはもっと楽観的であった。というのは，オランダ領東インド諸島の植民地政府が，同様の権利を要求する可能性があったという理由からであった（Sluyterman et al., 2007; Meyer, 1977; Meyer and Sherman, 1987）。

1922年にアルゼンチンでは，イポリト・イリゴーシェン大統領が，ソ連以外では世界で最初の完全に国有化された石油会社であるアルゼンチン国有石油会社（YPF）を設立することを命令した。ちなみに，2番目は1924年に設立されたCFPである。戦間期には，ウルグアイの燃料・アルコール飲料・ポートランドセメント国家管理局（ANCAP）が1931年に設立され，ボリビア国有石油公社（YPFB）が1936年に，そしてメキシコ石油会社（Pemex）の設立が1938年に続くことになった。YPFの最初の理事であるエンリケ・モスコーニは，国民経済の自立と石油の国有化の提唱者であった。そして，イリゴーシェンは1928年の選挙においてこれらの政策を訴えて戦った。ジャージー・スタンダードからの強力な反対に対応するべく，モスコーニはソ連のアムトルグとのバーター取引に署名していた。しかし1930年のホセ・フェリクス・ウリブル将軍に率いられた軍事クーデターは，国有化のいかなる期待も終わらせてしまった（Alejandro, 1970; Scobie, 1971）[100]。ベネズエラの軍事独裁者であるホワン・ビセンテ・ゴメス・チャコンは，油田が発見されたのち，1928年に採掘権を多国籍石油企業に売却することによって国の負債を削減した。その収入は公共事業やインフラの資金を提供したが，同国の新たな富の大きな部分がゴメスとその支持者に行ってしまった。

ベネズエラの最大の石油会社であるジャージー・スタンダードとロイヤル・ダッチ・シェルは，採掘・操業権の見返りに独裁者の要求を受け入れた。ゴメスは多国籍企業の競争関係を素早く利用し，米国企業の利益になるようにシェルの地位を低下させた。クレオール石油会社を1928年に買収した時，ジャージー・スタンダードはベネズエラの最も重要な石油企業としての地位を固めた。その後のゴメスの石油税引き上げの決定は，彼が経済の支配権を外国企業に手渡したという説得力のあるナショナリストの批判への１つの対応であった。しかし，他の点では，この時期の石油各社はベネズエラにおける操業の大規模な自由度を享受したのである（Dosal, 1993; Sluyterman et al., 2007; Topik and Wells, 1998）。[101]

第２のつまずき：大恐慌

関税の上昇を抑える試みのために，国際連盟は1927年に第１回世界経済会議を開催した。その目的は意思決定というよりも議論にあるということが受け入れられた。しかしこの会議は，関税，輸入割当，輸出税，そして差別的な税金や取扱いを含む貿易障壁に向かう趨勢に反対することを宣言した。会議は，戦争によって生じた経済の崩壊，貿易不均衡，そして政府の負債を認識したが，これらの問題は深刻ではあるが一時的なものとみなした。代表者たちは，世界の他の場所では産業が発展しているので，戦前の状態が戻ったとしても，それだけではヨーロッパに繁栄をもたらすことはないことを理解していた（Colijin, 1927）。とくにラテンアメリカ諸国は，外国所有の企業に特別な措置を与える主権国家の能力を制限する提案に反対した（Lipson, 1985）。

国際連盟の経済委員会が1929年に関連条項の草案をまとめた時に，それは各加盟国の権利に優先権を与え，外国の投資家は紛争になった場合には相応の「国家による保証」を受けるべきであると議論したが，それは英国の代表者が望んだ「公正な保証」ではなかった（Sigmund, 1980）。その議論は，既存の国際経済への全面的かつオープンな関与から生まれる利益と損失と，そうすることの広範に認められているメリットについて国民国家が熟慮することの重要性を際立たせたのである。その議論は，たとえそれに代わるものが明確でなかったとしても，当時の出来事が，戦前のシステムを回復することについて疑念を広めるものであった。これらの議論のなかには，国家の主権を絶対とする見解に対して，多国籍企業についてはその固有の財産権や非差別といった別の議論があった。新興工業国は，たとえ政府が差別税や通貨管理を課さなかったとしても，保護主義における利益

——貿易には悪い——は認識したが，必ずしもFDIにとっては悪いものではないとは認識していなかったであろう。

1914年から1948年にかけての時期を特別な時期とみなすには正当な理由がある。第1次大戦後に署名された平和条約によって解決されていない諸問題が，紛れもなく第2次大戦をもたらし，1947年から48年にかけての各国の共産党とソ連による東ヨーロッパの支配によって，戦後の冷戦による敵対構造が設定されたのである。一方，世界経済は1920年代半ばには紛れもなく回復した。そして，この時代の人々は，グローバルな問題においていかに戦前の安定性を取り戻すかの計画を立てていたのである。一般的に歴史家は，大恐慌の経済的，政治的，社会的な帰結がなかったならば，1933年以後のドイツにおいてナチスが政権に就いて権力を掌握することはなかったであろう，という見解を取っている。純粋に経済史的視点から見れば，もし我々が貿易や海外投資における傾向を辿るならば，1929年がまさしく転換点である（Hobsbawm, 2003; Miller, 2012; Jones, 2005）。苦しい失業や貧困と同様に，ウォール街の大暴落に続く一連の経済的な破綻は，政府の政策を変容させ，保護主義的措置，国家による管理，共謀的な取り決め，そしてより大きな自給自足へ向かわせた。最も悪いのは，諸国家が資本主義と自由市場の健全性だけでなく自由な民主主義をも拒絶したことである。1930年代には，経済状況と国の政策が一緒になって，多国籍企業の投資機会を縮小させた。そして，受入国のより大きな敵対心と地元企業の優先は，多国籍企業の業務や子会社のマネジメントに直接影響を与えた。

1930年に，米国は関税を引き上げたが，すぐにカナダからの報復関税がもたらされた。英国，フランス，ドイツ，オーストラリア，インド，その他の国が1931年から32年にかけて関税か輸入割当を導入した時，それらは19世紀以来の自由貿易政策の逆転を確かにした世界のある傾向を示すものであった。1932年のオタワにおける提案へと進んだ大英帝国経済会議は，帝国の外でのビジネスを犠牲にして，大英帝国内における貿易を促進するための互恵関税の制度を設定した。この計画の1つの欠点は，英国の自治領と植民地が英国との貿易の割合を低下させており，とくにカナダは経済的現実の力によって，隣国である米国とのより高い水準の通商関係に引き寄せられていた。しかしながら，フランスの海外の領土への輸出は，かろうじて増加した。1931年に英国は金本位制から離脱し，固定為替レートという考えを放棄した。そして，世界経済会議が国際的なシステムの崩壊の解決策を見出すことに失敗した1933年に，米国は同じことを行った。フランスその他の西欧の国々は，金本位制にとどまったが，1936年までには，かつて主導的であったこの制度の失敗を認めた。

すでにみたように，世界貿易額は実質でみて1913年よりも1923年の方が大きかったが，1929年から1933年にかけて再び減少した。1927年から1933年にかけて，大まかに言って政府の政策転換と経済の沈滞により，国際的な貸付は90%減少した。一次産品の生産者は，大恐慌によって著しく損害を受けた。米や絹の価格は崩壊し，絹生産の90%を米国に輸出していた日本のような経済を痛めつけた。1920年代に好景気を迎えていた米国経済は，経済の停滞によってとくに影響を受けた。同国の世界の輸出市場におけるシェアは，日本のような有利な立場にあった国や工業国であるヨーロッパのわずかな輸出の増加によって奪われた（表3-2）。1930年代末までには，世界貿易の半分は関税の影響を受けた（Kenwood and Lougheed, 1999; Ashworth, 1964）。

国際カルテルは，戦間期において新しいものではなかったが，不安定で下落する価格，過剰生産能力，あるいは原材料の新たな供給源により，1920年代に紛れもなくその範囲は拡大した。共謀や市場割当は企業の戦略にとって明らかな意味を持っており，輸出，FDI，そして海外子会社の経営の必要性を限定的なものにした。すでにみたように，株式所有や共同経営関係のネットワークは，世界の電機産業における競争を制限した。1924年以降，米国ゼネラル・エレクトリック，フィリップス，AEG，ランペス社，英国ゼネラル・エレクトリック，そして東京芝浦電気は，電灯の生産，価格，そして特許を統制し，係争を審理するための仲裁裁判所を設置した。1929年のアングロ＝アメリカン・コーポレーションによるデビアスの買収は，ダイヤモンドの供給に関する国際的な共謀を強化した。そして，金取引における同社の傑出した地位は，同社がソ連以外の鉱物のグローバル生産の大半を統制することを可能にしたのである。

1928年に，世界の3大石油会社——ジャージー・スタンダード，シェル，そしてAPOC——は，最高経営者の会合の開催場所に選ばれたスコットランドの城の名にちなんだアクナキャリー協定に署名した。全般的な目的は，生産能力や需要の限度を定めることであり，現行の市場シェアを固定化することであった。需要の増加のみが，新たな施設の建設を正当化するものであった。反トラスト訴訟の脅威を避けるために，1928年の協定は米国に適用されなかった。この要因と傘下企業がロシアやルーマニアからの供給を統制できなかったため，同協定は部分的にしか有効でなかった（Bamberg, 1994）。一方，1929年における錫生産者連盟の設立に伴う，錫産業のカルテル化はまさに有効な生産に対する自主規制をもたらした。1年以内に，英領マラヤ，オランダ領東インド諸島，ナイジェリア，およびボリビアの政府は，その条項を強制的なのものにして，その条項が確実に履行されるものにした（Hennart, 1986）。

1931年に結成されたアルミニウム同盟は，価格および市場の安定化を目指す再び行われた試みであった。米国の法律を意識して，アルコアは親会社と同じ経営陣によって運営されているカナダの子会社であるアルキャンを通じて共謀に参加した。すでに議論したようにゴム・カルテルのための制定法による裏付けは，それが成功を収めた根本的な要素であった。1930年代に，化学製品の生産者は，競争に対する制約を強化するための一連の協定に署名した。そして，1938年までには，染料生産の約80％がカバーされていた（Schroter, 1990）。1933年の国際茶協定は，価格を安定化することができた。これも法的な後ろ盾とインド，セイロン，そしてオランダ領東インド諸島における有力生産者が関与していたことによる（Gupta, 1997）。錫，ゴム，茶の3つの一次産品のカルテルの影響を大きなものにしたのは，政府の支援であった。

多国籍製造業者と大恐慌

1930年までには，金融業者で詐欺師であったイワン・クロイガーはエリクソン株の過半数支配を取得していた。翌年，大恐慌が彼のいかがわしい商売を崩壊させる脅威をもたらしたので，彼はエリクソンの持ち分をITTに売却する提案をした。この米国の多国籍企業は，クロイガーの支払能力に対する疑いが大きくなったので，その取引から手を引こうとした。そしてまた，当時のスウェーデンの法律は国内企業の外国人所有を禁止していたことがわかった。彼の個人的およびビジネス的な世界が崩壊したので，クロイガーは自殺することを決めた。3つの銀行――スカンジナビスカ・クレジット社，ストックホルム・エンスキルダ銀行，スウェーデン商業銀行――は，エリクソンの再構築に動き，ITTにこの会社の大きな持ち分を取得するように交渉した。カルテルの取り決めは，1930年代に海外におけるエリクソン支援に役立った。そして，同社は本国においては電話と並んで，航空機用計測器，機関銃，そして爆薬を製造することによって，スウェーデン軍の増強から恩恵を受けた（Partnoy, 2008）。1920年代にITTがその急速な国際的拡張のための資金調達によって抱えた負債の負担は，次の10年間における同社の未来を危機にさらした。1930年におけるルーマニアの電話企業の買収と後のハンガリー，ドイツ，そしてスウェーデンにおける事業の追加は，さらに同社の資源を拡大した。持株会社として，ITTは配当金や子会社による利益の送金によって儲けたのである。そして，同社の顧客の大半は政府かいわば国有化された電話運営会社かであった。当時の制限的な貿易の状況のなかで，多くの国は収益の海外送金を禁止した。そのため，ITTは海外での拡張よりも，米国内で事業を発展しようとしたのである（Wilkins, 1974）[102]。

ダンロップは1935年から36年にかけて国際化を続け，アイルランド共和国，南アフリカ，そしてインドに工場を設立した。なぜなら，同社の見解では，関税によって輸入はもはや実際的なものではなくなったからである。ゴムは新たな成長産業であったにもかかわらず，ダンロップにとって1930年代は困難な10年間であった。というのは，同社は過剰生産能力に直面していたからである。ドイツや日本で導入された為替管理は，これら2国における同社の運営を難しくし，利益の送金を阻止した。英国のガラス・メーカーであるピルキントンは，1935年から36年にかけてオーストラリア工場を設立した（Jones, 1986）。グッドイヤーは，1934年にジャワに，1935年に南アフリカとアイルランドに，1936年にインドに，1938年にブラジルに，そして1939年にスウェーデンに工場を建設することによって，タイヤ産業における最も有力な多国籍企業となった。そしてグッドイヤーの海外業務部門は，合計7つの製造工場と7つのゴム・プランテーションを管理した。ダンロップとグッドイヤーは海外のいくつかの国を選んで互いの製品を製造する相互取り決めを行った。ミシュランは米国市場に満足のいくように参入できなかったので[103]，1931年にニュージャージー工場を閉鎖した。しかし，同社は他の場所で，1931年にはドイツ，1933年にはアルゼンチン，1934年にはスペインとチェコスロバキア，そして1937年にはベルギーで，生産拠点を設立したのである[104]。

フランスが関税を導入したにもかかわらず，米国の大半の自動車会社は国内市場の需要からみて，FDIよりも輸出か組立生産という政策が適切なものであると判断し続けた。例外はフォードであり，同社は大きな商業上のリスクを負った。長期にわたる交渉の後，フォードのSAF子会社は1934年に，アルザスの製造業者であるマチス社と，マットフォード株式会社と呼ばれる合弁事業を立ち上げた。しかし，労働組合が不安材料であった。1937年にこの合弁事業から手を引くことに合意すると，フォードはパリ西方のポワシーでの新工場の建設を指示した。しかし，1台の自動車も生産されないうちに，1940年，ドイツ軍がその工場を占領した（Laux, 1992）[105]。シトロエンは，大恐慌後も野心的な拡大プログラムを続けた。そして，同社が1934年にトラクシオンアヴァン（四輪駆動車）を売り出した時，この車はその性能とデザインにより絶賛された。しかし，それにより同社は倒産し，フランス政府は同社の最大の債権者であったミシュランに所有者になるよう依頼し，アンドレ・シトロエンが死亡した1935年にミシュランはそれに応じた。そのタイヤ・ゴム企業は，叙勲された飛行士ピエール＝ジュール・ブーランジュをシトロエンの社長に任命し，1937年と1938年にはミシュランの共同最高業務責任者に任命した[106]。1934年，アンリ＝テオドル・ピゴッティは機械工業・自動車組立会社（シムカ）を設立し，フィアット車をパリのナンテールで量産するため，自分の経営していた小規模な組立工場に取って代えた[107]。

フィアット自体は，1937年に自らの近代的なミラフィオリ工場の建設を始めた。もっとも，その工場は第2次大戦までフル生産を実現することはなかった(Estape-Triay, 1999; Tortella, 2000; Harrison, 1978)[108]。ゼネラル・モーターズは，大恐慌の最悪の事態が過ぎると，国際的な組立事業のネットワークを拡大した。同社は，1935年にメキシコに工場を開設し，1937年ワルシャワに第2工場を設立した。同社は，20年も前にシトロエンの買収に反対する決定を行っていたため，決してフランスでは躍進することはなく，ジュヌヴィリエに1939年乗用車やトラックのCKD工場を開設したに過ぎない。ゼネラル・モーターズは，1940年にアルゼンチンに第3の組立ラインを開設できたがその時には，戦時のモノ不足の問題に直面しており，工場は冷蔵庫，電池，そして車体支持バネ部品を製造するべきであると決定した。ブラジルGMも同様に生産を切り替え，サンパウロ工場では1948年まで，自動車は組立ラインから大規模に生み出されることはなかった[109]。

困難な経済環境にもかかわらず，1929年以降米国のリーバ・ブラザーズ社は，「ライフブイ」ブランドの石鹸と，新たに登場した電気洗濯機に使えるため世界最大の市場で次第に販売されるようになりつつあった粉石鹸「リンソ」によって，商業的に発展することができた。プロクター＆ギャンブルが「クリスコ」ショートニングで成功したのを模倣して，リーバ・ブラザーズは1936年に競合商品「スプリー」を売り出した。全国的なキャンペーンは販売を成功裏に増加させたので，しっかりと確立していたクリスコ・ブランドの販売の4分の3に達した。不況の1930年代を通しての成長は，石鹸が贅沢品から一般大衆の必需品になったことを示していた[110]。1936年までに，ネスレはデンマーク，チェコスロバキア，チリ，そしてメキシコに新たな子会社を設立し，5大陸にわたって約20社を管理していた。ブラジルにおいて余剰在庫を何とか使えないかと考えたブラジル・コーヒー協会の要望に応えて，ネスレは，「ネスカフェ」と呼ばれる即席の可溶性粉末を開発した。もともとは，ブラジルで生産することを意図していたが，管理上の障壁が問題であることが分かり，そのためスイスで最初の生産に乗り出した。しかし，同社がすぐに受け入れられたのは米国という主要市場においてであった。ネスレは1938年には，約105工場は所有していると公言することができた(Harrison and George, 1983; Heer, 1966, 1991)[111]。コカ・コーラは，米国，カナダ，そしてキューバ以外の資産を管理するために，1930年に海外の担当組織として，コカ・コーラ・エクスポート社を創設した。10年を経ずに，典型的には同社の「秘密の」シロップの製法を購入するフランチャイズ制度を通して，約70カ国で同社の商標付き商品が販売されていた（Giebelhaus, 1994)。

企業と政策

関税は，自らの輸出市場を守ることに関心を持つ製造業者がFDIと海外子会社に着手することを，潜在的に促進したと言えよう。1929年以前には，1人当たりの所得や消費の上昇がこれらの決定を正当化することに役立った。しかし，大恐慌による需要の減少は，思考のバランスを変え，既存の投資の正当性を危うくした。よりリスクの高い経済環境に加えて，ヨーロッパ，日本，およびラテンアメリカの政府は，外国所有の多国籍企業に対して次第に敵意を増した。大恐慌に対する反応として，また表面的には米国自動車会社の組立工場の遍在に対応して，ヨーロッパ諸国の政府は部品に対して輸入制限を課し，米国の多国籍企業を1930年代には次の段階のフル生産工場の建設へと追い込んだ。彼らはまた，地場の生産者が価格や品質において十分競争力を開発していると踏んでいたのである。

ドイツは，1931年に為替管理を導入すると，自動車部品に輸入割当を課した。そのため，4年以内にケルンのフォードはダゲナムから輸入されたいかなる部品の使用も停止した[112]。オペルの買収は，ゼネラル・モーターズの海外戦略の最も大胆かつ最も高価な意思決定であった。というのも，買収時点でその価値はボグスホールの13倍になっていたからである。米国の技術移転によるベストプラクティスの生産手法の導入は，ドイツ市場においてオペルに価格優位をもたらしていた。1935年には，オペルはドイツを拠点として10万台以上を生産する初めての自動車メーカーとなり，軽量かつ流線型で燃料効率の良い自動車を販売した。1937年には，生産量は13万台に達し，リュッセルハイム工場はヨーロッパ最大であり，世界第7位の規模であった。オペルとの関係のため，そして自らの投資を保護し発展させたいというもっともな望みのため，GMの経営陣は最高レベルのナチスの政治家と接触するようになった。そして，ドイツ政府は大口顧客となった。自給体制を好んだナチスではあったが，GMのような多国籍企業は有用であると見なしていた。というのは，同社は最大かつ最も効率の良い自動車会社であり，技術や資本の移転を行い，ゴムのような原材料を調達するための世界的なネットワークを使用していたからである。

GM＝オペルは大衆車を作る提案をしたが，ヒトラーや国民社会主義労働戦線の支持を受けたフレデリック・ポルシェの「カブトムシ」型に負けた。ナチスはフォルクスワーゲンを国有工場にすることを，強烈に望んだ。ドイツ国防軍の支援を受けて，1938年にはGM＝オペルはその経営や人材の「ドイツ化」を回避した。しかし，それはより多くの兵器生産を引き受け，軍部の影響下にますます入ることによってのみ可能であった。米国企業として国粋主義的な独裁政権下で経営を行った場合でさえ，GMの技術・組織能力は，同社にある程度の交渉力を与え続けた。GMの戦略は，オペルをできる限りドイツの企業として描き運営することであり，ナチスが工場の門の外でドイツを支配する方法は無視することであった。自らの権益をまもるため，そして彼らの経営者責任を果たすため，GMの指導者たちは次から次へと妥協を迫られた。しかし，その反面，彼らはその子会社への「ドイツ化」政策の押しつけを阻止するに足る影響力を保持した。1938年に，海外経営の任にあってGMを主導したジェームズ・D. ムーニーは，第三帝国に対する著しい貢献によってドイツ・イーグル大十字勲章を授与された。1939年には，彼はヨーロッパの指導者たちに，なんとか戦争を回避させようとしたフランクリン・D. ルーズベルトからの親書を運んだ。そして彼は，アドルフ・ヒトラー総督，経済計画立案と再軍備の任にあったハーマン・ゲーリング，米国の駐英大使ジョセフ・ケネディ，英国政府の外交顧問ロバート・ヴァンシッタート，そして英国外相ハリファックス卿を訪ねた（Turner, 2005）[113]。

ドイツにおける大規模な投資のため，記録によれば，米国の多国籍企業であるフォード，ジャージー・スタンダード石油，チェース銀行，スターリング・ドラッグ，ITTはすべて，ナチスの権力者集団に接触していた[114]。ジャージー・スタンダードの会長は，自らの企業の資産や事業を懸命に守ろうとし，同社はIGファルベンと密接な関係を持った（IGファルベンは，後に戦争犯罪とホロコーストに連座した）[115]。IBMのトップであったトーマス・ワトソンは，自分の会社を守るためにナチス政権と宥和しようと決心した（Black, 2012）。我々の知るところでは，ヒトラーは1933年にITTの最高経営者であるソスシーンズ・ベーンを歓迎した。ITTは，子会社のC. ロレンツ社を通じて，1938年に航空機製造業者のフォック＝ウルフの25％を所有していた（同社は後に，無線・レーダー部品メーカーであるシグナルバウ・AH・フース社も取得した[116]。ドイツは，1939年に，フォルクスワーゲンの工場建設への助言に対してヘンリー・フォードを公式に讃えた。そして，批判者たちは，ヘンリー・フォードが，極端で嫌悪すべき反ユダヤ主義をいかにナチスと共有しているかを指摘した[117]。コカ・コーラ——1929年に子会社を設立していた——は，そのブランドがドイツのものであることを示唆する広告戦略を採用した。そして，同社は1936年のオリンピック・ベルリン大会の主要なスポンサーであった。しかし，ゲーリングが再軍備，備蓄，そして自給のための4カ年計画を導入した時，コカ・コーラは本来は輸入ライセンスを受けるべきドイツ企業であると，当局を説得できなかった。その結果，同社はその秘密のシロップを現地で生産し始めることに同意したが，ボトリング，保管，流通は外部企業と契約をするという同社の通常の国際戦略に従った[118]。

ナチスが権力の座についた1933年から，ドイツにおけるユニリーバの位置づけは不安定なものとなった。同社の取締役たちは，ヴァンデンバーグ一族を含む多くの取締役がユダヤ人であり，全般的にその体制に対して同情的ではなかった。しかし，時が経つにつれて，同社は自らの主要な商業上の権益を守るという目的で，ドイツ国民による支配と「アーリア人化」の政策に適応した。会長のダーシー・クーパーと最終的には彼の後継者となる同僚取締役ポール・ライケンスは，新任のアドルフ・ヒトラー首相に面会した。その地位を得たせいか，ヒトラーは以前のナチスの大げさな言葉を忘れたかのようにみえ，彼は私企業に反対しないし，外国企業も平等に扱われると述べた。しかし，外貨の割当や為替管理は，原材料を輸入していた企業を妨げることになるのであった。

ユニリーバは結局，輸入を制限することを望んでいたヘルマン・ゲーリングと交渉に当たった。とくに彼は，ドイツの商業用オイルシードを開発し，合成石鹸（実際に製造されることになる）を作ることを望んでいた。ナチスは，自給という目的に執着していた。将来の封鎖に備えて大規模な備蓄が用意されていた。そして，IGファルベンの合成石油や合成ゴムの研究は，軍事戦略上重要性を有していた。ユニリーバの代表団は，信用で原材料を提供することを拒否した。その理由は，同社の株主がこのような政策を認めないであろうということであった。しかし同社は，その体制と協力的な関係を維持することを再び重要視した。彼らは，同社が英独フェローシップの最大の企業スポンサーであることを強調した。ちなみにこのフェローシップには，ファース＝ヴィッカース・ステンレス・スチール，ダンロップ，巨大石油企業のシェル，金融機関のシュローダーズ，ラザード，ミッドランド銀行，会計事務所のプライス・ウォーターハウス，旅行代理店のトーマス・クック＆サンズが含まれていた（Forbes, 2000; Kershaw, 2004; Pugh, 2006）。

利益の送金ができないため，ユニリーバはドイツに若干の関連のない投資をせざるを得なかった。もっとも同社が，封鎖されたライヒスマルクを開放する１つの手段として，ドイツの造船所で建造された船舶を購入し輸出することは許された。価格統制と共に，現地生産のバターや油脂に有利な同国政府によるマーガリンの生産制限は，ユニリーバを傷つけた。同社のマーガリンの低い価格は，公的な所得抑制を含む全般的な経済状況にうまく合っていた。しかし，経済学はナチスの政策の主要な推進要因ではなかった。ユニリーバは，封鎖され蓄積されつつあったライヒスマルクを使って，フランス，ドイツ，オーストリア，チェコスロバキア，ポーランドから北はノルウェー，南はトルコにまで手を広げていた漁船団と魚類の流通企業である新北ドイツ合同エルベ汽船会社を買収した。1937年に行われたこの買収は，きわめて明確な商業上のシナジー効果があった。しかし，ナチス政権は，外国企業としてのユニリーバが50％以上の所有権を購入する許可を与えることを拒否した。ユニリーバは，主要なドイツの捕鯨船団を創設する試みに関与したが，結局は実現しなかった。もっとも，ダーシー・クーパー，ライケンス，そしてヒュー・トレンチャード子爵は，ブレーメンで開催された最初の加工船の進水式に出席した。トレンチャードは英国空軍の創設者であり，前ロンドン警視庁長官で，ボーア戦争中のアフリカでの経験とナイジェリアでイボ族を鎮圧するという彼の役割のため，ユニリーバの連合アフリカ会社の会長に任命されていた。

人種差別主義的で残虐なナチス体制の本質を世界中にきわめて明確に暴露した水晶の夜の大虐殺が起きた1938年に，ドイツ経済や職業の「アーリア人化」は，大企業にまで拡大された。ユニリーバは，売却する以外に選択の余地のなかったユダヤ人所有者と公正な取引を行ったようである（もっとも，同社はこの微妙な問題についての戦後の法律論争から免れることはできなかったが)。この人類の悲劇のさなかにあって，皮肉なことはユニリーバが「非アーリア人系」――つまりユダヤ系――企業と分類されたことであった。自らが雇用していたユダヤ人マネジャーの第三帝国からの脱出を手伝う一方，同社はナチス政府に同社のユダヤ人の株式所有は非常に少ない割合であるか，ユダヤ人取締役はドイツでの業務を監督することに係わっていないことを確約した。取締役の１人であったゲオルク・シヒトは，「世界のあらゆる国においてビジネスを行うビジネスマンは，完全に政治から距離を置いておくこと」という公式的な路線をゲーリングに伝えた。依然としてそのコングロマリット企業と協働することを望んで，ナチスの「奇妙な」論理を適用して，ゲーリングは，公式的にはユニリーバは「非アーリア系」として登録されていたが，ユニリーバはあたかも「アーリア系」のように扱われるであろうと確信していた。ヨーロッパにおける貿易問題が困難の頂点に達するに至って，以前はオランダ側の事業からの利益が全体の3分の2，英国側管轄の事業からの利益が3分の1であったが，それらが1937年までにはまさしく逆転することになった（Gondola, 2002）[119]。

1930年代のヨーロッパにおいては，多くの経済的・政治的困難と広告収入の減少によって，J. ウォルター・トンプソンは同社の事務所の多くを撤退させた。もっとも同社は，まず1931年にリオデジャネイロに，1935年にカルカッタに事務所を設立しているが（Jones, 2005）。1939年に，クレディ・スイスはヨーロッパの緊張から遠く離れたニューヨークに最初の海外支店であるスイス＝アメリカ社を設立する適切な時期と結論づけた[120]。

日本は1931年の満州の併合前には，完全な外国支配の事業展開でなければ，外国資本を歓迎していた。しかし，国粋主義者や軍閥が政府機能を支配するようになると，彼らは外国資本を排除するかその規模を縮小しようとした。日本の自動車産業は，外国の多国籍企業との協調によって台頭してきた。しかし，1930年代末までには外国企業は撤退を余儀なくされることになった。日本産業株式会社についてみると，同社は英国の会社からのライセンス供与のもとでオースチン・セブンを製造することを決定した。1931年には，自動車部品製造業者の戸畑鋳物会社がダット自動車製造の支配権を購入した（ダット自動車の前身企業は，第1次大戦中に初代ダットサンを組み立てていた）。同社は，品質および価格の双方において外国の自動車と競争できる大量生産の自動車を製造するという大きな野心を持っていた。ゼネラル・モーターズやフォード――ある程度はクライスラーも――の子会社は，日本の自動車国内市場における販売を支配していた。理想を現実にするために，戸畑鋳物は，1933年にはダット自動車製造と日本産業とが，後にダットサンが製造されることになる横浜で，合弁企業を設立することに同意した。日本産業はフォードへの部品のサプライヤーであった経験を生かすことによって，自動車のフル生産へと活動分野を広げることを望んだ。

1934年の買収後，新しい名称を得た日産自動車は，統合化された自動車工場を所有することになった。そして，その工場は米国人の生産管理技術者の指導のもとで操業した。しかし，米国多国籍企業が依然として日本の自動車市場を支配していたので，日産はダットサンやオースチン・セブンから商業的成功を引き出すことはできなかった。三井や三菱といった既成財閥がきわめて用心深く自動車産業に進出しなかったのに対し，新興財閥である日産および他の会社は挑戦を受け入れた。やがて，オースチンは日産との取り決めを最も利益の上がるライセンス取引とみなすことになった[121]。1929年に法人化された石川島自動車製造は，その起源を東京石川島造船所に遡ることができる。この会社は，第1次大戦中にトラックを生産しており，1920年代に英国のウーズレー・モータースからのライセンスにより乗用車を生産した[122]。1933年に生産管理を学ぶために米国を訪問していた豊田喜一郎は，一族の繊維機械会社からの収益を使って自動車部門を設立した。彼の父親は綿織物において重要な技術革新を行っていた。つまり，織布における重要な工程を変えた自動織機は，より大規模な工場内に紡績と織布を統合することを促進し，この主要なグローバル産業において日本の競争優位を強化したのである[123]。

1936年に，日本政府は行動を起こし，米国企業による日本の国内市場の独占を打ち破ることを意図した自動車製造事業法を成立させた。この政策の別の側面は，政府が直接的な国の支援と大規模な軍事発注のために国内企業を選択できることであった。この支援によって，豊田織機は1937年に正式にトヨタ自動車を設立し，同社の名前を家族の名前を少し変えて付けた。というのは，新しい名前はカタカナを手書風に表記することによって，より流線型でダイナミックにみえたからである[124]。石川島自動車は東京自動車となり，その翌年いすゞトラックの第1号が生産された[125]。日本が1937年に中国に対する戦争を開始すると，GM，フォード，クライスラーの米国企業3社は組立工場を閉鎖した。この戦争のもう1つの結果は，自動車工場やその生産計画に対して軍部が直接的な支配力を行使したことである。

日本政府は，組織・技術を学ぶための1つの手段として，長い間外国の多国籍企業との合弁事業を促進してきていた。しかし，1930代により積極的に追及された最終目的は，経済の工業化と自国所有の企業を確保することであった。シーメンス&ハルスケと古河の合弁事業であった富士電機は，1935年にその電話部門を富士通信機として分離し，この会社は国の契約を受け続けることになった(後に富士通として知られるようになる)[126]。日本においては，シーメンスはライセンス契約や直接投資により日本企業と協働する選択をし，自らのマネジメントや生産の技術をパートナー企業に移転した。ゼネラル・エレクトリックは東京電気や芝浦製作所との関係を保った。なぜなら，世界的な電機産業におけるカルテル協定や共同所有が，市場分割，価格統制そして特許移転を支援し，国内企業による支配を目指す国粋主義者の野望に対応したからである。1939年に日本側の2社は合併し，東京芝浦電気（すぐに東芝として知られるようになる）となったが，ゼネラル・エレクトリックはこの会社に24%の株式を所有していた（Odagiri, 1996; Wilkins, 1990）[127]。

大恐慌のため1929年から，円の価値の低下と強い保護関税によって，化学製品の輸入は著しく減少した。IGファルベンはレーヨンや殺虫剤を製造している２つの工場に小規模な少数株式を所有していた。1935年に国際染料カルテルの加盟企業６社――IGファルベン，デュポン，ICIを含む――は，日本の「国内」市場である本土，満州，大連，そして台湾における販売の85%を日本企業に割り当てる協定に署名した。その協定は，中国向けの価格をも日本支配の諸領域と同様に固定した。このカルテルと三井鉱山を含むさらなる同意が続き，化学製品の生産のいくつかの側面をカバーするようになった。この時点までに，海外貿易政策の重要な逆転のなかで，IGファルベンは日本の会社が自らの母国と周辺の市場を支配していることを認識せざるを得なかった。対内投資が事実上制限されたので，もし自らの技術上の競争優位をある程度利用しようとするならば，同社はライセンス契約を選択せざるを得なかった。同社は，人材の交流と新たな工場建設を必要としていた多木製肥所を含む肥料５社に支援を与えた。IGファルベンは合成石油に関して南満州鉄道（満鉄）と三菱鉱業に接近したが，外国企業への依存が定着することに対する懸念から，日本海軍はその提案を阻止した。1930年代末までには，日本の企業は世界の染料売上高の３%強を占めていたが，三菱鉱業，日本染料，そして三菱化学工業は，日本市場の約90%を支配していた。輸入許可制は肥料や医薬品の拡大にも役立ったのである。

日本の多国籍企業は，第２次大戦前の10年間に，いかなる業績をあげていたのであろうか。この時期，企業の商業能力を日本軍および帝国の政策と切り離すことはできない。1930年までには，南満州鉄道は単一企業としては日本最大で，最も利益をあげている企業であり，同国の税収の４分の１以上を生み出していた。貨物運賃が満鉄の約75%の収益を確保し，前中国皇帝愛新覚羅を有名無実の統治者とした傀儡国家満州国は，食料，飼料，肥料として使用するために世界の大豆生産の約半分を生産していた。この植民地は，他国の領土で天然資源を開発する帝国列強の古典的な例であった。満鉄は遼寧省にあった自らの主要な製鋼所を昭和製鋼と名称変更し，そして1930年代末までには，奉天地域には800近くの日本人所有の工業・鉱業企業が設立され，鉄鋼の生産・加工，石炭の採掘と液化，セメントやレンガの製造を行い，多様化したエンジニアリング事業を行っていた（Young, 1999）[128]。

効率よく満州国を運営していた関東軍の指令のもとで，ビジネスマン鮎川義介は自らの主要な事業を統制する持株会社である日産コンツェルンを設立し，1937年に同社は満鉄に大きな権益を得た。彼は，日産の本社を満州国に移転し，日本の植民地の計画化された工業化を監督する見返りに，彼の会社は満州国政府が半分出資する満州産業開発会社を設立した。鮎川は，この植民地は自由市場に基づく資本主義としてはあまりにも開発が進んでいないと主張した。自らの拡大計画を実現するために，昭和製鋼はクルップから技術のライセンスを受け，ドイツにおける日本技術者の訓練は1937年に始まった（Kudo, 1994; Matsusaka, 2003）[129]。北海道における石炭の埋蔵量は1930年代に枯渇したので，三井鉱山は，中国や東南アジアに鉱山や製油所を設立した。そして，同社は石炭，非鉄金属，爆薬，化学兵器，そして合成石油の日本最大の生産者となった。1938年には，ニューサウスウェールズのポート・ケンブラにおける港湾労働者は，中国に対する攻撃や大量虐殺の報道に抗議して，日本向けの銑鉄の船積みをボイコットした[130]。

資源と主権

大恐慌は，ゴムの価格の急落をもたらした。その前の10年間に，大英帝国内で産出高や価格を統制しようとする試みは，世界の他の地域からの反発を引き起こした。しかしながら，1934年までには主要な生産者は国際ゴム規制協定（IRRA）に署名していた。すなわち，英国（主にマラヤ），インド，オランダ（オランダ領東インド諸島を含む），フランス（つまりインドシナ），そしてタイがカルテルを結成したのである。これらカルテル参加国は，その行動においては，米国のタイヤおよびゴム製造業者の需要に影響を受けやすいことを示した。しかしながら，グッドイヤーは自らのスマトラのゴム園がIRRAの支配のもとに落ちることに異義を唱えた。そして同社は，1935年にパナマ，1936年にコスタリカにおける実験農場に投資した。というのは，これらはそのカルテル組織外にあったからである[131]。ゴム・カルテルは，日本において怒りを引き起こし，自らの原材料の支配を確実にするための東南アジアへの帝国拡大への支持をかきたてた。

ジャマイカは大英帝国唯一のバナナの生産国であったので，帝国内の特恵関税政策は，エルダー・デンプスター（明らかにユナイテッド・フルーツの１子会社）によって行われる大西洋をまたぐ貿易を後押しした。そして，カメルーンにおけるドイツのプランテーション所有者たちは，1939年に自分たちの事業を，より低い関税ですますために，英国人所有の海運会社に移した（Davies, 1990）。

1930年代におけるアングロ＝ペルシア石油会社（APOC）にとっての主な問題は，イランのナショナリズムの台頭であった。軍事クーデターによって，1925

年に新しいシャーであるレザ・カーンが権力の座についた。そして，同国の外国による支配の終焉が決まった。APOCは，ペルシアにおいては間違いなく経済的帝国主義の最大の象徴であった。そして，大恐慌中のロイヤルティの支払いの低下に対する現地のさらなる怒りがあった。ペルシア政府は1932年に同国における採掘権を取り消した。もっとも，国際連盟による仲介のおかげで，翌年新たな協定が締結された。ロイヤルティの支払いは増加し，採掘権の範囲は著しく減少した。しかしながら，実際には，英国政府がAPOCの後押しをしたため，イランはその争いから得るものはあまりなかった。その事業は，イランの正式な建国によって，1935年にアングロ＝イラン石油会社（AIOC）と名称変更された（Bamberg, 1994）。1937年に，AIOCとロイヤル・ダッチ・シェルはナイジェリアにシェル＝ダーシー探鉱パートナーズ社を設立した。[132]

米国政府は，とくに自国の石油会社がオランダ領東インド諸島やビルマから排除されたことに憤慨し，彼らがその地域で操業する権利が得られるように中東における門戸開放政策を積極的に支持した。カリフォルニア・スタンダード石油（Socal）が，その子会社であるバーレーン石油会社（BAPCO）を通じて，1932年に石油を掘り当て，全ての人にアラビア半島の潜在的な可能性を気づかせたのである。同年イスラム原理主義的なワッハーブ派の支持を得て，サウド家がアラビア半島の大半の支配権を得た。1933年に，SocalはIPCによる競争入札を打ち負かし，Socalに中央および南部サウジアラビアの大半の独占的な調査権を与えたイブン・サウド王との取引に署名した。黒幕のフィクサーは，英国人の探検家で国王の親友であったハリー・セント・ジョン・ブリッジャー・フィルビーであった（彼の息子のキム・フィルビーは，ソ連のために英国の秘密諜報機関を裏切った，おそらく最も成功した二重スパイとして世間の目にさらされることになった）。新しく設立された子会社カリフォルニア＝アラビア・スタンダード石油会社（CASOC）による採掘が成功するという確証はなく，何も起こらなかった時には，Socalは採掘権の半分をテキサス石油会社（後のテキサコ）に売却する必要があると感じた。

大発見により，1938年に突破口が現れた。当初の採掘権は，メッカやメディナという聖地でまさにイスラム教の原点に責任をもつ国家に対する外国の影響についての現地の懸念に配慮する条項が含まれていた。しかし，石油資金の流入に支えられた体制であるサウジ政府によって設定された条件と監督は軽いものであり，1930年代には社会的・政治的抵抗もなく4社が操業していたことは明らかであった。CASOCは1944年にアラビアン・アメリカン石油会社（Aramco）と名称変更された。そして拡大する原油生産に対応するために，スタンダード石油（エクソン）とソコニー＝バキューム（モービル）は，４年後にパートナー企業となった（Wilkins, 1974; Venn, 1986）[133]。APOC/AIOCおよびガルフ・オイルは，再び有利な探査および採掘の条件を得て，クウェート石油会社を1934年に設立した（Ferrier, 1982）。

ラテンアメリカにおいては，独立という目標はずいぶん昔に達成されていたし，この地域は国際経済の重要な参加者であったが，アシエンダ制の広大な土地所有と小作農が存続していた。そして，政治は基本的には権力の所有者と配下の間の保護と交渉の問題であった。支配階級のエリートはその特権から巨額の利益を生み出し，革新や競争へのインセンティブをあまり持ってはいない。社会は厳しく家父長制的であり，民族的・経済的にも階層社会である。すでにみたように，投資の大半は外国の資本家に任されていた。わずか一握りの国々――アルゼンチン，ブラジル，ウルグアイ，チリ，そしてコスタリカ――が，何らかの秩序立った政府の交代を認めた憲法を有していた。しかしながら，輸出貿易がいくつかの変化をもたらした。つまり，都市が拡大し，道路，鉄道，および港湾が建設された。そして，軽工業に見られる第２次産業の発展が顕著であった。貿易からもたらされる富は中央政府を強化し，教育・医療・住宅を改善するための資金を提供した。誕生したかなりの規模の都市人口のなかで，階級としての中産階級の専門職，ホワイトカラー従業員，そして産業労働者階級は，グループとして都市と田舎の間で，また彼ら自身の間での緊張を生み，階級衝突を引き起こした。1918年以後，国際経済における不安定さは，ラテンアメリカの貿易を傷つけ，不満を引き起こし，白人の支配エリート層の支配力を弱めた。

1929年以降にその影響が表れた大恐慌によって，いくつかの都市階級が国の政治に参加することとなった。権力を獲得した時はいつでも，彼らは寡頭政治的な自由主義を何らかの形の法人国家や国家主導型の工業発展に置き替えようとした。最も早い変化は，そのより開放的でダイナミックな経済やより自由主義的なエリートのお陰で，チリ，アルゼンチン，ウルグアイ，ブラジル，そしてメキシコに生じた。中産階級を代表するいくつかの急進的な自由政党は，新しい政治を望んだ。1920年代からの社会立法や政治的変化は，労働者階級の状況を改善し，労働不安を和らげ，組織労働者を国家のなかに組み込むことを意味した。しかし，軍事クーデターと専制政治体制はこの地域のもう１つの共通の特徴であった。地元の産業を育成するという望みは，1930年代の一次産品輸出の減少に対して期待された対応であり，経済進歩と外部世界への依存の減少を望んだナショナリスト勢力にアピールした（Williamson, 1992; Topik and Wells, 1998）。

米国の商業権益は，戦間期において，アルゼンチンを著しい例外として，ラテンアメリカにおける英国企業の権益を次第に排除していった。しかしながら，米国の投資は戦間期におけるこの地域への英国資本の流入の減少に対応するものではなかった。大恐慌は一次産品の価格をとくに傷つけ，アルゼンチンの輸出ビジネスを危機に陥れた。同国政府は，1931年に為替管理を導入し，通貨を切り下げ，多国籍企業がその利益を本国に送金する能力に影響を及ぼした。1933年のロカ＝ランシマン協定は，アルゼンチンからの輸出品に対して英国市場の一定の割当を保証することを意図していた。しかし，差別的な英帝国の関税とデフレのせいで，実際にはわずかであれアルゼンチンの貿易の減少をもたらした。大恐慌は，大まかに言って，アルゼンチンにおける英国人所有の鉄道の収益性を破壊した。しかし，政府は解雇や賃金カットを禁止した。伝統的な農業部門が停滞したので，都市部への移住者が政治的不安定の源泉であった。

アルゼンチン政府は，関税や輸入割当を課すことによって，輸入代替工業化の推進に乗り出した。アルゼンチンは，ボリビアのパティーニョ鉱山が国際管理下に置かれたすぐあとに続いて，ラテンアメリカにおける初期の多国籍企業のよく知られた例を生み出した。トルクワト・ディ・テラと新設の石油企業であるYPFの取締役エンリケ・モスコーニとの友情が，給油設備の建設契約を確実なものとし，ディ・テラ業務用パン製造機会社（SIAMディ・テラ）を主導的な製造業者へと転換させた。ブエノスアイレスの南にある工場から，SIAMディ・テラは産業用機械や家電製品を製造した。1930年代には，同社は南米最大の国内の産業コングロマリットに発展し，近隣国においても製造活動を行っていた。農産物や食料品の取扱業者であるブンゲ・イ・ボルンは，1930年代までにはブラジルにも進出していた（Alejandro, 1970; Scobie, 1971）。

ボリビアにとって錫は，富の主な源泉としての銀にとって代わった。そして，少数の非常に豊かな事業家がボリビアの鉱山を支配するようになっていた。同国の先住民は労働力を構成し，彼らはきわめて粗末な労働条件のなかで，長い間地下で働き，教育を得ることや政治プロセスに参加することを拒否された。1932年から35年にチャコ戦争を通して，パラグアイは大きな領土を獲得し，ボリビアが有していた海へのアクセスを奪い取った。敗北はボリビアの支配階級の名誉を傷つけ，次の16年間にわたって競合するグループが同国の支配権を争うことになったのである。ジャージー・スタンダードは，チャコ戦争の時に，不誠実にもパラグアイの同盟国であるアルゼンチンに供給したと批判された。1934年に軍事暫定政権が権力を掌握すると，少数独裁の共和国の終焉と，数十年にわたる文民支配をもたらした。そして，ホセ・ダヴィッド・トロ・ルイロヴァ大佐が事実上の大統領となった。新ボリビア政府は，1936年にボリビア石油公社（YPFB）を設立し，半分は民間投資家が，もう半分は国家が所有した。それから1937年に，一般大衆を喜ばせようと，トロはジャージー・スタンダードの国有化を命じ，資産をYPFBへ移転した。ドイツ人の血を引くヘルマン・ブッシュ・ベッカラ中佐が，間もなくトロにとって代わった。彼は自らをヨーロッパのファシズムと結びつけ，たとえ短命であったとしても，かってないほど奇妙な「軍人社会主義」の実験をもたらし，軍隊と労働者階級の利害は共通のものであると描いた。より一般的には，ジャージー・スタンダードの国有化は国家主義の時代の始まりであり，以前の経済および政治の自由主義とは異なっていた（国家主義的経済政策は1952年のボリビア革命まで続くことになった）（Williamson, 1992）。

上述の通り，メキシコは1917年に鉱物資産を国有化したラテンアメリカ最初の国となっていた。しかし，政府の組織や目的の変更によっても，多国籍石油企業は大きな影響を受けなかった。この結果は，すべての石油採掘権の認可を要求した1925年の法律についても同じことが繰り返されたようにみえた。反米感情の高まりによって有利となったシェルのメキシカン・イーグルは拡大することができた。しかし，同社はナショナリストや労働組合の扇動から免れることはできなかった。政府は，新たな採掘権を拒否し，国有化の脅威を与え始めた。そしてシェルは，1934年までには撤退を考えていた。メキシコに蘇った急進的な方向性を示して，ラサロ・カルデナス・デル・リオ大統領は，小作人に土地を分配し，労働者には団結権を与え，賃金を増やした。シェルはメキシコの石油生産の約3分の2を支配していたが，1936年までには埋蔵量は減少し，同社にとって不満なことに，世界の生産に占めるメキシコの割合は低下していた。

1938年に，カルデナスは既存の鉄道を買収する形でメキシコ国有鉄道を設立した。一方で彼は，合意した条件で外国の多国籍企業からこの石油企業の残りの部分を取得することに関する調査委員会からの報告を待っていた。彼はシェルやジャージー・スタンダードとの交渉を試みた。しかし両社は，すべての提案を拒否した。そのため，1938年には，石油産業の資産はメキシコ石油会社（Pemex）へ移転された。英国および米国は，メキシコ製品のボイコットを宣言し，第2次大戦までは，同国の石油はその代わりにナチス・ドイツに送られつつあった。メキシコは補償を支払う用意を続けていた（最終的には，1945年にシェルとある価格で妥結した）。そして同国の石油産業の国有化は，戦後期に，世界中の政府にとってのモデルとして役立つことになったのである（Sluyterman et al., 2007; Meyer, 1997; Meyer and Sherman, 1987; Topik and Wells, 1998）。

第3のつまずき：第2次大戦

第1次大戦は，最初の「総力」戦とみなされてきた。というのは，その戦争は人々を軍隊に動員することに加えて，政府の政策，経済，社会における重要な変化を必要とするものであったからである。1914年から18年の教訓は，1939年には十分理解されていた。つまり，政府は工業生産高，金融，海運，貿易，原材料，労働力，そして個人消費に対する規制をより迅速かつ包括的に課したからである。そして，経済は平時生産から戦時生産へと移行した。国家は再び敵国財産を没収し，同盟国の子会社さえをも，その商業活動から国家の緊急事態へと向きを変えそうであった。貿易会社や他の投資家は自らの国際取引を縮小するのと並行して，アジアにおける資産への支配を失うことになった。つまり，1940年から41年の日本によるフランス領インドシナの占領，続く1941年における英国支配の東南アジアやオランダ領東インド諸島への日本の侵攻は，いくつかの理由による変化をもたらすものであった。英国およびオランダ帝国の突然の崩壊は，重要な原材料を日本の支配に移し，ナショナリストによる運動はヨーロッパ帝国主義の時代がほぼ終わりに近づいていたことを示した。ヨーロッパは第2次大戦によって衰退し，ヨーロッパ諸国の経済やインフラは破壊された。明らかな勝者として米国が現れた。それは，経済的には，資本的資源，マネジメント，技術，生産規模，および生産効率において比類なきリーダーシップを発揮したことによる。

連邦政府の指示のもとに，米国の産業が戦時要請に対応するにつれて，米国は同盟国である英国に軍事装備を提供する役割を担い，ソ連に重要な必需品を送った。米国は同盟国政府への貸付を提供することによって，歴史上最も破滅的な戦いから距離を置くことができる能力をしばしば維持したのである。競合する省庁を創設することによって指導者原理を適用したドイツの計画立案者に比べて，英国の計画立案者は非常に効率的な戦時体制を作りあげた。いかに戦時中の犠牲を等しく分けあったかについては議論の余地があるが，英国は，全体としてはおそらく，同国の国民の栄養事情を改善した食料配給システムを導入した。カナダ，オーストラリア，そしてニュージーランドの人々は，米国民と同じように，窮乏から逃れることができた。ソ連は，敗北が迫ったかにみえた時点で，ナチス・ドイツを打ちのめすことになる軍隊を巧みに動員し，同時に巨大な兵器産業を創設することができた。そのコストは多くの死者，飢えた人々，そして広範な物的破壊にみられた。英国は植民地から資源を吐き出させた。その最も注目すべきはインドの例にみられるが，そこでは飢餓が生じた。そして，アジアの人々は世界戦争の非常に大きな人的・経済的代償を直接的に経験したのである。

国々が参戦するにつれて，企業は既存の商取引関係や提携を解消しなければならなかった。例えば，シーメンス・ブラザーズ社は，シーメンス&ハルスケ社ともはや協調することはできなかった。そして，APOCはドイツにおける広範な流通網を失った。ユニリーバは分割され，同社のオランダ側の本社機能はロンドンにやむなく移らなければならなかった。米国においては，ユニリーバは商業組織として存続することができた。そして戦争中は，同社は同国最大の製茶会社であったT. J. リプトンを完全に買収した。そして，ゼネラル・フーズから「バーズ・アイ」冷凍食品部門を購入した（Wilson, 1954; G. Jones, 2005）[134]。第2次大戦期にネスレの取締役たちは米国に移転した。この方が，米国，大英帝国，そして全世界における同社の活動をより容易に運営することができた。ネスカフェは米軍に配られた糧食袋の一部となった。そして，米軍が1942年以後インスタント・コーヒーについての知識や需要をヨーロッパに伝えた（Harrison, 1983; Heer, 1991）[135]。コカ・コーラは，米軍がどこに派遣されようとも彼らに随行し，軍人のために流通経路を構築し，ボトリング工場を組織化し，グローバルなブランド像を作り上げた[136]。一方，ルーズベルト大統領が，ドイツに対する戦争において，英国に装備を望んだ武器の貸与に関する交渉中に，議会のメンバーは大いなる資産を有する国がなぜ援助を必要するのか，と尋ねた。英国の多国籍企業のなかでも，ほぼ間違いなく最も成功していた海外子会社であるアメリカン・ビスコースに，とくに注意が払われた。この論争は，同社に狙いを定めた反トラスト規制の下での共謀であるという非難で覆われた。コートールズは，1941年にその稼ぎ頭の会社のほぼ半分を無理やり格安で売却させられた。もっとも，裁判の判決によってすぐに補償を得ることになったのではあるが（Coleman, 1969）。

真珠湾攻撃の後，日本の産業へのゼネラル・エレクトリックとダンロップの関与は終わりを告げた。ドイツには，ゼネラル・モーターズ，フォード，ジャージー・スタンダード，IBM，B. F. グッドリッチ，そしてITTなど，多数の米国多国籍企業が存在していたが，それらは接収された。スターリング・ドラッグ社は，法律上よび競争上の大きな問題を打破するために，戦間期に同社が構築していたIGファルベンとの関係を終わらせた。敵とビジネスを行うことに対抗する連邦政府の措置が危うく取られそうになったので，ラテンアメリカにおけるスターリングの2つの子会社であるウィンスロップ・プロダクツ社とシドニー・ロス社は，自らの置かれた状況についての論理を受け入れ，IGファルベンに対する経済上・技術上の戦争における米国の尖兵となったのである。[137] ITTの有するメキシコ，ウルグアイ，アルゼンチンにおける多くの権益は，ドイツ出自のいくつかの会社を含んでおり，米国政府は電気通信産業におけるアメリカの影響圏から敵国の影響を排除するための調査委員会を設立した。さらに，ITTはエリクソンの一部を所有しており，エリクソンはまたドイツ企業とも関係を持っていた。そして，ITTの巨大な競争企業であるRCAは，ドイツ，イタリア，そして占領を免れた地域を統治していたビシー政権下のフランスの通信企業との合弁事業に秘密裏に参加することができた。[138]

自らの商業上の利害を戦争努力や母国の利害よりも優先しているとして多国籍企業に対してなされた非難の多くは，証明することも完全に否定することも不可能であった。1939年以後，そして米国がまだ正式に参戦していない間は，ドイツにおけるコカ・コーラの社員は，占領地域における清涼飲料工場を強制接収するようにナチス政権に助言をした。多国籍企業の親会社と子会社の間の関係が厳しくなり，基本のシロップや他の必要なものがもはや入手できなくなった時，ドイツにおける現地経営陣は代替品としてファンタを生産した。[139] 第2次大戦が勃発すると，アルゼンチンにおいて最も顕著であったように，ITT所有の会社は，ドイツに同情的な政府によって没収される危険に陥り，利益を送金することが不可能となった。ベーンのビジネスにおける慧眼は，ルーマニアにあるITTの子会社をいくつか売却することを可能にした。他の米国企業がそんなにうまくやっていけなかった時に，ドイツにおいて彼が進んで現地マネジャーを雇用しようとしたことや，その関係筋によって子会社への介入をうまく抑え込むことができた（Wilkins, 1974）。ITTのソスシーンズ・ベーンは，マドリッドを訪問した1942年に，ドイツの子会社の経営陣と話をしたと噂された。もっとも，確固たる証拠は存在しない。[140] ジャージー・スタンダードは，IGファルベンのようなドイツの会社との複雑かつ不明確な関係により，ナチス体制に航空燃料を供給したことを非難された。[141]

クレディ・スイスやUBSといったスイスの銀行は，ヨーロッパ中でナチスが略奪した戦利品が生じた結果，資金を受け取ったり金や証券の取引に関与したりすることになった。[142] ウォール街の暴落の翌年に，各国の中央銀行間の協調が醸成され，彼らが互いに自らの責務を果たすために，国際決済銀行（BIS）がバーゼルに設立されていた。理事会には，2人のナチスの高官が含まれていた。彼らは，数人の著名なドイツ人実業家と同じように，後にニュルンベルクの戦争犯罪裁判で有罪となった。起訴内容は，国際的な銀行制度の運営をできる限り維持しようとして，戦時中にBISが敵との間で接触を保っていたことと，同機関が占領されたヨーロッパから盗まれた資産の「洗浄」を助けたということであった。[143]

行政的な命令や契約を通して，政府は自国の経済を戦時体制に基づいて運営し始め，本国の企業も多国籍企業の子会社も同様にその資産を計画のなかに算入した。シーメンス＆ハルスケは，完全に軍需品の生産者に転換した。[144]電撃戦や軍隊の展開を伴なう紛争において，ダイムラー・ベンツ，ゼネラル・モーターズのオペル，そしてフォードはドイツの戦争努力に対して重要な貢献をした。フォードは，ドイツ国防軍向けのトラックを製造するために1939年にベルリンに工場を建設していた。トラックや軍用車の生産のために，ドイツ人がリュッセルハイムやケルンの工場を管理していた。そして彼らは，強制労働者を使用したとして，戦争犯罪の告発に直面することになった。興味深いことに，戦車の生産については，ナチ政府は，外国出自であることについて懐疑的であったので，どちらの会社をも決して信用しなかった。もっとも，矛盾したことではあるが，オペルは主にブランデンブルク工場で爆撃機を生産することになり，フォードのケルン工場はナチスの秘密兵器であったV-2ロケット用タービンを生産したのではあるが(Turner, 2005; Bonin, Lung and Tolliday, 2003)。[145]広範な強制労働者の使用が，IGファルベンがとくにナチスの戦争犯罪と関連していたとされる１つの理由である。しかし，ホロコーストで使用されたチクロンＢガスの製造における同社の主要な役割が，同社の経歴をドイツ産業における最も忌まわしいものとしたのである（これらの理由から，連合国はこのコングロマリットを，以前の構成会社に解体した)。IBMは戦争の結果として，ドイツの子会社を分離した。そのため，ドイツにおける同社の事業は現地の管理に，さらには次第にナチスの管理のもとに置かれた。ドイツ・ホレリス機械有限会社（略称Dehomag）は，そのパンチカード技術でもって，資産の接収記録，人種分離政策，そして最終的にはヨーロッパのユダヤ人その他の少数民族の絶滅を記録するための技術上の解決策を提供した（Black, 2001)。

英国は，ゼネラル・モーターズの子会社であるボクスホールとダゲナムのフォードを英国の戦争体制に統合し，ボッシュとフィアットの組立ラインを接収した。英国は1941年にフォードとパッカード・モーター社と，マーリンの航空機工場を設立する契約をした。英国政府は，モーリスとボクスホールを戦車の生産者として追加した。なぜなら，英国政府はヴィッカースのみに依存することはできなかったからである。自動車生産を止めていたボクスホールは，5,600台のチャーチル戦車と25万台の軍用トラックを生産することになった（Sloan, 1964）。[146] しかしながら，時の経過とともに，英国陸軍は米国で製造され輸送されたシャーマン戦車に依存することになった。1942年以降のファイヤストーンが連合軍の戦争努力に対して行った貢献には，リベリアからのゴムの輸出を2倍にしたことがあった。同年，実際にリベリアの政府は，米国とその同盟国に対してリベリアの重要な軍需品の供給を積極的に行うことを確約する防衛協定に署名した。その協定はまた，米国がリベリアの領土内に米軍基地を建設することに同意していた。ロバーツ・フィールド飛行場の建設と同様に，米国人はモンロヴィアの自由港と内陸に向かう道路建設の資金を提供した。これらの基地は，1942年のたいまつ作戦において重要な役割を有していた。この作戦で，米国と英国の軍隊はドイツのアフリカ軍団や他の枢軸国の分遣隊の背後から北アフリカに上陸したため，アフリカ軍団などは英国陸軍および帝国第8師団によって西方に追いやられた。米国は，収益はすべて残りの負債の返済に充てるという条件で資金を提供したインフラをリベリア政府に譲渡することに同意した。[147] 米国政府は，グッドイヤー，ゼネラル・タイヤ，ファイヤストーン，そしてグッドリッチに合成ゴム工場を建設するように命じ，これらの工場は1943年には商業的に経営できるようになった（French, 1991）。グッドイヤーは，1941年にメキシコに工場を建設することによって生産能力を増大し，自らの航空部門は米国の主力工場で軍需品や航空機を製造した。グッドイヤーは日本の侵攻によって，フィリピンやスマトラにおけるゴム園を失ったため，1945年までに別のプランテーションをペルーに開設することになった。[148]

政府に誘われて，ゼネラル・モーターズは1942年までに，イランに2つの組立工場を建設し，赤軍のためにトラックを製造した。米国から受け取った46万7,000台のうち，約18万4,000台は，イランで組み立てられた。そしてその工場は1945年にソ連に移転された。戦争中，ゼネラル・モーターズはリマの工場のように比較的小規模な工場は放棄し，1942年からは，部品の不足のためにアルゼンチンの事業を無理やり自動車生産から冷蔵庫や自動車アクセサリーの生産に転換せざるを得なかった。1939年に宣戦布告がなされると，オーストラリアGM＝ホールデンの車体工場は，戦時生産に切り替えられた。[149] 通常どおり連邦政府の，また注目すべきことに労働党や労働組合の支援を受けて，選出されたサウスオーストラリアのリベラル・アンド・カントリー・リーグは，工業化の諸政策を実施し，行動を促した。なぜなら，オーストラリアは海外の製造業者の部品業者から分断されたからである。リベラル・アンド・カントリー・リーグは現地の軍需工場，インフラ，そして造船所の発展を促進した。そしてブリティッシュ鋼管製造所は工場を開設した。1946年までには，サウス・オーストラリアは，工業化を奨励するもう1つの手段として，またこの新興国のより発展した州とのギャップを埋めるための努力の一環として，アデレードの電気供給を国有化していた。しかし，GM＝ホールデンとクライスラー＝リチャーズは，自動車部品を支配し続けた。戦争中，連邦政府はGMとフォードにオーストラリア人の設計による大部分が現地で製造される自動車の提案書を示すように依頼し，GMがそれほど政府の支援を必要としないことが明らかになった時，同社の計画を支援することを決定した。[150]

経済状況が，日本が対米戦争を始める決定をした主要な原因であった。中国における南京その他での残虐行為のために，オーストラリアはすでに鉄鉱石の輸出を禁止していた。政府の支援を受けたカルテルを通してのゴム供給の統制は，日本での怒りを買っていた。というのは，日本はその統制が自国の生産者に対して不公平に課されたものであると信じたからである。1940年に，ルーズベルト大統領は，日本との通商条約を停止し，日本がフランス領のインドシナを一部占領したときに，石油の禁輸をちらつかせて脅した。彼は，オランダ領東インド諸島に対する攻撃を引き起こすことを恐れて保留していた。しかし，1941年には，フランスの植民地全体が占領された。6カ月で底をつくと予想された石油のために，日本は真珠湾の海軍基地を攻撃した。そして1942年に，日本軍は東南アジアにおいて，植民地における英国およびオランダの軍隊をすぐに打ち破った。日本では，1941年に制定された敵国財産管理法のもと，政府はインターナショナル・スタンダード・エレクトリック社によって保有されている残りの20％の株式を接収し，1943年には軍需会社法を基に，軍部は強制的にNECのすべてを住友財閥に与えた。そして，同財閥は住友通信産業を設立したのである。戦後米国を中心とした占領軍によって財閥が解体されると，NECは再建された。

日本の南方への侵攻は，貿易，鉱業，石油，プランテーション，インフラ，そして加工への投資の広大なネットワークに対する西欧企業の支配を終わらせた。連合国との戦争を始めた1941年に，日本政府は中国のブリティッシュ・アメリカン・タバコの工場を接収した（Cochran, 1980; Cox, 2000）。東南アジアへの日本の侵攻は，紛れもなく自動車会社のフォードを驚かせた。マラヤ・フォードは，ヨーロッパからの配送が途絶え，マレー半島の市場の5分の4を占めていたので，1941年にブキット・ティマに東南アジアで最初の当時唯一の車体組立工場を設立した。その新しい工場は英国空軍のために航空機を組み立てた。そして，英国軍がインド国境まで後退させられた時，そこはマラヤにおける日本軍の司令部となった。ウィンストン・チャーチルを含む当時の人々は，1942年2月に英国軍事史上最も悲惨な敗北の1つとして，「難攻不落の」シンガポールの降伏をみた。これにより，すでに日本軍の捕虜になっていた5万人に加えて，8万人の連合国の兵隊が捕虜となった。こうした誰の目にも明らかな公然たる屈辱は，ヨーロッパのアジアにおける帝国体制の信用を傷付けるものであった。山下奉文中将は敵の将軍アーサー・パーシバルに，降伏文書に調印するためにフォード・マラヤ工場の重役会議室に無理やり行かせた。その工場を選んだ理由は，有名だったからである。間もなく同工場は，日本軍のための日産トラックを製造するようになり，これは戦後に英国軍による管理が行われるまで続き，1946年にフォードに返還された（同工場は結局1980年に閉鎖され，25年後博物館に転換された）（Wilkins & Hill, 1964; Yacob, 2003）[151]。上海におけるダンロップの倉庫は戦争中閉鎖されずにいたが，その理由は，それが日本軍の司令官に彼の好きなゴルフボールを提供したからだと言われている（McMillan, 1989）。

ナチスによるヨーロッパの占領は，ドイツ企業のグローバル化の機会を生み出した。なぜなら，彼らは占領地における資産の管理を任されたからである。それは，ドイツ事業が利用してきた，民族的には通常スラブ人やユダヤ人の強制労働者を駆り集めることにつながった。アウシュビッツはとくに，第三帝国の最大の殺戮収容所として，ホロコーストと同一視されている。それは，残虐な複合産業施設の中心にあった。IGファルベンはチェコスロバキアの染色工場を与えられた。グスタフ・クルップはドイツ帝国産業連盟の議長であった。そして，彼の後任のアルフレートはナチに関与していた。第2次大戦中，彼の会社は，占領した国々の会社を接収することが許されていた。これらには，フランスのトラクター工場や機械的構造物の会社が含まれた。なかでも重要だったのは軍需品を製造していたチェコスロバキアのシュコダの工場であった。クルップは強制労働者を搾取し，1942年には，ウクライナ東部のハリコフとクラマトルフにあったモロトフの鉄工所と，鉄鋼の生産に欠かせない鉄，マンガン，そしてクロムを供給していた鉱山を管理下に収めていた。英国はクルップのエッセン工場を爆撃して生産不能にしたが，戦後，戦争の賠償として同工場の設備類を取り去った[152]。1943年にイタリアが連合国側についた時，ドイツはトリノのフィアット工場を接収した。

フランスでは，フランス・フォードのトップであったモーリス・ドルフュスは，占領の自発的な共犯者であり，ドイツ軍のために軍需品を製造していた企業に同社のポワシー工場を譲渡した。彼は，ビシー政権下のアルジェにフランス・フォードの分工場をもう1つ設立すること主張した。同社はそこで，エルビン・ロンメルのアフリカ軍団のために装甲車やトラックを生産できた[153]。ドルフュスの戦時の経歴ときわだった対照をなしたのは，フランス・フォードにおける対敵協力者と似た立場にあった，シトロエンの社長のピエール＝ジュール・ブーランジェであった。彼は，ドイツの占領統治者やドイツへの協力を掲げていたビシーの従属政権に協力することを拒否した。彼は，仲介者を通してのみコミュニケーションをとり，有名なエンジニアであるフェルディナンド・ポルシェにも会わなかった。なぜなら，ポルシェは戦前ヒットラーによって指示された「国民車」を設計するために，アウト・ウニオン社と提携してヴォルフスブルク工場で装甲車や水陸両用車の生産を組織しつつあったからである。ブランジュは，「ゆっくり行こう」運動を組織化し，ドイツ軍のトラックを製造するように命令されたシトロエン工場でのサボタージュを推奨し，万一連合国がフランスに侵攻したときには逮捕されるべき第三帝国の敵としてリストアップされた。ドイツ軍の命令に対抗するために，同社の研究者は後に2CVとして生産されるようになる大衆車の開発を続けた（Gallard, 2004; Reynolds, 1997）。連合軍は後に，ポルシェをヴォルフスブルクの工場の会長から外した。そして，彼は裁判にはかけられることはなかったが，強制労働者の使用に関連した戦争犯罪のために収監された。ポルシェ社を設立し，戦争直後に有名な高級車を作ったのは彼と彼の息子であった。

航空機，トラック，装甲車のメーカーとして，トリノにおけるフィアットの工場は，1943年から連合軍の爆撃目標となった。そして，1945年に社長兼最高業務責任者に任命されたヴァレッタは，米国からの秘密の貸付の助けを借りて，損害を受けた工場の設計と再建を始めることになった[154]。第2次大戦中，ドイツ銀行は新しい支店を開設したり買収したりして，占領したヨーロッパ全土で積極的に拡大した。それらは，チェコ地域，スロバキア，ユーゴースラビア，オランダ，ギリシャ，オーストリア，ハンガリー，ブルガリア，そしてルーマニアを含んでいた。同行は，1942年から43年に，イスタンブール支店を通じてトルコ政府に売却するために，ライヒスバンクから大量の金を購入した。もっとも，いくらかの金はホロコーストの犠牲者から取り上げられたものであることを同行が知っていたという文書による確かな証拠はない。まさにナチスの階層組織のトップにまでおよぶ犯罪者は，ホロコーストの詳細を記録に残すことを躊躇し，彼らは大量殺戮の工業化された組織について語るのさえ用心したと論駁しうる（Evans, 2001）。しかしながらドイツ銀行は，アウシュビッツに強制収容所やIGファルベンの工場を建設した企業に資金を提供したことは否定できなかった[155]。

多国籍企業：1914年から1948年まで

20世紀の2つの戦争の時期や大戦間の数十年を，貿易や投資の成功した国際システムの計画的な巻き戻しとして描くことは一般的なことになった。すでにみたように，輸出入商品の自由な移動にコミットしたといっても，それはせいぜいニュアンスの問題である。英国，オランダ，そしてデンマークを例外として，ヨーロッパおよび北米の国民国家は，重要なあるいは強力な特定部門の利害を守るために，あるいは国内の工業化を促進するために，進んで関税を利用した。彼らは，すでに自由貿易の原則から後退しつつあった。いずれにせよ，貿易は工業国の間で圧倒的に行われていたが，インフラ，鉱山，そしてプランテーションへ資金を提供したり組織化するために，FDIのより大きな部分を占めていたのが発展途上地域であった。そして，これらへのFDIは発展途上地域を一次産品の輸出者として国際経済に加えさせることになったのである。多国籍企業の基礎——政府は自由で競争的な市場の利点を主張してきたが——は，帝国主義的な支配と影響力というのが実態であった。

第1次大戦によって引き起こされた破壊——新たに導入されたり引き上げられたりした関税，貿易と為替の管理，敵国との通商関係の中絶，物資不足，「総力戦」や軍需品の製造業者による経済の方向転換，海運の損失，国境を越えた生産的投資からの離脱——は，広範囲にわたるものであった。4年以上にわたるその緊急事態の長さと，ドイツに課された賠償の規模といった，平和の到来に伴う戦後の急激な不況や他の経済的帰結を予測できた人はほとんどいなかったであろう。その影響はまた，きわめて政治的なものであった。つまり，第1次大戦は帝国の存在を終わらせ，ヨーロッパ，中東，そして程度は少ないがアフリカやアジアの政治構造を変容させた。国境の移動はいくつかの会社を，一晩で期せずして多国籍企業へと変えたのである。ロシアにおける接収は，主導的な会社の国際的な範囲を縮小させた。そして，多くの有力なドイツ企業にとっては，接収はかつて重要であった多国籍企業を国内企業の地位に降格させるものであった。

それにもかかわらず，壊れた通商関係，新たな関税，そして国家による経済問題へのより大きな介入は，特定の緊急事態に対する一時的な対応と想定された。そして，1920年代半ばまでには，生産高や貿易が増加したために楽観主義が生じた。問われたことは，1914年以前のシステムがどの程度復活できうるのか，あるいは復活させるべきかであった。例えば，ヨーロッパの大国が原因は不明確だが明確な破局的結末を伴なった紛争に関与したため，新興工業国経済はどこであれ利益を得たし，関税障壁を対内投資，技術移転，そして国内の加工業や製造業にとって永久的かつ有利なものとして見るようになった。彼らは，政府の支援という様々な措置によって懸命に発展させようとした産業を傷つけるものとして，自由貿易を認識した。国際カルテルには，それまでにも長期間存続してきた例はあったが，戦間期にはその発生率が増加した。たとえカルテルが主に生産者の利益を保護したとしても，国境を越えた共謀は，不安定な貿易状況，下落する価格，そして過剰供給に対応するひとつの手段であり，完全に競争的な自由市場の優位について，さらに疑念を高めるものであった。

1920年代における多くの政府の政策の背景には，1914年以前の自由貿易システム——しかし，実際には条件付きの自由貿易システム——における国際的な取引と生活水準の上昇は，相互利益という基本原則を充たしていたという想定があった。国際経済と多国籍投資家の変化の力には疑いの余地はなかった。そして，世界経済の国際性と結合性を認識すると，ラテンアメリカ，アジア，そしてアフリカでさえ十分な発展の余地があった。しかし，ヨーロッパや北米といった工業化した国々のために蘇生した「旧」システムの利益は，際立ってより多く宣伝された。彼らは資本，組織，技術，そして市場アクセスにおける継続的な優位を再現していた。

国際経済におけるいろいろな発展は，政治問題に関係するようになった土地使用権や採掘権の条件によって，原材料源の支配権を得ようとする以下のような多国籍企業のさらなる事例を提供してくれた。アフリカや東南アジアのパーム油の農園があった。また，東南アジアのゴム・プランテーションがあった。さらに，ラテンアメリカにおける米国の鉱業会社や電気通信企業があったが，そこでは彼らは巨大でタコのように多角化したユナイテッド・フルーツに参加した。アフリカやアジアの至る所にヨーロッパの鉱業企業があった。そして，明確なのは，拡大し組織的に複雑な石油メジャーは，その商業上の目的が中東やラテンアメリカにおける帝国主義的あるいは外交的な政策に覆われていた。工業国と一次産品生産国との間の国際分業は存続した。もっとも，製造業は日本やカナダやオーストラリアなど一次産品の輸出にたずさわった地域に広がった。1914年以前には非常に効率よく繁栄していた貿易会社は，自らの収入や利益が縮小するのを見た。そして，彼らは合理的にも原材料や加工業への投資を増やすことに目をやった。もっとも，その成果は成否両方が混じったものであった。発展途上地域の受入国経済は困難な経済的環境に直面した，また外国人の所有する電力，輸送，あるいは水道会社とその価格の上昇に対する現地の怒りが増したので，公益事業の多国籍企業は長期にわたる撤退を始めたのである。

FDIを抑制するどころか，関税その他の貿易障壁は，証拠の示すところでは，多国籍化，とりわけ製造業者による多国籍化を促進したのである。もちろん，第1次大戦前では，海外子会社を設立した通常は先進国の産業企業の多くの事例があった。1920年代には，著しい増加が見られた。米国の自動車会社は，生産管理，技術，そして製品においてリードしていたために投資した。彼らの目的は市場の追求であり，受入国経済の規模や豊かさが意思決定を正当化する場所では，フルスケールの生産へ移行し，完全所有という選択肢を好んだ。規制は経営手法の移転を促進し，固有技術の保護を推進した。市場がフルスケール生産を支持しないところでは，企業は組立事業を選ぶ傾向があった。ゴム生産者は自ら積極的に多国籍企業化を進め，それに商標付き食品，飲料，家庭用品の会社が続いた。石油の事例にみられるように，製造業者は多国籍化に伴う経営上の複雑な問題に取り組まなければならなかった。これら2つの部門の経験は，貿易会社や公益事業会社のそれとは対照的であり，大戦間期はすべての形態の多国籍企業にとって一貫して否定的であったわけではないことを示している。石油は，大陸にまたがって採掘とマーケティングを調整するという事業そのものの性格から国境を越えたものであった。一方，製造業者の子会社は，主に受入国の市場経済に供給するために設立されたので，国境を越えた効率性を求めなかった。公益事業では，多国籍電話会社の急速な拡大があった。

したがって，重要な転換点は1914年ではなく1929年であった。それに続いて生じた経済的崩壊過程において，政府は最終的には第1次大戦前の時期に関連した国際システムへのいかなる復帰も拒絶することになり，自由貿易，資本移動，そして通貨の兌換を正式に終わらせた。各国政府は，自国の経済発展により目を向け，貿易関係への依存から遠ざかった。彼らは以前には産業の立地に関心を持ち続けていたが，その所有や支配に，影響力をより強く発揮した。すでにみたように，受入国の市場環境が投資を正当化するところでは，関税は製造業のFDIの1つの誘因になったようにみえる。保護関税の増加は多国籍企業にとって主要な問題ではなく，投資や利益の本国送金を阻止する為替・資本管理がより根本的なものであった。

ドイツにおいては，ナチスが市場や民間企業よりも国家のほうが優れていると褒めたたえ，国際経済への参加よりもむしろ自給を求めた。1930年代末までには，多国籍企業は結局売却できなかった商業上の所有権を維持するという不愉快な妥協を無理やり迫られたのである。ナチスは人道に反して，企業に反ユダヤ主義を強制した。そして，ナチスが多国籍企業の子会社に「ドイツ化」を進めるように圧力を加えた時，企業は自分たちの計画にとって有益とみえるものと妥協したのである。工業化と並んで，技術および経営のノウハウを取得する手段としての合弁事業を使って，日本は企業の日本人支配への選好を示した。1930年代に，軍部や国粋主義者の力が増すにつれて，外国企業の能力が依然として必要不可欠である場合を例外として，彼らは多国籍企業に子会社を売却するように迫った。この時期は，そのいくつかは紛れもなく誇張されたものであったが，独裁者や敵国に協力したという多国籍企業について多くの共謀説が生み出された。共謀の性格からして，ほとんどは立証するのが困難である。それがまさに示しているのは，企業が妥協を受け入れたのは主として投資を守るということであった。しかし，いくつかの事例においては，多国籍企業は従業員その他を守るために，自らの交渉力を行使することができた。

ラテンアメリカにおいては，急進的かつナショナリスト的な運動は，公益事業，インフラ，土地所有，そして輸出貿易に対する多国籍企業の支配を疑いをもって見始め，とりわけ鉱山の所有や鉱業や石油の会社に与えられた採掘の条件について疑問を提起した。そのため，1937年にはボリビアで，続いて1938年にはメキシコで，ロシア革命以来初めての国有化の事例を生じた。このとき両国は，石油産業を国家管理としたのである。その結果，両国の政策は戦後期に第三世界の国々が採掘権について再交渉したり，外国所有の資産を国有化したりする時はいつでも，彼らのための規範となったのである。

大恐慌の影響は世界的なものであり，そのため資本主義，自由市場，そして国際経済のまさに根幹を台無しにした。1939年から45年の第2次大戦は，貿易関係の崩壊によって生じた1914年から18年の第1次大戦の先例に続いた。そして，それは前の世代に起こったよりもはるかに大きな規模での財産の没収や政府の支配をもたらした。ヨーロッパは，戦間期には世界経済の中心にとどまっていた。そして，第1次大戦は領土的にも経済的にも帝国システムを破壊することはなかった。第2次大戦はそれを破壊し，海外投資，技術，そして多国籍企業の主要な提供者としての米国の地位を確定したのである。グローバル経済II——1914年から1929年の間に当てはまり，1929年から48年までの時期にもっと当てはまる——がとくに描いたものは，多国籍企業の活動に対する母国と受入国政府の影響力であった。そして，それは国民国家，ラテンアメリカといった新興経済におけるものでさえ，その多くがマネジメントや技術における資産を備えている外資系企業に対して押しつけることのできた力を示している。これらの数十年間は，国家の介入がいかに天然資源の支配や工業化の達成と結びついていたのか，国家主権の主張が私有財産権や自由な国境を越えた貿易といかに強く衝突し得るのかを示すものであった。

第4章

冷戦と新国際経済秩序：1948～1980年

超大国と国際システム

第2次大戦の終わりまでには，経済のかたちを転換しナチス・ドイツを倒したソビエト連邦が国として誕生し，パワーと大きな足跡を残した。米国も工業力や軍事力を増強させ，複雑でグローバルな影響力と利害関係を体現した。民主主義国である米国と独裁政権国家であるソ連は，いずれも一般通念や原則から大幅に逸脱しつつあったとはいえ，1914年以前の，民間企業と開かれた市場への投資や貿易からなる政治経済にもとづいた第1次国際経済に参加していた。1945年から1948年にかけて，かつての同盟国は軍事・外交上で対立した。ソ連と米国の相容れない体制は，人類の進歩と現代性に対する際立った代替手段を表すものであった。つまり，より大きな利益をもたらすのは共産主義モデルか，それとも資本主義モデルなのか――2つの超大国のうちいずれの国とのつながりを持つのか――であった。19世紀とは対照的に，イデオロギー，国際政治そして経済という様々な問題をめぐっての論争があった。

2つの超大国は重要な欧州の舞台で外交的猜疑心と諜報活動を中心とした冷戦を繰り広げたが，世界各地ではしばしば流血を伴う争いがあった。1959年には，スプートニク人工衛星の打上げ成功に勢いづいたソ連の最高指導者ニキータ・セルゲーエヴィチ・フルシチョフは，貿易使節団の一員としてモスクワを訪問していた米国副大統領リチャード・ニクソンに対して次のように言い放った。「資本主義が良ければそのような暮らしをすればよい……。それでもあなた方に憐れみを感じることに変わりはない。」実際に，フルシチョフはすでにスターリン時代の恐怖政治を強く批判しており，ソ連の社会主義が体制的な抑圧をもたらし，国民の物質的要求を満たすことが出来なかったことを知っていた。戦争によって東欧はその強力な隣国の影響下に置かれたが，この新しい政治・軍事圏は国境をまたぐ商取引，投資そして経済成長という点で西側諸国に及ばなかった（Gaddis,

1998)。ベルリンの壁の建設に対するジョン・ケネディ大統領の対応を弱腰と感じたフルシチョフは，1962年に核ミサイルをキューバに配置することで米国を試し，最も危険で世界の終末をもたらしかねない国際危機を引き起こした。

フルシチョフの得意気な発言から10年を経ずに，米国は宇宙開発においてライバルのソ連を追い抜いた。そして，共産圏外では戦後の数十年は，生産量，需要，貿易そして生産性の長期的な向上によって特徴づけられる「黄金の時代」と呼ばれた。戦時中の停滞を経て多国籍企業は進歩し続け，米国企業は世界中で技術と経営の発展を牽引した。国威発揚のための宇宙開発計画や軍事支出は，超大国としての地位を証明するものだったが，平時のソ連経済の弱さを隠していた。「例えば，カラーテレビのように我々のほうがソ連より進歩している面がいくつかある」という，ニクソンのフルシチョフへの応答は，米国人が享受し他国が羨んだ，より優れた，つまり消費者志向の生活を示唆するものであった。米国の資本とノウハウは西欧の繁栄を助け，東側諸国はこれを羨んだ。

すでに植民地化を経験していたいわゆる第三世界の多くの国は，「経済帝国主義」あるいは外国企業への依存や外国企業による搾取に対して驚くほど用心深い姿勢を示した。そしてそれらの国々は，進歩と国家の主権を中央計画型経済と輸入規制とに関連付けた。しかし，先進工業国の貿易と投資の力によって外交上のつながりが生まれ，（イデオロギーが越えられない壁ではない場合には）専制政治や国家主義的傾向を乗り越えることができた。共産圏は，西側諸国が確立した貿易および投資の国際システムから分離されたままであった。冷戦の終結によって，共産主義を実践する国は衰退するキューバと独裁的な北朝鮮のみとなり，イデオロギーと軍事的な対立は，今になって考えると不可避的なものだったのかもしれない。しかし，自由競争市場からなる国際システムの「勝利」は確定したわけではない。

1948年以降，国際経済は第2次大戦とその余波からの復興の兆しを見せ始めた。資本と多国籍企業の世界的な中心地の英国から米国への移動がさらに進んだ。国際事業への投資はより豊かな国へと流れ，後進国の海外直接投資ストックに占める割合は減少した。国際的な製造，鉱業，石油生産が盛んになる長期的な傾向が見られ，これらのセクターの国際的な拡大や，マネジメントに関連した重要な変化によって，技術，実務そして製品の国境を超えた移転が推進された。そしてもう1つの特徴は，米国，カナダおよび西欧が関与する大西洋をまたぐ貿易と投資の顕著な増加であった。このような展開の背景には多くの理由があったが，そのうちの1つの理由は，第2次大戦が米国の政策に与えた影響である。つまり，新たな超大国となった米国は新しい国際経済の枠組みを支え，欧州を支援し，共産主義の拡散を防ぐことを決意したことである。連合国——とりわけ歴代の米国の政権——は，大戦が政治的・経済的秩序の失敗の結果であることを理解していた。

英国と米国の民主主義体制では，より良い未来を約束することでドイツと日本を倒すための犠牲が正当化された。第2次大戦は，社会全体が軍事そして産業に動員され，欧州，アジアそしてアフリカの民間人が悲劇に苦しんだ「人民戦争」だった。被害を受けた人々は，過去数十年の経験——個人的屈辱や絶望感を与えた失業や貧困——が繰り返されないという保証を求めた。戦間期に市場や資本主義制度が受けた衝撃は，世界中に影響を及ぼした。そして，自由貿易に取って代わり，固定為替レートを終らせた経済ナショナリズムは，既存の国際企業関係や通商関係を覆した。社会的・政治的混乱によって勢いを増大したファシズムや軍国主義に対し，連合国は遅ればせながら抵抗することを決定した。各国政府が自国内で経済的安定や進歩を確実にするためには，海外で経済的安定を生み出す必要があった。しかし，これを実現する計画について合意することは困難だった。連合国は，ドイツを打ち負かすために共通の目的を持つ必要があり，正式に国際連合の設立を支持した。しかし，彼らは新たな国際経済問題の解決条件，そして欧州と東アジアの分割について意見を異にした。最終的には諸事件によって，一方でソ連，そして他方で米国と英国が，打算にもとづく軍事パートナーに過ぎないことが明らかとなった。

東西の分裂によって根本的な外交的・イデオロギー的な緊張関係が表面化し，国際貿易や投資に障壁が生まれた。米国とソ連は戦争状態を回避した。作家のジョージ・オーウェルは，1945年に「冷戦」という用語を使って，全体主義的「超大国」によって分断された世界を表現した。そこでは，核による絶滅の恐怖によって恒久的に「平和ではない平和」が生まれるというものであった。これは，彼の小説「1984年」の悪夢のようなビジョンの一端を早い段階で示していた。1947年のトルーマン・ドクトリンにおいて，米国は第2次大戦中に合意され，赤軍の軍事力によって決定された影響の範囲外での共産主義の拡大を防ぐ政策を示した。コラムニストであるウォルター・リップマンが編集した『冷戦』というタイトルの本の出版によって，「冷戦」という用語が一般化した（Lippman, 1947）。元連合国は2つの制度を当面は共存させる必要があることを受け入れたが，発展途上国における波及的影響によって経済的，政治的そして最悪の場合には軍事的な直接衝突が頻繁に発生することになった。国際貿易と直接投資の影響力の増大は，外国資本とノウハウに依存して経済を変革させようとしていた第三世界の政府の政策に大きな影響を与えた。

米国は，他の参戦国とは異なり，戦争によって深刻な被害を受けておらず，他を圧倒する金融，技術，スキルなどの資源を自由に使うことができた。米国は1946年には世界の製造業の半分を担っていた（1936～38年は世界生産量の32%であった）。1930年代には，米国は西半球とサウジアラビアやリベリアにおける投資を牽引していたが，戦後は世界経済を牽引する役割を担った。英国（資金，原材料，設備を必要とする）は中東の資産をしぶしぶ手放し，ヨーロッパ帝国の解体により国際政治に変化が起き，アジアとアフリカへの投資パターンが修正された（Wilkins, 1974）。ソ連圏の南東ヨーロッパは，ドイツの経済的影響力の低下により，戦前からあった東欧から西欧への物資や一次産品の流入が減少した。その一方で，西欧と並んでラテンアメリカ，カリブ海と，オーストラリア，ニュージーランドそして東アジアでは米国の影響力が増大した。

1945年から1948年の間に，ヨーロッパの軍事外交上の不安定な地域に降ろされた鉄のカーテンは，市場と民間資本からなる資本主義と，国家統制といった，イデオロギー的に対立するシステムの違いを際立たせた。西欧の政府は，鉄のカーテンが域内に降りてくることを懸念し，米国の融資や技術支援を受け入れた。イタリアとフランスで大衆の支持を得ていた共産主義に対する最良の対抗手段は繁栄であるとみなされた。マーシャル援助――より正式にはヨーロッパ復興計画――に基づく米国の気前の良い対欧州援助は，米国の自己利益と結びつけられており，1948年の初めから1952年にかけて莫大な援助が行われた。米国の政治家たちは，民主主義の安定化，ソ連の封じ込め，そして同盟国の経済復興を保証することが重要であると考えていた。

米国は，融資を行うだけでなく，先進的な技術と組織手法に関するアドバイスも行い，欧州における産業の生産性向上運動を手助けした。スチュードベーカー自動車会社の社長を務めたポール・G. ホフマンは，マーシャル援助を監督する経済協力局長を務めていた。「彼らは『米国の組立ライン』と『共産党の政治路線』との戦いに参加している」とホフマンは述べていた（Schroter, 2005）。米国の多国籍企業は，1950年代に自動車，石油，化学製品における自らの技術的および管理上の主導力から恩恵を受け，1960年代には多くの部門で投資が増加した。欧州諸国は高い成長率と富の水準に魅き付けられた米国企業を歓迎した。ジャーナリストで政治家でもあるジャン＝ジャック・セルヴァン＝シュレーベルは，大西洋を超えたフランスへの影響の懸念を反映して，諸傾向を次のようにかなり劇的に描いた。「米国とロシアの後に続く世界第3位の経済大国は，欧州における米国企業である」(Servan-Schreiber, 1968)。

帝国主義的でより欧州中心の国際システムでは，工業製品と一次産品が交易され，FDIの大部分は途上国に向けられていたが，第2次大戦後数十年でそのシステムは終焉を迎え，米国とソ連が超大国となった。英首相，ウィンストン・チャーチルは，ナチズムを終結させ，欧州大陸を解放し，大英帝国とその世界的な影響力を維持するために戦った。この彼の第1の戦争目的は達成されたが，第2の目的は（ソ連による東欧支配を考えると）部分的な成功を収めたにとどまった。そして，戦争で疲弊した大英帝国は次第に衰退していった。米国は，植民地主義に反対し，帝国主義的な貿易体制に疑念を抱いていたが，それはこの体制が多国籍企業を不利にしていたからである。日本の攻撃により英国，フランス，オランダの支配から解放されたアジアやアフリカは，かつてヨーロッパ所有の企業に認められていた特権を解消した。

パックス・ブリタニカ——かつて固定為替レート，通貨の兌換性，開放的な貿易と投資に関連していた——は，資本輸出，帝国主義的な取引関係，および交換しやすいスターリングの利用可能性に支えられていた。パックス・アメリカーナを考案したルーズベルト＝トルーマン政権は，1930年代から1940年代にかけて失われた貿易と投資の原則を取り戻そうとしたが，うまく復帰するためには新たな国際制度の枠組みが必要であると主張した。開放的な競争市場に基づく経済原則は，資本，商品，影響力を輸出するための米国の対抗する者のない立場にうまく適合した。それにもかかわらず，この新しい国際システムの中では，「衰退」しているといわれている英国とオランダは，依然として成功を収めている国際プレーヤーでありつづけた。戦後，国内経済の回復が確かなものになると，ドイツ，フランス，日本などが再び世界の主要な海外投資国として浮上した。

先進工業国の多国籍企業の大半は他の先進工業国に投資した。先進国で達成可能な成長の機会が増え，共産圏が米国主導の世界秩序に対して疑念を持っていたことから，世界的な自由市場経済という米国の構想は放棄され，その代りに北大西洋を非常に重視する西欧自由市場経済を実現した。発展途上国のFDIパターンは，いくつかの理由から異なる特徴をもっていた。政治的・経済的不安定性，国内の反乱，受入国政府との意見の不一致，国有化の脅威などに，国際投資家は不安を抱いていた。当事者たちは，世界銀行または国際商業会議所（ICC）が定める国際ビジネスの規則を参照することによって紛争を解決することができるが，国家主権や，多国籍企業の権利をめぐる衝突は実際には十分規制されていないし，解決されなかった。米国の力が最も強く，ヨーロッパが再び繁栄し始めた1950年代には，多国籍企業は一般的にその事業活動への脅威に対抗することができた。多国籍企業は，自国政府の支援を受けるとともに，受入国政府が必要とする技術，組織スキル，市場アクセスを支配した。

国際経済機関

米国の経済力と国際政策によって，世界は戦後の崩壊から免れることができた。1944年のブレトン・ウッズ協定は英国によって提案されたが，詳細を決定したのは米国であり，最終的に44カ国が署名することとなった。新しい国際経済秩序は，国際連合の新しい政治的・外交的秩序のパートナーとして考えられたものであった。ソ連は外交的な会合には出席したが，最終的にスターリンは，ソ連が指導力を発揮することができないシステムからの撤退を命じた。加盟国としてとどまった国々は，完全雇用や所得の上昇などの国内目標に合意したが，これらの好ましい目標を達成するために為替レートを操作することには反対した。そしてブレトン・ウッズ体制は1947年までには機能するようになった。代わりに，国際通貨基金（IMF）は加盟国が一時的な国際収支の赤字を埋める資金を調達できる通貨プールを有していた。より困難な問題に直面している国のために，IMFは「為替レートの秩序ある調整」に同意することになるのであった。署名国は，既存の為替制限を拡大せず，またどの通貨をも平等に扱うことを約束した。ブレトン・ウッズ体制はさらに，国際復興開発銀行（より一般的には世界銀行として知られる）を設立し，戦後復興の資金を調達した。IMFは準備金が限られており，厳しい貸出ルールがあり，戦後直面した混乱状況の中で，自ら定めた政策の実現に必要な資金を提供できなかった。加盟国政府は，弱体化した経済と通貨を国際競争にさらすことはできなかったのである。

ブレトン・ウッズ体制下で確立されたシステムの根底となる経済的現実をどのように評価すべきか。必然的にIMFは，為替相場の調整を本来想定されていたよりも多く認めることになり，米国は，IMFのルールがあまりに厳しいと経済が崩壊し，世界経済の回復が難しくなる可能性があることを認識していた。この米国の援助と金融政策により世界経済の崩壊が食い止められ，ヨーロッパやその他の地域では経済が復興し，ドルの国際的な利用可能性により，自由貿易や通貨の自由交換が現実のものとなった。したがって，1913年，あるいは1929年の自由資本体制への回帰は一度も起こらなかった。米国政府には，同盟国に対する純粋な援助と考え抜かれた計算があった。ヨーロッパでは戦争の物的被害の回復が必要な状況であり，負債が増えドルが不足すると，米国の工場をフル稼働させるために必要な物資の仕入れがストップしてしまったであろう。長い目でみると，米国は，裕福な貿易相手国を必要としていた。

ほとんどのヨーロッパ諸国は，1958年までに，為替制限を実質的に緩和し，米国や他の国々による直接投資を促した（Wilkins, 1974）。ブレトン・ウッズ為替相場協定は，ドル平価を基準としており，ほとんどの重要な欧州通貨には関係がないものであった。なぜなら，ヨーロッパ共同市場の創設と同じ1959年1月まで，それらは交換できなかったからである。途上国では，通貨制限を何らかの形で行う傾向があった。その後，米国の国際収支赤字とその後10年にわたる国際市場でのドルの過剰供給により，安定していた為替相場制度は不安定なものとなった。ドルは1971年に切り下げられ，通貨は1973年3月以降実質的に変動相場となった（Kenwood and Lougheed, 1992）。

無差別貿易の回復は，固定為替相場制よりもはるかに困難であることが判明した。というのは，制約なき商取引は，自国経済の構築と保護に関心を持っていた政府を動転させるものだったからである。輸入規制（1930年代，そして戦争中の特徴である）は，国際収支の制限をなくすためのあらゆる取り決めに取って代わることが出来た。そのため，ブレトン・ウッズ会議では多国間自由貿易システムは通貨の交換性とセットになり，為替平価を設定するものとなるであろうと合意した。1947年から1948年にかけて，国連はハバナで国際貿易機関（ITO）の会議を開催した。これは通貨の分野でIMFを鼓舞したのと同様の原理を貿易にまで拡大することを目指したものであった。しかし，経済的な脅威を感じているヨーロッパ諸国は，輸入関税や優遇措置の終了に抵抗した。競争優位を意識した米国の企業は，その憲章が財産権と制限慣行を無視していることに対してロビー活動を頻繁に行ったが，失敗に終わった（Wilkins, 1974）。そのため，米国議会はITO条約を批准しなかった。

その間，米国政府は現行の法律と大統領権限を用い，輸入制限の緩和について他の政府と直接に議論すると発表した。1947年に，ジュネーブで23カ国が参加して，関税と貿易に関する一般協定（GATT）と呼ばれる123の二国間協定が結ばれた。ここでは，将来，ある国に対して関税が引き下げられる場合には，それが全加盟国に付与されるという条項，他国の商品に対する関税を引き下げる国のための自動互恵主義条項，事務局の創設に関する条項があった。免責条項は，関税引下げの見返りとして，ヨーロッパ諸国が米国とカナダの商品の割当量を維持することが可能になり，米国は農業部門の輸入制限と支持価格を維持した。ドル不足はヨーロッパ諸国やその他の国々の国際商取引と成長を妨げるものであったが，GATTは，状況の改善に伴って貿易自由化の枠組みを提示し，1947年と1967年の間に6回の会議が行われた。これらのうち最後のケネディ・ラウンドでは，輸入関税の実質的かつ包括的な削減が開始された。したがって，「自由貿易」という用語は，戦後の国際制度について不正確または不完全にしか説明していない。この用語は西側諸国からのソ連圏の分離，GATTに加盟していない国々，GATT加盟国間の多様かつ実利的な取り決め，そして長期間の困難な交渉の末に通商の障壁が少しずつ取り除かれただけであるという事実を無視しているのである。

米国の経済協力庁は，1948年のヨーロッパ経済協力機構（OEEC）の設立と，1950年のヨーロッパ決済同盟（EPU）の設立に際しての主導者となった。地域的な商業・金融協力の前進に役立ったため，大規模統合市場を大量生産に必要なものとみる米国の考えにある程度沿うものであった（ヨーロッパ経済共同体［EEC］の創設に伴い，OEECは，先進国経済組織である経済協力開発機構［OECD］に発展した）。参加している各国政府は独自の復興機関を設立し，米国産業の生産効率の秘密を学ぶために国の生産センターと生産性チームを設立した。フランスのユジノール製鉄所とジェニシア水力発電プロジェクト，イタリアのフィンシデルとファルク製鉄所，英国のマーガム圧延工場，オーストリアのドナヴィッツ製鋼所とリンツ製鋼所は，すべて米国の支援を受けた有名な例である。

しかし，マーシャル援助の管理者たちは，ヨーロッパの復興は最終的にはヨーロッパ自身で行わねばならないものであると認識していた（Van der Wee, 1991; Kenwood and Lougheed, 1992; Pollard, 1997）。その米国技術支援・生産性向上視察団は，ヨーロッパの産業と行政を改善しようと努め，英国，ドイツ，オーストリアの政府任命機関がその取組みに応えた。しかし，すべての国が賛同していたわけではなく，米国は，1953年に，OEECにヨーロッパ生産性庁を強制的に設立した（Schroter, 2005）。共産圏には経済相互援助会議（コメコン）があった。1947年以降，冷戦が激しさを増す中，スターリンは東欧諸国に対し，西側諸国との経済的関係の復活を恐れて，マーシャル・プランに参加しないよう命じた。コメコンは，国家計画の多国間協調と統合のために1949年に設立された代替システムであった。しかし実際には代替しえなかった。冷戦の敵対が緩和するにつれて，1960年代には東ヨーロッパと西ヨーロッパの貿易はソ連との貿易よりも急速に発展した（Bideleux and Jeffries, 1998）。

表 4-1　1929～1992年の世界の輸出額とGDP

（単位：1990年の米ドル換算）

	世界の輸出額	世界のGDP	輸出額／GDP(%)
1929年	334,408	3,696,156	9.0
1950年	375,765	5,372,330	7.0
1960年	700,956	8,448,637	8.3
1964年	907,368	10,215,338	8.8
1973年	1,797,199	16,064,474	11.2
1980年	2,049,411	20,029,995	10.2
1990年	3,432,253	27,359,022	12.5
1992年	3,785,619	27,994,920	13.5

（出所）　Maddison（1999）.

貿易，生産，外国直接投資

貿易量は，第２次大戦中，停滞していた（1938年から1948年までの10年間でかろうじて３％増加）が，1948年から1971年にかけて，500％以上伸びた。1950年から1973年の間に，世界GDPの年4.9％の増加に対し，世界の輸出額は年７％増加した。この世界のGDPの上昇要因については，新たな国際機関による協力促進，米国の指導力や資源，拡大主義の国内政策，戦後復興，技術やビジネス組織の進歩など，多くの理由が挙げられている。各国がより効率的に生産できる品目に次第に特化したのに伴い，貿易障壁が下がったことで生産性が向上した。生活水準の上昇に伴って消費が増えた商品，生産が複雑で資本集約的な製品（機械，自動車，化学製品など）は，国際貿易により飛躍的に成長した。非共産主義国からの商品輸出の総額は，1948年から1960年までは毎年平均６％増加し，1960年から1973年には８％増加した（表4-1）。

利益の多くは，1960年に世界の輸入額の約63％を占める少数の豊かな市場経済国に向かった。また，これら北米と西ヨーロッパの先進工業国は，世界の輸出の64％を占める一方，途上国は21％を生産し，オーストラリアと南アフリカは３％，計画経済の共産主義経済国は12％であった。先進国からの輸出の約70％は，他の先進国向けのものであった。1973年までに，先進工業国はさらに成長した。これは，世界の輸出に占める製造業の割合が，1950年の43％から62％に増加したためである。この期間中，「ビッグ・シックス」と呼ばれる，米国，カナダ，フランス，ドイツ，イタリア，英国が，1950年に世界のGDPの46％，1973年には約44％と，世界の生産量の大部分を占めた。米国一国でみると1950年に，世界人口のわずか６％にすぎないにもかかわらず，世界のGDPの27％を支配していた。世界的な景気回復により，1973年までに他国との差は縮まったが，米国は依然として世界のGDPの22%を占めており，経済規模は1950年の2.5倍になった（Maddison, 1999）。

1950年の生活水準を示す1人当たりGDPは，米国では9,573ドル，西ヨーロッパ12カ国平均では5,513ドルだった。1973年には，その世界平均が1,332ドル（1990年基準）に達し，米国では1万6,607ドル（73%増），西ヨーロッパでは1万1,694ドル（129%）に上昇した。経済成長と富の未曾有の水準は，貿易にますます依存するようになったのだろうか。1960年には，世界のGDPに対する輸出の割合が8.3%に達した。1973年には11.2%となり，1914年（8.7%）と1929年（9.0%）よりも高くなった。1980年には11.4%となった（Kenwood and Lougheed, 1992; Maizels, 1963; Maddison, 1999）。世界経済は新たなレベルの相互依存に達し，大恐慌と大戦の影響から明らかに回復をしていた。

国際経済が世界の生産高に対応して拡大したように，多国籍企業の国際ビジネスや国民経済における役割も拡大した。対外直接投資の世界のストックは，名目値では1960年で660億ドルであった。1973年には2,110億ドルで，1980年には5,240億ドルであった。海外直接投資総額は，1967年には世界のGDPの4.0%に，1973年には4.2%に，1980年には5.0%に増加した（しかしこれらの数字は，グローバル化の第一波である1913年を超えてはいない）。1960年にFDI資産の大半が10カ国に所有されていたことは，技術，経営ノウハウ，財務面での大きな国際格差を反映していた。1980年にトップ10が依然として支配的であり，途上国はこの期間全体を通じて対外直接投資全体の1.1～3.1%を占めていた。1950年代の世界FDIの増加の中で，主要な経済・産業大国であった米国は，3分の2を供給し，1960年から1978年の成長のほぼ半分を供給した。1960年にピークを迎えた米国企業は，FDIストックの48.3%を占めていた。これは，最も近いライバルである英国企業の約4倍であった。1980年になっても米国企業は依然としてFDIの40%を占め，英国企業の2.5倍の大きさであった。英国とオランダの企業は国内企業から多国籍企業へと順調に成長し，米国，英国，オランダの3大投資国は1960年と1973年にFDIストックの約4分の3を占めていた。1960年代には世界のFDIフローはピークを迎えた。そして，その後の10年間の経済混乱の中で，次第に縮小していった。1980年代に回復し始め，かつ1990年代にはさらに劇的に発展した（表4-2および4-4参照）。

投資はどこへ向かったのか。第2次大戦前のFDI統計の質は低いと認めなければならないが，戦後の投資フローの全般的な変化については，確信をもって以下のようにみることができる。1914年には世界のFDIストックの66%が開発途

表 4-2　1960～80年の主要国・地域別の対外FDIストック

（単位：10億ドル）

	1960年	1967年	1973年	1980年
先進国	65.4	109.3	205.0	507.4
EU				213.0
英国	10.8	15.8	15.8	80.4
フランス	4.1	6.0	8.8	23.6
ドイツ	0.8	3.0	11.9	43.1
ベルギー	1.3			
ベルギーとルクセンブルグ				6.0
オランダ	7.0	11.0	15.8	42.1
スペイン				1.9
イタリア	1.1	2.1	3.2	7.3
スウェーデン	0.4	1.7	3.0	3.7
他の西ヨーロッパ				22.1
スイス	2.3	2.5	7.1	21.5
ノルウェー				0.6
北米				244.0
米国	31.9	56.6	101.3	220.2
カナダ	2.5	3.7	7.8	23.8
その他先進国				28.3
日本	0.5	1.5	10.3	19.6
オーストラリア	0.2			2.3
その他	2.5			
途上国	0.7	3.0	6.1	16.5
アジア				
香港，中国				0.1
シンガポール				3.7
台湾，中国				0.1
マレーシア				0.2
大韓民国				0.1
インド				0.2
アフリカ				
南アフリカ				0.6
ラテンアメリカ				
ブラジル				0.6
メキシコ				0.2
アルゼンチン				6.1
世界	66.1	112.3	211.1	523.9

（出所） Dunning and Lundan（2008）; UNCTAD（2001）.

上国にあり，1938年には55％と推計されている（Dunning in Casson, 1983）。対照的に，1960年までには世界のFDIストックは先進国が約67.3％であるのに対して，途上国では32.3％であった（表4-3および表4-4）。これには以下の要因が考えられる。製造業FDIが増加したこと，多国籍企業が（必然的により豊かな経済へ

表 4-3　1960～80年の主要国・地域別の対内FDIストック

（単位：10億ドル）

	1960年	1967年	1973年	1980年
先進国	36.7	73.2	153.7	374.9
西ヨーロッパ	12.5			
EU				185.7
英国	5.0	7.9	24.1	63.0
フランス				22.9
ドイツ		3.6	13.1	36.6
ベルギー，ルクセンブルグ				7.3
オランダ				19.2
スペイン				5.1
イタリア				8.9
アイルランド				3.7
他の西ヨーロッパ				15.1
スイス		2.1	4.3	8.5
北米				137.2
米国	7.6	9.9	20.6	83.0
カナダ	12.9			54.2
その他先進国				37.0
日本	0.1	0.6	1.6	3.3
オーストラリア				13.2
オーストララシアと南アフリカ	3.6			
途上国	17.6	32.4	54.7	240.7
アジア	4.1			
アジア太平洋		8.3	15.3	174.5
香港，中国				138.8
シンガポール				6.2
台湾，中国				2.4
中国				6.3
マレーシア				5.2
大韓民国				1.1
インドネシア				10.3
インド				1.2
インドとセイロン	1.1			
トルコ				0.1
アフリカ	3.0	5.6	10.2	16.2
ナイジェリア				2.4
エジプト				2.3
ラテンアメリカ	8.5			
ラテンアメリカ，カリブ		18.5	28.9	50.0
ブラジル				17.5
メキシコ				9.0
アルゼンチン				5.3
チリ				0.9
南ヨーロッパ	0.5			
中東	1.5			
世界	54.3	105.6	208.4	615.8

（出所）　Dunning and Lundan (2008) から作成した。

表 4-4　1960〜80年の投資各国の対外FDI残高と受入各国の対内FDI残高が世界に占める比率

投資各国の対外 FDI ストックの比率

（単位：%）

	1960年	1973年	1980年
フランス	6.2	4.2	5.2
西ドイツ	1.2	5.7	7.0
イタリア	1.7	1.5	1.7
オランダ	10.6	7.5	6.4
スイス	3.5	3.4	3.5
ベルギー	2.0	1.0	1.2
スウェーデン	0.6	1.4	1.8
西欧全体	25.8	24.7	26.8
米国	48.3	48.1	39.6
英国	16.3	12.8	16.7
日本	0.8	4.9	5.6
その他	8.8	9.5	11.3
トップ 10	94.4	97.1	93.1
先進国	98.9	97.1	96.9

受入各国の対内 FDI ストックの比率

（単位：%）

	1960年	1973年	1980年
米国	13.9	9.8	13.5
英国	9.2	11.6	10.2
フランス			3.7
ドイツ		6.3	5.9
カナダ	23.7		8.8
先進国	67.3	73.8	61.0
途上国	32.3	26.2	39.1

（出所）　Schroter（1993）.

の）市場参入戦略の採用を増やしたこと，そしてとりわけ米国企業は西ヨーロッパやカナダに大規模な投資を行ったことである。製造業のFDIの上昇は，1920年代にも起きていたが，1945年以降，より正確には1950年代後半以降に新たな局面に達し，その傾向は1973年にピークを迎えた。1978年までに，7カ国の先進国のFDIストックの73.8%は先進国向けで，他の地域のFDIストックは26.2%であった。1960年代からの途上国政府による強制収用以降，途上国——特に採掘事業と農業——への投資はリスクを伴うものとなった。製造業やサービス業の多国籍企業にとっては，豊かな先進国は一次産品を生産する投資先としてより魅力的であった。

19世紀，工業先進国から一次産品を生産する植民地への資金の流れとは異なり，戦後のFDIは自ら資本を保有する国家間でより頻繁に行われるようになった。多国籍企業は，まず自国市場で自らのノウハウ，マネジメント，技術や製品を習得し，これらの能力を国境を越えて移転した。1975年までに世界のFDIストックの41%は西ヨーロッパ向けであり，33%が他の先進国向けであった。ソ連と東欧への投資はごくわずかであった。1980年には，FDI資産の3分の2近くは西欧，米国，カナダによって占められていた。結局，1950年から1979年の間に，米国の製造業のFDIの約80%が先進国に流入したことになる。米国の経

表 4-5
1960～80年の米国と西欧の先進国向けFDIストックの割合

1960年	1970年	1980年
32%	38%	47%

（出所） Dunning in Casson (1983).

表 4-6
1950～70年のヨーロッパにおける米国のFDIの割合

1950年	1960年	1970年
14.7%	21%	31.4%

（出所） Schroter (2005).

表 4-7
世界のFDIストックの産業別割合（1978年）

製造業	52%
サービス	26%
天然資源	22%

（出所） Dunning in Casson (1983).

済的利益は，より大西洋横断的になり，より地理的に多様化した。1946年には，ラテンアメリカにおける米国資産の価値は，ヨーロッパにおける価値の3倍であったが，1967年までには，ラテンアメリカにおける米国資産はヨーロッパにおけるそれの半分になった。米国のFDIに対する受入国としてのヨーロッパの重要性は，1950年から1970年の間に倍増した（表4-5と4-6）(Dunning, 1993; Dunning and Lundan, 2008)。

FDIは，1951年から1964年にかけて行われた長期外国投資の80%を占め，多国籍企業の国際経済取引における重要性を強調している。大手企業の経営規模も同様に拡大した。1970年には多国籍企業が外国資産全体の75%近くを支配し，その海外子会社は1975年までに約4,000万人を雇用した。製造業は，1950年に米国のFDIストック全体の32.5%を占めた。その割合は，英国の場合と同じように1960年には約35%に上昇した。通貨管理の緩和と経済の繁栄により，1971年に米国企業が保有するFDI資産の約44%が産業施設に向けられていた。1978年に製造業は依然として世界のFDIストックの半分以上を占めていた。石油や鉱業への投資はサービス部門と同様にこの段階で大きなシェアを占めたが，農業と公共事業への投資は引き続き減少した（表4-7）。例えば公益事業は，1970年までに米国の多国籍企業投資のわずか4%にすぎなかった (Dunning and Lundan, 2008; Stopford and Dunning, 1983; Casson, 1983; Wilkins, 1974)。

組立ラインと政治路線

米国が第2次大戦に参戦した直後の1941年12月，ゼネラル・モーターズの社長であったアルフレッド・スローンは，将来の国際的な出来事を反映する政策グループを任命した。エドワード・ライリーは，海外事業部の副社長兼ゼネラル・マネージャーとして，1943年2月に米国が再び孤立主義へと向かうべきではないと主張した。国際的な問題や活動は，「米国の指導，介入，支援」を必要とする。孤立主義をとったから，それらの問題は「われわれの利益に完全に反する方向に向かった」。ライリーは，ヨーロッパの帝国は，本質的に米国の事業を排除する不正な手段であるという，米国の確固たる見解について繰り返し述べた。彼は，米国との緊密な協力と引き換えに帝国の保護と産業カルテルを放棄する英国の意欲を歓迎し，楽観的に「効率的な生産による低コスト」に基づいて，むしろに競争する「英国の決意」に注目した。

ライリーは，他の国々が米国の「ベストプラクティス」を模倣しようとしているため，貿易障壁の引下げはすぐに企業経営に影響が及ぶであろうと，洞察力にとんだ認識を示した。彼はロシア問題についても先見的であり，戦争の拡大は避けられるが，代わりに経済的・政治的思想の戦いに突入するであろうと，正確に予測していた。その「生活のシステム」の物質的恩恵をヨーロッパやアジアの多くの人々に示すことにより，米国と英国は共産主義とうまく戦うことができた。彼は，ロシアの影響を受けている地域は「おそらく我々の展開するビジネスにとって肥沃な土地を提供することはないだろう」と控えめに結論付けた。1943年6月の報告書において，海外政策グループは，より大きな産業化への長期的かつ世界的傾向から，GMがどのように利益が得られるかを確認した。そうするには，「多国籍的に」考える必要があった。当面は，カナダ，ヨーロッパ，オーストラリア（戦前に会社が創業していた場所）のみが，本格的な製造工場をサポートすることができた（Sloan, 1964）。

巨大なゼネラル・モーターズは，米国のビジネスの力を，また同社の車は現代の米国の存在感を示す縮図となった。米国の戦後の国際政策は，差別関税や制限的慣行に関連した大英帝国に対する米国の敵意を反映し，冷戦政治の影響がみられるものであった。それらは米国の経営と技術の優位性を強く信じ，米国外の工業化の普及がより積極的な多国籍企業戦略を必要としていることを表明していた。米国のFDIは1940年（70億ドル相当）から1946年（72億ドル相当）までの間ほとんど増加しておらず，石油，ゴム，金属などの原材料の戦略的支配と所有は戦時期の緊急課題だった。

第2次大戦中にGMの社長であるチャールズ・ウィルソンは，連邦政府および軍事物資の生産と密接に関与していた。1953年，彼は国防長官に就任し，ある発言で有名になった。しかし，それは彼が実際には決して語ったことのない言葉であった。彼の発言は，紛れもなく極めて疑わしい「ゼネラル・モーターズにとって良いことは，米国にとって良いことである」というものではなく，議会の任命委員会で，「私は何年も前から，国にとって良いことは，GMにとっても良いことであり，逆もまた同じだと，考えていた」と述べたのである[1]。アイゼンハワー大統領は，米国の軍事的脆弱性を批判する政策綱領で選出されたにもかかわらず，ウィルソンに国防費を削減し，国防省を改革する任務を与えた。その結果，核抑止力への依存度が高まった。ウィルソンは（公平か不公平かは別にして），アイゼンハワー大統領が退任演説で批判した「軍産複合体」の一部としてみなされていた。1961年にフォードの役員であったロバート・マクナマラが，1961年に国防長官に就任したことも興味深い。彼は，ベトナム戦争における米国の政策の立案者であり，1968年から13年間世界銀行総裁も務めた（Gaddis, 1998; Blight and Lang, 2004）。

1945年以降の米国の政権――国際的に資金や原材料を提供し，同盟国の技術，管理，生産性プログラムを組織した――は，多国籍企業の投資が国益を増強するとみていた。マーシャル援助の一部は，1948年の経済協力法に基づいた投資保証プログラムであった。これは，戦争のリスクや通貨の兌換停止に対する米国の事業を保証するものであり，両方ともその時代のヨーロッパでは非常に危険なものであった。さらに1950年からは，収用に対して保証するものとされた。米国政府は二重課税と差別的政策を禁止する条約について交渉し，海外で支払われた税の控除を行い，輸出入銀行の貸出能力を改善した（Sigmund, 1980）。1950年の国際開発法は途上国における科学的進歩と産業を後押しし，以後10年間で米国の財政支援は西欧から途上国へ移った。1951年に補償業務を引き継いだ相互安全保障庁（MSA）は，同様にソ連の影響のリスクや脅威がより大きい第三世界への投資に重点を置くようになった。

米国の政策は対外直接投資を支持していたが，多国籍企業の戦略的な計算や行動とは完全に，あるいは直ちには一致しなかった。西欧における政府の投資保証の引受（主に1948～51年に利用可能）は小さかった。石油・鉱業・一次産品部門は海外への投資が必要であったが，1930年代から1940年代にかけての経験，不確実な世界経済情勢，税制規制，送金利益，現地企業の所有に対する規制などを考慮して，製造業者は外国投資に慎重な姿勢をみせていた。東西の軍事衝突の危険性があり，イタリアとフランスにおける共産党支持者の拡大に対する懸念があった。第2次大戦後長年にわたり，米国経済と高度に統合されたカナダだけが，身近で安全な場所を提供した（Wilkins, 1974）。FDIを通じて海外市場で利益を上げようとしている製造業者は，欧州の景気回復が進行中であることを再確認しようとした。各国の国内市場は，それぞれ財務，技術，組織，人的資源の大規模な移転を正当化しなければならなかった。

我々が指摘したように，多くの米国企業は，欧州で大規模な投資を行う以前の

1950年代後半から1960年代にかけて，政治経済の方向性が定まるまで投資を控えていた。まもなく，対外投資がピークになると，米国政府は国際収支の悪化を懸念し，生産と雇用を輸出する米国企業に対する批判に敏感になった（Chapman, 1991）。米国政府は，1965年に多国籍企業のFDIを制限し，利益を米国内へ還流するよう求めた。1968年に課されたFDIの制限は，カナダと途上国に関してはすぐに解除されたが，ヨーロッパ，オーストラリア，日本については，1970年にニクソン大統領によって撤廃されるまで続いた。米国は1971年に100年ぶりに貿易収支が赤字に転落した。ドルの切り下げは同国の覇権の弱体化――しかし終焉ではない――を示すものであった。10年にわたって通貨切下げの圧力が広がったため，固定為替相場は放棄され，IMFは規定を改めなければならなかった（Van der Wee, 1991; Safarian, 1993; Wilkins, 1974）。

米国の自動車メーカーとヨーロッパ

ゼネラル・モーターズは，ドイツが米国に対して宣戦布告した直後に，子会社のオペルを失っていた。ソ連は1945年にブランデンブルク工場を支配するようになり，オペルの残りの部分を戦争賠償として要求した。南ドイツの米軍政はそれに応じて，リュッセルハイム工場の設備を引き渡し，西ドイツの復興を推進し，ソ連の脅威に対抗することへと戦略を転換した。GMはドイツでの事業再開には慎重で，敵に財産を奪われたために米国政府から受け取った3,500万ドルの租税譲許を返済する必要があるかもしれないと懸念し，ドイツの復興に自信を持てなかった。GMの社長，チャールズ・アーウィン・ウィルソンは活動を再開しようとしたが，社内では少数派の見解であった。リュッセルハイムでの生産を再開したのは，ルシウス・D. クレイ将軍であった。彼は軍事総督と米軍高官として，連合軍司令官ドワイト・D. アイゼンハワーの後任者となった。冷戦時代の争いが激化したため，クレイは1947年に，米国自動車大手企業が再び事業を再開しなければ，永久的に接収すると脅した。

GMは2年にわたる試行期間を経て，1948年11月に正式に再所有を行ったが，新たな資本や人員を提供しなかった。そして，1948年のベルリンの封鎖中の不安定な国際情勢は，商業にも暗い影を落とした。その年のオペルの生産は，わずか4万台であった。数百の工場の解体，賠償金支払い，技術的特許の没収はすべて，ドイツを弱体化させた。また，ザールラント州の炭田は10年間フランスが占領していた。それにもかかわらず，経済の奇跡は進行中であった。西ドイツが冷戦の最前線に立つと，復活したドイツの国家と経済に対して米国の政策は慎重な態度をとっていたが，強力な同盟を求めるように変わった（Gimbel, 1990）。1954年，オペルは16万5,000台の車両を生産していたが，これは英国の子会社であるボクスホールで生産された13万1,000台を上回った（Sloan, 1964）。1972年には，オペルは西ドイツで主なライバルであったフォルクスワーゲン（VW）よりも大きくなっていた（Cray, 1980; Dassbach, 1989）。[2]

ゼネラル・モーターズとフォードは，生産方法，生産量や資金調達面の成果において，海外のライバル企業よりもはるかに先行していた。1960年代以前においては，小規模な組立工場や海外の販売会社ではなく，他社では見られなかった「完全な」海外の子会社を所有する自動車メーカーとなった。2社は先行者優位を活かすため，子会社を完全所有とし，海外工場への能力移転の促進をコントロールし，より競争力のある生産方法を採用した。既存の流通ネットワークに参入する手段として，また低いブランド認知を克服する手段として戦間期には現地企業との合弁事業戦略が行われていたが，米国自動車メーカーはそれをやめた。戦後，米国自動車メーカーはデザイン，製造，マーケティングに強みがあったので完全所有の子会社設立へと至ったのである。

GMは海外事業において経営や自動車設計の管理を徹底したため，1963年には米国とカナダ以外の世界で販売される800万台の自動車のうち110万台を製造していた。海外事業部は，約13万5,000人の従業員によって23億ドルの売上を計上した。[3] しかし，内部改革の圧力が高まり，それは好ましいものではなかった。つまり過度に集権化された意思決定は国内外の事業を妨げ，標準化されたモデルは多様な各国市場における消費者の流行を満たすことができなかった（Cray, 1980）。多くの英国の顧客にとって，ボクスホールには缶詰のイメージがあった。ドイツ人は冬に凍結しなかった空冷式エンジン車を好んだ。一般的に，ヨーロッパ人はアメリカ人よりも小型車を購入した。自動車の輸入関税——米国（10%），ドイツ（20〜22%），英国（25%），最高の日本（35%）における関税を含む——によって，各国の自動車市場の性格は異なったままであった。1973年，オペルが，一次的にはドイツの企業，二次的には多国籍企業であると言及したことは，もっと独立して管理や設計を行いたいという要望を示したものであった。[4]

大量生産のパイオニアであるフォードは，FDI製造の初期のパイオニアでもあった。それにもかかわらず，戦間期の米国に遡って，GMに敗北していた（Sloan, 1964）。創立者のヘンリー・フォードは個性的なエンジニアや起業家としてはすばらしかったが，彼の独自の手法では，GMの洗練された経営とマーケティングには対抗できなかった。彼は息子の死により退任を余儀なくされたが，最終的には，同じ名前の孫であるヘンリー・フォード２世に経営トップの座は引き継がれた。1945年の世代交代により，フォード社は復活し始めた。その前年，連合国がライン川を越えたとき，ナチス党と関係を持っていた44人のフォード＝ヴェルケの役員が逮捕された。ケルン工場の大部分は損害を免れ，英国軍政府は，（GMのリュッセルスハイム工場での米国軍政府とは異なり）すぐに生産を再開しようとした。ディアボーンの本社は管理をうまく引き継ぐことが難しく混乱していたが，ロンドンの近くのフォードのダゲナム工場の英国チームがそこに現れた。ヘンリー・フォード２世は，マーシャル援助とヨーロッパの経済復活の最初の年である1948年に大西洋を渡った。その時，GMは（一時的であろうと）再び多国籍化をすることに確信を持った。フォード＝ヴェルケは，すぐに乗用車の生産を再開した。ダゲナムはヨーロッパで最も設備の整った生産ラインの１つだったが，戦争のための無秩序な生産が必然的にダメージを与えていた。過去には，他のヨーロッパの子会社がダゲナムに報告を上げていた。戦後の再建の新しい時代には，デトロイトの親工場だけが，ドイツやその他の地域で事業を再建するための技術的専門知識と資源を有していた。そして，その業務を遂行するためにGMは国際事業部を設立した。

ドイツのフォード＝ヴェルケについては，ヘンリー・フォード２世は，「フォードは米国の企業であり，米国を中心に運営される」と述べ，新しい国際戦略に固執した。米国と英国が非ナチス化政策を弱め始めると，戦時中にケルンの工場で強制労働者を使用したと非難されていたロバート・シュミットが，６人のフォード工場の役員のうちの１人として戻った。ドイツの米国第３代目の高等弁務官で，弁護士でもあり元陸軍大臣補佐官であったジョン・J. マクロイは，1951年，フリードリヒ・フリックやアルフレート・クルップなど，有罪判決が出されていた大規模な生産会社の多数の経営者たちを釈放した。マクロイは西ドイツを共産主義に対抗する強力な最前線として復興させるという冷戦政策を実施していたのであった。その他の企業家に関しては，その決定は多くのドイツのビジネスマンのナチス時代の過去を隠し，その罪を曖昧にすることになった[5]。そのため，その多くが1950年代に商業活動を再開した。もっとも，それほど傑出していない人物は連邦共和国の下で裁判にかけられることになったのであるが。

フォードがVWの買収を断念した理由については議論の余地があるが，VWのマネージャーであるハインリッヒ・ノルドフは，欧州を訪問していたフォードの経営幹部らに会い，買収提案を行った。ヘンリー・フォード２世と国際事業部の責任者は，この考え方を，「復興に必要な，ドイツにおける米国の民間資本の一部に実利的な関心」を示すものである，とみていた。彼らは，陸軍副大臣であるウィリアム・ドレイパーの支援を受けていた。彼は商業銀行のディロン・リードの元パートナーとして，ドイツのビジネスに精通していた。事業シナジーや小型のビートル車は好条件だったが，フォードはVWがドイツのアイデンティティを維持できるよう，少数株主となることを望んだ。この提案は，英国政府と米国政府とが複雑な交渉を行っているあいだに，ドイツにおいて外国資本に対する敵対的な反応が出るとの懸念から立ち消えになってしまった。

フォードの戦略的優先順位は自国が非常に高く，海外においては，英国が一番先に資源を要求していた。フォードがケルンで大規模な投資を行うのは1958年になってからであり，この投資はドイツで最初に設計された車の1960年の発表に向けて動き出したものであった。フランスでは，トラックやベテランの経営者が不足していたため，当局はフランス・フォード会長のモーリス・ドルフュスの戦時記録に目をつぶることにした。パリの西部にある彼のポワシー工場は，ナチスの戦争努力を支援していた。彼は1945年，ディアボーンに見当はずれな資本増強をさせたが，経営陣の経験不足，設備の老朽化，労働争議などの厄介な問題に直面し，フランスの市場の嗜好や所得に適した車は現れなかった。フランス政府は外国支配に反対し，これは投資に反対するさらなる理由となった。楽観主義者であったドルフュスは，フランスの経済計画機関にフランス・フォードをフランス企業と見なすように説得した人物であり，同社はフランスの自動車産業を活性化させる計画に含まれるものであった。1954年に，シムカはフランス・フォードの株式の大半を買収した。[6]

ディアボーンは，ダゲナム・チームの戦後の小型車の計画を拒否していたが，1950年に米国側から「量産化」のためのプロトタイプを送り，新しい機械と生産技術を導入した。本社からの意思決定は英国の供給不足を考慮しておらず，経済規模の小さい英国ばかりでなくより小規模な経済において，あるいはいかなるヨーロッパ諸国の国内市場においても，米国流の機械化と大規模生産はそれほど効率的ではなかった。様々な大型車の消費者に対する訴求力と価格競争力は，1950年代を通して英国フォードに安定的な利益をもたらしはしたが，多くの英国人顧客が好む小型車の開発ではあまり成功しなかった。その結果，英国フォードの市場シェアは，1954年に27％で，GMのボクスホールの９％を大幅に上回ってはいたものの，ブリティッシュ・モーター社（モーリスとオースチンの合併企業）の38％には劣っていた。ディアボーンのトップ・マネジメントとエンジニアは製品・投資方針を直接把握していたが，頑固者のパトリック・ヘネシー率いる英国の経営陣は，徐々に独自の製品開発力を構築した。フォードは，米国のベストプラクティスの移管に際し，現地の少数株主が足かせになると考え，1961年までに完全所有権を獲得した。さらに，英国の為替管理（1947年以降）は，公式には現地企業の参加を支持していたが，時間の経過とともに英国政府は，むしろ対内投資のために競争が必要であるとした。フォードが所有権と戦略目標に不満を持つと，資本やその他の資産がドイツに向かう恐れがあった（Hodges, 1974）。1960年代までには，ヨーロッパ大陸の経済が英国よりも速く成長していたため，ドイツは利益を得るのに最も適した場所となっていた。

ファシスト独裁者フランシスコ・フランコ将軍の国家主義的で自給自足的な政策は，多国籍企業への投資に現地の資本や経営が参加するように主張していたが，完全な所有と支配は今やフォードの国際戦略の中核となった。スペインは「経済的ジブラルタル要塞」を建設し始めた。バルセロナの工場は貧弱な状態にあり，スペインの国内市場は停滞していたため，フォードは1954年に地元関係会社に自らの持分を売却した。インターナショナル電信電話会社（ITT）とリオ・ティント社もまた，この時点でスペインから撤退していた（Estape-Triay, 1998）。フランスとスペインにおける失敗にもかかわらず，フォードは1960年までに，米国外に約10万人を雇用していた。

この多国籍企業の子会社はディアボーンの製品設計，技術，財務に依存するようになっていたが，国際事業部は，主として，独立して運営されている各国子会社を形式的に管理しているにすぎなかった。生産とマーケティングにおいて，フォードは（専門用語では）真の「多国籍企業」というよりもむしろ「マルチドメスティック」企業であった。1960年代に英国とドイツに研究開発センターを開設したが，子会社間の国境を超えた調整機能はほとんどなかった。ダゲナムとケルンは独自の能力を進化させたが，ライバルの車を模倣して生産することには，ほとんど意味がなかった。フォードは代わりに汎欧州戦略を打ち出した。その結果，1967年に設立されたのがヨーロッパ・フォードであった。国境を越えた運営は，研究，生産，マーケティングのシナジー効果と規模の経済をもたらすと思われたし，実際に米国とカナダはすでに「2カ国1統合経済」のモデルとなっていた。続いて，ディアボーンは，欧州の顧客のニーズによりよく対応できるように，かなりの程度の経営の自主性を，新しい地域本部へ移さなければならなかった。社内で統一された設計，開発，運営は，真の欧州車をもたらすことを意味した。ヨーロッパ・フォードは1980年までに11の地域工場を有し，ヨーロッパにおいてGMよりも明らかにコスト競争力があった（Nevins and Hill, 1954; Bonin,

Lung and Tolliday, 2003; Wilkins and Hill, 1964)[7]。

ヨーロッパ・フォードの設立は，同社の多国籍企業としての発展への関与を際立たせるものであった。そして，1972年までに，ヨーロッパはこの多国籍企業の生産高の27%を占めていた（比較すると北米は66%）。1973年にヨーロッパ経済共同体（EEC）が6カ国から9カ国へと拡大したことによって，同社の決定は正当化され，一時撤退していたスペインに再度進出することができた。1959年には，国家の破産が迫っていることと，米国とIMFの圧力が相まって，フランコは経済自由化の道に進まざるをえなくなり，テクノクラート的な考え方の官僚が国家主義者にとって代わった。彼らは日本だけがより高い経済成果を達成した1960年代に「スペインの奇跡」を促進した。税金や賃金が低く，ストライキがなく，最低限の規制という利点により，多国籍企業が再投資を行った。アウティ自動車会社は1965年にブリティッシュ・レイランド・モーターズと契約を結び，1973年には，愛好家の間で絶対的人気を誇るミニの生産を行うようになった。そして，SEAT，シトロエン＝イスパニアが自動車部品メーカー，ガリシア機械工業（Indugasa）の対等パートナーとなった。生産量のほとんど（9分の1）が輸出になるような場合，多国籍企業の投資家にとっては外国企業に対する資本制限の緩和がさらに必要であった。フォードはフィエスタの小型車を欧州市場向けに作りたいと考えていたので，その条件は容易に受け入れられた。バレンシア工場が1976年に最初の車両を作った頃には，スペインの独裁者はすでに死亡しており，国家は民主化へと転換し始めていた（Nevins and Hill, 1954; Bonin, Lung and Tolliday, 2003; Wilkins and Hill, 1964)[8]。

ゼネラル・モーターズやフォードとは異なり，クライスラーは戦後初めて海外進出した。所得の増加，市場の拡大，および輸入障壁といった理由により，同社は買収という方法で迅速に国際化した。シムカは1958年から1964年の間，クライスラーの支配下に置かれた。当初は，シムカの名称を維持して，米国人による所有とフランス式の経営を融合させる考えであったが，1970年にこの子会社はフランス・クライスラーに名称変更された。英国では，米国企業が所有権とマネジメントを一部現地に残すことを条件に，英国政府は1964年に時代遅れのファミリーカーを製造していたルーツ社を買収することを許可した。3年後，閉鎖の恐れがあった同社は，多国籍企業に降伏し，完全な外国所有に合意せざるを得なかった。英国は自動車産業保護のための産業戦略に着手し，ブリティッシュ・レイランド自動車の合併を1968年まで指導監督した。もう1つのクライスラーによる買収は，1969年におけるスペインのバレイロス・ディーゼル社であり，これは6年前のライセンス契約に基づいていた（Hodges, 1974）。結局，同社は欧州の自動車市場の7.5%を支配するようになった。しかし，この合弁企業は，貧弱な自動車設計と混乱したブランド・アイデンティティの組合せによって構築された。そして米国では，親会社は1970年代に財政危機に陥った。新しい最高経営責任者（CEO）となったリー・アイアコッカは，1978年にヨーロッパ・クライスラーをPSAプジョー・シトロエンに，わずか1ドルで躊躇せずに売却したのである（Maxcy, 1981; Gallard, 2004）。[9]

ヨーロッパにおける米国の石油および化学製品企業

第2次大戦後，ヨーロッパは不可避的にインフラがひどく損害を受けており，燃料や原材料の不足は緊急の状態にあった。1945年から1950年の間は，製造業者ではなく多国籍石油企業がFDIの主導権を握っていた。マーシャル援助は，石油と石油をベースとした製品の両方に重点を置いた。当時，中東からの供給の支配を強めていた米国企業だけが，その要求を満たすことができた。さらに，米国企業は製油所の建設や再建をし，流通ネットワークを再構築した。ヨーロッパ各国政府は，経済復興のためにも，ドル不足に対応するためにも，輸入原油を現地で精製すべきであると主張した。多国籍企業にとっては，利益の増加が莫大な資本コストを正当化し，例えばジャージー・スタンダードのフランス製油所では，1948年の早い時期に戦前と同等の産出に達していた。同社はハンブルク工場を刷新し，1951年にサウサンプトン近郊に巨大なファーリー・コンビナートを建設した。[10]ソコニー・バキュームはフランスとイタリアに復帰し，1950年にドイツとオーストリアの工場を買収した。1953年にはテムズ川河口のコリートンで，パウエル・ダフリン社と合弁会社を設立した。同社は1966年にモービルに名称を変更した。[11]カルテックスはカリフォルニア・スタンダード石油とテキサコの両社が所有しており，1947年から1949年にかけて共に活動を開始し，オランダ，スペイン，イタリア，フランスに新しい製油所を建設した。[12]ヨーロッパは1950年に米国石油関連のFDIの14%受け入れていたが，この数字は1970年までにほぼ2倍（27%）に増加した。カナダも同時期に13%から24%に増加したが，米国とアジアの相対的重要性は低下した（Wilkins, 1974）。

戦後の石油産業を支配していた「セブン・シスターズ」のうち，ジャージー・スタンダード，ガルフ・オイル，テキサコ，カリフォルニア・スタンダード石油（ソーカル），モービルの5社は米国企業であり，BPが英国企業，シェルが英蘭企業であった。1950年代には，それらは北米や共産圏以外で生産された原油の

85%を生産し，世界の石油の90%を取引していた。また，1968年にもおいても依然として原油の75%を取り扱い，独立系企業，ソ連，国有企業との競争が激化したことを考慮すると，その約50%を販売していたと考えられる。最大手のジャージー・スタンダードに率いられたセブン・シスターズはすべて，1956年時点の売上高でみて，世界の上位25社に入っていた。モービルやジャージー・スタンダードなどの米国企業は，1960年代にグローバル事業を統合するとともに，同時に地域子会社を設立し，オイルメジャーの間で一般的になった組織形態を構築した。ジャージー・スタンダードは1972年にエクソンに名称を変更した（Wilkins, 1974）。

掘削，輸送，精製，流通に加えて，セブンシスターズは化学製品の製造に携わっていた（Penrose, 1968）。IGファルベンは，1939年以前に石炭をガソリンに変換したり，その他の加工工程における技術上のリーダーであり，米国の企業は敗戦国のドイツから科学者とエンジニアを募集した。米国は，戦後の化学工業の変革，最も顕著であった石油化学の変革を起こすのに相応しい国であったといえる（Chapman, 1991）。最も生産された有機化合物はエチレンであり，ほとんどがプラスチックになったが，他にも洗剤，潤滑剤およびポリスチレンに使用された。1950年には，エチレンの生産量の約98%が米国で生産されていたが，その後海外へ生産移管する戦略が採用された。1970年までに世界の生産能力は26倍に増加し，主に米国（48%）と西ヨーロッパ（33%）で生産されていた。米国以外の国では，対内直接投資の禁止が効いていた日本を除くと，米国や他の多国籍企業が生産量の3分の1を支配するようになった。

貿易ではなく直接投資が国際競争の主要な手段であり，ほとんどのエチレンは1980年までに現地で販売されるようになっていた。大手の石油会社と並んで，ダウとユニオン・カーバイドが主要な企業となった。ダウは1958年から，オランダ，ドイツ，スペインでエチレン工場を開設し，ユニオン・カーバイドは英国とオランダでエチレン工場を設立した。ダウ・ケミカル・インターナショナル社は，1959年に設立されたが，その技術と名称のライセンス供与に消極的であり，代わりに海外子会社を所有し，国際規模で事業を展開する規模のメリットを享受することを好んだ[13]。ジャージー・スタンダード，テキサコ，BP，シェル，フランス石油，フランス石油精製は，フランス，西ドイツ，英国で幅広い石油化学製品を生産する子会社を有していた（Chapman, 1991）。

自動車会社と同様，米国の石油および化学会社は，独自の経営や技術のノウハウを海外で活用しようと努力した。子会社を完全所有すると，親会社の能力の移転や競争力のある専門技術の保護がしやすくなった。所有権は経営支配を保証し，その経営支配は，企業が戦略や対策を課す手助けとなった。米国では，軍需や，重合体繊維，プラスチック，殺虫剤，防虫剤，合成ゴムなどの技術的進歩により，1939年から1946年にかけて化学製品の総売上高は3倍に増加した。大手化学企業の中で，アライド・ケミカルズは技術的に遅れていた（おまけに経営陣は，究極的に海外市場の誘引にも抵抗していた）[14]。その他の国々の企業にとっては，競争上の主導権と新たな国際的な野心の追求により，海外での共謀的な協定，アライアンス，合弁事業などは魅力的なものではなくなった。連邦裁判所の判決（独占禁止法の下の）も，企業が外国企業との長期的協定などを放棄せざるを得なかったもう1つの理由である。それぞれの国の市場を共謀して分け合うための代替戦略として残ったのは，その市場を求めて競争する海外子会社を設立することであった。国際的なドルの不足と貿易の制限は，最終的には輸出に制約を課し，FDIを選択する方向に推進することになった。反トラスト法は（厳密に解釈すれば）外国人との合弁事業を禁止していなかったが，企業は費用と時間のかかる司法省との争いを恐れていた。たとえば，1947年の訴訟事件によって，ナショナル鉛会社は，カナダとドイツでは事業を完全所有とし，英国と日本においては合弁会社を売却することになった[15]。

1952年の別の判決は，デュポンとICIの国際カルテルを終了させるものであったが，当初はデラウェア州本社の保守派の管理職は，拡大する国内市場を開拓することを好んだ。子会社のあるブラジルとアルゼンチンでは政府の政策により情勢は不安定で，さらに米国外での困難な問題に関わることに抵抗していた。しかし，1957年以降，経済的および法的な問題が混在して出てくると，彼らの心境に変化が訪れた。需要の低迷により価格が低下し，業界内でも高値だった株価は下落した。最高裁判所がデュポンに対し，ゼネラル・モーターズの持分売却を命じると競争力が失われ，同社は収益の大部分を失い，減少しつつあった同社独自の利益に頼るようになった。1つの対応は，新しい製品を開発し，レーヨンと染料事業から徐々に撤退し，高抵抗金属にさらに投資することであった。もう1つの対応は，より大きなビジネスチャンスがあり，労働コストが安く，また輸入関税により海外直接投資の必要性がある外国に進出することであった。裁判所は，ICIはもはや国際的な共謀相手ではないと判断を下したが，この英国企業が米国の染料工場を買収したことにより，競争が始まった。デュポンは激怒し多国籍投資への疑念を捨て，1958年に北アイルランドのロンドンデリーをはじめ，オランダ，フランス，ドイツといった諸外国で投資を開始した。

デュポンの海外渉外部は，輸出，海外子会社，国際特許管理を担当する国際部に変更されたが，米国拠点の製造部門が計画を妨げようとし，管理に関する内紛で，技術支援は保留となった。新しい管理体制を導く代表者であった新社長の，ラモット・デュポン・コープランドは，「海外市場の急速な拡大」と「経済的孤立」との選択だと語った。1944年の売上高に占める輸出と海外事業の割合は，6％であったが，1963年には18％，1978年には31％まで増加した[16]。ダウは，デュポンと比べて，いち早くより熱心に国際化に取り組んできた企業である（1963年までに海外市場での売上高45％を達成している）。ハーキュリーズ（40％），アメリカン・シアナミドとユニオン・カーバイド（それぞれ33～35％）がダウに続いている。米国の化学業界では，海外子会社の生産額は1963年までに輸出の2倍となり，1970年までに130億ドル（本国の設備投資額の3分の1）が海外に投資された。このことは，この業界がきわめて高度に「多国籍化」していたことを示している（Chapman, 1991; Taylor and Sudnik, 1984; Wilkins, 1974）。

米国の産業と国内市場

戦後数十年にわたり米国の産業の中で，自動車および輸送機器産業が最大の海外直接投資を行っており，2番手は化学製品および石油産業であった。さらにこれらに続いたのが機械，食料，金属，家庭用商標付き製品，事務用機器，コンピュータ産業である。これらの分野の米国企業は，技術，製品，またはマネジメントにおいて世界的に競争力のあるリーダーシップを有していた。米国の製造業のFDI資産が石油部門を追い越した1966年を転換点として，国際競争優位に変化が起きた。さらに同年に，米国のFDIはGDPの7.3％に達し，1929年の水準に等しくなった。この数字は，1970年には8％に達した（Wilkins, 1974）。1957年には2,800社の米国企業が1万社の外国子会社を擁していたが，1970年には米国企業3,350社が海外で1万5,000社を有していた。米国製造業者がヨーロッパに保有する資産価値は，1970年に，カナダに有する資産を上回っており，大西洋にまたがる国際的な事業戦略がいかに地域的な活動動機にとって代わったかを物語っている。同様に，かつて米国のFDIの大半はラテンアメリカの一次産品に集中していたが，その後ヨーロッパへの工業部門への直接投資が急増した。

現代企業は，1人当たりの所得が高く，技術と事業を進歩させてきた歴史や巨大な国内需要規模を持つ米国に端を発し，巨大規模の事業運営能力に支えられ，成功を収めた。戦間期の章（第3章）で紹介したように，このような企業は，大量生産やマーケティングの経験と専門知識を備えた専門経営者のチームによって運営される複雑な複数部門組織を構築し，研究開発に多額の投資を行うことができた。製品，ノウハウ，人材において最先端をいく米国企業は，事務機器，エレクトロニクス，コンピュータ，航空宇宙においては，現地企業との競争に勝ち抜くことができる海外子会社を設立する資源や能力を有していた。防衛部門において最も明らかなように，有力な米国企業は戦後においても引き続き，技術や生産において競争力を維持するために必要な量の注文を，連邦政府の支援を受けた研究や政府から得ることができた。英国はほぼ間違いなく，コンピューティングとジェットエンジン技術の先駆者であったが，米国の競合企業は大量生産と商業化を推進し，最終的には革新的能力を生み出した。

国際化を成功させる米国国内のプッシュ要因（技術，規模，価格における主導力など）に加えて，国境を越えた投資（輸出ではなく）を正当化する以下のようなプル要因があった。西ヨーロッパの豊かな市場は，ひとたび再建されると，消費財や進んだ資本財を生産する多国籍企業にとって論理的かつ自然に導かれる進出先であった。輸出距離が長く，米国に比べて労働力が安かったため，共産主義が広がっているという当初の懸念にもかかわらず，西ヨーロッパ地域は貴重な資産を守る政治的に安全な場所であった。カナダ，オーストラリアおよびその他の先進経済は，外国子会社の創設や拡大のための別の選択肢であった。米国の製造業者は，市場追求戦略を採用した。一般的に，海外の子会社は親会社のミニ版であり，技術的・管理的支援を受けるが，異なるそれぞれの国内市場で独立して運営するものである。企業は，外国拠点の日々の管理や調整に際して実質的な制約に直面した。そして政府は対内投資の利益を保持するために，投資企業に制限を設けていた。その結果，1968年までに米国の多国籍企業の生産物の約89%は，生産が行われた現地国で販売されていた（Wilkins, 1974）。

第2次大戦後の軍事費の大幅な削減を見越して，IBMのトーマス・J. ワトソン・シニア社長は，米国以外に選択肢を探し，1949年にIBMワールド・トレード・コーポレーションを創設した。12年以内に同社は86カ国で3万3,000人を雇用し，さらにその9年後，この海外子会社は企業全体の収益の40%，利益の50%を生み出していた。1952年から1956年の間に，トーマス・J. ワトソン・ジュニアに企業の管理が引き継がれ，連邦政府の支出が激減したにもかかわらず，IBMは冷戦とデジタルコンピューティングが大規模に軍事利用できるという国防総省の認識から利益を得た。共産党統治の北朝鮮がソ連と中華人民共和国の支援を受けて，南側の米国同盟国を攻撃した朝鮮戦争（1950〜53年）で，アメリカ政府の孤立主義路線は事実上終止符を打った。事務機器においてIBMは最も優れた競争力を獲得し，国際化の背後にある戦略的根拠を与えてきた。レミントン・ランドを追い抜いていたIBMは，1958年までに米国のコンピュータ市場の約80%を占め，1964年にはあの有名なシステム360がIBMのトップの座を強固なものにした。

IBMはこの時点で，米国のコンピュータ企業8社のうち断トツの最大企業であり，「白雪姫と7人の小人たち」のようだと業界の人々に言わしめた。同社は，技術的秘密の喪失を恐れて，国際的なパートナーに対して製品のライセンス供与を禁止し，国際的な業務を直接管理することを選択した。1952年から1966年にかけてオランダ，スコットランド，フランス，イタリア，イングランドに新工場が登場し，フランスIBMだけでも13の都市に16の支店があった。海外市場で販売されているIBM機器の約90%が米国外で製造された。システム360が導入されたことで，IBMは2つの地域に生産ネットワークを有した。1つは北米に，もう1つはヨーロッパにあり，地域の技術サービスをより効率的かつ効果的に提供できる研究所を設立した（Hodges, 1974; Dassbach, 1989）[17]。

ミネアポリス＝ハネウェルは1948年から英国工場に投資したが，それは入念な国際戦略の成果ではなく，防衛的なものだった。売上にダメージを与えた輸入許可規制が刺激となって，同社は為替や利益の本国送金の制限が残っている限り英国への投資を最小限に抑えることとした[18]。1950年以降，資金を非常に必要としていた英国政府は，刺激策として，認可を受けた米国子会社の送金に対する規制を緩和した（Wilkins, 1974）。英国，カナダ，日本，オランダのミネアポリス＝ハネウェルの子会社は，1965年に，1万2,000人の従業員を雇用する17の海外事業所をもち，この多国籍企業の売上高に占める海外事業所の比率はほとんどゼロの状態から23%へ，全従業員は20%を占めるまでに成長した[19]。NCRは，1946年から1949年にかけて英国，西独，日本で事業を再開した。その後数十年間にオーストラリアとカナダに新工場を建設した[20]。ヒューレット＝パッカードは米国で初めて企業買収を行い，1959年に西ドイツのベーブリンゲンに製造工場を，ジュネーブにマーケティング・オフィスを設立した。また，同社はこうした国際展開に続いて1963年には横河電機と提携し，日本で合弁会社を設立した[21]。

主な顧客が政府所有の公益事業者であったITTは，現地の国家アイデンティティを積極的に高める子会社を有した。それにもかかわらず，ブリュッセルは欧州本部の役割を果たした。しかしすでに指摘したように，外資系企業とみなされた同社は1954年にフランコの支配するスペインから強制的に追い出されたため事業に行き詰まった。しかし，10年後のITTの収入の半分は，ヨーロッパで生み出されたもので，そこで同社は電話機の製造の30％を占めていた（Schoenberg, 1985; Sobel, 2003）。戦後の各国政府は通信，輸送，エネルギーの公的所有を重視したため，公益事業へのFDIはほとんどなかった。そのため，ITTはエイビス・レンタカー（1965年）やシェラトン・ホテル（1968年）などの買収により国内外で多角化した。[22]

1948年にATTが所有するベル研究所において，世界で初めて半導体が作られた。テキサス・インスツルメンツは，1954年までにシリコンチップを開発していた。フェアチャイルド・セミコンダクターは1959年に集積回路の開発に成功した。戦後数十年，米国は他国が羨むような，連邦政府，軍隊，大学，ビジネスを結ぶ国家的な技術革新システムを進化させた。1960年には，軍事部門と航空宇宙部門の連携が促進され，米国の国内市場で半導体の総売上高の75％を占めた。テキサス・インスツルメンツの英国工場は1957年に設立されたが，これは半導体のFDIの最初の例となった。それから3年を経ずに同社は，フランスのIBM工場に半導体を供給できるよう現地に子会社を設立した（Wilkins, 1974）。全体として，米国企業は，1974年には，ヨーロッパに19の完全所有の半導体工場と3つの合弁事業に加え，さらに24の部品組立工場を有していた（Langlois, 1989）。これらは，企業の技術的，組織的優位により海外投資が促進される明らかな実例であった。

グッドイヤー・タイヤとキャタピラー建設機器会社は，1945年以降，国際的な展開のために迅速に動いた。グッドイヤーは1940年代後半までにラテンアメリカ全土に進出し，1959年以降はヨーロッパの主要市場に進出した。[23]キャタピラーは当初，マーシャル援助その他の米国の資金提供を受けたヨーロッパと日本の復興による恩恵を受けた。1950年に英国で最初の子会社を設立して以降，同社は1954年から56年にかけて，ブラジル，オーストラリア，スコットランドに進出し，1962年に日本，1972年にベルギーに進出した。[24]ハロイド社は，1956年にランク・オーガニゼーション社と共に英国に合弁会社を設立した。しかし，この合弁企業は4年後には，ゼロックス・コーポレーションとなり，そして1969年までには，その英国の投資先を実質的支配下に置いた。これもまた，この時代に多国籍企業が完全子会社化を好み，技術面と経営面の知識の保護を推し進めていたことを如実に示している。[25]ランク・ゼロックス社と富士写真フィルムは1962年に，富士ゼロックスを設立した。出資比率50％ずつの合弁会社であった同社は当初，輸入と日本国内での販売しか手掛けていなかったが，やがて研究分野と生産分野に進出していった。[26]

もちろん，すべての米国企業がFDIを選択したわけではない。一例として，RCAは，1950年代にヨーロッパにおける製品の生産と販売のために技術をフィリップスにライセンス供与することを選択した（Jones, 2005）。米国を代表する巨大企業ゼネラル・エレクトリックは，世界経済のグローバル化に背を向けた。1960年代を通して，反トラスト法に基づいて不利な判決を受け，自らが持つ英国，フランス，オランダ，スウェーデンの主要企業の少数株式の秘密主義で複雑なネットワークを売却していった。GEはラテンアメリカの子会社を保有し，AEGや東芝との提携を維持し，フランスのコンピュータ会社を買収した。しかしGEは，米国とカナダの事業に戦略的エネルギーを投入し，過半数支配をした。[27]

ハイテク部門と並んで，米国のメーカーは，商標付き家庭用消費財に国際的な影響を与えた。コカ・コーラ社は，戦後数十年間，世界的なアイコンとなり，米国の強力なシンボルとなった。同社は米国で，魅力的な大量生産品を適正な価格で作るにはどうすればよいかを学び，ブランドづくりと広告宣伝のテクニックをマスターした。秘密の配合のシロップを加工する現地業者にライセンスを供与するとともに，これら業者を取りまとめ，多くの人口を抱える経済圏を網羅する効率的な流通ネットワークを，大陸を横断して展開していた。また，同社はマーケティング，ライセンス供与，流通におけるこうしたテクニックを，他の国の市場に応用することができた。そして，真珠湾攻撃後にこのテクニックを実際に応用した。つまり同社は，米国兵士の出征先に工場を建設したのである。1946年までに，コカ・コーラが海外で所有するボトリング工場は155に達した（Giebelhaus, 1994）。1950年代には，毎年15～20の工場を開設し，同社の赤と白のロゴを世界中に知らしめた。

コカ・コーラは，戦時中にドイツの子会社が独自に開発した「ファンタ」を1960年に再投入し，続いて「スプライト」「タブ」「フレスカ」，そしてそれぞれのダイエット飲料を投入し，製品ラインを多様にした。この方針の転換――そして「It's the Real Thing（これぞ本物）」というキャッチコピーを前面に押し出した比較広告――のきっかけとなったのは，強力なライバルの台頭だった。[28] ペプシコは1954年からペプシ・コーラ・インターナショナルを通じて外国子会社を設立し始めた。ペプシコの重役で，後に会長となった男性と，映画女優ジョーン・クロフォードが結婚したことで，後発ライバル企業の注目度が高まった。彼女はヨーロッパとアフリカのツアー中にペプシ・ブランドを宣伝し，後に同社の役員になった。1959年，ニクソン副大統領とフルシチョフ首相が資本主義と共産主義の優劣について議論をしたモスクワの「アメリカ産業博覧会」で，ペプシコ社のトップは，マスコミの注目を集めるもう１つのステージを演出した。彼は，ペプシコ社のブースに立ち寄るようニクソン副大統領を促した。そこでは，ソ連のリーダーが幸せそうに乾いた喉を潤すところが，意欲的な世界的記者に写真を撮られていた。[29]

ハインツ社の食料品もまた，世界の消費者の間で，ある程度，アイコン的存在として認識されていた。「ジャック」として知られるH. J. ハインツ２世は，第２次大戦中に同社とその有名ブランドを買収し，英国，カナダ，オーストラリアの製造子会社を継承し，新たにオランダ，ベネズエラ，日本，イタリア，ポルトガルに進出した。ケロッグ社――すでにカナダと英国に進出していた――は，1948年には南アフリカに，1951年にはメキシコに工場を建設した。キャンベルスープ社は自国で急成長し，1957年に国際部門を設け，イタリア，メキシコ，オーストラリアに子会社を設立した。[30] 1966年にゴディバ・チョコレートの米国の販売代理店となったキャンベルは，このベルギー企業を1974年に買収し，完全子会社にした。これは，国際的な後方統合の一例である。[31] ゼネラル・フーズ――コーヒーの「マックスウェル ハウス」，冷凍食品の「バーズ・アイ」「ジェロー」などのブランドが有名――は1956年以降，ベネズエラ最大のチョコレートメーカー，ラ・インディア社，カナダのスナックフードメーカー，ホステス社，ブラジルのアイスクリームメーカー，キボン社，フランスのコーヒー豆メーカー，エスタブリッシュメント・ピエール・ルモニエ社をはじめとする，一連の海外企業の買収を開始した。同社は，1960年代までには巨大食品会社としての地位を確立し，カナダ，中南米，西欧，オーストラリアに主要な子会社12社を持つまでになった。[32]

米国の他の食品メーカーは，企業としての注目度こそ低かったものの，事業の海外展開を図っていた。当時，調理油のマゾラ，マヨネーズブランドの「ヘルマン」で知られたコーン・プロダクツ・リファイニング社（CP）は，世界各地にトウモロコシとスターチの加工拠点を持っていた。同社は，国内企業を数々買収した後，1958年には，西ドイツのブイヨン，乾燥スープ，そしてインスタント食品のメーカーであるC. H. クノール社を傘下に収めている。その５年後，同社は日本にクノールの工場を建設し，1969年にCPCインターナショナルと社名を変更した（1997年にブランド食品事業をスピンオフしてベスト・フーズ社を設立。これは，その後2000年にユニリーバに吸収合併された。残りの食品原料事業は2012年にイングレディオンとなった[33]）。

ジョンソンワックスのメーカーであるS. C. ジョンソン社は，英国，カナダ，オーストラリアで長年にわたり事業を展開していたが，1953年にドイツ，1959年にイタリアに子会社を設立した。同社の成功を支えたのは，芳香剤の「グレード」と，世界初のスプレー式家具用ワックス「プレッジ」の投入であった。その後，輸出は儲からないと判断し，現地の材料で，現地の市場向けに製造する地産地消の理念を掲げた経営を進め，同社は1968年までに，ラテンアメリカ，ヨーロッパ，アフリカ，日本，東南アジアに20社前後の海外子会社を立ち上げた[34]。言い換えれば，取引コストと立地優位が，S. C. ジョンソンの国際戦略を決定した。「スコッツ」と「クリネックス」のティッシュペーパーの製造メーカーであるキンバリー・クラーク社は，1955年から1957年にかけて初めて米国とカナダ以外に進出して，製紙会社ラ・オーロラ（のちにメキシコ・キンバリー社となった）を買収し，英国では合弁会社のボーウォーター＝スコットを設立した。同社は薄紙の世界的サプライヤーであるピーター・J. シュバイツアー社を買収し，米国とフランスの工場を取得した。1978年，同社はそれまでの17年間，売上高首位の座を守り続けてきた業界トップのプロクター・アンド・ギャンブル社の「パンパース」に挑むべく，使い捨て紙おむつの「ハギーズ」を発売した[35]。

受入国政府と米国の多国籍企業

米国の占領軍当局は，米国の技術を生かして日本の時代遅れの通信システムを向上させることを望み，実質的に富士通からその主力事業である公共事業を奪った。1945年に降伏した時，日本は連合国軍最高司令官（SCAP）であるダグラス・マッカーサー――ほどなくして「青い目の大君」というあだ名で呼ばれるようになった――による軍政を受け入れた。彼の総司令部（GHQ）は，東京の接収した第一生命保険ビルの中にあり，日本の憲法，政治，土地所有制度を一新させた後，1949年に国家統治の権限を返還した（占領が正式に終了したのは，それから3年後）。1952年に設立された国営の日本電信電話公社は，日本をリードするエレクトロニクス研究の投資家に成長し，富士通は再び，国が管理する電話通信契約を受注するようになった。長年にわたり実験を重ねた末，富士通は日本初の商業用計算機を製造した。しかし，日本政府は最新技術の国際競争で，これ以上の後れをとることを避けるためには，米国の特許の使用許諾を得る必要があると認識することになった。1961年，日本政府はIBMと協定を結んだ。日本IBMとして日本で製造することをIBMに許可する見返りに，同時にイノベーションを刺激するために，日本政府は輸入を制限し，国内メーカーに補助金を給付して，不要な競争を抑制した。

しばらくすると，政府は富士通にメインフレームと集積回路に努力を集中させるように強いた。製品はすぐに成功を収めたとはいえ，日本IBMのそれには及ばなかった。通商産業省（MITI，現，経済産業省：METI）は，国内のコンピュータ部門の再編を決め，富士通と，その最大のライバルである日立のコンピュータ部門を提携させた。1972年，IBMの元エンジニアが創設した米国のアムダール・コーポレーションに少額の投資をしたことで，この新興企業の技術的識見にアクセスすることが可能になるなど，富士通は，日本政府とNTTの独占的な販売市場から無制限に得られる資金で成果を上げていった。その結果誕生した富士通・日立のMシリーズは，1980年になるまでに国内販売台数でIBMを抜いた。一方，米国に戻ってみると，この頃には，アムダールが，新シリーズのコンピュータを武器とするIBMの反撃に遭い，苦境に立たされていた[36]。

開発途上国が，最先端の競争に単にさらされるのでなく，世界のリーダーとのギャップを埋めたいと考えているのであれば，政策担当者にとって，富士通＝IBMの話は，国際経済とのかかわりが政府主導の産業戦略といかに結びつく可能性があるかを明確に示す事例である。ひとたび奇跡的な経済成長を遂げ先進国の仲間入りを果たすと，論理的には，日本は海外製造業の投資先の1つとなった。しかし，政府は輸入を抑制する規制を維持し，日本企業によって国内経済を工業化する資金を確保し，海外からの産業への侵略を防ぐことを目的に，外資に関する法律（1950年公布）で対外直接投資と対内直接投資を禁じた。衡平を欠く政策にもかかわらず，米国は特許と技術を日本に売却することを引き続き認めると同時に，日本からの輸出品に対して自国市場を十分に開放していた。内航海運業，放送媒体，原子力発電所，航空機製造業，防衛関連の企業については，外国資本と外国の影響力が制限されていたが，これらを除き，米国の国境はビジネスに開かれていた（Safarian, 1993）。米国政府は，問題を抱える東アジア地域での強固な同盟の形成を支持した。この地域はソ連，共産中国，それらの衛星国との冷戦の緊張状態の中心となり，ついにはベトナムにおける反政府活動と内戦を招くことになった。その後，米国と西欧の国際収支上の困難と産業の空洞化が新たな圧力をもたらし，日本は1971年に対内直接投資の規制緩和をせざるを得ないと考えるようになったが，これが完全に撤廃されたのは1980年になってのことである。対外直接投資も認められたが，興味深いことに，日本企業が性急に多国籍企業化の道を選ぶことはなく，きわめて順調であった輸出重視策を維持することを好んだ。

西欧では，米国多国籍企業――そしてその技術，経営管理，経営規模における力――の存在感が，経済的主権と地域の将来に対する懸念を生んでいた。日本の産業戦略は，技術の取得とベストプラクティスの模倣をその基盤としており，対内直接投資を禁止したことにより，政府により選定された地場企業が育成されるようになった。「サンシャイン（将来の明るい）」産業を重視した政策により，繊維への依存を減らし，経済を鉄鋼，自動車，エレクトロニクス，そして，さほど成功を収めなかったが，石油，化学製品へと順に移行させていった。日本IBMの進出は，例外として注目に値する。この事例では，世界をリードする技術にアクセスしたいという欲求が，外国資本に対する懸念に勝った形となった。英国では，国家の衰退を示す確かな証拠と思われる出来事がアルミニウム産業で起きた。米国企業は，第2次大戦で生じた高水準の需要を満たすことができず，連邦政府が介入して，アルコアの運営する工場に融資をした。1945年以降，戦時中の産業戦略の体系が解体されるなか，政府は，同社の独占的な支配を弱体化させることを目指して，一時保留となっていた反トラスト法による裁定の実施を決めた。その結果，5年以内に業界全体の生産力の割合は30.9%がレイノルズ・メタルズ社，18.2%がカイザー・アルミニウム&ケミカル・コーポレーションに行き，アルコアの割合は50.9%に低下した。

米国の裁判所は1950年，海外子会社の所有権について初めて判断を示し，同じ9名の株主がアルコアとカナダの子会社アルキャンを所有することはできないとの判決を下した。アルコアは，反トラストの法的措置を避ける手段として，アルキャンを正式に別会社化し，海外子会社をアルキャンの管理下に置いていた。1950年代に，北米の4つの企業――アルコア，アルキャン，レイノルズ，カイザー――は，フランスのペシネー，スイスのアルスイスとともに，世界のアルミニウム産業の「ビッグ6」を形成していた。鉄鋼メーカーとは異なり，これら企業は採鉱と生産を垂直的に統合し，共産圏以外の世界のボーキサイトとアルミナの貿易を支配した（Rodrik, 1982; Cobbe, 1979）。数多くの政治的側面を持つ原材料の供給確保と並んで，アルミニウムの国際的事業戦略の背景にあった主たる原動力は，一元化されたマネジメント・コントロールでのサプライチェーンと加工の内部化であった。短期的に景気が後退した1957～1958年，アルコアは，国際化と多角化を図る必要性を認識した。そして同社は1958年に，当時英国で最大規模の企業買収のトラブルに巻き込まれることになった。ブリティッシュ・アルミニウムの会長で，元英空軍元帥のポータル・オブ・ハンガーフォード子爵がアルコアに買収を打診したが，それを株主に相談をするのを怠っていた。その時，レイノルズ社と，その英国のパートナーであるチューブ・インベストメンツが，英国で初めて公開会社の敵対的買収に踏み切り，「アルミニウム大戦争」と呼ばれる買収劇で勝利を収めた。そのために彼らが協力を仰いだのは，徹底的に戦う覚悟を決めたロンドン金融街シティの新参者のマーチャントバンクであるS. G. ウォーバーグであった。そしてS. G. ウォーバーグは，ハンブローズやカザノブといった老舗の裏をかいた[37]。この敵対的買収で，英国の企業経営の「オールドボーイ・ネットワーク」があらわとなり，レイノルズ，TI，ウォーバーグは期待されるビジネス上の作法に反したとみなされた。英国の一般世論も，海外の強力な同業者が英国の主要な産業の１つの実権を握ろうと争ったよく知られた事件であると非難した。

戦後の英国政府は代々，リベラルな政策を維持しながらも，雇用，設備投資，輸出拡大などについて進出した多国籍企業から約束を取り付けていた。欧州で1958年から通貨と為替の規制が撤廃されると，対内直接投資が急増し，経済的主権と現地産業の振興をめぐる議論が激化した。米国との技術力ギャップを埋められなかったことで，1960年代と1970年代の歴代政府は，大義ある産業政策の目標を選択することを促された。鉄鋼，繊維，石炭，造船の合理化計画は，途上国発の低賃金競争への対応であり，その結果として，産業政策は，「見込みのない産業」の活性化を図るという仕事が絶望的な状況となった。他方，米国の多国籍企業は，技術的および経営的優位を有し，受入国の将来の発展の一部を狙うような産業に影響を与えた。英国政府は進出してきた多国籍企業から言質をとってはいたが，成果をモニタリングすることは一切なかったため，確約は，良くて単なる一時的なもの，悪くすると最初から価値のないものだった可能性があった。

クライスラーが，1967年にルーツ社の買収後，約束を破ったことで，英国の外国のFDI規制のもろさが露呈し，当時の労働党政権は産業政策の成果をそれまで以上に不安な気持ちで待つことを余儀なくされた。米国の多国籍自動車企業３社が国内にとどまっている時に，英国政府は，まだ英国系であった自動車産業の強化に乗り出した。具体的には，弱体化しつつあるブリティッシュ・モーター・ホールディングス（モーリス，オースチン，ジャガー，ダイムラーの各ブランドを有する）を傘下に収めて，既存の事業（設立母体となった商業車メーカーに，その後取得したスタンダード・トライアンフとローバーを加えた）の仲間入りをさせるよう，レイランド・モーターズ社を説得した（Gallard, 2004）[38]。その後，1975年には，ブリティッシュ・レイランド社は破産し，実質的に国営化された（その後，国有のBL社，次にローバーになる）。米国との競争は最終的に，渋る歴代政府をコンピュータ産業の国有化に向かわせた。ブリティッシュ・タビュレーティング・マシーン（BTM）は1949年以降，IBMの技術に依存することを止めていた。1950年代までに，国内のライバルであるパワーズ・サマス（正式にはグレートブリテン会計・図表作成機会社）も米国の親会社からスピンオフしていた。なんとかIBMに対抗できる力をつけようと，両社は1959年に合併し，インターナショナル・コンピューターズ・アンド・タビュレーターズ（ICT）を設立した。ICTは，英国のコンピュータ産業の大半の企業を買収したが，1968年に，イングリッシュ・エレクトリック，プレッシー，英国政府と共同で，インターナショナル・コンピューターズ（ICL）を創設している。新製品の開発とマーケティングを担うのにふさわしい規模であり，ICLはその創設年時点で，米国以外のコンピューター会社で最大規模を誇っていた。同社がクリティカル・マスを達成する一助として，政府は公的セクターの購買注文で特恵を与えたものの，研究費の高騰と非互換の技術に悩まされ，半導体革命に悪戦苦闘し，ICLは1971年にはすでに赤字に陥っていた。マーガレット・サッチャー率いる保守党政権はその自由市場主義をあくまでも貫き，1980年，ICLに対する特別優遇企業の扱いを打ち切った（同社は10年後，日本の富士通に売却された）（Campbell-Kelly, 1990; Hodges, 1974）。

AEGテレフンケン，シーメンス，フィリップス，オリベッティ，マシーンズ・ブルのコンピュータ部門も同様に，自国の政府から支援を受けていた。英国に比べて，フランスは経済計画と，必要な行政メカニズムの整備にさらに力を注いだ。同国は，まず1945年に国内の石炭，電気，ガスの各産業を国有化し，建て直す政策を打ち出し，銀行セクターの大部分も国営化して，航空機製造，防衛装備，エレクトロニクスの振興の支援に着手していた。英国同様，フランスも米国との技術力ギャップを埋めることができず，1957年の共同市場の創設もまた，国境を越えた脅威をもたらした。シャルル・ド・ゴールは，1959年にフランス第五共和制初代大統領になると，フランスを再び世界の大国とすべく全力を尽くし，政治不安に終止符を打ち，長期的な産業の成長をもたらそうとした。同国は，イノベーションへの投資を増やしたほか，国内の比較的小規模な家族経営型製造業者の改革を主導し，特定産業でナショナル・チャンピオン企業を育成した。

フランスは米国のFDIと米国技術への依存に懐疑的で，また，米国のゼネラル・エレクトリックが1964年までにマシーンズ・ブル社の過半数株式を取得するまで，コンピュータ分野を戦略的優先課題と位置づけていなかった。フランス政府は，その買収の阻止に失敗し，代わりに，ライバルとなる国際情報会社（CII）を設立した。その後，マシーンズ・ブルの事例を教訓として，同政府は10年間近く外国企業による買収をすべて実質的に阻止し，この買収側企業が技術的優位を持つ場合にのみ買収を認め，また国内のナショナル・チャンピオンがEEC以外へ投資する際にも制限を課した。ド・ゴール流の経済ナショナリズムと国際競争の衝突が続いたことで，この国境を超えた戦いの話は，複雑で皮肉な結果をみせた。IBMと張り合うことができなかったGEは，コンピュータ部門をハネウェルに売却した。1975年，フランス政府がハネウェルに圧力をかけて，CII＝ハネウェル＝ブルを創設させたことで，そのフランスの事業の過半数所有をフランスに取り戻したのである。西ドイツは外国直接投資に開かれた国で，多国籍企業を選別するシステムを採用していなかったが，戦略的に重要な自国の経済資産が，外国政府やその国営企業の支配を受けることを防ぐ必要があると感じていた。だが，フランスとは異なり，ドイツとオランダが米国から侵略を受けるという危機感を抱くことはなかった。ベルギーの歴代政府もまた，すべての投資家を概ね歓迎して，税制優遇措置や補助金を付与していた。それでも，これら諸国はヨーロッパ経済共同体（EEC）の目的を支持し，また，コンピュータ製品と関連サービスの公共事業契約では，独占が予想されるIBMより，フィリップスとシーメンスを優遇していた（Wilkins, 1974）。イタリアは，為替管理で対内FDIに影響力を及ぼす態勢を整えていたが，これでは対内投資に大きな影響を及ぼすことはできないと判断した（Safarian, 1993; Gillespie, 1972）。

多国籍企業の発見と組織化

1960年代までにFDIが及ぼした影響，そしてとりわけ米国企業が，多国籍企業は純粋な国内企業とは異質な特徴を持つという見方を生んだ。ひとたび多国籍企業が発見され，それに新たな名前が与えられれば，専門家は，外国市場でどのような戦略と組織能力が成功をもたらし，企業はその活動を，国境を超えてどのように移転させればよいかを考察できた。戦後数十年の間に，多国籍企業の規模と性格は変化していったが，多国籍企業は世界経済においても，またそれぞれの国民国家においても，大きな勢力であるとの認識が政治家の間でも，一般大衆の間でも高まった。戦後の多国籍企業は，すでに見たように，全く新しい形態の企業ではなかったが，その存在を（とりわけ，欧州における米国の製造業者という形で）実際よりも大きく感じることで，そのように見せていたのである。所有権，技術，雇用，輸出に及ぼすFDIの影響の拡大をめぐる先進国での議論は，その時代を反映している。一方で，多国籍企業の歴史が長く，原則として，その影響がより顕著な途上国でも，その活動の費用と便益に関する，非常に類似した問題が提起されていたのも事実である。その多くが帝国主義の過去とつながる外国投資家の果たす役割に，かつての植民地で新たに独立した国家が疑問を抱き，彼らの影響力を制限しようと取り組もうとしたことは驚くにあたらない。

戦後の製造業者に共通する国際戦略は，先進国での市場追求であり，企業は自国で獲得した価格，製品，生産，マーケティングにおける国際的なリーダーシップを有する商品のために，参入した海外市場で顧客の開拓を図ったのである。欧州の大半が第2次大戦で壊滅的被害を受けたことから，米国と主要な競合相手国との豊かさと生産力，資源のギャップは，かつてないほど広がっていた。戦時中の米国経済の刺激策により，企業組織能力のより長期的な傾向が増強された。米国企業は，大量生産と大量販売で革新を起こし，大型化，複雑化する事業に対処する管理者と専門技術者のチームを構築した。米国企業は以下の組織階層を考案した。それは，戦略本部をトップに据えるが，製品や事業分野の主な責任を，事業部長の階層（または多数事業部制もしくはM型）に移譲し，次に事業部長は，生産，購買，流通などの業務機能を担う部門を監督するというものである。米国の巨大企業は，責任を階層別に割り当て，手順とルーティン業務を確立し，周知徹底させることで，財務，技術，人事の効果的な調整を可能にし，製品，価格，販売での競争優位を確保することができた。（1920年代以降に顕著となる）大企業の出現で，資源と能力を兼ね備えた企業が生まれ，FDIの可能性が高まった（Schroter, 2005）。

戦後数十年間，これら企業は海外進出を新たに始めたり，海外での事業を拡大するための明らかな競争上の優位を持っており，世界経済の回復と通貨管理の撤廃により，輸出より海外生産に有利な現地の諸条件が徐々に生まれていった。投資先市場の売上規模が，FDIに見合うものである場合には，米国の多国籍製造企業は常に100％子会社化を好んできた。それは，いろいろな事例でみてきたように，親会社から移転される技術・経営のノウハウを支配権によって保護し，より良く活用させるためであった。その結果，これら企業は合弁会社，契約による取り決め，ライセンス供与から手を引いた。海外進出の企画立案にあたり，米国の一部大企業は，責任委譲型の多数事業部制モデルを参考にすることができ，その結果，各国子会社を監督する海外事業部や国際事業部を設置することが少なくなかった（Stopford and Wells, 1972）。タイヤメーカーのグッドイヤーは，良い例と言える。政府との戦時中の契約が終了したことを受けて，1945年以降，中南米と南アフリカに投資をし，1957年にグッドイヤー・インターナショナル社（GIC）を創設した後，1967年までに欧州の3大市場であるフランス，イタリア，ドイツに工場を設立した。[39]

米国企業は監督システムと調整システムの構築には精通していたものの，国境を超えた経営を行う新たなスキルを学ぶ必要があり，また大きく異なる各国市場において，親会社の技術と手法の利用を再検討することを求められた。海外で事業を拡大する多国籍企業として，規模をさらに拡大し，労働力と供給コストを削減し，あるいは進出先の国の顧客にさらに合った対応をとることができ，また，それに応じて競争優位と（こう言う人もいるかもしれない）寡占優位を本国以外で確保できた。大企業が組織的にも技術的にも複雑な産業を支配したことで，成長が大幅に促され，生産性も大幅に上昇した。海外に拠点を持つ米国の企業は2,800社あったが，このうちのおよそ6％が，対外資産と海外売上高全体の80％前後を占めていた（Dassbach, 1989）。

1950年代以降，米国多国籍企業の当面の戦略的目標は，親会社から子会社への優れた資源と能力の流れを容易にする，国境を越えた組織の構築であった。2番目の戦略的目標は，子会社に十分な事業運営上の自由を与えることであった。それにより，子会社は進出先の市場特有のニーズに対応することができた。一方で，本社が統制する必要があり，他方で分権化を進めるという，この2つの明らかな衝突は，子会社の規模が拡大し，相対的重要性が増すにつれて強まった。親会社と子会社の関係を明確に定めるとともに，進出先の市場に合った現地製品の開発を容易にするうえでは，言うまでもなく，上級管理職と技術スタッフの海外への転勤または任命が重要であった。多くの場合，本社またはその国際事業部による直接管理，監督，報告の仕組には限界があり，調整の成否は，親会社をよく知り，親会社に忠実な子会社の管理職者を確保できるかどうかにかかっていた。それゆえ，上級管理職者を共有することで，日常業務に対する低レベルの統制を補い，技術面，製品面，経営面のノウハウの移転を支援した。しかし，国境を越えた生産の統合は最小限にとどまり，親会社と子会社は，自らの位置する国内市場に対応する傾向があり，日常業務とは対照的に，全般管理や製品開発といった分野では，必要に応じた調整がなされていた。親会社の本社は，生産管理のグローバルなベストプラクティスをその子会社に移転して，定着させることができた一方，統制は，親会社本国内で経験しうるものとはるかにかけ離れていたので，親会社の手法は頼りにならなかった（Wilkins, 1974; Humes, 1993; Child, Faulkner and Pitkethly, 2000）。

米国の多国籍企業の子会社の総数は，1950年の7,500社から1966年には2万3,000社に達した。この増加は，組織的な課題に直面したことを示している。20カ国以上に子会社を持つ多国籍製造企業は，1950年には，我々の知るかぎり3

社しかなかったが，1975年までに，米国系だけでも少なくとも44社になった。鉱業会社と石油会社も，経営管理，技術，資金を移転した。もっとも，受入国の政府の政策，現地のサポートと参加から得られるメリット，リスク共有といった面から，合弁相手を探すことが採掘産業で一般的であったのであるが。彼らの戦略は明らかに資源獲得であり，地質により産出拠点が決まった。先進国を主なターゲットとした販売子会社が100％子会社化される確率は高かった。統合の度合いは，所属する産業と鉱物の種類により異なったが，それでも現地の市場で競合していくには，採掘，加工，マーケティングの国境を越えた調整に熟達しなければならなかった。多国籍の鉱業会社と石油会社は――製造業者とは異なり――，製造と販売を同じ国民経済内で行う可能性が少なかった（Spero and Hart, 1997）。

先進国――フランスを含めるかどうかは微妙だが――は，FDIによってある国の最先端のビジネス慣行が，その産業では若干後れを取る国にもたらされるであろうという想定のもとに，FDIを歓迎していた。欧州は，1948年から経済復興局の一部である米国技術援助・生産性視察団の恩恵を受けていた。1951年までに145の生産性チームがあった。その１つである英米生産性協議会は，伝統主義的な経営者の間から反発の声が上がったと報告しているが，参加国はその後，OEECを通して欧州内技術援助計画の立ち上げに取り組んだ。欧州各国は，多国籍企業が自社の技術と手法を持ち込み，現地のサプライヤーと競合相手の間に波及効果を生むという想定のもと，多国籍企業に補助金と税制優遇措置を与えた。VWは，1960年代半ばまでに，生産手法を一新させていた。一方，フィアットでは，スキル水準の低さと労働組合の反対により，その効果が薄まった。また，ボルボでは，自ら高水準のスキルと労使協調というメリットがあることを認識したため，1970年までに米国式大量生産手法に見切りをつけた（Schroter, 2005; McCreary, 1964）。

1950年代における英国のある調査では，米国企業の子会社の生産性は現地の生産者よりも高かった（Dunning, 1958）。米国企業の子会社が支払ったライセンス料と特許使用料――1957年の総収入の43％から1965年には70％に上昇した――は親会社に還流し，これは技術ノウハウの移転があったことを示しているが，結局のところ現地経済の競争力アップの波及効果は得られなかった。100％子会社化の裏にあった動機の１つが，競争優位の保持と，移転した知識の企業内留め置きであった。また，ライセンス料と特許使用料，その他の送金の金額規模が大きくなったことについても，一部は内部会計実務と税負担の削減で説明がつく。経済成長，雇用，輸出，技術における拡大は，一部現地の努力のクラウディングアウト現象と表現することができ，本国へ支払うための送金は，超過利潤や国内資源の流出とみなすことができる。いくつかの多国籍企業は現地に研究開発施設を設置した。もっとも，親会社発の製品をその国の市場に合わせることにばかり注力していたかもしれないが。

海外市場の重要性が増すにつれ，子会社レベルでの技術能力を高める必要性が増した。そのため，厳密あるいは忠実な模倣製品を移転する必要性は減った。1980年のある調査結果から，大企業を中心に米国企業の研究開発（R&D）費の15%が，海外で支出されていることがわかった。多国籍企業は全般的に，研究開発の国際的な集中化と分散化で完全に二極化していた。集中化すると，子会社の消費者ニーズへの対応が敏捷さを欠くようになり，また親会社の事業分野を変更するコストを負担する。それに対して，分散化すると，重複と二重化のリスクが生じる（Behrman and Fischer, 1980; Alfaro and Rodriguez-Clare, 2004）。

米国の多国籍企業は，進歩的な生産管理能力と技術能力を発揮していたが，商標付き製品と家庭用品の英国メーカーが，すでに最先端のマーケティング技術を採用していたという証拠がある。しかし，戦後数十年間，国内の消費者市場があまり発展していなかったヨーロッパ大陸に，広告宣伝と販売の優れたビジネス慣行を持ち込んだのは米国の多国籍企業であった（Fitzgerald, 2009）。人事管理面では，ゼネラル・モーターズやゼネラル・エレクトリックなどの企業は労働組合について熟知していたが，IBMやマーズなどは，欧州では認知されていない方針を欧州に持ち込んだ。だがこれは部分的にしか成功しなかった。米国多国籍企業は，一方で生産設備や生産性についての交渉を持ち込んだ。これは1960年代後半以降，英国国内では雇用者団体と労働組合の交渉妥結によって全国的な賃金が決定されるという前提に異議を申し立てる形となった。ドイツとオランダの米国多国籍企業は，公式に認められ制度化された国内賃金交渉と労使協議会——EECが支持する考え方——に相変わらず当惑していたが，これを現実として受け入れる必要があった。全体的に，各国政府の政策，法的枠組み，定着したビジネス慣行が，多国籍企業による人的資源管理の移転と国際標準化を著しく制限した（Edwards and Fernet, 2002; Fenton-O'Creevy, Gooderham and Nordhaug, 2005）。

貿易障壁のさらなる削減（二国間で，あるいは，一連のGATTラウンド交渉により），EECの統合の進展，輸送費の低下，これらすべてが，国境を越えた交流から得られる利益の拡大を指し示すと同時に，各国の子会社が自律的に行動することを難しくさせた（Stopford and Wells, 1972）。EECは1968年までに域内の自由貿易を概ね実現し，欧州自由貿易連合（EFTA）も同様に統合を促した（Wilkins,

1974)。1965年の自動車部門を皮切りとした，米国とカナダ間の貿易障壁の撤廃で「大陸主義」のモデルが提示されると，フォードは，1967年に，地域の生産ネットワークの構築とスケールメリットの拡大を図る会社として，ヨーロッパ・フォードを設立した。このような国境を越えた効率化の追求が，多国籍製造企業の確固とした市場追求戦略を後押しした。各国の子会社の自律性の低下は，別の角度からみると，米国の親会社が果たす国際的な役割が縮小し，より大きな意思決定権限が各地域の経営幹部に与えられたということである。

1970年代に入ると，世界的な製品事業部を立ち上げて，通常，親会社に本部を置き，1つの製品のタイプ，モデル，ブランドやサービスだけを管理するといった体制を好む企業もあったが，他の米国企業は次第に国際事業部の代わりに，各地域を統括する法人や本部を設立し始めるようになった。地域事業部と製品事業部は，やがてマトリックス構造へと進化することになり，組織としての2つの異なる要件に合わせて国境を越えた責任の系統を取り込み，明確化した。さらに，購買，生産，マーケティングといった不可欠な機能あるいは経理や人事の支援サービスが，3次元のマトリックス型組織に組み込まれているケースもあった。だが，こうした構造は依然として稀れであり，国際事業部か，地域事業部か，製品事業部かという明確な選択がなされることが多かった。そのため，いく人かの専門家は，意思決定に時間がかかり，権限系統があいまいで，不必要な内部抗争を生むといった弊害が起きると指摘している（Stopford and Wells, 1972）。

米国の穀物商社カーギル＝トラダックスを例にとると，マトリックス型組織により地理面，製品面，機能面の目的の融和を図ろうとしたことが，明らかに意思決定の不透明さを招く一因となった（Broehl, 1998）。鉱業や石油の分野では，国際事業部を別途設けることにあまり価値を見出さず，中央集権型の職能組織を保持する傾向にあった。途上国や政情不安な地域を中心に，海外の川上工程である採掘と加工には，国境を越えた資金，人事，生産方法，技術の移転，支援の綿密な調整が必要となった。また，川下の流通，契約，販売は，生産地とは異なる場所で行われることが多く，そのため，別の範疇の国境を越えた流通と契約のスキルに頼っていた。海外子会社の生産と販売が通常は同じ国の市場で行われる製造業とは，そもそも異なっていた。しかし，国際的に事業を展開する製造業も1970年代までには，変革の過程をたどり始めた。

英国の多国籍企業は，米国の多国籍企業と同様，親会社＝子会社構造をとり，国際事業部を設置する傾向にあった。ただ，その各国子会社は，正式なモニタリングの対象とならないケースもあり，事業運営面でより大きな自主権を持っているところが非常に多かった（Channon, 1973）。欧州大陸出自の多国籍企業は，主要な事業および海外子会社を含む持株会社を形成する傾向が強く，持株会社および親会社は最小限の業務管理や監視を直接行った。米国の製造業者は技術と製品をより強く統制しようとしたが，欧州の多国籍企業は一般により分権化した状態になっていた。司法省が持株会社組織を反競争的な市場分割の一例と解釈していたので，米国では法律上の慣行により，企業は持株会社組織（のみならず，合弁会社さえ）を避けることになった。しかし，なぜ米国企業は全般的により公式的な支配と親会社による完全子会社化を好んだのだろうか。それは，米国企業がその拠点において技術，価格，製品，生産，マーケティングで大きくリードしていたことで説明がつく。

欧州の企業の場合，親会社のトップが子会社のトップとの個人的な関係を通して，統制や調整を行う傾向が強かった（Franko, 1976; Egelhof, 1984）。英蘭ユニリーバとスイスに本社を置くネスレは，製品とブランドは各国により異なるとみていたので，国境を越えた統合による規模の経済はほとんどないと考えていた（Channon, 1973; Heer, 1966; Schroter, 2005; Maljers, 1992）。ユニリーバの事業運営と組織構造がマルチドメスティック，すなわち，各国それぞれの異質な消費者市場をベースとしていたのに対して，そのライバルであるP&Gは，戦略的にも組織的にも，より国際的でかつ国境を越えたものであり，その子会社に対する統制力も強かった。1970年代の経済危機に加え，P&Gからの競争圧力により，ユニリーバは欧州全域での製品標準化の作業を開始したが，成果にはばらつきがあった（Jones, 2005）。

チバ社とフィリップス社は，米国子会社から帰ってきた管理職が，製品事業部についての考え方をどのように持ち込んだかを今に伝えている。米国の経営管理は組織よりも個人が重視されていたため，チバ社はM型を自国の状況に合わせるため，事業部レベルで運営委員会を設置した。合併により誕生した後継企業であるチバ＝ガイギーは，海外子会社が製品と地域の両方の事業部長へ報告するマトリックス構造で有名であった。フィリップスのマトリックス組織は，製品事業部と各国子会社，ライン管理者と技術支援管理者をつなぐことを意図したものであった。1971年以降の欧州大陸の多国籍企業に関する評価結果をみると，国際事業部を有するのはわずか11社にとどまり，26社が多国籍企業内の各部幹部間の個人的な関係に頼っており，これが正式な報告制度の代わりとなっていたことがわかる。その他の企業は，１つの大規模な親会社と複数の衛星子会社から成る組織を経験した後，世界規模の製品事業部（24社），生産機能や研究機能などの世界規模の機能（3社），製品，機能，地理的立地を組み合わせたマトリックス（6社）をベースとした，グローバルな組織モデルを採用した。欧州大陸の多国籍企業は，米国の多国籍企業よりも，製品ラインの多様化が進んでおり，そのため当然のことながら，内部の多様性に対応できる持株会社組織とマトリックス型組織を好む傾向が強かった（Franko, 1976; Schroter, 2005）。

英国とオランダの多国籍企業

消費者市場が成熟し，政治環境も非常に安定していた英国は，米国の多国籍企業の間で欧州の進出先として人気があった。同国における米国多国籍企業の存在感の大きさは，勢いが加速する米国と対照的な英国の衰退を指し示す1つの目印であった。それでも，英国の多国籍企業が海外への進出を続けていることは，経済の国際化が進む世界における企業家精神の高さを示唆していた。英国のFDIが世界全体に占める割合は，1960年に16.3%だったが，1980年にも16.7%を維持している（表4-4）。最大規模を誇り，競争の激しい米国市場においても，英国企業は対内FDI資産全体の実に3分の1を占めていた（表4-8）。親しみがあり，政治的リスクが低いと予想され，成長機会があるという3つの要因から，英国多国籍企業に当初人気があった投資先は，英連邦の，カナダ，南アフリカ，オーストラリアであった。戦後の世界的な復興が一段落するなか，EECの創設とともに，この優先順位が変わった。1962年から1978年にかけて，西欧における英国のFDI残高の占める割合は13%から31%に上昇したのに対して，途上国への投資は37%から20%に低下した。脱植民地化により，海外にある自国の銀行の多くが苦境にあえいだ反面，自らの変革に成功した銀行もあった。一方，独立した元植民地の商社の実情は，ほぼ一様に厳しかった。鉱業および石油部門の主な多国籍企業はその後も，本社を英国に置いていた。1960年までには，英国のFDIの約35%は製造業に集中していた（Casson, 1983）。製造業でもとくに商標付きの食品業界，飲料業界，タバコ業界に加え，化学製品業界に投資が集中した（Gales and Sluyterman, 1991）。

タバコのグローバル大手のBATは，第2次大戦の混乱のなかで市場を失った。蔣介石の国民党政権と協定を交わして，かつての虎の子であった中国に再参入したが，1949年に共産党が勝利を収めたことで，価格と賃金が統制され子会社が倒産した。BATは1953年に取引をし，人質にとられていた外国人の上級経営者の解放を保障する代わりに，自らの資産の所有権を放棄した。アメリカン・アンド・フォーリン電力会社の上海電力会社再建の試みも同じように妨害され，1949

表 4-8　1950年と1970年の米国における対内FDI

（単位：10億米ドル）

	1950年	1970年
英国	1,168	4,127
カナダ	1,029	3,117
スイス	348	1,545
オランダ	334	2,151
他のヨーロッパ諸国	377	1,731
世界のその他の地域	134	599
合計	3,391	13,270

（出所） Wilkins (2005).

年から1950年にかけて，共産党政権が同社の事業のほか，これより小規模な英国系とフランス系の公益事業の経営権を獲得した。医学的証拠により事業倫理が揺らぎ始めるなか，BATは1960年代から1970年代にかけて，英国で多角化に注力し，製紙，包装，化粧品，食品，香水，小売の各事業に進出した。同時期に，米国，南アフリカ，オーストラリア，ドイツ，ブラジル，ポルトガルの子会社も，食品，小売，住宅リフォーム，ジュース，パルプの各分野の事業を買収している。それでも同社はタバコの売上に依存しており，1970年までには，約50カ国の140の工場でタバコを製造していた。2年後にインペリアル・タバコ社との70年に及ぶ提携関係を解消したが，競争を勝ち抜き，1978年には，共産圏以外で世界首位の座を確保するまでになっていた。[40]

チョコレートおよび菓子メーカーであるラウントリー社とキャドベリー・フライ社は，EECが少し前に創設されたことを受けて，1961年以降，西ドイツ，オランダ，フランスの企業を買収したが，ビジネス面で大きな革新を起こすことはできなかった。トニックウォーターメーカーのシュウェップス社――インドでの営業を守りたいとの思いから，独立を果たした同国へ1947年に投資をした――は，1969年にキャドベリーと合併した。キャドベリー＝シュウェップスは1978年に，コネチカット州のキャンディ会社であるピーター・ポールを買収して，米国市場進出を試みたものの失敗に終わった。英国のチョコレートメーカーによる米国市場参入はことごとく頓挫したが，ついにハーシー社がラウントリーとキャドベリーのブランドを，ライセンス生産することで人気商品に変えた。一方，ギネスは，自社の輸出品がすでにブランドロイヤリティを獲得している地に進出するという形をとった。同社は，英国以外で最大の市場であるナイジェリアに1962年以降，4つのビール工場を建設し，マレーシア，カメルーン，ガーナ，ジャマイカでも，その独特のスタウトビールの製造を始めていった（Fitzgerald,

1995）。

植民地時代の独占権を失い，旧式の経営管理体制を敷いているとみられていたICIは，1965年以降，米国とドイツに新たな拠点を置き，事業の再活性化を図り，1971年には米国の最大のライバルであるアトラス・ケミカル社を買収するという命運を左右する決断を下した。ところが，競争力を失いつつあるという一般の認識を覆すことができず，1980年代に大規模なリストラを断行している。[41] ブリティッシュ酸素会社は，戦後期を海外進出の時期とした。ドイツとアイルランドの冷凍会社を買収し，ジャマイカ，オランダ，南アフリカ，スウェーデン，スペインで合弁会社を設立し，米国では反トラスト訴訟を避けるために，1978年にエアコーを完全子会社化した。[42] コングロマリットのBTRは，非関連多角化と金融工学を巧みに利用した。同社は，1970年代半ばまでに，ヨーロッパとオーストラリアの複数の事業を買収している（Monopolies and Mergers Commission, 1982）。これとは対照的に，ボーウォーター社はパルプ分野と新聞用紙分野における自らの特殊なスキルを活かして，1954年以降，北米，西欧，ニュージーランドに会社を設立した。その後，手を広げ過ぎたため，1962年から1972年にかけて，海外子会社の売却を含め，事業の縮小を図っている。同社が貿易業者ラリ・ブラザースを買収したことは，紙加工分野から脱却し，多角化を図る必要があることを自ら認めたことの表れであった。[43]

GKNは，自社の英国鉄鋼製造事業が1951年に国有化されたことで，海外にさらなるチャンスを求めた。1977年から1979年にかけて，まず西ドイツで1社，その後米国でさらに2社の自動車部品メーカーを買収した。米国の子会社の1つはほどなくして，業界第4位のメーカーに成長している。同社は，急速な拡大をみせていたオーストラリアの鉱業会社BHPと手を組み，1969年までに鉄鋼工場を設立したが，10年経たずに自らの持分をパートナーに売却した。[44] 国内産業を育成する南アフリカ政府の圧力により，ピルキントン社は1951年に子会社を同国に設立せざるを得なかった。1954年には同様の考えから，カナダとインドにも直接投資を行った。ピルキントンが国際事業方針の転換を図るきっかけは，1960年に製品化され，業界に革命をもたらしたフロートガラス製法の発明であった。自らの技術優位を速やかに活かすべく，同社はその後20年の間に，ヨーロッパ，米国，中南米，オーストラリアで8つの海外子会社を創設した。[45]

フランコ将軍の部隊はスペイン内戦以降，スペインのリオ・ティント社（RTC）の鉱山を占拠し続け，同社は長年にわたり自らの生産と従業員を統制することができずにいた。RTCは1954年，ついに持分の3分の2を地元企業に売却して，こうした状況から脱出することができた。同社は当時，自己改革する必要があり，最高業務責任者（MD）のヴァル・ダンカン率いる新しい経営チームが，天然資源を幅広く扱う会社づくりを目指し，政情の安定した地域，とりわけ英連邦への投資に着手した。すでに，ポルトガルの錫とタングステンの鉱山，南アフリカのダイヤモンド鉱山，ウガンダの銅鉱山など，一連の資産を取得していた同社は，1955年にカナダのアルゴム・グループの過半数株式と，オーストラリアのメアリー・キャスリーン鉱山の支配株式を取得してウラン事業に参入した。1960年までに，同社は西オーストラリアにある世界有数のハマーズリー鉄鉱床を所有し，南アフリカのパラボラの銅採掘権を取得した。

鉱山事業の多角的かつグローバルな展開を図るうえで，合併は手っ取り早い手段であった。ロンドンに本社を構えるものの，オーストラリアに資産を持つコンソリデーテッド亜鉛コーポレーションは，国際化を目指し，クイーンズランド北部のボーキサイト層を採掘する資金を必要としていた。リオ・ティント亜鉛会社（RTZ）が1962年に設立され，ダンカンは翌年，同社の会長兼CEOに就任し，同時に，オーストラリアの事業を監督するオーストラリア合同リオティント社（CRA）を新たに設立した。RTZは，カナダの高級鉄鋼メーカー，米国の工業原料会社，英国の錫精錬会社とアルミニウムメーカーを買収した。採掘事業への投資により，カナダ（ローネックス・コッパー）とナミビア（ロッシング・ウラニウム）の大規模鉱山を取得するとともに，またCRAを通して，オーストラリアとパプアニューギニアの重要なプロジェクトに参加した。RTZは，商業的開発に対する責任をその国を本拠とする企業に移譲することで，自社の成長の組織的限界を克服した。具体的には，オーストラリア側の事業と世界各地の資産については，ロンドンのオフィスが監督をするものの，自主的に運営された。また，1970年代初めまでに，親会社の本社はグループへのサービスの提供，主要な戦略面，財務面の決定，トップ人事の任命だけに専念するようになっていた。RTZは，技術的専門知識と，長期にわたる資本集約型企業の資金調達の経験を持ち，地理的，地質学的に多様性を有するグローバル企業と自認していた。[46]

イランで民主的に選出されたムハマンド・モサデク首相がアングロ＝イラン石油会社（AIOC）を国有化したことを受け，英国政府と米国政府は1953年，同首相に対するクーデターを画策し，成功させた。それにもかかわらず，AIOCは同国の石油資産に対する支配権を国際コンソーシアムに譲り渡し，翌年，ブリティッシュ・ペトロリアム（BP）として生まれ変わることを余儀なくされた。同社は全世界で原油資源を探し始め，ヨーロッパ，オーストラリア，アデンに製油所を設立し，英国第2位の化学製品メーカーへと成長した。国際事業の中央集権化と一元化を進め，川上にある中東での生産と，川下にある西欧の主な市場との調整を図った[47]。米国での存在感のなさが，同社の戦略上の弱点であった。北海でガスを発見するとともに，同社は1969年に米国最大の油田があるアラスカ州プルード湾に会社を置き，その結果，東海岸のアトランティック・リッチフィールド社の精製・流通事業の買収を皮切りに全国に広がっていった。次に，同社はプルード湾油田のリース権とアトランティック・リッチフィールド社を，原油資源を必要としていたオハイオ・スタンダード石油会社（Sohio）に譲渡し，その代わりに同社の株式25％を取得した。プルード湾油田の産出量が増えるなか，BPは1978年までにSohioの過半数の株式を取得することができた。これで，反トラストによる影響と，利益相反で少数株主から訴訟を起こされるリスクを回避した。

1970年代，石油危機が影を落とすなか，BPは米国，オーストラリア，南アフリカの採炭業に進出し（いずれも，後に売却），また欧州でもユニオン・カーバイド社とモンサント社の資産を取得して，化学製品産業での自らの地位の強化を図った（これらの買収も，世界的な経済情勢により採算ベースに乗せられなかった）(Bamberg, 1994)。イランにおけるAIOP/BPと同様，ビルマ石油も，国際的な出来事により，最初に設立した主たる事業拠点を失った。同社は第2次大戦中，日本軍が侵攻するなか，ビルマの施設を破壊したが，最終的に連合軍が勝利したため，ビルマに戻ることができた。しかし，同国が1948年に独立を果たし，経済で現地優先を目指したことで，ビルマ石油は段階的な撤退に向けた作業を開始し，1963年までには完全に撤退した。ビルマ石油は，米国，カナダおよびオーストラリアを含むその他の場所で探査を行う以外に選択肢がなかった。もう1つの結果は，1960年代の多角化であった。これは英国の小売チェーンの買収や1965年のカストロール石油ブランドのきわめて重要な買収を通じて行われた（Corley, 1986; Myint-U, 2001）。

有名な英蘭企業であるシェルおよびユニリーバの2社はロンドンとオランダにおける2本部制を継続した。第2次大戦の日本によるオランダ領東インド諸島の占領，およびドイツによるオランダおよびヨーロッパの多くの地域の占領により，シェルの商業的な基盤は完全に破壊された。米国にある子会社，シェル石油は，中南米での埋蔵量の探査を継続し，航空燃料，合成ゴムおよび触媒分解の技術的リーダーであるとの評価を得ていた。シェル石油は，最高レベルの自治をもって運営されたが，1949年には，多国籍企業である親会社は自社の大規模事業の全てを米国に置き，自社管理下に置いた。この子会社は，自社を米国企業だと積極的に宣伝し，次第に現地人による管理が進み，自らの投資のための資金調達をし，自らの研究能力を構築していった。自らの米国の企業としての存在が受け入れられることによって，石油精製所およびその他の工場を建設する妨げとなっていた州レベルでの外国人による土地保有禁止を撤回させ，船会社の外国人所有に関する連邦法を回避した。ロイヤル・ダッチ・シェル株は1954年ニューヨーク株式市場を通じて売り出され，親会社が65%の持ち分を保有するシェル石油はグループ利益の25〜33%を生み出し始めた。

この多国籍企業は，1959年に，地域ごとに分権管理を行う組織改革を行い，各国の運営会社に大きな権限を与えた。しかし，米国外の会社ではライン部門管理を支援するために，4つのグローバル・セントラル・サービス会社を設立した。1950年代と1960年代はシェルにとって黄金の時代であり，北海，フローニンゲン沖，およびオーストラリアで大規模な発見をした。シェルは探査と流通事業に加え，シェル化学コーポレーションを有していた。同社は，オランダと英国の2つの本拠地に加え，カナダ，フランス，ドイツおよび米国工場を所有していた（Sluyterman, Jonker, Howarth and Van Zanden, 2007; Vickers, 2005）[48]。

第2次大戦により市場が著しく分裂した生活用品会社ユニリーバの社長として，ポール・ライケンスの当面の課題は自らの大規模事業を再結合させ再建することであったが，東欧および中国での事業は恒久的に失われることになった。米国当局は1946年にリプトン社の支配権を返還したが，その運営はユニリーバから独立したままであった。米国では，この多国籍企業は化粧品とシャンプーの会社を加えたが，P&Gとの競争は成功を遮る高い障壁となった。ユニリーバがマーガリン，メープルシロップ，植物性ショートニング以外の分野に，そのブランドを導入しようとする後の試みは成功しなかった。リプトンは1950年代から1960年代にかけて，ペットフード，サラダドレッシング，アイスクリーム等の分野の企業を成長の手段として買収した。ユニリーバは，1948年までに50カ国で約400社を所有していた。各国の経営陣は，一般的には，1950年代に，製品間の調整や，ブランドの激増阻止の試みに抵抗することができた。同社は，戦後の成長と消費の急増から利益を得たが，1955年あたりから収益の低下と競争の激化により新たな問題が生じた。

ライケンスは，戦時中をロンドンで過ごした。彼は会社に残された問題に取り組むだけでだけでなく，オランダ自由政府によって復興委員会の議長に任命された。同委員会の報告書は，米国とオランダの緊密な関係のメリットを強調し，世界貿易の自由化を支援した。1949年に生まれたドイツ市場の再開も想定されており，ヨーロッパのいっそう緊密な政治同盟を擁護する議論がなされた。ライケンスは，オランダのベルンハルト皇太子とベルギーのベルン・ツェーランド首相と共にビルダーバーグ・グループの創設に尽力した。その設立目的は，きわめて汎大西洋主義的なものであった。戦後の現実に対処するために，自由貿易と交換可能通貨統合という戦後の国際的理念は一時的に放棄され，米国の関心はヨーロッパから，国内問題やアジアの共産化の脅威へと移行した。ベルンハルト皇太子は，CIA長官のウォルター・ベデル・スミスの助けを借りて，アイゼンハワー政権に続いてバローズ社のジョン・S. コールマンなどのビジネスマンから間接的な支持を得た。最初の会議は1954年にアルンヘム近郊の地名から名付けられたホテル・デ・ビルダーバーグで開催され，政財界のリーダーが集まった。その後の会議はフォード財団によって資金が提供され，選出された政治家に対する多国籍企業の影響について疑惑が巻き起こった。参加者は会議を非公開で行うことにより，参加者間の開かれた議論が可能になると考えたが，非公開を主張したことによって，彼らは企業や秘密主義者等が牛耳る隠された世界政府の存在を恐れる陰謀論者たちに格好の攻撃材料を提供した。

1955年までに，ユニリーバの売上高の約60%はヨーロッパであったが，1959年に競争が激化し利益が減少したため，同社は買収戦略に着手した。同社はヨーロッパと北米で主に食品会社や化学会社を買収し，1968年までに60カ国に500社の子会社を有するコングロマリットになった。しかし，業績が伸び悩んだ多くの新規買収企業は再売却された。業績を向上させる手段の1つとしてサイエンス分野への投資があった。1970年までにユニリーバは，それぞれ独自の研究分野を持つ研究所を世界に11カ所設立した。それらは，ニュージャージー州とムンバイの研究所を除いてヨーロッパに存在した。同社の石鹸や洗剤は，長い間P&Gの競合製品に劣っていると思われていた。ユニリーバの国内志向の子会社は，国内消費者の嗜好や態度に応える絶好の位置に付けていたが，ヨーロッパ共同市場時代にその組織は過去の遺物のように見えていた。コンサルティング会社のマッキンゼーによる1971年の報告書によって，ヨーロッパ全体の合理化はもたらされたが，それは非常に遅いペースであった。米国では，事業全体が赤字であったため，親会社の支配力は弱まった。ユニリーバのヨーロッパへの依存度は高まり，1980年までに利益の70%を生み出すまでに達していた（Jones, 2005）[49]。

1947年には，オランダによるFDIの半分近くが，後のインドネシアに向けられており，これらの資産は1957年に国有化された。この時点から海外向け投資の大半が欧州共同体に向けられ，米国が占める割合が大きくなっていった。経済規模は小さいが貯蓄率が高いオランダは，海外投資と貿易に目を向けており，1967年のFDI資産はGDPの33%に達していた。一方，英国のGDPに対するFDI資産の割合は15%，米国は7%，経済規模の小さいスイスは10%，スウェーデンは6%であった。オランダの多国籍企業は，1975年までに人材の約75%を海外で雇用していた。世界最大の企業の1つであるシェルに見られるように，オランダの多国籍活動の大半が，採取産業におけるものであった。それは，1975年には資産で見て，同国のFDIの47%を占めた。それに対して米国や英国の割合は26〜27%であった。

オランダは英蘭系のロイヤル・ダッチ・シェルとユニリーバに加え，フィリップスと化学製品メーカーのAKU（現AKSO）という重要な多国籍企業4社の本拠地であると主張している。1974年までに，海外投資額の多い上位3社であるシェル，ユニリーバ，フィリップスだけで，海外投資の69%を占めた。上位6社では83%を占める（Wilkins, 2005）。米国におけるオランダのFDI資産の割合は，1950年から1970年に11%から16%へと増加したが，シェルとAKUが中心的役割を果たした。そして，1980年までには石油化学業界はオランダの全FDIの51%を占めていた（Gales and Sluyterman, 1993）。1980年までに，同国のFDIの多くは，ヨーロッパ共同体（48%），米国（19%），他の先進諸国と日本（17%），および発展途上地域（16%）であった（Sluyterman, 2003；Schroter, 2005）。

フィリップスは，戦前から始めていた国際ビジネスを再構築する必要があった。GEはフィリップスから投資を引き揚げたが，北米のフィリップスはGEおよびRCAとの直接競合を避けるために，引き続き中核以外の製品に投資を行った。アイントホーフェンの本社は，研究，製品開発，グローバル物流を統制したが，現地子会社はもっと自由に生産を行えた。同社は，成功を収めたコンパクトオーディオカセット（1963年発売）やビデオレコーダー（1972年に発売されたが，製品は業界標準にならなかった）などの新製品に幅広く投資した。EECの出現によって海外子会社の自治が損なわれ，国際生産センターは1960年代に，国境をまたいだ統合をより強化しようと試みた。研究開発は本社と分離し，フィリップスはヨーロッパと米国に8つの研究所を設立した。同社はR&D部門の約3分の1を海外に配置した（これはスイスのネスレやスウェーデンのSKFなど，小国の大手多国籍企業とほぼ同じ割合である）[50]。しかしフィリップスは，高品質低価格の日本の輸入品には対抗できず，1970年代には工場の閉鎖と再編に着手した（Schroter, 2005）。

AKUはオランダとドイツの両方に起源を持つために，その事業の一部が敵国の財産とみなされ補償の請求の対象となる可能性があり，米国において複雑な法的手続きに対応する必要があった。同社は，米英両国でエンカ社の支配権を取り戻したが，元パートナーである合同グランツシュトッフ社に関連する子会社は失った。AKUは合成繊維へ多角化し，ヨーロッパ，米国，オーストラリア，南米そしてインドにおいて完全所有もしくは合弁事業の子会社を設立した。オルガノン社は，1948年にニュージャージー州にあるホフマン・ラ・ロシュ社との合弁事業を終了し，独自の子会社を設置した。そして，1953年に，この会社は続いて米国の大手企業であるインターナショナル・ソルト社を買い足しKZOとなった。AKUは，1969年に化学製品，医薬品，石鹸，洗剤メーカーのKZOと合併しAKZOを設立した。新会社は，自社商品には強固な国民性が重要だと認識したため，それぞれの国ごとの企業を維持することを選んだ。1972年から，共同市場内で競争が激化し，石油価格も高騰し，また東アジアからの新たなライバルの出現に直面したため，AKZOはオランダでの工場閉鎖を発表し，地元および労働組合と対立した。

オチェ・ヴァン・デル・グリンテン社は複写用紙技術のライセンス供与政策を放棄し，1958年ドイツに初の海外子会社を設立し，この手法をノルウェー，イタリアおよびデンマークで繰り返した（Sluyterman, 2003）。ハイネケン社は，1949年から1962年までにナイジェリアに醸造所を4カ所設立することでギネスに追いつこうとし，1958年から1972年には，これに加えてアフリカ8カ国で生産を開始した。すでに同社は，オランダでもう1つ重要な製造会社アムステルを買収していたが，1970年アイルランドのコークを本拠地とするスタウトビールの製造会社ジェイムズ・J. マーフィー社をも買収した。[51]

ヨーロッパと小規模経済国

英国を除く西欧諸国は1960年までにFDIストック全体の約4分の1を占めると言えるまでになり，その状態は1980年においても維持されていた（表4-4，4-9，4-10）。ヨーロッパの多国籍企業の多くは，投資と事業展開が域内に集中しており，米国のライバル企業に比べるとグローバル化が進んでおらず，特定の産業に属する大企業が欧州企業の全体のFDIのかなり高い割合を占めていた。オランダの多国籍企業は，英国の多国籍企業と同様，他のヨーロッパ企業と比較してより国際的な広がりを持ち，東南アジアからヨーロッパへの志向を強めていた。1960年にはEFTAの創設メンバーであり，EECの加盟国とはならなかった小規模経済国のスイスとスウェーデンがこの地域に大規模な投資を行った。小規模経

表 4-9　フランス，ドイツ，オランダの産業別対外FDIストックの割合

	第1次産業	第2次産業	第3次産業
フランス（1975年）	22.1%	38.2%	39.7%
ドイツ（1976年）	4.5%	48.3%	53.7%
オランダ（1975年）	46.8%	38.6%	14.6%

（出所） Schroter（2005）.

表 4-10　1960～74年のスウェーデン多国籍企業が保有するFDI資産の割合

	1960年	1974年
ヨーロッパ	68%	77%
EEC	46%	44%
北米	12%	8%
オーストラリア，アフリカ，ラテンアメリカ	17%	20%

（出所） Schroter（2005）.

済国に起源を持つ野心的な企業は，一言で言えば「生まれながらの国際企業」で外向きの傾向があった。小国からのFDIは，自らが競争力をもついくつかの業界に集中していた。シェル，ユニリーバ，フィリップスといった巨大企業を有するオランダは，スイスやスウェーデンと同様に，国際化の進んだ古典的なケースであった（Schroter, 1993）。

西ヨーロッパの消費者が生活水準の高まりを享受する中で，ネスレは1960年に英国の食品メーカーであるクロス・アンド・ブラックウェル社を買収し，拡大路線の時期を迎えた。当初は，この確立されたブランドの世界的な展開を計画したが，英国の事業は，米国の多国籍企業H. J. ハインツに対抗できないままだった。ネスレは1963年にフィンダスを買収したが，期待通りの成果を上げられず，ドイツ，イタリア，オーストラリアの冷凍食品事業をユニリーバに売却した。ネスレは1974年にロレアルのフランス人相続人リリアンヌ・ベタンクールと株式を交換し，ロレアルの二重の管理を行ない，食品事業からの多角化を図った。1970年にはネスレの売上高の40%はヨーロッパで占められていたが，対して北米では24%であった。ネスレは1971年から1979年にかけて，米国での買収の機会を得た。これには，果物缶詰と野菜ジュースメーカーのリビー社，冷凍食品メーカーのストーファー社，化学メーカーのナショナル・スターチ社，眼科用製品メーカーのアルコン・ラボラトリーズ社およびバートン＝パーソンズといった企業が含まれていた。ネスレは幅広い商業活動を行っているが，一般の人々にはスイスの秘密主義的規制環境から経営を行う，非倫理的な多国籍企業というイメー

ジを思い起こさせる，1つの論争と結び付けられることがよくある。ネスレが水質の汚染されている可能性のある発展途上国で行った赤ちゃん用ミルクの販売促進によって，乳児の死亡事故や健康上の問題が発生し，同社製品の世界的なボイコットに発展した（Heer, 1966, 1991; Harrison and George, 1983）[52]。トブラー・チョコレートは，ドイツ（1951年）と英国（1967年）という巨大市場に進出し，1970年にヤコブス・スシャールと共にインターフードを設立した。その後同社は，デンマーク，フランスそしてカナダの企業を買収した[53]。

米国の法的圧力を察知したチバ，ガイギー，そしてサンドといった化学メーカーは，1950年にカルテルを終了させ，代わりに競争力のあるFDIに頼った。ガイギーとチバは高度に多角化して，医薬品，染料，石油，化学製品，プラスチック，農業用化学製品を製造していた。そして両社は，ドイツでの生産と，ペルシア湾で新たな石油産業を取り戻すには協力が必要であると信じていた。両社はニュージャージー州に共同の工場を建設することから始めた。ガイギーは，農薬に競争優位があり，マーケティングとマネジメントの現代的アプローチを取っていたが，チバは合成樹脂，石油化学製品，研究開発に優位を有していた。米連邦検察当局との合併訴訟に勝つために，ガイギーは米国の染料工場を売却し，チバは医薬品部門を売却した。この手続きは1970年に最終的に終了し，新企業はヨーロッパ，北米，ブラジルで大規模な工場を操業した（Enri, 1979; Taylor and Sudnik, 1984）[54]。主にスイスと英国で事業を展開していたサンド社は，戦後の需要の伸びに追いつくために苦労していたが，1964年に染料，医薬品，化学製品の3部門に事業を再編した。また同社は，心理療法に用いる幻覚剤の研究においていくつかの躍進を遂げていたが，LSDが違法になったことによりこの研究を中断した。この決定にもかかわらず，サンド社は「酸性薬剤」を発明した会社のままだった。スイスの競合企業との合併や製品ラインの多様化のほか，同社は1977年にローヌ＝プーランとの合弁事業を通じて医療用品事業に着手した[55]。

1960年には，スウェーデンの多国籍企業は同国の製造業の4分の3を支配し，輸出の半分を担い，国内労働力の半分を雇用した。機械生産はFDI資産の50%，電気機械はさらに18%を占め，両業界での成功はエンジニアリングに関するノウハウ，大学の支援，労働者の高いスキルそして現地鉄鉱石へのアクセスに依存していた。スウェーデンの多国籍企業は，買収を通じて小規模な国内経済を超えて急速に拡大する傾向があり，その子会社は欧州の関税障壁を超えるために存在した。1960年代には，スウェーデン企業の米国内でのプレゼンスは低下したが，ヨーロッパ内での地位は強化された。しかし，EFTAとEEC加盟国が自由貿易圏を設立した1972年にはスウェーデンのFDIは大幅に減少した。サーブ社は海外製造工場の設立を控えたが，一方でボルボ社は，1963年にノバスコシア州ハリファックスに北米市場へ製品を供給するための工場を開設した。そこでは，車のサイズ（米国の自動車に比べて小さい）や平凡な外観が顧客に受け入れられることはなかった。スウェーデン政府がEECに加盟しないことを決めたとき，サーブは輸入税を避けるためにベルギーにトラック組立工場と自動車組立工場をすぐに建設した。

海外での急速な成長を維持するために，ボルボは1972年にオランダ企業DAFの株式を購入し，1979年にはボルボの株式の9.9%を購入したルノーと戦略的提携を行った（Dymock, 1997）[56]。エリクソン社は，1970年までに海外の子会社21社を保有していた。その大半はヨーロッパにあったが，ブラジル，メキシコ，オーストラリアでも，電話機を製造していた。エリクソンは，ライセンス供与のリスクと技術知識漏えいへの対策のため経営権の完全な支配を優先したが，各国の子会社が自立的に運営されていたため，親会社との国際的な調整は個人的つながりや人事異動に依存していた[57]。エレクトロラックス社は，より大きなAEGやフィリップスとの競争に欠かせない戦略として，海外展開を再開した。エレクトロラックスは，1960年代には，近隣諸国のノルウェーのストーブメーカーのエレクトラ社と，デンマークの白物家電メーカーのアトラス社を初めに買収した。その後同社は，1969年に英国のフライモの芝刈り機事業を，1974年に米国の掃除機メーカーのエウレカを買収した。同社は，国内の買収企業を統合し，海外での買収を行うことで技術とスキルを取得し，市場シェアの拡大を図った。またスウェーデンでクレフト＆ジーガス社を買収したことにより，冷蔵庫の世界的なブランドリーダーになることができた[58]。

第２次大戦前に，ABセパレータ（ABS）は乳製品製造機械および関連技術の世界的な製造業者であったが，現地での対立関係によって事実上海外事業を切り離した。例えば，米国政府はABSの子会社であったラバルコ社に海軍向けの油分離器の製造を命じた。1950年代，ABSはプレート式熱交換器の開発を先駆けて行い，食品や飲料製造，セルロース，その後は化学製品や海洋事業において躍進を遂げた。技術の進歩によって，ABS（1963年に社名をアルファ＝ラベルに変更）の急速な国際的拡大が可能となった。そこで，ABSはフランス（1947年），イタリア（1950年），ベルギー（1952年），スイス（1960年）そしてオランダ（1974年）に新しい子会社を設立した。また食肉製造プロジェクトを立ち上げることで成長し，スペイン（1966年）とドイツ（1978年）で多角化も進めた。メルボルンでは分離器メーカーを買収した（1968年）。米国ではラバルコを通じて6社を買収し，ニュージャージー州に工場を建設した（1963～70年）。ABSは南米でも成長を続け，アジア全体で存在感を高めた。[59]

SKFもまた，1953年に高精密機械工学の進歩を含め，その技術的優位を活用した。同社は，ドイツやフランスで工場や事業を再建しなければならなかった。そして，スペイン，カナダ，オランダで事業を拡大した。同社は，ブラジル政府とインド政府の要請に応じて両国に工場を建設し，成長を続ける繊維および自動車部門に製品を供給した。1972年のEEC-EFTA協定によって，日本からの自動車用ベアリングの輸入と競争の高まりに直面する中で，懸念材料となっていたSKFの費用が低減された。規模の経済を達成するために，SKFは特定の製品の生産をそれぞれ別の工場に集中し，ヨーロッパを単一の市場として扱っていた。それは各国の子会社の構造を解体し，それを事業部に置き換えた。リードベアリングと精密工具事業部は，フランスの航空宇宙産業の活性化に貢献した。切削・工作機械事業部は急速に成長し，スウェーデンと英国のライバル企業を買収した。その他に鉄鋼製品事業部，SKFインダストリーズ（米国，カナダ，メキシコ），および海外部門（北米以外の子会社を担当）があった。

英国に研究開発を集中させているアルファ＝ラバル社とは異なり，SKFは，研究，生産，マーケティングを国際的に統合し，生産コストを抑えて日本のライバルより先行することを目的に，スウェーデンにエンジニアリング＆リサーチセンターを建設した。ABアトラス社は，1955年にベルギーの子会社と合併して，アトラス・コプコ社を設立した。同社は1980年代初めには，コンプレッサー，鉱山業建設機器，および自動産業機器の技術的専門知識を生かし，ヨーロッパ，ラテンアメリカ，インドに46の工場を所有していた（Fritz and Karlsson, 2007）。この期間にノルウェー企業によるFDIはわずかしかなかった。ダイノ・インダストリー社は1971年から1972年にかけて，英国，デンマーク，フィンランドにおいて接着剤メーカー，プラスチックメーカー，塗料メーカーを買収し，ボレガード社はブラジルにパルプ工場を設立した。[60]

スイスで登記されているエレクトロバンク社（AEGとのパートナーシップ）とインデレック（シーメンスとのパートナーシップ）は，1945年から47年に海外電気事業の資金援助と運営から撤退し，金融事業をそれぞれクレディ・スイスとスイス銀行（SBC）に移した後，1951年に解散した。戦時中にニューヨークに引き揚げたソフィナ社は，国際的な公益事業への関与から離れたが，投資持株会社として残っていた。フランスが1946年に電力部門を国営化したとき，スイスとベルギーのグループは補償を求めた。そして，戦後の数十年を通して，公共部門で事業活動をしている企業は次第に公益事業へのFDIを行わないようになった。ソフィナは1945年にバルセロナ市街電鉄・電灯・電力会社（BTLP）を所有し，クレディ・スイスなどのスイスの投資会社と共に，スペインとアルゼンチンで事業を行っていたイスパノ＝アメリカーナ電力会社（CHADE）を所有した。CHADEに対する政府の圧力に懸念を抱いたソフィナは，CHADEの登記を，スペインからソフィーナとクレディ・スイスが支配するルクセンブルグの企業に付け替え，SHADEは正式に清算された。さらに，フランコ将軍の友人フアン・マルシュは，BTLPとその子会社であるエブロ灌漑・電力会社を安価で買収しつつあったし，1948～52年にはスペイン国内の発電利権の20％以上を勝ち取るべく敵対的買収を画策した。裁判所は厳密な法的解釈によりBTLPに破産宣告を行ったが，BTLPが正式に登記されているベルギーと，ソフィナが戦後も依然として登記されていた米国から抗議が届いた。同社はさらにハーグの国際司法裁判所に訴えたが，効果的な救済は容易には得られなかった。[61]

ARBEDは，戦後数十年ルクセンブルグ経済に影響を与え続け，国内では「栄光の30年間」と呼ばれた。1962年以降，ARBEDはベルギーの船舶用鉄鋼プロジェクトの主要パートナーであり，1970年代にはブラジル，米国，韓国の鉱業および鉄鋼プロジェクトに参入した。1970年代の終わりには，同社はルクセンブルクのGDPの約4分の1を占めた。ルクセンブルグとベルギーの海外子会社を有する4社の企業の所有権を持っていた金融会社でありコングロマリットであるベルギー・ソシエテ・ジェネラル社（SGB）とARBEDは，いくつかの大きなプロジェクトを手がけ，1966年に所有する鉱山が国有化されるまで，コンゴの経済に対して圧倒的影響力を及ぼした（Franko, 1976）。

ヨーロッパの多国籍企業の復帰

第2次大戦後のヨーロッパ各国政府にとって主な関心事は，ヨーロッパ大陸の復興であり，企業にとっての関心事は自らの回復であり，国際的な拡大ではなかった。長期的な課題は，米国企業の技術革新と組織革新を活用して，それらがもたらしていた生産性のギャップを埋めることであった。そして政策としては，各国政府は必要に応じて，自国経済の基礎と認識されている産業をしばしば支援した。フランスは1945年に鉄鋼，石炭および電力を国有化し，電子機器と航空を含む特定の高い成長と技術分野の計画と支援を行うために銀行を買収した。公的管理下に置かれた唯一の自動車メーカーはルノーであり，それはオーナーがナチ

表 4-11　1961～75年のドイツ企業による対内FDIの産業別割合

	1961年	1975年
化学製品	18.0%	15.0%
エレクトロニクスと電気	14.0%	10.6%
自動車および輸送機器	7.5%	6.7%
機械	6.2%	7.4%

（出所） Schroter（2005）.

スの占領体制に協力したことに対する制裁としてなされた。1960年代以前には，フランスとドイツの製造業者はFDIをほとんど行わず，成長する世界貿易と欧州経済統合の利益を得るための輸出に頼っていた（Jones, 1996）。

経済再生が軌道に乗り，ひとたび通貨規制が解除されると，企業はヨーロッパ経済共同体および欧州全般への投資に目を向けるようになった。1960年代のヨーロッパ大陸出自の企業の国際的成長は著しく，フランス，ドイツ，オランダおよびベルギーの多国籍企業はすべて，海外の子会社数を倍増させた。同様の成功を主張できたのは，日本だけであった。1970年の85社への調査を通じて分かったことは，ヨーロッパ経済共同体の主要6カ国出自の69社が，欧州経済共同体内に600の子会社を持っていることであった。概して，欧州の政府は欧州内の国々からの投資を歓迎した。というのは，彼らの姿勢が経済・地域同盟の精神に馴染むことに加えて，競争をリードしグローバルな関心を持つ米国多国籍企業はヨーロッパの同業企業よりもいっそう脅威であったからである。1970年にヨーロッパ大陸に本拠を持つ85社の多国籍企業のうち29社はドイツ企業，そして21社はフランス企業であった。それにもかかわらず，対外FDIはドイツのGDPのわずかな割合でしかなく，1967年にはたった1.6%であった。一方フランスは7.0%で，その割合はスウェーデンより高く，スイスよりは低いが，スイスは国内経済規模が小さいため国外に目を向けた企業が多かった（Schroter, 2005）。

フランスとドイツは共に，互いの多国籍企業にとって最も重要な投資先であった（Franko, 1976）。製造業に極端に偏ったドイツの多国籍企業と異なり（表4-11），オランダと同様に，フランスの対外FDIは大部分が天然資源に向けられた（Jones, 1996）。また，フランスのFDIの増加はオランダからのFDIの跡を追うものであり，1960年以前には1939年以前の水準を超えていた（Casson, 1983）。フランスは，その後10年にわたって，比較的小さな家族経営の企業を改革し，高度な技術や方法を有するチャンピオン企業を作ることを意図して，国家主導の産業政策に着手した。フランスは1965年にゼネラル・エレクトリックがマシーン・

ブル社を買収することを阻止し，地元の買い手を探すことを認める監視手続きによって，すべての外国企業の買収を事実上禁止した（Gillespie, 1972）。フランスは米国多国籍企業の優越的立場と同時に，余剰人員の解雇と大衆の不満を引き起こす可能性のある外国企業による買収を恐れ，エレクトロニクス，コンピュータ，航空宇宙，原子力分野の変革を目指した。防衛企業，農業，道路および海上輸送，航空機製造，保険および出版業における外国人所有は禁止されたが，これらの規制は1980年までにヨーロッパ連合の投資家のために緩和されることになっていた（Safarian, 1993）。

ルノーは1951年に海外での機会を探しはじめ，バリャドリード自動車製造会社（FASA）の少数株を手に入れた。この年，FASAはそのフランス企業ルノーの自動車をライセンス供与により生産した。その後，1965年にルノーが株式の49.9%を取得したとき，このスペインの会社をFASAルノーに名称変更し，11年後には過半数の株を取得した。1979年にペンシルバニア州のマック・トラック有限会社への実質的な出資を開始したが，生産およびアフターサービスが劣っていたため，自国での早急な対策が必要となった（Jones and Galvez-Munoz, 2001）[62]。一般に，フランスの自動車メーカーは米国への輸出には成功していたが，FDIによる現地生産への転換はうまくいかなかった。シトロエンは，世界市場における1つのセールスポイントを有していた。つまり，伝説的に有名な低価格車ドゥシュボー（2CV）で，独特のデザインから「1つの傘の下の4輪」と呼ばれている。シトロエンは，輸入税によって保護された市場で前進するために，1958年にビーゴにイスパニア・シトロエン社を開設して2CVバンを製造し，1964年にはポルトガルでも2CV車によるこの戦略を繰り返した。同社は1960年から1964年の間に，様々な場所でこのユニークな車の組立工場を建設した。たとえば，ユーゴスラビアのトモス工場，マダガスカルでの合弁企業やチリの全額出資工場などがある。シトロエンは高級車メーカーのマセラッティ社を1968年に買収し，技術や設計を手に入れようとした。

しかし，1974年，オイルショックの影響でシトロエンが破産し，フランス政府はその所有者であるミシュランに対して同社をプジョーに売却するよう説得した。その結果，PSAプジョー・シトロエンが，1976年に設立された。PSAプジョー・シトロエンは2年もたたないうちにヨーロッパ・クライスラーを買収し，すぐに英国とスペインへと国際事業を拡大して，新たに買収した会社のためにタルボ・ブランドを復活させたが，これは一時的な失敗に終った。一方，プジョー・シトロエンはマセラッティを傘下に収め続けることに意義を見出さなかったので，アルゼンチンの元F1ドライバーが創設したレーシングカー会社のデ・トマソ・インダストリーズに売却した。その全プロセスは，フィアットがマセラッティを1989年に買収するまで，イタリア政府の資金によって下支えする必要があった（Gallard, 2004)。ラジアルタイヤとそれによる技術優位を再確立した同族経営のミシュランは，1945年以降イタリア，ドイツ，英国などヨーロッパ中で工場を再建したり新設したりしており，1960年代にはナイジェリア，アルジェリア，ベトナムに進出する準備ができていた。次の10年間で，ミシュランは競争の激しい米国市場での輸出を伸ばしたので，サウスカロライナ州に工場を建設した。続いてカナダとブラジルに進出することによって，1980年代までには同社はグットイヤーに次ぐ世界第2位のタイヤメーカーに成長した。[63]

サン・ゴバン社は，ガラス，紙，化学製品分野に携わっており，西ヨーロッパと北ヨーロッパで企業を買収したり，自社工場を建設していた。1954年に米国サン・ゴバンが生まれたが，ピルキントンのフロートガラス製法によって，古い技術と研磨工程を使用する工場での投資が無意味になった。海外事業を担うサン・ゴバン・インターナショナル社は，スイスのフリブールにあり，1969年までに12カ国の143工場を統括していた（L. Turner, 1970)。ブソワ・スション・ヌベスル（BSN）グループは，1970年にドイツでフラットガラス工場を設立し，1972年にベルギーで同様の工場を設立した。興味深いことに，翌年，同社はヨーグルトとチーズを製造しているジェルベ・ダノン社と合併した。新会社はスペインの天然水販売会社やオランダ，スペイン，イタリアのビール会社を買収した。[64]

AFCは1947年から48年にかけてアルゼンチンとブラジルのアルミニウム製造工場の株式を取得し，アルミニウム，電熱化学，化学製品および鉱業製品を扱う4つの部門に再編成した2年後の1950年に，正式にペシネーとなった。同社は海外にエネルギーの原材料の新たな供給源を見つけ，その非鉄部門を統合する戦略に着手した。様々な問題を抱えつつある多国籍企業にとって，それは非常に重要なものとなった。ペシネーは，1954年にカメルーンにアルミニウム工場を，1960年にはギニアにもう1つの工場を設立した。同社は，国際的な技術支援企業として発展し，非同盟国であるユーゴスラビア，インドそしてソ連にサービスを提供した。開発途上国や鉄のカーテンのむこうでの活動と並行して，ペシネーは1962年に米国のハウ・サウンド社を買収したが，この会社はその後アルミニウムとタービンの事業に分割された。またペシネーはグラッドストーン社が所有するオーストラリアのアルミニウム会社を買収した。この会社は，アルミナからアルミニウムまで一貫工程の工場を1966年にギリシャに建設した。その後5年間をかけてオランダにアルミニウム工場を開設した。ペシネーは政府の支援する合併の一環としてユジーヌ＝クールマンと合併し，PUKを設立した。これは，補完的な活動を備えた巨大企業の創出によって，米国からの競争と欧州の統合という課題に対処することを意図した，政府支援による合併の一部であった。鉱業，化学製品，核エネルギー，医薬品そして貿易に関与するPUKは，フランスの最初の産業グループに位置付けられたが，いくつかの工場を閉鎖したにもかかわらず1970年代まで損失は続いた（Franko, 1976）。[65]

ヨーロッパ内の統合の1つの事例であるシュナイダー社は，1969年にベルギーの同族企業であるアンパン社と持株会社を設立した。その結果，シュナイダーは世界でも有数の重工業，エンジニアリングおよびインフラストラクチャー企業の1つとなった。さらに，同社は大規模な設備および特殊鋼メーカーであるクルーゾ＝ロワールを支配していた。シュナイダーのCEOであるエドゥアール＝ジャン・アンパン男爵は，1978年に自称左翼ゲリラによってパリの自宅から誘拐されたことで知られているが，1980年までに彼の一族はこの企業グループの株を売却していた。シュルンベルジェは，戦争によってばらばらにされた事業を，節税目的で1956年にオランダ領アンティル諸島に正式に登記し，ヒューストンに事業本部を持ち続けた。その技術力のおかげでドゥウェル・シュルンベルジェ（油田企業にサービスと助言を提供するダウとの合弁企業）とデイストローム（国防総省に電子機器を供給する自社の2倍の規模の企業を買収）と共に，米国での業績を回復させることができた。シュルンベルジェはまた，石油探査・掘削会社と，フランスや英国のエレクトロニクス会社を買収して多角化した。1979年のフェアチャイルド・セミコンダクター社の買収の決定は，メーカーとして，またサービス企業として，ハイテク事業に対する意欲を示すものだったが，同社への関与は短命に終わった。[66]

おそらく，欧州統合の最も有名な例は，エアバス・インダストリー・コンソーシアムである。第2次大戦の勃発からボーイング，マクドネル・ダグラス，ロッキードが率いてきた高度に組織化され収益性の高い米国の航空産業に対抗するための共同所有の例であった。長い交渉の後，1970年に設立されたエアバス・インダストリー社は，フランスの政府所有のアエロスパシアル社とドイチェ・エアバス社（ドイツの5社から構成され，その後のダイムラー・ベンツ・グループの一部になる）に支えられた。ホーカー＝シドレー社（のちにブリティッシュ・エアロスペースに買収された）が，主要株主であった。他の参加企業は，オランダのフォッカーVFW社とコンストルクシオネス・エアロスパシアル社（CASA）であった。

エアバスは他の多国籍企業と同様，複数の国で事業を行うことが特徴であったが，官民の複雑な融合から成り立つパートナーシップという点が他とは異なり，航空機の生産がメンバー企業間で分担されていたために，高度に統合の進んだ国境をまたぐ生産の一例を示した。[67]

第2次大戦で，ドイツの化学・医薬品メーカーは大きな損害を受け，海外子会社や特許権を失った。米国では，スターリング・ドラッグ社が，バイエルの商標およびアスピリンの販売権を獲得した。第2次大戦の歴史的遺産のその他の影響としては，カルテルの再結成を防止するための独占禁止法と開かれた市場主導型経済であった。それは一方で行き届いた福祉のための制度と包括的な機関を持つものであったが。西ドイツ政府は，フランスほどは産業計画を志向していなかったが，1950年代には戦後のエネルギー安全保障への懸念を反映して，石油をまさに戦略産業とみなした。次に，経済の復興と未来に結びついた自動車産業とエレクトロニクス産業が，次世代の戦略産業となった。1966年にドイツ政府は，テキサコにドイツ石油（エルデル）会社を買収させたが，2年後には独占禁止法を用いてCFPのゲルゼンベルグ・ベンジンの買収を阻止した。

鉄鋼・石炭グループのゲルゼンキルヘナー鉱業会社（GBAG）がIGファルベンの石炭液化技術を使用するために設立されたゲルゼンベルク社は，大規模な戦争被害を受けていた。しかし，1950年に連合国が事業を解体しないと決定した後，同社は原材料として石炭の代わりに原油を輸入している。CFPはドレスナー銀行に対してドイツのエネルギー企業株を買い占めるよう委託したが，同社自身がその35%の株式をフランス政府に所有されていた事実がこの議論の背後にあった重要な要素であった。これは，ゲルゼンベルクが西ドイツの石油需要の4分の1を担う主要国家資産であるという事実と同様であった。ドレスナーはさらにGBAGへの出資も行ったが，GBAGのリビア油田はCFPにとって魅力的な供給源であった。そのフランス企業にとって堅実で戦略的な事業事案であることはほぼ間違いないものが，国家政策とエネルギー保障の異なる観点と衝突したのである。[68] 1965年に民営化されていた合同電力・鉱業株式会社（VEBA）は，ドイツのエネルギー事業者であり，政府の奨励を受け，最終的に1975年にゲルゼンベルクを買収した。

イラン王族が，クルップ社の株式所有を25%増やしたこと，クウェートがダイムラー・ベンツ社の所有を拡大したことを受け，ドイツ政府は海外の所有者への株式の売却を監視するための行政手続を確立し，オイルマネーの潤沢なOPEC諸国を意識し，とくに企業株を外国政府に売却することを阻止した（Gillespie,

1972; Safarian, 1993)。国内の再建に資本と経営者の関心が集まったため，ドイツ企業は技術ノウハウには長じていたが充分な資本がないことから，戦後20年においては海外投資においては頻繁に合弁が選択された。スウェーデンの多国籍企業や著名なスイス企業と同様に，研究開発部門がドイツのFDI戦略の重要な構成要素となった。自国市場が経済の奇跡を経験するにつれて，企業は輸出での成功に頼るようになった。資本額で判断した場合，化学製品および電子機器企業が当初は主導していたが，その後，輸送機器および自動車会社が取って代わった。ドイツのFDI残高は，1950年にはゼロであったが，1970年には57億8,400万ドルとなり，その60%は製造業によるものであった。ドイツのFDIは，1975年から1980年の間に431億500万ドルに跳ね上がり，フランスとオランダの合計を超えた。

戦時経済の制約は，ビレロイ&ボッホ社のような非必需品製造者にとくに打撃を与えた。1945年以後，爆撃で破壊されなかった同社の東ドイツの工場は，賠償としてソ連の手に渡った。同社の元々の工場と本社は，1947年から9年間に渡ってフランス軍に占領されていたザールラントにあったが，その間，この地域がどの国に属するか，また石炭鉱床の所有権は誰が持っているのかは未解決であった。ルートウィン・フォン・ボッホはフランスとの調停に主導的に取り組み，フランスやドイツとは別にザールランドの欧州化を強く訴えた。タイル，食器，浴室設備の生産を再開した彼の会社は，最初の海外拠点を1951年にアルゼンチンに，そして1959年にカナダにすぐに築くことができた。[69]

占領軍当局により解体されたIGファルベンは，BASF，ヘキストおよびバイエルとして再生した。1950年代までに，これらドイツの化学製品業界の3大企業は，研究開発に力を入れただけでなく，海外市場おいていかにその存在を再び確立していくかを検討していた。彼らは中南米で早期に機会を得たが，しばしば失われた資産を買い戻した。バイエルは1952年にメキシコのキミカス・ウニダス社を，そしてその後，ブラジルのアニリン商業同盟を買い戻した。[70] ヘキストの会長，ロルフ・ザメットは1970年，「ドイツの化学産業は……若い工業国の産業発展を促進し，それらの国を将来共に切磋琢磨して発展していく相手として支援するべきである」と，公式に表明した。政治的・経済的不安定さにもかかわらず，ブラジルは重要な国と位置づけられた。同社は，その後欧州と北米での拡大を期待し，1965年までに合計で150余りの海外生産拠点を設け，その中で，フランスで最も多くの子会社を持ち，米国が二番手であった（Schroter, 2005）。1977年から78年にかけて，バイエルはアライド・ケミカルズ社の有機顔料部門およびアルカセルツァー（胸やけ制酸薬）の製造業者であるマイルズ・ラボラトリーズ社を買収した。[71] 3大企業の中で，ヘキストが多国籍企業として最も規模が大きく，1979年までに，米国に5,500万ドルを投資していたが，その売上高はデュポンの売上高の40%に匹敵するものであった。[72] BASFとバイエルはその石炭技術から石油化学への転換と共に，シェルやBPなどの石油会社の重要なパートナーとなった（Chapman, 1991）。マンネスマン社は1945年にチェコスロバキアの製鋼工場を失い，1952年，連合軍はその政策に従って，同社を3分割した。マンネスマンAGがその中で最も成功を収めた。1955年までにその分割されていた他の2社をほぼ合併した。そして1959年までに，大変皮肉なことに，ボアスの工場を引き継いだフランス企業の株式の過半数を保有した。会社の将来が決まる前に，同社はブラジル，カナダ，トルコに製鋼および鋼管工場を設立し，重要な地域市場での地位を確立した。マンネスマン鉄鋼はグループ企業へ発展し，中南米全土で高純度鉄，産業機械，圧搾機，掘削機，制御システム，鉱山および貿易に積極的に携わった。本国においては，1970年代にマンネスマンは世界最大の鋼管製造業者となったが，賃金の高騰と海外での競争激化に伴い，同社は長期的視点から，機械，自動車部品およびサービスへの多角化プロセスを開始した（最終的には1995年以降セルラー方式通信部門に参入した）。[73]

戦時中自らの同族企業が強制労働を行っていた罪で米国に抑留されていたヘルマン・フォン・シーメンスは，1948年に復帰した。米国，日本，共産圏の東ドイツで工場を失っていたシーメンス&ハルスケ社は，本社をベルリンからミュンヘンに移した。同社は，エンジニアリングの専門技術を国際的に販売し，アルゼンチンのアトーチャにラテンアメリカ初の原子力発電所を建設した。1966年に主な事業はシーメンスAGとして再編され，10年でドイツの研究開発の8分の1を賄うまでになった。同社はアリス社と米国でタービン発電機の合弁企業を設立し，世界市場におけるゼネラル・エレクトリックのライバルとしてウェスチングハウスに取って代わった（Feldenkirchen, 2000）。[74] 一方，GEが1960年代に12%のシェアを保有していたAEGは，自国市場の開発に重点を置いて，FDIを避けた。出版・メディア企業のベルテルスマンは，戦後ドイツ経済が復興した後の1962年に海外進出し，1977年にはRCAの音楽部門に投資した。[75]

ドイツの多国籍企業による多国籍投資の最も顕著な事例は，VWであった。英国軍は軍用車を製造するため1949年まで同社を支配し，ポツダム協定の賠償条項の下での解体からVWを救った。フォードだけでなく，数多くの外国企業が同社の買収機会を断った。フィアットがフィアット500モデルを成功に導こうとしていたのと同じように，シトロエンは当然2CVを開発することを望んだ。VWの所有権は，英国軍から多数の利害関係者に渡ったが，最大のものの１つはザクセン州政府だった。同政府は海外での生産よりも自国での投資を最優先し，VWの監査役会にも代表者を派遣していたドイツ労働組合運動にも協力者がいた。期待された外国人バイヤーは，かつて同社とドイツの自動車市場の存続可能性を疑っており，ビートルを商業的に価値のないものと酷評していた。しかし，低価格，高い信頼性，そして非常に目立つ独特なデザインのビートルは，国内だけでなく輸出市場でも，VWの戦後最大の資産であることが証明された。同社はすぐに海外進出を始め，各国政府の要請もあり，南アフリカ（1950年），ブラジル（1953年），オーストラリア（1954年），メキシコ（1954年）に組立工場を建設した。

VWの一車種政策は1968年まではほとんど変わらず，1971年までに総生産数量の58％が輸出された。VW自体はドイツ復興の象徴となり，ニューヨークのドイル・デーン・バーンバックによって作られた創造的な広告キャンペーンのおかげで，ビートルは米国で爆発的に売れた。この輸出の成功を生かすために，VWは1978年にペンシルバニア州で工場を購入した。ビートルが時代遅れになるとの懸念から，初代「ゴルフ」の米国版「ラビット」を生産した。ヴォルフスブルクの従業員と労働組合は米国での生産に対しすぐに抗議し，連邦政府は外国人の出向労働者の許容人数について検討すると回答した。VWの米国での現地生産は当初は成功を収めたが，日本企業との競争という新たな課題に直面し，進出10年で撤退することになった。[76] コンチネンタル・タイヤ社は，ドイツの自動車産業と共に成長した。輸出に成功したので，1964年にフランス工場を設立した。1979年には，米国のユニロイヤルの欧州事業を買収し，ベルギー，スコットランド，フランスで工場を取得した。[77] アウクスブルク＝ニュルンベルク機械製造会社（MAN）は，機械製造業ではドイツ最大の多国籍企業であり，自動車製造ではVW，ダイムラーベンツ，BMWに次いで４番目の企業であった。同社とその親会社であるグーテホフヌングスヒュッテ持株会社（GHH）は，1945年に海外子会社を失い，連合国がGHHを鉄鋼および石炭産業から撤退させると，その子会社が大企業として出現した。MANの商用車事業部は最も重要な部門になったが，エンジニアリングにおいても重要な地位を維持した。1980年までには，トルコで現地生産を行い，そこから製品を中東に供給し，米国のノースカロライナ州にはバスの製造工場を有していた。[78]

戦後数十年で，フィアットは一流で適応力の高い多国籍企業であることを証明した。その戦略は意図的に，欧州ではなく世界に目を向けたものだった。他のイタリアの多国籍企業と同様に，米国や西ヨーロッパの企業と直接競争することを避け，同社が，比較すると，はっきりと高い優位を持っていた共産圏，発展途上国，ファシストが支配する閉鎖的なスペイン市場などを狙った。フィアットの自動車事業はイタリア経済の中心であり，イタリア国家に恩恵を与え，さらに多くの産業部門に関与した。その結果，同社は1945年以降，近代化と設備の再建のために米国政府から借款を受け，NATOからの利益をもたらす受注に力を注いだ。スペインの国有企業である国立産業研究所（INI）は，スペイン車を量産するための長期計画の実行に外資系企業を必要としていた。現地の銀行コンソーシアムへの参加によって，1948年に同社はVWではなく，フィアットを選んだ。なぜならフィアットは，戦間期にフランスでシムカを発展させていたし，同時期にスペインで子会社を所有し，保護された国内市場で経営を行っているとみなされていたからである。INIは，1950年にスペイン乗用自動車会社（SEAT）を設立し，所有権のおよそ3分の1をフィアットに与え，主な税金と関税を免除した。SEATは，1953年までフィアットの車体を製造していた。FASAルノー（1954年）とシトロエン・イスパニア社（1957年）がこの先例に従ったが，フォード（1954年に撤退）はスペインでの活動を問題視した（フィアットとSEATの関係は1982年まで継続し，その後は歴史的に考えると皮肉ではあるが，必要な投資を提供するためにVWが所有者となった）。

イタリアでは，フィアットは1948年までにフル生産を目指していたが，戦後の国内の需要は不十分なままであった。ユーゴスラビアに工場を設立し，年4万台の車を輸入することでコストを削減することが，解決策の1つとして提案された。フィアットは，1954年に，セルビアのクラグイェヴァツのザスタバ自動車会社との長期にわたる技術援助とライセンス契約に署名し，翌年フィアット車の製造を開始し，最終的に組立作業から一貫生産に移行した（1981年にザスタバの有名ブランドであるユーゴが登場して利益をあげ，フィアットはその後ザスタバを買収した）。ユーゴスラビアへの投資と生産拠点の移転により，イタリア人労働者は抗議行動を起こした。皮肉なことに，これはしばしば共産党主導で行われ，当時の社長のヴィットリオ・ヴァレッタが一時収監された。1950年代半ばまでに米国は，フィアットとの契約や購入時には反共産主義条項を含めていた。そして，継続的な投資，付加給付，政治的再教育と広範囲におよぶ福祉プログラムにより徐々にイタリアでの事業に変革が訪れ，最大の労働組合の支持を勝ち取ることができた。フィアットの売上高は，1959年までにイタリア全体の工業生産の10分の1程度に相当した。同社はドイツ，オーストリアでの組立工場を再建し，インド，モロッコ，エジプト，南アフリカ，ラテンアメリカに工場を建設した。ソ連との間で，ターンキー事業を行うための契約を締結し，この経験をもとにポーランドに別の工場を建設した（Estape-Triay, 1999; Tortella, 2000; Harrison, 1978）[79]。

フィアットは，1969年までに，航空会社，事務機器メーカー，建設会社，新聞，電機会社などからなるコングロマリットを形成した。大規模な損失，社会主義政府による国有化の脅威，賃金と価格の統制，そして広範囲のストライキで，1970年代にはイタリアでの業績が悪化した。しかし，フィアットは東欧，トルコ，ラテンアメリカなどの需要が旺盛な市場で成功し，最大の海外投資先は1976年操業のブラジルのミナス・ジェライス工場であった。同年，リビアの独裁者であるムアマル・カダーフィ（カダフィ大佐）は，トリポリにバス・トラック工場を建設する契約をフィアットと結び，同国政府はこのイタリア企業の株式の10%を市価の３倍で購入した。フィアットはキャッシュフローが悪化していたため，投資を必要としていた。当然のことながら批評家たちはカダフィ大佐の動機に疑問を投げかけた。フィアットは，1980年代に米国での販売から撤退し，ウルグアイ，チリ，コロンビア，アルゼンチンの工場を閉鎖したが，ブラジルでの操業は維持した（Estape-Triay, 1999; Tortella, 2000; Harrison, 1978）[80]。

タイヤ，ゴム製品，ケーブルの主要メーカーであるピレリ社は，経営と研究開発で国際的リーダーシップをとり，1953年から国際化を再開し，西ヨーロッパ，北米，中南米，オーストラリアに進出した。単独子会社や合弁会社によって進出し，フィアットと同様，東ヨーロッパでは専門知識を売却し，ターンキー工場を建設した。オリベッティ社は，帝国と英連邦に製品を供給することを望み，1947年英国に投資し，その後，スペイン，アルゼンチン，メキシコで事業を始めた。そして，イタリアで最初のコンピュータを生産した1959年に最大の市場である米国へ進出した（Franko, 1976）[81]。

カナダ，オーストラリアと国際ビジネス

第２次大戦中，英国からカナダへの投資は後退したが，米国企業の投資は増加した。その結果，カナダの対内FDIの11.5%が英国からであり，84%は米国からとなった。カナダは西欧諸国と先進国としての特徴を共有し，フォード，ゼネラル・モーターズ，クライスラー，IBM，ハインツ，ケロッグ，キンバリー＝クラークなど米国のメーカーは，主に産業集積地であるオンタリオ州で子会社を設立していた。関税や輸入割当，現地調達率規制により，大規模でより効率的な米国の工場が，北に隣接しているカナダの消費者に製品を供給していたと思われる。

表 4-12　カナダへの外国と米国からの投資の産業別割合

	外国からの投資	米国からの投資	
	1957年	1957年	1968年
石油および天然ガス	75%		54%
鉱業と製錬	56%	46%	54%
鉄道	30%	11%	
製造業	50%	39%	44%

（出所） Easterbrook and Aitken（1988）; Wilkins（1974）.

貿易制限は結果として，1920年代以降の急速なカナダの工業化に強く結びついていた。カナダは税の減免や補助を受けられる用地の提供に加えて，政治的に安全であるという利点を有していた。また，米国企業にとっては，同国は言語的にも（おそらくそれほどではないが）文化的にも親和性があった。しかし，投資家にとってカナダの魅力は鉱物と天然資源であった（表4-12）。石油，ガス，パルプ・紙，鉱業，特に鉄とチタンの現地所有――そして資源セクターにリンクされる製造活動の現地所有――は1950年代を通じて減少した。

あえて説明すれば，それは資本の不足ではなかった。なぜなら，カナダの貯蓄と対外投資は増加したからである。カナダの鉱物資源の規模が明らかになると，米国企業は原材料の需要を満たすために動き始め，垂直統合が活発になった。製造業者のキンバリー＝クラーク社は，1948年にオンタリオ州のティッシュ工場向けのパルプ生産を開始して，有効に垂直統合することができた。カナダの貿易は，米国への輸出に依存するようになり，完成品もしくは半製品に対する米国の関税によって，カナダの原材料貿易への依存度が高まった。カナダの世論は経済統合もしくは「大陸主義」に懐疑的であり，経済的主権に対する不安の声が上がっていたが，他に有効な選択肢がなかった。したがって，カナダは外国投資に開放されたままであり，米国の巨大市場へのアクセスを改善することを望んだので，カナダの関税水準は時とともに低下した。1948～58年を見ると，カナダの輸出の約57%が米国向けであった（戦前には約3分の1にすぎなかった）。1950年には，カナダの輸入の3分の2は米国からのものであったが，数年後にはその割合が約4分の3となりピークを迎えた。1958年には，米国の輸出の5分の1がカナダに向けられていたことを忘れてはいけない（Easterbrook and Aitken, 1988）。

カナダは，第2次大戦中および大戦後に公共事業を国有化したが，これは戦後の世界的な流れであった。カナダでは，1975年に，民間企業が発電していた電力は，わずか18%しかなかった。ナイアガラ・フォールズ社のような例外はあるものの，米国の介入は避けられなかった（Levitt, 1970）。それ以外には，1950年代以降はテレビや保険について，1960年代以降は銀行や新聞に対して，対内FDIの制約があった。カナダに代わって欧州が米国の優先投資先となったが，カナダはそれでも米国の海外向けFDIの最大のストックを有していた。第２次大戦後，米国はそれまで輸出をしていた銅，亜鉛そして鉛を輸入するようになった。国内の鉄鉱石は枯渇し，新しい原子力発電技術はカナダのウランを必要とした（Wilkins, 1974）。ケネコット銅会社は，1946年に，鉱物が豊富なケベック＝ラブラドルに鉄鉱石と世界最大のチタン鉱床を発見した。その２年後，同社は，独自に張り合って調査していたニュージャージー亜鉛コーポレーションとともに，ケベック鉄・チタン・コーポレーションを設立した[82]。ほとんどの米国の鉄鋼会社はカナダで鉱山を購入し，全体で同国の鉄鉱石生産の74％を所有するようになった。そのうちの５社であるリパブリック・スチール社，ナショナル・スチール社，アームコ・スチール社，ヤングズタウン鋼板・鋼管会社，ホイーリング・スチール社は，1954年に出荷を開始したカナダ鉄鉱石会社を設立した。鉄鋼メーカーは，一般的に海外の鉱山を支配せず，約５分の４の需要を世界中で調達する契約を好んだ。しかし，米国の投資家は，国境を越えて投資するリスクはゼロに近く，地理にも近接していることを知っていた。その結果，このケースでは，国際商品市場における取引よりも経済的統合を選択した。

米国鉱業企業の投資先として1929年にはカナダが29％を占めたが，1970年までには，49％となっていた（Cobbe, 1979; Brown and McKern, 1987;Wilkins, 1974）。スペインから追い出されたリオ・ティント社は，1955年にオーストラリアのウェスタン・オーストラリア州のウラン鉱への投資と並んで，カナダのエリオット湖地域のウラン鉱に投資した。1962年に合併されたリオ・ティント亜鉛は，カナダの鉱業会社ローネクス銅会社と金属専門メーカーのアトラス・スチールズ社の国際買収を行った。1947年，ジャージー・スタンダード所有のインペリアル石油によるアルバータ州での油田の発見により，カナダは石油とガスの主要な産出国と輸出国になった。1957年にはカナダの石油・ガス部門の75％を外資系企業が所有していたが，鉱業・製錬業では56％，製造業では50％，鉄道では30％であった。1968年には，石油ガスと鉱業製錬部門の54％が米国所有で，製造業は44％であった（Easterbrook and Aitken, 1988;Wilkins, 1974）。ジャージー・スタンダード所有のアルバータ石油は，1970年に北極西部でさらに重要な海底油田を発見した。カナダは，1950年に米国のFDI石油資産の13％を占めていたが，その20年後にはこの割合は24％まで上昇した（Wilkins, 1974）。1973年には，石油とガスの生産の78％以上が外資に支配されていたが，1970年代の原油価格の高騰という明らかな事実と，そして経済安全保障への懸念から，1980年にピエール・トルドーの第2次自由党政府は1980年に国家エネルギー計画を導入した。

フォードの本拠地であるデトロイトの従業員は，米国とカナダを分けた川を見渡し，オンタリオ州ウォーカービルの子会社を見ることができる。その子会社が存在するの唯一の理論的根拠は，カナダの貿易制限であった。フォードの戦後の政策は，現地のマネージャーとの交渉を通じて，管理手法と技術を海外の工場に移転することだったが，その戦略を促進するために，同社は1949年にカナダ子会社を完全所有とした。その後，1953年に同社はトロントのオークビルに大規模な工場と新しい現地法人本社を建設し，1967年にタルボットビルに組立工場を開設した[83]。フォード，GM，クライスラーは，カナダと米国の事業を完全に統合したいと考えていたが，1965年に自動車製品貿易協定が調印され，完成車の現地調達規制とすべての関税が撤廃されるまで，事業を統合することはできなかった。ビッグ3は，国境を越えた垂直統合の強化により規模の経済から利益が得られ，カナダと米国を単一の市場として見ることができた。その結果，異例ではあったが2年以内にクライスラーは，2国間の賃金均等化政策を採択した。日々の業務がより密接に行われたことにより，1974年にフォードのカナダ子会社は完全に米国の親会社の一部となった。カナダは生産効率を向上させ，自らの輸出品を米国市場にアクセスすることを望み，フォード，ゼネラル・モーターズ，そしてクライスラー（これら企業はすべてオンタリオ経済の中心）から生産と雇用の全体的な水準を維持するという約束を勝ち取とった（Wilkins, 1974; Gallard, 2004）[84]。

カナダの対外FDIは，公益事業，鉄道，農業用具，飲料製造，鉱業に集中し，1967年には世界のFDI資産の3.6％に達した（Easterbrook, 1988）。1950年にアルコアから分離したアルキャンは，米国市場へ果敢にアプローチした。その後の10年間に，米国のアルミニウム輸入の90%を鋳塊の形態で供給した。同社は，米国のアルコアが設定した価格を引き下げる覚悟を決めたが，当然のことながら，独立系加工業者の協力や，関税引下げに対する彼らの支持を得た。国内で競争が激化したことにより，アルキャンは輸出を徐々に減らした――1954年には全世界合計の21%を占めていたのが，1969年には13%であった。そこで同社は，11カ国に加工工場を設立することで対応した。同様の理由によって，1963年からの米国国内での買収へとつながり，1965年に法人化した子会社のアルキャン・アルミニウム社は，2年間に米国8州において12工場を管理していた。カナダにおける高い輸送費と人件費，そして海外の政治圧力が，アルキャンにオーストラリア，英国，ノルウェー，インドおよび日本に主要製錬所を建てることを促し，1972年には同社の海外子会社の生産能力は本国のそれに匹敵するまでになっていた。同社は1980年までに，アイルランドにアルミニウム精錬所を，そしてブラジルにボーキサイト鉱山を所有した。アルキャンが組立製品分野に進出していないということは，航空宇宙，自動車，製缶の分野での高いマージンを持っていないことを意味し，1970年代のエネルギーコストの高騰に伴い，同社の製品全般に対する需要は大幅に減少した。マッセイ・ファーガソン社――1959年よりマッセイ＝ハリス社と社名を変更し，すでに米国に進出していた――は，英国での買収に乗り出していた。つまり1960年代，同社はスタンダード・モーターの耕運機事業，トラクターエンジン会社，および建設機械製造会社を買収した。[86]

製造業投資を呼び込む豊かな経済として，天然資源が豊富な国として，オーストラリアはカナダに匹敵する。法制度および不正流用のリスクが低いことによりFDIを呼び込み，英語圏であることも欠点になりようもなかった。自国での工業化を推進しFDIを奨励するために，オーストラリアも関税，輸入ライセンスおよび現地調達規制を採用した。自動車，石油，化学製品，商標付き一般消費財および鉱業における多国籍投資家が出現した（Wilkins, 1974）。GM＝ホールデンの工場は軍需生産に転換されたが，1944年に国際化政策を再検討したとき，GMはオーストラリアの国内市場を有望視していた。平和が戻ると，政府は自動車産業と国産車の復活を後押しした。戦後のドル不足とそれに伴う政府によるポンド買い傾向は，GMにさらなる投資の理由を与え，1946年，30人の技術者がデトロイトを離れオーストラリアに向かった。子会社は当初車体生産に集中しており，112台しか生産されなかったが，1948年にはホールデン車を販売した。ホールデン車はシボレーにインスピレーションを受けており，GM＝ホールデンはそれに続いて，実用車，セダン，農業用モデルをオーストラリアで発売した。

GM＝ホールデンは工場に多額の投資を行い，部品の現地調達率を高め，1954年までには5万5,000台の車を販売していた。同社の生産する自動車は，オーストラリアの象徴的なものとなった。同社は，米国のアイデンティティとして挙げられる「野球，ホットドック，アップルパイ，シボレー」をまねて，オーストラリアのアイデンティティとして「フットボール，ミートパイ，カンガルー，ホールデン車」を掲げ，広告を作成した。GM＝ホールデンは1954年にニュージーランドへの輸出を開始し，1963年までには東南アジア，アフリカ，中東，太平洋諸島，カリブ海地域で販売していた。GMは1959年に南アフリカに組立工場を設立して，ホールデン車を生産した。1970年代には，当然のことだが「バーベキュー，ラグビー，晴天，シボレー」といった広告を作成した。オーストラリアのコンパクトタイプのジェミニの開発は，1975年にGMの日本の系列会社であるいすゞとの協力のもとで行われた。このことは自動車業界における国境を越えた統合の高まりを示している[87]。戦後，フォードは英国とカナダのモデルをオーストラリア仕様に変更したが，1960年にはメルボルン近郊の新工場で製造された「ファルコン」が発売された[88]。

1949年にスタンダード・バキューム石油（Stanvac）——東アジアのジャージー・スタンダードとソコニー・バキュームの合弁企業——は製油所を設立し，1950年にカルテックス（サウジアラビア産の原油を販売するカリフォルニア・スタンダード石油とテキサコの合弁会社）を設立した（Wilkins, 1974）。カルテックスは，西オーストラリア州のエクスマウス地域の油田を開発するため，1947年にオーストラリアン・モータリスト・ガソリン社（Ampol）と合併し，西オーストラリア石油（WAPET）が設立された。同社は1953年に同地域で最初に油田を掘削し，その直後にバロー島に向かった。付近にあるモンテベロ諸島で行われた英国の原爆実験以後初めての民間人の上陸となったが，1964年にここで大きな発見をした。WAPETは，1961年にドンガラの近くで初めての商業化に十分な量の天然ガスを発見し，パースへのパイプラインを建設した。これはオーストラリアの石油産業発展に大きく貢献した[89]。カリフォルニア州のユニオン石油（Unocal）とフィリップスは，クイーンズランド州（1964年）で画期的な事業を展開した。エッソは，オーストラリアのコングロマリットと鉱業会社のBHPと共同で，1964～72年にかけいくつかの大発見をした。アキテーヌも，1969～72年にかけて経済的に重要なガス田と油田を設立した[90]。地理および一次産品の多角化というスペイン後の新しい戦略の一環として，RTCは1955年にメアリー・キャスリーン・ウラン鉱山を買収し，1960年までに酸化ウランの15%を支配した[91]。

亜鉛コーポレーションはインペリアル製錬コーポレーションと合併し，1949年にはコンソリデーテッド亜鉛コーポレーション（CZC）を設立した。CZCは，オーストラリア子会社として設立された合同亜鉛鉱山（CZP）や，ニュー・ブロークン・ヒル・コンソリデーテッド，その他の企業を所有した。実務的理由から，CZCの有する様々なオーストラリア企業の経営支配権は1951年にCZPに移され，ヨーク岬半島のウェイパにある世界の資源の3分の1に相当する，クイーンズランドの莫大なボーキサイト鉱脈の開発に大きな役割を果たした。これを完全に活用するため，CZPは海外の資本と採掘経験のあるパートナーを探し，1956年にコモンウェルス・アルミニウム・コーポレーション（Comalco）と呼ばれる合弁会社をカイザーと共に設立した。

1962年にRTCとCZCが合併して設立されたリオ・ティント亜鉛会社（RTZ）は，子会社のCZPをオーストラリア・コンジンク・リオティント社（CRA）に再編成し，CRAがオーストラリア事業を担当する一方で，正式な親会社であるRTZが世界のその他の地域を担当した。オーストラリア政府は，1963年にCRAに対して日本と欧州へのボーキサイト鉱石の輸出量を減らし，カイザーおよびペシネーと共にコマルコ社がウェイパから供給するクイーンズランド・アルミナ（QAL）と呼ばれる製錬所を設立するよう強制した。コマルコ社は供給を支配するために，1968年には欧州アルミニウム企業のコンソーシアムを設立して，サルディニアに精製所を建設した。そして現地の安価な水力発電を利用するために，日本の生産者およびエンドユーザーとのパートナーシップに基づいてニュージーランド・アルミニウム製錬会社を設立した。米国企業とオーストラリア鉱業会社の間で1961年に設立されたオーストラリア・アルコア社も，オーストラリアのアルミニウム産業をリードする企業の１つとなった[92]。

オーストラリア政府は，1960年に自国の工業化を奨励するために鉄鉱石輸出に課していた制限を解除した。２年後にはRTZ，CRAそしてカイザーの支援を受けてハマーズリー・ホールディングスが設立され，西オーストラリアで発見されたばかりのハマーズリー山地の鉄鉱床の採掘がおこなわれた。海外の資本とノウハウによってこの資源の開発を行う必要があったため，オーストラリア政府は政策の変更を迫られた。CRAが遠く離れたオーストラリアからの鉄鉱石を輸出したことにより，戦後の日本鉄鋼産業が急成長したため，CRAの投資は正当化された。RTZはCRAとは独立して貿易を行っていたため，親会社の子会社に対する株式保有は減少し，２社の利害が対立した。CRAの商業的取り決めは，複数の要因から非常に複雑なものとなった。これらは，鉱業の資本および技術集約性，専門知識や資金の国際フロー，鉄鉱石，加工および最終市場の地理的距離によって発生する関係当事者間の利害の衝突を如実に示すものであった。

CRAは，必要なすべての資本や技術ノウハウを集めて利用することができなかったために，また正式にはRTZの一部であるために，オーストラリアの政治家は世界的に見て重要な資源をCRAが管理することが国家の最善の利益となるのかどうかについて疑問を投げかけた。1966年にオーストラリアの委任統治（1973年の内政自治，1975年の正式な独立まで）によって投資リスクが存在しないパプアニューギニアで，ブーゲンビル銅会社を設立した際にもCRAに同様の疑問が投げかけられた[93]。オーストラリアの豊富な鉱物資源によって成長した建築資材や建設業界の多国籍企業は，戦後も拡大を続けた。オーストラリアの急速な経済成長によって工業化と都市化が進展し，パイオニア・インターナショナル社は1961年に海外進出し，香港にコンクリート工場を設立した。そして，1980年には，同社はアジア，アフリカ，イスラエルそして欧州で，建設，建築資材，採石，鉱業，アスファルト企業を所有した。また同社は1967年にオーストラリアでプラスチックメーカーを買収すると，パプアニューギニアの茶とコーヒーのプランテーションの所有者となった。オーストラリア生コン会社は，戦前に分割されていたRMCの英国支社を1952年に買収し欧州全土で急速に拡大した。デュッセルドルフのコンクリート製造機メーカーと英国のテイラー・ウッドロー建設会社を買収したが，1963年にはその経営陣が独立する可能性が高まったことを危惧してブリティッシュRMCを売却した。[94]

日本——貿易および工業化

1945年以降日本を統治した米国政府にとって，家族所有の財閥は太平洋戦争の原因となった国粋主義的軍事政権の一部であった。GHQは財閥を支配する一族を交代させようと決定し，独占と独占禁止に関する米国式の考え方によって，これらグループをバラバラに分割することで経済的権力を奪った。日本政府は，1949年より，独占禁止規制を緩和し始め，このビジネスグループを戦後の政策目標にとって重要なものと判断し，朝鮮戦争後にはこの規則の緩和をさらに進めた。旧財閥は1954年以降，企業集団（しばしば間違って系列と呼ばれる）として再結集されたが，今回は専門経営者により経営される自由度の高い独立事業から成るグループであった。他の主要企業集団は，大手銀行を中心として結集した。これらの企業集団は，共同出資および商業リスクの分散により，日本に急速な工業化をもたらす目的で通商産業省の作成した投資および労働力に関する大胆な計画を支援した。

企業集団の１つの新しい特徴は，メンバー会社間での株式持合いであり，これは経営陣を外部株主の圧力から解放し，利益よりも成長に集中することを可能にした。戦後の企業グループには，必要な資金源として保険会社のみならずメインバンクが含まれ，それに加え，原材料を安価に確保することを助け，最終製品を購入・販売することで需要を安定化させる商社も含まれていた。グループの各社はビジネスに関する情報を共有し，企業戦略を調整し，政府の産業政策に共同で協力した。財閥に対する懸念から，GHQは総合商社の規模や活動範囲に異議を唱えた。総合商社は，日本の企業の中で最も国際化されたものだが，敗戦は彼らの海外資産の喪失を意味した。1947年に2つの重要な財閥のメンバーであった総合商社はGHQにより解体され，持株会社清算委員会により抜本的に改革されることになった。三井物産は233社に分割され，三菱商事は139社に分割された。

一次産品および物流に携わる効率的な多国籍企業として自らの役割を再確立するために，日本の商社は再び規模を拡大し，海外支店および商業ネットワークを再構築する必要があった。そして重要なことに，日本経済の再生を支える資材の流れを構築しなくてはならなかった。分割はされていたが，実際の関係は維持されていた三井物産の姉妹会社の中で最大の日東倉庫および第一物産は，1951年以降再グループ化のプロセスを開始した。1953年の朝鮮戦争後の需要の減少は，米国占領軍によって分割されていた小規模な商社の救済と合併を余儀なくさせた。1958年に日東と第一が合併した際，彼らは三井物産の再設立を目指し，1年後にその名前を復活させた。特に，重工業および化学製品産業の需要に応えるため，この合併企業は，長期契約や海外での資源開発への金融援助など，原材料に確実にアクセスできることを保証する調達計画を導入した。戦後日本の奇跡的な経済発展において三井が果たしたもう1つの大きな役割は，北米や欧州からの技術や設備の輸入，そして織物から船舶まであらゆる種類の工業製品の輸出市場の開拓であった。三井は1960年代にはメキシコ，チリ，カナダそしてオーストラリアで銅鉱山に関与し，1971年からは日本の化学企業やイラン国営石油会社（NIOC）と共に，イラン＝日本石油会社を設立した。このプロジェクトは，開始当初から日本国内のパートナー間の分裂やNIOCとの意見の相違に苦しみ，1979年のイラン革命とイラン＝イラク戦争によって失敗に終わった。同プロジェクトは，日本の国際ビジネスリスク管理にとって最悪の失敗例となり，エネルギーの安全保障に関する日本の将来的不安を増長するものであった。[95]

1950年には複数の旧三菱商事の企業が再合併した。1954年にはさらに合併が行われ，再び三菱商事が設立された。1968年から初の大規模海外投資として，シェルとブルネイ政府と共に液化天然ガス（LNG）生産に取り組んだ。1969年にはインドネシアにバリクパパン・フォレスト・インダストリー社を設立した。1971年には，三菱商事はオーストラリアとカナダの鉄鉱山と，石炭鉱山を買収した。同社は，いくつかの合弁事業を設立し，カリフォルニアでメキシコ政府と共に塩の生産を行い，ケニアの観光の発展に寄与し，米国ではクライスラーと共に三菱自動車の販売を行った。三菱商事は，国際化を推進するための決意表明として，1971年に英文社名をMitsubishi Corporationに変更した。[96]

1952年にサンフランシスコ平和条約が発効するまで，日本は商業用外洋航行を許可されていなかったが，1947年に日本政府は川崎重工業などの造船会社への支援を開始した。日本の海運会社は，その後10年間にわたって利益を上げるために苦労し，政府は合併を実施するための手段として補助金を利用した。1964年，日本郵船が三菱海運を引き継いだ。川崎汽船（Kライン）が飯野汽船を傘下に収め，ライバルの大阪商船と三井船舶は合併して，大阪商船三井船舶株式会社となった。政府はコンテナ化への移行を支援し，海運会社はその後，石油とLNGの輸入用そして自動車輸出用の特殊な船舶の購入に対し政府の支援の恩恵を受けた。1968年には原材料，技術，設備の確保や，輸出志向の工業化戦略の重要性が政府により示された。通産省は第7位の総合商社である日商に対して，倒産に瀕した第10位の岩井産業を吸収合併するよう指導し，この結果として日商岩井が設立された。[97]

1977年には政府主導の合理化の流れが加速し，伊藤忠は安宅を統合するよう命じられた。この買収も表向きは合併として扱われた。SCAPは，1949年には大建産業を分割して伊藤忠を別会社として独立させた。繊維企業の伊藤忠は，その商社部門を別会社として独立させた。1960年代までに，伊藤忠商事は，三菱商事や日商岩井，現地企業の協力を得ながら，オーストラリアのニッケルおよびコバルト鉱山を所有し，そしてその原材料を用いて川崎製鉄と日新製鋼はステンレス鋼を製造していた。[98] 丸紅も大建産業から独立して，朝鮮戦争中に多角化を進めた。百貨店グループと合併した後，丸紅飯田となった。通産省は，丸紅飯田を八幡製鉄と富士製鉄の原料供給会社として選んだ。八幡製鉄と富士製鉄は合併し，世界最大の鉄鋼会社となった新日鉄が設立された。丸紅飯田は，原子力，電子，化学産業に原材料や設備を供給し，自衛隊と軍用機の契約を結んだ。1965年の東通との合併後に，成長と工業化において果たした役割を認められて正式に総合商社の仲間入りを果たし，1973年には丸紅株式会社に社名を変更した。

日本の不明瞭な政治およびビジネスネットワークにおいて，商社はモラルハザードの初期の兆候を示した。丸紅は1976年にロッキード汚職事件への関与が疑われ，全日空の航空機購入に影響を与えられる可能性のある政治家へ贈収賄容疑を持たれた。当時の首相，田中角栄が逮捕され，ロッキード社への捜査は，ベルンハルト殿下が個人的に関与していたインドネシア，イタリア，オランダでも行われた。[99] 日商岩井も1979年に，マクドネル・ダグラスとボーイング絡みのスキャンダルに巻き込まれ，辞任するものや自殺するものまででた。1977年に伊藤忠が安宅を買収した後も，9大総合商社の支配体制は続いた。9大総合商社は日本の貿易の80%を占め，日本の輸出志向の工業化政策と戦後の奇跡的な経済成長に大きな貢献を果たした。[100]

東京自動車工業株式会社が，1949年にいすゞとなった。1953年からルーツ・グループからのライセンス供与の下，「ヒルマン・ミンクス」の生産を行い，その後，1961年には「ベレル」を自主開発した。5年後には，各産業の企業数の制限を目指す通産省の圧力に屈し，富士重工ほか数社が合併し，スバルを生産した。いすゞは短期間ではあるが，三菱自動車，その後日産と提携し，1971年には最終的に日本企業とではなく，ゼネラル・モーターズ（GM）とより恒久的な協定を結んだ。ほどなくしてGMは，いすゞの株式の34%を取得し，設計と製品開発は両社の管理の下で行われた。まず1972年に米国で，その後南米で発売されたピックアップトラックの「シボレーLUV」は「いすゞファスター」から着想を得たものである。一方でオペルの「カデット」は，1974年に発売されたいすゞの「ジェミニ」に，そして米国市場ではビュイックの「オペル」に変貌を遂げた。GMの国際ネットワークの助けを借りて，いすゞの自動車輸出は，1973年から1976年までの短期間に，総生産台数の0.7%から35%にまで増加した。[101]

多くの日本のカイシャは，将来の多国籍投資の基盤となる管理，製品，技術（しばしば低価格と高品質を組み合わせたもの）においてリーダーシップを発揮した。富士通ファナック――富士通の全額出資の子会社で，1972年に独立企業として設立された――は，日本の工場オートメーション・ビジネスを支配し，1975年には米航空宇宙エンジニアリング会社のプラット・アンド・ホイットニーやシーメンスにもその技術をライセンス供与した。また，シーメンスもこの日本企業の株式を保有していた。[102]他の企業は，ターンキー工場の契約を得るために，自らの経験と専門知識を利用した。アルコアからの技術支援を受けて1959年に設立された古河アルミニウム工業は，1966年の間にルーマニアで2つのターンキー工場を建て，日本精工は，1967年から1972年にかけてチェコスロバキア，パキスタン，ポーランド，ブルガリアで地元生産者のためのボールベアリング工場を立ち上げた。[103]

さらに，1957年に，大手機械・プラントメーカーである日立造船が，記録的な速さとなる33カ月間で，インドのグジャラート州肥料会社向けに化学肥料工場を建設し，[104]古河アルミニウムは，土木事業で国際化を進めると発表し，1978年にはテヘランからカスピ海まで高圧電線を敷設した。[105]地震技術の専門知識を持つ建設会社の鹿島は，1960年代に，アジアの国々で海外プロジェクトという課題に取り組み始め，続く1970年代には，東ベルリンで大規模かつ外交がらみの契約を締結し，さらに米国に進出した。日本の急速な工業化と都市化は，大規模なプロジェクトを管理した経験を持つ建設会社とエンジニアリング会社を生み出した。[106] 韓国の変化はよく似ておりかつ，特に早い効果をもたらした。現代重工業は，海外プロジェクトとして，1965年にタイで高速道路の建設を受注し，中東の建設プロジェクトで重要な役割を果たした。[107]

日本の製造業の中では，富士フイルムが輸出先である先進国市場でコダックやAGFA＝ゲバート社と競争し続けたが，1971年にはブラジル，韓国，インドネシアに自ら進出した。リコーは1973年に，カリフォルニアにコピー機の組立工場を建設した。[108] 平和条約の地域協力と戦争責任条項の下で，1968年までに韓国最初の総合製鉄所である浦項製鉄所（POSCO）の建設資金を調達するため，商業・政府・援助ローンを組織した。同工場は，三菱重工業，日本鋼管，新日本製鉄のコンソーシアムが計画し，建設した。ポスコは1978年に，台湾の中国鉄鋼公司の設立を支援した。[109] トヨタは販売代理店を選定し，西欧と北米の先進市場を開拓するために，長い間輸出を選好していた。しかし，一方では，政府の圧力に対応して，1958年にブラジルに組立工場を設立し，初の海外事業を確立した。その後，1964年に南アフリカで２つの工場を設立し，1969年にはガーナに進出した。

円の高騰と1971年の海外投資に対する政府の規制の緩和によって後押しされ，多国籍企業として事業活動の訓練を積んだいくつかの例につづいて，より充実したFDI戦略が現われた。輸出市場で顧客サービスを強化する戦略を採用していた日本精工は，1970年にサンパウロ，1973年にミシガン，1976年にスコットランドのピーターリーに海外工場を設立した。[110] 日本第２位の軸受メーカーであるNTN株式会社も同様に米国で製造を行い，1980年にはカナダとドイツでも製造を行っていた。[111] 川崎製鉄は1974年に，イタリアのフィンシデル社と現地企業であるブラジル鉄鋼公社（Siderbras）と共に，ブラジルで合弁事業を設立した。同年，松下はドイツで継電器会社，米国でオートメーション制御会社を設立した。革新的企業として電子機器業界での地位を確立していたソニーは，1971年に米国で初の工場を設立し，1974年までにウェールズ南部にも工場を設立した。[112] 1980年代には，日本のFDIのテイク・オフ，すなわち日本の製造業のFDIが始まった。というのは，この1980年代には，米国や西欧諸国の政府が輸入割当制や関税を課したことで，輸出を通じて日本企業が勝ち取ることに成功した海外市場が脅かされたからである。そのため，FDIの本格化以前には，米国多国籍企業の27%，英国の20%と比較して，日本のFDIの約56%は発展途上国におけるものであった（Kojima, 1978）。

コラム 4.1

経済発展，貿易および多国籍企業

日本の研究者が自国の経験から，多国籍企業に関する新しい知見を数多く提示したことは，偶然ではない。それは，韓国，中国，発展途上国にも適用できうるものでもあった。小島清と小澤輝智は共に，企業およびその社内の能力を研究の出発点とするのではなく，政府政策とマクロ経済の多国籍活動に対する影響を強調する。彼らの着想は，後発国や開発途上国についての考えと関連づけることができうる。つまり，この考え方においては，競争力のある企業を創出し，技術，教育，インフラへの投資を確保するために，政府が工業化において決定的な役割を果たすことになる。さらに，小島と小澤は，経済の必要性（原材料，産業部品もしくは機械の探索）を，初期段階での多国籍活動と直接関連付けている。自国経済が発展するにつれて，FDIの能力を持った企業を生み出すことが可能となる。

小島は，多国籍戦略と中核能力に関する有力な分析に対して疑問を投げかける。急速な工業化の時期に日本は原材料が不足していたため，早期の対外FDIの目的は天然資源を得ることであった。政府の政策により，外資系企業が日本で活動することを効果的に防ぎ，1970年代まで日本では，工業化と輸出に必要な原材料や部品以外の海外投資は制限されていた。日本のメーカーは，国内のサプライヤー，労働者のスキルもしくは銀行融資を活用し，貿易に従事することを好んでいた。1980年代の米国および西欧諸国政府による関税と輸入割当の引き上げによってはじめて日本のメーカーは輸出志向からFDIへと転換した。多国籍企業の戦略は，貿易を保護しそれに追随するものであった（Kojima, 1985）。

小澤は，マクロ経済に焦点を置くこと，政府の政策に注意を払うこと，そして日本のFDIの性格は貿易が動機であることに合意した。彼はまた，輸出と海外直接投資は経済発展段階を反映していると考察した。途上国として，日本は原材料を入手し，輸出を拡大し，自国市場での先進経済諸国との競争を制限し，そして自らの能力を開発することが必要であった。日本の海外貿易は当初，低価格で，労働集約型のローテク製品を基にしていた。天然資源の採掘，商社および工業部品が，海外直接投資の流れを決定した。日本における人件費その他の費用が上昇するにつれて，マージンが大きくハイテクの製造業が，日本の競争力と輸出の基礎となり，労働集約型の企業は生産費が安価な国々において多国籍化することに意欲を持った。そのため，ここでは母国の要因を重要視している。企業と多国籍企業の国内での能力は，発展段階，輸出主体の工業化，銀行と産業の密接な関係，ビジネスネットワークとパートナーシップ，および生産システム，技術，そして人材への長期的な投資によってつくられた国の経済モデルに強く根付いている。原材料不足と国内コストの変更が，FDIの取り組み方に影響を与えた。一旦，日本企業が所有優位を確立すると，売上高を最大化し本国における活動の高度化を加速化するためにFDIを行った（Kojima and Ozawa, 1984; Ozawa, 1989; Ozawa,

1991)。

日本企業は，保護された国内市場で競争力を獲得し，先進国市場において保護関税および割当制に直面すると，輸出から海外直接投資に移行した。国家，経済発展の段階，多国籍企業は全てこの筋書の一部である。ウェルズは，発展途上国からの多国籍企業とその可能性に注目した。天然資源およびテクノロジーの追及，および自国市場での限られた機会の双方が，国内資本不足にも関わらず，対外FDIを促進することになったと言いうる。しかし，1980年代には，貿易規制の回避と輸出市場の確保が，主な理由であった。発展途上国からの多国籍企業はOLIモデルで説明されるように，技術力やマネージメントシステムにおける優位性はゼロであったが，海外直接投資が自国での活動に比較し小さなものであり，海外投資が原材料，部品または流通の観点から輸出取引を補うものであった場合には，成功する可能性があった（Wells, 1983)。

商社と植民地主義の遺産

スイスは貿易黒字を背景に，戦後数十年で自国通貨の自由兌換を認めたので，金融機関に好まれる立地であり続けた。同国は米ドル取引に特化しており，海外貸付においてニューヨークに次ぐ第2位の地位をロンドンと争った。スイスにはパリバ，クレディ・リヨネ，ロイズなどがすでに進出していたが，ライト・タッチ規制，秘匿性，低い税率，取引の可能性により，外国人投資家やアメリカン・エクスプレス社，ファースト・ナショナル・シティ・バンクを引きつけた。スイスの状況は国際融資の誘致に一役買ったが，自国銀行が国内にとどまり，海外における存在感が高まらない原因となったとも言える（Cassis, 2006)。また，海に接していないスイスは，商社にとって格好の立地となった。1980年代までに世界の穀物取引の少なくとも30%，最大で60%がスイス国内で行われ，同国は綿や繊維製品の世界的な取引場所となった。カーギルは1956年に欧州で事業展開していたトレーダックス社をスイスに移し，アンドレ社はローザンヌの本社からグローバル事業を運営した。1974年に米国市民であったマーク・リッチは，税金の低さと金属や石油での監視の甘さに魅かれてツーク州に彼の名義の会社を設立した（後にこの会社はグレンコアへと進化した)。リッチは，南アフリカのアパルトヘイト体制に対する国際ボイコットを無視し，テヘランで52人の米国人が囚われの身となった1978〜80年の人質事件の間に，イランの石油と武器を交換取引したと非難された[113]。

戦後の貿易の急増は，少なくとも原則としては商社に恩恵を与えた。しかし，その成長の大部分は先進国間の商取引であったため，主に開発途上国に進出していた英国の商社は十分な利益を得ることができなかった。異なる時代や，消滅過程にある国際制度の受益者は，別のものに取って代わられつつあり，その多くは進化するための資源や意志を持ち合わせていなかった。アジアとアフリカの植民地支配の終焉により，多くの人々が今までに築いた事業の基盤は損なわれた。途上国（多くは元植民地）の政府は，経済の主流である地元産品の生産と販売を支配することを望んだ。途上国政府には，外国の取引業者の影響を抑えるための現地企業の振興，国営のマーケティング・輸出企業，国有化，輸入代替政策，為替管理，税制，天然資源採掘権の改正などの広範な選択肢があった。

植民地から脱した国々には，それぞれ固有の特徴があった。大英帝国を起源とする国の政策は，旧い帝国主義的な権力から生じた。極端な場合，人種差別的な南アフリカに留まることを決めた多国籍企業は，好意的な扱いを受けた。別の極端な例では，帝国の過去を思い起こさせるものとして，また国の重要な資産の保有者として，英国の企業は一般的に接収または段階的な撤退に見舞われた。オランダ企業の子会社は，単に新しい国であるインドネシアに集中していたという理由だけで，最終的に接収された。驚くべきことではないが，戦後の東南アジアにおける政治的，武装的な混乱から，その地のフランス企業は撤退した。一方，アフリカのフランス企業は，一般的に英国企業よりもよく耐えたように見える。アンゴラとモザンビークの政情不安と流血にも関わらず，1974年から75年に自国での革命によってポルトガル帝国が事実上終焉を迎えるまで，多国籍企業はこれらの国に留まった。

ビルマ政府は1948年の独立後，ウォレス・ブラザーズとスティールズが，第2次大戦中に失っていた貴重なチーク材の森を収用した。新しい軍事政権が本格的な国有化と専制政治の政策を採用した1963年に，スティールズは残りの資産を奪われた。多国籍企業は，戦後，インドからますます離れていった。1949年の独立以降，民間企業に課された重税は，英国の商社を苦しめた。各経営代理会社の傘下会社数を10社に制限する1956年の法律は，1967年に経営代理会社制度を完全に廃止することで完成した。外国の貿易会社や投資会社にとって魅力的であった収入源は，このように最初は締めつけられ，続いて息の根を止められたのである。経営代理会社は，とくに石炭鉱業と茶産業の組織基盤であったが，1970年には石炭産業が国有化された。ルピーの切り下げは，多国籍投資家のもう1つの関心事であった。1947年と1985年の外国為替法によって取引や送金が煩雑になったが，1973年の外国為替管理法は，外国企業が40%以上を所有する全企業に対して制限を課すことで，国内企業の所有権を高めることを直接的に試みたものである（Roy, 2006）。いくつかの事例が，それぞれの異なる転換点において，インドの英国出自の植民地活動していた古い商社が時代の変化をどのように感じ取ったかを表している。インチケープ系企業は，1949年の早い時期にタタ・グループに資産を売却し，撤退を始めた。いくつかの地元企業も同様に1961年にバード商会を買い取った。ユール・カトーは1969年にアンドリュー・ユール社の株式をインド政府に売却した。ジェームズ・フィンレーは，1976年までにタタに製茶事業を売却した（Jones, 2000）。市場としての中国の喪失とインドの綿花取引の減少により，デンマーク所有のフォルカートは損失を被ったが，同社は世界の綿花とコーヒーの取引業者として軌道修正することができた。[114]

一方，ボルネオ会社は1953年に，アジアから商業的により安全な地域へ移転すると宣言した。ガスリーとハリソン＆クロスフィールドは，そのＲ＆Ｄが合成ゴムの脅威に耐えることを助け，またゴムの木を植え直すプロセスに伴う大きなコストのために，マレーシアのゴム事業での地位を維持することができた。ハリソン＆クロスフィールドがパプアニューギニアに投資して，1967年にマレーシアでのリスクをヘッジしたにもかかわらず，サイム・ダービーとボウステッドの２社は，1947年以降に投資を開始したUACと同様に，パーム油事業に大きく関与した。[115] 1971年には，一連の激しい抗議活動が生じた後，政府は新経済政策を導入して，富とビジネスの所有権を先住マレー人に移し，同国に住んでいる中国人とインド人と区別し優遇した（Turnbull, 1989）。さらに，同国政府は，海外からの影響を小さくすることを望んだ。1976年，政府はマレーシア経済の心臓部であったサイム・ダービーの株式の10％を買収し，すべての英国人の取締役を退去させた。[116] 同様に1981年には，ガスリーに対する英国の支配が終わった。[117]

アフリカ大陸経済におけるUACの重要な役割を考えれば，12を超えるアフリカ諸国政府が，同社のさまざまな事業の所有権を取得したことは驚くべきことではなかった。その取得については完全な補償を受けることもあったが，補償を据え置かれたままのこともあった。1959年にコンゴで約14万エーカーの土地を所有し，世界最大のパーム油企業を傘下に収めていたユニリーバは，同国で存在感を維持し，世界の生産量の約12％を占めた。UACは，アフリカの商品の加工，輸出，価格設定をしばしば各国のマーケティング委員会に譲り，例えば1961年にナイジェリアから製品を輸出することをやめた。UACは，アフリカ大陸のどこにおいても，多角化したコングロマリットであることをやめ，専門輸入業者と西洋風の店舗の所有者としての役割を受け入れた（Fieldhouse, 1978）。政治不安のリスクや通貨・為替管理が中南米での出資金引き上げを促進し，ギブスやバルフォア・ウィリアムソンまたはダンカン・フォックスのような企業は重要な資産を保持してはいたが，新しい大規模投資は行われなかった（Jones, 2000）。

多くの英国貿易業者は接収され，その他は長期的な低迷期に入ったが，いくつか注目に値する業態転換と拡大の実例がある。貿易業者数社は，発展途上国において，彼らの関与はこれらの経済にすでに必須なものではなかったが，投資家および保証人としての役割を継続した。ウォレス・ブラザーズは，1950年から1954年の間にアフリカの多くの国々でプランテーションと牧場を購入し[118]，フィンレーは1956年にケニアの茶畑とローデシアの貿易事業を手に入れた[119]。製造業投資においては，企業は主に政府の圧力に応じることが多かった。ナイジェリア政府は自動車の重要な輸入業者であるUACに，1958年組立工場を設立するように説得したが，その事業は少しも採算のとれるものではなかった[120]。輸入税および政府の政策で，1960年にアングロ＝タイがフォードの車両組立工場建設の契約を得るに至ったが，1970年にはアメリカの製造業者に売却された[121]。1961年にUACは，当時ギネスの世界第2の海外市場であったナイジェリアにおいて，ギネスと合弁会社を設立したが，両社は1975年にガーナでも同様のプロジェクトを展開した。歴史的に貿易業者を受け入れてきた地域での政治的複雑性が増したにもかかわらず，貿易業者はまだ取引上の機会主義と，取引成立への色気を見せていた[122]。事例には，百貨店（1958年にナイジェリアにおけるUAC），薬局（西アフリカにおけるホルト社），ドバイ港（1972年にグレイ・マッケンジー），ブラジルのオフショア石油産業支援サービス（1978年にオーシャン・ウィルソンズとインチケープの合弁事業）があった。

英国の貿易業者は，新しい場所で新たなタイプの事業を開拓しなければならなかった。そのうちのいくつの貿易業者は買収によって成長を遂げることができた。インチケープ一族につながりを持っていた様々な民間企業は1958年に統合され，17社の子会社を持つインチケープ株式会社となった。これまで事業の過半数あるいは完全支配をしていた同社は，共同出資，相互所有，あるいは契約合意を行うようになった。インチケープはその株式の25％をロンドン証券取引所に上場し，他の貿易会社の買収を開始した。1967年にボルネオ会社，1972年にドッドウェル社，1976年にアングロ＝タイ社などが買収された。同社はまた，英国で資産を購入したが，顕著なものは1973年の自動車ディーラーのマン・エガートンである。インチケープは，かつては船舶会社，商社，紅茶プランテーション，インドの繊維製品から成る企業グループを形成していたが，大規模な自動車流通事業を持つ英国の総合商社になった[123]。スワイヤーとジャーディン・マセソンは，太平洋戦争から順調に回復した。両社は香港で，不動産，港湾，運輸，金融，ホテル，製造業の資産をさらに拡張し，政治的に不安定で戦略的に脆弱な植民地への依存を次第に減らそうとしていった。バターフィールド＆スワイヤーは1948年から，地域および国際航空会社としてキャセイ・パシフィックに出資し，1965年には東アジアに供給するコカ・コーラ・ボトリング工場，1976年にはジェームズ・フィンレー貿易会社を含む数多くの買収を行った。スワイヤー家の次の世代は，1972年に同族コングロマリットの支配権を得て，2年後にジョン・スワイヤー＆サンズ商会と社名を変更した。[124]

ジョン・ケズウィックは第2次大戦後に，ジャーディン・マセソンの経営に復帰した。彼は1950年に中国の共産党員に協力を仰いだ。しかし，朝鮮戦争の開始と中国に対する禁輸が行われたことで，国有化されたかなりの資産を償却しなければならなかった。1961年に公開企業となったジャーディン・マセソンは，オーストラリアにおける海運業，フィリピンとハワイにおける砂糖プランテーションに進出した。中国では共産党が政権を握り，英国が所有する仲介業者2社のホン（行）つまり広東省に拠点を置く商社が事業の大半を失い，商業的にも混乱していた。[125] 1970年代までに，ホーカー＝シドレーのような企業は，仲介業者の専門知識を持たずに直接6機のジェット旅客機を中国に売ることができた。さらに，香港では，中国の行が既存の商社の大きな競争相手に発展した。包玉剛のワールド・ワイド海運グループは，香港九頭龍埠頭・倉庫会社，ウィーロック・マーデン社の不動産，小売，フェリー，船積ターミナル，路面電車事業に乗り出した。李嘉誠の長江実業集団は，1979年に英国の行であるハチンソン・ワンポアを買収した最初の会社で，不動産，小売，船積みターミナル，保険など広範な事業を有していた。[126]

1952年以降，ガイアナの政情不安によって，ブッカー・ブラザーズ＝マコーネルの会長であるジョン・［ジョック］・キャンベルは，植民地事業と砂糖事業を超えた「ヘッジ」投資を模索した。同社は，エンジニアリング部門では損失を出す事業も購入したが，長期的に見てトリニダード，英国，カナダ，ザンビアおよびマラウィにおいては，スーパーマーケット，食品生産そして農業コンサルティングに特化し成功を収めた。ガイアナが1966年に独立を達成し，共産党政権が誕生したとき，このコングロマリットは農園やその他事業を売却した。同社は，1968年にブッカー＝マコーネルというシンプルな名前を付けた（後のブッカー・グループ）。[127]

1961年からローランド・「チビの」・ローランドは，ロンドン・アンド・ローデシア鉱業土地会社（Lonrho）を世界中に企業を抱え，特にアフリカと深い関連を持つコングロマリットに成長させた。ローランドは，ビジネス界の異端児であるだけでなく秘密主義者であり，ドイツ系であることやヒトラーユーゲントに短期間所属していたこと，そして戦時中にマン島で敵国人として拘留されていた事実を隠した。彼は商取引においても同様の秘密主義を貫き，その機会主義と冷酷さは有名であった。彼の最大の武器は，アフリカの新しい支配者や政治的エリートと関係を構築する才能であった。たとえば，マラウィ政府は，砂糖精製を行って全国のニーズを満たすように同社に委託した。ローランドの手法は，Lonrho内に権力闘争を誘発することであった。英国首相のエドワード・ヒースは「不愉快で受け入れられない資本主義の顔」と彼を批判したが，ローランドは自分が築いたビジネス帝国をしっかりと守っていた。[128]

英国の国内市場での安全を確保するために投資をする戦略は，多くの貿易業者の戦略にとって重要であった。アングロ＝タイ，ハリソン＆クロスフィールド，ジャーディン・マセソン，ホルト，インチケープ，ダルゲティ，そしてブッカー・ブラザーズ＝マッコネルは，利益を生む可能性のあるものは何でも買収した。例えば化学製品，保険，自動車販売，ワイン，農業，小売，スーパーマーケット，ペットフード，木材商，その他で足場を築いたが，その多くはすぐに売却された。英国に次いで，安全で発達した投資先であるオーストラリアには，多くの投資が引き付けられた。1978年に英国の5大商社は，ロンロー，ジャーディン・マセソン，スワイヤー，インチケープ（いずれも自律型）とUAC（別々に経営されていたが，欧州の食品大企業ユニリーバの子会社）であった。

有名な英国貿易会社の多くが，失敗し買収された。ボルネオ会社，ドッドウェル，アングロ＝タイ，およびフィンレーの買収については，すでに述べたとおりである。さらに，ロンドン・アンド・南アメリカ銀行は，1960年に，バルフォア・ウィリアムソンを買収した。同社は，アフリカやオーストラシアで経営多角化を図っていた。ロイズ・インターナショナルが1973年にBOLSAを買収したとき，バルフォア・ウィリアムソンの貿易関連事業をLonrhoとインチケープに売却した。ダルゲティは，1970年に米国で大規模に木材や家禽事業を行っていた関連企業のバルフォア・ガスリーを買収した。多くの英国籍企業が新たな事業の可能性を探ることに苦戦するなかで，インドの商業拠点での圧力の高まる中で世界をリードする綿花商社となったラリは異色の存在だった。しかしながら，同社も1969年に乗っ取り屋のスレーター・ウォーカーの餌食となり，3年後にパルプ・紙メーカーであるボーウォーターに売却された。香港銀行は，中東への進出を脅かさない非ユダヤ系の会社を慎重に選んで，1972年から1980年にギブスを徐々に吸収することによって，ラテンアメリカへとその活動範囲を広げた。イングランド銀行は，スタンダード・チャータードに対し，1977年に経営危機に瀕したウォレス・ブラザーズを買収し，英国の企業部門を通じて広がる信頼の喪失を阻止しようとした（Jones, 2000）。

影響力のある植民地の過去を共有するオランダの貿易企業は，英国の同業者と同じ理由で同じ運命を踏んでいたのだろうか。数年の戦争の後に独立を果たし，1949年にインドネシアが建国された。自ら持つ能力やノウハウを新政府が高く評価してくれることを期待して，かつて同地で操業していた商社が戻ってきた。しかし，彼らは新しい事業を開拓する必要に迫られた。インドネシアは，輸入と利益の移転を制限し，現地商人に優先権を与えた。インターナシオ，ボルスミ，ハーゲマイヤーは，マラヤとオーストラリアに多くの支店を開設し，さらに海外に目を向け始めた。その後，1957年に，インドネシアのオランダ企業が国有化され，経営者が交代した。インターナシオは1953年にケニア，タンザニアそしてウガンダに進出したが，その後の10年はアフリカの脱植民地化の高まり，輸入や利益に対する規制，交換不可能な通貨そして帝国主義の過去を持つ企業に対する猜疑心との戦いであった。ハーゲマイヤーは1951年から，西アフリカ（J. F. シック）とコンゴ（L. E. テルズ）の2つのオランダ企業を買収したが，アフリカへの子会社投資のピークは1962年の22％であり，1970年には約2％までに減少した。L. E. テルズは，実際には，1948年にコンゴで起業した古い東インドの企業であった。ボルスミも1952年にコンゴで始まり，1955年にはトウェンティシュ海外貿易会社というアフリカ全体で活動する企業を買収した。ボルスミはこの会社を維持できたが，新たな投資に合意することはほとんどなかった。

戦後期の国際政治経済の変化に対応するためには2つの手段，つまり合理化と自国への投資があった。ジョー・ウェリーは1961年にボルスミに参画した。東インドで公益事業を行っていたマインツ社は，オランダで技術サービスを提供する会社を買収した。インターナシオは1968年に電子部品の製造会社を買収し，鉱物資源貿易，輸送および港湾大手のミュラーと合併した。1970年までに，インターナシオ＝ミュラーの投資の80％程度は西欧向けであったため，アジアからの完全な撤退に取り掛かった。ハーゲマイヤーは，1965年から皮革製品，台所用品，化粧品などの製造業者を次々に買収し，その結果，1970年には同社の70％の資産は欧州にあった。同年のボルスミの投資の66％が欧州であり，主に非製造業であった。多くのオランダの貿易業者は製造業および流通企業としてヨーロッパ大陸に戻ってきていたが，1970年代の経済危機により，この新しい投資は長期的な生存力が示された。ハーゲマイヤーは，自社の子会社から利益を得ることができず，最終的にはすべてを閉鎖した（Jonker and Sluyterman, 2005）。

フランスの貿易会社は，1950年代初頭までにアフリカでの活動を再開していたようである。これらには，セネガル，スーダンおよびマリのメゾン・デブ・エ・ショーメ，そして3つの支店と1つのコーヒー工場を有する象牙海岸のダニエル・アンセル・エ・フィルがある。国々が独立を得て，そのうち何国かが共産圏側についたのに伴い，フランスの貿易業者は一次産品の生産と輸出を放棄する傾向にあり，彼らの施設と知識を輸入の拡大に用いた。1950年以降インターナショナル・ハーベスター，レミントンおよびオーティスは，フランス西アフリカ会社（CFAO）を彼らの唯一の販売会社として任命した。同社はアフリカおよびフランスでの自動車およびプラスチック製品の流通，スーパーマーケットチェーンを専門としていた。1970年代に，同社の投資のポートフォリオを拡大し，ヨーロッパと米国の多くの地域に到達した。[129] ロシアとアジアに繋がりがある繊維製品グループであるオプトルクは1947年に，オート・オゴウェ社を買収し，自動車および産業機器の販売業者，シャトー・パイリサック社を1955年に買収した。1963年から，同社はアフリカに進出し，地域紛争の中心であった東南アジアから撤退した。[130]

穀物貿易業者カーギルは，戦時中の国際通商の崩壊によって損害を受け，1945年以降，米国の飼料および食品加工会社の買収を通して製造業に進出した。同社は3年後にスイスで会社登記をする前に，ヨーロッパ中に諸々の国際的な事業の存在を示し穀物を販売するために，1953年ベルギーにトレーダックス社を設立した。その後20年間で，同社はオランダでは飼料事業とトウモロコシ製粉事業，スペインでは大豆工場を買収した（Broehl, 1998）。カーギルとコンチネンタル・グレインはソ連への主要サプライヤーであり，1964年と1972年に国家輸出代理店エクスポートクレブと契約を交わした。というのも，ソ連の農業の集団体制が失敗し続けたからである。1979年，コンチネンタル・グレインとタイのコングロマリットであるチャロン・ポカパン（CP）は，中国が経済・農業改革の第一歩を踏み出したときに，深圳近くにコンティ・チア・タイ・インターナショナル（CCTI）を設立した。この合弁企業は，北京の中央政府が大いに必要とする資本と飼料産業の変革を求め始めたことから，人民共和国における最初の主要なFDIという意味合いで「001」という数字で登録された。[131]

エクスポートクレブ，カナダ小麦局，オーストラリア小麦庁，そしてオーストラリア大麦庁のようないくつかの国有企業と，民間企業の「ビッグファイブ」とが，実質的に国際穀物取引を支配していた。1970年代のカーギル，コンチネンタル（どちらも米国企業），ルイ・ドレイファス（フランス），ブンゲ・イ・ボルン（アルゼンチン），アンドレ（スイス），トェファー（ドイツ）の6社で，ヨーロッパの小麦輸出の90%が占められ，そのうち96%は米国企業からのものであった（Chalmin, 1987）。国営の穀物販売会社は，戦後に数と影響力が増した。そのため，ルイ・ドレイファスは顕在化したリスクを抑え，多角化を通じて拡大するため，1969年には国債を含む商品市場に進出し，1971年からは米国および欧州の商業用不動産管理を行った[132]。

ある有名な貿易業者は，伝統的な活動から戦略的に撤退して，製造業へ進出したり，既存の投資国から撤退した。ピーター・グレースが1946年にW. R. グレースを買収した時から，彼はラテンアメリカにおける政治的・経済的不安と反米感情の高まりを懸念していた。同社の主な資産は，南米の蒸気船航路，ペルーとチリの砂糖農場と綿工場，パンナムとの合弁事業パナグラ航空会社，およびグレース・ナショナル銀行であった。家族所有によって取締役会での抵抗をおさえて事業の変革を行うことが可能となり，1953年に株式を公開することで必要な資本を集めることができた。デュポンの高い利益率に魅了されたピーター・グレースは，米国の化学会社13社の買収を計画し，結果として同社は業界最大の企業の1つに成長した。さらに，レジャー，スポーツ，小売業への投資が続いた。彼は「欧州のゼネラル・フーズ」になりたいと，オランダのチョコレート製造会社，デンマークのアイスクリーム製造会社およびイタリアのパスタ会社を買収した。グレースはその後，航空部門と金融部門を売却した。民族主義の軍事政権が樹立された1968年のペルー革命により，その翌年大規模砂糖プランテーション，石油会社，鉱山および銀行の強制的な国有化が行われた。この出来事は，彼が引き継いだ貿易会社の方向転換の正しかったことを証明した（Pike, 1967）。

自らの目標を達成するために，ピーター・グレースは古い友人であるフリードリヒ・カール・フリックから援助を得た。彼の父親，フリードリヒ・フリックはフリック合資会社（KG）の創立者であり，その石炭，鉄鋼およびエンジニアリングの複合企業で，戦時中に強制労働者を使ったことで有罪となった戦争犯罪者であった。彼は自身の会社を再建し，1950年代にはドイツ最大の同族企業となった。彼の息子は，ダイムラー・ベンツのかなりの部分をドイツ銀行に9億ドルで売却し，その資金を再投資することで多額の税負担を避けようとした。1976年，W. R. グレース社の持ち株の30%を所有することに合意し，創立者一族であるグレース家には合わせて３％程度の持ち株しか残さなかった。しかし，ヨーロッパでのビジネスが多忙であったフリックは，ある友人とグレース社の経営には干渉しないという合意をした。[133]

多国籍金融企業

1960年代まで，世界の金融市場で行われていたビジネスのほとんどは国境で区切られていた。例えば，1955年から1962年までは，ニューヨーク市場での外国企業向けの資金供給額は42億ドルに達したが，これは国内向けの1,270億ドルと比べると取るに足らないものであった。この数字はまた，1945年から1952年の間の米国政府による経済・軍事援助額980億円と比べても小さなもので，概して，各国政府およびIMFが最大規模の国境を越えた資本の移動を行っていた。1944年の解放後，フランスが銀行を国営化して以降，更なる戦後復興計画を進めるために，外国の多国籍企業を国内から排除した。同様に，1970年代までの多くの国でみられた国内銀行業務のカルテル化は，新たな競争と海外からの参入を締め出した。為替管理と低い通貨の交換性により，国境を越えた資金調達がほとんど行われなくなり，1958年12月は，欧州全体で規制は取り除かれず規制緩和されるにとどまった。そのため，先進国では，特に小売銀行業務や国際サービス市場での多国籍銀行業務がなされることは稀れで，ほとんどの国境を越えた取引は，歴史的に確立された方法であるコルレス銀行を通したものが継続された（Cassis, 2006）。この時期，銀行は課税や規制を回避する目的で，ルクセンブルク，スイス，ケイマン諸島などに多くの直接投資を行った。また，グローバルな資本市場であるロンドンやニューヨークにも多くの投資がなされた。

他地域に比べ規制の緩いロンドンのシティでは，すぐに独自の国際的な銀行ネットワークが構築された。1960年までに，ロンドンには80の外国銀行が存在したが，これは他のどの金融センターをも上回る数である。その大半は貿易関連であり，世界の商業の半分においてスターリング・ポンドが使用されていた。ゴム，錫，ココア，鉛，亜鉛，銅，羊毛，コーヒーの商品取引市場はすべてロンドンで再開された（Cassis, 2006）。英国系銀行の海外支店は，1938年には2,315店あったが，1955年には3,612店にまで増加した。そのうち４分の３の支店はオーストラリア，ニュージーランド，南アフリカにあった。バークレイズ・バンクDCOは997の海外支店を有していたが，米国のナショナル・シティ・バンクはわずか55の支店しかなかった。しかし，帝国の衰退とスターリング・ポンドの長期的な下落，そして比較的遅い国内成長によって英国の銀行は不利となり，次第に米国との競争に敗れていった。1960年には米国の8つの銀行が海外支店を124店舗有していたが，1980年には159の米銀が799店舗を有するまでに増加した。

シティバンクとチェースは，典型的には，そして初期には，顧客の多国籍事業の確立と拡大の過程で，彼らに追随して主要な世界の金融の中心地へ進出した。しかし，受入国経済において国際取引を行っていたとはいえ，受入国経済への直接的関与はこれらの銀行の全体の活動から見れば，小規模にとどまった。現地の競争が激化し，規制が強化されたことにより，海外の英国系銀行の海外での市場シェアも同様に縮小した。1951年のオーストラリア・ユニオン銀行とオーストラリア銀行の合併は，英国系の銀行の統合の一例であった。この統合の結果生まれたANZ銀行（後継銀行となる）とイングリッシュ・スコティッシュ・オーストラリア（ES & A）銀行との1970年の合併は当時の同国最大の銀行合併で，この結果ANZ銀行グループが誕生した。この合併により同行は，外国銀行が自由に営業していた数少ない場所の1つである香港を含むアジア太平洋地域にネットワークを構築した。オーストラリア政府の規制によって，英国所有企業の合併が事実上禁止されたことにより，オーストラリアの預金の4分の1を有するANZは，競合他行が経験したような急速な成長を阻害された。さらに，外資系銀行は流動性の厳しい状況に取り組まねばならなかったし，ANZのロンドン本社と実際に同行を動かす現地経営陣との間には緊張関係が存在した。1977年には所有権はほぼ英国に残し，本社機能をオーストラリアへ移転した。ANZは，英国の海外銀行業務を支配する6つのグループの1つに発展した。また，他のグループは自らの国際的な業務を，グローバル金融の主要な中心として急速に復活しつつあったロンドンのシティと結びつけようとした（Jones, 1993）。

ロイズ・インターナショナル銀行は，カリフォルニア州とニュージーランドで少数保有の株式を購入し，ナショナル・ウェストミンスター銀行は，フランスとベルギーの支店を統合しインターナショナル・ウェストミンスター銀行となった。同行は1970年代にかけて，米国およびドイツを含む様々な地域に進出した。バークレイズは1971年に海外で合併を重ね，唯一の英国系親会社の完全子会社であるバークレイズ・インターナショナル銀行を設立した。同行は，カナダ，ニューヨーク，カリフォルニアの市場に参入したにもかかわらず，途上国に焦点を当て，商業銀行業務や投資銀行業務など活動の場を広げた（Jones, 1990）。

フランスの銀行はロンドンの次に大きな海外支店ネットワークを有し，パリはロンドンとニューヨークに継いで世界で3番目に重要な都市となり，32の海外支店と41の駐在員事務所を有した。フランスの金融部門のほとんどは政府により管理されるようになったが，主な事業基盤が国内ではなく海外にあったパリバと「オートバンク」は例外であった。国立パリ商業銀行（BNCI）は，1947年に英国支店を切り離した。そのため，現地企業であるS. G. ウォーバーグやロバート・ベンソンとの提携が可能になった。1950年代までにBNCIは，ロンドン，フランスの属領と旧植民地，そして歴史的に積極的に活動してきた発展途上国で自らの支店を所有することができた。1966年に国立パリ割引銀行と合流してパリ国立銀行（BNP）を創設し，ロンドン支店を統括した。BNPは発展途上国での事業の拡大とともに，1972年に東京に進出し，1977年にはサンフランシスコ，シカゴ，ロサンゼルス，ニューポートビーチ，バンクーバー，モスクワ，デュッセルドルフ，ストックホルム，アムステルダムに進出していた。BNPはインチケープとコンペックスと呼ばれる合弁会社を立ち上げた。この合弁会社ではBNPはインチケープの450の子会社と連絡を取り，インチケープも同様にBNPの65カ国の支店との関係を築いた。[134]

クレディ・リヨネは，1963年に直営の海外支店を85店有し，子会社および関連銀行を通じて所有されている支店を113店有していた。クレディ・リヨネは，1972年までには，東京，シンガポール，シドニー，ニューヨーク，ラテンアメリカに参入し，ソ連で最初の西側銀行としてモスクワで営業を開始した。[135] 連合国は，1948年にドイツ銀行を10の地域銀行に分割し，世界的な権益を剥奪していた。この10行は，1952年に統廃合され北ドイツ銀行，ライン＝ヴェストファーレン銀行，南ドイツ銀行の3行になった。1957年にこれらの3行が合併し，ドイツ銀行が復活した。再編の陰の立役者である戦略家ハーマン・J. アプスは，西ドイツの財政再建の鍵を握った人物であり，ドイツ銀行は1952年に海外事業を復活し始めた。1967年までにドレスナー銀行は海外に17支店を有し，ドイツ銀行の11支店，コメルツバンクの8支店に先行していた。ドイツの3大銀行は，ルクセンブルクを最適な投資先として複雑な共同事業を行ったが，失敗したためそれぞれ直接所有の子会社を設立した。3行は，1980年までには74の海外支店または子会社，64の駐在員事務所，26の投資先を有していた。[136]

すべてのスウェーデンの多国籍企業が，機械および工学製品の専門知識に依存していたわけではない。スカンジナビスカ・エンスキルダ銀行（ESB）は，ロンドンでフィナンス・スカンディック（英国）を設立し，スウェーデンおよび海外の企業に包括的な銀行業務を提供した。同行はまた，ノルウェーのベルゲン銀行，フィンランドのユニオン銀行と共に，スカンジナビア銀行コンソーシアムに参加し，ロンドンの金融中心地にも拠点を置いた。これら3社とデンマークのプリバートバンケンは，スカンジナビアン・バンキング・パートナーズを設立し，各国での送金と現金管理サービスを容易にした。ESBは1972年に設立され，1976年から1979年にかけて，フランクフルト，ルクセンブルク，シンガポールで子会社を設立し，その事業に参画した。[137]

スウェーデン最大の銀行であるスウェーデン商業銀行も，1970年からロンドンとパリで事業活動していたデンマーク，ノルウェー，フィンランドの銀行で構成されるコンソーシアムに参加し，海外進出を果たした。この背景には，海外に進出しているスウェーデン企業が，海外のライバル銀行のサービスを利用しなければならなかったという事情があった。スウェーデン商業銀行は，1974年までにソ連との取引が増加したため，すぐにモスクワに駐在事務所を開設した。1975年には貿易取引のみ行うニューヨーク支店，1978年には規制の緩やかなルクセンブルクのタックス・ヘイブンに支店を開設した。[138] 第2次大戦以前にすでに国際銀行であったスイス銀行は，主にスイス多国籍企業を支援するために，1958年以降，ルクセンブルグやケイマン諸島を含む世界中に駐在員事務所を開設した。[139] スイス・ユニオン銀行は，ニューヨークに駐在員事務所を持ち，1967年にロンドン支店を開設したにもかかわらず，本拠地から国際取引を行う方向を強めたが，1970年代の終わりまでに世界の2大金融市場において証券業務を展開した。[140]

見込みのない状況や彼らの活動に対する国の制約はあったが，国際的銀行家たちは独創的であることを証明した。政府の金融市場規制に関する1つの予想外の影響は，ユーロダラーの現出であった。国際市場には潤沢なドルがあった。その需要は以下の要因により増大した。まず，米国の低金利が挙げられる。米国の多国籍企業子会社および欧州に駐在する軍人への送金も要因の1つである。また，米国の連邦政府による国内銀行規制は，外国企業が自らの事業活動でドルを入手することが困難となったことも要因として挙げられる。そして1970年代の石油輸出国機構（OPEC）の台頭と，オイルダラーの取引高が大きくなったことも要因である。東欧共産圏は自らが所有しているドルを米国で保持していることがとくに不本意であった。ロンドンの取引業者はそこに，ポンド以外の通貨取引に興味を持っている企業を引き込む機会を見た。パリとフランクフルトに比べ，ロンドン市場への参入は簡単であり，市場の流動性の問題は軽微であった。

シティはすでに世界資本を供給しておらず，優位性はニューヨークに移行していたにもかかわらず，金融サービスの世界的中心地として再浮上することができた。1955年に出現し，1958年以降急速に発達したユーロダラー市場は，受入国政府による規制がなされず，各国内のカルテル協定による影響を受けなかった。

そのため，貸付利息は魅力的であった。ユーロ債は，同様の理由によりほぼ規制のない資本市場であった。ロンドンの投資会社サムエル・モンタギューは1963年にベルギー政府のために最初のユーロ債を発行した。戦前にムッソリーニにより創設された国営企業イタリア産業復興公社（IRI）が引き続き所有していたイタリア高速道路会社のために，ウォーバーグが2例目のユーロ債を発行した。ユーロダラーは1976年，第1次大戦中に撤退していたドイツ銀行をロンドンに呼び戻し，1979年までに328の外国銀行がロンドンで事業を行っていた。フランスの銀行はユーロカレンシー取引に参入し，リヨネはコメルツバンク，ローマ銀行およびイスパノ銀行と取引を行った。東京，シンガポール，香港，およびケイマン諸島，パナマ等のオフショア租税回避地は，それぞれドル取引を担った。米国の銀行も，ロンドンやその他の地域に進出して，利益を得ようと動いた（Cassis, 2006）。ユーロダラーは，国際資本移動を再開させ，将来の銀行業務のグローバル化と経済の金融化という新たな未来を示唆していた。さらに，ユーロダラーは規制をかいくぐる才能を持った者たちを鼓舞し，長期的かつ安定した金融サービスに対する国による規制の無意味さを（最終的には誤っていたが）支持していたように思える。

保険契約者の利益を守るために，政府は保険会社に掛金を国内で保有するよう求めた。保険会社から見ると，これらのルールは資本を縛り，国境を越えて資金をプールし移転することから得られる多くの利益を奪うことを意味した。しばしば，外資系企業に対するこれらの支払能力規制はより厳しく，カルテル協定はもう1つの競争上の制約をもたらし，とくにフランス，ドイツ，日本市場に進出しようとする外資系多国籍企業は困難に直面した。一般的に，生命保険に対する規制は，それ以外の保険よりも強かった（Yoffie, 1993; Michie, 1992）。

アメリカン・インターナショナル・アンダーライターズ（AIU）は，ドイツと日本に再進出してそこに駐留する米軍に保険を販売し，戦後は地元企業が財政難に直面したので，ヨーロッパ全域の保険会社として浮上した。事実，米国企業による海外事業の拡大――「本国＝海外」市場を実質的につくり上げた――は，保険会社にさらなる誘因を与えた。AIUは優遇税制のあるバーミューダに，同社の様々な海外生命保険・非生命保険代理店の事業の調整のための持株会社を設立し，1950年代末までにAIUは，それぞれの国が独自の規制と特性を持っているにもかかわらず，75カ国に進出していた。同社の生命保険における国際持株会社であるアメリカン・インターナショナル再保険会社（AIRCO）は，1967年に子会社のアメリカン・インターナショナル・グループ（AIG）を設立した。AIGは国内および国外企業の既存のネットワークの取得および調整の手段となり，このプロセスは1970年までにほぼ完了した。AIUはさらに多角化を進め，米国の外国企業に販売を行い，石油やガス施設の保険を提供し，リスク管理や年金基金サービスを提供し，これらを4つの部門に統合した。長期継続的な成長と11年にわたる企業再編後に，グループの経営構造の簡素化および引き締めを行うために，AIGは1978年に自らその親会社を吸収した。[141]

複数の米国保険会社が，カナダに進出した。それらには，ニューヨーク州の規制が厳しく事業登録が困難なためテネシー州の会社として設立されたアメリカ・プロビデント生命・傷害保険会社（1948年[142]）の他に，エトナ生命・損害保険（1960年[143]），ジョン・ハンコック相互生命保険（1969年[144]），ニューヨーク相互生命保険（1973年[145]）があった。コンバインド・インターナショナル・コーポレーション（後にAonと呼ばれる）は，1960年代にカナダやその他の英国，オーストラリア，ニュージーランドといった英語圏の市場にも進出した。同社は，たとえば，（米国とは異なり）政府が医療費を補助する場合などは，所得補償に重きを置くなど，国により提供する保険内容を変えていった。国際的な経験を積んだ後，1977年にドイツとフランスに進出した。アメリカン・ファミリー・コーポレーション（AFC）は1974年，日本の大蔵省に業務登録して大胆な第一歩を踏み出した。がん保険など今までなかった保険を提供し，大企業の従業員給付制度を管理することで成功した。同社は重要な個人的なネットワークと地場産業の知識を持つ，経験豊かなすでに退職した日本の幹部を採用した。彼らがAFCの収益の3分の2を生み出していたことは明らかである。[147]

コンバインド・インターナショナル・コーポレーションは，1980年に日本で子会社を設立した。コンチネンタル・コーポレーションは，1973年から1976年にかけて，フランス，ドイツ，ラテンアメリカの有名企業の少数株主持ち分を通じて，海外で収益を上げていた。[148] マーシュ・アンド・マクレナン・カンパニーズ（MMC）も同様に，1973年以降フランス，ドイツ，ベルギーに進出した。しかし，同社はロンドンのロイズ保険市場に加入するという決定をし，1980年に保険ブローカーのC. T. バウリングを買収したことで大打撃を受けた。バウリングの経営陣がその申し入れを拒否したとき，MMCはこの保険ブローカーの株主に接近した。MMCは，英国の議会の反対と，なぜ米国が保険業界を保護したのか（1940年に外国企業に規制が課せられていた）という，当然の疑問に直面した。MMCは勝利したが，重要な取引関係と知識を有していたバウリングの経営陣の大部分は会社を去った。[149] 開発リスクや困難な市場でのリスクを共有できる合弁事業は，もう1つの国際戦略であった。イランで，米国のコンチネンタル保険と英国ロイヤル保険が，共同事業を行った。また，チャブ&サンとファーストナショナル・シティ・コーポレーションは，1973年にブラジルでアルゴス・フレミネンセ保険会社を買収した[150]。

イタリアの保険会社は，国際保険の初期のパイオニアであった。しかし，1947年のイタリアと戦勝国間の平和条約は，彼らがハンガリー，ルーマニア，ブルガリアにおいて保有していた財産をソ連に対する補償に振り替えた。資産の押収は，ゼネラリ保険会社とアドリア海リウニオーネ保険会社（RAS）に大きな影響を与えた。1948年までに東ヨーロッパ全域で，共産党が政権につくと外国資産を国有化した。さらにイタリア企業は，リビアとエチオピアの旧植民地での比較的小規模な事業をも永久に失ってしまった。合計14の子会社がゼネラリ総合保険から奪い取られた。しかし，同社はジノ・バロンチーニのリーダーシップの下で，意欲的に海外進出を行いたいと考え，代わってラテンアメリカに活路を見出した。同社は，アルゼンチンでプロビデンシアの支配権を取得し，ブラジル，グアテマラ，ベネズエラ，エクアドル，コロンビアで取引を開始した。また，同時にギリシャと中東にも相次いで進出し，南アフリカではスタンダード・ゼネラル保険を買収した。1950年にはバッファロー保険を買収し，それにより米国で営業ライセンスを得た。ラ・コンコルド社と第一総合保険会社の所有権を持つゼネラリ総合保険は，フランスとオーストリアで最大の外資系保険会社に成長した。エトナと戦略的提携を結び，さまざまな強みを活かして海外ビジネスを成長させた。同社は1970年代に合理化のプロセスを開始し，現地の保険業界の法律や規制に準拠するために，フランス・ゼネラリ，ベルギー・ゼネラリ，ゼネラリ生命保険を地元企業として創設した。

戦後，欧州の分割により，RASの売上高の3分の1が奪われた。チェコスロバキアは，かつてイタリア以外では，同社にとって最も重要な市場であった。戦争からの副次的な影響によりトリエステ――1954年にイタリアの一部として確認された――の未来についての議論が生まれた。そのため，同社は本部をミラノに移した。RASは1960年に，オーストラリアとスイスの子会社を国際事業に加えた[151]。アリアンツは，他のドイツ企業と同様に，1945年に国内市場が縮小したため，1948年のベルリン封鎖により，本社をミュンヘンに移し，その生命保険事業をシュツットガルトに移した。富と安定がドイツに戻ったことで，同社は国内経済に集中した。その結果，消費者の間で同社は保険業界の代名詞となった[152]。

スイスの企業もまた戦後，国際的な事業を再建しなければならなかった。ヴィンタートゥール・スイス保険会社は，1950年にアメリカン損害保険会社を買収し，ヴィンタートゥール社が抱えていた米国内の既存の顧客を新しい子会社に移した（後に同社を売却した）。西欧の支社ネットワークを再構築し，1958年から66年の間にポルトガル，ベルギーそしてオーストリアで不動産・生命保険会社の買収を進めた。スイス再保険（一般的にはスイス・リーとして知られる）は1968年にロンドンの提携企業との関係を解消し，そこに独自に会社を設立し，ドイツでの事業拡大手段としてノイエ・ホールディングをスイス・リュック・ホールディングとして再設立し，より厳格な国際経営管理構造を導入した[153]。19世紀から国際展開していたチューリヒ保険会社は，1969年に買収によりドイツに戻った[154]。

オランダ保険会社は戦前からベルギーに進出していたが，買収を通じて成長しようとしていた。具体的にはオーストラリアのアソシエーテッド・ナショナル保険会社（1954年），カナダで最も古い保険会社であるザ・ハリファックス（1956年），そして同じくカナダのコマーシャル生命保険会社（1959年）を買収した。1949年に独立したインドネシアは，以前の宗主国からのすべての企業を国有化したが，オランダ保険会社は，1972年に復帰することができた。同社は1963年，ナショナル生命保険銀行と合併し，ナショナーレ＝ネーデルランデンを創設し，イングランド（1963年），ノルウェー（1964年），スコットランド（1968年），米国（1979年）で事業を買収した[155]。フランス国内では，政府が1946年4月に34の保険会社を国有化し，保険部門の対内FDIに対する障壁を高めた。海外では，フランスによるベトナムの植民地化の継続をめぐる紛争が激化したため，1952年にはラ・セカネーズがサイゴン事務所を放棄した。1956年には，ガマル・アブデル・ナセル大統領が，スエズ運河と共にエジプトの保険産業と同社の資産を国有化した。アーバン＝インセンディ社は，1961年までに64カ国で保険料を得ていたが，1962年に独立したアルジェリアからの撤退は，同社が戦後に強いられた北アフリカからの撤退のもう1つの例となった。同社は，1968年にパリ保険組合として再設立され，アフリカのフランス語圏における事業拡大を目指すとともに，1977年にはカナダのコマース・グループも買収した。将来のAXAとなったアンシエンヌ相互保険グループは，国内市場に力を入れていたが，1955年にケベック州のフランス語住民市場に参入した（Ruffat, Caloni and Laguerre, 1990）[156]。

英国の戦後の窮乏生活により，カルテル的な取り決めも相まって，国内保険業界の成長機会はほとんど残されていなかった。すでに多国籍企業であったコマーシャル・ユニオンは，1959年にノース・ブリティッシュ・アンド・マーカンタイル保険会社を，米国にある資産を目的に買収した。1970年代にはベルギーのレ・プロビンス・レウニおよびオランダのデルタ・ロイドを加えた。リーガル・アンド・ゼネラル社は，戦後に，オーストラリア，カナダ，そして南アフリカの英連邦自治領の既存の市場で国際営業を再開し，1972年からは欧州や日本の大手保険会社との提携戦略を採用した。[157] プルデンシャルは，1972年にはベルギーで，6年後にはカナダにおいて，現地企業を買収した。[158] 米国での販売数が多かったロイヤル保険は，1975年に日本政府から保険ライセンスを取得した数少ない外資系企業の1つであった。[159] 英国の保険業界はその掛金の半分を主に海外の火災，傷害および海上保険から獲得していたため，高度に国際化され，苦しさを増す英国の国際収支に大きく貢献していたと言える（Cassis, 2006）。

日本は1965年には，米国，英国，カナダに次いで世界第4位の保険市場になり，大蔵省（現，財務省）は競争を厳格に管理し，特定の商品を扱う保険会社の数を制限していた。日本の大手保険会社の多くは，米国の占領政権によって解体され専門経営者によって運営される企業ネットワークとして再編成された企業集団に再び組み込まれた。そして日本の海上火災保険会社は戦争の結果，海外の事務所と事業を失った。戦時中に，海外での戦争による損害を補償することを目的に政府によって統合された安田火災海上保険は，早くも1949年から海外市場で活動し，ブラジル（1959年）とニューヨーク（1962年）に進出した後，1970年代に海外支社数が倍増した。[160] 大正海上火災保険株式会社（後の三井海上火災）は，1955年に国際的な代理店業務を再開し，日本の商船会社の躍進に応えた。さらに同社は，自動車保険を買収した後，1960年代には，オーストラリア，ニュージーランド，東南アジアの企業に投資した。[161] 東京海上火災保険（三菱グループのメンバー）は，1956年に英国と米国で直接の保険引受業務を再開し，コンチネンタル保険を傘下に収め，1964～75年にかけて19カ国に進出した。1971年から同社は，海外の日本企業に団体給付制度を提供しており，ブラジルの総合保険会社と米国の生命保険会社の少数株を保有していた。[162] 1971年にチャブ&サンとの相互協定を締結した住友海上火災保険株式会社は，ニューヨークのライセンスを取得し，世界中で代理店ネットワークを構築した。[163]

多国籍サービス企業

国際的な小売業は，製造業に比べるとはるかに遅れていた。というのは，制限的な取引慣行，地域計画の制限，それぞれ異なる国内市場が，海外展開の可能性を複雑にしたからである。しかし，一部の企業は突破口を見出している（Godley, 2003）。第2次大戦後，シアーズはハバナとメキシコシティに店舗を設立し，

1952年にはカナダで，ハドソンズ・ベイ社と合弁会社シンプソンズ＝シアーズを設立した。この米国の大手小売企業はまた，未開拓でトラブルの多い投資市場であるフランコ政権下のスペインにおいて資産を買収した（Hollander, 1970; Truitt, 1984）[164]。ハドソンズ・ベイは，もともとの登記はロンドンであるが，カナダに資産を持っていたため，1970年に本社をウィニペグに移転したとき，厳密には多国籍であるが，カナダの企業となった[165]。世界で最大かつ最も豊かな消費者市場である米国の小売業者は，チェーン店やスーパーマーケットの開発を手掛けた。セーフウェイは自国市場の成長から得た教訓を最大限に活かすため，国際的な買収戦略を行った。同社は，1962年から63年にかけて英国，オーストラリア，ドイツに進出し，20年後にはメキシコとサウジアラビアに進出した（Wilkins, 1974）[166]。ウールワースは1970年までに英国で飛躍的な成功をおさめ，当時1,000店以上の店舗を所有していた（Godley, 2003）。1943年にスウェーデンに設立されたイケアは当初通信販売を行っていたが，1958年にはデザイン重視の低価格組立式家具を販売するビジネスモデルを開発し，巨大店舗で販売を開始した。同社は1963年に初めてノルウェーに進出し，続いて1969年にデンマークに進出した。このように，同社は自ら熟知している地理的に近接した市場に進出することで多国籍化していった。創業者イングヴァル・カンプラードは，1973年にイケア本社をヨーロッパの中心地ともいえるコペンハーゲンに移転し，1979年までにドイツ，スイス，オーストリア，オーストラリア，カナダ，オランダ，シンガポールに店舗を設立していた[167]。

フランス系のカルフールも同様に自国で独自の小売コンセプトを展開し，1963年にパリ郊外のサント＝ジョヌヴィエーヴ＝デ＝ボワに，ワンストップで便利な，多種多様で新鮮な生鮮食品を提供する初の郊外型ハイパーマーケットを出店した。そして同社は，受入国の現地企業との合弁事業によってその国際化の推進および資金調達を行った。1969年にまず隣国のベルギーに進出し（デルハイズ・フレレ・ル・リヨン），次にスイス（メルキュールとのパートナーシップ），英国（ウィートシーフ・インベストメント），イタリア（イタルウェア）およびその他欧州の地中海諸国で事業を展開した。フランスの法律が1970年に大規模店舗の開発を制限すると，カルフールは他の市場に成長機会を求めるようになった。合弁戦略の１つの成果は，海外店舗ではフランス産の輸出商品を避け，地元の生鮮食品を販売し新規顧客を獲得したことだった。時の経過とともに，知識と経験を蓄えたカルフールは，国際的な店舗の完全所有権と経営権を取得した。そして1975年にラテンアメリで初めてブラジルにハイパーマーケットをオープンした[168]。オランダの衣服小売企業であるC＆Aブレニンクマイヤー（単にC&Aと呼ばれるが）は，1948年にブルックリンに出店し，1962年にはロングアイランド，ニュージャージーそしてカリフォルニアに支店を持つマンハッタンの有名百貨店オーバックズを買収して，規模を飛躍的に拡大させた[169]。オランダの大手スーパーマーケットチェーンのアルバート・ハインのオーナーであるロイヤル・アホールド社は，1977年に買収と合弁事業を通じて米国に進出し，すぐにベルギーとオランダ国内にレストランを出店することで多角化し，西ドイツではホリデー・パークスを展開した[170]。

米国のホテルチェーンは，価格，宿泊施設，顧客の経験を標準化して成長し，独自の営業方式を海外市場に移転しようとした。たとえばシェラトン・ホテルは，1949年に（1968年にITTによって買収される前に）２つのカナダのチェーン，ローレンシアン・ホテルとエプリーを買収し[171]，ライバルのホリデー・イン，インターコンチネンタル，ヒルトンと並んで世界中に進出した。彼らは頻繁にフランチャイズ制を採用することで資金調達を分担したが，自社のブランド名，ビジネスモデルおよび評判を守るためのサービス契約書の作成と監視技術を磨く必要があった。米国国民による旅行や観光の増加が当初の契機となり，インターコンチネンタルはパンナムと販売促進上の連携を行い[172]，ヒルトンはTWAと提携を結んだ。しかし結果的には，TWAは1967年にヒルトン・インターナショナルを買収することとなった[173]。

米国のレストランチェーンも同様に，フランチャイズ方式を通じて国際化を行う傾向があった。ハンバーガーチェーン事業を展開するマクドナルドは，1967年に海外に拠点を開設し，合併事業先に資金を提供し，1971年に豊かになった日本市場に新たに参入するなど，現地の契約相手にライセンスを供与した[174]。一方，英国の有名な紅茶専門店を経営するJ. ライオンズは，ファストフードチェーンの可能性を認識し，ビジネスモデルを買った。1954年にもともと米国で設立されたウィンピー・バーの国際フランチャイズ権を取得し，1970年までにヨーロッパ，オーストラリア，南アフリカ，タイ，コンゴ，香港など23カ国以上でグローバルなハンバーガーチェーンを展開した（Hollander, 1970）。

レジャー部門では，生活水準の向上と国際観光の大衆化によって社会革命が起こった。ベルギーのダイヤモンド研磨工ジェラール・ブリッツとジルベール・トリガノが1950年に地中海クラブを設立し，ホリディクラブの会員をマヨルカ島に連れていき，メンバーが清掃や料理を手伝い，米国陸軍が放出したテントで寝泊まりするようにした。低コストと会員が一緒に作業するという独特の魅力を備えた休暇と，太陽の下で快楽を楽しむ若者のイメージを前面に出した宣伝で，同社はイタリアとギリシャに広がり，スイスのスキー・ツアーまで売り出して多角化した。さらに事業拡大資金を確保するために，以前よりホテル経営に乗り出していたエドムンド・ド・ロスチャイルド率いるロスチャイルド・グループが，1961年に同社の筆頭株主となった。地中海クラブはその後4年で，14カ所のサマー・ビレッジと11カ所のウィンターリゾートを展開するようになった。あるとき，ソ連の船をチャーターするという画期的なアイデアを思いついたが，貨物を取り扱っていた乗組員はうまく接客することが出来なかった。同社は，その後再びクルーズ市場に参入して成功を収め，1968年からニューヨークでグアドループ島に行くクルージングを販売し，ノースカロライナ州とコロラド州ではマウンテンリゾートも運営するようになった。[175]

当時，多国籍会計事務所に対する政府の障壁はほとんどなかったが，顧客や法律や慣行に関して現地に特化した知識が必要だった。そのため，1939年以前には，いくつかの会計事務所は，米国と英国に同じ名称の事務所を設立していた。いずれも，それぞれ独立していて，別個に運営されていた。戦後は，多くの異なる国で1つの企業名を使う国際的な会計事務所のパートナーシップ連合が主流となった。多くの場合，現地の規制と既存の顧客関係に対応するには柔軟性が必要とされたため，国際的に名前を知られている事務所と現地の系列会社が提携する形がとられた。プライス・ウォーターハウスは1945年に，独立した国際事業を創設した。中南米，アフリカ，日本に進出すべく英国のデロイト・プレンダー・グリフィスと米国のハスキン＆セルズが，1952年にデロイト・ハスキン＆セルズを設立した。[176]クーパー・ブラザーズ（英国），ライブランド・ロス・ブラザーズ・アンド・モンゴメリー（米国），マクドナルド・カリー（カナダ）が，1957年にクーパース＆ライブランドを設立した。[177]1960年に，ジョージ・トウシュが中心となって，トウシュ・ベイリー・ナイブン＆スマート（米国）の様々な事業とロス（英国とカナダ）をまとめて，トウシュ・ロスを設立した。

国際的に拡大を進めるにあたって，会計事務所の連合は既存の現地企業と合併し，名称変更や系列会社化を行うことを好んだが，必要な場合には完全な新企業を立ち上げた。1975年までにクーパース＆ライブランドは73カ国に，プライス・ウォーターハウス（米国出自）は76カ国に，ピート・マーウィック・ミチェル（英国）は86カ国に進出した。アーサー・アンダーセンは，きわめて特異な国際戦略を有していた。同社は，1950年代には現地企業との協定を終了し，自社名義の会社を設立してそのサービスの質の高さを強調した。[178]戦後に出現した世界の8大会計事務所の中で共通名義のパートナーが50%を下回るのはアーサー・

ヤングだけであり，対照的にアーサー・アンダーセンは1982年までにパートナーの98%が共通名義で活動していた。しかしながら，フランスの法律では現地会計事務所の独立性と名称が保護されていたため，アーサー・アンダーセンはギー・バルビエと提携する必要に迫られた（1983年まで継続）（Canderwick, 1989）。米国企業は異常なほど高度に集中化されていたが，トウシュ・ロスは国際名義を利用する企業もあれば，変更を必要とする企業もある多種多様な企業の集合体であり，現地企業との提携がより一般的だった。大規模な国際会計士事務所は，主に英米系で占められた。一方，1979年に設立されたクリンベルド・マイン・ゲルダー（KMG）は，北米，オーストラリア，ヨーロッパの9カ国の国際会計事務所を合併したものであった。最大の連合組織を作るにあたっては，8大会計事務所間で共通する世界的な組織体制を採用することはしなかった。[179]

経営コンサルティング会社のマッキンゼーは，1959年にロンドンで営業を開始し，1971年までに4大陸に17の事務所を開設した。[180]同社は，欧州企業に米国企業のベストプラクティスを伝えることで知られていた。これまで見てきたように，大量生産と大量販売の需要に対応するために，米国の大企業は専門経営者のチームを形成し，戦略的本社を設立し，業務支配権を半自律的な事業部に分け与えた。この多数事業部，つまりM型は1960年代に欧州に急速に普及し，組織構造は企業経営陣の疑いようのない関心事項となったが，より優れた製品の開発やマーケティングに影響がおよぶことはなかった。ブーズ・アレン・ハミルトンと会計事務所のトウシュ・ロスは，1960年までに英国で経営コンサルティング会社を設立しており，ボストン・コンサルティング・グループは1970年代末までに英国，フランス，ドイツそして日本に事務所を構えていた（Jones, 2005）。これらの経営コンサルティング会社は，自らが「ベストプラクティス」経営手法として描くものを，国境を越えて提供し移転することで，国際的に評価を受け有名になった。それでもなお，彼らは経営上別個の国内法人グループを結成し，現地特有のクライアントの要求に対応することができた（Aharoni, 1993）。

米国企業が海外進出する場合，広告代理店もそれに続いた。米国の多国籍企業がすべての海外事業で1つの代理店を選択すると，選ばれた広告代理店は急速に国際化を進めた。市場調査および消費者心理学における優れた能力と，世界最大かつ最も豊かな消費者市場の経験を活かして，米国の広告代理店は次のステップとして，地元のクライアントを引きつけることができた。しかし，市場とその消費者が異なるため，彼らは市場に関する受入国の知識を得て，現地の才能ある人材を育成する必要があった。1970年代末までに，米国の広告代理店は，6カ国を除くすべての非共産国に子会社を開設した（West, 1988）。英国生まれでニューヨークにヒューイット・オグルビー・ベンソン・メイザーを設立していた広告代理店経営者のデビッド・オグルビーは，ロンドンの企業であるメイザー＆クラウザーとS. H. ベンソンと提携した。パートナー間の個人的なつながりを通じた国際連携は，1964年に3社すべてがオグルヴィ・アンド・メイザーに合併するまで続いた。[181]

スウェーデンのエンジニアリングおよび建設会社であるアルマナ電機株式会社（ASEA）は，戦後そのサービスへの需要の維持に苦慮した。1947年に米国市場に進出し，テネシー渓谷開発公社（TVA）と西海岸の大規模なプロジェクトを手掛けた。スウェーデンの電気軌道システムのインフラと鉄道車両を建造したのち，1975年にその技術をアムトラックと契約していたゼネラル・エレクトリックにライセンス供与した。スイスの競合企業ブラウン・ボベリは，1970年代中東やアフリカのインフラと石油プロジェクトの需要が高まる前に，政府プロジェクトとエンジニアリングと原子力技術，さらにテネシー渓谷プロジェクトにも携わっていた。[182]

資本主義と共産主義圏

第2次大戦後，旧連合国間のイデオロギーの相違や国際競争は，ヨーロッパ内で2つの政治的および経済的な領域を創出することになった。共産党軍の勝利により，1945年11月にユーゴスラビア社会主義連邦共和国が建国された。ソ連は現地支持者の助けを借りて，東ドイツの占領地帯を完全に支配した。東欧の他の地域では，暫定連立政権が正式な権限を有していたものの，それらは共産党が支配していた。ソ連の支援を受けて，1948年末までに，これら各国の共産党は東欧で権力を奪取し，1年以内に主要産業を国有化した。彼らの目的は，中央による計画と民間企業の排除を通じ，強力な経済を創出することであった。十月革命によってロシア事業を失っていたシェルは，ユーゴスラビア，チェコスロバキア，そしてハンガリーで損失を被ったが，より深刻だったのはルーマニアの体制が，その油田がドイツと連合国の戦争戦略に影響を与えたアストラ・ロマーノ社を解散したことである（Sluyterman, Jonker, Howarth and Van Zanden, 2007）。スターリン体制下のソ連にとって，海外で商品を販売し外国企業を買収したいという米国企業の願望は，注意を要するものであり，その対抗相手の優位は認めざるを得なかった。しかし，計画経済の導入と国有化立法によってその見通しは断たれた。

1949年に設立されたコメコン（経済相互援助会議）は，共産主義経済のグループ化であり，米国の経済的影響を抑えるもう1つの手段であった。戦後の米国，カナダそして西欧間でのある意味の外交および政治的利害の共有によって，貿易とFDIの安定した場が生まれた。そのため，製造部門が盛り上がりを見せていた多国籍企業は，これらの大規模で裕福な国々で市場を開拓する戦略を採用した。共産主義は，理論的には国際主義の原則に根ざしていた。コメコンの当初の加盟国は，ソ連，ブルガリア，ルーマニア，チェコスロバキア，ハンガリー，ポーランドであり，アルバニアと東ドイツもすぐに加わった。この組織は，（資本家による生産者の疎外を支持するのではないかと恐れて）統合よりも協力を支持した。しかし，ソ連による支配は「主権平等主義」の原則を覆し，実際にはコメコン加盟国の政策は長年にわたりほぼ完全に独裁政治的なものであった。スターリン死後の1954年以降，ソ連は経済の地方分権化や消費財の生産をより重視する必要性を認識し，ハンガリーとチェコスロバキアを中心とした衛星国は改革の実施により一定の進歩を遂げた。

国境を越えた協調という理想を実現するため，コメコンは1956年に10の常任委員会を設けた。1959年以降，新しい憲章の下で，多くの多国籍共同事業が生まれた。その大半は，鉱物その他の天然資源の採取，鉄鋼や化学などの重工業，そして輸送関連のものだった。政府間協定の結果であるこうした共同事業は，主に参加国の所有するものであり，関係省庁が資金提供を行い，活動を直接運営した。国境を越えた企業が形成された1959年までには，他の共産主義国がオブザーバーの資格を得て会議に参加していた。1961年，フルシチョフが公けにスターリン批判を始め，企業の自由とインセンティブによる経済再建を呼びかけた。一部の東欧諸国はその挑戦に参加したが，その一方で，ポーランドとルーマニアはここでもかたくなに従来の共産主義路線に固執した。同様に，1960年代にはコメコン事業の失敗に対処する試みがあり，国営事業の操業・収益責任を拡大し，より全面的な国際統合の促進を可能にした。1971年から，ブレジネフとコスイギンの新指導体制の下で，また冷戦からデタントに転じるとともに，ソ連は経済発展を支える輸入を許可し，欧米の技術と生産方式の採用を奨励しはじめた。しかし，企業は非効率な中央集権体制の下で，国内で効果的な変化を遂げることができず，また，触媒となりうるレベルの国際統合を実現することもできなかった。中国とアルバニアはソ連と袂を分かち，1961年までにコメコンを離脱した。独自路線をとったユーゴスラビアは，1964年までに準加盟国となった。モンゴル，ベトナム，キューバは1978年までに正式加盟した。しかし，コメコンは資本フロー，技術移転，経営統合の点で，北大西洋の資本主義経済に比肩するものにはならなかった（Gaddis, 1998）。

ハンガリーのタタバーニャ炭鉱とポーランドのカトヴィツェ炭鉱は，1959年からスラグの再処理技術の発明を活用する株式会社のハルデックスを設立した。他の例としては，インターアトムインスツルメント（核兵器製造），インターテクスティルマッシュ（繊維機械製造），インタースプートニク（1972年に衛星通信事業の調整のために設立）などがある。これらはすべて，共産主義圏や第三世界が比較優位を持つ技術を開発するために設立された[183]。コメコンは，1964年に国際協力銀行を設立し，1970年に国際投資銀行を設立したが，両行とも参加国政府の代表からなる1つの運営委員会によって管理されていた。通貨が不足していたことから，コメコン参加国の貿易は実質的にバーター取引に頼っていたが，1970年代のソ連の油田開発と安価な燃料の生産から恩恵を受けた。

ソ連は，戦間期に設立された4つの海外銀行と保険会社を，冷戦の最も困難な時期も運営し，チェコスロバキア，ハンガリー，ポーランド，中国も，西欧に銀行を保持した。例えば，モスクワ・ナロードニー銀行は，パリ，ルクセンブルク，シンガポール，ベイルートに支店を持ち，1970年代までにはソ連外国貿易銀行が100カ国に1,520の支店を有していた。ブルガリア外国貿易銀行は1,000の支店を有していた。必要としていた外貨と技術をブロック間貿易によって獲得し，共産党の銀行は金融資本主義の中心地に拠点を置き，西側企業との関係構築やシンジケート資金を集める必要に迫られた。米国でドル口座を持たないことが推奨されたため，共産主義銀行もユーロダラー市場で活発に活動していた。電力工学機器の製造と供給に従事するソ連の事業者エネルゴマシュエクスポート社は，強力な隣国と良好な関係を維持している中立のフィンランドで共同事業を行っていた。その他に，同社は投資とプロジェクトを共産主義圏または第三世界に限定し，必要に応じて，実利的な資本主義企業ブラウン・ボベリと協働した[184]。

モスクワに拠点を置く国立冶金工場設計研究所（GIPRMEZ）は，ビライとボカロに製鉄所を建設し，ソ連とルーマニアはバラウニ，コヤーリそしてマトゥラーにあるインド最大の石油精製所に関与していた。チェコスロバキアのシュコダはイラン，メキシコそしてトルコに加えてインドに組立工場を所有していた[185]。共産主義国は，1962年までに，資本主義国に約50の企業を所有していた。1976年までに，デタント政策の助けを借りて，企業数は700まで増加し，そのうち3分の2は先進国に進出していた。しかし，これらの企業は主にFDIではなく貿易と金融に関わる駐在員事務所であり，海外子会社を設立する戦略的意図もなければ組織能力も有していなかった。

西から東への投資の流れは，たとえそれが東から西へのそれを凌駕していたとしても，世界的にはそれほど大きくはなかった。ユーゴスラビアは，他の東欧諸国とは異なり，1945年6月に赤軍の直接支援なしに解放され，戦後は独自に政治的・経済的問題を解決することができた。ヨシップ・ブロズ・チトー率いる共産主義者は，11月までに一党国家ユーゴスラビア連邦人民共和国を建国した。ソ連の同盟国として，中央集権経済を押し付けたが，1948年，チトーは，ブルガリアとアルバニアが大ユーゴスラビア連邦にどのように組み込まれるかについて，スターリンと対立した。根本的な問題は，ソ連がユーゴスラビアを衛星国ではなく対等な同盟国として取り扱うことを拒否したことに起因する。侵略の恐れもあるソ連の介入を危惧し，チトーは西側に経済援助を求め，それは翌年以降も続いた。ここからユーゴスラビアはソビエト体制から逸脱し始め，1950年6月には労働者の自己管理と政治的権力の構成共和国への分権化に基づく市場社会主義という目標を掲げた。西側援助の支援を受けたこの新しい取り決めにより，すぐに急速かつ継続的な経済成長がもたらされた。

クラグイェヴァツの国営軍需工場は，第2次大戦前の短期間にシボレー・トラックの組立を行っていた。1953年に行われた投票でザヴォディ・ツスルグエナ・ザスタバ（赤旗研究所）の工場労働者が再び自動車を作ることを投票で決めた。大量生産への転換と製品品質の向上を可能にするため，同社は，1954年に，フィアットの車種のいくつかを自社の名前で組み立てる契約を結んだ。ザスタバは1965年までにポーランドに輸出され，約3年後にはフィアットは，年間8万5,000台から13万台に生産能力を拡張させた。1962年に初めて登場したザスタバ750（フィアット600の派生車種）は，輸入部品に依存していた。しかし，1969年にはリトルフィアットとの愛称でよばれた「フィカ」は，国内で生産された部品のみを使用した[186]。シトロエンは，1963年までにトモスと2CVを生産する組立工場を設立した（Gallard, 2004）。ユーゴスラビアは東西分断において共産圏にあったが，独自の外交政策を取っていたので，東側と西側は影響力を競い合った。非同盟諸国首脳会議の発案者であったチトーは，インドネシアのスカルノ大統領，エジプトのナセル大統領とガーナのエンクルマ大統領，インドのネール首相の支援を得た。これは後に非同盟運動と呼ばれるようになるが，第1回の会合が1961年にベオグラードで開催された。この組織は，西欧と共産主義のブロックの間の中道的な方法を提唱し，貿易と投資の均衡を再構築するための先進国と開発途上国との協調，多国籍企業の主権国家による統制を主張する1974年から国連で作成された新国際経済秩序に関する提案を支持した（Gaddis, 1998）。

ソ連の自動車産業は1949年に約21万1,000台の車を生産し，戦前の水準を上回ったが，この戦時期の奇跡的な生産台数は平時に続くことはなかった。フルシチョフは，1959年に共産主義の成果についてニクソン副大統領に自慢したが，その1年前の1958年にはモスクワのリハチョフ自動車工場を，14年前と同数のトラックしか製造しなかったとして批判していた。自動車業界全体が，技術，部品品質，規模の経済の点で遅れていることも認識されていた。迷走するフルシチョフに代わって，1964年10月にさらに陰うつな政治局員グループが政権につくと，彼らは経済を引き上げ，消費者の商品需要に対応することで国内と海外での地位を安定させようとした。同年，ソ連の穀物購買代理店であるエクスポートクレブが米国と世界市場から穀物を購入する歴史的な協定に調印したことで，ソ連の集団農業体制の失敗を白日のもとに晒すことになった。米国は外交関係の改善と貿易制限の緩和を求めて，この協定に合意した。ソ連計画経済の象徴であるエクスポートクレブは，資本主義世界のコンチネンタル・グレインやカーギルとうまみのある契約を結び，ハンガリーも食糧を輸入しはじめた。この取引は歴史上の皮肉と呼ばれた。というのも，コンチネンタル・グレインは第1次大戦中に，当時欧州の穀倉地帯であった帝政ロシアから穀物を輸出する企業として成長し，第2次大戦中に本社をベルギーから米国に移したばかりであったからである。[187]

アレクセイ・コスイギン首相は，すぐにソ連での過去の自動車に対する批判を繰り返すことになった。ソ連がヴォルガ自動車工場（アフトヴァース）を建設，発展させるためには，西側の多国籍企業の支援が必要だった（Holliday, 1979）。そのため，海外でターンキー工場を建設した経験のあるフィアットはもっともな選択だった。ヴォルガ河岸に自動車工場を建設して，工場周辺に都市を開発することが目的だった。1964年にヤルタで休暇中に死亡したクレムリン寄りのイタリア共産党の指導者，パルミロ・トリアッティは，ソ連共産党中央委員会第一書記兼首相の選挙に際し，レオニード・ブレジネフをヤルタから支援したと伝えられている。彼はブレジネフを応援するロビー活動と並行して，フィアットとの提携にも重要な役割を果たした。アフトヴァースが建設されたヴォルガ河畔のスタヴロポリは，彼の名誉をたたえてトリヤッチと改名された。フィアットとの提携契約は1966年に締結され，アフトヴァースは1970年にソ連の大衆車ブランドである「ラーダ」を製造し名声を得た。ラーダの生産により11万人の雇用が生まれた。この車はもともと東欧圏の消費者向けに作られたが，1974年から輸出を開始し，無駄を省いた安価な車として西欧やカナダの消費者の心を掴んだ。しかし，貿易が禁止されていた米国と，フィアット車のコピーであるラーダはオリジナルのフィアット車には勝てないと思われたイタリアでは，販売されなかった。イタリア側は，ソ連体制内での経営方針や作業方法の違い，契約や製品ライセンス契約の解釈をめぐって，さまざまな問題に直面した。そのため，ルノーなどの企業とのサポート契約があったにもかかわらず，1969年から1976年にかけてタタールスタン共和国のナーベレジヌイェ・チェルヌイに建設されたカマ・トラック工場（カマーズ）は，出資者の確保に難航した[188]（Estape-Triay, 1999; Tortella, 2000; Harrison, 1978）。

ポーランドの共産党政権は，1951年に，ワルシャワのヴィスチュラ川のほとりに，乗用自動車製造会社（FSO）という平凡な名前の工場を建設した。当初は，ライセンス契約でソビエト車を製造した。その後，ポーランドでは強硬派が再び政権を握ったが，東欧圏の中で工業化が最も遅れている国の1つだったことから，政府は西側の援助で工業化の速度を上げる政策を採用した。FSOは，1965年にポルスキ・フィアット125pの生産について契約を結んだ。その内容は，2年以内に生産を開始する（ライセンス契約は1982年まで継続）というものであった（Estape Triay, 1999; Tortella, 2000; Harrison, 1978[189]）。当時ブルガリアは，フルシチョフの支援をバックに，ほとんどのスターリン主義者を追放しており，農業中心から工業中心に切り替える政策をとっていた。国家生産協同組合バルカンカルは，「プリン・フィアット」の製造と工場建設の契約をイタリアの多国籍企業であるフィアットと結んだ。ブルガリアの輸出貿易機構は，輸出バーターを通して，SPCバルカンカルが契約したサービスと資材に対する支払いを行った。結局，この契約は短命で，1967年から1971年までの4年間しか続かなかった。ポーランドとフィアットはFSOの実験を繰り返した。ビエルコ・ビャワとティヒに拠点を置く小型エンジン自動車製造会社（FSM）が，1973年からフィアット126pを生産した（1991年，フィアットはこの事業を買い取った）（Estape-Triay, 1999; Tortella, 2000; Harrison, 1978[190]）。

1971年にワルシャワ条約機構が，米国に対してサミット開催を働きかけると，リチャード・ニクソン大統領はこの申し出を歴史的機会ととらえたが，1972年に核兵器と生物兵器の制限をもって終わりを告げた。1975年には政治，経済そして人権問題の協議の場として，ヨーロッパ安全保障協力会議が設立された。1972年は，ソ連の小麦が不作であった。国有農場では食肉需要の増加を満たすのに十分な飼料を作れなかった。コンチネンタル・グレインやカーギルなどの企業は，1972年に7年前より大規模で収益性の高い取引を開始した。農業集団化によってソ連と中国という2大農業大国が穀物の純輸入国となった。ソ連の需要によって世界の穀物価格が上昇し，「穀物大強盗」と呼ばれる取引業者が市場を操作しているという主張につながった。国際的なデタントは，対内投資と技術移転を可能にした。[191]

PUKは第三世界やユーゴスラビアにおける技術支援契約によって金属，化学製品および医薬品における技術力を活用し，ソ連をその海外事業に加えた。[192]しかし，ソビエト圏では，国際的なビジネスのメリットを簡単には享受できなかった。たとえば，ポーランドのウルススのトラクター工場は，マッセイ・ファーガソンからライセンスを受けた技術を利用できなかった。コメコン諸国の大半は西側から恩恵を受けていたが，デタントの後退と1979年から始まった世界同時不況により，資本流入が減少した。多国籍企業はいずれも鉄のカーテンの向こう側への投資については慎重なままであった。ダウ・ケミカル，IBM，ITT，AEGテレフンケン，ICI，クルーゾ＝ロワールは，1980年までに現地パートナーと共にソ連で活動していたが，対内FDIはわずか10億ドルであった（Wilcyznski, 1976; Holliday, 1979）。1979年後半にソ連軍がアフガニスタンに侵攻したことでデタントが終焉し，西側諸国は禁輸を課して対抗した。

主権対財産

1945年以前には，外国企業が強制的に国有化された例はほとんどなかった。第1次および第2次大戦中は，交戦国は敵の財産を収用していた。1917年のボルシェビキ革命で民間企業が禁止された。採掘契約の条項，ロイヤルティ，利益分配をめぐる激しい応酬の後，ボリビアが1937年，メキシコが1938年に自国の石油産業の支配権を得た。アルゼンチンは1943年から1945年の間に，アメリカン＆フォーリン電力（AFP）の子会社の40％近くを収用した。1946年に，カナダが保有していたメキシコ路面電車会社が国有化された。平和条約の下で，敗戦国のドイツ，イタリア，日本が戦後賠償として海外資産を放棄したが，戦後数十年間は，強制的な収用は比較的少なく，おおむね最終的には合意によって解決していた。アルゼンチンは，経済的自立を掲げて1946年に選出されたフアン・ペロン大統領の下，大金を払って，英国がまだ保有していた分の鉄道を買い取った。英国企業は1947年以降，インド，パキスタン，ビルマ，そして少し遅れてマレーシアとの紛争を解決していった。同様にオランダも1957年以降，インドネシアの国有化を受け入れた。

ブラジルのペトロブラスは同国の石油資産を支配していたが，多国籍企業との共同探査，生産，輸出を続けた。ITT，リオ・ティント，フォードは受け入れがたい契約条件を呑んだにもかかわらず，運営上の困難や差別的な政策によって，1954年までにファシスト政権下のスペインから事実上追放されたと感じていた。戦後は多国籍企業と受入国政府との契約が一般的であったが，1947～48年にソ連が東欧支配を強化するにつれ，この形態の例外が作られていった。もう１つの形態は中国で作られた。ブリティッシュ＝アメリカン・タバコ（BAT）は，蒋介石の国民党政権との合意により中国に再進出したが，これは大きな間違いだった。というのは，1949年に毛沢東率いる共産党が勝利したからである。経営陣を解放してもらうために，BATは1953年に新しい中国政府に資産を譲渡した。これをきっかけに，中国政府はすべての民間企業を接収しはじめた。貿易業者であり投資企業でもあるジャーディン・フレミングや，バターフィールド＆スワイヤーも，新しく建国された中華人民共和国で多くの資産を失った（Encarnation, 1989; Fritsch and Franco, 1991）。[194]

冷戦時代には，1951年から1954年にかけてのアングロ＝イラン石油会社とグアテマラのユナイテッド・フルーツの事例に見られたように，西側諸国の政府と多国籍企業は，禁輸措置や受入国の政治に秘密裏に干渉することによって，海外子会社の所有権と運営を保護する意志と能力を示した。政府の介入動機は経済よりもむしろ地政学的なもので，スエズ運河という重要な水路の国有化に端を発したスエズ危機は，受入国政府が投資家に対して主権を守ろうとする状況を作る転換点となった（Piquet, 2004）。1959年のギニア，1960年から61年にかけてのキューバの状況は，こうした現実の変化を裏付けているように見えた。1962年，米国とソ連は国連で，国有化された財産に対する「迅速，十分かつ満足のいく補償」あるいは「国有化と資産収用を阻止されずに執行する国民国家の権利」の原則をめぐって，外交上，激しい論争を展開した。国連総会は「国家および国際法に従って適切な補償を求める資源恒久主権に関する決議」を採択したが，「自由に締結された合意があると認められたとしても，全面的な国家主権は守られるべきという原則」も承認した。

対外FDIがほとんどなく，内政干渉を阻止したいと考えるソ連は，国民国家には奪うことのできない権利があると主張した。米国は補償条件の「適切な」という言葉のあいまいさを懸念していたが，この時点では何が適切かを示す事例はほとんどなかった。主にキューバ革命とブラジルでのITT買収への対応として，米国議会はヒッケンルーパー修正条項を盛り込んだ改正案を可決した。これには，６カ月以内に補償することなく米国企業の国有化を行った国に対する援助の撤回を求める条項が入っていた。しかしこの条項が行使されたことはなく，国務省は現実的な行使と受入国との交渉余地を確保することを望んだ（Sigmund, 1980）。1964年には，原告は海外の収用に対して，米国裁判所に補償を求める訴訟を起こすことができる法律が制定された。もっとも，大統領は国家的な理由があればいつでも，その法律を阻止する特令を発令できたのではあるが。

スエズ運河危機により，砲艦外交では収用資産を取り戻せないことが分かった。国有化と多国籍企業に対する受入国政府の干渉が加速するにつれて，投資国と企業は適切な補償の原則を主張しつつも，国家主権の原則を次第に受け入れた。1961年のイラクの鉱物権取得に始まり，その後10年ほどの間に，産油国は石油メジャーから支配権を奪った。その傾向が頂点に達したのが，1976年にサウジアラビアが行ったアラビア・アメリカ石油会社（Aramco）の国有化であった（Wilkins, 1974; Safarian, 1993）。ビルマは1963年，インドネシアは1965年までに，旧宗主国の企業によって保有されていた資産の国有化を完了した（Vickers, 2005）。1966年にはコンゴ共和国（後のザイール），1969年にはザンビアが鉱業を国有化した（Shillington, 2005）。ペルーは1968年に国有化政策を開始し，1975年までに完了した（Williamson, 1992）。1966年，約20カ国が世界銀行主催の投資紛争解決国際センターへの参加に署名し，会員数は3年で60カ国に達した。同センターは，国際商業会議所の仲裁裁判所に加えて，国際投資案件を解決する別の議論の場を提供した。その目的は，紛争ごとに結論を下すというよりも，紛争を解決する枠組みを確立することにあった。

チリは，1969年から1971年の間に米国多国籍企業から銅鉱山の支配権を取得し，条件をめぐって不満はあったものの補償の合意を得た。米国は冷戦の諸状況とITT資産を含む通信事業の国有化を見て，アジェンデ政権に隠密作戦を開始した。1973年のクーデターで，チリに軍事暫定政権が誕生した（Williamson, 1992; Wilkins, 1974; Sampson, 1973; Schoenberg, 1985）。1976年には鉱業，石油，大半の公益事業の国有化がほぼ完了した。共産主義圏の支持を得て1972年に国連の資本輸入国は，外国資産の国有化が政治主権の表明であると宣言する動議が可決された。ニクソン大統領は，米国資産の没収は株主に対して不当であると非難し，そのような行動は長期的には途上国にとっての自殺行為だと主張した。違法行為を行った国への世界銀行などの国際融資を全面的に停止する，と宣言したゴンザレス議定書が米議会で可決され，1974年に法的制裁措置が制定された。国連では，先進国が提案した外国人投資家に対する補償の権利を承認する案が否決された（Sigmund, 1980）。

1974年の通商法は，米国の海外資産を没収した国に対する制裁権を与えるものだった。国務省は，39カ国で米国多国籍企業に対して106の紛争が生じたことを確認した。アジア，アフリカ，中南米における総額250億ドルの米国FDIのうち，35億ドル（鉱物および天然資源がほぼ全額を占める）が影響を受けた。しかし多国籍企業は現実的な対応を示し，補償や将来のビジネスチャンスを確保するために，政府や国営企業と協力する方法を探る道を選んだ。リオ・ティント亜鉛会社やカイザー・アルミニウムなどの企業は，商業リスクを相殺する手段として国家や現地のパートナーを探す戦略をとった[195]。しかし大手鉱山会社は，石油会社がアラスカ，カナダ，北海の開発を進めたように，オーストラリアやカナダなどの先進国で政治的に好ましい国への投資に切り替えた（Safarian, 1993; Sigmund, 1980）。

途上国は，国連貿易開発会議（UNCTAD）を通じ，ブレトンウッズ体制に代わる一連の提案を策定し，国連総会は，1974年に新国際経済秩序（NEIO）の樹立に関する宣言を採択した。途上国がどのように世界経済に参画し，そこからより多くの利益を得ることができるかが議論された。それには，原材料および一次産品の安定した報酬価格，関税制度の非互恵的取扱いの改善，無条件の経済的および技術的援助，主要な生産者が国際業界団体を結成することを奪うことができない権利，外国財産を有利な条件で国有化したり収用したりする自由，および多国籍企業を規制し管理する主権国の権利が含まれた。NEIOの支持者の中には，国際経済システムの条件を設定した先進国に支配されている国際貿易と投資を，貧しい人々を犠牲にして金持ちに利益をもたらすゼロサム・ゲームとして認識している人もいた。不均衡を是正するために，彼らはさらなる国家計画と自由市場のより強い制限を主張した。さらに，解放された国々は，植民地主義の歴史的問題点と外国支配に関する現代的問題への対応を望み，これに従って自国の経済および社会的発展の遅れを説明した。多国籍企業の擁護者は発展途上国が作り上げた国際ルールはあまりに過激であるため，投資する国の安全が保障できない，と主張した（Leff, 1978）。1973年から1979年の関税および貿易に関する一般協定（GATT）の東京ラウンドでは，世界的な制度変更のための初めての大きな努力がなされた。世界の9つの主要産業市場による大幅な関税引下げがあったにもかかわらず，いずれの立場をとる参加国も達成感より失望を味わった。

第三世界，つまり非植民地化されたアジアとアフリカそしてラテンアメリカにおける多国籍企業の活動は，国家主義あるいは急進主義勢力，国家の指示や主要な経済資産の支配に基づく開発政策，あるいは統治や不安定な政治経済の影響を頻繁に受けた。多くの国は，外国資本の事業を国家主権に対する挑戦で，社会正義の障壁になるとみなした。一方，多国籍企業は規制や収用を自由貿易の原則や国際的な財産権に反するものとみなした。脱植民地化は当然，かつてのヨーロッパの宗主国とその商業利権を攻撃するものとなった。ただし，ある程度の補償が用意されていたことは銘記しておくべきである。「従属学派」は，先進国の多国籍企業による投資は，形式上の帝国主義時代が崩壊した後に他国の支配を維持するための代替手段にすぎないと主張した（Frank, 1969; Cardoso, 1972）。

小国は特に脆弱で，単一または限られた範囲の商品に対する輸出依存率の高さが，さらに自治権を弱めていた。「相互依存学派」は，国と多国籍企業は相互依存の関係にあると主張した。つまり，企業は海外での市場と商機を探していたが，安全性と明確な統治構造が必要だった。一方，国は技術，経営スキル，投資，インフラ，雇用，輸出，世界市場へのアクセスを得る可能性があった（Stopford and Strange, 1991）。冷戦時代には，第三世界諸国はおおむね，きわめて異質な国際的パートナーや投資家を選んだ。インドで見られたように，社会主義計画を望み，外資系企業がそれにしぶしぶ協力する形が多かった。したがって，多国籍企業と受入国との衝突がイデオロギー的な性質を帯びることがあり，イランでも，グアテマラでも，スエズでも，地政学的状況判断や競合国家との対立という要素が混ざったときにその性質が強まった（McKern, 1993）。多国籍企業はきわめて異なる経済システムの利点と，開かれた貿易と投資の利点について疑問を投げかけた。また，共産主義モデルや社会主義モデルだけが，欧米の政治経済に挑戦するものではなかった。成長段階では政府のみが工業化プロセスを開始し，産業を保護できるという考えに基づいて，日本では政府の積極介入と市場メカニズムを混在させる形が効果を上げることを立証した。韓国，台湾，シンガポールは日本の前例を念頭に置いて，アジア型あるいは発展途上国型の明確なモデルを作り出した。日本と韓国は，対内FDIを効果的に禁じて国内企業を育成したが，米国にとって重要な冷戦期の同盟国であったため，米国は両国に引き続き自らの技術と市場へのアクセスを提供した。

戦後のアジアとアフリカ

第2次大戦でヨーロッパの帝国が崩壊すると，列強はアジアとアフリカから撤退し始めた。1948年に解放されたビルマ政府は英国の貿易会社から森林を収用し，その後，1963年に軍事政権が専制政治と主要産業の完全国有化政策を開始して，ビルマ石油をはじめとする外国の多国籍企業の資産を移転させた。植民地統治の時代に多国籍投資家がかきたてた恨みを無視して，戦後ビルマの民族主義の強さと経済的自立の探求を理解することはできない。ビルマの一般大衆は，プランテーション，石油，鉱山，産業から英国が得ていた利益が地元住民に十分に還元されず，雇用の多くが移住労働者に回っていたと感じていた。そして，それは不当なものではなかった。清涼飲料水・炭酸水メーカーのシュウェップス（英国）は，インド亜大陸における自社製品に対する大きな需要とそこでの販売を守るために，独立した新生インドへの投資を決めた[196]。しかし，大半の外資は撤退の流れに向かっていた。ジャワハルラール・ネールはマハトマ・ガンジーの村落生産と農村の改善というテーマを引き継いだ。その一方で，1947年にインドの初代首相となってから1964年に死去するまで，1951年から開始した一連の5カ年計画で，国営の重工業，電化，インフラの構築を推進した。ネールは本能的に，外資企業による対内投資を疑っていた。インド建国以来，民間企業への課税強化，為替管理，ルピーの切下げ，外国人所有の制限などが断行され，海外企業はインドへの新規投資に消極的だった。石炭産業が1970年に国有化され，1973年の外国為替管理法（FERA）では，国内資本の企業を支援するために，外資比率40%以上の企業に罰則が課された。植民地時代を謳歌していた英国商社は，独立以降地位が低下し，インド政府と地元企業に売却されていた。

操業面と規制面で問題があったにもかかわらず，フィアット，ピルキントン，AKU，SKF，ABアトラス，アルキャン，インターナショナル・ハーベスターなどの西側企業がインドに進出した。インターナショナル・ハーベスターは，インド市場のシェアが小さかったため，子会社が完全所有されることを容認した。他方，IBMは子会社や技術知識に対する支配を失うことを望まない多国籍企業の顕著な例で，FERAの成立後，1978年にインドからの撤退を決めた。当時のインドの経済政策は，国家統制主義的かつ中央計画経済志向であった。非同盟運動の推進国であるインドは，西側とソ連の経済競争の舞台となっていた。ソ連のギプロメスはインドに製鉄所を建設した。ソ連とルーマニアはインドの石油精製所を支援し，チェコスロバキアのシュコダは組立工場を保有した（Tomlinson, 1989; Fieldhouse, 1978; Encarnation, 1989; Lall, 1985）。独立インドから譲渡するように圧力がかかったアメリカン&フォーリン電力会社（AFP）は，1951年に撤退した。1946年から48年にかけて，先進国においても同様の展開が見られた。フランス，オーストリア，南オーストラリア，西ドイツはすべて，電力事業の国による所有と支配の度合を高めた。同じ期間の発展途上国では，アルジェリアが国有化を宣言し，南アフリカはビクトリア・フォールズ&トランスヴァール電力会社を引き継ぎ，エジプトは，外国資本に新たに営業許可を与えないという国有化の原則を採用した（Hausman, Hertner and Wilkins, 2008）。

ボルネオ会社は，1953年にアジアからの撤退を開始した。マレーシアでは，多国籍企業は資本を有し技術知識を支配していたために，ゴムとパーム油の分野ではそれまでの地位を保持した。しかし，1971年に導入された現地マレー人優遇を目的とする新経済政策は，政府の剥奪の意志を明確に反映するものだった（Turnbull, 1989）。インドネシアは数年に及ぶ闘争を経て，1949年に独立した。オランダの貿易会社はインドネシアに復帰したが，インドネシアは輸入と利益の移転を制限し，国内企業に優先権を与えた。その後1957年には，国内にあるオランダのすべての企業を国有化し（ヨーロッパ諸国のすべての海外資産のほぼ半分），経営者を入れ替えた（Vickers, 2005）。すでに見たように，アジアを拠点とする一部の貿易業者は一次産品や開発途上国でのスキルをアフリカに移そうとした。その中にはウォレス・ブラザーズやフィンレー，そしてインターナシオが含まれていた。しかし，長い目で全体を見渡すと，ほとんどの英国の貿易会社は，自国経済の中で幅広い産業とサービスに投資する企業へと進化した。一方，オランダの貿易会社は欧州全域での事業展開を試みて，ある程度の成功を収めた（Jones, 2000; Jonker and Sluyterman, 2000; Sluyterman, 2003）。

アジアと同様，アフリカへの投資は，強まる脱植民地化運動に直面した。北アフリカのアラブ諸国は，1951年のリビアを皮切りに正式に独立を獲得した。サハラ以南の動きは1957年のガーナから始まり，1960年代に大陸全体で加速した。英国，フランス，およびオランダの銀行は，貿易会社と同様，撤退した。植民地である香港の急速な成長と低い税率，そして金融の中心地としての出現は，東アジア中で事業を継続的に展開していた香港銀行に有利に働いた。香港銀行は1960年にブリティッシュ中東銀行を買収し，石油が豊富な地域で拡大した。ANZバンキング・グループはアジアで重要な存在であり，1969年に合併して誕生したスタンダード・チャータードは，アジア，アフリカ，オーストラリア，英国で事業を展開した。バークレイズは南アフリカに主要な事業を有し，1945年以降，アフリカ全域でネットワークを拡大することができた（Jones, 1990）。しかし，新しい国家は，一般的には帝国の歴史を持つ企業に懸念を抱き，政治主権を獲得したにもかかわらず，多国籍企業を経済的自立の妨げとみなす傾向があった。多国籍企業は現地企業や国営企業に比べて不利な立場にあると感じ，ますます輸入品や利益そして通貨への規制に対応する必要に迫られるようになった。

裕福な先進国の多国籍企業の市場開拓戦略を反映して，戦後の数十年に世界のFDIの流れは，鉱物，天然資源そして公益事業の合弁事業から，製造業へと変化していった。1966年までに，経済協力開発機構（OECD）の主要国は，途上国においては，金額でみて製造業全体のFDI資産のわずか22％しか保有していなかった。豊かな先進国は，鉱物，一次産品，石油のために，南半球の途上国と中東に投資を続けた。低開発国におけるOECDのFDI資産は，1966年には石油が40％，鉱業・製錬が９％，そして製造業は27％だった（Turner, 1970）。

すでに見てきたように，米国は戦後の国際経済の重要な原動力であり，FDIの増加の大半は同国の製造部門に起因するものであり，カナダやヨーロッパに向けて流れている。早い段階で，新しい経済・軍事超大国である米国は，二陣営に分かれた冷戦中に海外における影響力を高め，ソ連の影響力に対抗するために，海外向け投資の目的地を欧州から途上国に切り替えた。これまでみてきたように，1950年に制定された国際開発法は途上国の科学技術と産業を支えた。同様に，1951年以降の投資保証制度が第三世界における紛争，政策転換，収用の追加的リスクをカバーするために用いられた。米国政府は，同じ理由で輸出入銀行に資金を供給し，二重課税と差別的な政策を禁じる国際協定交渉を行った。ところが，1960年代の第三世界の国々は，オープンな貿易と投資を欧米が経済的な覇権を確立するためのシステムとみなした。内国歳入庁（IRS）は，多国籍企業に二重課税控除を与え（Sigmund, 1980; Wilkins, 1974; Safarian, 1993），石油会社への特別控除を導入した。海外の採掘権のために支払われたロイヤルティは，1950年から税控除が可能になり，多国籍企業は企業収益に影響を受けることなく，サウジアラビア政府に回す収益割合を12％から50％に引き上げることができた。それは，米国の石油会社がアラムコに関与し続けるインセンティブとなり，米国の石油各社は引き続き，世界で最も重要な石油供給源の１つに関与することになったのである（Sigmund, 1980）。

新興国市場は戦略的にみて市場規模が小さく，人口１人当たりの所得が低いため，多国籍製造企業にとって優先順位は極めて低かった。すでに見たように，おおかたの米国企業はむしろ中南米に目を向けていたが，コカ・コーラはグローバルブランドへと進化を遂げた。ケロッグは1948年に南アフリカに工場を建設し[197]，S. C. ジョンソンは1968年にアフリカと東南アジアに子会社を設立した[198]。政府の圧力を受けて，ガラスメーカーのピルキントンが1951年に南アフリカ，３年後にインドに工場を建設した[199]。南アフリカで合弁企業をもつブリティッシュ酸素会社（BOC）は，英国や，その他の多国籍企業の製造，銀行，鉱山事業の権益を拡大した[200]。しかし，南アフリカは投資家にとって安全な避難所ではなく，アパルトヘイトによって，国内では市民の抗議と暴力が拡大し，世界では怒りの対象となった。1946年から1957年にかけて，ナイジェリアは新憲法上の取り決めによって以前よりも大きな自治を行使し，1960年に正式な独立を果たした。ナイジェリア政府の圧力を受けて，ユニリーバ傘下の連合アフリカ会社（UAC）は1958年に自動車の組立を開始し，それによって創設された輸入流通事業を守り抜いた。[201] ギネスは1960年代に輸出販売を柱にしていたが，ナイジェリア，マレーシア，カメルーン，ガーナ，ジャマイカで生産を開始した。[202]

多国籍企業――主に英国と米国――は，第三世界への新規の資本注入を減らしたが，撤退はこの期間に行っていない。1960年代，英国のFDIは概ねヨーロッパ経済共同体と西ヨーロッパに移転し始めた。ミシュランは1970年までにナイジェリア，アルジェリア，ベトナムで工場を所有し，[203] ペシネーは1954年にカメルーンにアルミ工場を，1960年にギニアにアルミナ工場を設立した。[204] マンネスマンAGは，1955年までにトルコで製鋼・製管工場を設立し，VWは1950年以降，南アフリカで国家政策の一環として組立工場でビートルを完成させた。[205] 多国籍企業の歴史において，サービス部門は一般的とは言えないが非常に興味深い事例を提供している。現状に不満を抱いていたIBMの営業マンであるH. ロス・ペローは，1962年にエレクトロニック・データ・システムズ・コーポレーション（EDS）を設立し，1976年にサウジアラビアの大学から契約を受注し，さらにイラン政府からコンピュータサービスと研修を提供する委託契約を受注することで国際進出に成功した。イランからの支払いが2年後に滞ったとき，EDSは業務を中断し，ペローは大半の従業員に自宅待機を命じた。残っていた2人が契約紛争の一環として逮捕されたとき，ペローは救助隊を編成するために元グリーンベレーの大佐を雇った。幸運なことに，1979年のイラン革命においてアーヤトッラー・ホメイニの支持者が刑務所に侵入した際には，これらの従業員は独房を出ており，救助隊によって自国への輸送が行われた。ゼネラル・モーターズは1984年にEDSを買収し，ペローは1992年と1996年に，物言う第三者候補として米国大統領選に立候補することで名声を高めた。[206]

アジア・アフリカにおける鉱物資源外交

石油は世界の主なエネルギー源であり，化学・材料産業に不可欠な産品であった。工業化が進んだ裕福な西欧諸国で需要が最も高く，富裕な国における自動車所有率の高まりによって石油価格の政治的および経済的な重要性がさらに高まっていたが，戦後に最も豊富な石油供給源が存在したのは赤道付近や南半球であった。その後，石油産業は世界経済にとって戦略的に重要であり，必然的に国際的なものとなった。不安定な国際情勢の中で生まれた危機もあった。探査，採掘，流通は資本集約的で技術的に複雑であったため，共産圏以外の西側の巨大多国籍企業が石油産業を支配した。外資企業側は採掘を行うための鉱業権や長期採掘許可を勝ち取ろうとしたが，受入国では天然資源の所有権を真の国家主権と関連づけ，すでに合意していたロイヤルティや課税条件を不当と糾弾する傾向が強まった。途上国は，多国籍石油企業の採掘許可契約の見直しを図ったが，その中には植民地政権下で和解したものや，かつての弱体政権や腐敗政権に多国籍企業が強引に課したと見えるものもあった。石油収入は国家の政治的・経済的正当性を維持・立証する即効性のある手段を提供した。そうした国家の多くは民主国家とは言えないものであり，明らかな統治の失敗に苦しんでいた。供給を監督する受入国政府と，組織・運営・流通の専門知識を持つ多国籍企業は互いを必要としていたが，多国籍石油企業と利権の独占に対する怒りが政治や外交面の危機を招くおそれがあった。

石油事業は戦後の国際経済の黄金時代に，深刻な脆弱性をさらけ出した。イラク，クウェート，イラン，サウジアラビア，ベネズエラは，1960年にバグダッドで石油輸出国機構（OPEC）を創設し，すぐに他の9つの国家が参加した。彼らはカルテルを設立して，天然資源に対する国家主権を宣言し，石油供給の支配権を多国籍企業から奪おうとした。きわめて多くのアラブ諸国が加盟しているOPECは，1973年のヨム・キプール戦争のとき，イスラエルを支援した米国に対して禁輸措置を断行し，石油価格の急騰と世界的な景気後退を引き起こした。1979年のイラン革命後，世界の石油市場がパニックを起こし，その後3年間にさらに景気後退が続いた。石油会社は，世界市場での生産シェアが低下し，途上国で石油を採取するしか選択肢がなかったが，精製事業を移すことによって最終市場の支配を保持し，脆弱性と為替コストを減らすことができた。石油会社は，1951年に産油地域で精製の半分を行っていたが，1965年にはその比率を16%まで下げている（Chapman, 1991）。

石油・鉱山会社は，製造業者とは違って，鉱物が地中に存在している土地に行かなくてはならなかった。そのため，こうした多国籍企業は受入国の経済，外交，法律面の紛争を絶えず注視していた。政府が多国籍企業の受け入れに寛容な国でも，国内の反対や国際間の問題に対応し，自らの政治的正統性を危険にさらさなければならないときもあった。アラムコを管理していた米国多国籍企業のソーカル，テキサコ，ジャージー・スタンダード，そしてソコニー・バキュームは，アラビア半島の大部分を支配していたサウジ王室と安定した事業関係を保っていた。

同社は内政干渉しないことを表明し，誤解を防ぐために地域の文化的違いについて新任の管理者に説明した。病院や学校を建設し，米国での研究奨学金を現地の人々に与えた。石油が発見されるにつれて，海外におけるアラムコの存在感が増し，そのインフラや従業員も増加した。イブン・サウド王はワッハーブ派やイスラム教スンニ派，その他の支援者の支援を受けて権力を勝ち取ったが，彼らは聖地メッカを管理する国において西洋の影響力が増していることを非難した。

1950年には国営化を恐れたアラムコは，より大きな利益配分を求める王の要求に応じ，50：50の利益配分を認めた（2年前にジャージー・スタンダードの子会社クレオール石油が，ベネズエラの新政権に妥協した時点で前例はあった[207]）。いずれの場合にもすでに見たように，アラムコは米国政府に対して利益の減少を埋め合わせるのための租税譲許によってその利益水準を維持できるよう説得し，米国政府は，サウジアラビアの石油に継続的かつ優先的にアクセスできることは，国益にかなっていると考えた。国務省は，サウジアラビアとアラムコとの取引において，反米的な勢いが増していることを強く認識しており，ナショナリズムと共産主義によって，将来中東が反米的な動きをとることを恐れていた（Litvin, 2003[208]）。米国政府と多国籍石油企業は，サウジアラビアの政権を脆弱であるが友好的であると見ていたが，イランでは全く異なる過程をたどった。同国では，民衆の不満により，主要な多国籍企業が国有化された。1950年代前半に米国の海外における勢力はピークを迎えており，同国の政府と多国籍企業は，主権国家の政策に対して自身の経済的利益を守ることができることを証明した。1つの悪名高い例がイランで起き，グアテマラでも同様のことが起こった。

1948年から9年にかけて，英国はアングロ＝イラン石油会社（AIOC）の利益になるように，イランに事業認可と同国内生産の実質的な独占についての改定条件を提案したが，合意はできなかった。イラン政府は，ロイヤルティ収入，AIOCによる経営への介入拒否，そして現地労働者を巻き込んだ賃金紛争に強い不快感を持っていた。アラムコがサウジアラビアと利益を50：50に分けることに合意したとき，怒りが高まり，ナショナリストの圧力に抵抗するアリ・ラズマラ首相が暗殺された。1951年に，民主的に選出されたイラン国会はムハンマド・モサデクを彼の後任として任命し，全会一致で石油を国有化し，利益の25％を補償請求のために当てることを決議し，イラン国営石油会社（NIOC）を設立した。AIOCは天然資源の国有化に関する原則，あるいはベネズエラをモデルとして行った50：50の利益分配について交渉することを拒否した。その代わり，英国政府はこの事案をハーグの国際刑事裁判所に提訴したが，敗訴した。

一方，米国，英国，オランダ，フランスの世界最大の多国籍石油各社は，提携して，先進国における精製工場や最終市場を支配し，イランからの石油の供給を遮断した。彼らは海外資産の保護や原油価格の管理をするという点では互いに共通の関心を有していた。しかし，これらの事件は，当初，西欧列強間の分裂をまさに示していた。英国とソ連がイランを占領していた第2次大戦以来，米国はとりわけ戦略的に重要な中東におけるヨーロッパ帝国主義の復活に反対していた。米国は世界最大の石油消費国であり，植民地主義やイランにおけるAIOCの特権は，不公正競争を助長するものと見做していた。米国は50：50の利益分配を支持した——同国の多国籍企業はベネズエラやサウジアラビアで同様の解決策を受け入れていた——が，国有化について現実的な認識をすることも促した。朝鮮戦争への支援を必要としていたので，米国は譲歩条件を変更した英国を強く批判はしなかった。アイゼンハワー政権の選出は，冷戦や政府における反ソ連感情を高めた。そして，1953年に，米国と英国は国家中央情報局（CIA）や秘密情報部（SIS）を通じて，政権転覆政策を開始した。最初にイランで計画されたクーデターは失敗した。西欧寄りのムハンマド・レザ・シャー・パフラビーは，バグダッド，続いてローマへと逃れた。彼が帰国して行った2度目のクーデターは成功し，彼は妥協的な解決策に同意する新たな政権を樹立した。[209]

イラクとクエートで資産を取得すると，AIOCは社名をブリティッシュ・ペトロリアム（BP）に改めた。これは，自らの未来をイランにほぼ全面的に依存したくないという戦略的意思の表明であった。しかし，イランでの世論の反発が強かったため，社名を変更した会社は以前の条件では操業できなかった。そのため，他の石油メジャーや米国は事業許可の改正を望んだ。オランダに登記された1つの国際コンソーシアムが，イラン石油パーティシパンツ有限会社（IOP）を設立した。これは，BP（株式の40%），ガルフ・オイル（結局ソーカルと合併してシェブロンを形成），シェル，フランス石油（CFP，後にトタルに再編），そしてアラムコの共同出資企業4社から構成されていた。NIOCの石油および施設の所有権と50：50の利益分配を受け入れることによって，IOPは事業の運営を認められたが，同社はマネジメントや会計に対するいかなるイラン側の管理も拒否し続けた。このコンソーシアムと英国政府も，BPにその独占の喪失に対する補償を行った（Bamberg, 1994; Bamberg, 2000; Sluyterman, Howarth, Jonker, and Van Zanden, 2007）。西側諸国政府と多国籍石油企業は同国の石油資源の国有化を阻止したが，最終的な決着としてイラン政府にさらに大きな収益を分配したことは，新たな政治的現実を認めたものだった（Penrose, 1968）。

1954年に米国は，グアテマラでも政権の転覆を図り，軍事クーデターを仕掛けた。これは冷戦政治の残酷な例であり，同時に多国籍企業の財産権を守るものでもあった。イランの経済がとくに石油とAIOCに依存していたように，グアテマラはとくにバナナとユナイテッド・フルーツに大きく依存していた。政変と国内の政情不安は多国籍企業のリスクとなったが，多国籍企業は発展途上国や輸出志向国や，グアテマラのような小国に対し大きな交渉力を持っていた。イランやグアテマラでの出来事は，たとえそれが不名誉なものであったとしても，1950年代の国家と多国籍企業の典型的な関係を表したものでないことを忘れてはならない。これらの出来事は，先進工業国の企業は経営，資金および技術において大きな指導力を握っていること，西側の多国籍企業の影響の大きさを如実に示していた。また，米国の外交力および軍事力の頂点を示すものでもあった。大手石油会社は世界の生産および流通の両方を完全に支配し，イランによるAIOCの没収をくつがえすために連携して行動した。ユナイテッド・フルーツは，中米の国々に大きな影響力を持ち，その不安定性さ，腐敗そして不正で悪名をとどろかせた。しかしながら，1954年の事件の結果を決定付け，イランやラテンアメリカの政治と一般的な印象に対して永続的な遺産を残したのは，多国籍企業自身の行動ではなく米国と英国政府による労をいとわぬ介入だった（Williamson, 1992; May and Plaza, 1958; McCann, 1976）[210]。

戦後における受入国と投資している多国籍企業の力関係の逆転のきざしが見られたのは，エジプトによるスエズ運河の国有化であった。1951年，ムスタファ エル＝ナハス・パシャは，自らが率いるワフド国家主義政党が選挙で勝利を収めると，スエズへの軍隊の駐留の見返りにエジプトの主権を認めていた1936年の英国との条約を破棄した。英国の駐屯地，土地建物，そして駐在員コミュニティへの攻撃により，民間人に死者がでて，カイロ占領の脅威をもたらした。ファルーク王は，首相としてのナハス・パシャを解任した。1952年に政治情勢は，ムハンマド・ナギブ将軍率いる軍事クーデターと翌年のエジプト共和国の建国によって，政情が一変した。外務大臣としてアンソニー・イーデンを擁していた英国は，この段階で，1954年にナギブに代わって革命評議会の議長に就任していたガマル・アブデル・ナセルと合意に達しつつあった条件について交渉することを望んだ。その内容は，英国軍の2年以内のエジプトからの撤退と，エジプトはスエズ運河の航行の自由を尊重するというものであった。英国は，依然としてフランスに登記されていた運河自体の過半数所有を25年間維持できることとなった。米国は，エジプトを反ソ連陣営の布石と見ていた。そのため，英国およびフランスの植民地の遺産を終焉させたいと望んだ。しかし，米国はエジプト政府との関係を過大評価した。首相としてイーデンは，イスラエルを攻撃するために必要な武器を購入しようとするナセルの野望に失望していた。それにもかかわらず，エジプトはソ連からチェコスロバキア経由で航空機，戦車その他の設備を購入した。その当時の政治の動きは絶えず変動し複雑なものであった。熱烈な反植民地主義的感情の流れは，反イスラエルという目的，この地域におけるアラブ諸国間の主導権争い，そして競合する超大国の冷戦の対立の流れと交わったのである。

1956年に大統領に選出されると，ナセルはアラブ全体の統一を呼びかけ，サウジ王家はアラムコの奴隷であり，帝国主義の手先となっていると非難した。フルシチョフの率いるソ連は非同盟諸国と連携するという新たな政治路線をとっており，ナイル渓谷の灌漑とエジプトの経済発展のために重要なアスワン・ダムの建設を援助することに合意した。ナセルがソ連や中国を認めていることに悩まされ，自らの援助に対する外交的な見返りについて疑念を強めていた米国は，英国や世界銀行と同じようにこの援助を断っていた。必要な資金を確保するために，ナセルは1956年にスエズ運河を国有化すると宣言し，英国，フランス，イスラエルの密約による合同の軍事介入を招いた。しかし，激怒したアイゼンハワーに率いられた米国と世論によって，占領軍は撤退せざるをえなくなった。スエズ危機は長きにわたって国際政治に影響を及ぼした。しかし，多国籍企業にとっての意味としては，この運河が外国所有の資産が結局補償なしで国有化されたことである。エジプトは，1957年にすべての英国およびフランスのFDIを国有化した。スエズ運河会社は持株会社であるスエズ金融会社に改名して，フランスの銀行や水道事業そして廃棄物管理事業に投資し，フランス有数の大企業へと成長した（Piquet, 2004; Hall and Lobina, 2013）。独立から1年後の1958年に，ギニアは，フランスが支配していた土地所有権や卸売流通において国有化が無効にならなかったもう1つの例となった。しかしながら，この新国家は，鉱業会社や銀行を適切に運営するには経済的に脆弱すぎた（Shillington, 2005）。次に，キューバにおいては，フィデル・カストロの勝利後，1959年から60年にかけて，外国人資産はすぐに国有化された。米国企業はキューバの砂糖きび栽培の約37%を支配していたが，運輸およびエネルギー関連の公益事業，果物栽培，ホテル，レジャーへも大規模な投資を行っていた。近くの超大国米国がその小さな隣人キューバにもたらす恩恵は大きかったにもかかわらず，米国の投資家は砂糖や果物農園，ホテルなどのレジャー事業を永久に失った（Safarian, 1993）。冷戦期のチェ・ゲバラの影響と，ソ連との関係が深まるにつれて，カストロは共産主義のイデオロギーに，ますます傾倒していった。しかし，誰もが知る国際投資家と腐敗したバチスタ政権との密接な関係——その多くがマフィアの犯罪組織と怪しげな関係を持つホテルやレジャーに向けられた——と，外国企業によるキューバ経済の支配はカストロをさらに過激な方向へと向かわせた。

石油メジャー７社とCFPは，２つの関連した理由で弱体化し始めた。第１に，途上国は鉱物の採掘権の国有化，もしくは利権協定の改定によって最初に成功を収め，多国籍企業は以前に許可したものと異なる契約条件を受け入れざるを得なかった。第２に，産油国に対してより好条件を提供することで，米国，欧州そして日本から出た新たな競合企業は先発企業の生産，加工そしてマーケティングの寡占状態を切り崩していた。米国やその他の投資国が，すべての受入国経済を取り締まることが徐々にできなくなり，多国籍石油会社は段階的に事業を変革しなければならなかった。新興国は，石油メジャー７社とその他の企業に対して既存の採掘権に関する問題を提起したが，商業的な足場を固めようとして，受入国により有利な条件を与えたいと熱望している企業には機会を提供した。

イタリア政府は，炭化水素公社（ENI）を1953年に設立し，同社のかつての親会社であったイタリア石油公団（Agip）を自らの子会社にした。さらに同社は，新たな事業を開始し，国のエネルギーの供給や経済全般の発展を先導した。エンリコ・マッテイ——イタリア・ファシズムの支援をやめた人物——は，ムッソリーニが権力の座から引きずり降ろされた時に，ENIの責任者となった。彼は，メジャー７社によって手厚く保護されている閉鎖的な業界に割って入ることを決断した。その結果，先陣を切って新たな途上国により有利な条件を与えると同時に，第三世界における独立運動を支援した。ENIが国際的な産業の既存のルールを否定しようとするもう１つの方法は，米国その他のNATO加盟国からの反対にもかかわらず，同社が仲介した1958年のソ連との合意であった。マッテイは，常に手に入りうる最も安い石油を購入すると宣言した。そのため，イタリアはソ連の石油の最大の輸出市場となった。一方，共産主義の主導国であるソ連は外貨を獲得でき，バーター取引の見返りとして工業製品を手に入れた。このイタリアの会社は，1964年までには世界中に十分な供給源を確保し，ブルガリアに販売できるまでになっていた。

1955年には，エジプト政府からの契約を受けてENIは，インターナショナル・エジプト石油会社（Ieoc）を設立し，翌年にはベルギーのペトロフィナをパートナーとして買収した。最初は採掘ライセンスを与えることを目的に，合弁会社を経営するために1956年と1962年の２段階で設立されたエジプト・ゼネラル石油コーポレーション（EGPC）は，インディアナ・スタンダード石油とペトロベル，さらにENI＝ペトロフィナのIeocとの提携により，スエズ湾石油会社（Gupco）を設立した。EGPCはまた，米国の別の独立系石油会社であるフィリップスを合弁事業の参加者としてエジプトに招き寄せた。石油産業の立て直しの期間を経て，1964年にエジプトはシェルとBPが所有する合弁会社アングロ＝エジプト油田会社を国有化した。イラン国有石油会社（NIOC）の能力を高めるために，イランが1957年に成立させた法律により，同社はIOPの管理下にない地域の採掘のための合弁事業に参入できるようになった。ENI-Agipはすぐに巧みに動いて，この取引に合意した最初の多国籍企業となり，NIOCと共に共同所有のイラン＝イタリア石油会社（Sirip）を設立した。マッテイは，同社を取得するために，多国籍石油会社と受入国の関係を変えることになる提案をした。つまり，ENIは同国の天然資源を開発する際のパートナーシップを提案したが，しばしば探査費用を負担したり，最終利益の４分の３以上を，半分は税金とロイヤルティとして，残りの４分の１を利益分配として手渡した。マッテイは，ENIの「75/25計画」として知られるようになる方式を開始したのである[211]。

イラン側は，インディアナ・スタンダード石油とNIOCが対等に所有するイラン・パンアメリカン石油会社に関して同じアプローチをとった。1966年までに政治的圧力を通じ，また12年前の「勝利」にもかかわらず，IOPは探査権を持つ土地の約25%を明け渡しており，この措置によってイラン政府はフランスの国有企業である石油事業調査会社（ERAP。1976年からエルフ・アキテーヌ，その後トタルとなる）をはじめとする，欧州の多国籍企業や米国の独立系企業とサービス契約を締結することが可能となった。1971年までにこのような契約が，９件締結された。NIOCは合弁事業とライセンス供与政策を通じて石油資源を獲得したが，IOPはイランの全輸出用石油の約89%を生産していた[212]。イランの事業は東ヨーロッパ，アフリカ，アジアに輸出するのに十分な供給量を有しており，1969年から1971年には，海外移転の能力を獲得し，南アフリカとインドの製油所と肥料工場の開発を支援するまでになっていた。NIOCは1973年にコンソーシアムエリアの正式な支配権を獲得したが，優先購入権を与えられていたIOPとの終わりの見えない紛争が発生することになった。イランはこの時点で，産油国に経済的権力を移行させるために創立されたOPECの主要設立加盟国となっていた（Louis, 2007; Bamberg, 2000）[213]。

ENIはイランにつづいて1958年から1962年に，モロッコ，リビア，スーダン，チュニジア，ナイジェリアで75/25計画を用いた。1963年から1967年にはコンゴ共和国，オマーン，メキシコ，サウジアラビア，ブラジルと協定を締結し，通常まず探査契約を行い，その後，合弁企業を設立した。中国が改革と国際経済への参加を表明したわずか1年後の1979年には，中国との間で海洋探査を行うことに合意した。さらに，ENIは一連の精製および供給契約を締結した[214]。

日本のエネルギー需要が高まる中で，日本政府の支援を受けた日本輸出石油会社は1958年から1959年に，サウジアラビアやクウェートに有利な条件を出すことで探査協定を締結することができた。同社はアラビア石油を設立し，アラビア石油は1960年に最初の大発見を行い，その後生産や製油の能力を構築した[215]。石油禁輸が太平洋戦争の1つの原因であったため，日本は歴史的に中東から排除されており，その主要な供給源としてのオランダ領東インド諸島を失っていた。

リビアにおいては，リビア・ゼネラル石油（Lipetco）の設立によって，石油収入は政府の支配下におかれた。その結果，ENI-AgipやERAP，アキテーヌ石油会社（つまりSNPAは，エルフ・アキテーヌと合併して，後にトタルとなった），アシュランド石油・精製会社（米独立系），そして石油メジャーの一員であるロイヤル・ダッチ・シェルとの契約へと至った。カダフィ大佐に率いられた新たな共和国政府は，1970年にLipetoの名称をリビア国営石油会社（NOC）と変更した。この新たな組織はENI，石油メジャー，そして独立系との共同生産協定に専念し，多国籍企業に探査のリスクを負担するように要請した[216]。

多国籍企業——AIOC，シェル，CFP，ジャージー・スタンダードそしてソコニー＝バキューム——のカルテルは，歴史的に英国で登記されていたイラク石油会社（IPC）を通じて，結果として同国の石油を支配していた。これらの多国籍企業は，イラクのIPCへの投資と参加を認めるいかなる努力にも反対していた。英国による同国の占領は，1947年に終わっていたが，西側寄りのハシミテ王国の復帰は帝国の退出を簡素化していたし，存続した外国の経済権益を理論的に保護した。1952年に，友好的な交渉を行った同政権は，アラムコの同様のモデルに基づいて，IPCと50：50の合意を得た。しかし，エジプトと同様に，1958年の軍事クーデターは政治的なシナリオを一変させた。イラクが石油に依存していることを考えると，民族主義者は当然，この多国籍企業の独占と広大な土地所有に不満を持ち，多国籍企業の同国における役割を封建的かつ帝国主義的なものであると表現していた。一方，政府は石油生産が確実に行われるように，IPCを通して多国籍企業によって支えられる技術上・経営上の支援を必要としていた。

1960年には，イラクの新しい指導者であるアブドルカリーム・カーシムは，IPCの所有権の20%とその年間利益の55%を要求していた。しかし，米国政府と英国政府の外交的な介入に支えられて，IPCは譲歩する必要性を感じていなかった。1961年に世界の需要が減少した時，IPCの所有企業は，このイラクの子会社に供給する石油の価格引下げを認めるように要求した。そして，一般大衆の怒りが増大したので，政府は採掘権を与えていたほぼすべての地域を国有化することによって対応した。10年前のイランのケースと異なり，国際石油業界はこの決定を受け入れることを決定した。というのは，政治的および外交的現実は移り変わっていたが，IPCがいまだに生産を支配していたからである。すでに政府の一部を構成していた国家主義および社会主義のバアス党は1963年にクーデターを成功させ，米国がカーシムの失脚を演出したという疑惑が浮上することとなった。事実，新政権は翌年にイラク国営石油会社（INOC）を設立し，国有企業に石油開発の独占権を与えた。イラクは，しばらくの間，IPCと協力していたが，イスラエルと近隣のアラブ諸国との「六日戦争」の年である1967年に，ソ連の専門知識をルーマイラ油田に持ち込み，1969年から1972年にかけて石油産業，水力発電，鉱業，河川航行の技術援助と財政に関する条約を締結した。1970年には，イラク政府はINOCが，IPCの所有権の20%とその事業のより直接的な支配権を要求できる十分な能力を有していることを確信した。この時点でIPCは妥協する必要があることを認識したが，バース党政府に妥協する気は一切なく，1972年に多国籍企業の資産をINOCに移転した（Brown, 1979; Sluyterman, Howarth, Jonker and Van Zanden, 2007）。

シリアにおける事態も同様の動きを示していた。スエズの占領に対する反応として，同国政府はソ連との協定に調印し，1958年にエジプトと合併してアラブ連合共和国を建国した。この連邦は机上のみで存在していたが，1961年にシリアが離脱し，2年以内にバース党に政権を握らせるだけの不安定さを生み出し，最終的にハーフィス・アル・アサドが政権を握った。シリアは，1964年に米国と西ドイツの企業が発見した石油資産を国有化し，ソ連の支援を得て2つの油田で生産を開始した。シリアは，1974年以前は外国契約者を受け入れていなかった。しかし同年，ルーマニア企業が生産共有協定を受諾し，1977年には最初の西側資本主義企業であるシェルの子会社が探査協定を勝ち取った。

1951年までリビアを支配していた英国とフランスは，国の唯一の君主としてイドリース王の任命を支持した。1959年以降主要な油田発見により，新国家の財務基盤は強固なものとなった。イドリース政権は，最終的にはLipetcoを通じて多国籍企業に石油採掘権を与えた。部族間の対立，ナセルによって鼓舞された汎アラブ主義，西側寄りの政策に対する反発，反イスラエル運動，そして民族主義者や革命主義者の運動はすべて，イドーリス政権の土台を揺るがした。そして1969年にムアマル・カダフィ率いる軍事クーデターにより，いとも簡単に共和国が建国された。翌年，新政権は米軍の撤退を計画通り進めると共に，英国軍基地の撤去，旧宗主国イタリアに属していた資産を国有化し，多国籍投資企業から歳入を増やすトリポリ協定の署名，そしてリビア国有石油会社（Linoco）の創設がなされた。カダフィの革命評議会は，1971年〜72年にかけて自ら宣言した社会主義原則を，BPやフィリップスによって所有されていた事業の取得に適用し始めた。そして，同評議会は1973年には，石油会社および採掘権の全面的あるいは部分的な国有化を宣言した。Linocoは続いて，共同生産，精製および掘削の取引をオキシデンタル石油，フィリップス（米国独立系），エクソン＝エッソ，モービル，SNPA，CPI，そしてENIなどの企業と行った。1974年以後，すべての生産からの収益はLinocoに有利なように，陸地で85：15，海洋で81：19で分配された。多国籍企業の支援が必要であったにもかかわらず，その流れは完全国有化に向かった。リビアは1979年までに，ソカル＝テキサコの合弁会社，アモシーズ，アモコ，ハント・オイル，アトランティック・リッチフィールド，シェル，BP，エクソン＝エッソ，フィリップス，そしてモービル＝ゲーゼンベルクのすべてを完全に国有化した。[217]

アルジェリアは，血なまぐさいフランスとの闘争の後，1962年に政治的主権を勝ち得たが，多国籍石油会社とフランスへの輸出の依存は，その経済的独立を危うくした。1965年のフランス＝アルジェリア石油協定は，より大きな現地の関与と生産を支配していたフランス企業からの石油収入の55％を得る権利を与えるものであった。1963年に政府によって設立され，名称変更された「炭化水素の調査研究，生産，輸送，加工等商業化のための国有会社（Sonatrach）」は，エッソおよびモービルの子会社とゲッティ石油の過半数の支配権を取得し，さらに1967年〜69年にかけてすべての流通および精製を国有化した。フランスとの関係が悪化したので，アルジェリアは1971年に残りの油田をすべて国有化し，すべての事業活動を行っていた多国籍企業の子会社の51％の株式を取得した。フランスは当初，アルジェリア産石油の禁輸によって対抗しようとしたが，最終的にはCFPとエルフ・アキテーヌの両社はともに，新しい条件を受け入れた。[218]

外交的な出来事と国内の圧力は，西側に対してきわめて友好的であった国々においても，投資家との関係に影響を及ぼし，石油企業に中東以外での供給源探しを急がせた。1967年のアラブ＝イスラエル戦争は，多くの西側諸国の政策に対する石油の禁輸をもたらし，ファイサル国王はイスラエルを支援するすべての国を侵略者として非難した。サウジアラビアの石油・天然資源大臣であるシーク・アハマド・ザキ・ヤマニは，アラムコが多国籍企業の専門的技術への依存していることを考慮して，この時点では国有化を望んでいなかったが，OPECに対して各政府が自国の石油産業への「合理的参加」を要求することを宣言するよう説得した。サウジアラビアの他の外資系企業と同様に，1972年にアラムコはサウジ政府の25%の所有権を受け入れ，1983年にはその割合は51%に上昇した。国有化や革命を恐れて，同社は弱い立場にあると感じていた。

1973年のアラブ＝イスラエル危機のさなかに，ファイサル国王は，サウジアラビアは米国の権益に対して友好的な数少ないアラブ諸国の1つであると述べ，アラコムは米国の政策に影響を与えていると考えていた。アラムコは，アラブとイスラエルの紛争に関して公平なアプローチを求めて，米国企業にキャンペーンを行ったが，その影響は小さく，その後のオイルショックは地域的不安定性による経済的代償の大きさを如実に示すものであった。近隣国のクウェートとカタールは，1974年に外国の石油採掘権の60%を国有化すると発表し，サウジアラビアは1976年に同国の油田を完全に支配することを決定した。他のケースと異なり，いきなり関係を絶つことはしないで，運営委託，研修および供給協定を通じて関係は継続した（サウジ・アラムコ石油会社の設立によって，1988年，すべての石油事業を正式に支配することとなった）[219]。一方，ナイジェリアは引き続きBPとシェルに強く依存し続け，1958年以降石油の輸出を行っており，そこでの油田の発見は世界の他の場所で失った油田を埋め合わせるものだった。モービルとガルフ石油との競争にもかかわらず，BPとシェルは1966年まで生産の約70%を支配していた。しかし，ナイジェリア政府は1967年に契約条件と収益分配条件の変更をし始めた[220]。

石油企業が直面する重要な戦略的問題――急激な政変を経験している途上国から資源を引き出す必要性――は，鉱業企業にもあてはまるものだった。石油の場合と同様に，海外の鉱業は少数の多国籍企業によって支配されていた。同事業は技術的にも組織的にも複雑であり，資本集約的な事業，長期的投資，世界的なマーケティングを支援するために多額の資金が必要であった。リスクは高く，事業に失敗した企業には，譲渡不可能な資産が残された。植民地体制が新しい主権国家に道を譲るにつれて，鉱業企業は新しい事業運営のスキルを学び，政治的な関係を構築しなければならなかった。鉱物資産に対する支配権は剥奪されたり侵害されたが，経営上・技術上のノウハウ，一次産品や生産連鎖に沿った垂直的な連関，そして西側市場へのアクセスは，石油の場合と同じく，鉱業会社に交渉力を与え続けたのである（Schmitz, 1986）。

独立国家は旧植民地企業に課題をもたらしたが，他の企業にとっては潜在的な機会をもたらした。ガーナは1957年にサハラ以南のアフリカにおいて，独立プロセスを主導した。同国の初代大統領であるクワメ・エンクルマは，見かけは社会主義者であったが，国際的には非同盟主義であった。彼は，同国の経済的主権を確保するために，ガーナの経済発展と工業化を計画立案しようとした。農業やココアの輸出の促進，ボーキサイトや金の鉱床の開発と並んで，政府は2つの野心的かつ相互に関連した計画案を考え出した。つまり，灌漑と電力を供給するためにボルタ川にかかるアコソンボ水力発電ダムの建設と，統合化されたアルミニウム産業の創出であった。海外の資金の貸手は，エネルギーの大量使用者からの保証なしでは，その水力発電計画は実行不能だと考えており，大部分の金属製造会社は引き揚げ，2社が残るのみとなっていた。カイザー・アルミニウムは，ボルタ・アルミニウム（VALCO）の90％の所有権を引き受けることに合意した。そして，残りの10％はもう1つの米国企業レイノルズが所有し，3社の共同事業となり，実際の電力使用量にかかわりなく，30年以上にわたって最低限の電気料金を支払ったのである[221]。米国のケネディ政権はその交渉を促し，最初の黒人によるアフリカの国家を表立って支持した。しかし，商業的な判断は，ボーキサイトを求める米国企業2社に委ねられた。1964年に設立されたVALCOは，3年以内にアルミニウムを生産していたが，この時点までにはエンクルマは権力の座を追われていた（Wolfgang, Kuyper and Candolle, 1995[222]）。1つの理由は，彼が次第に専制主義的になったことであるが，もう1つの理由は非経済的な大規模計画に過度に支出し，国の負債が増大したことである。その結果，新政府は，国家の資産を売却するという計画を始めた。

マレーシアとインドネシアにおいては，多国籍鉱業会社は，1952年に国有化されたボリビアの生産者と分け合っていた世界の錫生産の支配権を失った。1950年代には銅会社7社が，金属の販売の約60～70％を占めていた。鉄鋼生産者は歴史的に地元の鉱石を使用することを好んでいたが，米国企業は新たな供給源を探し求めて，カナダと並んでラテンアメリカおよびアフリカに進出した。ベスレヘム・スチールとリパブリック・スチールは，共に原材料を輸出していたリベリアに投資した（Rodrik, 1982; Cobbe, 1979; Hennart, 1986; Wilkins, 1974; McKern, 1976; Brown and McKern, 1987）。

リオ・ティント亜鉛会社（RTZ）は，1962年の設立時に南アフリカのダイヤモンド鉱山，南アフリカとウガンダの銅鉱床，パプアニューギニアとナミビアのウラン権益を所有していた。カイザー・アルミニウムとRTZは，商業リスクを共有していた他の多国籍投資家との，あるいは，政治リスクを軽減し業務を円滑にする受入国政府との，提携戦略を採用した。VALCOのほぼすべてを所有していたにもかかわらず，カイザーは25〜30%の持ち分を目指すことが通常であった。多国籍企業の有する採掘，加工，流通に関する技術に依存していたので，多国籍鉱業企業の強制的な売却は少なかった（Shafer, 1983）。コンゴ共和国は，1966年にベルギー・ソシエテ・ジェネラル社の採掘事業を国有化した。なぜなら，同社は植民地時代の遺産であるだけでなく，経済に圧倒的な影響力を及ぼしていたからである。ザンビアも，1969年に米国と英国が所有していた銅鉱山を国有化し，ローン・セレクション・トラストとアングロ＝アメリカン・コーポレーションが所有する資産をザンビア合同銅山会社（ZCCM）に転換した。チリでの1970年代の銅産業の国有化は世界中で外交・政治的問題を発生させた（Turner, 1970）。

戦後のラテンアメリカ

ボリビアとメキシコは，すでに述べたように，第２次大戦以前に石油産業を国有化していた。メキシコは米国とカナダが所有する路面電車，水道，電力会社を買収した。アルゼンチンは，平和が戻った直後に，英国が所有する鉄道に多額の支払いをして国有化した。第２次大戦後の数十年間に，政情不安や通貨および為替管理のリスクにより，貿易会社は中南米から撤退せざるを得なかった。一部は残ったが，過去にFDIの主要な受入地域であったこの地域に新規の大規模投資はなかった（Greenhill and Miller, 1998; Hunt, 1951）。ラテンアメリカの国々――アジアやアフリカと同様に――で見られた１つの政策パターンは，自国の天然資源に対する所有権と支配権を行使する意欲の高まりであった。1945年のクーデターによって，大衆に支持された民主行動党がチリの政権を奪った――そして，米国とソ連に次ぐ，世界最大級の石油生産国となった――。その後３年強の間に，同国最初の民主的で公正な選挙を実施したことは注目に値する。ベネズエラの政権は，第２次大戦以前から次第に石油税を高めていた。しかし，新政権は当時大胆と思われる構想を提案することを決定した。1948年に同国の議会は石油収益の50：50の分配を命令し，中東における出来事ですぐに証明されたように，これは受入国と多国籍企業との協定に関する世界標準となった。

増大した資金の流れは，ベネズエラ政府の教育や土地改革の試みを支援した。しかし，資金の多くは政権幹部へ流れた。軍部および中産階級の民主行動党への支持はかげりを見せ，1948年にはさらにもう１つのクーデターが起きた。こうした一連の事件はかなり後になって糾弾されることになった。なぜなら，追放された人物たちが10年後に政権に戻ってきたからである。フアン・パブロ・ペレス・アルフォンソは，石油産業に50：50の分配を導入していたが，OPECの結成に際してはエネルギー相として主要な人物であった。ジャージー・スタンダートの1子会社であったクレオール石油は，ベネズエラで最も重要な石油企業であった。実際，1950年代には，その子会社がこの多国籍企業の収益のほぼ40%を占めることがしばしばあった。同社は探査，生産，精製，流通を管理し，自らのインフラ，発電所，輸送システム，下水処理，学校，病院，住宅，そして食堂は，同社がベネズエラ人の生活において何を与えていたのかがきわめて明確に分かるものであった。この10年間，クレオール石油では約2,200人の外国人従業員が働いていた。しかし，政治的な圧力が大きくなってきたため，同社は現地の人材を訓練することにした。そのため，石油産業が国有化された時には，外国人従業員の数は約200人にまで減少していた。ベネズエラは採掘権の許可を与えることをすべて中止し，1959年から60年にかけて多国籍企業と競争しノウハウを得るために，ベネズエラ石油公団（CVP）を設立した。1971年に，鉱物権は，契約の終了とともに国家に帰属すると発表した。翌年に同社は，石油産業を取得する計画を策定した。資産価値をめぐる議論にもかかわらず，その点は1976年に円滑に行われた。ベネズエラ石油会社（PDVSA）はクレオール石油その他の多国籍企業の子会社を吸収したが，多国籍企業に有利な契約を提供することができた(Coronel, 1983; Petras, Morley and Smith, 1977; Philip, 1982)[223]。

戦後数十年間に，イランに続いてグアテマラでも，多国籍企業が自社の利益を追求するため政治プロセスに介入するという悪名高い事件が起きた。ここでも，イランのケースと同様に，冷戦の対立関係と米国の国際的な力が頂点を迎えていたため，この事件が引き起こされた。1951年に大統領に選出されたハコボ・アルベンス・グスマンは，グアテマラを近代国家にすることを約束し，農地改革を優先させた。また，彼は海外市場や多国籍企業への依存を少なくしようとした。バナナが輸出の半分を占めているグアテマラでは，ユナイテッド・フルーツが同国最大の土地所有者であるばかりでなく，バナナの生産と輸送を支配していた。同社を批判する者は，8時間を超える違法な労働，低賃金，劣悪な労働条件や生活条件といった法令違反を挙げている。

ユナイテッド・フルーツは，その個人的そして家族的縁故を通じて国務省やCIAと直接的なつながりを持っていた。トーマス・ダドリー・キャボットは国務省の国際安全保障局局長であったが，ユナイテッド・フルーツの取締役兼株主であった。CIA長官のウォルター・ベデル・スミスは，アイゼンハワー政権下で国務次官を務め，そして2つの地位を通して，多国籍企業での職位を得るために役職を辞退する前に，アルベンスに対するクーデターの計画と実行に直接関与した。ジョン・フォスター・ダレス国務長官は，かつてこの多国籍企業を主要なクライアントとしていた国際法律事務所のパートナーであり，彼の弟のアレン・ダレスはスミスCIA長官の後任であった。彼はそれ以前には，同社の評議員会のメンバーも務めていた。国務省西半球局の次官補を務めた経験を持つスプルイル・ブラッデンは公職を引退し，ユナイテッド・フルーツの雇われロビイストとなり，後にホンジュラスからアルベンスへの攻撃の計画において大きな役割を果たすことになった。

冷戦時代に中央アメリカを裏庭とみなしていた米国は，アルベンス政権がソ連の影響を受けているとの見解を示し，この見解は同政権がチェコスロバキアからの武器輸送を行ったときに，改めて確認された。ユナイテッド・フルーツは，「なぜ，クレムリンがバナナを嫌うのか」というタイトルで制作された短編映画で，米国人にそのつながりを連想させようとした。当時のイランにおける成功に触発されて，米国は投資家の財産権についてかなり強硬な声明を発表し，ホンジュラス経由で反乱に資金を提供し，1954年には軍事クーデターを画策し成功させた。エルネスト・チェ・ゲバラは，1950年代の初めにおけるラテンアメリカ中の旅を記録した『モーターサイクル・ダイヤリーズ』のなかでは，チリのチュキカマタのアナコンダやケネコットの鉱山で作業や生活をしたことにより，彼が政治的に急進的になっていったことがくわしく書かれている。そして，彼はアルベンスに直接支援の手を差し伸べるために，クーデターの前に，グアテマラに到着していた。中央アメリカを巡る彼の旅は，ユナイテッド・フルーツが「蛸」（広範囲に力を張った組織）であることを気づかせることになった。しかし，彼のこの会社での医療インターンシップの申込書は，彼の政治的な見解がまだ十分に固まっていなかったことを示している。彼は，様々な出来事についての現場の証言者であった。続いて，米国の政治的・経済的帝国主義が，ラテンアメリカの最初の民主的な改革主義的政府を転覆していたと主張し，武装した人民蜂起のみが変革をもたらしうると結論づけた。これこそ，1955年に彼がフィデル・カストロに伝えた見解であった。この年に，この2人はメキシコシティで亡命者・革命家の同志として会ったのである。

グアテマラにおける土地改革が放棄されたにもかかわらず，ユナイテッド・フルーツは次の3年間にわたって，現地の生産者や農民に土地を売却することが賢明な政策と考えた。しかし同社は，暴力が横行し，生活水準と寿命の中央値が世界の中で最も低い国の１つであるこの国で操業を続けた。同社は1970年に社名をユナイテッド・ブランズと変え，ホンジュラス政府に賄賂を贈り，バナナの輸出税を引き下げさせたことは分っている（さらに同社は，その後チキータへと発展した）。ユナイテッド・フルーツについてのこの記録に対する反論は，次のようなものであった。つまり，発展途上地域における同社の事業を効果的に運営するために，同社は一次産品，鉄道，道路，港湾，湿地干拓，労働者住宅，学校，医療サービスにおける中央アメリカ最大の投資家であったし，雇用，外貨，現地の基準では高賃金を提供する主要な産業を構築したというものであった（Bucheli, 2005; Chapman, 2007; Dosal, 1993; MacCameron, 1983; Williamson, 1992; Wilkins, 1974; Safarian, 1993）。

ブラジルでは，1951年に民主的に選出されて権力の座に復帰したかつての独裁者であるジェトゥリオ・ヴァルガスは，ブラジル石油（Petrobras）の設立によって，1953年に開発主義，経済的ナショナリズム，そして国有企業という彼の政策を継続した。この新しい会社は公式的な独占を行使したが，一方で多国籍石油会社に事業許可を与えたり，彼らと協働したりした。ペルーでは，ITTの役割と同じように，インターナショナル石油会社（IPC）が国内の政治的緊張の原因であった。1969年に，フアン・ベラスコ・アルバラードの軍事政権は，ジャージー・スタンダードの子会社であるインターナショナル石油を利用して，国有会社であるペルー石油を設立し，さらにいくつかの銀行と鉱業会社を接収した（Williamson, 1992; Wilkins, 1974）。1952年にASARCOとセロ・デ・パスコ・コーポレーションが設立した南ペルー銅会社には，1955年までにフェルプス・ドッジとニューモント鉱業が関与していた。これらはすべて米国企業であり，政府に純利益の30%を提供することでトケパラ銅山の採掘権を持っていた。1950年代には，新たな鉄鉱石の供給源を求めてベスレヘム・スチールはチリとベネズエラに投資し，USスチールもベネズエラに鉱山を開いた（Cobbe, 1979; Wilkins, 1974; McKern, 1976; Brown and McKern, 1987）。

途上国における貿易・投資を支援する米国の政府機関である輸出入銀行は，初期投資資金の一部を支援し，南ペルー銅会社はボルチモアとベルギーのASARCOの製油所へ輸出するための鉄道と沿岸加工工場を建設した。同社は初期投資を回収する権利を与えられていたが，支払い水準とその計算に関して長期におよぶ紛争が始まり，同社がペルー最大の所得税納税者であることをアピールする広告キャンペーンを展開した。大規模なカホーネ銅山を開発し，そのための鉄道，道路そして送水路を開発する必要がある限り，同社は有利な立場にあった。しかし，1968年に政権を握った軍事政権は，利益に対する税金を47.5%に引き上げ，同社の投資回収が完了するとさらに54.5%に引き上げた。それにもかかわらず，1975年までに経済的ナショナリズムの政策に立ったペルーの政府によって，47の外国企業に関わる29の収用法令が出された（Hausman, Hertner and Wilkins, 2008）。

ボリビアは，第2次大戦以前に，ジャージー・スタンダードの子会社を，国有のボリビア石油公社（YPFB）へと変えていた。ところが，1951年には，採掘権の入札に関心を持つ多国籍石油企業に戻って参加するよう誘い始めた。民族革命運動党（MNR）が1952年に政権を握り，12年に及ぶボリビア民族革命がはじまり，普通選挙権，土地改革および学校の設立などが行われた。しかし，国内最大鉱山の国有化が始まると，その所有者たちはこれに対して激しく抵抗した。国有化された企業の中には，「アンデスのロックフェラー」と呼ばれたシモン・イッツーリ・パティーニョによって設立されたパティーニョ鉱山があった。同社は，チリ，英国，ドイツ，そしてマレーシアに鉱山・製錬事業を有していた。同社の鉱山における組織労働者と対立していた彼の息子は，1964年の軍事クーデターの成功を支援したと言われている。しかし，そのためにその後一連の不安定な暫定政権が樹立することになった（Klein, 2003; Williams, 1992; YPFB, 2001）。

ボリビアにおける唯一のきわめて成功した石油企業は，ガルフ石油の一部であったボリビアン・ガルフ社であった。同社は，1956年以降サンタクルス付近のいくつかの場所で石油を掘り当てた。国内での販売と並んで，同社はチリ北部の港町アリカまでパイプラインで輸送し，そこから米国やアルゼンチンに輸出した。ボリビアン・ガルフは，最終的には1969年に国有化された。その時大統領であったアルフレード・オバンド・カンディアは，経済的・技術的支援の代替源として，キューバ，ルーマニア，そしてソ連と関係を結んで外交的な衝撃をもたらした（Klein, 2003）。しかしながら，成果の面から見ると，1970年代におけるボリビアの新規FDIを誘致する試みはおおむね失敗した。1969年のウルグアイにおけるゼネラル・モーターズの建物の炎上は，ラテンアメリカ全体に広がった反米感情のまさに目に焼きつく出来事であった（Turner, 1970）。

1943年から45年にかけてのアルゼンチンによるアメリカン・アンド・フォーリン電力会社の一部取得活動やソフィナのメキシコ路面電車会社の接収は，将来の趨勢を暗示するものであった。2つの市有化——1つは1947年におけるコロンビアのカリのアメリカン・アンド・フォーリン電力会社を含むもので，もう1

つは1952年までに生じたアルゼンチンのロサリオにおけるソフィナ社のイスパノ＝アメリカーナ電力会社（CHADE）に影響を与えたもの――は，学ぶべき教訓を再び強調するものであった。価格や暴利をむさぼっているという議論――根拠が確かであれ不確かであれ――は，政府や地方自治体を，現地による所有を望む方向へと導いた。いまだ取得した英国の鉄道を軌道に載せる過程にあったが，ペロン政権はアルゼンチンのソフィナ＝CHADEの子会社を国有化すると脅し，送金に制限を課し，同国の最大の外資系投資企業であったアメリカン・アンド・フォーリン電力会社に対しては1950年までに売却させようとした。[226]

この米国企業は，ブラジルにおいては利益が減少しインフレの悪影響を受けていたので，その悪影響に合わせて，その分だけ政府からの提案に対して受容的になった。国家資金による事業――いくつかは世界銀行によって資金提供された――は，FDIにさからってラテンアメリカにおける新たな供給能力を建設するための模範を示すものとして出現した。それにもかかわらず，1956年に持株会社4社――アメリカン＆フォーリン電力会社，ブラジル市街電鉄・電灯・電力会社，インターナショナル電力会社，そしてメキシコ電灯・電力会社――は，依然としてこの地域の14カ国に企業を所有し，その地域の電力の約3分の1を生産・配給していた。さらに，スイスに本拠を置くモーター＝コロンブスとブラウン・ボベリは，英国の企業と提携して，リマ電灯会社を所有し続けた。チリのアナコンダやケネコットを含む多国籍鉱業企業や南ペルー銅会社は，電力の主要な生産者であり使用者であった。推定は難しいが，外国の多国籍企業はラテンアメリカの約3分の2の発電を担っていた可能性がある。1958年以後の数年間に多国籍公益事業企業に変革が訪れた。つまり，彼らは需要の増加にもかかわらず，より高い税率，価格統制，インフレそして送金制限が生じた結果，政府による補償を伴う買収が魅力的であるという考え方を持つようになった。

1958年から1959年にかけて，アルゼンチンは，アメリカン・アンド・フォーリン電力会社とモーター＝コロンブス，そして贈収賄と汚職に対する激しい批判にさらされていたにもかかわらずCHADEを，買収した。キューバではアメリカン・アンド・フォーリン電力会社は愚かにも多額の投資を行い，1959年のカストロの共産革命によって，アルゼンチンの資産よりも多くの資産をすべて失うこととなった。アメリカン・アンド・フォーリン電力会社とソフィナのメキシコ電灯・電力会社の市場シェアは60%から33%へと下落しており，1960年には，メキシコ政府に事業を売却した。インターナショナル電力会社の後継であるカナダ・インターナショナル電力会社が，1962年に，モンテレー鉄道電灯電力会社の売却に合意すると，メキシコの巨大な多国籍公益事業会社はすべて撤退することになった。コロンビアでは1961年に政府がアメリカン・アンド・フォーリン電力会社の残りの資産を買収し，ベネズエラでは1964年に民間企業が同社の子会社を買収し，カナダ・インターナショナル電力会社の事業許可は1973年に終了し，1976年には石油が国有化された。チリでは，アメリカン・アンド・フォーリン電力会社が現地に再投資することを条件に，1965年，政府が買収の補償金を支払うことで同意した。

ブラジルの電気事業は，1959年から1961年にかけて，3つの州によって接収された。ブラジル連邦政府は1962年までに，ラテンアメリカ最大の発電および配電事業であるエレクトロブラスを3カ年経済計画の一環として設立していた。翌年政府は，アメリカン・アンド・フォーリン電力会社の要求に合意して，残りの全資産の買収を決定した。これらの出来事（実際には，1961年から）が起きた時までには，労働運動の代表者でありブラジルの政治史のなかで急進的と評され，土地・教育・選挙改革を掲げていたジョアン・ベルシオール・マルケス・ゴラールが大統領に就任していた。しかしながら，アメリカン・アンド・フォーリン電力会社に対する補償は，1964年の軍事クーデターによってウンベルト・デ・アレンカール・カステロ・ブランコが大統領に就任した後にやっと具体化した。そして，契約条項に基づいて補償金はブラジル経済に再投資された。商業的・政治的リスクにも関わらず，カナダ所有のブラジル市街電鉄・電灯・電力会社は当初ブラジルに留まる決定をしたが，最終的には1979年にブラスカンとなって落ち着いた。一連の国有化を実施したペルーは，1972年にリマ電灯会社の外資所有を終わらせた（Hausman, Hertner and Wilkins, 2008）。

ラテンアメリカへのFDIの大半は天然資源部門に，次に公益事業に集中していた。しかし，その大部分が明らかに米国系の製造業者たちは，次第に現地市場への関心を高めているようであった。タイヤ・メーカーのグッドイヤーは第2次大戦後この地域全体に子会社を設立し，キャタピラーは1956年までにブラジルに子会社を1社設立していた[227]。ペシネーは，1947年から48年にかけて，アルゼンチンとブラジルにおいてアルミ加工会社に投資した[228]。そして，ドイツ化学工業のビッグスリーはラテンアメリカで再建を図ったが，皮肉にも彼らが第2次大戦中に失った会社を買い戻すこともあった。バイエルは，1952年にメキシコでキミカス・ウニダスを取得し，その後アニリン商業同盟を買い戻した[229]。マンネスマンAGは，1955年までにブラジルに製鋼所を設立していた。そしてマンネスマン鉄鋼会社は，ラテンアメリカ中で積極的に活動し，高品位鋼，産業機械，コンプレッサー，掘削機，制御システム，鉱業，そして貿易に従事することで，企業集団へと発展した[230]。1951年に，H. J. ハインツ（H. J. Heinz）はベネズエラに進出し，ケロッグはメキシコに工場を建設した[231]。

ゼネラル・フーズ――そのブランドは「マックスウエル・ハウス（コーヒー）」「バーズ・アイ（冷凍食品）」「ジェロー」など，きわめて認知度が高い――は，1960年代までには，世界的な巨大食品企業になっており，先進国だけでなくラテンアメリカにも子会社を持っていた[232]。S. C. ジョンソン――「ジョンソンワックス」，消臭剤の「グレード」，家具用つや出しスプレーの「プレッジ」のブランドを持つ――は，1968年までにこの地域全体に子会社を有していた[233]。1970年までに，エリクソンはミシュランが行ったのと同じように，自らの国際的な事業展開にブラジルとメキシコの子会社を付け加えていた[234]。ゼネラル・モーターズは，早くも1948年にはベネズエラのカラカス工場を開設していたし，フォードは1957年にブラジルで生産を開始し，アルゼンチンでは生産を再開した[235]。メキシコでは1947年に，7社の多国籍自動車会社が存在した。この年に，同国政府は工業化プロセスを促進するために，最初の一連の現地調達率規制を導入した。メキシコは1951年に自動車に対する価格規制を実施し，多国籍企業は生産割当を通して利益を維持しようと試みた。60％の現地調達率の規則が発表され，1964年に実施されると，5社――メルセデス＝ベンツ，フィアット，シトロエン，プジョー，ボルボ――は，撤退することを決めた。しかし，ゼネラル・モーターズ，フォード，クライスラー，アメリカン・モーターズ，ルノー，VWは，すべて留まっていた（Wilkins and Hill, 1964）。

政府からの圧力の結果，VWは途上国市場に適したビートルの組立工場を南アフリカ（1950年），ブラジル（1953年），メキシコ（1967年）に建設した[236]。ブラジルでは，戦後選出された2人の大統領である，1946年選出のエウリコ・ガスパール・ドゥトラと，以前は独裁者として名をはせ1951年に再選されたジェトゥリオ・ドルネレス・ヴァルガスが，天然資源の国有化を支援する「開発主義」政策を表明しながらも，外国のFDIへの友好的なアプローチを採用した。1956年までに，ブラジルは輸入外国車に対して高い関税と為替管理を課し，自動車には35～50％の現地調達率規制を課した。政府の投資誘致とブラジル市場の規模にもかかわらず，ほとんどの企業はFDIを実行することを避けていたが，VWは機会を見出した。1953年に自動車の組立てを行う子会社を設立し，1957年には政府の政策に対応して工場を拡張し，地元の受入れと政府の支援を強化する手段として，同工場の株式の20％を売却した。

VWは，ビートルのヒットによってブラジルで一番の自動車メーカーとしての地位を確立した。人口の多い市場でシェアを獲得するため，1968年までに外資系自動車メーカー8社がブラジルに進出した。しかし，左翼大統領ジョアン・ゴラールが可決した1962年の送金制限法と同様に，この期間のインフレによる高金利，不安定な経済状況により，外国投資家は不可避的に不利益を被った。そして，公益事業子会社の強制国有化による影響もあった。1964年に権力を掌握した軍事政権は引き続きFDIを歓迎し，イタリアの自動車メーカーであるフィアットは，ブラジルのミナスジェライス州に最大の投資を行い，1976年から操業を開始した。この時までには，巨大で保護された市場の重要性を認識したフォードとGMは，ブラジルで第2位と第3位の自動車メーカーとして成長していた。ブラジルは1980年までには，自動車生産高の15%を主に他の中南米諸国に輸出していた。VWは1954年にメキシコに輸出を開始し，1961年にはクライスラーとの合弁でそこでの生産を開始した。6年後のプエブラ工場の建設によって，同社はビートルをメキシコで人気の自動車ブランドとして確立することができた[237]（Williamson, 1992; Fritsch and Franco, 1991; Wilkins and Hill, 1964）。

通信は，社長兼CEOハロルド・ジェニーンの鉄の支配下にあるITTの攻撃的な対応のせいもあって，路面電車および電気事業よりも大きな外交問題を引き起こした。ゴラール大統領の下で，ブラジルは比較的裕福なリオ・グランデ・ド・スル州にあるITT子会社を1963年に国有化した。ゴラールは，ブラジルを外国の支配から救うための闘争の中で，自らをヴァルガスの後継者と見なした。ワシントンでは，ケネディおよびジョンソンの両政権は，ゴラールの左翼的思想，ペロン主義的ポピュリズム，そして彼の政府内の共産主義者の存在に不信感を抱くようになった。ブラジルのソ連圏との外交関係の再開，キューバに対する制裁への反対は，彼らの疑惑を確信させるものだった。また，ゴラールは多国籍企業の送金にも制限を課した。ITTのジェニーンはブラジル国内の電話事業やその他のITT子会社の収用を恐れ，多国籍企業の強制的な買収，契約の拒否，あるいは差別的な課税や規制を行うあらゆる国に対して，米国の援助をすべて停止するよう，激しいロビー活動を行った。ケネディは，そのような変更は第三世界のナショナリズムを助長するだけだと考え，ITTとブラジル政府との和解を仲介した。その後，鉄鉱石を採掘しているA. M. ハンナ社が注目された。同社の鉄鉱石の多くは米国のナショナル・スチール・コーポレーションに運ばれた後，同社からクライスラーに供給されていた。A. M. ハンナとITTの両方がCIAにコンタクトを取っていた——ジェニーンはCIA長官のジョン・マコーンの友人だった

――。そして，CIAは1964年のクーデターを画策した。独裁政権は引き続きFDIを歓迎し，幸運にも経済ブームを享受した。軍は約21年間権力を維持した。マコーンは，CIAを辞任した後，ITTに就職した。

ラテンアメリカにおけるITTの実績は，芳しいものではなかった。同社は損失を出しており，経費の節減を行い，ブラジルとアルゼンチンの部品工場を閉鎖した。そして政府は，同社によって自国経済が破綻していると結論付けた。チリは1965年に，通信網が拡大されたので，ITTの子会社の約49%を5年以内に取得することに合意した。ITTは，1970年にペルー政府の要望に応じて現地公益事業企業の50%を所有し，アルゼンチンは通信部門全体の国有化を発表した。ITTは，ラテンアメリカの受入国政府に対する強硬路線――秘密事業への関与を含む――の政策によっても，段階的な撤退やその重要な海外投資の損失を回避することはできなかった。海外における利益率も低下していた。1960年代にITTは，ジェニーンの下で，電話事業からの多角化を図るために，約300社を買収した。シェラトン・ホテル，「ワンダー・ブレッド」のメーカーであるコンチネンタル・ベーキングそしてエイビスは，同社が買収した著名な国際ブランドの一部である。1968年に買収にしたシェラトンは，カラカス，プエルトリコ，ジャマイカにホテルを所有していた。[238]

1969年，チリは，米国のアナコンダ銅会社が所有するチュキカマタ銅鉱山とエルサルバドル銅鉱山の51%と，ケネコット銅会社の所有する世界最大の地下銅山プロジェクトであるエルテニエンテの過半数株式を購入した。銅は国民所得の80%を占めていたため，改革派の政府にとってこの措置は必然だった。完全国有化を強制される可能性に気付いていたケネコットは，10年間にわたり，チリにおける事業活動を縮小してきており，エルテニエンテに対する政府の介入にも反対しなかった。一方で，アナコンダは多額の投資を続け，その後に展開する事件によって大きな痛手を被ることになった。それでも，買収は交渉の結果の国有化として受け入れられ，同国はこれによって貴重な鉱物資源の生産および輸出を確実に支配することが可能となった。チリ政府は必要な経営および技術ノウハウを蓄積するために交渉を望んだが，左翼の批判者たちは多額の出費と米国の帝国主義への迎合を批判した。銅産業に残っている海外からの投資を補償なしに完全国有化することの是非が1970年の選挙の論点となり，新しく選ばれた社会主義者の大統領であるサルバドール・アジェンデはこの政策を実行しようとした。

チリ政府は1971年に銅産業を完全国有化し，多国籍企業がラテンアメリカ経済の期待に応えていないと考え，ブラジルとアルゼンチンの例にならい，ITT

のチリ電話会社（Chiltelco）を含めた通信産業も支配した。過去の過剰な利益に関する紛争や，最終示談金額を減額するかどうかに関する論争にもかかわらず，1972年に国有化した銅山の補償が合意された。全ての支払いが実現したわけではないが，米国政府機関である海外民間投資会社（OPIC）はケネコットの投資に保険をかけていたので，同社の損失の大半を補填した。公共支出の増大と米国の財政的圧力は，経済危機，インフレ率の上昇，政情不安の増大，全国に広がるストライキを引き起こした。ITTのハロルド・ジェニーンは，チリ政府を揺るがす委員会を結成した。1973年にアジェンデ政権を倒したクーデターに，同社が資金援助したことを示すいくつかの証拠がある。冷戦の影響を検討した国務省とCIAは，アウグスト・ピノチェト将軍率いる軍事暫定政権の樹立を支援した。ピノチェトは，反対派の抑圧と拷問で悪名をとどろかせた。彼は自由市場政策を積極的に推進し，ITTへの補償も予定されたが，その政策が失敗に終わり，ITTはチリの公共部門にとどまらざるをえなくなった（Williamson, 1992; Wilkins, 1974; Sampson, 1973; Schoenberg, 1985; Safarian, 1993）。[239]

多国籍企業：1948年から1980年まで

1948年以降，国際経済は第2次大戦とその直接的な余波から徐々に復活し，世界の生産の成長の触媒となった。戦後の米国の経済的，技術的，軍事的な覇権が戦後の国際経済の枠組みを決定することになり，欧州帝国主義の時代が終わった。1930年代の経済崩壊に対する措置として設立されたブレトンウッズ機関のIMFと世界銀行は，貿易不均衡の是正，再建への資金提供，競争力の低下を防ぐ活動を行った。自由貿易への米国の関与は当初は小さかったが，関税と貿易に関する一般協定（GATT）が輸出障壁を引き下げる役割を担い，1964年から1967年にかけての交渉によって大きく前進した。そこで，西側諸国政府は，時間の経過とともに自由貿易と安定した為替政策とを採用した。

冷戦が国際経済の地理的境界とFDIの流れを決めた。共産圏は国際経済から分離され，バーター取引を中心とする独自の貿易システムを持った。多国籍企業は戦略的に，ソ連，東ヨーロッパ，中国，あるいは北朝鮮，ラオス，キューバ，ベトナムを含む小規模な共産主義経済圏への進出を行わなかった。主に西側で，きわめてダイナミックではあるが，厳密に境界が定められた国際経済が発展した。したがって，FDIと貿易の関係は，冷戦時代の同盟関係と多国籍企業への投資能力を反映していた。

冷戦時代の超大国が対立する国際政治経済は，帝国主義に根差した政治経済の名残りにうまく適合しなかった。米国は，自国の企業が排除されていた欧州の帝国主義に公式には反対を表明していた。しかし，西側のリーダーシップを取ってからは，最も論争の的となったインドシナ，中南米だけでなくアジア，アフリカにおいても見られた民族主義，解放運動，急進的運動への対抗措置として，独裁政権に肩入れするケースが多く見られた。外資系企業が受入国の経済において重要な役割を果たす場合，あるいはその国の鉱物権や天然資源を支配している場合，彼らの財産権は新しい国家の主権と激しく衝突する可能性があった。1960年代後半以降，途上国は，米国と西ヨーロッパに支配されている生産，貿易，FDIに代わる新しい国際経済秩序を求めた。多国籍企業は，マネジメント，技術，資本，市場へのアクセスを支配しているため，第三世界の国々に対して影響力を維持し続けることができたが，本国政府の支援を受けても，最終的には国有化または規制強化の流れに逆らうことはできなかった。多国籍企業は，政治的，経済的，地理的に困難な場所で活動するためには，新しい技術やスキルを身に付ける必要があった。

米国からの融資と投資が西欧の再建を支えた。その結果，西欧においては生活水準と消費の上昇が自由市場と民主主義の優位性を証明し，北大西洋の同盟関係を強化することとなった。主に西欧とカナダ向けの製造業のFDIが増加した。米国企業は，マネジメント，資本，技術，製品，マーケティングにおける競争優位により，これらの発展の先頭に立っていた。米国企業の動機は市場の追求であり，多国籍企業はたとえ小規模ではあっても，自国で培った能力を海外子会社において再現した。当初，彼らは進出国の国内市場向けに生産する傾向があった。先進受入国経済に対して先進国経済の多国籍企業がFDIを行う事例は，第1次大戦前までさかのぼって存在し，1920年代は米国の自動車メーカーやゴム，商標付き食品，飲料，家庭用品の生産者に有利だった。

戦後の化学，コンピュータや事務機器関連の多国籍企業の急速な拡大により，米国の可能性と競争力の幅が広がった。1958年以降，資本と為替の規制が解除されたことで，ヨーロッパへの米国の投資とヨーロッパの企業によるヨーロッパ大陸内での投資が促進された。1960年代後半までに，そして1970年代に経済状況が悪化するにつれて，ヨーロッパの多国籍企業は合理化を推進し，個別の国内市場のためではなく地域全体を見て製品を製造することを目指した。大西洋の反対側では，米国とカナダの経済が統合されればされるほど，より多くの多国籍企業が2つの国を1つの市場として扱った。米国と西ヨーロッパの石油・鉱業会社は，第2次大戦前に開発途上国に強力な拠点を確立していたが，それらが以前に享受した有利な条件は第三世界諸国から激しい非難を浴びるようになった。

米国の多国籍企業――自国経済において市場開拓志向の親会社によって開発され，親会社のミニ版の子会社に移転された強固な所有優位能力と最先端の技術を持ち，これを統合された内部構造内で実施した――は，1960年代にFDIの最初の理論家が提唱したアイディアを規定したモデルを形作った。これまで見てきたように，多国籍企業は歴史的に様々な戦略を採り入れており，様々な組織形態になっている。その理由は，産業と受入国間の違いと，国際政治経済の構造が時間の経過とともに変化したためである。

バナナ，コーヒー，ココア，鉄道，港湾における権益によって，米国は中米の経済と政治を支配した。かつての植民地が独立するにつれて，ヨーロッパの商社は撤退していった。彼らがかつて受けていた政府支援の重要性が明らかにされた。しかしながら，一般的に言って新国家の政府と多国籍企業は渋々ながら，最終的には条件の一致を見ることができた。1960年代後半まで，強制的かつ非補償的な接収はほとんどなかった。

米国の覇権は1950年代にピークを迎え，冷戦の対立と共産主義の敗北は同国の対外政策を決定付けた。必然的に，経済的関心が考慮すべき重要なものとなった。グアテマラとイランの場合，米国は国有化を無理やり取り消させた。スエズ危機における失敗が明確な転換点となったわけではないが，自国の資源をより強固に支配することを目指す途上国にとって象徴的な出来事ではあった。チリでの出来事は，多国籍企業の投資と冷戦の恐れが融合したものであり，米国の超大国としての継続的な地位を示すと同時に，ベトナム戦争によりその限界もあらわになった。1960年代後半以降は，中東，アフリカ，中南米における現地政府による強制的な接収の数が著しく増加した。

冷戦は欧州ではなく第三世界で展開することが多かったが，現場レベルでは反帝国主義，ナショナリズム，急進主義，経済資源の支配と超大国間のライバル関係や外国の多国籍企業の利権が複雑に絡み合っていた。国連決議によって各国の主権と政策は，国際財産権よりも優先された。第三世界では，米国は解放運動に反対する独裁政権を支持していた。国有化は鉱物，石油，天然資源，重要インフラ，そして公益事業に集中していた。一方で，多くの途上国が，多国籍企業が支配する資本，技術そしてマネジメントを必要とし続けているという経済的現実を，政治的な行為が常に変えるとは限らなかった。

第5章

グローバル経済か：1980～2012年

第4次国際経済か

1980年代末までに，評論家たちは「グローバル化」という新しい流行語をつくりだしていた。政治，ビジネスそして文化の国際的収斂は，人類のあり方を変える力を持っていると主張された。海外の出来事は，もはや「はるかかなたの国」で起こるものではなくなったのである。経済的に言って，各国の相互依存がより顕著になったため，各国政府は，国境を越えた貿易と金融の自由化は「不可避」であると想定した。1989年のベルリンの壁の崩壊は，東ヨーロッパ，ロシアおよび中央アジアの国々を国際ビジネスの世界に解放することになった。また中国の政治的転換は，経済的自給自足を支持していた同国をグローバル経済へと引き込むこととなった。

海外直接投資と貿易は1990年代を通していっそう急速に拡大した。そして，一般的に用いられるようになった「グローバル化」は，多国籍企業の拡大する活動範囲と，一見抑制されない活動に関連づけられるようになった。これらかつてない巨大な企業は，一次産品と工業製品の国境を越えた動きのより大きな責任をますます担うようになった。さらに，複雑かつより統合された，国境を越えたマネジメントシステムおよび業務慣行をつくりだした。これら企業の活動規模およびその拡大は，ビジネスシステム，労働慣行，支出形態，政府の政策，さらに究極的には文化的価値の国際的収斂を余儀なくさせると主張された。多くの人にとって，グローバル化は定期的な空の旅を期待することを意味し，新しいメディア技術や情報源をもたらすものであり，顧客の期待や家庭生活を変革するものであり，需要とビッグビジネスの継続的成長を象徴するものであった。さらにそれは，ニューヨークの銀行家やバンガロールのソフトウェア技術者や深圳市の工場作業員の日々の業務に影響を与えるものでもあった。

グローバル経済の第1段階――おおよそ1840年代から1914年まで――は，貿易とFDIのダイナミックな成長で特徴づけられる。そこでは，主導的先進工業国経済による一次産品への投資ならびに途上国や未開発地域への投資が顕著であった。貿易関連および一次産品調達活動に従事する多国籍企業は，国際ビジネス活動を牽引していた。そして帝国主義が，国際経済システムとFDIの流れの多くを支えていた。30年以上にわたる，世界戦争，経済不況および貿易障壁に続き，グローバル経済の第3段階――おおよそ1950年代以降――では，貿易とFDIが成長の原動力に返り咲いたことが特徴である。共産圏の外では関税や投資規制の長期的な低減がみられた。主導的な工業化経済による製造分野への投資ならびに先進経済への顕著な投資があった。最後に，市場追求戦略を実施する巨大規模の多国籍企業は，自ら直接的に所有・支配する海外子会社に人的，資金的，技術的資源を移転することによって，競争優位を得ることとなった。

1980年以降，戦後の傾向はどの程度続いているのか，それとも断絶しているのであろうか。事業利益の創出のためにより広範な地域で活動を行い，さらには活動範囲をグローバルに広げ，本国市場での売上に対する依存がどんどん小さくなる多国籍企業の例も，より多くなった。FDIは最も豊かな国から新興国への流れへと切り替わり始め，政府規制のさらなる低下によりさらに増えることとなった。投資家たちは，西洋諸国だけでなく，ソ連やその東欧衛星国でも生じた民営化がもたらす多くのビジネス機会に注目した。歴史的にとても重要な出来事の中でも，新興経済国出自の企業が世界のトップ企業のリストに加わることも画期的な出来事であった。過去の傾向と反転して，製造業に比べて国際サービスが顕著に成長した。

これらの変化は，単なる「国際化」でなく，「グローバル化」であるという主張を正当化したのであろうか。かつての共産国の転換およびそれらの国々の国際経済システムへの加入は，疑いなく世界史の中での重要な出来事であった。さらに，工業化途上経済や移行経済において生じた急速な経済成長，生活水準の劇的な改善，競争力のある企業や主要な多国籍企業の台頭によって，西側諸国寄りだった外交力・軍事力・経済力に関する再調整が生じている。1997年のアジア危機以降，主要先進7カ国（G7）――アメリカ，カナダ，ドイツ，フランス，イタリア，イギリス，日本――は，より大きなグループになることだけが国際的な金融の安定を保証すると結論付けた。その結果，主要20カ国／地域（G20）が1999年12月に設立された。G20は19の主要経済とヨーロッパ連合（EU）で構成され，それは世界GDPの約5分の4に相当している。ロシア，ブラジル，インドネシアといった資源に富む国家に加え，中国や韓国の製造産業群がグローバル経済を構成する核となった。2008年以降の大不況を受け，G20は新たな地位を得るようになった。加盟国で世界生産の約90%，世界貿易の80%を占めるようになった。世界人口の約3分の2に相当するG20は，信頼性について強く主張するようになった。しかし，その活動は新聞発表での期待を満たすものでなかった。またこのグループは，常設事務局を持たなかった。それでもなお，G20の存在は，既存の工業国と新興国とがともに重要な役割を果たす従来とは異なる国際貿易と投資システムが生じていることの証明にはならないのであろうか。

いくつかのパターンはこれまでと同様のままであった。すべての国家がグローバル化と成長の双方から明らかに利益を享受したのではなく，利益を得た国家（その数は増えている）と残りの国々との間の格差は拡大した。1870年時点の世界の17の最富裕国における1人当たり平均所得は，その他の国々の2.4倍であった。1990年までには，この集団は4.5倍豊かになった（Pritchett, 1997）。中国，インド，ブラジル，南アフリカといった新興経済国内における大きな地域格差と収入の不均衡は存続し，それらは各国内，各国間に見られる成長とグローバル化の不平等な影響を強調した。中国は，2011年に13億人以上の人口を有し，世界最大の経済国であるアメリカを追い越す可能性を持っているが，アメリカの生活水準の方が8倍も高い状態が続いていた（World Bank, 2012）。新興国や移行経済の企業が国際的な競争優位を築き，世界的規模で投資を行うようになったものの，依然としてアメリカや西欧，日本の企業が多国籍企業リストの上位を独占し続けてきた。国際経済の構造的変化は歴史的には重要なものであったものの，それは部分的でもあった。

グローバル・トレンド

貿易は再び経済を変化させる源泉となってきた。そのため，1950年から1973年までの時期を「黄金期」と呼んでも，それは理にかなっている。それ以降の全体としてのトレンドは，それほど印象的ではない。為替レートの不安定性と一次産品価格の上昇に続いて，景気循環における急激な落ち込みが生じた（1979年〜1983年と1989年〜1992年の2回の不況がもたらされた）。また，1997年にはアジア危機が生じた（それは世界で最も成長していた地域を混乱させた）。商品輸出の長期的な増加は，1960年代のそれと同等ではなかった（表5-1）。しかし，貿易は成長の源泉であり続けた。それは，1983年以降の回復と1992年以降の長期的な上昇傾向において顕著であった。1984年と1988年の増加は戦後期のそれに匹敵し，1994年，1995年，1997年，2000年はとくに歴史的に顕著な結果をもたらした。

表 5-1　商品輸出の成長 1960～2006年

（年平均，単位：%）

1960 ～ 1969年	8.6
1970 ～ 1979年	5.0
1980 ～ 1989年	4.0
1990 ～ 1999年	6.5
2000 ～ 2006年	5.5

（出所）　GATT, International Trade, 1989-1990, 1990; WTO（2000, 2001, 2007）.

表 5-2　輸出，世界のGDP，FDIフロー，FDIストックの年平均変化率 1986～2006年

（単位：%）

	1986 ～ 90年	1991 ～ 95年	1996 ～ 99年	2000 ～ 06年
商品および仲介業者によらないサービスの輸出	15.4	8.6	1.9	6.0
世界の GDP	11.7	6.3	0.7	3.0
対外FDI フロー	26.2	16.3	37.0	9.2*
対外FDI ストック	20.5	10.8	16.4	14.6*

（注）　*のFDIフローとストックの数値は，2001～05年のみ。
（出所）　WTO（2007）；UNCTAD（2007, 2010）.

貿易が世界のGDPより急速に成長したため，グローバル経済はより相互作用的になりつづけた（表5-2）（WTO, 2007, 2008）。

EU内での国境を越えた輸送の強みに支えられ，ヨーロッパは，世界の商品輸出における自らの地位を維持していた。一方で，北米の相対的重要性は減少した。アジアにおいては，日本の数値は1990年代初頭にピークを迎えていたが，中国は世界の工場へと転身し，またアジアの他の国々も輸出志向型工業化を追求した。北米と西欧は1990年に世界の商品輸出の66%を占めていたが，2006年までにそのシェアは約40%にまで落ち込んだ。一方，北米，西欧，東アジアの3地域をあわせると，1983年に商品輸出の79%以上を占め，2006年には86%を占めていた。南米など世界のその他地域は，貿易額が拡大しているものの，その重要性は相対的に後退した（表5-3）。アジアは10年単位で見て最大の勝者であった。2006年のアジアからの輸出の約80%は，製造物であった。一方，中東，独立国家共同体とアフリカでは，燃料や採掘された鉱物が輸出の3分の2を占める傾向にあった。

ドイツは高付加価値製造物に専門化することで，2003年にアメリカに代わって製品輸出のトップの地位に就くこととなった。しかしこの表5-3における上位国の中での最も劇的な変化は，中国の登場である。中国は，衣料等の産業におい

表 5-3　世界の商品輸出 1986～2006年 地域と主要国

	1983年	1993年	2003年	2006年
世界（10億 US ドル）	1,838	3,676	7,376	11,783
割合（%）				
北米	16.8	18.0	15.8	14.2
米国	11.2	12.6	9.8	8.8
中南米	4.4	3.0	3.0	3.6
ヨーロッパ	43.5	45.4	45.9	42.1
EU	31.5	37.4	42.4	38.5
ドイツ	9.2	10.3	10.2	9.4
独立国家共同体（CIS）			2.6	3.6
アフリカ	4.5	2.5	2.4	3.1
中東	6.8	3.5	4.1	5.5
アジア	19.1	26.1	26.2	27.8
中国	1.2	2.5	5.9	8.2
日本	8.0	9.9	6.4	5.5
オーストラリア，ニュージーランド	1.4	1.4	1.2	1.2

（出所） WTO（2010）.

て直接争っていたイタリアを表から追い出して，参入を果たした。中国はその後2004年に日本を抜き，2008年にアメリカを，そして2009年にはとうとうドイツを抜き去り，トップの座に就いたのである。しかし，G7のすべての国々は，依然として製品輸出上位9カ国の中に含まれている（IMF, 2009；UNCTAD, 2010）。商業サービス輸出は1990年代末において，商品輸出よりも急速に増加し，2000年以降それはより急速に増加することとなる（表5-1，表5-4）。アジアの国々が製造物においてますます大きなシェアを獲得したので，先進国は商業サービスの販売にさらに依存することになった。アメリカは一貫して最大のサービス輸出国であり，イギリスも多くのサービス輸出を行っており，1993年以降は第2位のサービス輸出国となっている。中国は2007年にイタリアと入れ替わり第6位になった。商業サービスにおける傾向は，ヨーロッパ内にきわめて集中していることであり，世界全体の50%を占めており，EUだけでも25%を占めている。アジアと北米は，それぞれ29%，15%を占めている（表5-4，表5-5）（WTO, 2001, 2007, 2010）。

1980年までは，国際経済は30年間にわたる拡大を経験したにもかかわらず，世界経済に対するFDIストックの価値は第1次世界大戦以前よりも小さかった。1984年から1987年までに，世界のFDIフローは3倍になり，その後2年間で20%もの成長を果たした。この急上昇するFDIの持つ力は，経済成長と生活水準の上昇を促進する能力ならびにビジネスシステムと技術知識を変革する可能性

表 5-4　1人当たり商業サービス輸出の成長 1990～2009年

（単位：%）

1990 ～ 1995年	8.0
1995 ～ 2000年	5.0
2000 ～ 2009年	9.0

（出所） WTO（2009）.

表 5-5　商品および商業サービスの最大輸出国 順位と比率 1990～2006年

商　品　（単位：%）

	1990年		1993年		2000年		2003年		2006年	
1	米国	14.6	アメリカ	12.0	アメリカ	11.3	ドイツ	9.9	ドイツ	9.2
2	ドイツ	12.2	ドイツ	10.1	ドイツ	8.7	アメリカ	9.6	アメリカ	8.5
3	日本	8.4	日本	9.7	日本	7.5	日本	6.2	中国	8.0
4	フランス	6.3	フランス	5.6	フランス	4.7	中国	5.8	日本	5.3
5	英国	5.4	イギリス	4.9	イギリス	4.5	フランス	5.2	フランス	4.1
6	イタリア	5.0	イタリア	4.9	中国	3.9	イギリス	4.0	イギリス	3.7
	合計	51.9	合計	47.2	合計	40.6	合計	40.7	合計	38.8

商業サービス　（単位：%）

	1990年		1993年		2000年		2003年		2006年	
1	米国	17.0	アメリカ	17.7	アメリカ	19.1	アメリカ	15.5	アメリカ	14.3
2	フランス	8.5	フランス	7.9	イギリス	7.0	イギリス	8.5	イギリス	8.3
3	英国	6.8	イギリス	6.1	フランス	5.7	ドイツ	6.4	ドイツ	6.7
4	ドイツ	6.6	ドイツ	6.0	ドイツ	5.6	フランス	5.5	フランス	4.5
5	イタリア	6.2	イタリア	5.5	日本	4.8	日本	3.9	日本	4.1
6	日本	5.3	日本	5.5	イタリア	4.0	イタリア	3.9	イタリア	3.5
	合計	50.4	合計	48.7	合計	46.2	合計	43.7	合計	41.4

（注） 香港の輸出は再輸出とは異なると見なされ，上記の上位6カ国のデータに含まれない。
（出所） WTO（2000, 2010）.

という点から，1950年から1973年の間の貿易増加がもたらした力強い成果に匹敵する。戦後期，輸出は生産よりも早く拡大し，国家間の貿易は急速に国家同士を相互依存的な関係に仕立て上げた。1980年代半ば以降，FDIは輸出や生産よりも急速に伸び，製品やサービスの生産は国境を越えた調整と組織に依存するようになり，質的に異なる様々な形で国々を相互依存的にした。5大投資国――日本，アメリカ，イギリス，ドイツ，フランス――は，FDIフローの70%を維持し，先進国全体としてのシェアは81%以上に増加した。日本は，1980年代末までには，強力な新たな投資国となっていた。当時，円高ならびにアメリカとEUにおける保護主義によって，日本の主要製造企業はそれまでの非常に成功してきた自らの輸出政策を改変しなければならなくなった（表5-6）（UNCTAD, 1991）。

FDIフローの急拡大は，1992年から2008年まで続いた。この間，世界貿易は

表 5-6　世界のGDP・商品輸出・サービス輸出 1983～2003年

	1983年	1993年	2003年	2006年
(i) 金額（10億ドル，各時点）				
世界のGDP	12,344	25,363	37,501	49,536
世界の商品輸出	1,848	3,780	7,561	11,783
世界のサービス輸出	383	998	1,897	2,755
全輸出	2,230	4,777	9,458	14,538
(ii) 割合（%）				
商品／全輸出	82.9	79.1	80.0	81.0
サービス／全輸出	17.1	20.9	20.0	19.0
世界輸出/GDP	18.1	18.9	25.2	29.3

（出所） WTO（2000, 2007, 2010）；UNCTAD（1991, 2000, 2010）.

表 5-7　海外直接投資（FDI） 1990～2009年

（単位：10億ドル，＊1000人，＊＊%）

	1982年	1990年	2000年	2005年	2009年
対内FDIフロー	59	208	1,271	986	1,114
対外FDIフロー	28	241	1,150	893	1,101
対内FDIストック	647	2,082	6,314	11,525	17,743
対外FDIストック	600	2,087	5,976	12,417	18,982
国際M&A		151	1,144	716	250
海外子会社売上高	2,620	6,026	15,680	21,721	29,298
海外子会社総生産高	646	1,477	3,167	4,327	5,812
海外子会社資産	2,108	5,938	21,102	49,252	77,057
海外子会社輸出	647	1,498	3,572	4,319	5,186
海外子会社従業員数＊	19,537	24,476	45,587	57,799	79,825
世界GDP	10,899	22,121	31,587	45,273	55,005
世界総固定資本形成	2,397	5,099	6,466	9,833	12,404
世界の商品・サービス輸出	2,247	4,414	7,036	12,954	15,716
対外FDIストック／世界のGDP＊＊	5.5	9.4	18.7	27.4	34.5
対内FDIフロー／世界総固定資本形成＊＊	2.5	4.1	19.7	10.0	9.0
海外子会社総生産高／世界のGDP＊＊	5.9	6.7	9.9	9.6	10.6

（出所） UNCTAD, *World Investment Report*（2001, 2006, 2010）.

1.5倍に，生産量は1.45倍になったのとは異なり，FDIフローは大幅に増えて8倍になった。3年間の力強い増大の後，2000年に驚異的ともいえる40%もの急増を果たしたのをピークとし，その後の10年間も歴史的に高い増加を維持した（表5-2）（WTO, 2010; UNCTAD, 1991）。FDIの新たな規模と優位により，1980年代からすべての海外子会社の売上高は世界の輸出額に比べ急増し，2000年にその売上高は世界輸出額の2.2倍になった（表5-7）。2007年には，7万9,000の多国籍企業が存在して，79万の海外子会社を運営し，8,200万人を雇用していた

(UNCTAD, 2008)。

他の時期と違い，グローバル経済の第4段階では，主に国連機関の努力のおかげで，我々は多くのFDI統計を有している。しかし，以前のデータの改訂，特に記録方法の差異は，対内FDIの合計と対外FDIの合計の間に大きな違いを生み出しているため，一貫性を欠いている。にもかかわらず，それぞれの傾向や規模を示すことはできる。対外FDIストック（世界生産高に対する割合で表記される）については，第1次グローバル経済時代の水準を超えたときが，歴史的に重要な出来事であった。1990年の数値は9.4%であり，1914年の最新の推計値11.1%に近いがまだその数値を超えていない。1993年にとうとう11.3%を記録した。対外FDIは1990年代にかつてないほどの急増を遂げ，2000年には対世界GDP比率は18.7%となっていた。さらに2000年代のさらに劇的な経済発展により，2009年には34.5%という数値になった（表5-7）(UNCTAD, 2006; WTO, 2010)。修正された長期時系列数値によると，世界の対外FDIストックの価値は，1980年に現在価値で約5,240億ドル，1990年に1兆7,910億ドル，2000年に6兆4,710億ドルに達し，2005年に10兆672億ドルにまで急増した（表5-8)。国連貿易開発会議（UNCTAD）は，2009年に18兆8,920億ドル，2010年に21兆2,880億ドルと，より印象的な傾向と合計値を記録している。1980年代には，先進国が対内FDIフローの大きなシェアを占めていたが，1990年代および2000年代には途上国がFDIストックの差を縮めている（表5-9)。多国籍企業は資金，技術およびマネジメントの保有者かつ伝達者としての役割を担っていたため，対内FDIフローは受入国における資本形成の多くの部分を占めるようになった（表5-7)。

多国籍企業の子会社——本国における親会社による主な寄与は除外している——は，1990年代までに世界の輸出額の3分の1を占めた。そのため多国籍企業——親会社と子会社——は，2000年までに，商品とサービス輸出のおよそ3分の2を占め，その多くは企業内取引であった。この企業内取引——多国籍企業が直接所有する工場と事務所との間の国境を越える活動であり，多国籍企業が組織する活動——は重要度を高めて，国際貿易の20%を占め，2000年にはその約40%を占めるようになっていた（WTO, 2010)。多国籍企業の海外子会社による売上高，付加価値，および輸出の上昇傾向がみられ，多国籍企業はますます国際化した。海外子会社を付属的に持つといった，主に本国を重視するという企業は少なくなっていった（表5-7)。こうした印象的な測定値からは，近年多国籍企業によって次第に調整，決定されるようになっている契約サプライヤーや関連企業の複雑な国際的ネットワーク，および新たに求められている戦略や組織形態は見え

表 5-8　主要投資母国・地域の対外FDIストック　1980～2005年

（単位：10億ドル）

	1980年	1990年	2000年	2005年
先進国	507.4	1,642.2	5,578.3	9,271.8
ヨーロッパ連合（EU）	213.0	810.3	3,050.1	5,475.0
英国	80.4	229.3	897.8	1,238.0
フランス	23.6	110.1	445.1	853.0
ドイツ	43.1	151.6	541.9	967.3
ベルギーおよびルクセンブルク	6.0	40.6	179.8	386.3
オランダ	42.1	106.9	305.5	641.3
スペイン	1.9	15.7	167.7	381.3
イタリア	7.3	60.2	180.3	293.5
スウェーデン	3.7	50.7	123.2	202.8
その他西ヨーロッパ	22.1	77.0	593.0	769.3
スイス	21.5	66.1	229.7	394.8
ノルウェー	0.6	10.9	362.6	365.1
北アメリカ	244.0	515.3	1,553.9	2,450.6
米国	220.2	430.5	1,316.2	2,051.3
カナダ	23.8	84.8	237.6	399.4
その他先進国	28.3	239.5	381.4	576.9
日本	19.6	201.4	278.4	386.6
オーストラリア	2.3	30.5	85.4	159.2
途上国	16.5	148.7	871.0	1,273.6
アジア				
中国香港	0.1	11.9	388.4	470.5
シンガポール	3.7	7.8	56.8	110.9
中国台湾	0.1	30.4	66.7	97.3
中国		4.5	27.8	46.3
マレーシア	0.2	2.7	22.9	44.5
韓国	0.1	2.3	26.8	36.5
インドネシア		0.1	6.9	13.7
インド	0.2	0.1	1.9	9.6
トルコ		1.2	3.7	8.1
アフリカ				
南アフリカ	0.6	15.0	32.3	38.5
ラテンアメリカ				
ブラジル	0.6	41.0	51.9	71.6
メキシコ	0.2	2.7	8.3	28.0
アルゼンチン	6.1	6.1	21.1	22.6
チリ		0.2	11.2	21.3
ロシア連邦			20.1	120.4
EU 新加盟10国	0.3	0.9	5.2	26.5
世界	523.9	1,791.1	6,471.4	10,671.9

（出所） Dunning and Lundan（2008）; UNCTAD（2001）.

表 5-9　主要投資受入国・地域の対内FDIストック　1980～2005年

（単位：10億ドル）

	1980年	1990年	2000年	2005年
先進国	374.9	1,418.9	3,976.2	7,117.1
ヨーロッパ連合（EU）	185.7	768.2	2,179.7	4,499.1
英国	63.0	203.9	438.6	816.7
フランス	22.9	86.8	259.8	600.8
ドイツ	36.6	111.2	271.6	502.8
ベルギー，ルクセンブルク	7.3	58.4	195.2	492.3
オランダ	19.2	68.7	243.7	463.4
スペイン	5.1	65.9	156.3	367.7
イタリア	8.9	60.0	121.2	219.9
アイルランド	3.7	56.5	127.1	211.2
EU 新加盟 10国		2.5	97.7	273.9
その他西ヨーロッパ	15.1	47.0	118.1	232.2
スイス	8.5	34.2	86.8	172.5
北アメリカ	137.2	507.8	1,469.6	1,982.6
米国	83.0	394.9	1,256.9	1,625.7
カナダ	54.2	112.8	212.7	356.9
その他先進国	37.0	95.9	208.8	403.2
日本	3.3	9.9	50.3	100.9
オーストラリア	13.2	73.6	111.1	210.9
発展途上国	240.8	370.3	1,756.5	2,575.0
アジア太平洋	174.5	193.8	1,066.4	1,555.1
中国香港	138.6	45.1	455.5	533.0
シンガポール	6.2	30.5	112.6	186.9
中国台湾	2.4	9.7	174.6	41.9
中国	6.3	20.7	193.3	317.9
マレーシア	5.2	10.3	52.7	47.8
韓国	1.1	5.2	37.5	63.2
インドネシア	10.3	8.9	24.8	21.1
インド	1.2	1.7	17.5	45.3
トルコ	0.1	11.2	19.2	42.2
ベトナム		1.7	20.6	31.1
アフリカ	16.2	58.4	151.0	264.5
南アフリカ		9.2	43.4	69.4
ナイジェリア	2.4	8.5	23.8	34.8
エジプト	2.3	11.0	18.3	28.9
ラテンアメリカ，カリブ地域	50.0	118.1	539.0	937.4
ブラジル	17.5	37.2	103.0	201.2
メキシコ	9.0	10.1	45.8	73.6
アルゼンチン	5.3	8.8	67.6	55.2
チリ	0.9	10.1	45.8	73.6
南東ヨーロッパ，独立国家共同体（CIS）			70.3	255.7
ロシア連邦			32.2	132.5
世界	615.8	1,789.3	5,802.9	10,129.7

（出所） Dunning and Lundan (2008).

表 5-10　地域・国のFDIストックの世界に占める割合　1990～2010年

（単位：%）

	対外 FDI			対内 FDI		
	1990年	2000年	2010年	1990年	2000年	2010年
先進国経済	93.1	88.9	82.3	75.2	75.9	65.3
G7	75.0	72.3	55.9	54.6	57.3	38.3
西・北ヨーロッパ	42.3	47.2	49.1	38.9	32.8	39.8
EU	38.7	43.9	43.8	36.6	31.2	36.0
フランス	5.4	11.6	7.5	4.7	5.3	5.3
ドイツ	7.2	6.8	7.0	5.3	3.7	3.5
イタリア	2.9	2.3	2.3	2.9	1.6	1.8
オランダ	5.1	3.8	4.4	3.3	3.3	3.1
英国	10.9	11.3	8.3	9.8	5.9	5.7
米国	34.9	33.8	23.7	25.9	37.4	18.0
カナダ	4.0	3.0	3.0	5.4	2.9	2.9
日本	9.6	3.5	4.1	0.5	0.7	1.1
オーストラリア，バミューダ諸島，イスラエル，ニュージーランド	2.1	1.4	2.4	4.5	2.2	3.4
途上国経済	6.9	10.8	15.4	24.8	23.3	31.1
アフリカ	1.0	0.6	0.6	2.9	2.1	2.9
ラテンアメリカ，カリブ地域，	2.8	2.6	3.6	5.3	6.7	9.0
ブラジル	2.0	0.7	0.9	1.8	1.6	2.5
アジアおよびオセアニア	3.2	7.6	11.2	16.6	14.4	19.2
東アジア	1.9	6.3	7.8	11.6	9.6	9.9
中国	0.2	0.4	1.5	1.0	2.6	3.0
中国香港	0.6	4.9	4.6	9.7	6.1	5.7
東南アジア	0.5	1.1	2.1	3.1	3.6	4.9
南アジア	0.02	0.04	0.5	0.3	0.4	1.4
インド	0.006	0.03	0.5	0.1	0.2	1.0
西アジア	0.4	0.2	0.8	1.5	0.8	3.0
南東ヨーロッパ，CIS	n/a	0.3	2.3	n/a	0.8	3.6
ロシア連邦	n/a	0.3	2.1	n/a	0.4	2.2

（出所）UNCTAD（2011）.

てはこない。

連続性も顕著である。1980年にアメリカは対外FDIストックの約42%を有していた。また投資国上位5カ国でその約89%を有し，すべての先進国で97%を有していた。世界的リーダーとしてのアメリカおよびG7の相対的重要性は，2000年以降低下した。しかし，上記のグループとしての先進国は，2010年において依然として対外FDIストックの82%を占めていた。主に東アジアへのシフト，同様に東南アジアへのシフトがあり，それら地域は1990年から2010年の間に約7.5%の割合を獲得した。この20年間に，先進国のシェアは10.8%低下した

表 5-11　先進国と途上国・移行経済に本社を置く企業の海外現地法人の資産と売上高（1995年と2005年）の世界全体に占める割合

（単位：%）

	資産		売上高	
	1995年	2008年	1995年	2008年
先進国経済	98.9	92.0	98.7	90.9
ヨーロッパ連合	27.9	40.4	37.7	40.9
米国	55.5	29.5	28.0	29.1
日本	8.8	13.3	27.8	13.9
途上国・移行経済	1.1	8.0	1.3	9.1
アジア経済	1.0	6.6	1.1	7.6

（出所）UNCTAD（2010）.

表 5-12　先進国と途上国・移行経済に本社を置く企業の海外現地法人の資産，売上高，従業員およびTNI

	多国籍企業世界上位100社	途上国・移行経済国出自の多国籍企業上位100社
資産（10億ドル）		
海外現地法人	6,172（57%）	907（34%）
合計	10,760	2,680
売上高（10億ドル）		
海外現地法人	5,173（62%）	997（45%）
合計	8,354	2,240
従業員（1000人）		
海外現地法人	8,905（58%）	2,652（39%）
合計	15,408	6,779
TNI 指標		
先進国	63.4	
ヨーロッパ連合	67.6	
米国	58.1	
英国	75.5	
日本	50.0	
途上国・移行経済	50.7	

（注）TNI（多国籍化度）は，ある企業全体に占める海外現地法人の資産，売上高，従業員数の割合の平均を指数としたもの.

（出所）UNCTAD（2010）.

（表5-10）。2008年の国際非金融企業上位100社のうち92社がアメリカ，西欧，北欧，日本およびオーストラリア出自の多国籍企業である。上位5カ国――アメリカ，フランス，イギリス，ドイツ，日本――は，そのうち70社を占めていた。多国籍金融企業の上位50社はすべて先進国が占め，上位5カ国は全部で24社を占めていた（UNCTAD, 2009）。途上国や移行経済の多国籍企業からの挑戦が増えることになったが，海外企業の子会社の資産，売上高および従業員の大半を支配し続けているのは，当座のところは，先進国出自の多国籍企業である（表5-11および表5-12）。

1980年代に，奇跡とも言える高度経済成長によって東アジアは対内FDIの増加分の多くを吸収し，一方ラテンアメリカは減少傾向にあった。途上国への投資は，主に工業化に必要な分野もしくは天然資源を獲得するために向けられた。アフリカへのFDIフローの86％は，石油生産国としてのエジプトとナイジェリアによって占められていた。途上国への投資額はたしかに増加した（1980～84年に125億ドル，1985～89年に224億ドル）が，先進国は巨大な受入先としての地位を維持していた（UNCTAD, 1991）。1990年代の政策変化は，多国籍企業の活動範囲を変化させた。共産党が依然として支配している状態ではあるが，中国の経済的孤立は徐々に終わりを遂げ，ソ連の崩壊と再編成はソ連をグローバル市場の巨大な力にさらすことになった。新しい国際政治経済は，「先進」世界との対比のために，「移行経済」やその後の「発展移行経済（DTEs）」というカテゴリーをつくりだした。西側の多国籍企業は，中国の巨大国内市場，輸出拠点としての役割，および低い労働賃金に目を向け，1979年から2000年にかけて約3,460億ドルを移転した（Huang and Yu, 2012）（表5-9および表5-10）。

一方，ロシアに対しては，不透明な法的権利，政治的干渉，汚職，インフレーション，政府支配の独占会社との競争があるため，投資家は慎重な姿勢を維持した。闇取引は対内フローを大きく見せたが，その多くはすぐに撤退し，1人当たりFDIの公的数値でさえも独立国家共同体（CIS）平均を大きく下回った。その状態は2003年からやっと改善され，とくに2006年以降，顕著に改善された。国立銀行の設立と発電の自由化が，そこそこの対内投資ブームをもたらした。[1] CISおよび南東ヨーロッパの「移行経済」は，事実上0％から2000年までには1％未満に増加した。ただし，世界規模では依然として取るに足らない割合である。しかし，東ヨーロッパにおける特定分野および工業発展国へのインパクトは遠方にまで及び，とうとうエネルギー資源の豊富なカザフスタンへの投資に至った。2010年のCISおよび東ヨーロッパにおける対内FDIストックは，全世界の3.6％を占めていた（表5-9および表5-10）（UNCTAD, 2006）。

非先進世界へのFDIフローは年率17.4％（1985～90年）から35～40％（1995～2000年）に増加し，その後30％超（2004～2008年）に後退した。アジアがその多くを獲得し続け，中国は1990年代末には投資先としてアメリカに次ぐ第2位についていた。またラテンアメリカ内においては，ブラジルおよびメキシコが投資家にとって重要な選択肢であった（UNCTAD, 2009）。天然資源に対する需要，工業化経済，低コスト，すぐれた政治の安定性は，多国籍企業の注目を集めた。2009年までに，DTEsは対内FDIフローの約半分を受け入れた。ただし，その多くはその中の最も成功した国々に依然として引きつけられていた（WTO, 2010）。1990年から2010年の間に，対内FDIストックに占める先進国のシェアは75%から65%に減少した（表5-9，5-10）。

戦後数十年間FDIを積極的に行ってきた多国籍製造企業は，完全所有子会社の設立など，しばしばグリーンフィールド投資を行う傾向を示し，子会社の経営，企業の専有知識を直接支配する意向を示した。1980年以降，R&D，生産，マーケティングのコストを分担する手段として，あらゆる産業部門にわたって，合弁と戦略的提携を行う戦略が採用されるようになった。多国籍企業の参入形態におけるもう１つの顕著な傾向は，国境を越えた合併・買収（M&A）の追求であった。投資障壁の低下および世界的な民営化の急増は，市場機会と誘因をともにもたらした。M&Aによって多国籍企業は急速かつグローバルに拡大したので，激しい国際競争に対応することができた。M&Aは，産業の国際的な再編成および再建，さらに海外立地によって利用できる技術の獲得，コスト優位やインフラ面の優位性の獲得を促進した。受入国志向の子会社が親会社から移転された能力を活用することによって市場追求を行う戦略とは対照的に，M&Aは資産追求政策やR&D，生産もしくはマーケティングにおける能力の獲得を促進するものであった（UNCTAD, 2001）。

国連の統計学者は，1980年代初期には，国際M&Aの記録に思い煩うことはなかった。しかし，1990年にその金額は合計1,510億ドルになり，1990年代末には増加してピークとなり，2000年に１兆1,440億ドルに至った。その額は総対外FDIの約41%から99.5%近くにまで上昇し，そして2009年に約23%に低下した（表5-7）。1999年に10億ドルを超えるいわゆる「メガディール（大型M&A）」が114件あり，2000年には175件，2008年には30億ドルを超えるメガディールがおよそ73件記録された。M&A活動が活発化する中，メガディールが最も顕著であったのは電気通信産業と自動車産業であった。EUの単一市場としての枠組みの発展が進み，EU内での取引が進んだ。M&Aは，先進国から他の先進国への資金の流れを含む傾向にあった（UNCTAD, 2001, 2006, 2009）。

1990年代末の国際M&Aの新しい特徴は，未公開株や関連企業への関与や，低い金利と国際金融統合から得られる利益を獲得することであった。その５～10年間の投資見通し――金融工学と資産剥奪を含む――は，受入国政府の政策問題を提起した。2000年以降，とくに2008年の危機では，未公開株式の影響は資金調達とレバレッジド・バイアウト（LBO）の低下で弱まった。ただし，停滞期の取引の一部は政府系投資ファンド（SWFs）が取り組んだ。1987年から2008年の間に，SWFsによって行われたFDI650億ドルのうち，570億ドルは2005年以降に行われた。この全ストックのうち70％はサービスや公益事業に向かい，わずか17％と13％がそれぞれ製造業と第1次産業に向けられたにすぎない。2008年までには，40カ国から50のSWFsがあると報告された。その中には，クウェート投資庁（1953年設立），シンガポールのテマセク・ホールディングス（1974年設立），ノルウェーの政府年金基金（1990年設立），中国投資有限責任公司（2007年設立）が含まれる。彼らは慎重であり，長期投資を行う傾向にある。しかし，外国の政府による経済資産の管理は，未公開株投資ファンドよりも受入国にとって，さらに大きなジレンマをもたらした（UNCTAD, 2006, 2009, 2010）。

グローバル統治

国際経済システムの統治における最大の変化は，1995年1月の世界貿易機関（WTO）の設立であった。関税は全般的には長期的に低下傾向にあったが（UNCTAD, 2006），1980年以降の経済発展は旧GATT協定に重圧を加えていた。たとえば，1986年までには，輸出自主規制（VERs）は，工業国への輸入の約16％に影響を及ぼしていた。日本企業は輸出国および国際投資国として成功していたが，日本市場は閉鎖的と捉えられていた。EUは貿易圏の内部障壁を低くしていたが，外の世界にとっては堅固な要塞のようであった。アメリカは自らの開放的市場を海外の差別的政策と対比させ，結果的に自らは貿易赤字と失業の被害にあっていると主張した。1986年から1993年までのGATTのウルグアイラウンド交渉によって，WTO設立が合意に至った。「世界貿易機関（WTO）」という名称は，1948年の国連のハバナ会議に遡る。その時には，アメリカによる強い働きかけにもかかわらず，参加国は差別的貿易規制を非合法としないことを決めていた。

この新組織の職務は，国際的な通商と投資を妨げる障壁の引き下げ，および一貫した行為規制の確立と実施であった。この新組織は，製造物における多くの関税を廃止し，残りの製造物に対して関税を引き下げることを決めた。その結果，輸入製造物にかかる関税は戦後の歴史上最も低い水準にまで低下した[2]。繊維業の障壁撤廃，農業分野における助成金の一部削減は，途上国に利益をもたらした。途上国および多くのサービス分野には重要な免除があるにもかかわらず，先進国は初のサービスの貿易に関する一般協定（GATS）を歓迎した。アメリカの主張で，知的所有権の貿易関連の側面に関する協定（TRIPS）は，先進国経済と結びつきの強いハイテク産業，商標付き商品，エンターテイメントソフトウェアの成功にとって不可欠な特許，著作権，商標の保護に拡張された。10年以内に，WTO加盟国は特許と著作権についてそれぞれ20年間，50年間の保護を実施しなければならなかった。重要なのは，競合国と紛争が生じたときはいつでも，加盟国は罰金もしくは制裁を与える権限を有するWTOの仲裁機関に訴えることができることであった（Rugman and Brewer, 2001）。

少なくとも原則としては，各国は自国企業および外国企業の貿易と投資活動において差別を行ってはならないことに同意した。その成果は，貿易に関連する投資措置（TRIMS）であった。というのは，TRIMSは，現地調達規制および外国企業が輸入したすべての部品と均衡をとるように設定される輸出目標に関して，より厳しい制限を加えたからである。もっとも，米国，EU，日本およびカナダは，技術移転要求，為替管理，利益送金の抑制，そして過去に遡っての収用，これらを禁止する投資に関する包括的協定を望んでいた。しかし，当面は包括協定の代わりに，不十分なTRIMSを受け入れた（Rugman and Brewer, 2001）。

WTOとその規約は3つの論争——農業の保護と助成金支給，知的財産の保護，FDIおよび外国企業の子会社の操業に対する制限——を後回しにしていた。それらはすべて2001年から始まったドーハ貿易交渉で議論された（UNCTAD, 2010）。割当数量，投資規制もしくは知的財産に関する議論は，各国の利害が異なり，大まかに言えば，欧米や日本がハイテク製造物，商標付き商品，サービスの優先を強調し，それに対してその他諸国が低コスト生産および原材料生産への関心を強調していた。先進国企業は競争優位を通して貿易と投資の自由化から利益を得ていたのに対して，途上国は自らの初期段階の製造業を保護することに努めていた。2010年にWTOは154の国から構成され，それらの国々で世界貿易の約97%を占めていた（UNCTAD, 2010）。

WTOが貿易摩擦を決着できるようになったので，国家は国際経済をより効率的に統治できるようになった。ただし，その見返りとして主権の一部を譲り渡した。驚くことではないが，ナショナリスト，保守派，経済計画信奉者，そしてグローバリゼーションの批判者は，この新しい国家を超えた権力に対して次第に疑念を抱くようになった。WTOはグローバル化および国民国家の衰退の1つのシンボルにすぎなかった。IMFは政府のためのラスト・リゾートとなる貸し手であった。しかし1990年代には，貿易自由化と市場の開放，低い財政支出，民営化という処方箋を持って，IMFによる介入がなされた。多くの人々が，ロシアに対して行われたショック療法を非難し，アジアと途上国でのIMFの役割を疑った（Stiglitz, 2002）。

陰謀論の考えによると，とっぴなことだが，国連は世界政府を確立しようという異様な企てであり，そしてビルダーバーグ・グループや毎年1月にダボスで開催される世界経済フォーラムのような不吉な排他的集団が，秘かに世界情勢を仕切っているというものであった。それほど偏執病的ではない評論家でも，国際標準化機構もしくはハーグの国際刑事裁判所が行ってきたのと同様に，WTOもしくはIMFのような世界的なNGOが国民国家の主権を（よかれあしかれ）損ってきたと指摘し得る。興味深いことに，4つのすべての組織の起源は第2次世界大戦期もしくはそれ以前に遡り，新しいグローバル化の時代にはない。個々の国民国家の政策選択を決定したのは，貿易とFDI――1950年から拡大し，1980年から顕著に加速し，1990年以降急増した――のまさに規模と利益であった。何人かの著述家は，実際の傾向を誇張して，19世紀に登場した国民国家はその歴史的サイクルを終え，世界情勢において新たに登場した勢力を代表したのは，どこへでも進出できる多国籍企業であったとしていた（Ohmae, 1999）。

多国籍企業は，国民国家の持つ資源と強制力を支配することができたのであろうか。一般的に，政府の協力や支援を求めうるところ，もしくはその協力や支援から利益を得ることができるところで，多国籍企業は活動を行った。外交的妥協の結果に不満があったとしても，IMF，世界銀行，WTO，そして国連の政策を設定するのは国民国家である。より強力な国家とより大きな経済は，国際経済に影響を与えることができ，世界規模のNGOの政策を形成することができる。アメリカもしくはEUは，WTOに強力な通商代表団を派遣して，IMFと世界銀行において上位の地位を持つ権利を保ち続けた。さらに，多くのアジア諸国は，強力かつ干渉主義的な政府と国際経済とを結びつけることによって，工業化を成功させた。かつての歴史でも見られたように，一方の国際ビジネスと他方の途上国および小国との間の関係をめぐって多くの論争が引き起こされた。多国籍企業の勢力を誇張するのはたやすい。およそ500社の企業とその上級経営者が，2000年には，世界の貿易の半分以上と対外FDIのおおむね5分の4について責任ある位置を占めていたのは事実である（UNCTAD, 2001）。国内経済と政治における多国籍企業の役割および国際システムにおける多国籍企業の地位は，20世紀末に顕著に高まった。世界を支配したわけではないが，確固たる勢力であった。

FDIに対する単一の，もしくは一貫して適用されるグローバルな規則は存在しなかった。世界銀行とIMFは，1991年に国際ビジネスに関する権利と義務についてのガイドラインを導入した。しかし，それらは国家主権の優位を認めた上に立っており，国際法と裁定の規則をはっきりと定めなかった。受入国政府は国内企業と外国企業を平等に取り扱うべきであり，受入国政府と多国籍企業の間の紛争は国内裁判所もしくは特定の合意された仕組みを通して決着する。これが，核となるアイディアであった。ガイドラインは，多国籍企業の投資および開かれた国境の肯定的影響ならびに規制の安定性と投資家の信頼性の必要性を強調していた。しかし，途上国の政府はその含意に対して疑念を抱き続けていた。WTOの傘の下でのTRIMSに満足していなかった先進国は，多国間投資協定（MAI）に関する原案を再び持ち出した。そして北米自由貿易協定（NAFTA）は，1994年の設立時からその行動指針の例を提供してきた。その他の国家のうちインドとマレーシアは，FDIの自由化に関してこれ以上議論することに反対票を投じた。外国の多国籍企業を差別しないことを優先させたため，多くの国が，多国間投資協定を企業に味方する権利のための法案とみなし，実質的には，国家の政治的・経済的な主権を蝕むものとみなした。途上国の反対が強まって，支持者たちは1998年にその提案を放棄した。たとえばアメリカは，あまりにも多くの例外が導入され，多国籍企業に対する特別税，現地文化を守るために外国のテレビ番組や音楽に対する制限が認められたと感じたのであった（Rugman and Brewster, 2001；WTO, 2008）。要するに，先進国はWTOが貿易に関する責任を持つことに加えて，対外投資の世界的保護者に指名することができなかったのである。

地域経済圏は進化を続け，国家主権や競争激化のもたらすコストについて同様の議論を巻き起こした。NAFTAは1989年にアメリカとカナダから始まり，1994年にはメキシコが加わった。NAFTAは国境を越える通商とFDIを自由化し，その対象は，製品に加えてサービスと知的所有権を包括していた。1993年に，ヨーロッパ経済共同体（EEC）はヨーロッパ連合（EU）として政治的・制度的次元を獲得し，ヨーロッパ単一市場が誕生した。ユーロが1999年に導入された。ラテンアメリカではEUを模倣する試みがなされたが，これは限られた範囲内での試みであっても，それほど成功しなかった。アンデス協定（1990年に再び確立された），その後のアンデス共同体（1997年）によって設定された関税同盟は，2003年まで実質的に実現しなかった。そこではボリビア，エクアドル，ペルー，コロンビア，ベネズエラの5カ国がメンバーであった。メルコスルはブラジルとアルゼンチン間の合意として1988年から開始し，1990年にパラグアイとウルグアイを含むようになった。メンバー間の貿易は好況であったが，完全な関税同盟は実現困難であった。協定外の国には70％もの関税を設け，4カ国は相互に販売するだけの自動車，バス，農業機器，その他製品を非効率的に生産する状態であった。ベネズエラは2006年にアンデス共同体を脱退し，メルコスルに参加した。

英語圏のカリブ共同体（CARICOM）は，経済連合の宣言を1984年から何度もなそうとしてできなかった。ようやく，2006年に15加盟国がカリブ単一市場・経済（CSME）として自らを建て直すことを決めた。2001年に，同じように東アフリカ共同体が再設立されたが，関税同盟と政治同盟に関する課題については，小さな前進にとどまった。アメリカは2005年にコスタリカ，エルサルバドル，グアテマラ，ホンジュラス，ニカラグア，ドミニカ共和国とともに中米自由貿易協定（CAFTA）に署名した。1994年にはマイアミで米州自由貿易地域が提案されたが，一方で，ブラジルとアルゼンチンがアメリカにおける農業保護の廃止を求め，アメリカが知的財産権の保護と製造業の関税の引下げを求めたため，失敗に終わった。ASEANの加盟国は1992年にASEAN自由貿易地域（AFTA）を設けた。しかし，関税引下げに関する完全な合意は，2003年までかかることとなった。しかも，その署名国の多くは保護貿易主義の慣例を支持し続けて，広範囲にわたる例外を主張した。一方，その加盟10カ国は2010年に中国との間で，取引される製品の90％にかかる関税を廃止する協定に署名した[3]。NAFTAとEUだけが，国際的投資家の平等の権利に関する詳細な規約を有していた。

1992年から2008年の間に各国政府によって行われたFDIに関する法律と規制の2,600の変更のうち，約90％は外国投資を促進することになったと推定されている（UNCTAD, 2009）。2009年における102の新しい政府法案を分析した結果，約30％はFDIに対する規制を強化し，それは1992年以降最も高い割合であったこと，ベネズエラとボリビアでは，国有化も行われたことが明らかになった。それでも，閉鎖的な産業部門の開放，国営事業の民営化，独占の終焉，土地取得の許可といった，1980年以降の傾向を大半は反映していた。2009年までに国家間で施行されている国際投資協定（IIA）は5,939件あった。それは，二重課税といった法律上の問題を含む受入国政府と多国籍企業との紛議解決の手順を示すものであった。紛争の大半は，途上国と移行経済において生じた。いくつかの事案は，投資紛争解決国際センター（ICSID）に対して異議を唱えたり，それを拒絶し始めたりしていた。同センターは，非商業的なリスクを取り除き，民間の海外投資の流れを自由にするために，世界銀行によって設立されたものであった。途上国と移行経済における外国資本とノウハウに対するニーズのさらなる高まりは，強力な多国籍企業が存在する世界において，天然資源と重要な産業を保護することについての議論を再び呼び起こしたのであった（UNCTAD, 2010）。

グローバル・サービス

インドのバンガロール周辺に誕生した，グローバルに活動を展開する情報システム産業関連のクラスターは，途上国が国境を越えた商業活動に参加することが増大していること，および商業サービスの重要性が拡大していることを顕著に示した。もう1つの目立った現象は，情報システムにおける技術革命によって生じた，通信とビジネス取引の新しい速度であった。研究施設への政府の投資，なかでもインド理科大学院への投資および航空宇宙とエレクトロニクス事業への投資は最も顕著であり，その投資はバンガロール市とその周辺地域の成長を刺激した。そして1980年代になると，インドは15万人のコンピュータ・エンジニアを毎年生み出すようになった。低い労働コストと高水準の英語力は，「インドのシリコン・バレー」をつくりだすための国際優位を生み出した。テキサス・インスツルメンツ社は，バンガロールのもつ資産を認識した最初の多国籍企業であり，1985年にその地に研究所を設立した[4]。インド企業は，外国企業と協働する状態から，基本ソフトウェアサービスとメンテナンスを販売する状態に素早く移行した。そして，プログラミング事業とコンサルティングサービスに関して，欧米企業と直接競争する状態へと移行したのであった。その1つが，非常に多様なビジネスを展開するウィプロ社であった。同社は，かつては料理油その他の消費財分野でよく知られた企業であった。インドが外国人による所有に対する制限を導入し，IBMがインドを去ったとき，ウィプロはチャンスと捉えて1980年にIT生産に参入した[5]。もう1つの成功物語はインフォシス・テクノロジー社であり，同社はその1年後に設立された[6]。

1990年代からワールドワイド・ウェブは，世界的なソフトウェア工場をつくりだした。そこでは，プログラムはアメリカで書かれ，バンガロールでテストすることができ，そして，保守点検は外国から指揮することができた。時差は，問題よりも恩恵をもたらした。他国の翌日の始業時間にあわせるべく，業務は夜通し行われえた。インフォシスは，1987年に海外支店を開業したことによって，すぐに大いなる野望を示し，1990年代末までにアメリカに9つの事務所を構え，その他地域にも4つの事務所を設立した。この時点で北米事業の顧客リストには200社以上あり，そこから同社の売上高の82%を生み出していた。インドは売上高のわずか3%を生み出すのみであった。インフォシスは，1999年にインド企業として初めてアメリカの証券取引所の1つであるNASDAQに上場した。NASDAQでは，成長と買収のための資本を集めることができた。翌年に，同社はマサチューセッツ州に拠点を置くECキューブド社を買収した。ECキューブドは，B to B電子商取引のためのアプリケーション・プロバイダーであった。そして，同じく2000年に香港事務所を開設したが，これはインフォシスにとって初のアジア太平洋地域への進出であった[7]。少数の大企業がインドのソフトウェア輸出を占め，1999年時点の外国所有企業の割合はこの貿易のわずか5分の1であった（UNCTAD, 2002）。インフォシスの事例と同様に，ウィプロは2011年までに，複数サービスのプロバイダーとして姿を現した。同社は，インドと同じくニューヨークでも登記されており，55カ国で10万人を雇用していた[8]。

マイクロソフト社は1990年にインドに参入し，その本社は政府との契約のためニューデリーに置かれた。そしてハイデラバードにR&Dセンターを設立した[9]。IBMは1980年代に技術的な遅れに直面し，そのメインフレーム事業が崩壊したこともあって，非常に大きな損失を記録し始めた。1991年に「ビッグ・ブルー」は，3年以内に企業向け技術サービスの世界的サプライヤーとなる意向であると宣言した。外国の会社に対する所有規則が緩和された1年後の1992年に，同社はタタのビジネス・グループと合弁会社をつくる形でインドに戻り，1999年にその子会社を完全子会社化した。2007年までにIBMはインドに約20億ドルの投資を行った。1996年にIBMグローバルサービス（IGS）が，新しくより商業的に柔軟な持株会社組織内に正式に設立された。同社はITおよびソフトウェア・ソリューション事業と同じく，サプライチェーン・マネジメント，金融，顧客関係，アウトソーシング事業に関するコンサルタント業務も提供した。IGSを通して，同社の多様な事業部および資源を，調整されフルパッケージ化された大規模なソリューション・プロバイダーに統合させるという戦略であった。2001年に，IBMの歴史で初めてサービスがハードウェアより大きな売上高を生み出し，同社の全世界の従業員のうち46%をサービス事業が雇用していた（UNCTAD, 1991[10]）。

サービスが多国籍企業の事業発展の主役となったことを，1つの要因から説明することはできない。それは，技術，政府の政策および先進国における構造と支出形態の長期変動といった，様々な理由が組み合わさったためであった。1980年以降の10年間，マイクロエレクトロニクス（ME）と通信技術の革新は，新しい事業領域と情報サービスをもたらした。政府とりわけ先進国の政府は，航空運輸，電気通信，公益事業，銀行・保険業務において，自らの保護貿易主義的政策を修正した。国際化は広告，経営コンサルティング，ホテルおよび流通において速度を上げた。以前，それらの分野は，他の分野より国際化に後れを取っていた。製造業と天然資源へのFDIを唱導し，逆に第3次産業部門にFDIの恩恵を与えないことは，もはやできなかった。製品，技術，システム，人材または金融においてリーダーシップを持つ企業には，動きの遅い国内市場を変える機会が与えられた。単一市場の展望は，サービスと銀行業務の取引と投資を自由にし，それはとくにヨーロッパの多国籍企業にとっての刺激となった（UNCTAD, 2006；WTO, 2010）。

多国籍企業の投資についての全般的な監視は行わなかったが，WTOは1997年2月に電気通信分野におけるオープンで公正な競争についての規則を制定する交渉をまとめあげた。68の署名国は世界市場の90%を占め，アメリカ，EUおよび日本は翌年までにその産業の規制を撤廃した。金融サービスと銀行業務に関するWTOの合意には，同分野の世界売上高の95%を占めていた102カ国が加わり，1999年3月からの施行を目指していた。アメリカとEUは国外の投資家に対するすべての商業上の障壁を取り除き，多くのアジア諸国は注目すべき譲歩を行った（UNCTAD, 2010）。先進国の生産高に占める製造業の割合は減少していっていた。そして先進国における高い自由裁量所得，大規模市場，自由化された規制制度は，第3次産業への国際投資を促進した（UNCTAD, 1991）。最後に，企業はアウトソーシングやオフショアリングといった戦略をさらに進めた。そして，事業，人的資源，費用もしくは資本に関して，世界でどこが最も有利なのかに目を向けるようになった（UNCTAD, 2006；WTO, 2010）。

1970年代には，サービス業が対外FDIストックの4分の1しか占めていなかったが，それ以後サービス業が最も大きな成長機会を提供する状態が続いた。サービス業の割合は，1990年に全体の半数をわずかに下回るところまで上昇し，2005年には約3分の2まで上昇した。そのため，製造業のシェアは1990年から2005年に44%から26%に減少し，第1次産業は9%から6%となった。サービス業の対外FDIにおける途上国の役割は確実に高まり，1990年から2005年の間に1.4%から11.7%になった。しかし，先進国企業が依然として明らかに優勢だった。電気通信，公益事業，インフラ事業はすべて大きな増加を示していたが，サービス活動の70%以上は主に金融とビジネスサービスといった「仲介業」のカテゴリーに属するものであった。途上国の成長と工業化にとって，一次産品や工業製品の商業活動は重要であったため，途上国は貿易や貿易関連サービスへの投資に傾きがちだった。1980年代半ばには，FDIストック全体の75%を先進国が占めていたのに対して，サービス業については，約84%を先進国が占めていた（UNCTAD, 1991）。投資と活動の場所は，1990年以降，途上国と移行経済に少しずつ移っていった。しかし，依然として先進国が多くを占め，2010年の合計の77%近くを維持していた。貿易・貿易関連サービスと同じく，建設業と観光業は途上国のサービス対内FDIフローのかなりの割合を占めた（表5-13）。

もう1つの一般傾向は，特筆すべきものである。1980年代末のすべての国際M&Aの40%をサービス業が占め，2005年には63%を占めていた。これらは銀行，金融，電気通信，公益事業において顕著に行われた。サービスは主に現地で提供されるものであるため，全般的には市場追求戦略に基づいて行われていた。2001年におけるアメリカの多国籍サービス企業の海外子会社は，その売上の84%を現地であげていた。それに対して，アメリカの多国籍製造企業の割合は61%であった。2003年において，多国籍サービス企業の多国籍化度（TNI）は20%であった。一方，多国籍製造企業は複雑な国境を跨ぐ生産とマーケティングの連鎖のため，TNIが約40%に達していた。グローバル・サービスのおよそ10%が貿易に向けられ，製造業の場合におけるその割合は50%であった。さらに，サービスにおける海外投資は，フランチャイズ，マネジメント契約およびパートナーシップを通して現地資本と巧妙に結びついていた。製造業と同じく，ホテルや配水システムへのFDIは有形資産が重要であった。一方，サービス業の成功は，知識，ソフト技術，経営組織や経験といった無形資産に依存する傾向があった。フランチャイジーやパートナーとのマネジメント契約において，業績条件と品質管理を明確にするために，こうしたノウハウや手順は明文化された。ホテル，レストラン，レンタカー，小売業，会計および法律や専門的なサービスにおいては，こうした株式の所有を伴わない取決めが一般的であった（UNCTAD, 2004, 2006；WTO, 2007）。

貿易と輸送

すべての産業が世界的な自由化を受け入れたわけではなかった。銀行，エネルギーおよび電気通信産業が劇的に変化する間も，航空会社は過去の罠にはまっているかのようであった。2003年に，273の航空会社を代表する国際航空運送協会（IATA）は，60年間の政府支配からの解放を求めた。単一市場はEU内の外国人所有規制を終わらせ，オープンスカイ協定は着陸権に対する制限を撤廃した。これは，特に2007年のアメリカとEU間で最も顕著に行われた。アメリカでは外国人による持分支配は最大25%を堅持した。対して，最も自由主義の国であるオーストラリア，ケニア，ニュージーランドまたはペルーでも，外国人株式持ち分の認可は49%未満であった。航空会社は，自らの将来の事業の自由化と再構築に結びつけていたが，複雑な2国間協定システムは，ナショナルフラッグキャリアに優先着陸の権利を与え，合併や所有の変更を困難にした。1980年代半ばか

表 5-13　産業部門・産業ごとの世界の対外FDIストックおよび部門ごとの対内世界の対外FDIストック

世界の対外 FDI ストック

	1990年		
	先進国	途上国	世界全体
第 1次産業部門	161,564	2,219	163,783
世界第 1次産業 FDI 総額に占める割合	98.7	1.3	100.0
世界 FDI 総額に占める割合			9.0
農業，林業，漁業	5,245	319	5,564
鉱業，採石，石油	156,319	1,900	158,219
製造業部門	793,573	6,452	800,025
世界製造業 FDI 総額に占める割合	99.2	0.8	100.0
世界 FDI 総額に占める割合			44.1
食品，飲料，タバコ	75,603	446	76,049
繊維，衣料，皮革	19,550	191	19,741
化学，化学製品	150,917	810	151,727
金属，金属製品	66,350	87	66,437
機械，装置	42,040	22	42,063
電気・電子機器	97,505	1,040	98,545
自動車，輸送機器	60,255	10	60,265
サービス業部門	834,927	11,623	846,550
世界サービス業 FDI 総額に占める割合	98.6	1.4	100.0
世界 FDI 総額に占める割合（%）			46.6
電気，ガス，水道	9,618		9,618
建設	18,242	169	18,410
金融	399,951	7,230	407,180
ビジネス活動	55,111	1,310	56,421
その他	4,139	716	4,855
世界 FDI 総額に占める割合（%）			0.3
全体	1,794,203	21,010	1,815,213
世界 FDI 総額に占める割合（%）	98.9	1.1	100.0

世界の対内 FDI ストック

	1990年		
	先進国	途上国	世界全体
第 1次産業部門	139,013	27,847	166,860
第 1次産業 FDI 総額の割合（%）	83.3	16.7	100.0
世界 FDI 総額に占める割合（%）			9.4
製造業部門	584,069	144,996	729,065
製造業 FDI 総額の割合（%）	80.1	19.9	100.0
世界 FDI 総額に占める割合（%）			41.0
サービス業部門	713,721	155,123.0	868,844
サービス業 FDI 総額の割合（%）	82.2	17.8	100.0
世界 FDI 総額に占める割合（%）			48.8
その他	9,662	4,767	14,429
世界 FDI 総額に占める割合（%）			0.8
全体	1,446,465	332,733	1,779,198
世界 FDI 総額に占める割合（%）	81.3	18.7	100.0

（出所） UNCTAD（2007）.

FDI　1990年，2005年

（単位：100万ドル、%）

2005年			
先進国	途上国	南東ヨーロッパ CIS	世界全体
584,093	35,365	neg.	619,458
94.3	5.7		100.0
			5.9
4,256	1,575	87	5,918
577,362	33,791	neg.	610,176
2,655,294	117,426	1,562	2,774,282
95.7	4.2	0.1	100.0
			26.2
298,755	2,510	178	301,442
132,192	3,264	1	135,458
559,999	3,568	892	564,458
266,304	1,538	247	268,090
108,933	513	3	109,450
240,602	9,036	3	249,641
427,360	1,305	52	428,717
6,264,020	830,740	802	7,095,562
88.3	11.7	(0.01)	100.0
			67.1
96,465	6,814	440	103,718
73,133	8,668	neg.	81,095
2,208,900	176,692	211	2,385,803
2,127,245	454,253	563	2,582,061
68,670	21,538	179	90,387
			0.8
9,572,077	1,005,069	2,543	10,579,689
90.5	9.5	(0.02)	100.0

2005年			
先進国	途上国	南東ヨーロッパ CIS	世界全体
551,202	201,559	37,717	790,478
69.7	25.5	4.8	100.0
			7.9
2,196,968	716,624	61,927	2,975,519
73.8	24.1	2.1	100.0
			29.6
4,683,574	1,339,574	87,484	6,110,632
76.7	21.9	1.4	100.0
			60.8
114,311	48,668	8,230	171,209
			1.7
7,546,055	2,306,425	195,358	10,047,838
75.1	23.0	1.9	100.0

らの民営化は，すでに「ナショナルフラッグキャリア」を時代遅れの概念に変えてしまっていた。2004年にエール・フランスとKLMが合併し，2011年にブリティッシュ・エアウェイズとイベリア航空が統合したとき，各事業の国内権利を保護する複雑な調整がなされねばならなかった。米国の国内便はEUと違って，対内投資家に閉鎖的なままであった。ヨーロッパでは，低コストのライアンエアーとイージージェットが国際競争力と消費者からの選択を増やした（WTO, 2006）。[11]

貿易と輸送サービスは，国際商業とともに明らかに成長した（WTO, 2010；UNCTAD, 2006）。少数の専門会社が，穀物，砂糖，コーヒー，綿および金属の世界貿易を支配し続けた。一次産品生産国の多くは，大規模な貿易企業に依存したままであった。2011年に，カーギルはアルゼンチン最大の農業ビジネス輸出業者であり続け，同社は食品加工が主要産業である国において，大豆，小麦，トウモロコシの大規模な加工場を所有していた。[12]しかし，かつてアジアとアフリカにまで事業を行っていた英国の貿易会社は，撤退した。いくつかの重要なイギリスの貿易会社の後継者であるインチケープは，ヨーロッパの総合商社であった。同社は，1980年代に3つの主な事業領域を有していた。保険と輸送，物流，そして茶，材木，その他天然資源への投資である。アジア危機後の1998年以降，トヨタと取引を行うという収益性の高い国際的な自動車流通販売事業に集中し，そのほかの多くの事業から撤退した。[13]ハリソン＆クロスフィールドは，熱帯地域の産品に関する暗い未来しか見いだせなかった。そのため，同社は1982年から1989年の間にマレーシアを去り，1994年にはインドネシアからも撤退した。1997年に同社は，特殊化学製品メーカーのエレメンティス社となった。[14]ユール・カトー社は，特殊化学製品および建築材料製造企業に転身した。[15]バウステッド社は，限られた専門的な製品を製造するエンジニアリング会社へと変った。[16]ブッカー・マコーネル社は食料雑貨ビジネスを行うようになり，英国と北米で主に事業を行った。[17]そしてUACナイジェリアは，現地資本の所有へと転じた（Biersteker, 1987; Fieldhouse, 1994）。

一方，無慈悲な経営者である「チビの」ローランドを擁していたロンロー社は，モザンビークとスーダンとの停戦協議において信用を受け，アフリカ人の政府との間に巧みに良好な関係を構築したが，英国本国での贈収賄と関係していた。同社は，北米，ヨーロッパおよびアジアにおいて複雑かつ多様な利権を獲得した。そして1998年に新しい経営陣は，農業関連ビジネス，輸送，インフラ，そしてロンローの名の下で行われるホテル事業，ならびにロンミンと呼ばれる鉱業へと同社の視線を再び集中させた。[18]同じように，スワイヤー・グループは，急速に変化を遂げるアジアの中で自らを再び変化させた。同社は1978年以降の中国の経済改革から利益を得ていた。そして，しばしば国営の中国国際信託投資公司（CITIC）との密な協力関係のもとで事業を行った。1990年代末において，スワイヤーは持てる知識を使ってICI，カールスバーグ社，テート・アンド・ライル社，およびコカ・コーラ社を中国に導入した。そして，同社は中国の主要都市において巨額の不動産を取得した。同社は香港ドラゴン航空と香港華民航空を購入し，キャセイ・パシフィックのパートナーとして国営の中国国際航空を迎え入れた。2000年に，同社はインドとアフリカに拠点を置くジェームズ・フィンドレー社傘下の貿易会社を買収した。また，パプアニューギニア内で一次産品，輸送，製造事業を行うオーストラリア企業である蒸気船・貿易会社を買収した。

様々な投資家が，アジアにおける知識と接点を持つパートナーを探していた。その結果，ジャーディン・マセソンは，多角化に乗りだした。1980年という早い時期に，同社は中国において最初の工業合弁事業であるジャーディン・シンドラー社を共同で創立した。アジアの全域で，セブン-イレブン，ピザハット，スターバックスとイケアのフランチャイズ展開をした。インドネシアでヘロのようなスーパーマーケットを設立し，1996年からロンドンでマンダリン・オリエンタル・インターナショナル・ホテルのチェーンを設立した。ジャーディン・マセソンは，ロンドンのロイズ保険取引所での保険事業を追加した。一方，2006年から2007年にかけて，未公開株ファンド運用管理会社であるジャーディン・ロスチャイルド・アジア・キャピタルは，ジャーディン・マセソンの持つ地域に関する専門知識とロスチャイルドの持つ銀行業のスキルとを結びつけた。[19]

マーク・リッチ社は，1987年のアメリカの製錬所への投資による転換を手始めに，翌年にはペルーの亜鉛および鉛の鉱山事業を支配するようになり，輸送およびマーケティング事業から，農業，鉱業，製錬，精製，加工事業へと移行していった。2001年にクリントン大統領が論争の的となった大統領恩赦を出すまで，アメリカは脱税とイランとの関係について創立者マーク・リッチを追及した。世界的な貿易会社であるトラフィグラ社は，1993年にマーク・リッチ社グループからスピンオフして設立された。翌年，亜鉛取引における巨額の損失が生じた。この出来事は，企業の再建，グレンコア社という新名称への変更，およびCEOのイヴァン・グラセンバーグを含む経営陣の任用へとつながった。グレンコアは「あなたがこれまで耳にしなかった最も重要な会社」と呼ばれていた。2010年には同社は世界最大の一次産品取引会社であり，取引可能な亜鉛の約60％，さらに取引可能な銅の50％を加工し，世界中で生産設備を所有していた。

グレンコア・インターナショナル社は2011年に上場し，すぐにロンドン証券取引所FTSE 100に加わり，経営陣と主要な投資家を億万長者にした。同社は十分な資金を投資するアプローチを採用した。そして取引関係の上流で事業を行い，株式持分による支配に集中した。コロンビアでは，子会社はワユ族の大虐殺に関与し，そしてコンゴ民主共和国のカタンガ鉱業の複雑な買収において贈賄疑惑が生じた。2007年に同社はボリビアにおける国有化によって，巨大な製錬複合体を含む相当数の鉱業と加工企業を失った（WTO, 2006[20]）。

日本の輸出志向型工業化の主な柱であった総合商社は，アジアの成長を十分に利用できる地位にいた。しかし，総合商社は大きな課題に遭遇しており，新しいビジネスモデルを追求し始めていた（UNCAD, 1994, 1998）。トヨタもしくはソニーのような製造企業は，そのころには商社の持つ外国市場に関する知識と同等のものを持つことができていた。そして輸出市場が成長するにつれ，それら製造企業は，海外市場において自らが強力な地位を確保する必要性に直面した。一般的に，大量の商品貿易に関して，とりわけアジアからの新しい競争者が総合商社に挑戦したとき，それらの競争者はコストと特権的な市場アクセスにおいてしばしば優位性をもっていた。自らの運命が日本の輸出入貿易と結びついていた総合商社は，1990年からの日本の急成長時代の終焉によって損害を受けることになった。本国の成長の見込みは小さいため，総合商社は世界規模でのビジネスを育成する必要があった。そして，あらゆる商業活動から利益をあげるべく非常に包括的なサービスを提供し，売上を最大化する，という伝統を放棄した。総合商社は，ロジスティックスとチェーン・マネジメントだけでなく，ビジネス・ソリューション，コンサルティング，プロジェクト・マネジメント，IT，通信，ベンチャーキャピタル，投資および技術獲得に，より関与するようになった。

人的資源，市場知識，商業経験，グローバル情報ネットワークおよび金融における組織の競争力を駆使して，三菱商事は，ロジスティックス，資本およびマーケティングをグローバルに結びつける独自のやり方を強化した。1998年から，同社は高収益取引に再び焦点を置くようになった。2000年と2003年の長期戦略計画は，三菱商事を6つの利益志向型ビジネスグループに整理統合し，海外の地域本社に事業決定や現地人材の雇用についてのより大きな裁量権を持たせることを認めた。2005年には，貿易が同社の収入のわずか14%，金融が12%であったのに対して，投資は74%と多くを占めるまでになっていた。2011年までの非常に多様な事業ポートフォリオの中でも，以下の事業は重要な役割を担っていた。英国の「プリンス」ブランドの食品会社，日本のローソンのコンビニエンスストア，他の日本企業とのパートナーシップによる中国の大連日清製油，現地企業との提携による天津ロジスティクス社，そしてロシアにおける石油・液体ガス関連の最初の合弁事業であり，巨大プロジェクトのサハリンIIへの1994年からの参加である。

三菱商事の強烈なライバルである三井物産は，同じく1980年代に先進的なビジネスサービスに移行して，低収益契約を打ち切った。サハリンIIに関係しただけでなく，同社はそのグローバルネットワークを駆使して，1990年代に三菱重工業とパートナーシップを組んで台湾に高速鉄道を建設した。[21] 最大の総合商社である同社は，非常に多岐にわたる製品を取り扱い，その数は3万点にのぼった。2000年時点でそのうちの18点のみで日本の輸入の62％，輸出の37％を占めていた。世界の最大貿易会社17社のうち，10社が日本企業であった（Gabel and Bruner, 2003）。さらに，総合商社4社は，2008年の世界の多国籍非金融企業の海外資産に基づく上位100社のリストにランクされていた。4社のうち三菱商事が最高位で32位，そして三井物産，住友商事，丸紅と続いた（UNCTAD, 2009）。

総合商社と異なり，韓国の貿易会社は独立しておらず，家族所有のビジネスグループ，つまりチェボルによって所有されていた。工業化に必要な資源を確保することを支援するために，政府は公的に貿易会社を指名して援助した。1980年代に，現代（ヒュンダイ）総合商事会社は，オーストラリアで石炭の採掘権を，イエメンで油田を所有した。総合商社同様，彼らの競争優位は自らの商業ネットワークと様々な市場機会をつかむ能力にあった（Colpan, Hikino and Lincoln, 2012）。たとえば，現代（ヒュンダイ）は1990年までにインドネシアにおいてブカシ・コンビナートを完成させ，2005年に中国で青島現代造船を創立していた。2009年に，姉妹会社である現代重工業と一緒に包括的なビジネス・ソリューション・プロバイダーへと進化した。[22] 同じような理由から，1996年以降三星（サムスン）物産は三星建設と密に共同してロジスティクス，エンジニアリング，アウトソーシングおよび金融事業も網羅するようになった。[23]

韓国の韓進（ハンジン）海運は，台湾のライバル企業エバーグリーン社やヤンミン海運と同じように，低コスト戦略を採用して世界の海運・輸送企業上位10社にランク入りした。低コストの実現だけでなく，海外事務所を設置したり，コンテナ，石油，LNGもしくは非液体バラ積み貨物船ターミナルに対して世界規模で投資を行ったりすることによって，海運会社は成功を遂げた。[24] もう1つの挑戦者は，香港を基盤とする東方海外貨櫃航運公司（OOCL）である。中国との緊密な関係は，同社のオーナーである董建華が1997年にそれまで植民地であった香港における初代行政長官に任命されたときに最高潮に達した。[25] ハチンソン・ワンポア社は，1980年まで，貿易，卸売，小売，港湾事業を行い，1991年からフェリックストー・ドックの利権を得た。長江実業は，1979年からハチソン・ワンポアの重要な株主となった。そして，香港の主権が譲渡された同じ年に同社を支配するようになり，英国流の「行」企業の所有権を持つとみなされる最初の中国企業となった（WTO, 2010）。オーナー創業者である李嘉誠は，アジアにおける最大の富豪であり，その地域における最も突出した事業家の1人である。欧米の海運会社は競争圧力に対処するのに苦労し，日本のKラインやNYKのように，1980年代から船籍変更および外国人水夫の採用という戦術を採用した。[26] P&Oとロイヤル・ネドロイド社が1997年に統合した。これは，細分化されコストに敏感な産業における最初の大型合併であった。デンマークのグループであるマースク社が，2005年にP&Oネドロイドを買収し世界最大の海運業者となった。しかし，同社は世界貿易におけるその地位を維持することができなかった。[27] 国営企業であり，2008年には多国籍非金融企業の上位80位に上昇した中国遠洋運輸（集団）公司（Cosco）は，変動の激しいグローバル経済において迅速に変革を遂げた企業の1つである。2010年までに，同社は約800隻の船と32のターミナルを運営し，160カ国の1,600の港で事業を行い，運送に加えて用船業や海洋エンジニアリングサービスを営んでいた。[28]

銀行，規制緩和およびグローバル市場

多国籍銀行業には，1980年までに，いくつかの特筆すべき特徴と局面とが存在した。すなわち，顧客の海外進出に伴い海外事務所をもった巨大銀行，主に政府向け外債，国家を超えたユーロダラー市場，国境を越えたサービスと貿易金融，外資系小売銀行の残存である。国内経済における外資系小売銀行の役割は減退しており，そして皮肉にもそうであるがゆえに，次に生じる出来事の転機となった。1980年代以降，規制の障壁が低くなり，技術変化がこの業界を変容させるにつれ，紛れもなく多国籍金融企業は国際経済の推進力になった。米国は1974年に資本流出を制限している為替管理をすでに撤廃していたが，自由市場志向の英国の新政権はロンドンのシティを驚かせ，1979年に米国と同じことをすることによって国際的な傾向を決定づけた。大部分の西欧諸国は，1988年から1990年までに外国投資を自由化した。スイス，ドイツおよび日本は，1980年代の終わりまでに資本流入を自由化していた（Cassis, 2006）。

金融市場の規制緩和は長期にわたって行われた。しかし，1986年のロンドン

証券取引所における「ビッグバン」は，その他の金融センターから企業を素早くひきつけ，各地に模倣を生じさせることになった。1975年のニューヨークにおける諸改革で行われたように，固定化した株式売買委託手数料といった制限をもたらす慣行は終わりを告げた。しかし，金融取引のスピードや競争力および規模に革命をもたらしたのは，ロンドンの自由化された市場とIT投資との結合であった。銀行は，いまや株式の売買業務を獲得することができた。さらに同年，英国においては決済勘定を提供している銀行と抵当を提供している住宅金融共済組合との間の法律上の区別の撤廃がなされた。要するに，企業はどんな金融商品，もしくはあらゆる金融商品すべてを供給することができるようになった。グローバルな競争力を持つ企業をつくりだしたり，顧客により安いサービスを提供したりすることを願い，ヨーロッパにおける単一市場は資本の流れを促すだけでなく，金融産業の投資を自由化したのであった。

米国は，証券取引に関する制限を早く取り除いたものの，広範囲に及ぶ国内銀行の規制を緩和するのには時間がかかった。1980年代後半と1994年以降，若干の緩和が再び行われた。連邦準備制度理事会がシティコープと保険業者のトラベラーズとの合併に合意したとき，シティグループという名前に変更した世界最大の金融企業が誕生した。その時，トラベラーズはソロモン・ブラザーズとスミス・バーニーという投資銀行を所有していたのである。小売銀行，保険，そして投資銀行の連合がいったん認められると，こうした結び付きは経済不安定性を引き起こすものとみなしていたグラス・スティーガル法は空文化し，アメリカは翌年の1999年に同法を廃止した。[29] 外国為替取引は1982年に1日600億ドルを記録し，2004年には1兆8,800億ドルになった。国際化のプロセスとともに，デリバティブ取引の売上は，20世紀末の金融市場における最も顕著な進展であり，その売上額は1991年に3兆4,500億ドルに，2004年には184兆ドルに増加した。デリバティブ取引を通して，トレーダーは資産の将来的価値に基づいて取引を行ったり，リスクを分散したりすることができるようになった。

かつて「実体」経済を支援するものとみなされていた金融サービスは，富のダイナミックな源泉へと変身した。ニューヨーク，ロンドン，東京，フランクフルト，パリ，チューリヒ，香港およびその他多くの都市はすべて，急速に国際化する産業を引き寄せうる場所になるべく，競争した。ロンドンは国際取引，とくに最も顕著なのは外国為替と外債において，最上位の地位を獲得した。しかしアメリカ経済の力は，資本市場における実質的なリーダーとして，ニューヨークを最大の金融センターに仕立て上げた。他方，シカゴではハドソン川のライバルより多くのデリバティブ取引が行われた。ロンドンは外資系銀行と駐在事務所の数が最大であった。それでも，かつてシティの上流階級であったロンドンのマーチャントバンクの多くは外国企業に買収されてしまい，そのため「ウィンブルドン現象」といわれた。というのは，ロンドンは世界最高のテニスのトーナメントを組織するが，優勝はいつも外国人プレイヤーが獲得していたからである（Cassis, 2006）。2008年の最も国際的な多国籍金融企業50社すべてが，先進国出自であった。巨大な金融センターをもつ米国と英国は，それぞれ7社，6社がランク入りし，カナダと日本がともに3社，残りの31社はヨーロッパの企業であった（UNCTAD, 2009）。

J. P. モルガンは米国での規制緩和を待つ間，ユーロ債を取引し，1989年のスミスクライン・ベックマン社と英国のビーチャム・グループの合併といった国際企業合併における主導者になった。しかし同社は，1982年にメキシコから始まった債務危機において，ラテンアメリカの各国政府への貸付で大きな損失を被った。連邦準備制度理事会は，1989年にJ. P. モルガンに対して限定的投資銀行ライセンスを与えた。それは，同社の投資銀行としての歴史的起源に回帰するものであった。その10年後にグラス・スティーガル法が歴史の彼方に追いやられてしまうと，同社は投資銀行業務だけでなく，財産管理，企業のアセットマネジメント，未公開株式を取り扱う真のグローバル銀行へと進化した。対照的に，チェース・マンハッタンは，国際的な事業を縮小することによって，1980年代の損失に対処した。そして規制緩和の新しい時代に，同社は英国でロバート・フレミング投資銀行を買収し，また世界的な巨大金融企業J. P. モルガン・チェースを生み出すための巨大合併に合意した。[30]

シティコープは1980年代末には90の海外事業を行っていたが，その後，急成長市場に集中するという意思決定を行った。メキシコにおける違法な資金の密輸への関与は，ガバナンスが拡大に後れを取っていたことを示唆していた。1998年のバンコ・コンフィアの買収によって，シティコープが麻薬資金の洗浄と結びついたため，海外でのデューディリジェンス（買収監査）が不十分であることを明白にした。シティコープとトラベラーズとの合併は，1年間にわたって連邦法に違反していたにもかかわらず，『エコノミスト』誌が「世界的な金融スーパーマーケット」と呼ぶものをつくりだした。そしてシティグループは，幅広い事業分野にまたがる金融持株会社として登記された，アメリカで最初の企業であった。2000年のアソシエーツ・ファースト・キャピタル・コーポレーションの買収によって，シティグループはアメリカのサブプライム信用市場に参入し，2001年にイギリスの投資銀行シュローダーズを，またグルポ・フィナンシエロ・バナメックス=アクシバルをそれぞれ吸収した。それは，同年における最大の国際買収であった。同社は2002年以後ロシアと中国で小売業務を確立し，そして世界最大のクレジットカード発行者となり，2008年までには最大手の多国籍サービス企業となった。同社の事業展開の中で，スキャンダルは続いた。顧客の株式をごまかすための研究をでっち上げたことに対して，2002年に罰金を支払った。またモルガン・チェースと同じく，エンロンのメインバンカーであり，エネルギー取引業者の貸倒れしそうな大量の貸付の崩壊を再建したが，結果的には，それらを株主の目から隠すことになったのである[31]。

しかしながら，最大の議論を呼んだ国際的銀行は，ゴールドマン・サックスであり，2008～09年の危機は多くの非難をあおった。リスクを見えないように体系的に隠す一方，同行は（その後の悪名高い「債務担保証券（CDOs）」である）複雑な負債パッケージを投資としてまとめあげ，それを売却したと言われた。ゴールドマン・サックスは「空売り」に参加した。実際，後に価値が減少したら，それを購入することによって利益を得ることができるという知識を持ち，これら中身のないパッケージの先物オプションを販売した。AIGを倒壊させたいかがわしい慣行に結びついたものであったが，ゴールドマン・サックスは，債権者として，保険業者を救うというアメリカ政府の要求の恩恵を受けていた。海外においては，ギリシャの財政の堅実さを示すための悪名高い商業指標をでっち上げて，同社が専門知識を使って，ギリシャ政府には破産が迫っていることを覆い隠したことが2010年に明らかになった。陰謀論者は，米国政府に対するゴールドマン・サックスの影響力について懸念した。2人の前最高経営責任者がそれぞれ1995～99年と2006～09年に米国財務長官に就いたとき，彼らは密猟者（つまり，銀行）の明らかと思われる役割と狩猟場の番人（つまり，政策担当者と規制機関）の役割とを混同しただけであった。このことは，疑うべくもないことであった（Cohan, 2011）[32]。

銀行と国際ビジネス戦略

バークレイズは，英国本国市場に大きく依存していたため，1980年代に競争が激しくなってくると，多角化と海外進出を目指すようになった。世界的な論調と政治圧力にようやく対応して，1986年に同社は，アパルトヘイト時代の南アフリカにおいて148年の歴史を持つ子会社を閉鎖した。そして損失が生じたことを理由に，1987年から1996年にかけて，米国から段階的に撤退した。「ビッグバン」から利益を得るためにロンドンで投資銀行を複数購入し，1990年にはドイツとフランスで他の投資銀行も獲得し，アフリカやあまりにリスクの高いとみなされる他の場所からの撤退に代わって，ヨーロッパの単一市場に集中した。同社は2006年に，南アフリカ最大の消費者銀行であるアブサ・グループを買収することによって，アパルトヘイト解消後の南アフリカに戻ってきた。そして2年後に，米国，カナダ，ラテンアメリカにおいて，破綻したリーマン・ブラザーズの投資銀行事業と証券取引事業を素早く手に入れた。同社は2008年に英国政府の緊急援助を拒絶したが，新株予約権無償割当の受取りによって，三井住友銀行，中国国家開発銀行，およびカタール投資庁における有力株主としての地位を築くに至った（UNCTAD, 2010）[33]。

バークレイズと同じく，スタンダード・チャータードは，1980年代の競争激化に対応する準備ができていなかった。アジアの中核地域では業績が悪く，顧客が包括的なサービスを提供する国際的な企業を好んでいたにもかかわらず，同社は普通銀行業に集中していった。バークレイズに続き，1987年に南アフリカから撤退し，アジア，ラテンアメリカと中東の新興成長市場で消費者向け，企業向け，機関向け銀行業で成長する新しい戦略を採用した[34]。香港銀行は，中国本土と香港で事業を拡大する一方で，変革に向けて1980年代に主に先進国に目を向けた。そのために同行は，1987年に米国のマリン・ミッドランド銀行を買収し，1992年にはイギリス全国の町の中心に店舗を構え，かつヨーロッパ中に支店網を持つミッドランド銀行を買収した。1991年に香港からロンドンへ本社を移し，HSBCホールディングスとして再編成し，その後10年をかけて米国での多角化とラテンアメリカへの参入を果たした[35]。

ドイツ銀行は，銀行部門におけるグローバル化の影響を測る尺度となった。同行は，ドイツの戦後の高度経済成長において重要な役割を担っていた。強く規制されており，かつリスクを嫌う銀行は，企業に長期資本を供給した。そして，ドイツ銀行のような全国展開する企業は，監査役会に加わることによって法人顧客の成功に複雑にかかわっていた。ドイツは，英米型経済の株主からの圧力と金融工学に抵抗した。1996年の株式時価総額はGNPの30％であった。これに対して，英国では130％であった。フランクフルトのヨーロッパ中央銀行の設立にもかかわらず，既存の慣習はドイツにおけるあらゆる実質的変化に対する障壁となり続けた（Cassis, 2006）。しかし，海外では，ドイツ銀行はグローバル金融に関する風潮を受け入れることができた。同社は1984年にロンドンで有名な投資銀行モルガン・グレンフェルを，1988年にトロントのマクリーン・マッカーシーを，

1999年に米国のバンカーズ・トラストを買収した。1986年以降，同社はアジア12カ国で活動していたユーラスバンク・コンソーシアムを段階的に買収し，それをドイツ銀行（アジア）と名前を変え，さらに西ヨーロッパでの小売業務を獲得した。1990年代には東ヨーロッパとロシアに進出することによって，国際政治・経済の変化を促進した。世紀転換期までに，ドイツ銀行はドイツでの普通銀行業および小売銀行業からよりも海外投資銀行業務からより多くの利益をあげていた。規模に関しても利益に関しても国際化を果たし，同社は2001年にニューヨークの証券取引所に上場した。同社もまた，たとえば「何でもありの」アメリカ資本主義のシンボルであるゴールドマン・サックスといったような，他のグローバル金融企業が受けた大衆からの悪名と批判も受けることとなった。同社は2004年からの米国の住宅バブルの主要な仕掛人であり，最終的に役に立たない負債パッケージを市場に出し，空売りで利益を得て，AIGを救済するための連邦政府資金を受け取った[36]。

多くのヨーロッパの銀行がグローバルな活動を目指すようになった。ソシエテ・ジェネラルは，1987年にフランスで民営化され，1999年から世界規模で事業を展開し，同時に投資，証券，アセットマネジメント，デリバティブ取引へと多角化した。2008年1月に生じた，1人のトレーダーによる72億ドルの損失の発覚は，同社に対する信頼を揺るがした。そして同社はAIG関連の110億ドルの損失をカバーするため，米国政府に助けを求めた[37]。スイス銀行は，かつては税制による優位性や秘密厳守の伝統のため，スイスが多くの企業を引きつけることに満足していた。しかしスイス銀行も，失ったものを取り戻そうとした。クレディ・スイスは，真のグローバル企業になることを1997年に決めた。スイス銀行は，歴史的に慎重なビジネス原理を終わりにすることを1993年に宣言し，1995年から1997年にかけて，シカゴにおけるブリンソン・パートナーのアセットマネジメント，ロンドンのS. G. ウォーバーグおよびニューヨークのディロン・リードといった投資銀行を買収した。スイス・ユニオン銀行は暫定的に国際化を進展させていたにもかかわらず，保守的な経営に対する株主の批判によって，1998年にスイス銀行とスイス・ユニオン銀行との合併がもたらされ，UBSがつくりだされた。しかし，この場合においてもグローバル化は危険性を明らかにした。UBSは海外顧客にスイスの預金口座の利益を提供できたが，2008年にアメリカ市民の税金逃れを援助していると非難されるようになった。同社は2008～2009年に，米国のサブプライム不動産市場において巨額の損失（約500億ドル）を出し，スイス政府による緊急資金援助のおかげでかろうじて生き残った。より厳しい資本統制と企業統治を導入したが，ロンドンでの悪質な取引によって20億ドルの損失を出した。その最高責任者であるオズワルド・グルーベルは，あまり危険でない銀行業務形態への回帰を指示し，辞任した。[38]

1980年代のオランダでの規制緩和には，金融部門の国際化を進め，より巨大で競争力を持つ企業をつくる意図があった。ABNアムロを設立した1991年の合併は，この政策の1つの成果であった。フルサービスを行う国際金融企業になるという戦略は失敗し，TCIヘッジファンドによる計略は，同行の企業崩壊を誘発した。ABNアムロを買収するというバークレイズの提案を打ち負かしたコンソーシアムは，史上最大の銀行乗っ取りをもたらし，資産を分割した。[39]サンタンデールは，ブラジルでバンコ・レアルを，イタリアでバンカ・アントンベネタを取得した。ベネルクスでの事業はフォルティスに移管され，卸売およびアジア事業はRBSが行うようになった。グローバルに成長する以前の起源をエジンバラに求められるRBSにおいて，拡大志向の経営陣は，買収の間，デューディリジェンスに対する不断の注意を捨て去った。そして2008〜09年の危機が深まったため，同行はABNアムロから致命的な影響を被った。同行の過大な戦略は，結局のところ英国政府がRBSの所有者になるという結末に至った。同じように，オランダ，ベルギーおよびルクセンブルク政府は，フォルティスの株式を取得した。ベルギー政府は，フォルティスの一部をBNPパリバに売却することができた。ただし，これは，現地投資家（その一部は老後のための貯蓄を失った）が株主総会で経営陣にコインや靴を投げつけてその買収の条件に反対した後に，ようやく行うことができたのであった（WTO, 2006）。[40]

銀行業——地域パターンおよび買収

スペインにとって，1986年のEU加盟と単一市場の将来性は，国内経済を変えるために不可欠なものであった。そのうえ，近代化は，保護されかつ非常に制限された産業の変革と合併を意味していた。ビスカヤ銀行の頭取ペドロウ・トレド・ウガルテは，次のように述べている。「金融分野が重要であるため，各国は自身の国民によって成り立ち，経営され，かつ世界規模で競争する企業をいくつか欲している。これには経営，技術そして疑いなく最低限の規模が必要であることをわれわれは知っている。」したがって，ビスカヤ銀行とビルバオ銀行は1988年に統合して，BBVとなった。スペインの銀行はラテンアメリカで長い歴史があったが，BBVおよび競合のサンタンデールは，1995年から現地で買収を行うことによって急成長を始め，同時に，その地域，特にメキシコとブラジルにおける金融部門での広範囲にわたる変化をもたらした（UNCTAD, 2001）。

本国での利ざやの低下は，ラテンアメリカにおけるBBVとサンタンデールとの広範な競争を刺激した。というのは，ラテンアメリカでの収益は比較的高かったからである。たとえば，ペルーのコンチネンタル銀行の買収のように，民営化を通じた買収がいくつか生じた。2000年に編成されたとき，BBVバンコメルはメキシコにおける重要な銀行であった。同じ時期，本国においてBBVは，それ自体合併企業であったアルゼンチン郵便貯金・住宅貸付銀行と統合し，BBVAグループとなった。BBVAは，その後4年間ですべての子会社を完全支配し，新しいBBVAのロゴを与えた[41]。2006年までに，アルゼンチンにおける年金基金，メキシコにおける抵当貸付，チリにおける自動車金融に多角化するとともに，BBVAはカリフォルニアのヴァレー銀行，テキサスを拠点とするアメリカのヒスパニック市場向けのラレド・ナショナル銀行を買収した。ラテンアメリカの資産に加え，サンタンデールはヨーロッパでも重要な地位を得た。1990年にドイツとポルトガルの銀行を買収し，2004～08年の間に英国において3つの大きな住宅金融共済組合を買収した。そして，英国で3番目の小口預金口座保有者となった。2004年から2009年にかけて，同社は米国でソブリン・バンコープを完全支配した[42]。

戦略はグローバル志向であるとともに地域志向でもあった。それは，ヨーロッパの単一市場への備えや対応において最も顕著であった。ダンスク銀行は，1990年にデンマークの細分化した銀行業の再構築から誕生し，国際的な買収や被買収が必要であると感じていた。同社は北欧全般での買収に集中し，それからバルカン諸国に参入し，ロンドンとニューヨークという主要センターでの足場を固めた。2000年までに，スカンジナビア＝バルト海地域の全域で営業している大手銀行5行が存在した[43]。スカンジナビスカ・エンスキルダ銀行は国際的に成長し，多角化を進めた。2009年までに，主要な金融センターにおける証券業務のみならず，約670の支店を持っていた（UNCTAD, 2010）[44]。東ヨーロッパやバルカン諸国における金融部門へのFDI水準は，製造業と貿易に比較して少なかった。しかし，共産党時代に無視されていた破たん事業に対して，劇的かつ即座に影響を及ぼした。多国籍企業は，資本のみならず，経営ノウハウと技術をもたらし，外資系企業は容易に現地企業を上回る業績をあげた（UNCTAD, 1995）。2005年までに，スロバキアの銀行資産の97％以上，およびチェコ共和国の銀行資産の94％は外国資本が所有し，そのほとんどはオーストリア，イタリア，ベルギー，ドイツおよびフランスの企業によるものであった（Barisitz, 2006）。バルカン諸国では，2008

年までに銀行資産の約90%を外国資本が所有していた。1999年以降ウニクレーディト社はヨーロッパの22カ国で事業を展開し，中・東欧だけで5,000の支店を有していた（UNCTAD, 2010）。

カナダの銀行は，その巨大な隣国に投資する傾向があった。それにもかかわらず，ノヴァ・スコシア銀行――しばしばスコシア銀行と呼ばれる――は，1990年代に，通常既存企業の少数株主持ち分を取得することによって，ラテンアメリカとアジアでの資産を獲得して，カナダの金融部門の国際化を牽引した（UNCTAD, 1995）。スタンダード・チャータードは1987年に南アフリカを去ったとき，そこにおける自らの資産を現地の投資家に売り払った。そしてアパルトヘイトが廃止されてから，スタンダード銀行グループは，ウガンダとナイジェリアの経済に対して重要な役割を果たしていた銀行を買収した。中国国営の中国工商銀行は，2007年にスタンダード銀行グループの株式の20%を取得した。それは，急成長するアフリカとの貿易だけでなく，同地での中国の経済外交の財政支援と天然資源の探索を目的としたものであった。中国工商銀行はスタンダード銀行の取締役会に2つの席を得て，中国銀行，中国国家開発銀行およびCITIC銀行とともに，スタンダード銀行に10億ドルを貸与した。2011年時点において，スタンダード・チャータード・南アフリカ銀行はアフリカの16カ国で活動し，また買収を通して，世界の別の14カ国で事業を展開していた。特に，トルコにおけるスタンダード・ウルドゥーの所有権の3分の2の取得，ロシア第2の規模の投資銀行であったトロイカの所有権のおよそ3分の1の取得が顕著な例であった。中国投資有限責任公司が米国の投資会社ブラックストーンの株式を買収したとき，それが誤った投資であることが分かり，すぐに株価の下落が生じた。それでもなお，ブラックストーンはアフリカに精通しているバークレイズ銀行の一部を国家開発銀行が購入することを支援した（Nwankwo and Ibeh, 2014）[45]。

日本のビジネスモデルは，1980年代に絶頂を迎えた。日本の製造企業は一流の多国籍企業として確立し，銀行は国際展開を始めた。三和銀行は，世界トップの銀行を目指すというシンプルな戦略を主張した。国際的にフルサービスを提供する金融企業を目指すため，三菱銀行と第一勧業銀行は米国に参入した。1990年に日本のバブル経済が弾けたとき，日本の銀行の資本は次第に消失し，国際市場から撤退した。1994年から1997年に生じた東京独自の「ビッグバン」は，東京の影響力の減退を回復させる試みであった。金融サービス間の競争上の障壁の撤廃といった規制緩和の実施，残存するあらゆる為替管理の廃止，そしてより国際化した金融産業の実現を目指した（Cassis, 2006）。それは，グローバルに競争することができる「メガバンク」の登場につながる一連の合併をもたらした。それは，1996年に誕生した東京三菱銀行，その後さらなる合併により2005年に誕生した三菱UFJフィナンシャル・グループを含んでいる。三菱UFJフィナンシャル・グループは，当時資産規模で世界最大の銀行であり，2008年には世界の多国籍金融企業として第38位に位置している。株式の5分の1以上を取得することによって，モルガン・スタンレーに投資するという同社の決定は，米国の投資銀行の実行力の信頼性を回復し，日本の銀行がいかに最悪の事態を切り抜け，より国際的な役割を担うべく資本増強を果たしてきたのかを強調することになった[46]。証券投資企業である野村證券は，1990年代にその経験と世界的な事業によって，日本の銀行の国際化への歩みを定める役割を担うとみなされていた[47]。野村のライバル企業の大和証券は，独自展開を選好するまでの2001年から2010年に，アジアでのリーダーを目指して三井住友銀行と提携した。一方，日興証券はソロモン・ブラザーズの一員となり，その後2008年にシティグループの一員となった[48]。

国境を越える資本の流れ，外国人所有，およびフルサービスを提供する企業に対する規制緩和によって，M&Aはすべての金融部門において実行可能な国際ビジネス戦略となった。そして，M&Aは，多国籍金融企業の規模および国境を越える範囲を急速に拡大させた。M&Aに使われる金額の約63%は，サービス部門で生じた。2つの最大級の国際的買収は，サンタンデールによる英国のアビー・ナショナル社の買収およびマニュライフ・フィナンシャルによる米国でのジョン・ハンコック社の買収であった。別の特筆すべき取引は，ウニクレーディト社によるバイエルン・ヒポフェラインス銀行（BHV）およびオーストリア銀行の買収であった。アジア危機や1997年以降の韓国における自由化の後，スタンダード・チャータードは韓国第一銀行を買収した。そしてバークレイズは南アフリカでアブサを取得した。

フィリピンのメトロポリタン銀行またはシンガポールのユナイテッド・オーバーシーズ銀行のようないくつかの銀行は，国際的にはあまり知られていない。しかし，その活動はグローバルに展開している（UNCTAD, 2006）。メトロポリタン銀行はフィリピンで投資している企業――トヨタ，三井住友銀行，AXAを含む――との合弁事業を通して成長し，東アジアで海外事務所を32拠点設立し，米国，スペインおよびイタリアに参入した。ユナイテッド・オーバーシーズ銀行はアジア太平洋，西欧および北米の19カ国に，500の事務所からなるネットワークをつくりだした（UNCTAD, 2010）[49]。金融サービスの自由化と民営化の進展，国際化，買収および急速な企業成長は，2008～09年の経済危機につながり，皮肉にも多くの銀行を国有化へと至らしめた。利益は民営化につながったが，損失は国有化によって補塡されなければならなかった。米国ではリーマン・ブラザーズが破産し，メリルリンチがバンク・オブ・アメリカに売却された。連邦政府は資本の増強を行い，ベアー・スターンズ，ウェルズ・ファーゴおよびシティグループの大株主になった。英国では，HBOSがロイズTSBに売却された。ロイズTSBは，RBSがABNアムロに対して行った通常の注意深いデューディリジェンスを怠るという轍を踏むことになった。そして，結果的にHBOSは破たんした公開会社となった。フランスとベルギーの両政府は，グローバルなリスクにさらされることからデクシアを救うべく，共同で支援を行った（WTO, 2006）[50]。

保　険

AIGは1980年までにすでに高度に国際化しており，ベルリンの壁の崩壊以前にさえ，東ヨーロッパの国営企業と合弁企業を設立していた。1992年には，同社は日本と韓国それぞれでライセンスを受けている第1，第2の外国保険業者であると主張し，同社の株はロンドン，パリおよびチューリヒで上場されていた。同社はスイスの海外銀行を買収して，多角化を行った。そして，1949年の革命以後中国に参入した最初の保険業者になった。そのフィナンシャル・サービシズ・グループは，1994年時点で通貨，デリバティブ取引，仲介業務，投資，航空機リース事業を行っていた。1995年にインドの保険市場が個人投資および多国籍企業による投資に対して開放されると，インドにおいて生命保険証券および非生命保険証券を販売すべく，AIGはタタ・グループと共同することに合意した。AIGはチリとアルゼンチンで生命保険料の約70%を取り扱い，米国外の売上高は売上高全体の50%以上に達した。2008年の秋に，連邦準備制度理事会はAIGの株式の80%を取得するために短期公債を発行した。そのときに，第三者が取引することができ，かつ直接負わないリスクに賭けることができる金融市場であるクレジット・デフォルト・スワップの販売が，同社の崩壊をもたらしていたのであった。金融危機の間にリスクが現実に生じたとき，AIGはそのリスクに対して責任を負わねばならなかった。ソシエテ・ジェネラル，ドイツ銀行，ゴールドマン・サックスそしてメリルリンチは，債権者として，税金からつづく資金の流れを担保することによって利益を得た（Pearson, 2010）[51]。

2008年の世界最大の多国籍保険企業は，アリアンツであった。AIGは，第13位に低下していた。アリアンツは1980年代にフランスとイタリアにおける市場リーダーを買収し，共産圏で最初に改革を行ったハンガリーに1989年に参入した。それは，東方への進出という明白な意図の下で行われ，また旧東ドイツにおいて独占的地位にあった民営化された国有企業の買収という物議をかもすやり方によって展開された。外国企業は3年を経ずにハンガリーの保険産業を変革し，ハンガリーの保険企業の約97%は国際株式を有していた。ロシアは規制を維持したが，多くの東ヨーロッパ諸国は，きわめて必要な資本，経営スキルおよび技術を保険業がもたらすため，保険業における対内投資規制を廃止した（UNCTAD, 1995）。米国市場はグローバル戦略にとって必須だったので，アリアンツはファイヤーマンズ基金保険会社を買収した。アリアンツの変革の立役者は，1971年から1996年までの間にCEOそして会長に就いていたウルフガング・シーランであった。アリアンツはドイツの資本市場で最も勢力のある企業であり，同社の巨大な国内資源は，一連の野心的な海外での買収に投資された。シーランにとって，アリアンツはグローバル化と英米型のビジネス慣行を受け入れなければならないドイツ企業であった。彼はまたドイツ銀行との激しい競争によって突き動かされていた。

1991年までにアリアンツの保険料の45%は海外市場からのものであり，取締役会は英語で行われるようになった。同社は，求めに応じて，1998年に中国で合弁企業を設立した。その企業名は，アリアンツ・ダージョンである。そして経済的ダメージを受けていた韓国において，保険業者と銀行の両方の株式を購入した。米国の投資・資産マネジメント事業を買収したことによって，保険業以外へと多角化したことは，戦略的な転機となった。そして2001年にドレスナー銀行を買収する際に，アリアンツは自らを「ドイツのシティグループ」に転換させた。成長に続いてすぐに再編と撤退があり，ドレスナー銀行は2009年にコメルツバンクに売却されたが，アリアンツは70カ国以上において700社を保持していた。[52]
AIGとアリアンツと同様に，チューリヒ・フィナンシャル・サービシーズの事業は，1998年までにヨーロッパ，北米，ラテンアメリカ，アジアおよびオーストラリアで行われており，グローバルに展開されていた。[53]

市場の自由化，共産主義の崩壊およびヨーロッパの単一市場，これらすべては1980年代後期からの保険会社の国際化に貢献した。かつてほぼすべて国内市場向けであったゼネラリ保険は，1989年にハンガリー国営企業との合弁事業を通して，変革を開始した。そしてヨーロッパ共同体，米国，アジアにまたがる買収に乗り出した。ヨーロッパでは，国内金融市場の厳しい制限が終わったことに伴い，同社は子会社の自立性に代わる地域組織をつくりだした。[54]相互保険連合

——1985年に，どの言語でも発音できる意味のない回文であるAXAに改称——の国内成長と国際化を確実にした人物は，クロード・ビキュートであった。彼は本国フランスで「保険業界のカウボーイ」と呼ばれていた。AXAは，金融サービス，年金およびヘルスケアといった多様なサービスの提供者へと進化した。[55]

1998年から2002年にかけての一連の合併は，ヨーロッパ事業中心の金融グループであるアビバを生み出した。[56]カナダのマニュライフ・フィナンシャル社は，1984年から1996年にかけて，米国，インドネシア，日本および中国に参入した。相互生命保険組合——現在のオールド・ミューチュアル社——は，南アフリカの拠点から展開し，先進国市場で地位を確立した。同社は，1986年から英国で事業を行っていたが，1994年のアパルトヘイト政策の廃止が，南アフリカ以外での急成長と多角化をもたらした。2001年までに同社は米国，カナダ，インド，ケニア，ナミビア，ボツワナおよびジンバブエで事業を行い，2006年のスカンディア社の買収によって，同社の事業ポートフォリオにはいくつかのヨーロッパとラテンアメリカ諸国が加わることになった。[57]

レジャーおよび小売業

スターバックス社は国際経済の申し子であった。マーケティングディレクターのハワード・シュルツは，イタリアで過ごした後，同国でのコーヒー店の体験を米国で再現することを望んだ。そして，自宅と職場との間に位置する「第3の目的地」として顧客を迎え入れる喫茶店を考案した。同社の国際的な拡大は1996年の日本進出から始まり，2003年までに環太平洋地域全体にわたって約500の店舗を設けた。スターバックスは2002年にヨーロッパに進出し，ヨーロッパ大陸の奥深いコーヒー文化に割り込むことを目指した。同社の成功の基本的な特徴は，ライセンス供与のフランチャイズであった。フランチャイズは，資本とモニタリング・コストを最小化し，かつ現地投資家のコミットメントを最大化するものであった。契約によってデザインコンセプトと品質基準が定められ，経営者と従業員は教育コースを受講し，そして同社は中核商品を供給した。スターバックスはフェアトレードに基づいてコーヒーを購入し販売することによって，同社の評判を守った。同社は，2011年には55カ国で1万7,000店以上の店舗を有していた。[58]

米国の風物とグローバル化する消費者の味覚を強く象徴するほかのものは，ハンバーガーチェーンのマクドナルド，KFCそしてピザハットであった。それでも，こうした企業は食べ物を現地の味に合わせなければならなかった。フィリピンのジョリビーはマクドナルドをモデルとしたが，この米国企業の提供する食べ物は標準化されすぎているという結論に達した。ジョリビーは，香辛料を使ってビーフバーガーをより甘くし，アジア人の顧客向けにパイナップル・バーガーを販売したり，米食を提供したりした。1980年代中頃までには，ジョリビーはインドネシアに店舗を持ち，フィリピンの出稼ぎ労働者の後を追う形で，中東に進出した。2000年までに米国に進出して，その後中国における地元のファーストフードを販売する店舗をヨンホーという名称で100店以上開設した[59]。

アメリカの小売業者ウォルマート社は，1991年にメキシコで合弁事業を行うことによって，国際化を始めた。同社は1994年から2006年の間に，カナダのウールコ社，ドイツのヴェルトカウフ社およびインタースパー社のハイパーマーケット，イギリスのアズダ社，そして日本の西友を買収した。中国において，ウォルマートは食品表示法と労働法に違反した。バングラディシュと中国のサプライヤーにおける低賃金と労働条件は，同社が価格引き下げを行うリバイアサンであるという悪評を生じさせた[60]。ウォルマートは世界最大の小売業者であり，メトロ社が第2位であった。第3位は英国のライバル企業であるテスコ社である。テスコは1994年にハンガリーに進出して，国際化した。東ヨーロッパとアジアでは，高度成長の可能性がある市場において確立した企業と合弁事業を立ち上げる戦略を同社は好んだ。そして，次第に株式の過半数もしくはすべてを所有するようにした。同社は，ロジスティクスやITおよび顧客関係に関する自らの能力を移転するとともに，獲得した企業の従業員の才能や責任を保証するという国際経営戦略を進化させていった[61]。

GAPは1987年に北アメリカ以外で最初の店舗をロンドンで開設し，2010年に中国に進出した。ミラード・「ミッキー」・ドレクスラーは，1983年からファッションブランド店の多店舗化に乗り出した[62]。別の服飾チェーンであるスペインのザラは，1988年に隣国のポルトガルに進出して国際化を始めた。その後すぐに米国，フランスに進出し，1995年にはマッシモ・ドゥッティ社を買収した。同社は主にヨーロッパ地域を中心に70カ国以上で拠点を構え，手ごろな価格で高品質でデザイン性の高い製品の提供を目指した。ロジスティックスとデザイン，そして特にリードタイムの短縮における同社の革新的スタイルに対して，業界の評論家は解説を行っている。リードタイムの短縮は，創業者のアマンシオ・オルテガが「インスタント・ファッション」と述べたものであり，これはトヨタの「ジャストインタイム・システム」を電子化させた適応であった。ザラはグローバル化時代のスペインの成功物語であった。そして，2001年のザラの株式公開によって，オルテガはスペインにおける最高の大富豪になった[63]。日本の小売業者

——イトーヨーカドーの所有者であるセブン&アイ・ホーディングスとイオン——は，アジア域内で拡大したが，依然として日本国内市場に大きく依存しているままであった。最も印象的な新規参入者は，ユニクロであった。同社はGAPをモデルとしつつ，優れたデザイン，高品質，低価格そしてファスト・ロジスティックスを混ぜ合わせたザラの特徴を共有した。ザラがスペインおよびヨーロッパ各地，もしくはヨーロッパ周辺で生産を続ける間に，ユニクロはインド，バングラディシュ，中国においてグローバルな生産ネットワークをつくりだした。そして，店舗とブランドを宣伝した。ユニクロは1984年に広島で初の店舗を開設し，2002年までにロンドンと上海で店舗を開設するなど国際化を進めた。2012年には，ついに海外10カ国で事業を展開していた。『フォーブス』誌によると，その成功により，創業者かつ社長の柳井正は日本で最も裕福な人物になった。[64]

電気通信，メディアおよび公益事業

ボーダフォンは，英国のエレクトロニクス企業であるラカルから1991年にスピンオフして事業を開始し，世界で最も重要な多国籍サービス企業の1つになった。その戦略は積極的な買収と拡張を進めるものであり，1999年の米国でのエア・タッチ社および2000年のドイツ企業マンネスマンの買収が転換点であった。EUはマンネスマンの子会社であるオレンジ社をフランス・テレコムに売却するよう指示したが，1,120億ドルのマンネスマンの買収は，その当時の企業史上最も大きな案件であった。2010年までに，ボーダフォンは30カ国で3億7,000万人の顧客をもっていた。エジプト，ドイツ，イタリア，英国およびスペインの顧客数も多かったが，顧客の3分の1以上はインドにあった。2008年から2010年にかけて，ボーダフォンは，英国の税関および税務当局と密約を結んでルクセンブルクの持株会社を用いて税金逃れをしているという論争を引き起した。そして，同社はムバラク政権に指示されて，2011年1月にエジプトの携帯電話ネットワークを遮断したと非難された。「アラブの春」の間に，ムバラク政権は親民主主義主張者たちの通信を遮断させようとしていたのである。[65] 1980年以降ジェネラル・デ・ゾー社は水道，廃棄物管理，エネルギー，輸送，建設，資産，エンターテイメントおよびメディアの国際的コングロマリットへと変わり，1998年にはヴィヴェンディ社へと名称を変更した。しかし，1990年代後期の野心的な拡大は破滅をもたらした。その結果，同社は資産を売却し，水道事業および廃棄物管理事業を行う企業としてヴェオリアを分社し，マスメディアと電気通信事業に集中するようになった。[66]

1979年に正式に創設された持株会社ニューズ・コーポレーションは，世界第2位の規模のメディア事業に発展した。同社は新聞，出版，映画スタジオおよびテレビ局を所有しており，電話とインターネットサービスも提供していた。中心的なオーナーであるルパート・マードックは，もともとオーストラリア人であったが，フォックス放送の買収の障壁となる規制を克服するために米国に帰化したことで有名である。彼はイギリス印刷組合を打ち負かし，新聞産業における作業方法と技術に革命をもたらした。その後，英国で最初の衛星放送であるBスカイBの放映を開始し，これは英国のペイ・パー・ヴュー（PPV）方式のテレビを事実上独占した。ニューズ・コーポレーションは，ハチンソン・ワンポア社および長江実業とともに，アジアの衛星通信サービスであるSTARテレビを創設した。BBCの報道が中国政府を悩ました1994年に，STARはBBCの配信を停止した。ニューズ・コーポレーション子会社のハーパーコリンズは，鄧小平に対する敬意を表した伝記を出版した。しかし，最後の香港総督であるクリス・パッテンの回顧録を出版する計画は取りやめになった。北京では，彼が率直に話すことはよく思われなかったのである[67]。ニューズ・コーポレーションの発行する新聞は，殺害された女子学生の携帯電話を不正にハッキングしたことが2011年に発覚することによってその名に傷がつくまで，英国におけるブレア首相，ブラウン首相，キャメロン首相の政権に対してかつてない影響力を持っていたのであった（WTO, 2006）。

1989年のヨーロッパ指令は，国内電子通信市場を開放し，4年のうちに独占権を撤廃した。香港のコングロマリットであるハチンソン・ワンポアは，1994年に，英国においてオレンジ社のモバイル・サービスを開始した。そして5年後にマンネスマンにその事業を売却した（UNCTAD, 2010）[68]。規制緩和された市場での新しい挑戦に応じるべく，フランス・テレコムが1993年に政府部門から分離し設立された。その公式名称にフランス語で使われるアクサンを用いず，同社は国際的企業であることを目指し，2000年のオレンジ社の買収以降ヨーロッパでのさらなる買収を進めた。その1つは，ポーランド・テレコム社であり，それは当時の東ヨーロッパにおける最も大規模なFDI案件であった。東ヨーロッパでは，外資系企業が携帯電話ネットワークを支配するようになった（UNCTAD, 2001）。2004年までに，フランス政府はフランス・テレコムの少数株式を保有するに過ぎなくなった。同社はアフリカのフランス語圏において強固な足場を築いた。そして2007年にケニア政府との合弁事業として，ケニア・テレコムの株式の51%を取得した[69]。ドイツ・テレコムは，フランス・テレコムと同じく，1996年に国営部門から分離する形で誕生した。同社は東ヨーロッパ――ハンガリー，スロバキア，クロアチア，マケドニア，モンテネグロ，ルーマニア，ブルガリアおよびアルバニア――において，直接的・間接的に株式を取得するとともに，ギリシアのOTEとコスモート社の株式を取得した。T-モバイルおよびT-システムブランドを構築することによって，2010年のドイツ・テレコムの売上の半分はドイツ国外から生じた[70]。1995年に一部民営化され，その後完全に民営化されたテレフォニカは発展を遂げた。同社はO2，ビボ，テラ，モビスターといったブランドを開発したり，取得したりした。2011年までに同社はヨーロッパで5,700万人と契約していたのに対して，ラテンアメリカで1億9,000万人の顧客を有していた。そのため，同地域へのスペインの投資の重要性を再び強調することになった。アルゼンチン，ブラジルおよびペルーにおいてまず株式買収を行ったものの，同社は完全所有という長期戦略を成し遂げていった（UNCTAD, 2001[71]）。

イタリアの国営電気エネルギー会社（エネル）は1998年にウィンド・テレコムニカッチィオーニ社を創設し，フランス・テレコムとドイツ・テレコムにオペレーターとしての権限を委託した。2006年に，ウィンド社はエジプトのコングロマリットであるオラスコム・グループに段階的に買収された。オラスコムはまた，ギリシアとカナダでも買収を行った。それにもかかわらず，同社の戦略はアフリカと南アジアでの拡大を通じて未開拓市場を追い求めることであった。そして，批評家が公表したように，同社はイラクと北朝鮮の残忍な独裁者のためのネットワークを構築した。ウィンド社は2010年にロシア第2の規模の携帯電話オペレーターであるヴィンペルコム社と合併し，世界第6位の規模の電話通信企業となった[72]。アフリカにおいては，電子通信部門が大陸内FDIの最前線にあった。携帯ユーザーは2003年に5,200万人であったが，2010年には4億人にまで増加した。基本技術とプリペイドカードは顧客基盤の拡大を促したが，ソーシャルメディアおよびその他のメディアへの現地でのアクセスを容易にした革新的なソフトウェアも，同じく顧客基盤を拡大した。フランス・テレコムおよびボーダフォンとともに，南アフリカ出自のMTNは，2007年までに大陸中で活動を行う最も大きな携帯サービスプロバイダーとなった（UNCTAD, 2010[73]）。

スーダンの生まれのモ・イブラヒムは，1998年にMSI＝セルラー・インベストメンツ（後にセルテルと呼ばれる）を設立した。同社は，2005年にはアフリカ14カ国において，2,400万人の顧客を有していた。同年，クウェートに拠点を置くモバイル・テレコミュニケーション社（MTC）は，イブラヒムが設立した企業を買収した。それによってイブラヒムは億万長者になった。彼はモ・イブラヒム財団の設立に私財を投下し，同財団は優れた統治を行ったアフリカの指導者たちを表彰している。また，アフリカ大陸の市民の生活改善を図り，アフリカの統治指標を発表した。セルテルは，国際ローミングを無料にした同社のワンネットワークによって大きな成長を遂げた。MTC社は2010年にザイン社となり，その1年後に自らのアフリカ事業をバーティ・エアテル社に売却した。バーティ・エアテルは，スニル・バーティ・ミタルによって創設されたグループの一員であり，インドでの自社サービスの優位性を活かし，南アジアとアフリカの20カ国において電話通信を販売する拠点となった。[74]

1990年代の新しいグローバル経済のもう1つの特徴は，電気，ガスおよび水道事業におけるFDIであった。これは1世紀の間見られなかった現象であった。ヨーロッパ共同体に加盟する準備として，スペインは保護主義を放棄し，公営と民営化された電力事業を併合して国営電力会社（もしくはエンデサ・グループ）とした。1988年にその新企業の株式が購入できるようになった。それには，ニューヨーク証券取引所での上場を含んでいた。法人化によって，同社はアルゼンチン電力会社，テホ・エネルギー社という発電会社，およびエデノール社という配電会社を，1992年から1993年にかけて買収した。これによって，同社はラテンアメリカに参入した。[75] 国際M&Aは，ラテンアメリカにおける発電事業の広範囲にわたる再編成をもたらしたのであった（UNCTAD, 2001）。

経済の自由化は，地域内のFDIの事例ももたらした。専制主義的なピノチェト政権は，自由市場に対する原理主義的信念を持ち，民営化された公益企業であるエネルシス社を設立した。同社はチリの民主主義政権下の1992年から1997年にかけて，アルゼンチンの電力会社を取得し，ペルーとコロンビアに参入し，エンデサ・グループとともにリオデジャネイロにおける配電会社を取得した。エンデサは，1989年からエネルシス社に投資しており，1997年から1999年の間に過半数支配を成し遂げた。同社は，1998年に完全に民営化され，2年後にサンチャゴの証券取引所で株式の売買が行われた。エンデサは2004年に国営火力発電会社（SNET）を買収したときに，従業員の30%を削減したことによって批判と憤りを引き起こした（UNCTAD, 2006）。アルゼンチンでは，子会社のエデスールを通して，エンデサは「ドル化」の調整と価格設定に関して政府との紛争に陥り，大統領は同社が故意に停電を画策したとして同社を告発した。[76] フランス企業EDFも同じ問題を抱えていた。そして，投資紛争解決国際センターに告訴したが，2004年にメンドーサ行政区における配電会社を売却することになった（PSIRU, 2004）。スエズ金融会社は，アルゼンチンから撤退したもう一社のフランス企業であった。トラクタベル社は，スエズ社のエネルギー部門であるが，ブラジルにおいて国営企業との不公正な競争に直面していると主張し，さらなる投資を停止させた。一方，AESはドミニカ共和国政府が負債を支払うまで同国での発電所を停止した。同社はアメリカで登記された企業であり，海外投資に焦点を置いており，その投資の半分以上はラテンアメリカ向けで，残りはヨーロッパ，アジア，アフリカ向けであった。

アルゼンチン政府は，レプソル社を非難した。それは，同社が子会社への投資を十分にしなかったため，2010年に同国がエネルギーの純輸入国となったという理由であった。1999年にかつて国営企業であったYPFの株式を過半数所有していたレプソル社は，さらなる投資を妨げたのは政府の政策であると応じた。その投資とは，新たに発見されたバカムエルタ油田の開発を含んでいた。論争が激しくなったため，政府は「エネルギー独立国」の方針を宣言して，再び国有化に着手した。皮肉屋たちは，レプソルは厄介な資産を手放すことを喜んでいると述べた。また，アルゼンチンは投資家にとって好ましくないと感じられる政策をとり続けながらも，同国は予測可能な将来のために他の多国籍企業の専門技術に依存し続けているとも述べていた（UNCTAD, 2006）[77]。グローバル化の時代に，ラテンアメリカは国家主権と国際的財産権という2つの原則が対立する例を提供し続けた。ベネズエラとボリビアは，21世紀の世界的総意に対して徹底的に挑戦した。

英国は1990年に電力産業の民営化を開始し，外国の多国籍企業による買収と支配の時代が始まった。EUは電力における単一市場を計画的に導入し，これは同じように保護主義を終わらせ，国境を越えた巨額の投資をもたらした。しかしフランスは，国営独占企業が原子力発電プログラムや国家エネルギー安全保障と複雑に関連していたため，準備を遅らせた。抗議にもかかわらず，シラク大統領とコール首相は，計画より3年遅れて単一市場を段階的に実行する取り決めを行った。依然保護されていたフランス電力（EDF）が，英国の規制緩和された産業にあるロンドン電力を買収したとき，不快感が強まった。EDFはアフリカのフランス語圏と中国におけるエンジニアリング・プロジェクトを完了し，フランスの近隣ヨーロッパ諸国に余剰能力を輸出するなど，その前の10年間に国際経験を積んでいた。1990年代に同社は，スウェーデン，イタリア，ブラジル，米国，アルゼンチンにおいて，しばしば現地のパートナーと発電と配電事業に取り組み，また英国ではさらなる買収を行った。長江実業は，2010年に英国におけるEDFの配電事業および非規制事業を獲得した（PSIRU, 2004）。

フランス・ガス公社（GDF）は，専門技術を海外で販売することを望んでいたもう１つの公営企業であった。2001年までに，同社はドイツ，メキシコ，オランダおよびその他地域において国際的なガスの探査，生産，配給に取り組んでいた。またアルジェリア，マレーシアおよびリトアニアで，国営企業とともに共同プロジェクトを組んでいた。2008年に，世界規模でエネルギーおよび水処理・配水を展開していたスエズ社とGDFとが合併した。2010年にGDFが英国でインターナショナル電力を買収したとき，同社は被買収企業が営んでいた米国，オーストラリア，中東およびインドネシアの事業を獲得し，70カ国で事業を行う世界最大の公益事業企業となった。[78]

ヨーロッパ全体の電力市場の自由化は，1999年にエネル社の一部民営化をもたらした。同社は2004年に本国での水道事業，不動産，電気通信事業における資産の売却を進め，かわりに海外市場に目を向けるようになった。同社は，米国とカナダにおいて再生可能エネルギー企業を買収し，スペインの発電・配電企業を獲得し，ブラジルで送電線を敷設した。[79] ２つの旧国営企業――VIAGとVeba――は2000年にE-Onへと変わり，その名称はギリシャ語で永遠を意味するaeonにあやかった。同社はその後海外での市場機会を掴むことになった。イギリスのパワー＝ジェン社から始まり，スウェーデン，米国，東ヨーロッパへと参入し，そしてロシアにおいてOGK-4およびガスプロム社とパートナーシップを組んだ。2007年に，エネルはE-Onとのエンデサの買収に関する争いに勝利した。そのドイツ企業E-Onは見返りに，エネルのフランス，イタリア，スペインの企業の一部を取得する機会を得た。2008年に，そのイタリアの多国籍企業エネルは22カ国で事業を展開し，その事業は原子力，精炭，そして再生可能エネルギーに及んでいた。[80] かつてドイツの地域発電会社であったRWEは，1981年以降多角化と国際化を遂げ，鉱業，化学製品，エンジニアリング，ガス，水道，電力事業を営むようになった。[81]

天然資源と石油をめぐる闘争

サービス業の拡大により，一次産品の国際ビジネスの相対的重要性は減少し続けた。1990年に，一次産品は全対外FDIストックのおよそ９％であったが，2005年には６％未満に至った。石油と鉱業がこの投資のほとんどを占め，残りは農林水産業であった。先進国企業による第１次産業のFDIストックは減少していった。といっても，ほぼ99%から94%への下落であり，依然として支配的であった。所有者よりも採掘場所が変化した。1990年において，一次産品への国際投資の80%以上は先進国内で行われたが，これは2005年には70%近くにまで減少した（表5-13）。途上国における市場自由化と民営化，および共産圏における劇的な変化が，この地理的シフトの主要因であった。政策転換と国際関係の新しい時代に加えて，1980年代以降の一次産品価格の上昇は，新興国経済におけるリスク対報酬に関する計算を変化させた。各国が国際ビジネスに対してより開放的になったため，1990年から2000年の間に第1次産業における対内FDIは実質2倍になり，2005年には再び1.5倍に増加した。それでもなお，石油事業に関しては政策面での必要性から，多国籍企業は北海もしくはメキシコ湾といった開発済みの場所で新しい油田の発掘を行った。

一次産品は19世紀および20世紀初頭におけるFDIを主導した。ヨーロッパと北アメリカの多国籍企業が南半球で事業を行うようになった。そして，一次産品ほど帝国主義や光と影の交錯した波瀾万丈の歴史と密接に結びつく分野は存在しなかった。戦後の脱植民地化により新しく誕生した国の政府は，採掘権における自国の主権を当然視し，採掘産業を国有化した。公営企業を選択するというイデオロギーとともに，多国籍企業は搾取をもたらし，発展をもたらさないという認識があったのである。確かに，国際経済の要請と貧困国の社会経済的ニーズは必ずしも一致していない。多国籍企業との交渉および多国籍企業との関わり合いから利益を引き出すといった政府が持つ能力は，様々な要因に基づいている。それらには，主に国家の持つ相対的な交渉力と権力があげられるが，さらには国家の行政能力や腐敗の程度もあげられる。

多国籍企業は天然資源の原産地へのアクセスを求め，国家は多国籍企業の資本，技術，経営ノウハウおよび国際マーケティング・ネットワークへのアクセスを求めた。本国経済の規模が小さい国家が世界市場向けに生産を行う傾向にあるように，生産能力の低い国家は国際投資にますます依存する傾向があった。資本集約的事業では，現地の雇用効果は大きくなかったかもしれない。非先進国経済においては，石油および鉱業企業は近くに存在する小規模企業の発展を促すよりも，海外の設備とサプライヤーに頼り続けたのであった。一方で，多国籍企業は，道路，港湾，発電もしくは水道に関する改良されたインフラをもたらした。なぜならば，これらは自らの商業活動を支援するものであったり，ときに受入国政府と投資国政府とが関与する全般的な合意の一部を形成していたからであった。

豊富なエネルギーを有する多くの国は，1980年以後多国籍企業の子会社の役割を減退させ続けた。2005年の推計では，途上国が世界的な石油埋蔵量の84%を保有し，移行経済は10%を保有していた。天然ガスの数値は，それぞれ59%

と31%であった。より詳しく見ると，石油と天然ガスは，ナイジェリアとアルジェリアの輸出額のほぼ98%を占め，サウジアラビアの場合は89%，ベネズエラでは83%を占めていた（UNCTAD, 2007）。サウジアラビア，クウェート，メキシコには多国籍企業の子会社が存在せず，外資系企業は移行経済における石油と天然ガス生産額の11%を占め，途上国ではその19%を占めていた。

それでも，サハラ以南のアフリカは多国籍企業に依存したままであった。そこでは，多国籍企業は生産額の57%を管理していた。世界全体では，外資系子会社は石油と天然ガスの生産の22%を供給していた。3大石油生産者は国有企業であり，それはサウジ・アラムコ，ガスプロムそしてイラン国営石油会社であった。これらは，石油企業上位50社の生産の半分を占めていた。サウジ・アラムコは，本国の石油埋蔵地への特権的アクセスによって，最大の石油メジャーであるエクソンモービル社に比べて2倍の生産を行っていた。国際化の進展度合に応じて，産業内の境界線がつくりだされた。そして，多くの場合，国の支援を受けた企業がその国境内において排他的に活動を行い，一方，主に先進国出自の民間の多国籍企業は，その供給量の半分を海外で見つけ出したのであった。多国籍企業は技術，生産，販売に関する自らの能力を，採掘権を持つ主権者に対して提供もしくは販売しなければならなかった。多国籍企業は途上国および移行経済から登場する国際競争の高まりに直面した。中国海洋石油総公司（CNOOC），中国石油天然ガス集団（CNPC）そして中国石油化工（Sinopec）といった中国企業はアジア，アフリカで事業を展開し，ペトロブラス社はラテンアメリカ全域で事業を行い，東南アジアではペトロナス社が事業を展開した（UNCTAD, 2007）。

石油メジャー

世界的な生産の支配を失い，現在は流通とマーケティングにおいて挑戦を受けている石油メジャーは，急速かつ世界的な転換の時代にどのように対処したのか。1970年代からの政治的変革と国有化の波は，すべての政策を中東石油にアクセスすることに賭けていた企業——ブリティッシュ・ペトロリアム（BP）——の戦略的転換をもたらした。北海とアラスカにおける油田の発見は，遠隔かつ深海にある場所から石油を採掘するために必要なエンジニアリングとオペレーション技術を高めることになった。増加するアラスカからの原油を精製し流通させるために，BPはオハイオ・スタンダード石油会社（Sohio）の株式を買収し，1987年から完全にBPアメリカに組み入れた。それから，イギリス政府は親企業の残りの株を売却した。皮肉にもそれは国営のクウェート投資庁の特定の関与を引き起こしたのであった。これは，国の経済的安全保障の理由から全ての大規模な投資が阻止されるまで続いた。

BPが動物用飼料，石炭および銅山業に多角化した十年間の後，1990年以降の同社は採掘，生産，精製，流通，および化学製品における自らの伝統的な強みに目を向けるようになった。同社は，意思決定を現場レベルに委譲することや本社の役員会から意思決定を遠ざけるようにして，自らが官僚的にならないよう努めた。そして，より無駄のない，より競争力を持った企業になるように努力したのであった。同社は経費削減のため戦略的提携に取り組み，ヨーロッパの精製事業とマーケティング事業に関するモービル社との合併，およびアジアへの供給を目的とした上海石化社との合弁事業の立ち上げを行った。その結果，利益は急増した。この成果の立役者である役員は，ジョン・ブラウンであり，彼は1995年に社長になった。彼は，Amoco（旧インディアナ・スタンダード石油），ARCO（アトランティック・リッチフィールド），ビルマ・カストロールといった一連の買収を進めた。この出来事は，同社にとっても石油業界にとっても前例のないものであった。そしてロシア，メキシコ湾，北アメリカ，アゼルバイジャンおよびインドネシアで石油埋蔵地の探査を行った。

ブラウンは，英国で最も賞賛された役員として，広く喝采をもって迎えられた。しかし彼個人およびBPの悲運は，その後まもなく，国際ビジネスの変わりゆく運命そのものを例証するものであった。1994年までに，BPはAmocoおよびアゼルバイジャン，ロシア，トルコの国営企業とともに，アゼルバイジャン国際鉱業会社を設立した。同社は，カスピ海における巨大な資源の探査を行い，3年後に，ロシアのシダンコ社の株式の一部を取得した。2003年にそのロシア企業の株式を支配的企業3社によるコンソーシアムと合併させ，石油生産者として国内規模第3位の企業となるTNK-BPをつくりだした。その寡頭支配企業は，すぐに，ボブ・ダドリー――彼はその子会社の社長であり，BP人であった――は英国の多国籍企業の利害にあまりにも夢中になりすぎている，と考えるようになった。そして，彼が結論づけたように，寡頭支配企業のロシア当局に対する影響力は，BP職員を長く悩ませることにつながった。ボブ・ダドリーは5カ月間，秘密の場所からTNK-BPを経営しようとしたが，2008年にはついに会社を去ることとなった。ここには，サハリンⅡとの類似を見出すことができた。すなわち，2005年から2006年にかけての環境規制に対する厳しい解釈は，その事業の将来性に脅威を与えた。その結果，シェルとその日本のパートナーは，国営企業であったガスプロムに支配権を与えるように強制された。

地球の反対側では，テキサスシティの製油所の爆発が15人の命を奪い，180人の負傷者をだした。そして，BPが経費を削減して成長を目指すことに囚われ，十分な安全対策を行っていなかったことについて，批評家は非難した。その事故は，ブラウンの専門家としての評価を揺るがせた。2007年，英国の新聞社に対する差止請求に際し，彼は偽証を行った後，BPのトップを辞任した。2010年4月に生じた石油掘削施設ディープウォーター・ホライズンの爆発は，11人の死者を出し，海底からメキシコ湾に原油を流出させた。BPはマコンド油田の過半数所有者であったが，掘削リグの操作に落ち度があったのは米国企業のトランスオーシャン社であり，サービス企業のハリバートンも関係していた。しかし，米国および世界規模におけるBPのイメージは傷つき，環境破壊は甚大であった。

その多国籍企業は，最高経営責任者トニー・ヘイワード――彼は，厳しいメディアの追求によって不適切かつ配慮に欠ける人物のように仕立て上げられた――に替え，幸運にもアメリカ国民であったダドリーを彼の後任に任命した。彼は，北極棚から石油を採掘するために，国営企業のロスネフチとの合弁事業を通して，同社を発展させようと望んだ。彼は，ロスネフチの会長イゴーリ・セーチン，そして副首相のウラジミール・プーチンの支持を獲得したように見えた。それでも，BPの既存の支配的パートナーは去らなかった。彼らは，TNK-BPが契約上すべてのBPのロシアの権利を代表していると主張した。そして，法廷での活動がさらなる公的ないやがらせへとつながった。この遅れによってロスネフチは，エクソンモービルとの北極探査契約に関する合意の機会を得た。これは，テキサスとメキシコ湾での採掘権の見返りを予測してのことであった。これらの不幸な出来事は，国際的投資家に，ロシア連邦の不確かな法的および制度的環境を強く印象づけることになった。しかし，巨大なエネルギー資源を持つ国にかなり積極的に関与しているBPは，非常に扱いにくいジレンマを抱えることになった。また最終的な撤退以外に，容易でない戦略的解決を図らねばならなかった。[82]

新しい油田の探査費用，最先端の技術による探査と生産，採掘権についての政府との交渉年数，国有企業との競争，供給過剰と原油価格の下落，これらは，1998年から2002年の間に，石油産業の合併のピークをもたらした。BPによるAmoco，ARCO，およびビルマ・カストールの合併が行われた。また，エクソンは1999年にモービルと合併し，シェブロンは2001年にテキサコと合併した。トタルCFP社は1999年にペトロフィナを買収し，エルフ・アキテーヌと合併して，2001年にトタル・フィナ・エルフとなった。コノコはデュポンから1998年に分離し，2002年にフィリップスと結びついた。最大の多国籍石油企業の1つであるシェルのみが，合併や大型買収に反対する意思決定を行った。[83] 1990年代にシェルは，非常に多角化した世界事業を統合することによって業績改善を目指した。とくに上流の探査および生産事業において，それは顕著に行われた。そして，現地では依然として完全な米国企業とみられているシェル石油を含む，各国子会社の自立心を萎えさせた。自ら所有する石油埋蔵量を誇張し，それゆえ貸借対照表を水増ししていることが露見したとき，同社は経営危機に陥った。

外部に対する責任と内部の手順を改善するために，シェルはイギリス＝オランダの二元構造を終わらせ，2005年に再編成された統合企業であるロイヤル・ダッチ・シェルをつくりだした。ロンドン証券取引所に上場し，事業本社はハーグに置いた。世論にとって，会計不正行為より重要なことは，ニジェール・デルタにおける広範囲にわたる汚染および管理されず燃え上がっている天然ガスの告発であった。ナイジェリア政府は，1995年に自分たちの祖国の破壊と市民権侵害とに反対していたケン・サロ＝ウィワほか８人のオゴニ族のリーダーたちを絞首刑に処した。アムネスティ・インターナショナルのような運動家は，シェルが腐敗した政府に対して強い影響力を及ぼしているとみなした。そして，同社はロンドンとハーグで長引く訴訟事件に巻き込まれていった。[84]

モービルは中東の石油埋蔵地に対する支配を失ったものの，サウジアラビアの有力な一族と強い関係を巧みに築き，アラムコに投資した。1980年代までには，モービルはナイジェリアとアジア太平洋で強い存在感を発揮していた。エクソンとインペリアル石油は，それぞれ米国とカナダで経営を続けた。アラスカにおいて環境被害を受けやすいプリンスウィリアム湾で1989年に生じたエクソン・バルディーズ号の事故は，BPのメキシコ湾災害が起きるまでは，この産業による最も悪名高い石油流出であり，「大企業」の否定的象徴になった。モービルは1990年代にロシア，中央アジア，ベネズエラおよびアフリカで新しい油田を開発した。また，合併によりつくられたエクソンモービルは，世界最大の石油企業として，効率が良くかつコスト意識の高い世界の巨獣という評判を得た。[85] ソーカルは本国での多角化と海外での買収を進めようとした。ソーカルに関しては，かつてサウジアラビア政府がほぼ全面的に依存していた同社の子会社であったアラムコを国有化していた。ソーカルはメキシコ，北海およびカナダに資産を持つガルフ・オイルを買収しシェブロンとなる。同社は，1993年にカザフスタン政府との合弁事業でテンギス油田を開発するという非常に大きな進展を遂げる。シェブロンは，2001年にテキサコの買収を果たし，新しいシェブロン・テキサコ，つまり2005年からのシェブロン社は，エクソンモービル，BPおよびシェルといった最大手の石油企業と競争できるようになった。[86]

フランス石油会社は1985年に名称をトタルCFPに変更し，その最も有名なブランドがより広く世間一般に認知されていることを利用しようとした。1990年代を通して，同社は官僚的文化の変革を目指し，中東以外の供給源を確保した。1997年に名称をトタルへと単純化した。その後，複雑な合併の中で名称が変わったが，2003年には，再び名称をトタルにもどした。新しい経営者であるティエリー・デマレは，フランス政府の支援の下，イランとの協定に署名するという大胆な一歩を踏み出し，1979年の革命以降に協定を結んだ最初の外国企業となった。トタルは，このような政治的に困難な場所においては競争企業に直面することはあまりなかった。そして一方，他国による制裁の危険を冒し，まさに署名の数日前に米国の精製およびマーケティング会社をすべて売却した。ベルギーに拠点を置くペトロフィナの買収は，ヨーロッパ全域におけるトタルの流通を強化することになった。そして，世界的な探査を進めるべく，同社はエルフ・アキテーヌを買収した。同社における探査活動は，しばしば合弁事業を通して行われた。[87]

ENIは石油メジャーよりも規模と資源において小さいものの，他社が排除される国において事業を行う企業であると自らを戦略的に位置づけた。1980年代の同社は依然として，倒産した民間部門企業に財政支援を行うために利用されるイタリアの国の1機関であった。1992年に一部民営化がなされたが，それは商業志向の多国籍企業化への第一歩となった。また同社は，新聞や生花事業といったコアではない資産を売却し始めた。1990年代に同社はカザフスタン，中国，ロシア，エジプト，およびアゼルバイジャンで事業およびパートナーシップ協定に調印し，1999年にはトタルと協力してイランで協定を結んだ。エルフに対する関心を示したものの，ENIは1998年以降に生じた石油産業における大型合併には加わらなかった。しかし，同社は2000年に中規模のブリティッシュ・ボルネオ会社を買収し，続いて英国企業であり，北海，アジア太平洋，ラテンアメリカで石油埋蔵量を持つラスモ社を買収した。イタリア政府は，30％までENIの持株比率を減らす一方，議案拒否権を保証する黄金株を保持し続けた。[88]

北海石油ブームは，当然ながら，スタトイル社の歴史にとって重要であった。ノルウェー政府は，領海内における採掘に関する支配権を同社に与えた。スタトイルはノルウェー最大の企業であり――ノルウェーのGDPの約10％に当たる価値があった――，そして，強い国内基盤での経験を持ち，1985年に最初の外国企業買収として，英国の流通および石油化学製品企業を買収した。同社はデンマークおよびドイツという自らにとっての「地元」での買収を続け，それからより国際的に探査を行うべくBPと結びついた。しばしば合弁事業によってヨーロッパ，アジア，アフリカおよびロシアで事業を行った。同社は2001年に一部民営化がなされた。同社のCEOであるオラフ・フェルの言葉によると，民営化は世界的潮流，EUの規制緩和およびノルウェーの成熟分野に対応して，より競争的な企業をつくりだすために必要な変革の始まりであった。イランの国営企業であるNIOCとの取引は，本国での贈収賄の告発および企業統治の危機をもたらした。それは，警察の家宅捜索から始まり，役員の辞任へと至ったのであった。[89]

途上経済国の石油企業

独占的に国内支配をしている国有企業は，海外投資プロジェクトを市場追求投資に集中させていた。福建省にある製油所のアラムコの一部所有は，端的な例である。本国での地位を用いて他地域で活用できる能力を進化させた企業は，地域経済もしくは途上国経済においてしばしば活動した。マレーシア政府がペトロナスを設立したのは，国の政治的かつ社会的な安定化が主な動機であった。政府はその国有石油生産企業に対して，中国人やインド人少数派に比べ恵まれない立場にいる土着のマレー人（「ブミプトラ」と呼ばれる）の雇用と経済的機会の改善を課した。ペトロナスは国内の石油埋蔵量を監督し，外国人投資家との間に共同生産の契約に署名して，彼らの能力と技術から学習することを望んだ。海外への最初の進出は1990年のミャンマーでの合弁事業であり，それにベトナムでの事業が続いた。他の合弁事業は，中国海洋石油（CNOOC）およびシェブロンとの間で行われた遼東湾での探査であった。2002年までに，同社はパキスタンにおいて，そしてチャドからカメルーンまでパイプラインを敷設した。さらにガボン，カメルーン，ニジェール，エジプト，イエメンおよびインドネシアで事業を展開した。[90]

資源の豊富なブラジルの政府は，1980年代に国営のペトロブラスを自国の頼りない経済を刺激する強力な手段とみなした。その後，同社を国際化と自由化の推進力とみなす方向に移行していった。同国政府および他のラテンアメリカ政府が自らの国境と市場を外国企業に開放することを決めた1997年に，同社はブラジルの石油生産の支配権を失った。そのため，2003年から，アルゼンチンでペレス・エネルギー社を買収し，ボリビア，ペルー，パラグアイ，チリで事業を立ち上げた。アジアとアフリカでのプロジェクトもあったものの，ペトロブラスの対外投資は主にラテンアメリカ向けであった。2006年に，社会主義者のエボ・モラレス大統領がボリビアのエネルギー部門を国有化したが，それは世界的な政策の傾向に対する異例の拒絶であった。彼の仲間の社会主義者であるウゴ・チャベス大統領は，ベネズエラにおいて合弁事業では多国籍石油企業が少数所有であるよう強制したが，表面上は外国企業を歓迎し続けた。モラレスはボリビアにおける多国籍企業所有の油田を占拠するため，軍を派遣した。多国籍企業所有の油田には，ペトロブラスの油田も含んでおり，それだけで同国のGDPの18%を占めていた。ペトロブラスが喪失した資産からその後もいくばくかの利益を得ることを約束されたとき，ブラジル政府はまさにしぶしぶその接収を受け入れた。シェルまたはポルトガルのガルプ・エネルギー社のような多国籍企業は，リオデジャネイロとサンパウロの海岸沖の巨大油田の継続的発見にペトロブラスとともに参画した。これは，ブラジルが経済的な自立という重要な国家目標を達成することを可能にした。[91]

ONGC ヴィデッシュ有限会社（OVL）は，1989年にインドの国有会社である石油天然ガス・コーポレーションの子会社として創設され，イランの油田開発から事業を始めた。しかし同社の躍進は，1992年にベトナムで行ったBPおよびペトロ＝ベトナム社とのパートナーシップ事業によって生じた。同社は2011年までに15カ国で事業を行っていた。[92] ルクオイル社は，1994年以後民営化され，ビジネスモデルとして欧米企業を買収した。同社はロシアのエネルギー産業における自らの重要な地位を活用して，海外における探査と生産に関する能力を発展させることを目指した。2004年から同社は，コノコフィリップス社と共同でイラクでの油田探査を行い，また約30カ国で事業を展開した。ただし，同社の海外投資の大部分は中央アジアで行われた。コノコフィリップスはロシアに関係のあるパートナーを必要として，ルクオイルに対して増資を行った。ガスプロムは合弁事業でアジア，イラクおよびナイジェリアで生産を行い，また国内産出油を販売するために国境を越えたパイプラインを敷設した。ガスプロムを通して，ロシア政府はエネルギー依存の隣国に対して経済的圧力をかけることができた。そうした圧力は，たとえば，親ロシア派と親欧米派とに分断されているウクライナのような隣国に対してかけられた。アメリカの批判にもかかわらず，ヨーロッパ諸国は東方から安価な供給を受けることに賭けた。長期的な別の選択を考慮しながらも，ガスプロムの商業的自立に関する再保証をますます求めるようになった（UNCTAD, 2006, 2010）。[93]

世界的な工業化の広がり，とくに顕著な中国の台頭は，尽きることない需要と限られた原料との対比に関する不安を高めた。資源の探査は，必然的に国際的な外交問題と結びついた。1978年から始まる本国内での経済改革以降，中国の対外FDIは増加し，2003年からは顕著に急増した。中国による香港へのFDIを除けば，2008年のアジアへの投資は全体の約8.9％であり，アフリカは9.8％であった。アフリカは中国にとって最も重要な投資先であり，不可欠な天然資源の供給源であった。海外資産基準において，同国の最大多国籍企業８社のうち４社が国有石油企業であり，上位40社のリストにおける石油，鉱業，一次産品および貿易企業の重要性は，天然資源にアクセスすることに対する関心が強いことを示していた。

採取産業は，2005年の中国の対外FDIフローの48％を占めていた。中国のような製造と輸出において顕著な成功を収めている途上国にとって，これは容易に予期された事実であった。中国の多国籍企業は，国際的に長期存続企業に比べて経営的・技術的劣位にあったものの，それら企業は経済的かつ政治的に困難な場所で事業を行いたいという意欲とともに，それらの劣位を補えるような優位性を備えていた。つまり，政府からの積極的な支援および国営銀行からの資金援助は，企業にとっての余力を生み出したのである。アフリカでの鉱業利権は，商業プロジェクトと同じくらい，しばしば中国と受入国政府との間の協定に基づくものであった。中国企業は成熟した技術と低価格の労働賃金とを組み合わせて提供することができた。ただし後者の優位性は，その投資による現地の雇用効果を制限していた。1999年から2008年の間にアフリカの石油，鉱業，インフラのプロジェクトに一時的に動員された中国人労働者の数は75万人と推計されている（UNCTAD, 2007; WTO, 2006）[94]。

CNPCは1993年に多国籍企業化した。それはペルーのタララ油田のためのサービス契約に署名したときである。その後，スーダンのムグラド油田のための署名も行った。同社は中央アジアの開発にかなり関与した。たとえば，1997年にカザフスタンのアクトベ石油会社の支配権を取得し，そしてアルバータ州のペトロカザフスタン社を42億ドルで買収した。それは2005年の中国企業による海外買収案件の中で最大のものであった。ただし現地の反対に直面し，CNPCはその株式の一部をカズムナイガス社に売却することになった。CNPCはウズベキスタンにおいてルクオイル社とパートナーを組み，イラクのルーマイラ油田ではBPとパートナーを組んだ。そして欧米企業が撤退を余儀なくされたイランにおいて事業を行うことができた。2011年にスーダンは中国の石油の５～７％を供給した。中国はスーダンにおいて水力発電プロジェクト，鉄道および大統領宮殿を完成させることで合意した。メロウェ・ダムへの融資によって，スーダンは地域の水資源を公正かつ平和的に開発するための多国間のナイル川流域イニシアティブを無視することができた。中国＝アフリカ間の貿易は，1980年代に年間約1200万ドルであったが，2006年にはおよそ500億ドルに達した。[95]

アフリカの開発における中国の石油外交の複雑さは，リビアへのENIの投資と似通っていた。そのエネルギー企業は，2006年に政府とリビア国営石油会社との間に，大卒者の訓練ならびにシドラ湾にそって港湾，淡水化工場，病院，住宅を建設するための協定に合意した。ベルルスコーニ首相とリビアの独裁者カダフィの個人的外交は，最終的に2008年の「友好条約」につながった。それは30年間の植民地化に対する補償を含んでおり，その中にはチュニジアとエジプトの国境を結ぶ1,700キロの高速道路の建設も含まれていた。[96] ブラジルでは，中国からの輸入製造物の支払いを原料輸出でカバーしていた。また中国石油化工はレプソルYPFのブラジルの子会社の持分の40％を買収した。[97] 一方，中国の石油企業および鉱業企業は，ロシアに投資することで生じる政治的かつ競争上の困難を避けた。ロシアでは，農業と漁業が中国からのFDIの最大分野であった（UNCTAD, 2006）。

ユノカル（カリフォルニア・ユニオン石油会社）を買収するという中国海洋石油の試みは，エネルギー資産の戦略的重要性，ならびにますます二極化する世界において自分たちが世界の中心性を保つという米国と中国の外交上の計算を強調することになった。ユノカルは，1980年代には米国諜報機関とのつながりによって，また1990年代にタリバンがアフガニスタンを支配したときにはタリバンとのパイプ役になったとして，悪評をこうむった。1995年までに，リーバイ・ストラウス社などの企業は，抑圧下のミャンマーからすでに去っていた。しかし，ユノカルはトタルとパートナーシップを組んで同国に関与した。ミャンマーでのユノカルの人権記録を調査中だった2005年に，米国の下院は中国海洋石油の動きに反対する決議をあげた。結局のところ，ジョージ・W. ブッシュ大統領によって中国海洋石油の動きは妨げられた。そして，かわりにシェブロンがユノカルを取得することになった。中国側は不当な政治的妨害および保護主義とみなした。一方，下院議員は国家の安全保障を理由にあげたが，実際のところ，この行為は反対の意を示す世論に応じたものであった。シェブロンは，ようやく機会を得て，ユノカルを買収したのである（UNCTAD, 2006, 2007）。

鉱業をめぐる競争および政治

石油産業において，途上国は，多国籍企業が，合弁事業，採掘権，サービス契約および共同生産協定（PSA）を通して石油資源にアクセスすることを認めた。

2007年時点において，PSAは，途上国での契約のおよそ50%の基礎となっていた。というのは，途上国は多国籍企業の関与を必要としており，生産から確実に経済効果をもたらすメカニズムを欲していたからである。それにもかかわらず，採掘権と合弁事業は，アルジェリア，カザフスタン，ロシアおよびベネズエラで支配的形態であった。契約は通常ロイヤルティー（鉱区使用料）と税，現地調達に関する規制や現地人の育成，国有企業の役割，およびますます重要になっている人権や環境問題に関する事項を含んでいた。鉱山産業において，採掘権は最も一般的な形態であった。その契約は主に争議に関する規則，現地従業員の雇用，ロイヤルティーと税に関する事項を含んでいた。鉱物の地理的分布は，多国籍企業のリスクおよび操業に関する要請に対して影響を及ぼした。たとえば，銅の生産は先進諸国（合計の43%），ラテンアメリカおよびカリブ海地域（21%），東南ヨーロッパおよびCIS（21%）に分かれていた。消費は世界経済の構造の変化を指し示していた。つまり，銅を求める先進国の需要が1995年から2005年の間に64%から46%に落ち，一方で発展を遂げるアジアの需要は顕著に伸び，28%から42%になった（UNCTAD, 2006, 2010）。

途上国および移行経済の国有企業が石油と天然ガス生産を支配し続ける一方で，鉱業の状況は逆であった。1990年代において，負債が高水準で業績の乏しい国有企業には政策転換が必要であった。同時期に，鉱業のFDIの世界的水準は途上経済への投資とともに高まった（UNCTAD, 2010）。2005年に国有企業は金属鉱石のわずか14%を採掘するのみであり，最大鉱業企業25社のうち15社は先進国出自であった。上位2社はBHPビリトンとリオ・ティントであり，第4位はアングロ・アメリカンであった。第3位はブラジル企業のヴァーレ・ド・リオ・ドーシ社（CVRD，もしくは英語でスウィート・バレー・リバー社）という詩的な響きのする企業であった。一方，2005年から2006年にかけて海外での買収を行うまでは，同社は多国籍企業ではなかった。鉱業企業上位25社のうち，別の3社――コデルコ社（チリ），アローザ社（ロシア）およびKGHMポルスカ銅会社（ポーランド）――は，すべて国有企業であり，多国籍企業でもなかった。2005年時点でチリは世界最大の銅産出国であり，その輸出の約45%が銅であった。上位4社の鉱業企業は広範囲にわたる鉱業事業を展開していたが，第5位のコデルコは基本的に銅事業の企業であった。鉱業企業上位10社は非エネルギー鉱物の約33%を占め，銅山企業上位10社は銅鉱石の約58%を提供していた。さらに，それらは1995年から2000年の間に精錬事業に対する支配を高めていった。そして2005年には，鉱業企業上位20社がアルミニウム，銅，亜鉛の精錬能力の約

40〜60%を所有し，またニッケルでは約80%を所有するようになっていた。10カ国で事業を展開するリオ・ティントは最も国際的な鉱業企業であり，アングロ・アメリカン，アングロゴールド・アシャンティ社，そしてグレンコアが続いた（UNCTAD, 2007）。

RTZ（リオ・ティント亜鉛）は買収と合併を通して成長し，1989年以降15カ国で事業を買収した。最も重要だったのはBPミネラルズ社ならびにケネコット社の買収であった。同社は，1995年に世界最大の鉱業企業をつくりだすべくCRAグループと合併し，2年後にリオ・ティントと社名を変更した。同社はアジア，とくに中国における新しい機会と販売に目を向けるようになった。だが，アルミニウムメーカーであるアルキャンの買収は，同産業を商業的かつ外交的に紛糾した状態へと引きずりこむ債務負担を同社にもたらした[98]。リオ・ティントが大規模なアルキャン買収の後遺症に苦しんだため，ライバル企業であるBHPビリトンは，ブラジルのヴァーレ（以前のCVRD）との世界的な鉄鉱石の複占を実現するべく，リオ・ティントに対して敵対的買収を画策した。

一次産品価格の上昇への恐れと自国の経済的安全保障のために，中国政府はリオ・ティントと国営アルミニウム企業である中国アルミニウム――同社は，国営銀行4行から財政支援を受けている――とを組み合わせるという代案を通して，その敵対的買収を破談させようとした。中国における売上高の増加および政治的な保護を得る機会とみて，リオ・ティントの経営陣は中国アルミニウムによる18%の株式保有および取締役会に2人参加する件に関しての交渉を開始した。オーストラリアでは，国家資産の喪失への不安および地域勢力としての中国の台頭に対する不安が世論をかきたてることになった。そしてBHPビリトンはその取引を妨害するよう政府に働きかけた。リオ・ティントの株主も経営陣に反対した。2009年6月，中国アルミニウムとの取引が破談となった数時間のうちに，リオ・ティントとBHPビリトンはオーストラリア西部における自分たちの鉄鉱石事業を統合することを発表した[99]。オーストラリア政府は，介入にともなう外交上の影響を避けられたことに満足した。さらに同政府は，別の国有企業である中国五鉱集団がOZ鉱物会社を買収するという試みについても阻止した。OZミネラルズの銅鉱および金鉱は，軍事施設の近くに位置していたのであった（WTO, 2006）。

中国アルミニウムにとって，これらの出来事は多国籍企業の持つ迅速さおよび冷酷さについて学習する機会となった。またこれらの出来事は，リオ・ティントにとって最大の市場である中国で不満を生みだした。中国において，リオ・ティントは海外の他の顧客に提供するよりも低い割引額で提供したとして，訴えられた。1カ月も経たないうちに，中国当局は同社の従業員4人を贈賄とスパイ活動容疑で逮捕した。1人はオーストラリア人で，鉄鉱石価格に関する交渉を担当していた（WTO, 2006）[100]。それにもかかわらず，中国アルミニウムはリオ・ティントの筆頭株主であり続け，両社は相互に強く結びついている。2010年に，両社はギニアのシマンドーにおけるプロジェクトを共同で開始した。同地は埋蔵量において世界で最も重要な鉄鉱石源の1つである。リオ・ティントは最先端の技術，経営，マーケティングの能力を持っており，一方，ギニア政府は中国の参加によって重要なインフラと輸送に関する派生的事業がもたらされることを望んだ。ギニアは一次産品輸出に依存しており，2005年時点においてボーキサイト，アルミニウム，金およびダイヤモンドが総額の90％近くを占めていた（UNCTAD, 2007）[101]。

BHPビリトンは，2001年の合併によって創設された。BHPはもともとオーストラリア企業であり，1985年以降にアフリカ，米国ユタ州，カナダ，南アメリカおよびパプアニューギニアでの買収を行ったことによって，国際的に成長していった。ユタ州ではゼネラル・エレクトリックからの買収を行い，南アメリカではチリの巨大なエスコンディーダ鉱山の取得を含んでいる。またパプアニューギニアにおいては金と銅の獲得のための買収を行った。1996年において，海外事業は同社の売上高の70％となっていた。ビリトンは1994年までシェルによって所有されていた。その後ブラジル，パナマ，カナダ，オーストラリアおよびその他の場所において，同社は鉱業と製錬事業を行うようになっていった。さらに2001年に合弁事業を通して中国の雲南省に進出した。2001年にBHPビリトンの経営陣は同社にスデルクトラ社を買収させようとし，そのとき，経営陣は買収戦略を通して大規模かつ多様な鉱業事業を構築しようと試みた。その野望を達成すべく，彼らはエクストラータ社をつくりだした。同社は2011年までに約30カ国で事業を展開するようになり，世界最大手の燃料炭輸出業者となり，フェロクロムの最大手生産者となった。そして同社は，同時にコークス用石炭，銅，ニッケルおよび亜鉛の世界的企業でもあった[102]。エクストラータは一次産品の生産・貿易企業であるグレンコア・インターナショナルと2006年から最高経営者を共有するようになった。両社はスイスのツーク州にともに本社を置いていた。グレンコアはエクストラータの株式の過半数を取得し，2012年に買収するに至った。グレンコアは製錬および製錬に関する国際的調整についての専門知識とリーダーシップを持ち，そのため同社は，最終製品の流通と価格に対する影響力を有していた（UNCTAD, 2005）[103]。

アングロ＝アメリカン・コーポレーション（AAC）は南アフリカの歴史の中心に位置しており，アパルトヘイト体制と密接に関係していた。解放以前では，制裁措置のためアングロ＝アメリカンが海外に投資することは妨げられていた。ただし，同社の子会社デビアスを通じたボツワナでのダイヤモンド採掘は除かれていた。アングロ＝アメリカンおよびその系列会社の株式は，南アフリカの株式市場の25％を占めていた。そこには，バークレイズ・ナショナル銀行と南アフリカ醸造会社における多数の持分が含まれている。アーネスト・オッペンハイマーおよび彼の息子ハリーは民主主義の多数決原理に反対したが，一方，憤慨すべき労働法および定住法の緩和に賛成した。この出来事は，アングロ＝アメリカンにおける多くの黒人従業員がより安定し，一時的な労働力でなくなることにつながる改革となった。1992年の白人による国民投票が自由選挙を受け入れたとき，アングロ＝アメリカンは国有化を恐れた。そして資産を海外で獲得し，同社の南アフリカ企業の所有権を国際的に移転することによって，自らの株式を守ろうと試みた。ルクセンブルクで登録された子会社であるミノルコは，すでに米国とカナダで事業を拡大し，1993年からアフリカ以外およびダイヤモンド以外のすべての資産の公的所有権を引き受けた。1998年にアングロ＝アメリカン社とミノルコが合併して，アングロ＝アメリカン株式公開会社が英国企業としてロンドンで設立されることになった。2000年から引き継いだ新たな世代の経営陣の下，同社はアフリカ，ラテンアメリカ，アラスカおよびオーストラリアで世界規模の買収に着手するようになった。[104]

途上国出自の最大の鉱業企業――CVRD――は，ブラジル経済を支援するという責任を負っていた。CVRDは，1980年代にパラー州北部の貧困地域の大部分を効果的に治めるための大カラジャス計画を先導した。そしてその鉱業事業は，国際的な融資を受けて発電所，上水資源，輸送および基礎インフラの開発にたずさわっていた。RTZ，アングロ＝アメリカンおよびBPミネラルズが資金的・技術的なサポートをしたが，外国の多国籍企業はここに直接巻き込まれることを嫌った。さらにこの計画は，環境保護主義者と自分たちの土地と生活様式を失ったアマゾンの少数部族とから反対を受けることになった。1997年のCVRDの一部民営化は，今後は中核事業である鉱業事業に集中し，非鉄事業の拡大を行うという合図を示していた。政府が同社の約12％の株式を所有しているものの，2005年にニッケル鉱業企業のカニコ・リソースを買収し，さらにより重要なカナダ第２位の規模の鉱業企業であったインコを2006年に買収したとき，同社は多国籍企業になった。また2007年にオーストラリアにおいて炭鉱業企業であるAMCI

ホールディングスを買収し，チリ，ペルーならびにアジア，アフリカにおいて事業を展開していった（UNCTAD, 2007）[105]。

中国政府は，アフリカにおける原料の確保と直接援助とを結び付けた。数十億ドルのインフラ事業に関する合意によって，マシャンバ西部とディクルーウェにおける銅事業の採掘権の確約がなされた。同地は，かつてコンゴ政府がカタンガ鉱業会社の事業を停止させた場所であった。中国は道路，鉄道，病院，保健所および大学を建設するために，60億ドル相当の契約に署名した。中国アルミニウムとRTZとのやり取りを受けてギニアが動かされたのとまさに同じように，ガボンは中国人労働者を活用して発電所，鉄道および港を整備することと引き換えに鉄鉱石協定に調印した。ザンビアでは，中国非鉄金属鉱業と雲南銅鉱との合弁事業によって，チャンビシ銅製錬会社を設立した。それによって，アフリカ大陸で最終加工工程を確立し，同地域における中国の商業的影響力を強化した。ザンビア鉱山労働者組合（MUZ）とのチャンビシでの賃金闘争によって，中国企業は他の多国籍企業よりも支払賃金がかなり低いことが示された。そして，この出来事は政府の介入をもたらしたのであった。

2011年には，多国籍企業にとって非経済的な問題を思い起こさせる出来事が生じた。同年にザンビアで総選挙があり，中国企業は総選挙に負けた与党と関係しているとみなされ，そして勝利した党は，中国企業の操業状況と低賃金に対して長らく抗議活動を展開していた。中国は主に２国間での政府間秘密協定を通して，さらに必要な経済開発をもたらすという自らのアフリカ政策を進めた。ガーナの水力発電プロジェクト，セネガルの交通とインフラ事業，ウガンダのナグル病院そしてジンバブエの防衛大学は，天然資源のための取引と援助の一例であった。これらは，しばしば中国の建設企業とその労働者に対して国際契約をもたらした。事業がうまくいっていなかったザンビア中国ムルングシ織物会社に対する資本強化，ならびにマラキュエン地区における繊維および衣類産業が立地している河南ハオデ・モザンビーク工業団地への投資は，中国によるFDIの中でも，アフリカにおける産業力を構築するというとても珍しい例であった。中国のFDIストックは1990年の4,900万ドルから伸び，2003年に５億8,800万ドル，さらに2009年には92億ドルまでになった。ただし注目は高まっているものの，最新の数字は中国の対外FDIストックの２％をわずかに上回る程度であり，アフリカの対内FDI残高の２％未満であった（WTO, 2006）[106]。

製造業の傾向とグローバル・バリューチェーン

すべての対外FDI資産における製造業の割合の減少は，グローバル経済の第4段階の特徴であった。製造業の割合は，1990年の44%強から2005年に約26%にまで減少した。もちろん製造業の実質ドル総額は，グローバル・ビジネスの成長にそって伸びていた。先進国の多国籍企業——かつては海外直接投資のほぼすべてを占めた——は，この期間末においても依然として総資産のほぼ96%を有していた。化学物質・化学製品は第1位の分野としての地位を維持している。ただし，電気・電子機器は第5位に落ち，第2位は自動車・輸送機器にとってかわられた。食品・飲料・タバコ，そして金属・金属製品部門は自らの突出した地位を維持し，機械・設備，繊維・衣類・皮革分野はさらに順位を落とした。サービスと天然資源と同様に，製造業の資産の立地に関してもいくつかの変化があった。1990年から2005年の間に，製造業の資産における途上国の割合は，ほぼ20%から24%強に増加した（表5-9）。

1980年代は日本の多国籍企業の10年であった。その時期，日本企業による米国およびヨーロッパ共同体への投資の急増は，関税の増加とより厳しい輸入割当によって脅かされる売上を防衛するためになされた。それは，日本企業が輸出であまりにも成功してきたことを明らかにしたものであった。日本の対外FDIは，それ以前の水準は低く，主に原材料もしくは必要な部品の確保に向けられていた。日本の多国籍企業の主要な輸出市場において，好ましくない貿易政策が採用されたことによって，日本企業は国際経営戦略における変化ならびにグローバルな多国籍企業への転換を遂げるようになったのである。1988年までに，最大の対外FDIフローを供給する国として，日本はヨーロッパ共同体と米国を追い越した（UNCTAD, 1991）。トヨタ，ソニーおよびパナソニックは，国際的なブランドの所有者としてだけでなく，重要な多国籍企業になった。さらに，新しい日本の製造企業の海外子会社は，経営技術および生産技術を現地にもたらした。それら技術によって，日本企業は非常に成功した輸出企業になったのであった。そして欧米企業はその技術を様々な形で模倣することによって，減退している自らの競争的地位の回復に努めた（結果は様々だった）。日本企業の方法は，世界的なベストプラクティスという評判を獲得した。資産基準のランキングにおいて，1992年の多国籍非金融企業上位50社のうち日本出自企業は8社であり，そのうち7社は製造業であった。残り1社は商社である。1998年には，上位100社のうち日本企業は8社の製造企業と6社の商社がランクしていた。ただし，ランキング表におけるいくばくかの下降は，日本企業の相対的競争力がすでにピークを迎えていたことを示すものであった（UNCTAD, 2002）。

世界規模では，2008年の資産基準で見て多国籍非金融企業100社のうち，54社は製造業を営んでいた。しかし多くは多角化し，様々なサービスも提供していた。米国のゼネラル・エレクトリックは最大手の多国籍製造企業であり，最大手の国際的な電気・電子機器メーカーであった。次いでトヨタ自動車（日本），アルセロール・ミッタル社——公的にはルクセンブルク企業だが，その親会社はインド出自の会社である——，フォルクスワーゲン社（ドイツ），そしてアンハイザー・ブッシュ・インベブ 社（オランダ）があった。米国企業は12社であり，これにドイツの8社，フランスの7社が続いた。英国企業は6社であった。ただし，その中にはSABミラー社（起源は南アフリカ）とユニリーバ（実際は，英蘭企業）を含んでいる。日本はこの時点で5社がランク入りし，スイスと同数であった。スイスは，自国経済の相対的な勢力以上に国際的に重要な地位を維持していた。同リストには他のヨーロッパ企業が7社あり，イスラエル企業が1社ランク入りしていた。途上国出自の企業はわずか3社であった。それは三星電子，現代自動車（ともに韓国企業）とセメックス（メキシコ企業）であった（UNCTAD, 2010）。

国際的製造業の立地，組織，戦略における重要な変化がこの時期に生じた。貿易障壁によって，1980年代に日本の多国籍企業はヨーロッパや北アメリカに工場を設立する必要が生じた。しかし投資を持続させ，さらに投資を行う理由は，ほかにも多くあった。1994年以降WTOへの加盟国は，これまでヨーロッパやアメリカ政府によってアジアからの輸出を規制するために用いられていたような，自主規制による輸出協定をすべて漸次廃止することに合意した。主要市場に工場を持つすべての多国籍企業は，より優れた消費者理解，製品カスタマイズの改良，現地経営者もしくは現地技術者の雇用，さらには規模に関する収穫逓増の追求を実現できるようになった。これらは，競争優位の源泉となった（UNCTAD, 2002）。さらにまた，先進国での為替管理と外国人所有規制の終了，および途上国におけるそれらの全般的な緩和は，製造業のFDIのための機会を開くことになった。かつての政府は多国籍企業が投資することによって生じる競争に対して慎重であったが，いまや資本蓄積のみならず技術，経営，雇用および輸出を促進するという多国籍企業の能力に積極的に目を向けるようになった。共産圏の改革は，特に地政学的にも国際経済においても大きな転換点であった。工業化は数多くの国々にまで広がり続けて，低賃金と低コスト製造のためのより多くの拠点を提供したのである。多国籍企業は東ヨーロッパに工場を建設し，製品を西方へ出荷するようになった。それは，NAFTA圏内で国際的な企業がメキシコ＝アメリカ間の国境の南側に立地したこととまさに同じことであった（UNCTAD, 2006)。

1985年から2005年にかけて，世界的な労働力は４倍になり，特に1990年以降顕著になっているという推計がある。米国，ヨーロッパおよび日本の国富における非熟練労働者の割合は減少し，熟練労働者の割合が上昇した。グローバル化によって，先進国の仕事は途上国に輸出され，先進国の産業は技術力および教育を通して長期的に競争しなければならなくなったと言われている（IMF, 2007)。旧い時代における労働力の単純な二極化――生産国対一次産品国――は，３極化したシナリオにとってかわられた。そこでは高付加価値・ハイテク生産を行うもの，低コスト・労働集約的生産を行うもの，一次産品生産を行うものに分かれている。さらにまた，いまや製造業者は異なる生産段階に応じて様々に異なる立地優位を活用することができるようになった。低賃金労働力の活用は組み立て工程向きであり，技術資源は知識集約型のプロセスに適合している。また優れたインフラは貿易と輸出を促進したのであった。最大手の多国籍企業は，各主要市場で競争しなければならないこととともに，世界中の場所にある資源を利用しなければならないことを理解したのである。

FDIと生産の再配置は，各生産段階における規模の拡大と効率性の向上をもたらし，国境を越えた複雑なバリューチェーンをつくりだした。国際的な製造業者は，似たような各国単位の子会社が現地市場の需要に主に応じるという意味での多国籍企業から，より明らかに超国家企業へと移行していった。ここでの超国家企業とは，垂直的に活動が分散され，世界志向の工場を持つような企業を意味している。超国家企業における国境を越えた取引の調整は，研究開発やブランド力のような他の組織内能力と同じく，競争優位の重要な源泉となっている。各子会社，つまり各立地が持つ「グローバル・バリューチェーン内での適合性」は，本質的な戦略的検討事項となった。マレーシアにおける日本の子会社は，日本で組み立てて米国に輸出する製品のための部品を生産している。また東ヨーロッパやトルコの日本の工場では，低コストと最終的な市場への近接性とが結びつけられており，それら工場は西ヨーロッパのより豊かな国に製品を供給しているのであった。

台湾企業であるフォックスコン社は，深圳に巨大工場を設立し，資本および国際的なつながりを中国にもたらし，中国との文化的な類似性から利益を得ていた。そして，米国のハイテクでデザインに優れているアップル社が求めるデザインや製品に対応した。グローバル化は，市場，製品およびブランドのグローバル化ならびに国際的なバリューチェーンを通した生産のグローバル化をもたらした。投資と所有に関する規制が緩和されたため，国際的な企業の合併と買収は先進国同様に途上国にとってもFDIの可能性を高めた。国有企業が民営化される国において，とくにそうであった。多国籍企業はもはや海外市場でうまく競争できる能力を自ら進化させる必要がなく，自分たちにとって必要な技術知識，経営知識もしくは市場に関する知識を持つ企業を買収することができたのである。資産追求戦略は，特に新興国出自のいわゆる「ドラゴン・マルチナショナルズ」が好んで採用した。それら企業は，本国経済の水準を高めたり財政状況を改善したりするため，もしくは先進国出自の競争者との間のギャップを素早く埋めるための手段としてFDIを用いるようになった。

グローバル・ビジネス組織

日本の多国籍製造企業の影響力ならびに「地域生産ネットワーク」や「グローバル生産ネットワーク」の出現は，いずれも早くから認識されていた。1987年時点において，アジアにおける日系工場の日本向け販売額の約77%は，親会社のための部品であった。一方，米国とヨーロッパ共同体にある日系工場向けの販売については，その割合は50%超であった。日本企業は，EC内では，まだ自らの生産ネットワークを発展させつつあった。同地での企業内取引は子会社の売上高の約19%であり，アメリカ子会社の50%と比べて低かった（UNCTAD, 1991）。一般的に，貿易障壁の低下，輸送の改善，通信における技術革新は，国際的な生産組織にとって，企業内調整の幅をより広げることになり，子会社の所有と経営に影響を与えた。

かつて多国籍製造企業は，海外子会社の株式所有および直接所有を好んでいた。それは製品と経営知識の保護のためであり，かつ一般的に親会社からの効果的な能力移転を促進するためであった。それにかわって，近年の多国籍企業は，競争の激しい場所において外部調達やオフショアリングを推進する，ライセンス供与，フランチャイジング，下請契約もしくは戦略的提携，およびその他協調的な取り決めを採用する傾向を示している。組織的に，多国籍企業はフラッグシップモデルを採用した。このモデルにおいては，企業が技術，品質，もしくは納期標準の設定を通して権限を執行し，重要な工程やブランドの支配を維持する限りにおいて，生産および適切なサポートサービス以外は外部化できた。その結果，多国籍企業は文化的，制度的，政治的，地理的な隔たりの中で調整を行うという大きな課題に取り組まなければならなくなった。多国籍企業がオフショアリングと外部調達を用いることができれば，企業は競争優位，支配権もしくは付加価値を最大化するようなグローバル・バリューチェーンの活動――主に，研究開発，製品企画，マーケティングまたはブランディングが含まれる――に集中できる可能性があった（UNCTAD, 2002）。

各国に工場を重複して設置することは，貿易障壁および非常に多様化した国内市場への対応に適していたが，急速にその意義を失っていった。1990年代に，プロクター・アンド・ギャンブルは約30の工場を閉鎖し，1万3,000人の従業員をレイオフした。2005年に，同社は親会社が海外の各国子会社もしくは地域法人を監督するという組織モデルを解体し，7つのグローバル・ビジネスユニットからなる組織になった[107]。世界規模の製品事業部は，本国経済に存在する強力な親会社に依存する事業組織から，海外子会社を管理する国際事業部に基づく事業組織へと転換する傾向を示した。海外子会社は親会社から移転される能力に依存するのでなく，むしろ子会社は多国籍企業全体の中でのグローバルな役割を担う経営を行うようになった。子会社の立地場所の持つ技術面，コスト面，インフラ面，その他の優位性を活用することによって，子会社はしばしばそうした役割を果たすようになった。HPシンガポールは，1980年代に部品の生産から計算機とインクジェット・プリンターの世界中への輸出へと移行し，さらには製品の設計と開発へと進歩を遂げた[108]。それでもなお，事業組織の地理的側面――国際的，地域的，国内的――と製品・職能の次元との間における緊張は，形式的に3つすべての側面に同等の重みづけをするというマトリックス型組織の導入による解決策がなされても存続した（Bartlett and Ghoshal, 1989）。

多国籍企業の国際化度は企業内取引の水準と関連しており，そして企業内貿易は規模の経済と世界的な生産能力の合理化を必要とした。1970年に製造企業の企業内貿易は貿易総額の20%にのぼり，2000年には40%に上昇した（Mathews, 2002）。多国籍企業は輸出と輸入の流れをますます組織化したり，調整したりするようになった。そのため，グローバル経済における多国籍企業の役割はより明白になった。部品の取引は世界輸出のかなりの部分を占め，国際的な生産チェーンは企業内分業に基づいて構築されていった。輸出上位20カ国では，資源開発を行わない製造業においては，海外子会社は全部で20カ国の貿易の30%を占めていた。ハンガリーの数値は80%であり，そしてエストニアの60%，中国，コスタリカの50%，マレーシア，カナダおよびオランダの44～45%が続いた（UNCTAD, 2002）。貿易自由化は国際市場における見えざる手を呼び起こすためとされていたが，実際には国際経営と企業内調整の見える手をもたらしたのであった。

工業化の広がり，生活水準の向上および北大西洋軸以外での製造分野のFDI

の増加は，グローバルな生産の立地と組織における変化を促した。本国である先進国での生産が非経済的になったときに，海外投資を行う多国籍製造企業にとって，人件費の削減およびその他の効率性を求めることが第一の目的となった。戦略的選択肢によって，産業間および企業間の生産チェーンの組織面での違いがもたらされた。自動車，半導体および鉄鋼分野においては，グローバル化とともに企業の合併と買収が生じた。また規模の経済を発揮したり，各立地場所でのコスト優位，技術優位もしくはロジスティクス優位を活用したりするために，生産活動は様々な国に分割された。他方，非常にグローバル化された電子機器の場合に比べ，比較的重量のある製品は，その輸送にかかる問題および保護主義志向の政府の影響により，生産活動がより地域的であった。2002年までに，自動車企業上位10社が，世界の総生産額の4分の3を占めていた。トヨタは，最も近代的な製造段階もしくは製造の最終段階を担当する直接所有の子会社と，形式上独立した下請業者の多層ネットワークをうまく混ぜ合わせたものを採用した。同社はアメリカに3工場，カナダに1工場，ヨーロッパに5工場，オーストラリアと南アフリカにそれぞれ1工場，ラテンアメリカに3工場，そして中国の合弁事業天津トヨタ自動車，インドのトヨタ・キルロスカーとインドネシアのトヨタ・アストラを含む8工場をアジアに有していた。同社は，主要な市場の中心において地域生産ネットワークを管理したが，アメリカに供給するためにはメキシコ，西ヨーロッパに供給するためにはトルコやチェコ共和国といった，低コスト地域も活用した（UNCTAD, 2002[109]）。

トヨタに加えて，ゼネラル・モーターズ，フォード，ダイムラークライスラー，日産そしてフォルクスワーゲンがメキシコで事業を展開した。フォルクスワーゲンは，1989年という早い時期にすべての北米事業を統合する決定を行った。そして北に位置する豊かな米国市場向けに，またグローバルなエンジン工場として活動すべく，同社のプエブラ工場を近代化した。結局，同社はアメリカ事業を閉鎖し，プエブラ工場はビートルを世界中に輸出した。1994年のNAFTAへの署名，および2000年のメキシコ＝EU間貿易協定は，その方針の妥当性を確かなものにした。フォルクスワーゲンは，ラテンアメリカで3番目に大きい外資系工場を有していた。そして海外売上高はグループ全体の売上の36%から61%になった。これは，あらゆる多国籍自動車企業の中でも最高のものであった（UNCTAD, 2002）。そしてまた生産については地域ごとに分けられたのであった。「ゴルフ」は主にヨーロッパ向けの自動車であった。それは，トヨタがヨーロッパ人向け販売のためにヨーロッパでヤリスを設計・製造したのと同様のことであった（UN-

CTAD, 2010)[110]。

2002年時点の最大手の多国籍半導体企業は，インテルであった。同社は，世界の半導体売上高の4分の1を占め，7カ国に13の製造工場および11の組立や試験を行う施設を有していた。その国際的な生産システムにおいて，研究開発と専門的生産の段階は株式を所有する子会社に依存し，他の大部分の活動に関してはアウトソーシングを活用していた。中国，東南アジアおよびコスタリカは，半導体向けの低コスト立地場所としての役割を担った。一方，韓国，アイルランドおよびイスラエルは，ハイテク用の立地場所を提供していた。アメリカの電子機器製造企業と比較して，日本企業は研究開発のような戦略的職能だけでなく，より多くの生産段階を内部化する傾向にあった。急速な技術変化，短い製品サイクルおよび民営化は，世界規模で電気通信産業における競争を促した。そして1990年代後期のブームの後に，急激な縮小および設備過剰が続くことになった。2000年時点の最大手の電気通信企業であるエリクソンは工場の削減を行い，その数は約70から10足らずにまで縮小した。そして，より広範囲にわたってアウトソーシングに頼るようになった。同社は製造管理，イノベーションおよび設計の管理を保持したが，それ以外の活動はすべて他社工場に移したのであった。一方，シスコ社は製造から完全に撤退した（UNCTAD, 2002）。台湾移民のウィリアム・ワンによって設立されたカリフォルニアの企業であるビジオ社は，2010年のアメリカのフラットスクリーン市場において約22％を占めていた。同社はコストコ社のような大規模量販店での販売を通して成功を収めた。さらに韓国，中国およびメキシコにおいて契約を結んだことによってグローバル・バリューチェーンを構築し，アメリカにおいては設計，デザインおよび顧客サービスに関する従業員をわずか100人ほど雇用しているに過ぎなかった。ソニーや日立といった日本企業は，アメリカから離れて，メキシコの工場でアジア産の部品を組み立てることによって，新しい世界の実情に対応していった（*Business Week*, 2010-13; *New York Times*, 2010-11）[111]。

衣類産業は，低い参入障壁，数多くの生産者および比較的小規模工場を有するという特徴を有していた。2000年時点において，同産業はローテクかつ資源に基づかないすべての製造業の20％を占めていた。衣類における成功は，動きの速い市場動向に関する知識に基づいていた。そして，生産は柔軟かつ小規模のままであった。生産の下請けはコスト優位をもたらしたが，デザイン，スケジューリングおよび輸送は，先進国における多数の小売業者と小売業者のためにグローバルネットワークを調整して生産を行う専門的な契約メーカーとの密な統制の下で行われるようになった（UNCTAD, 2002）。2009年までに，米国の外にいる契約サプライヤーがナイキ社のアパレルのほぼすべてをつくりだしていた。ベトナム，中国およびインドネシアの工場は，同社の履物類の約74%を供給していたのである（UNCTAD, 2011）。しかし，1996年という早い時期から，倫理的な運動家たちは国際的な下請契約の危険性を暴露した。それは，ベトナムや他の地域における低賃金で不健康な労働条件にナイキが関連するようになったときであった。リーバイ・ストラウス社の契約企業が，1,200人の中国人やフィリピン人の女性を監視された場所において週72時間働かせていたことが発覚した。そして，その問題発覚後に創設されたガイドラインを破って児童労働および強制労働の事実が判明したとき，同社は中国から撤退した。[112]

2003年までに，米国の価値観を体現するリーバイ・ストラウスは，すべての生産をラテンアメリカとアジアへ移していた。衣類，履物，玩具，家庭用品は買手主導の商品連鎖によって組織され，そこでは，小売業者，有名ブランドのマーチャンダイザー，および商社が主に新興国における分散化した生産ネットワークを管理した。一方，ファッション志向の小売業者とデザイナー製品の生産者は，フランスおよびイタリアといった場所で供給し続けることができた。多くの生産ネットワークは，企業間および企業内取引それぞれの組み合わせで成り立っていた。自動車，航空機，電気機械およびコンピュータの生産ネットワークは，生産者主導の連鎖であった。衣類と靴のネットワークは，大規模小売業者と有名ブランドのマーチャンダイザーによる買手主導のものであった（Gereffi, 1994）。

国境を越えた生産チェーンおよびアウトソーシング戦略の規模拡大とその利用の増加は，契約メーカーの規模が増大し，契約メーカーがグローバル経済の働きを支えていることを意味した。米国では，ヴィクトリアズ・シークレット社とラセンザ社のオーナーであるリミテッド・ブランズ社が，「リレーションシップ，資源，サポート人材のグローバルネットワーク」と呼ばれるものを管理した。その子会社であるマスト・インダストリーズ社は，2000年に衣類産業で最大級の契約製造業者のグループをつくりだした。同社は37カ国で400の工場を管理した。その多くは，アジアにあった。また600以上の関連業者を統括していた。その他のケースでは，供給企業および契約企業が自らのサービスを拡張したり，自らを複雑な多国籍企業に進化させたりするために，多国籍企業とのつながりを活用した。香港出自のリー・アンド・ファン（利豊）社は地域的な調整活動を行う代理商として始まったが，統合化した供給業者へと進化した。それは契約とロジスティクスだけでなく，まずデザイン，製品開発および品質管理を行い，そして大規模小売業者のための季節ファッションの品揃えの完全な統制も行った。同社は米国とEUにおける700の顧客のために，約150万人を間接的に雇用した。自らは海外工場を直接には所有しなかったが，その代わりに40カ国以上のネットワーク・パートナーとリスクを共有していたのであった（UNCTAD, 2002）。

売上高基準で2009年の世界最大の契約電子機器製造業者は，フォックスコンであった。同社はマレーシア，ベトナム，チェコ共和国，そしてとくに中国における主要生産拠点において，61万1,000人の従業員を雇用していた。電子機器契約製造業者上位10社のうち5社が台湾企業であった。すでに述べたように，この上位にはアップルやアマゾン社が含まれている。シンガポール企業のフレクストロニクス社は30カ国および直接所有の8工場において16万人の従業員を雇用しており，フォックスコンの最大の競争相手であった。同社は巨大な規模，柔軟な生産量の調整および資本リスクの共有を提供することによって，モトローラ社の携帯電話生産の大半ならびにエリクソンの携帯電話のすべてを引き受けた。フォックスコンとフレクトロニクスの両社は，中国における最大の多国籍輸出業者であった。自動車部品における契約製造業者のトップはデンソーであり，同社は33カ国で事業を行っていた。デンソーの最も重要な顧客はトヨタであり，トヨタは同社の総売上高の約30%を占めていた。デンソーは売上高の42%以上を本国である日本以外で生み出していた。ただしロバート・ボッシュ社はドイツ以外の売上の数値が76%であり，それには及ばなかった（UNCTAD, 2002, 2011）。マレーシアのペナンに本社のあるENGTEKは，地域の契約サプライヤーの例であった。同社は船舶用エンジンの生産を行い，多国籍企業とのつながりを通して成長した（UNCTAD, 2002）。

1994年から2004年の間に生じた企業の合併と買収の複雑な連鎖は，製薬業界を変化させた。チバ＝ガイギーとサンドは統合の結果ノバルティスとなり，ゼネカはスウェーデンのアストラを買収してアストラ・ゼネカをつくりだした。スミス・クライン・ベックマンとビーチャム＝グループとが，スミス・クライン・ビーチャムとなった。そして，合併してできたグラクソ・ウエルカムとともにGSKを形成した。ヘキストとローヌ・プーランは合併し，アベンティスとなった。そして今度は，合併により誕生したサノフィ＝サンテラボに買収され，2004年に名称をサノフィ・アベンティスとしたが，2011年に名称をシンプルにサノフィへと変更した。[113]

日本の特許法の変化によって研究開発費が急速に高まった10年間の後，日本の製薬企業は海外への拡大を通してこの経費を埋め合わせようとした。抗生物質における武田薬品の画期的製品は，ライセンス契約を可能にした。1983年までに同社は20社と協定を結んだが，とくに米国のアボット・ラボラトリーズ社との協定が重要であった。この戦略的連携は，２年後の合弁事業につながった。また武田薬品は1985年に米国において完全所有の工場も設立した。1995年以降の米国において，同社はスミスクライン・ビーチャムとの取引を含む戦略的パートナーシップの活用を繰り返した。またデンマークのノボ・ノルディスク社との提携，さらにはアイルランドでの製造，世界規模での現地国内マーケティング企業の設立を果たしていった。米国での事業を進めるため，武田アメリカ・ホールディングスを設立した。そこには，同社が実践してきた戦略的パートナーシップを超えた発展を遂げるという狙いがあった。同社は2000年以降に米国と英国に研究開発センターを設立した。2008年以降には，シンガポールにおいても研究開発センターを設置した。そしてこれら施設を日本の研究開発センターと結びつけて，グローバルな研究開発機能をつくりだしたのであった[114]。米国における研究組織を必要とする一方，ヨルダン出自のヒクマ製薬会社は，ライセンス協定とコスト優位とを組み合わせて活用することができた例であった。このケースにおいては，アラブの２カ国とポルトガルとにおいて，ともに地域限定的な生産が行われていた（UNCTAD, 2006）。

ドラゴン・マルチナショナルズ

すでにみたように，新興国からの投資の多くは，工業化および経済発展に必要なものと密接に関係していた。変化が速くかつその規模も大きいため，中国は世界中の原料へのアクセスが必要であった。同国の石油企業と鉱業企業は，国際ビジネスおよび国際政治における勢力の均衡に対して強力な衝撃を及ぼした。新興国の多国籍資源企業は国家によって所有されていることが一般的であったが，先進国政府も国の経済安全保障という問題にいかに関与していったかを歴史は示してきた。それでも，地理的にも国際的にも広い範囲でもって，新興国から多国籍企業が登場したことは新しい要素であった。国の経済発展の進展，その後の強力な競争能力を持った企業の登場，多国籍化の成功というそれぞれの現象の間に見られたつながりを，新興国企業は断ち切った。これは，製造業部門で最も顕著にみられた。市場の自由化は，多国籍企業が外国企業であることの問題を克服することを容易にした。また市場の自由化によって，主要な企業およびその資産を買収するための国際的なM&Aに取り組むことがより容易になった。

市場追求戦略を行う製造企業は，グリーンフィールド投資により工場を設立す

コラム 5.1

新興経済国の多国籍企業

J. A. マシューズは，新興国出自もしくは共産主義後の移行経済出自の多国籍企業に関する理論を提唱し，これら企業を，「ドラゴン・マルチナショナルズ」と命名した。それは，彼が見るところの先進国出自の企業をベースにした伝統的モデルとは，大きく異なっていた。既存の多国籍企業と異なり，それらは競争優位や所有優位を有しておらず，組織的な学習能力を磨かなければならなかったと彼は述べている。彼はLLLモデルを提案している。連携（linkage）は，海外で活用できる資源と資産を獲得するために，パートナーと関係を持つ能力である。活用（leverage）は，ネットワーク企業間の連携を活用して，これら資源と資産にアクセスすることである。そして学習（learning）は，国際的にアクセスする知識と優位性から利益を得ることを意味している。鍵となる違いは，多国籍企業は外国市場での事業の不利な立場を克服するために，本国経済において所有優位を発展させる必要がもはやなくなったということである。いまや多国籍企業は，本国市場や受入国でさらなる競争力をつけるための所有優位を獲得すべく，戦略的提携の構築や海外での企業買収ができるようになった（Mathews, 2002; Goldstein, 2007）。

るか，もしくは合弁事業を立ち上げた。国境を越えた生産の増加および世界的な事業立地の選択肢の広がりによって，それら企業は効率性の追求に関心を持つようになった。とくに1990年代以降の国際的M&Aは，資産追求や資産補強を可能にした。それは技術，経営知識，設計機能，ブランドや他のいくつかの能力を得るために当該企業を買収することであった。それまでの国際ビジネスに関する考えでは，企業は（主に先進国において）競争優位を磨き，海外で外国企業であることから生じる困難を，自らの有する能力を用いて克服するものとして想定されていた。今日では，それどころか，本国もしくは国際市場においてより効率的な競争を行うために必要な能力を獲得すべく，企業は多国籍企業になることができうる。親会社から子会社の受入国に移転される能力の代わりに，能力は子会社から親会社の本国へ移転された。途上国の場合，もはや様々な国への投資は経済発展の全盛期に見られる現象ではなく，経済発展の段階を飛び越えるための手段であった。これら多国籍企業の戦略は，パートナーとのつながりや提携を構築するためのものであり，パートナーとの相互作用から組織的に学習を行い，もし有利であるならば，しまいにはそのパートナーの買収をも行うというものであった

(UNCTAD, 2006)。

新興国出自のドラゴン・マルチナショナルズの登場は，世界経済の変化を示すものであった。かつての世界経済は，北アメリカ，西ヨーロッパと日本の3極の貿易と投資活動にほぼすべて関連していた。途上国と移行経済出自の多国籍企業の多くは小規模のままであったが，国際的に突出した成果を達成した企業も多かった。とくに1990年代以降の韓国企業は，政府の政策つまり「国際的開放(segyewha)」によって成長が促された。2000年以降韓国企業の競合相手であった中国企業が，北京政府の「世界へ進め」のスローガンの下で成果を収めた。世紀転換期において，途上国から登場した最も国際化した多国籍非金融企業は，香港のハチンソン・ワンポアであった。そして，セメックスとLG電子がそれぞれ第2位，第3位であった。『フォーチュン500』には，1990年では途上国・移行経済出自の多国籍企業は19社掲載されていたが，2005年には47社が掲載されていた。

アフリカ，ラテンアメリカおよび独立国家共同体（CIS）からの投資の多くは，それぞれ南アフリカ，ブラジルとメキシコ，ならびにロシア出自の企業によって占められていた。これらの地域においては，国有化の水準が高いことを示すだけでなく，民営化された企業も多かった。アジア——中国，香港，韓国，台湾，シンガポール，マレーシア，タイ——出自の多国籍企業は，地域的には非常に重要であり，また，ラテンアメリカの競合相手よりも，国境を越える範囲と能力においてかなり優位性を持っていた。ロシアのFDIは，主に資源産業に向けられていた。途上国および移行経済出自の最大多国籍企業上位100社のうち，77社はアジアの企業であった。全体として，それらは自動車，化学製品，鉄鋼，電子機器，エネルギー，建設，輸送および金融に偏っていた。2008年における多国籍企業8万2,000社のうち，約28%は途上国もしくは移行経済出自であった。それに対して，1992年時点でのその割合は10%であった（UNCTAD, 2002, 2006, 2010）。

途上国および移行経済出自の多国籍企業は，製造工程における能力とコスト面において優位性を持った。また，先進技術やブランドを持つ多国籍企業に対抗するために補う要素として，ネットワークと戦略提携，政府からの融資，もしくは外交面での支援に頼っていた。それでも，エイサー社，華為，三星電子，現代起亜，インフォシスとウィプロは，業界のリーダーであると言いうる。主要な韓国企業は，生産方法とその後研究開発と設計における能力を構築し，その能力を用いて海外事業を確立するという「伝統的」なFDIのパターンに従う傾向があった。自らの能力とブランド認知が不十分であったため，多くの韓国企業は1990

年代の停滞に苦しんだ。破綻した大宇財閥は解体されたが，三星電子，LG電子，現代起亜，その他の企業は，ついにはグローバルな成功者となった。

2000年に民営化された国有鉄鋼メーカー浦項総合製鉄（POSCO）は，海外投資によって，韓国での賃金コスト上昇に対応した。同社は中国で多数の合弁事業を創設した。そこには，2006年に江蘇省で設立された中国初の，鉄鉱石製錬から冷間圧延までの工程を組み入れた完全統合型ステンレス工場が含まれる。しかし，地元当局者の間での不正行為や，森林被害および地元住民への影響をめぐる論争は，インドのオリッサ州における統合型製鉄工場の開発を妨げた（UNCTAD, 2007）[115]。ミッタル製鉄会社は1992年以後，買収を通して急速に成長した。カザフスタン，東ヨーロッパ，バルカン諸国およびメキシコにおいてだけでなく，ドイツ，米国，カナダおよびフランスにおいて買収が行われた。同社は，利益の出ていない企業もしくは民営化された企業を買収していった。また，中国の合弁事業にも投資した。同社は鉄鋼産業のグローバル化および再編を先導し，2006年にアルセロールを買収した。アルセロール自体ヨーロッパ企業の合併によってできた企業であり，ヨーロッパ大陸を横断して事業を展開していた。その結果，世界最大の鉄鋼メーカーであるアルセロール・ミッタルが誕生した。同社はとくにラテンアメリカで拡大し続けた。そして，同社によるリベリアとブラジルにおける鉱業事業の確保は，明らかに生産の世界的統合を目的としていた。インドのコングロマリットであるタタは，買収によって国際的な鉄鋼製造業者になっていった。2007年に行われた英蘭企業コーラスの買収合戦において，タタはブラジルのナシオナル製鉄（CSN）に打ち勝った。同社が2011年に英国のティーズサイドにおいて新しく手に入れた資産をサハビリヤ・スチール・インダストリーズ社（SSI）に売却したとき，そのタイ企業は初めて大規模な海外事業を展開することができるようになったのであった（UNCTAD, 2006, 2007）[116]。

中国企業ではハイアールとレノボの米国での買収およびTCLのフランスでの買収は，成長に向けた動機に基づいて行われた顕著な例であった。（WIR, 2006）。ハイアールは2005年にイラン，マレーシア，フィリピンおよび米国において13の工場を統制し，さらに6カ所の海外設計センターを統制していた（UNCTAD, 2006）。エイサーは，国境を越えた戦略的提携および直接所有する工場の複雑なネットワークを通して，下請業者から自らの世界的なコンピュータブランドを築くまでに進歩した。台湾企業は，親会社および事業部経営の階層的システムを持たずに，競争優位の源泉として国際的な金融および生産のネットワークを運営することにとくに優れていた[117]。アルチェリッキ社はトルコのコチ・グループの一員であり，ルーマニア，ドイツ，オーストリアおよび英国において買収を行った。そして，たとえばグルンディッヒのような確立したブランドを，自らのベコ・ブランドの1つに組み入れた。米国において同社はユービコム社の株式を購入し，高性能な家電製品のための半導体チップを供給した。2006年において，同社はグループ全体で12の海外子会社を有していた（UNCTAD, 2006）。

セメックスは，ラテンアメリカの初期の成功例であった。地元での経験を積み，そして東南アジアおよびエジプトで事業を展開した。同社はスペインで経営破綻した企業2社を買収し，それらを回復させた。米国のテキサス州にあるサウスダウン社を2000年に買収し，またイギリスにあるRMCを2005年に買収した。これらは，同社を先進国市場における巨大企業へと転身させた。先進国市場において，同社は特殊な速乾性セメントの生産およびその迅速な配送を行った[118]。ラテンアメリカでは，2003年以降ドラゴン・マルチナショナルズにとっての状況が改善された。政府の政策は，最大かつ最も古いビジネスグループを統合し，時にはそれらを民営化した。かつての輸入代替時代において競争にさらされることのなかった製品も，競争にさらされ，それらの製造業者の海外への進出が促された。とくに，メキシコとブラジルの一部の企業は，ラテンアメリカを越えて先進国へ進出した（UNCTAD, 2010）。ブラジルのエンジニアリングおよびエネルギーのコングロマリットであるノルベルト・オデブレヒト建設会社は，2002年に米国とアルゼンチンにおけるプロジェクトを引き受けただけでなく，言語面で似通った国であるポルトガルとモザンビークにおいて非住宅建設事業を所有した。同社はモザンビークにおける最大の雇用者の1つであった。エンブラエル社は，ブラジルの小型の商用・軍用航空機メーカーであり，1994年に民営化された。同社は，2004年に中国で合弁事業を創設した。

2003年時点の南アフリカ醸造会社は24カ国で108の醸造所を有し，約3万1,000人を雇用していた。同社は生産量において，4番目に大きい醸造企業となっていた。アパルトヘイトの廃止に伴い，同社はアフリカ地域内への投資を開始したが，すぐに中国および独立国家共同体（CIS）といった大規模な発展途上市場に目を向けた。なぜなら，それらの地域は多国籍企業の進出が少ない状態にあったからである。南アフリカ醸造会社は基礎インフラの問題を解決し，また経費削減のための機械化および経営を行った。これらによって，価格に敏感な消費者に対応し，特殊な市場で事業を行うスキルを蓄積していったのである。同社は2002年にミラー醸造会社を買収して，米国に進出した。さらに2006年には，コロンビアとペルーで醸造企業を買収した。ビールの消費者はナショナル・ブランドを好む傾向があったため，南アフリカ醸造会社は買収による市場追求型のマルチドメスティック戦略を採用したのであった（UNCTAD, 2002, 2006, 2010）。

多くのドラゴン・マルチナショナルズは，世界的な存在感こそなかったが，地域内においては重要な役割を持っていた。シンガポール・テクノロジーズ・テレメディア社（STT）は，2002年から英国，米国，ラテンアメリカで事業を行いはしたが，何といっても東南アジアにおける主要な情報通信企業という立場にあった。東南アジアにおいて，同社は国際的なシナジーおよび現地市場へのアクセスを追求した。ブラジルのバスメーカーであるマルコポーロ社は，アルゼンチンとメキシコで事業を行った。また自動車部品，ITおよびプラスチックなど多角化した事業を営んでいるマレーシアのAIC社は，シンガポール，中国そしてタイに投資した。フィリピン出自のインテグレーテッド・マイクロエレクトロニクス社（IMI）は，シンガポールと中国において下請生産を行った。同社は，自らの生産性を高めることのできる資産を持つ企業を進んで買収し，米国において研究開発組織を設立した（UNCTAD, 2006）。

多国籍企業：1980年から2010年まで

1870年から1914年の期間においては，本国経済において多国籍企業の親会社が開発した所有優位・競争優位とその後の成功裏の海外子会社を確立する能力との関連性は比較的限られたものであった。法律上の理由や資本へのアクセスの必要性から，間違いなく，多国籍企業は形式的にはその出自国で登記されてきた。そして，本国経済の外においてのみ事業を行う企業を管理すべく，主要人物やパートナーを海外に派遣した。こうした戦略を反映して採用された組織形態は，企業間ネットワーク，パートナーシップ，および契約であった。貿易と金融におけるサービス企業の重要な役割もまた，国際ビジネスの構造を説明するものであった。というのも，サービス企業の成功は，事業活動を行う場所において外部ネットワークを構築して事業を行うことに基づいており，技術や生産管理に関する内部能力を移植することに基づくものではなかったからである。同様に，鉱業および石油における多国籍採取企業は，鉱物が見つかるあらゆる場所において，自らの核となる活動を展開しなければならなかった。同じ論理が，天然資源の加工および輸送を行う企業にも当てはまった。

それでもビジネス上の論理は，現実を説明する一部に過ぎない。帝国支配の現実は，植民地で行われるかなりの投資を支えていた。中国，エジプトおよび中央アメリカの共和制の国々に対する外交的影響力ならびに軍の圧力も，同じようにそれら地域への投資を促した。FDIの投資先は，多国籍企業の発展の説明に役に立つ。というのは，ラテンアメリカ，アジア，またはアフリカの地域は，一連の劇的な歴史的事件を通して，商業的かつ政治的に国際システムに引き入れられ，FDIの投資先となったからである。市場追求のために諸能力を移転している製造企業の例が，先進国においてはたくさんあった。しかし，この時期には，貿易企業，金融企業および鉱業企業による資源追求戦略ならびに輸出関連戦略が支配的な戦略であった。

第1次世界大戦は，必然的に国際経済を崩壊させた。そして，一時的な関税がしばしば永久に続くこととなった。オーストラリアまたは日本のような経済は，対内FDIの促進や自らの工業化を進めるべく輸入管理を行った。我々は1914年以降の時期を，経済的大惨事，世界的な対立および広範囲に及ぶ破壊をもたらした一連の出来事として見る傾向がある。1920年代における願いは，第1次世界大戦以前の状況にできる限り戻ることであった。その状況には，新しく工業化している国に対しても適用される自由貿易を含んでいた。当時の人々は，大恐慌の結果や第2次世界大戦に伴うかつてない犠牲者数を予測することができなかった。

その結果，輸出の防衛もしくは海外での売上拡大を意図して，米国企業がカナダに製造業FDIを行い，米国企業とヨーロッパ企業がヨーロッパにおいて製造業FDIを行うという例が顕著に見られるようになった。他の場所では帝国主義は終わっておらず，むしろ実際には1920年代に帝国主義はピークを迎え，国際連盟の監督下に認めた委任統治という形をしばしば装うようになった。そのため一次産品価格の不安定性や下落から生じる新しい問題に直面したものの，未開発地域における多国籍企業は，貿易関連の動機および資源追求の動機を持ち続けたのであった。これらの多国籍企業は，有利な運営条件を享受し続けた。ナショナリストが自治という手段を掲げてかける圧力に対して，帝政が応じたイラクおよびエジプトといった国においても，またサウジアラビアといった新しい国においても，多国籍石油企業は長期の非常に有利な採掘条件を確保する機会を得た。多国籍企業の出自およびその移転可能な能力は，製造企業のFDIにとって戦略的に重要であった。しかし，貿易および天然資源企業にとっては，政治的な影響力や勢力と結びついた地理的立地がより重要であった。

1945年以降すぐに，製造企業によるFDIの波が，とくに西ヨーロッパとカナダにおいて生じた。経営，資本，技術，製品およびマーケティングに関する先進性によって，米国企業は著しい成功をおさめた。米国企業は受入国市場に受け入れられるべく，可能な限り，本国で培った能力を海外子会社において複製した。

他の産業部門においては，進出地における政治および経済が，より大きく共鳴することもあった。脱植民地化の時代には，政府所有もしくは地元の企業が，帝国主義によって腐敗した業者や銀行にとってかわった。採取産業は技術，事業組織および市場へのアクセスに関する支配を維持したが，受入国経済における同産業の重要性ならびに同産業が歴史的に有していた有利な契約条件は，受入国の主権感覚の高まりと衝突するようになった。

冷戦は国際政治経済の枠組みをつくりだした。そこでは，米国は経営および技術によって，西ヨーロッパ，日本，韓国そして台湾との同盟を強めた。第三世界では，米国はヨーロッパの帝国主義に対する嫌悪感を抱いていた。ただし，第2次世界大戦の損害によってヨーロッパの帝国主義はどこにおいても衰弱していた。ところが米国は，民族主義者による解放運動に敵対する独裁政権を自ら支援するようになっていた。原油の価格を引き上げるというOPECの決定は，OPEC加盟国領土における多国籍企業の困難な歴史から生じたものであった。そしてその決定は，1973～1975年と1979～1981年の厳しい経済危機をもたらした。これらは国際経済を大きく崩壊させた（1930年代の危機ほどではなかったにしても）。

1980年代以降，とくに1990年代以降顕著になった国際経済の拡大は，それ以前の時代とどのように異なっていたのであろうか。FDIは貿易の増大を上回って急増し，世界的な経済成長の推進力となった。実際のところ，数多くの子会社との国境を越えた相互作用や契約サプライヤーとの複雑なネットワークを通して，主要な多国籍企業は貿易を強く支配するようになった。製造業および一次産品に関するFDIの割合が低下するのに対して，サービス業のFDIは著しく伸びていった。政府が資本および通貨管理を緩和したことに伴い，多国籍企業は，グリーンフィールド投資による参入ではなく国際的な企業の合併・買収戦略へと移行していった。多国籍企業は自らの能力を高める手段として，技術，ブランドおよび製品といった資産を求める方針を採用できるようになった。新興市場の多国籍企業は資産追求戦略を明らかに好んで採用したが，その戦略は先進国市場の多国籍企業にとっても当たり前のものとなった。工業化のさらなる広がり，とくに低コスト諸国への広がりにより，多国籍企業は効率性を求めて賃金および経費がより低い場所において，オフショアリング生産を行う機会をより多く持つこととなった。

多国籍企業は，海外子会社に対する株式所有および経営支配を選好する状態から，完全所有，部分的所有，戦略的パートナーおよび契約サプライヤーと流通業者のネットワークを組み合わせた状態に移行した（この状態は，19世紀の多国籍事業の形態と類似していた）。以前は海外工場における株式の所有が多国籍企業の定義であったが，商品の生産がグローバル・バリューチェーンの構築を通して国境を越えるというプロセスへ進化したという意味において，多国籍企業はより国際化したのであった。投資フローの場所は，先進国から途上国へと移行した（それは，19世紀以降初めてのことであった）。最後に，途上国もしくは移行経済を起源とする多国籍企業が地域的な成功を収め，そして世界的な成功を収める事例も増えていった。

これらの変化のすべてが戦後の数十年の国際的経済との違いをつくりだし，その変化は「グローバル経済の第4段階」という期間を特徴づけることができるほど広範囲に及んだ。国境を越えた生産組織の規模は特筆すべきであるが，我々が歴史をさらに振り返ってみても，新興国の多国籍企業の台頭という現象だけは先例がなく，非常に重要な事態である。「グローバル化」という用語は，経済，社会および政治におけるあらゆる傾向を説明するため，さらには正当化するためにも用いられた。ただし，他とまったく同じような時代はなかったとしても，変化の諸要因は，「新しい」という以上に，歴史に深く根差したものであった。

避けられない傾向としてのグローバル化は，国民国家や政府の役割を低下させるという予見をもたらした。しかし，その傾向を可能にしたのはもちろん政府の政策であり，政府の政策は転換されることもできたかもしれない。貿易と投資の交渉において，主要経済大国の政府は国際経済の構造に対してより大きな影響力を与え続けた。そして，途上国および移行経済において，経験豊かな多国籍企業は現地政府と良好な関係性を持つことの重要性を認識し続けた。しばしばアジアにおいて見られるような強力な政府を有する途上経済は，アフリカに見られるような弱い政府を持つ新興経済に比べ，国際経済により良く取り組めることができ，多国籍企業との交渉もよりうまく行うことができた。途上経済にとって，世界的な力を持つ勢力に対する開放は，自らの経済を進展させるための政策的解決の1つにすぎなかった。

2008年の危機が示したものは，グローバル化の時代における規制が有効性を持たないのではなく，新しい，もしくはより強力な形の規制の必要性であったとおそらく考えられる。「大不況」の思いがけない影響は，以下のことを示していた。つまり，歴史は混とんとしており，予期せぬ出来事に満ちているということ，また多国籍企業の発展および多国籍企業が事業を行う歴史的な背景に関する一般的解釈や長期的パターンを探究することは，歴史のすべてを説明することを探し求めるようなものであり，本質的に実現不可能な研究課題であった。産業間の違い，受入国経済における事業活動に対する要請の多様性，および国際政治経済の構造変化のため，多国籍企業は明らかに様々な戦略と組織形態を採用してきた。1990年代からのグローバル化に関する議論は，多国籍企業の力を誇張し，国民国家の役割を軽視する傾向があった。時間の経過とともに，多国籍企業は連続的な変化の道をたどってきた。それは，自らの存在理由に関する長期的もしくは根本的な説明を探究することをできないようにし，まるで理論家の仕事を否定するためのようであった。そのため，世界情勢における中心的出来事に多国籍企業を位置付けて，多国籍企業について歴史的に学ぶことが必要であり，かつ現代世界に対する多国籍企業の影響力，および多国籍企業と本国や受入国の政府との相互作用を理解することが必要なのである。

結　論

歴史のなかの国際ビジネス

国際ビジネスとビジネス一般とを区別するものは一体何であろうか。国際ビジネスを明確に見分ける鍵となる要因のいくつかは，時の経過とともにいかに変化したのであろうか。広範かつ詳細な調査によって世界の諸傾向や特定の出来事を通して多国籍企業の影響を考察したとしても，その諸相のいくつかに焦点を当てることができるにすぎず，他のものは不可避的に軽視してしまうことになる。それにもかかわらず，国際ビジネス自体を主題として認識し考察するための最初の鍵となる識別要因は，受入国政府の行動や政策，あるいは多国籍企業との関係，および潜在的には多国籍企業の母国政府との関係を管理する才能と能力である。いかなる事例を評価する際にも，受入国政府の強さや立ち位置，受入国の諸制度の安定性と一貫性，国の規模，その安全保障や経済資源が補足的に重要となる。

1870年から1914年の時期――好みよってはグローバル経済Iと呼んでもいいが――には，アジアの政治形態は一般的に，その多くはヨーロッパで誕生した多国籍企業がもたらした経済的変化や政策的な要求に対応する準備が十分にできていなかった。ヨーロッパ諸国によって分割され配分された――公式に彼らの「同意」を求めることによって，現地の政体や土着民を尊重していると主張することによって正当化された――19世紀アフリカの歴史は，この点をさらに強く裏付けるものである。

国境を越えた接触が増加し，貿易・投資関係の「正常化」を求める動きが増すにつれて，国際ビジネスにおける第2の識別要因の可能性，つまり多国籍企業の母国政府の存在感・関与が増した。この時期の歴史的な流れにおいては，貿易業者や投資家という国境を越えた力が直接かつ明白な介入のリスクをもたらした。介入主義的な政府の対外政策を，単に多国籍企業や商人の利害によって決定されたものとみなすのは誤りであろう。というのは，いくつかの場合には，決してまったく一貫性を欠いていたわけではないが，これらの利害を考慮したことは偶然だったからである。一方で，多国籍企業は時には出来事のまさに中心に存在したのである。

すでに指摘したように，英国政府は，アジアやアフリカへの介入には一般的には乗り気ではなく，海外における国境の不安定さ，国内の政治的圧力，あるいは主要な列強間の複雑な陣取り合戦に対応した介入であった。また英国政府は，軍事的にも経済的にも拡大しすぎることの危険性を憂慮したのである。ドイツ政府は紛れもなく，ビスマルク宰相の指導のもと，低開発地域における野心的な国際企業家の活動を，自分たちが統制力を失いかねない危険な状況を生むものと同一視していたようである。しかしながら，東南アジアや西アフリカ全般にわたって，そしてエジプトやイランにおいて，政府の対外政策への商業上の考慮の影響は容易に認識されうる。アングロ＝ペルシア石油会社やドイツ銀行は，まさに政府の政策を実現するための信任を受けた代理人へと進化した多国籍企業の２つのわかりやすい事例である。

英国がいかなる特定の国あるいは領土に対してもっていた力も，1870年から1914年の間においては，同国の国際的な影響力の一部を構成していたにすぎない。当時の指導的な工業・軍事国家として，また海外投資の主要な源泉として，英国は，自由市場や政治的・法的自由主義――たとえそれが不十分にしか適用されなかったとしても――に基づいた国際システムの枠組みを設定した。そして，英国は未曾有の帝国主義の広がりをもたらした。同国が設定できた政策課題は，政治学的にも経済学的にも，植民地とした側にもされた側にも，それぞれの状況を正当化する手助けとなった。ラテンアメリカの支配階級は，外国の多国籍企業や政府を進歩的な勢力として受け入れることができた。一方で，彼らは多国籍企業が組織する輸出商品取引，投資，貸付から直接利益を得たのである。

アジアやアフリカ全体にわたって帝国主義的ルールを課すことのできたヨーロッパの列強の意思と能力は，多国籍企業の運営にとって好ましい状況を創出した。植民地化は政治的変化や市民の暴動によるリスクを取り除いた。一方，シャム，中国，あるいは日本の場合にはそれぞれ公式的には独立国として留まったが，西欧諸国は貿易協定，商法，さらには保障と優先権を与える治外法権さえ受け入れるように迫った。継続的な軍事的・外交的屈辱にもかかわらず，中国は外国が有効に統制するにはあまりに大規模あるいは強力な国家であり，それを外国の影響に反対する暴動を繰り返すことで示した。そして，多国籍企業は人口の多い市場に浸透するには現地企業との提携を必要とした。日本は，19世紀後半に強力な中央政府を設立することができた。時を経て，日本に外国の多国籍企業やそれらの国の政府と交渉したり取引したりする能力を与えたのは，まさにこの要因であった。その結果，日本政府は外国貿易業者の輸出入支配に挑戦できる日本独自の貿易会社の設立を図り，自前の産業企業の設立過程を開始することができたのである。

多国籍企業は，国際ビジネスにおける第3の識別要因を除外しては，国際問題において中心的な役割を果たすことはできない。つまり，多国籍企業はマネジメント，技術，あるいは財務における専門能力を有しており，それらを母国経済から国境を越えて移転したり，国境を越えて海外のどこかで開発したりできる能力を有している。多国籍企業が受入国政府や海外の領土に対する交渉力をもつことができるのは，多くの場合これらの専門能力を有しているためである。というのは，これらの受入国や海外領土は，外国企業が支配しているノウハウや資源を入手する必要があるからである。いくつかの場合には，多国籍企業は，貴重な鉱物資源，石油，あるいはエジプトやパナマを横切る戦略的な水路において顕著に見られるように，自らの母国政府に対して影響力をふるったり，少なくとも最高レベルの考慮を払ってもらったりしたのである。

重商主義時代の特許会社とは異なり，19世紀の多国籍企業は商業上の競争を当然として受け入れ，自らの専門能力を誇示しなければならなかった。彼らは，経済的発展，インフラ，雇用，輸出，資本，専門知識，そして技術をもたらしたのである。どこか他のところで探究されるべきものとして，グローバルにまたローカルに，同時に生じている変化の速度と規模によって，誰が最も恩恵を受け，誰が苦しむのかについての諸問題を考慮しなかった。19世紀後半のシステムにおいては，多国籍企業の専門能力は一般に母国ではなく，成功した親会社内で育まれ，その後，海外に移転された。会社はしばしば母国で設立・登記されたが，その運営能力はまず海外で開発された（もっとも，批判的に見れば，主要人物は海外に派遣され，彼らの専門知識が利用され，国際的な人的・組織的ネットワークの構築が促進されたのではあるが）。受入先の立地が，この時期においては，FDIの流れを決定づける上で重要であった。というのは，FDIの流れは鉱物資源の採掘，プランテーション栽培の農作物，貿易・金融サービス，あるいは公益事業の建設や運営に偏っていること示しているからである。帝国主義的な事業計画や資源追求の投資と強く結びついたフリースタンディング企業にとっては，母国において資本を調達することが基点となった。

企業と母国および受入国のきわめて多様な経済発展段階との関係は，国際ビジネスにとっての第4の識別要因である。ヨーロッパと南半球の大半との大きな格差が，国際的な政治経済が帝国主義的性質を有していたことの根底にあったことは明白であり，ラテンアメリカにおける英国，米国，ヨーロッパ，カナダの企業の広範な影響を説明してくれる。経済発展の差は，資本，技術，そしてノウハウの南への流れをもたらし，インフラや公益事業における投資の必要性をもたらした。

工業国とそれ以外の国との明確な分離は，大半が輸出に向けられた原材料や天然資源を供給した国家や植民地を創り出すのを助けた。多国籍企業によって組織化された世界の生産，貿易，海外投資，そしてFDIに対する少数の主導的経済——顕著なのは英国，米国，フランス，ドイツ，オランダ，そして少し遅れて日本——の優越が定着し，1990年代まで変わらないままであった。

最後の識別要因は，多国籍企業が最終市場や国境を越えた供給，流通，生産，あるいは金融の既存のネットワークにアクセスしたりそれらを支配できたりしたことである。しばしば輸出された一次産品に依存し，生産工程の特定の段階に依存する受入国経済にとって，この問題は重要である。1870年から1914年の時期の状況においては，それがとりわけ当てはまる。なぜなら，最終市場や国際ネットワークの支配はFDIの貿易関連および資源追求の構図と密接に結びついており，さらに突き詰めると工業国とそれ以外の国との経済発展の水準が異なることと関係している。

さらに，貿易・金融・サービス志向の多国籍企業は，契約企業，密接な事業提携関係，そして株式所有のネットワークに基づく国境を越えた組織形態を採用した。なぜなら，そのネットワークが，彼らの事業運営の性質に適しており，競争優位をもたらしたからである。これらの選択肢は，米国製造業によるヨーロッパ，カナダ，その他の先進国へのFDIの波によってもたらされた，1960年代に認識された高度に統合化され経営者によって調整される多国籍企業形態へ向かう過程の終点というわけではなかった。それらは，1914年以前の国際経済の中心的な構成要素であったが，1980年以後の段階において多国籍経営戦略の主要な構成要素として再登場することになるのであった。

これらの要因は，1914年の第1次大戦の勃発と1948年における国際経済の枠組みの再設定との間に起きた国際ビジネスの変化をどの程度特徴づけたのであろうか。いかなる評価にもつきまとう1つの問題は，国際経済における諸傾向を見ると，これらの時点が1つの時期としての一貫性をあまり持っていないということである。1929年の方がより説得力のある分岐点といえる（それはちょうど，1970年代が戦争直後の強力な国際化の流れをさえぎり，1980年代にそれを復活させたのと同じである)。

第1次大戦と第2次大戦の間の時期は，基本的には19世紀の第1次国際経済と1950年代におけるその復活との合間であった，という見方もある。つまり，換言すれば，国際経済は約30年間後戻りしただけだったということである。事例に基づいて証拠の検証をすると，この議論もまた単純な解釈に過ぎないことが分かる。例えば，帝国主義的な経済関係は存続し，英国やフランスは第1次大戦以後も領土を拡大した。帝国主義によって，中東石油産業の発展が始まることになった（同様に，ヨーロッパによる支配に対する米国の挑戦をもたらした)。

一方，1914年から生じた戦争では，最初に記録された外国資産の接収が行われた。それはドイツおよびその同盟国に設置されていた外国資産，および後にソ連となる地域にあったすべての会社の場合は永久的なものであった。各国政府は為替や関税の規制を導入したが，その多くは平和が戻ってきても廃止されなかった。歴史的に見て唯一の危険性は，第1次大戦の結果として，国際的な経済・貿易関係が阻害されたと考えることである。戦間期は多国籍の貿易・金融会社を設立するには好ましくなかった。しかし，ゴムや錫のように新たな利益機会は存在した。そして，1920年代は，製造業によるFDIの力強い傾向によって特徴づけられる時期であった。最後に，世界貿易は，1910年代末までには，1914年以降続いていた落ちこみから復活していた。母国の政策の諸傾向についてみれば，帝国主義的な政府は，世界の領土の大部分について支配力・影響力を維持あるいは増大させ——その国出自の多国籍企業にとって強みとなり——，そして南北アメリカにおいて，また世界的に米国の地位を高めることになった。

それにもかかわらず，受入国の情況においては，戦間期，もっと厳密にいえば1929年のウォール街の暴落後の数年間をその前の世代と分けるいくつかの傾向が見られた。ラテンアメリカにおいては，政府が追求したより民主的，急進的かつ民族主義的な行動計画は，究極的には1930年代のボリビアやメキシコ，1940年代のアルゼンチンにおける国有化をもたらした。石油，鉱業，公益事業における多国籍企業による，この地域の政府や現地の世論を和らげようとする努力の多くは失敗に終わった。世界的には，関税や輸入割当は対内FDIを助長したかもしれないが，通貨・為替管理は合理性をむしばみ，（もちろん，価格，生産，需要の世界的な下落がむしばんだと同様に）リスクを露呈した

ヨーロッパとりわけドイツにおいて，そして日本においても，政府は産業の自国民所有を推進・奨励することを意図した差別的な政策を強力に実施した。ナチス・ドイツは，自国の領土内にある多くの多国籍企業の有用性を認識した。しか

し，十分に確立した重要かつ高度に発展した経済をナチスが支配することによって，ドイツは外国の子会社の運営を抑制し，さらにそれらに対する支配を拡大した。多国籍企業は影響を最小化しようと試みて，1930年代後半にはいくらか成功した。しかし，彼らは説得を続けなければならず，その成果は次第に少なくなった。同じように多国籍企業は，産業に対する自国支配を確立しようとする日本の決意を止めることはできなかった。自国支配は，1931年の満州侵略後に顕著になり，1937年の日中戦争の勃発以後，強力に実施された。

対照的に，中央アメリカやベネズエラにおいて，政府の政策形成に影響を与える多国籍企業の権力や専門能力は著しいものであった。1930年代までに，サウジアラビア，クウェート，イラク，イランにおいては，多国籍企業は国内の政治的に微妙な問題に適応しなければならなかった。しかし，重要な点は，高収益と最小の介入を可能にする採掘権と操業条件を依然獲得することができたことである。自らの経済発展段階のため，日本はマネジメントと技術の移転に依存し，必要ならば外国企業との合弁事業を維持したいと思っていた。オーストラリアは，関税その他の手段を使用して，同国の必要とする多国籍企業の投資を奨励した。しかし，アジアおよびアフリカ全体に見られた帝国主義の影響力によって，FDIに対する受入国の政策変化の影響や妥当性は不可避的に限定的なものであった。

先進国における製造業FDIの増加にもかかわらず，開発途上の国や属領は依然として多国籍企業資産の大部分を占めていた。異なる経済発展段階のもとで，多国籍企業は，マネジメント，技術，金融における広範な能力を維持しており，そしてとりわけ重要なのは先進世界における最終市場に対する支配力や国境を越えた供給，流通，金融，そして生産のネットワークにわたる支配力を維持したことである。

2つの世界的な紛争と大恐慌の時期――つまり，グローバル経済Ⅱ――は，政府の政策や経済の諸傾向において相反する動きや変化を見た時期であったことは驚くに値しない。1914年から21年の第1次大戦および戦後の不況の後には，成長に対する積極的な傾向や国際経済の失われた枠組みを取り戻す試みが見られた。1931年以後，大恐慌がもたらすものの完全な意味が分かると，国民国家は，自由貿易，固定為替相場，通商問題への非介入といった19世紀の理念を放棄した。

第2次大戦後の時期において，強力な軍事的勢力圏の間のイデオロギー的な差異は，グローバル経済Ⅲの地理的広がりと特徴を決定づけた。1948年から1980年にかけての時期を特徴づけた基本的なものは，米国の軍事，外交，経済における指導力であった。米国は，世界的な大国として頂点に達した時，海外資本およびFDIの主要な供給者となり，同時に投資の主要な受入国ともなった。同国は受入国政府に影響を与える手段を有しており，国々の市場開放と自由貿易の取り決めの拡大を標榜し，それから利益を得た。19世紀の英国と同じように，米国は国際経済の枠組みを設定したが，同時に個々の事例においては独自の利益を追求した。

多国籍企業による投資は，受入国における米国の影響力を拡大し，同国の物質的成功を実証し，社会主義や共産主義が示す代替政策と対立した。1950年代以後米国によって行使された投資国の影響力と権力の別の一面は，ヨーロッパの帝国主義がその衰退の局面を迎えていたことである。国際的な政治経済における重要な変化にもかかわらず，英国やオランダの多国籍企業は戦後の数十年間有効に競争することができた。スイスやスウェーデンなどの小規模経済国出自の会社も同様であった。一方で，フランスおよびドイツのFDIは1960年代から復活した。

大西洋を挟んだ経済関係は，世界経済の大きな部分を占めていた。ヨーロッパ諸国は米国のFDIのための舞台となり，それらの国々の多くは公式には多国籍企業の戦略を阻止する手段を持っていたにもかかわらず，概して受け入れていた。この理由の一部は，西ヨーロッパ諸国の政府は，その長期的な経済的運命を地域内の貿易や投資，そして米国の市場と競争するための大陸市場の創出と結びつけていたからである。独立後，かつての植民地は，ヨーロッパに本社を構え，彼らの経済に影響を行使してきた多国籍貿易・金融企業の役割に対して，究極的には強制的な売却や国有化によって挑戦した（最終的な条件に合意を得られることはまれであったが，通常は補償が用意された）。

第三世界――つまり，先進西欧諸国でもなく競合する共産主義国でもない国々――においては，米国の軍事，外交，経済力が受入国の民族主義的・社会主義的な政策課題に不安定ながらも適合した。1950年代には，米国は独立した諸国の政治的・経済的運命を決定する能力を顕示した。冷戦および超大国の競合関係は米国の政策を動機づける主たるものとなり，多国籍企業の関心事や要求より優先した。それにもかかわらず，グアテマラやイランにおいては，他の事例と同じように，米国の外交政策と多国籍企業の利害が一致した。時に多国籍企業は，政策決定において政府の最高レベルに影響を与えたという証拠がある。

1960年代から，多国籍企業を受け入れる途上国の政府が多国籍企業やその母国政府の力を抑えようとしていたことや，長期的には多国籍企業が受入国政府との関係や共通の利害関係を構築する必要があったことは明白であった。しかしながら，多国籍企業の財産権と国民国家の主権との間の対立を解決するという困難な問題は存続し，継続的に国際的緊張の実例の原因になった。製造業FDIは，主に市場追求戦略の遂行に際して，マネジメントや技術における内部の専門能力の移転を含みがちであり，各子会社は主に単一の受入市場を意図して設立された（もっとも，ヨーロッパは早くも1960年代後半には，地域統合のためのいくつかの例を提供したのではあるが）。

米国多国籍企業の進んだ能力――大半がカナダや西欧に向った製造業FDIのうねりに最も顕著にみられる――は，際立っていた。米国の経済的な優位性は，ヨーロッパの先進国さえも資金貸与，技術，マネジメント手法，そしてFDIの大西洋を越えた移転から利益をえた。採取業部門も，しばしば途上国経済における多国籍企業の専門能力や資源の移転を要求した。米国および西欧の多国籍企業は，一般的に最終市場や国境を越えたネットワークを支配し続けた。その結果，第三世界の国々が採掘権の条件を改定したり，しばしば生産を国有化したりしたにもかかわらず，それらの多国籍企業は国際的な石油産業や鉱業における優位を保持した。各国政府は，外国所有の子会社に対する国有化立法を含む行動にもかかわらず，長期的には重要な専門知識や資源を保有する多国籍企業となんらかの形の協調を模索することができた。

1970年代における何回かの経済危機の後，国際経済はまず1980年代には漸進的に，そして1990年代には加速度的に回復した。5つの要因――受入国の権力と行動する意思，受入国の経済政策，経済発展の水準，多国籍企業の内部専門能力，そして最終市場や国境を越えたネットワークに対する影響――は，グローバル経済Ⅳに関する説明をいかに変えたり正当化したりしたのであろうか。

G7――米国，カナダ，ドイツ，フランス，イタリア，英国，そして日本――の世界の貿易における優越や対外FDIの母国としての優位は，グローバル経済Ⅳが始まっても無傷のままである。しかし，国際政治経済はすぐに，経済資産の所有において，また世界貿易機関（WTO）やG20のような超国家機関を通じて，より多国間的側面を帯びるようになった。経済成長や工業化がより多くの国に波及するにつれて，伝統的には多国籍企業の経営ノウハウ，技術，そして金融の受け手であった国々の力は増大した。そして，それらの国々は地域の拠点として，さらにはグローバルな国際ビジネスの世界的な本拠地としてさえ台頭し，自国の政府に従ったり協力したりした（そして，ドラゴン・マルチナショナルズと呼ばれている）。以前の共産圏の構成国は，中国が主要な経済大国となったように，国際経済に参加し，最初は大規模なFDIを吸収し，最終的には国際的な投資国へと進化した。金融や貿易に対する受入国の政府規制の緩和や「グローバル化」の諸傾向は国民国家の衰退という誇張された主張をもたらした。

さまざまな経済的水準・役割に従って，国々を大まかに言って次のようなタイプに区別することができる。つまり，進んだ製造業とサービスに偏重した国々，低コストの製造業を持つ国々，開発が遅れ世界的な動きから恩恵を最も受けていない国々，および天然資源やエネルギー資源の所有に基づいて地位を得ている国々との区分である。世界的な生産，貿易，投資における変化を見れば，通常西欧諸国や日本から生れた既存の多国籍企業は，最終市場の支配にそれほど多く依存することはできなかった。さらに多国籍企業は，それぞれの受入国経済において自らの役割を維持するために，現地の子会社やそのマネジメントにより多く投資をしなければならなかった。そして多国籍企業は，先進世界よりも急速に拡大する新興市場により大きな関心を払わなければならなかった。

それにもかかわらず，多国籍企業は供給，流通，金融，生産の国境を越えたバリューチェーンに対する自らの支配を増大させ，これらを通して，異なる競争優位や経済発展の水準を持つ国での事業展開に熟達していることを証明した。これらの複雑なネットワーク全体を通して，多国籍企業は経営階層内でより直接的に監督することを好んでいた戦後数十年間の組織に見られた特徴とは異なり，株式支配，提携，パートナーシップ，契約を組み合わせて採用した。1990年代のアプローチは，貿易・金融・公益事業における多国籍企業にきわめてなじみ深い国際的なネットワークに同調したものであった。その結果，現代的な多国籍企業はより大きな不確実性を管理する能力を高める一方，マネジメント，技術，資本における専門知識をより大きく集中させ，それを支配したり影響力をふるったりすることができた。それによって多国籍企業は，自らの競争優位を維持し，多国籍企業の有する資産を引きつけようとする受入国政府と交渉することができたのである。

注

第2章　企業帝国：1870～1914年

1 Jardine Matheson: University Library, Cambridge University, Jardine Matheson, Correspondence, 1820-1914, and Miscellaneous Papers; Jardin, Skinner, Calcutta Office, 1843-73, and Correspondence.

2 Cowasjee: Cowasjee Group, August 2009, 'Our history'. Russell & Co.: Baker Library, Harvard Business School, Letter Books, 1842-91.

3 Jardine Matheson: University Library, Cambridge University, Jardine Matheson, Correspondence, 1820-1914, and Miscellaneous Papers; Jardine, Skinner, Calcutta Office, 1843-73, and Correspondence.

4 Hudson's Bay Company: Archives of Manitoba, 'Brief history'.

5 Gibbs & Sonbs: London Metropolitan Archives, Branch Correspondence; Marconi, Minutes Books, Correspondence, 1822-1914.

6 Siemens: Minutes of Meetings, Reports, and Business Correspondence; Marconi, Minutes Books, Correspondence, 1863-1919.

7 Eastern Telegraph Company: Marconi Archive, Evidence to Lord Balfour's Committee, 1899-1905.

8 Ralli Brothers: London Metropolitan Archives, Business Papers 1822-1914; 'Historical notes, 1902-52'.

9 Suez: Centre des Archives du Monde du Travail, October 2009, Correspondence; Statutes; F. de Lesseps Papers, 1854-1901.

10 Deutsche Bank: Annual Reports 1870-1914; Deutsche Überseeische Bank, 1886-1914; Deutsch-Asiatische Bank, 1889-1914.

11 Volkart Brothers Winterthur: E. D. & F. Man, August 2009, 'History of Volcafe'.

12 Dodwell, Carlill: London Metropolitan Archives, Dodwell & Company, Private Notebooks of G. B. Dodwell, 1891-1914.

13 Rusell & Co.: Baker Library, Harvard Business School, Letter Books, 1842-91.

14 Jadine Matheson: University Library, Cambridge University, Jardine Matheson, Correspondence, 1820-1914, and Miscellaneous Papers; Jardine, Skinner, Calcutta Office, 1843-73, and Correspondence.

15 Dent & Co.: HSBC Archives, Branch Correspondence, 1867; Jardine Matheson, Correspondence, 1820-1914.

16 Swire group: School of Oriental and African Studies, London Office Correspondence; Organization Papers, 1867-1914; Butterfield, Swire collection; 'Swire: our story'.

17 Dodwell, Carlill: London Metropolitan Archives, Dodwell & Company, Private Notebooks of G. B. Dodwell, 1891-1914.

18 T. D. Findlay & Son: Glasgow University, Administrative Records; 'A short history of T. D. Findlay & Sons: East Asian Markets, 1839-51'. Irrawaddy Flotilla Company: Glasgow University, 'A short history of T. D. Findalay & Sons: East Asian Market, 1839-51'.

19 T. D. Findlay & Son: Glasgow University, Administrative Records; 'A short history of T. D. Findlay & Sons: East Asian Markets, 1839-51'.

20 Dunlop: London Metropolitan Archives, Annual Reports 1901–14.
21 Sime-Darby: July 2009, 'A short history of Sime Darby'.
22 East Asiatic Company: Odense University Studies in History and Social Sciences, vol. 164, 'The life memoirs of Hon State Councilor H. N. Andersen,'1993.
23 British North Borneo Company: Schoo of Oriental and African Studies, Reports; Press Cuttings, 1880–1914.
24 Dent & Co.: HSBC Archives, Branch Corresponbdence, 1867; Jardine Matheson, Correspondence, 1820–1914.
25 Jardine Matheson: University Library, Cambridge University, Jardine Matheson, Correspondence, 1820–1914, and MiscellaneousPapers; Jardine, Skinner, Calcutta Office, 1843–73, and Correspondence. Swire Group: School of Oriental and African Studies, London Office Correspondence; Organization Papers, 1867–1914; Butterfield, Swire collections; 'Swire: our history'.
26 W. R. Grace & Co.: Columbia University, Archival Collections, Correspondence; Annual Reports 1854–1915.
27 Liebig's Extract of Meat: Unilever, 'Our history'.
28 M. Guggenheim's Sons: Guggenheim Partners, June 2009. 'Guggenheim: heritage of success'.
29 Amalgamated Copper Mining Company: Anaconda Copper, Annual Report 1915, BP-ARCO.
30 Kennecott Mines Corporation: Annual Reports 1906, 1918, Rio Tinto Group.
31 ASARCO: Annual Reports 1918, 1919.
32 Canadian Copper Company: Legislative Assembly of Ontario, Mineral Production of Ontario, 1912.
33 Du Pont: Hagley Museum, Du Pont collection, 'Notes on Du Pont history'.
34 United Fruit: Chiquita, United Fruit Annual Reports 1900, 1913, 1919.
35 Ibid. Elders and Fyffes: 'Fyffes: our story', June 2009.
36 Royal Niger Company: Unilever Archives, 'History of the United Africa Company', 1888–1930.
37 East African Company: 'Carl Peters', *Encyclopaedia Britannica*, 1911.
38 Imperial British East Asian Company: London Metropolitan Archives, Smith, Mackenzie, Operational Records 1886–1914.
39 Unilever: 'Our history', September 2009.
40 Banque d'Outremer: Belgian State Archives, 'Archives of the Banque d'Outremer: history'.
41 Companhia Agrícola de Cazengo: 'Milestones in BNU history', Banco Nacional Ultramarino.
42 Companhia de Moçanbique: 'About the Group', Grup Entreposto.
43 Banque Imperiale Ottomane: Ottoman Bank Archives and Research Centre, 'History of the Bank'; E., Eldem, 'A 135-year-old treasure: glimpses from the past in the Ottoman Bank Archives', 1997.
44 Lewis and Marks: Sammy Marks Museum, 'Sammy Marks: the uncrowned king of the Transvaal'.
45 British South Africa Company: National Archives, Colonial Office, BSAC Government

Gazette, 1894–1923; Administration of Territories of BSA.
46 HSBC: records, HSBC archives, and company information, September 2009; 'HSBC's history'.
47 Société Générale Belgique: GDF Suez, 'GDF Suez history'; Société Générale de Belgiqu', 1922.
48 Compagnie Lyonnaise l'Indo-Chinoise: Credit Agricole Corporate and Investment Bank, Credit Agricole, Group Historical Archives.
49 Mitsubishi Corporatin: 'Mitsubishi Corporation: a history'; 'Mitsubishi Corporation and the Japanese economy'.
50 Dodwell, Carlill: London Metropolitan Archives, Dodwell & Company, Private Notebooks of G. B. Dodwell, 1891–1914.
51 Mitsubishi Corporation: 'Mitusbishi Corporation: a history'; 'Mitsubishi Corporation and the Japanese economy'.
52 Nichimen: 双日への問い合わせ, September 2009, 'Historical study of Sojitz Corporation and its predecessors'.
53 Suez: Centre des Archives du monde du Travail, October 20009, Correspondence; Statutes; F. de Lesseps Papers, 1854–1901.
54 British South Africa Company: National Archives, Colonial Office, BSAC Government Gazette, 1894–1923; Administration of Territories of BSAC.
55 Pauling: National Archives, Colonial Office, Administration of Territories of BSAC. showing BASC interests.
56 Bayer: Bayer Company Archives, September 2009, 'Milestones in Bayer's history'; 'Bayer – a fascinating story'; 'Becoming an international company, 1881–1914'.CBASF: September 2009, 'BASF historical milestones'.
57 BASF: September 2009, 'BASF historical milestones'.
58 Siemens: Minutes of Meetings, Reports, and Business Correspondence; Marconi, Minutes Books, Correspondence, 1863–1919.
59 AFA: VARTA への問い合わせ, October 2009, 'History of VARTA'.
60 'Mannesman AG History', *International Directory of Company Histories*, 2001.
61 'Metallgesellschaft', *International Directory of Company Histories*, vol. 16, 1997; *Financial Times*, 9 February 1999.
62 General Electric: 'Our company: our history'; Annual Reports 1894, 1900, 1913.
63 Western Electric: archives, 'Western Electric – a brief history'; Annual Relports 1900, 1913.
64 Ibid.
65 NEC: 'NEC Corporation: the first 80 years', 1984.
66 Ericsson: 'Ericsson – the facts'; 'Our corporate story'.
67 Otis: 'Otis history'.
68 American Radiator: Annual Reports 1907, 1914; 'The history of American Standard', October 2009.
69 Eastman Kodak: 'History of Kodak', September 2009.
70 NCR: 'Timeline and history'; S. C. Allyn, 'My half century with NCR', 1967.
71 Dodwell, Carlill: London Metropolitan Archives, Dodwell & Company, Private Notebooks of G. B. Dodwell, 1891–1914.

72 Cameron Brothers: BAT, 'British American Tobacco–our history'.
73 J. & P. Coats: Glasgow University Archives, Minute Books 1880–1914; Letterbooks and correspondence 1868–1914.
74 Dunlop: London Metropolitan Archives, Annual Reports 1901–14.
75 Pirelli: Pirelli Foundation, October 2010, 'Pirelli overseas'; Minutes of Partners' Meetings, 1900–14.
76 'Kraft Jacobs Suchard', *International Directory of Company Histories*, vol. 26, 1999.

第3章　後戻りか：1914～1948年

1 Goodyear: University of Akron, Annual Report 1919.
2 Unilever: 'Our history', September 2009.
3 Siemens: 'Siemens history'; 'Our history in 51 countries'.
4 Fiat: April 2010, 'History'.
5 Goodyear: University of Akron, Annual Report 1919.
6 Michelin: April 2010, 'The history of Michelin'.
7 Commonwealth Shipping Line: Australian National Maritime Museum, September 2010.
8 RCA: 'On the shoulder of giants: 1924 to 1946 – the GE story', 1979; Radio Corporation of America', *Encyclopedia Britannica*, 15th edn, 2010.
9 Anglo-German Brewery Company: 'Tsingtao Brewery Group', *International Directory of Company Histories*, vol. 49, 2003; Asahi Group's history'. Dai-Nippon Brewery: Sapporo Holdings Ltd, February 2010, 'The History of Sapporo Breweries'.
10 BASF: March 2010, 'Historical milestones'.
11 Institute of Electrical and Electronic Engineers: Report on the Safeguarding of Industries, 1926.
12 ICI: British Dyestuffs Corporation, Annual Reports 1920, 1925; *Hansard* 2, July 1919.
13 Siemens Brothers: Marconi Archives, Minute Books, Correspondence, 1863–1919.
14 Deutsche Bank: Historical Archive of Deutsch Bank, Annual Reports 1920–48, Head Office 1920–45; Deutsch Uberseeische Bank, 1920–45.
15 Ibid.
16 Bayer: September 2009, 'Milestones in Bayer's history'; 'Bayer – a fascinating story'.
17 Merck & Co.: 'Business heritage', April 2010.
18 Bayer: 'Milestones in Bayer's history', September 2009; 'Bayer – a fascinating story'. Sterling Drug: Smithonian Institute, 'Sterling Drug, Inc.', April 2010.
19 'Milestones in Bayer's history', September 2009; 'Bayer – a fascinating story'. Grasselli Dyestuffs Corporation: Annual Reports 1923, 1929.
20 Renault: 'Renault SA', *International Directory of Company Histories*, vol. 26, 1999.
21 Ericsson: 'The history of Ericsson', October 2009.
22 Sandoz: Novartis, May 2010, 'Sandoz history'.
23 Ciba-Geigy: Novartis, 'Geigy, Ciba and Sandoz, 1758–1996',
24 Hoffman La Roche: 'Roche milestones', May 2010; '1896–1996: Highlights in the history of an international Basel company', *Roche Magazine*, January 1996.
25 Neslé: 'Nestlé history', 1975.
26 Unilever, 'Our history', September 2009; Unilever Hindustan India, 'Our history'; 'Research report: Unilever Brazil', 2006; 'Unilever Thai Trading Ltd'; PT Unilever

Indonesia, 'Over seventy years going with Unilever Indonesia'.

27 Deutsche Erdöl-Aktiengesellschaft: BP Archives, Warwick University, Anglo-Persian, Annual Reports 1919, 1928; RWE, 'The chronicle of RWE DEA since 1899'.

28 Deutsche Bank: Historical Archive of Deutsche Bank, Annual Report 1920–48; Head Office 1920–45; Deutsche Überseeische Bank, 1920–45.

29 Royal Dutch Shell: 戦略および調査部門への聴取り, March 2009, and 'Shell Global: our history', May 2010.

30 BP: Warwick University, Anglo-Persian Oil Company, Annual Reports 1918, 1924, 1929; BP, 'History of BP'.

31 Royal Dutch Shell: 戦略および調査部門への聴取り, March 2009, and 'Shell Global: our history', May 2010. Jersey Standard: Annual Report 1919, 1922. 1929.

32 Jersey Standard: Annual Reports 1919, 1922, 1929.

33 Royal Dutch Shell: 戦略および調査部門への聴取り, March 2009, and 'Shell Global: our history', May 2010.

34 Ibid.

35 General Motors: Annual Reports 1918–1948; 'History and heritage'; GM Holden, 'Holden history'; 'A history of General Motors in Canada', *Globe and Mail*, 22 June 2013; 'Opel – history and heritage'.

36 Chrysler: 'Chrysler history', March 2010; 'T. J. Richards Bodybuilders – Chrysler Australia', National Motor Museum, Australia.

37 Ford: 'Ford Motor Car Company history'; Annual Reports 1925–39; University of Windsor Archives, Ford Motor Company of Canada Ltd, 1904–71.

38 Krupp: Krupp Historical Archives, Krupp steel works and headquarters, report.

39 Siemens Brothers: Marconi Archives, Minutes Books, Correspondence, 1863–1919.

40 Ford: 'Ford Motor Car Company history', Annual Reports 1925–39; University of Windsor Archives, Ford Motor Company of Canada Ltd, 1904–71.

41 Amtorg: 'Stealing America's know how', *American Mercury*, 74: 75–84 (February 1952); 'American-Soviet trade relations', *Russian Review*, Autumn 1943.

42 GAZ: GAZ UK, 'history'; US Department of State, Washington: American Consul, Riga, 'December 1932, to the Department of State, 'Memorandum on the plant "Autostroy", near Gorki (Nizhni Novgorod), Russia', in Records of the Department of State relating to Internal Affairs of the Soviet Union, 1930–1939.

43 Fiat: April 2010, 'History'.

44 Simca: company information.

45 Warwik University, Morris Motor, Directors Records, 1931; Austin Motors, Annual Report 1930, 1935, 1938.

46 Mitsui Mining: 'History'.

47 Firestone: Annual Report 1919.

48 BF Goodrich: Annual Reports 1917, 1920, 1924.

49 Goodyear, University of Akron, Annual Reports 1926–36; Goodyear, 'History by year'; 'Goodyear history'.

50 Pirelli Foundation, October 2010, 'Pirelli overseas'.

51 Michelin: April 2010, 'The history of Michelin'.

52 Dunlop: London Metropolitan Archives, Annual Reports 1914–48.

53 Ibid.
54 Seiberling Rubber Company: Annual Reports 1929, 1933, 1938.
55 Du Pont: Annual Reports 1919, 1929, 1938.
56 International Harvester: 'International Harvester Co. – a timeline', Navistar International, November 2010; C. Wendel, '150 years of International Harvester', 2004.
57 Catapillar: 'Company history'; '33 years in the Russian market', November 2010; Annual Report 1938.
58 Gipromez: Plekanov Russian University of Economics.
59 Siemens: 'Siemens history; 'Our history in 51 contries'.
60 C. Illies: 'History, 1859–2010', August 2010.
61 Krupp: Krupp Historical Archives, Krupp steel works and headquarters, report.
62 Dr C. Otto & Co.: Thyssen Krupp, Otto & Company papers, October 2010; Thyssen Krupp Industrial Solutions, News, November 2011, 'Thyssen Krupp acquires Otto Corporation in Japan'. Heinrich Koppers: Thyssen Krupp, October 2009, Heinrich Koppers, 1981–1980, reports.
63 Siemens: 'Siemens history'; 'Our history in 51 countries'.
64 NEC: 'NEC Corporation: the first 80 years', 1984. ITT: 'History of ITT', May 2010; Annual Reports 1933–40, 1945, 1948.
65 'The history of Ericsson', October 2009.
66 ITT: 'History of ITT', May 2010; Annual Reports 1933–40, 1945, 1948.
67 Metal Box: Nampak, South Africa, 'Nampak's history'; *Times of India*, Dec.-January 2001.
68 Ciba-Geigy: Novartis, 'Geigy, Ciba and Sandoz, 1758–1996', June 2010. ICI: British Dyestuffs Corporation, Annual Reports 1920, 1925; *Hansard*, 2 July 1919.
69 ICI: British Dyestuffs Corporation, Annual Reports 1920, 1925; *Hansard*, 2 July 1919.
70 Unilever: 'Our history', September 2009; Unilever Hindustan India, 'Our history', ; 'Research Report: Unilever Brazil', 2006; 'Unilever Thai Trading Ltd'; PT Unilever, Indonesia, 'Over seventy years going forward with Unilever Indonesia'.
71 Distillers: Diageo archives, 'Timeline', October 2010. Seagram: Western University, Business Archives, 'Distillers Corporation Seagram Limited'.
72 Nestle: 'Nestle history' 1975.
73 Heinz: Annual Reports 1935, 1938; 'Heinz story'.
74 Quaker Oats Company: 'Quaker history', September 2010.
75 Ingredion: Corn Products, 'History: a rich legacy'.
76 Kellog: 'A historical overview', September 2010.
77 Nestle: 'Nestle hitory', 1975.
78 Swedish Match: 'Company history', August 2010.
79 W. R. Grace & Co.: Columbia University, Archival Collections, Correspondence; Annual Reports 1920–39.
80 Optorg: 'A long history of distribution in Africa', September 2010.
81 CFAO: Group CFAO, 'Group history', September 2010.
82 Paribas: 'History of the group', BNP Paribas, May 2010.
83 AIG: 'Our 90 year history', May 2010.
84 Pan Am: 'A brief history of Pan Am', April 2010.

85 British Airways: 'Explore our past', May 2010; Quantas, 'The Quantas story'.
86 Du Pont: Annual Reports 1919, 1929, 1938.
87 Firestone: Annual Report 1919.
88 Goodyear: University of Akron, Annual Report 1926–36; Goodyear, 'History by year'; 'Goodyear history'.
89 Ford: 'Ford Motor Car Company history'; Annual Reports 1925–39; University of Windsor Archives, Ford Motor Company of Canada Ltd., 1904–71.
90 Michelin: April 2010, 'The history of Michelin'.
91 Unilever: 'Our history', September 2009.
92 Union Miniére du Haut-Katanga: Umicore, 'A short history', June 2010.
93 Sime Darby: 'A short history of Sime Darby', June 2010.
94 LTC: Malaysian Mining Corporation, 'Timeline', June 2010.
95 ASARCO: 'Company history', August 2009; Annual Reports 1918, 1924, 1929; BP, 'History of BP'.
96 Alcoa-Alcan: Alcoa Record Centre, 'Histories of the manufacturing properties of the Aluminium Company of America, affiliated companies, and defense corporation plants'; 'Alcoa history'.
97 BP: Warwick University, Anglo-Persian Oil Company, Annual Reports 1918, 1924, 1929; BP, 'History of BP'.
98 Royal Dutch Shell: 戦略および調査部門への聴取り, March 2009, and 'Shell Global: our history', May 2010.
99 Iraq Petroleum Company: International Petroleum Cartel, Federal Trade Commission (Washington DC, 1952), 'Joint control through common ownership – the Iraq Petroleum Co., Ltd'; US Dept of State, Office of the Historian, Red Line Agreement, http://history.state.gov/milestones/1921-1936/red-line.
100 YPE: 'YPE and the return of national sovereignty', *Argentina Independent*, 18 April 2012; Repsol, 'Our history', April 2012.
101 Royal Dutch Shell: interviews strategy and research departments, March 2009, and 'Shell Global: our history', May 2010. Creole Petroleum: Jersey Standard, Annual Reports 1928, 1938. Venezuela: 'Creole Petroleum: good neighbour', *Time*, 19 December 1955. Jersey Standard: Annual Reports 1919, 1922, 1929.
102 ITT: 'History of ITT', May 2010; Annual Reports 1919.
103 Goodyear: University of Akron, Annual Report 1919.
104 Michelin: April 2010, 'The history of Michelin'.
105 Ford: 'Ford Motor Car Company history'; Annual Reports 1925–39; University of Windsor Archives, Ford Motor Company of Canada Ltd, 1904–71.
106 Michelin: April 2010, 'The history of Michelin'; 'Where we have been: North America'.
107 Ford: 'Ford Motor Car Company history'; Annual Reports 1925–39; University of Windsor Archives, Ford Motor Company of Canada Ltd, 1904–71.
108 Fiat: April 2010, 'History'; SEAT, '60 years of history'.
109 General Motors: Annual Reports 1918–1948; 'History and heritage'; GM Holden, 'Holden history'; 'A history of General Motors in Canada', *Globe and Mail*, 22 June 2013; 'Opel – history and heritage'.
110 Unilever: 'Our history', September 2009; Annual Reports 1948, 1960, 1970; P. Rijkens,

'Trade and walking: neglected memoirs, 1888–1965', 1965; Rijkens, 'Large companies in development', 1961; W. F. Lichtenauer, 'Rijkens Paul Carl (1888–1963)', *Biographical Dictionalry of the Netherlands*, 2000.

111 Nestlé: 'Nestlé history'.

112 Ford: 'Ford Motor Car Company history'; Annual Reports 1925–39; University of Windsor Archives, Ford Motor Company of Canada Ltd, 1904–71.

113 General Motors: Annual Reports 1918–1948; 'History and heritage'; GM Holden, 'Holden history'; 'A history of General Motors in Canada', *Globe and Mail*, 22 June 2013; 'Opel – history and heritage'.

114 Ibid. Sterling Drug: Smithsonian Institute, 'Sterling Drug, Inc.', April 2010. J. P. Morgan Chase: company information, September 2010, 'History of JP Morgan Chase: 200 years of leadership in banking'.

115 Jersey Standard: Annual Reports 1919, 1922, 1929.

116 ITT: 'History of ITT', May 2010; annual reports 1933–40, 1945, 1948.

117 Ford: 'Ford Motor Car Company history'; Annual Reports 1925–39; University of Windsor Archives, Ford Motor Company of Canada Ltd, 1904–71.

118 'History of Coca-Cola', September 2010; *New Statesman*, 3, 17, 24 May 2004.

119 Unilever: 'Our history', September 2009.

120 Credit Suisse: 'Credit Suisse – our history', September 2010; *Economist*, articles July-September.

121 Nissan: 'A short history of Nissan Motor Company', May 2010.

122 Isuzu: 'Isuzau: a legendary history', June 2010.

123 Toyota: 'History of Toyota', April 2010.

124 Ibid.

125 Isuzu: 'Isuzau: a legendary history', June 2010.

126 Fujitsu: 'History of Fujitsu', March 2010; 'company history', 1989.

127 Toshiba: 'Toshiba history', May 2010.

128 Mitsui Mining: 'History'.

129 Nissan: 'A short history of Nissan Motor Company', May 2010.

130 Mitsui Mining: 'History'.

131 Goodyear: University of Akron, Annual Reports 196–36; Goodyear, 'History by year'; 'Goodyear history'..

132 Deutsche Erdöl-Aktiengesellschaft: BP Archives, Warwick University, Anglo-Persian, Annual Reports 1919, 1928; RWE, 'The chronicle of RWF DEA since 1899'.

133 Saudi Aramco: 'Saudi Aramco – our history', February 2011.

134 Unilever: 'Our history', September 2009.

135 Nestlé: 'Nestlé history', 1975.

136 Coca-Cola: 'History of Coca-Cola', September 2010; *New Statesman*, 3, 17, 24 May 2004.

137 Sterling Drug: Smithsonian Institute, 'Sterling Drug, Inc.', April 2010.

138 ITT: 'History of ITT', May 2010; Annual Reports 1933–40, 1945, 1948.

139 Coca-Cola: 'History of Coca-Cola', September 2010; *New Statesman*, 3, 17, 24 May 2004.

140 ITT: 'History of ITT', May 2010; Annual Reports 1933–40, 1945, 1948.

141 Jersey Standard: Annual Reports 1948–51.

142 Credit Suisse: 'Credit Suisse – our history', September 2010; *Economist*, July-September

1998. UBS: 'History of UBS: more than 150 years of interesting stories', June 2010; *Economist*, 2,7 July 1998.

143 Bank of International Settlements : *Daily Telegraph*, June-July 2013.

144 Siemens: 'Siemens history'; 'Our history in 51 countries'; G. Siemens, 'History of the House of Siemens'.

145 General Motors: Annual Reports 1918-1948; 'History and heritage'; GM Holden, 'Holden history'; 'A history of General Motors in Canada', *Globe and Mail*, 22 June 2013; 'Opel – history and heritage'. Ford: 'Ford Motor Car Company history'; Annual Reports 1925-39; University of Windsor Archives, Ford Motor Company of Canada Ltd, 1904-71.

146 General Motors: Annual Reports 1918-1948; 'History and heritage'; GM Holden, 'Holden history'; 'A history of General Motors in Canada', *Globe and Mail*, 22 June 2013; 'Opel – history and heritage'.

147 Firestone: Annual Report 1919.

148 Goodyear: University o Akron, Annual Report 1919.

149 General Motors: Annual Reports 1918-1948; 'History and heritage'; GM Holden, 'Holden history'; 'A history of General Motors in Canada', *Globe and Mail*, 22 June 2013; 'Opel – history and heritage'.

150 Ibid. Ford: 'Ford Motor Car Company history'; Annual Reports 1925-39; University of Windsor Archives, Ford Motor Company of Canada Ltd, 1904-71.

151 Ford: 'Ford Motor Car Company history'; Annual Reports 1925-39; University of Windsor Archives, Ford Motor Company of Canada Ltd, 1904-71.

152 Krupp Historical Archives, Krupps steel works and headquarters, reports.

153 Ford: 'Ford Motor Car Company history'; Annual Reports 1925-39; University of Windsor Archives, Ford Motor Company of Canada Ltd, 1904-71.

154 Fiat: April 2010, 'History'.

155 Deutsche Bank: Historical Archive of Deutsche Bank, Annual Reports 1920-48; Head Office 1920-45; Deutsche Uberseeische Bank, 1920-45.

第4章　冷戦と新国際経済秩序：1948～1980年

1 General Motors: Annual Reports 1948-63; 'GM – history and heritage'; GM Holden, 'Holden history'; 'A history of General Motors in Canada', *Globe and Mail*, 22 June 2013; 'Opel – history and heritage'.

2 Ibid.

3 Ibid.

4 Ibid.

5 Ford: 'Ford Motor Car Company history'; Annual Reports 1954-80; University of Windsor Archives, Ford Motor Company of Canada Ltd, 1904-71.

6 Ibid.

7 Ibid.

8 Ibid.

9 Chrysler: Annual Reports 1958, 1964, 1968.

10 Jersey Standard: Annual Reports 1948-51.

11 Ibid.

12 Chevron: 'People, partnership and performance since 1879', May 2012.

13 Dow Chemical: 'Our company history', March 2011; Annual Reports 1960, 1973.
14 Allied Chemicals: Honeywell, Inc., 'Honeywell history'.
15 National Lead: Harvard Business School, Lehman Brothers Collection, National Lead Company; 'A new look at National Lead', *Financial World*, 11 September 1963.
16 Du Pont: Hagley Museum, Du Pont Collection, 'Notes on Du Pont history'. Du Pont: Annual Reports 1952, 1958, 1963, 1970.
17 IBM: April 2011, 'Chronological history of IBM'.
18 Honeywell: 'Honeywell history', March 2011; 'The first 100 years, Minneapolis', 1985.
19 Ibid.
20 NCR: 'Timeline and history'; S. C. Allyn, 'My half century with NCR', 1967.
21 Hewlett-Packard: 'HP history', March 2011.
22 ITT: 'History of ITT', May 2010, Annual Reports 1960–73.
23 Goodyear: Annual Reports 1956, 1957; Goodyear, 'History by year'; 'Goodyear history', housed at University of Akron.
24 Caterpillar: 'Company history', November 2010; Annual Reports 1956, 1960.
25 Rank Xerox: Xerox Corporation, 'Making history for more than 100 years', March 2011.
26 Fuji Xerox: 'Corporate history', March 2011.
27 General Electric: August 2009, 'Our company: our history'; Annual Reports 1960, 1973.
28 Coca-Cola: 'History of Coca-Cola', September 2010; 'The chronicle of Coca-Cola, since 1886'.
29 Pepsi Cola: 'Pepsi – 100 years', 1997; 'How Pepsi won the cola wars', 1976.
30 Heinz: 'Heinz story', September 2010.
31 Campbell's: 'History of the Campbell Soup Company', June 2011; 'The Campbell story'.
32 General Foods: Harvard Business School, Lehman Brothers Collection, General Foods; Kraft General Foods Archives, 'A chronological history of Kraft General Foods', 1994.
33 Bestfoods: *Forbes*, 5 October 1987; *Wall Street Journal*, 16 February, 17 October 1997, *Journal of Commerce & Commercial*, 10 June 1996; *Fortune*, 22 October 1990; Ingredion, Corn Products, 'History: a rich legacy'.
34 S. C. Johnson: 'S. C. Johnson – a family company', April 2011.
35 Kimberly-Clark: 'Historical journey', April 2011.
36 Fujitsu: March 2010, 'History of Fujitsu'; 'Company history', 1989.
37 Alcoa-Alcan: Alcoa Records Centre, 'Histories of the manufacturing properties of the Aluminum Company of America, affiliated companies, and defense corporation plants'; 'Alcoa history'; *Hansard*, 15, 25 April 1958, 18, 30 January 1959.
38 Chrysler: Annual Reports 1958, 1964, 1968.
39 Goodyear: Annual Reports 1956, 1957; Goodyear, 'History by year'; 'Goodyear history', at University of Akron.
40 BAT: 'British American Tobacco – our history', August 2011.
41 ICI: 'Imperial Chemical Industries', *International Directory of Company Histories*, vol. 50, 2003.
42 BOC: 'British Oxygen Company', *International Directory of Company Histories*, vol. 25, 1999.
43 Bowater: Bowater-Scott, Grace's Guide, 2013.
44 GKN: 'An exceptional story', August 2011; *Financial Times*, 10 August 1989, 5, 23

August 1996; *Economist*, 16 September 2000; *Management Today*, October 1984; GKN, 'Brief history of Guest, Keen & Nettlefolds', 1980; *Director*, 10 March 1988.

45 Pilkington: Pilkington/Nippon Sheet Glass, September 2011, 'Pilkington history, 1950–1999'.

46 Rio Tinto: Rio Tinto Alcan, August 2009, 'Company history timeline'; RT2-CRA, 'United for growth', Rio Tinto Review, 2006.

47 BP: Warwick University, Anglo-Persian Oil Company, Annual Reports 1960, 1973, 1980; BP, 'History of BP'.

48 Royal Dutch Shell: 'Shell Global: our history'. May 2010; 'The Americanization of Shell: the beginnings and early years of Shell Oil Company in the United States', 1972; 'Shell Oil Company: a story of achievement', 1984; '75 years serving America', 1987.

49 Unilever: 'Our history', September 2009; Annual Reports 1948, 1960, 1970. The Hague: Institution for Dutch History: P. Rijkens, 'Trade and walking: neglected memoirs, 1888–1965', 1965; Rijkens, 'Large companies in development', 1961. W. F. Lichtenauer, 'Rijkens, Paul Carl (1888–1965)', *Biographical Dictionary of the Netherlands*, 2000.

50 Philips: 'The history of Philips', October 2011; 'Our heritage'; *Forbes*, 15 July 1969, 14 April 1980.

51 Heineken: 'Heineken: our history', October 2011.

52 Nestlé: 'Nestlé history', 1995.

53 Kraft: Harvard Business School, Lehman Brothers Collection, General Foods; Kraft General Foods Archives, 'A chronological history of Kraft General Foods', 1994; 'Kraft Jacobs Suchard', *International Directory of Company Histories*, 1999.

54 Ciba-Geigy: Novartis, 'Geigy, Ciba and Sandoz, 1758–1970', June 2010.

55 Sandoz: Novartis, May 2010, 'Sandoz history'.

56 SAAB: 'A history of high technology', September 2011.

57 Ericsson: 'Ericsson – the facts'; 'Our corporate story', October 2009.

58 Electrolux: 'Founding an international company'; 'Elektrolux becomes Electrolux', September 2011.

59 ABS Separator: 'History of Alfa Laval', September 2011.

60 Dyno Industrier: 'Dyno Industrier: history', October 2011.

61 Sofina: 'Historical outline', October 2011.

62 Renault: 'Renault SA', *International Directory of Company Histories*, vol. 26, 1999.

63 Michelin: April 2010, 'The history of Michelin Group'; 'Where we have been: North America'.

64 Groupe Danone: 'Danone: 40 years of a unique trajectory', September 2011.

65 PUK: 'Pechiney', *International Directory of Company Histories*, vol. 45, 2002; *Economist*, 18 April 1981; 'Ugine SA', *International Directory of Company Histories*, vol. 20, 1999.

66 Schlumberger: 'Our history'. May 2009.

67 Airbus Industrie: 'The success story of Airbus', September 2011.

68 *Der Spiegel*, 9 December 1964, 27 January 1965, 25 April 1966; Deutsche BP: F. Förster, 'Geschichte der Deutschen BP 1904–1979', 1980.

69 Villeroy and Boch: 'Three centuries of craftsmanship', October 2011.

70 Bayer Company Archives, September 2009, 'Milestones in Bayer's history'; 'Bayer – a fascinating story'; 'Expansion of foreign business, 1974–88'.

71 Ibid.
72 Hoechst: 'Hoechst AG', *International Directory of Company Histories*, vol. 18, 1997.
73 'Mannesman AG history', *International Directory of Company Histories*, vol. 38, 2001.
74 Siemens: 'Siemens history'; 'Our history in 51 countries'; G. Siemens, 'History of the House of Siemens', 1957.
75 AEG: AEG-Telefunken, '50 Jahre AEG, als Manuskript gedruckt', 1956; G. Hautsch, 'Das Imperium AEG-Telefunken, ein multinationaler Konzern', 1979.
76 Volkswagen: 'Volkswagen chronicle: becoming a global player'. Corporate Archives, 2008; 'Group history', 2009.
77 Continental: 'History, 1871–2001', November 2009.
78 'MAN Chronicle, 1750–2012', January 2013.
79 Fiat: April 2010, 'History'; SEAT, '60 years of history'.
80 Ibid.
81 Pirelli Foundation, October 2010, 'Pirelli overseas'.
82 Kennecott Mines Corporation: Annual Reports 1950, 1973, Rio Tinto Group.
83 Ford: 'Ford Motor Car Company history'; Annual Reports 1954–80; University of Windsor Archives, Ford Motor Company of Canada Ltd, 1904–71.
84 Ibid. General Motors: Annual Reports 1948–63; 'GM – history and heritage'; GM Holden, 'Holden history'; 'A history of General Motors in Canada', *Globe and Mail*, 22 June 2013; 'Opel – history and heritage'. Chrysler: Annual Reports 1958, 1964, 1968.
85 Alcan: 'Alcan Aluminum Ltd', *International Directory of Company Histories*, vol. 31, 2000; P. Farin and G. G. Reibsamen, 'Aluminium: profile of an industry', 1969.
86 Massey-Ferguson: 'Massey-Ferguson: Our history', January 2011.
87 GM Holden: General Motors, 'History and heritage'; GM Holden, 'Holden history', June 2013.
88 Ford: 'Ford Motor Car Company history'; Annual Reports 1954–1980; University of Windsor Archives, Ford Motor Company of Canada Ltd, 1904–71.
89 Chevron: 'People, partnership and performance since 1879', May 2012.
90 Jersey Standard: Annual Reports 1948–51.
91 Rio Tinto: Rio Tinto Alcan, August 2009, 'Company history timeline'; RTZ–CRA, 'United for growth', *Rio Tinto Review*, 2006.
92 Ibid.
93 Ibid.
94 RMC: 'RMC Group plc', *International Directory of Company Histories*, vol. 34, 2000.
95 Mitsui & Co.: 'History of Mitsui & Company Ltd', June 2009.
96 Mitsubishi Corporation: June 2009, 'Mitsubishi Corporation: a history'; 'Mitsubishi Corporation and the Japanese economy'.
97 NYK; 'NYK history', September 2009; Nissho Iwai KK, *International Directory of Company Histories*, vol. 1, 1988.
98 C. Itoh: 'Itochu history', September 2009.
99 Marubeni: 'Our history from 1842'.
100 NYK: 'NYK history', September 2009; Nissho Iwai KK, *International Directory of Company Histories*, vol. 1, 1988,
101 GM–Isuzu: March 2010, 'Isuzu: a legendary history'.

102 Fujitsu: March 2010, 'History of Fujitsu'; 'Company history', 1989.
103 Furukawa Electric: 'The history of Furukawa Co. Ltd', July 2011.
104 Hitachi: 'Hitachi history, 1910–2011', February 2012.
105 Furukawa Electric: 'The history of Furukawa Co. Ltd', July 2011.
106 Hitachi: 'Hitachi history, 1910–2011', February 2012.
107 Hyundai Heavy Industries: 'History: 1974–2011', November 2012.
108 POSCO: 'History of POSCO, 1965–2009', November 2012.
109 Nippon Seiko: 'History of Nippon Seiko', typescript, n.d.
110 Ibid.
111 NTN Corporation: 'Revolution in motion: corporate history', September 2012.
112 Kawasaki Steel: 'History of KHI, 1878–2010'.
113 Glencore: Marc Rich, profile, *Observer*, 13 May 2013.
114 Volkart Brothers Winterthur: E. D. & F. Man, August 2009, 'History of Volcafe'.
115 Harrisons & Crosfield: London Metropolitan Archives, 'Administrative/biographical history'; Elementis plc, 'History of a business'. May 2013; Sime Darby, Sime Darby World. Harrisons & Crosfield Timeline.
116 Sime Darby: 'A short history of Sime Darby', June 2010; 'Sime Darby Berhad', *International Directory of Company Histories*, vol. 36, 2001.
117 Guthries: SOAS archives, and company information, June 2010; Guthries GTS, 'Corporate history'.
118 Wallace Brothers: Guildhall Library, 'Wallace Brothers: Elephants, East African plantations and Rangoon forests', July 2010; London Metropolitan Archives, Wallace Brothers, 'Administrative/biographical history'; London Metropolitan Archives, 'Wallace Brothers (Holdings) Ltd: Wallace and Adam'.
119 James Finlay: Glasgow University, Managers' Letters; Administrative Records, 1948–64; Finlays, 'History and company overview'.
120 United Africa Company of Nigeria: www.uacnplc.com/company/ history.htm.
121 Anglo-Thai: www.ford.co.th/en/about/corporate/ford-thailand.
122 United Africa Company of Nigeria: www.uacnplc.com/company/ history.htm.
123 Inchcape: company information, March 2009, 'History, 1840–2000'.
124 Swire group: School of Oriental and African Studies, London Office Correspondence; Organization Papers; 'Swire: our story'.
125 Jardine Matheson: 'Jardines – 175 years of looking to the future', 2007.
126 Cheung Kong Holdings: Cheung Hong/Hutchinson Whompoa, June 2013; 'Milestones, 1828–2013'.
127 Booker McConneli: Booker Group, 'A history'; *Guyana Times International*, 31 August 2012.
128 Lonrho: 'Lonrho: a history'; *Forbes*, 21, 27 March 1998; *Economist*, 26 December 1992.
129 CFAO: Groupe CFAO, 'Group history', September 2010.
130 Optorg: 'A long history of distribution in Africa', September 2010.
131 Continental Grain: 'History and heritage: timeline', September 2012.
132 Dreyfus: 'Louis Dreyfus Groupe', *International Directory of Company Histories*, vol. 135, 2012.
133 W. R. Grace & Co.: 'A story of innovation and change'; 'W. R. Grace', *International*

Directory of Company Histories, vol. 50, 2003.
134 BNP Paribas: 'History of the Group', May 2010.
135 Credit Lyonnais: 'Credit Lyonnais', *International Directory of Company Histories*, vol. 33, 2000.
136 Deutsche Bank: Historical Archive of Deutsche Bank, 'Deutsche Bank 1870–2010'; *Economist*, 22 June 1991.
137 SEB: Skandinaviska Enskilda Banken, *International Directory of Company Histories*, vol. 56, 2004.
138 Svenska Handelsbanken: 'History of Svenska Handelsbanken', 2012.
139 Swiss Bank Corporation: 'Credit Suisse – our history', September 2010.
140 UBS: 'History of UBS: more than 150 years of interesting stories'.
141 AIG: 'Our 90 years of history'. May 2010.
142 Provident Life and Accident Insurance Company of America: 'History of Unum Provident', *International Directory of Company Histories*, vol. 3, 1991.
143 Aetna Life and Casualty: 'Aetna Inc.', *International Directory of Company Histories*, vol. 3, 1991.
144 John Hancock Mutual Life: *International Directory of Company Histories*, vol. 3, 1991.
145 Mutual Life Insurance Company of New York, *International Directory of Company Histories*, vol. 3, 1991.
146 Aon: *International Directory of Company Histories*, vol. 3, 1991.
147 American Family Corporation: *International Directory of Company Histories*, vol. 3, 1991.
148 Continental Corporation: *International Directory of Company Histories*, vol. 3, 1991.
149 March and McLennan Companies: *International Directory of Company Histories*, vol. 3, 1991.
150 Continental Corporation: 'Chubb Corporation', *International Directory of Company Histories*, vol. 3, 1991.
151 Assicurazioni Generali: Generali Group, 'Generali's history', August 2012.
152 Allianz AG: 'History of Allianz, 1890–2009'.
153 Swiss Re: company information, May 2010.
154 Zurich Versicherungs-Gesellschaft: company information, June 2010.
155 Nationale-Nederlanden: www.nn-group.comAli/ho-we-are.htm, September 2010.
156 AXA: 'History, 1817–2010', June 2012; UAP; 'Union des Assurance de Paris', *International Directory of Company Histories*, vol. 3, 1991.
157 Commercial Union: 'Commercial Union', *International Directory of Company Histories*, vol. 3, Legal and General, *International Directory of Company Histories*, vol. 3, 1991.
158 Prudential: 'Prudential plc: *International Directory of Company Histories*, vol. 3, 1991.
159 Royal Insurance: 'Royal Insurance Holdings', *International Directory of Company Histories*, vol. 3, 1991.
160 Yasuda Fire and Marine: *International Directory of Company Histories*, vol. 3, 1991.
161 Mitsui Marine and Fire: *International Directory of Company Histories*, vol. 3, 1991.
162 Tokio Marine and Fire: *International Directory of Company Histories*, vol. 3, 1991.
163 Sumitomo Marine and Fire: *International Directory of Company Histories*, vol. 3, 1991.
164 Sears Archives, 'History of Sears', July 2012.

165 Hudson's Bay Company: Archives of Manitoba, 'Brief history'.
166 Safeway: Annual Reports 1961, 1966.
167 IKEA: 'IKEA's history', January 2012.
168 Carrefour: 'Carrefour Group history', January 2012.
169 C&A: 'C&A– a success story', March 2012.
170 Koninklijke Ahold: 'Ahold: the 2nd half of the 20th century', September 2010.
171 Sheraton Hotels: Sheraton-Starwood Hotels, 'Sheraton's history, 1937–2008', December 2012.
172 Intercontinential Hotels: 'The IHG story', December 2012.
173 Hilton Hotels: 'Our history: 1910–2010', December 2012.
174 McDonald's: 'McDonald Corporation', *International Directory of Company Histories*, vol. 2, 1990.
175 Club Mediterranee: 'Club Med's history since 1950', June 2012.
176 Deloitte: 'A century of exceeding expectations', June 2012.
177 Coopers and Lybrand: 'Pricewaterhouse Coopers', *International Directory of Company Histories*, vol. 29, 2000.
178 Arthur Andersen: 'Arthur Andersen's fall from grace is a sad tale of greed and miscues'. *Wall Street Journal*, 7 June 2002; 'Arthur Andersen', *International Directory of Company Histories*, vol. 68, 2005.
179 KPMG: 'KPMG International', *International Directory of Company Histories*, vol. 33, 2000.
180 McKinsey: 'About our history', July 2012.
181 Ogilvy and Mather: History of Advertising Trust, Ogilvy history, June 2012.
182 Asea Brown Boveri: 'ABB history', September 2012; *Economist*, 6 January 1996. EDS: *Chicago Tribune*, 9 July 1992.
183 Skoda UK: 'History of Skoda over 100 years'.
184 Energomashexport: Corporation: www.emeco.ru/en/about/, May 2011. '
185 Gipromez: www.gipromez.com.ua/history_en.php, June 2011.
186 Zastava: Fiat, April 2010, 'History'.
187 Exportkhleb: 'Cargill', *International Directory of Company Histories*, vol. 40, 2001.
188 Fiat: April 2010, 'History'; SEAT, '60 years of history'.
189 FSO: Fiat, April 2012; Fiat: April 2010, 'History'; SEAT, '60 years of history'.
190 Ibid.
191 Continental Grain: 'History and heritage: timeline', September 2012.
192 PUK: 'Pechiney', *International Directory of Company Histories*, vol. 45, 2002; *Economist*, 18 April 1981; 'Ugine SA', *International Directory of Company Histories*, vol. 20, 1999.
193 BAT: 'British American Tobacco – our history', August 2011.
194 Jardine Matheson: 'Jardines - 175 years of looking to the future', 2007. Swire group: School of Oriental and African Studies, London Office Correspondence; Organization Papers; 'Swire: our story'.
195 Rio Tinto; Rio Tinto Alcan, August 2009, 'Company history timeline'; RTZ-CRA, 'United for growth', Rio Tinto Review, 2006. Kaiser Aluminum: Kaiser Aluminum and Chemical Corporation', *International Directory of Company Histories*, vol. 4, 1991.
196 *New York Times*, 15 November 1964.

197 Kellogg: 'A historical overview', September 2010.
198 Kimberley Clarke: 'Historical journey', April 2011.
199 Pilkington: Pilkington/Nippon Sheet Glass, September 2011, 'Pilkington history, 1950–1999'.
200 BOC: 'BOC Group', *International Directory of Company Histories*, vol. 25, 1999.
201 United Africa Company of Nigeria: www.uacplc.com/company/history.htm.
202 Guinness: 'Diageo plc', *International Directory of Company Histories*, vol. 24, 1999.
203 Michelin: April 2010, 'The history of Michelin Group'; 'Where we have been: North America'.
204 PUK: 'Pechiney', *International Directory of Company Histories*, vol. 45, 2002; *Economist*, 18 April 1981; 'Ugine SA', *International Directory of Company Histories*, vol. 20, 1998.
205 Mannesman: 'Mannesman AG history', *International Directory of Company Histories*, vol. 38, 2001. Volkswagen: 'Volkswagen chronicle: becoming a global player', Corporate Archives, 2008; 'Group history', 2009.
206 EDS: *Chicago Tribune*, 9 July 1992.
207 Jersey Standard: Annual Reports 1948–51.
208 Saudi Aramco: 'Saudi Aramco – our history', February 2011.
209 BP: Warwick University, Anglo–Persian Oil Company, Annual Reports 1960, 1973, 1980; BP, 'History of BP'.
210 United Fruit: 'Chiquita Brands International', *International Directory of Company Histories*, vol. 21, 1998.
211 ENI: 'The history of a company', August 2012; *Time*, 29 November 1954, 22 July 1961, 2 November 1962.
212 Total: 'A major energy operator for over a century', September 2012.
213 Warwick University, Anglo-Persian Oil Company, Annual Reports 1950–53, 1960, 1970, 1980; BP, 'History of BP'; *New York Times*, August 1953.
214 ENI: 'The history of a company', August 2012; *Time*, 29 November 1954, 22 July 1961, 2 November 1962.
215 Japan Petroleum: 'History of Mitsui & Company Ltd, June 2009.
216 Libyan National Oil Company: 'National Oil Corporation', *International Directory of Company Histories*, vol. 66, 2005; ENI: 'The history of a company', August 2012.
217 Ibid.
218 Total: 'A major energy operator for over a century', September 2012.
219 Saudi Aramco: 'Saudi Aramco - our history', February 2011.
220 Royal Dutch Shell: 'Shell Global: our history', May 2010; 'The Americanization of Shell: the beginnings and early years of Shell Oil Company in the United States', 1972; 'Shell Oil Company: a story of achievement', 1984; '75 years serving America', 1987.
221 'Kaiser Aluminum and Chemical Corporation', *International Directory of Company Histories*, vol. 4, 1991.
222 *New York Times*, 15 November 1964.
223 Jersey Standard: Annual Reports 1948–51.
224 United Fruit: 'Chiquita Brands International' *International Directory of Company Histories*, vol. 21, 1998.
225 Gulf Oil: 'History of a company', August 2012.

226 Sofina: 'Historical outline', October 2011.
227 Goodyear: Annual Reports 1956, 1957; Goodyear, 'History by year'; Goodyear history , at University of Akron. Caterpillar, 'Company history', November 2010; Annual Reports 1956, 1960.
228 PUK: 'Pechiney', *International Directory of Company Histories*, vol. 45, 2002: *Economist*, 18 April 1981; 'Ugine SA', *International Directory of Company Histories*, vol. 20, 1998.
229 Bayer Company Archives, September 2009, 'Milestones in Bayer's history'; 'Bayer – a fascinating story'; 'Expansion of foreign business, 1974–88'.
230 Mannesman: 'Mannesman AG history'. *International Directory of Company Histories*, vol. 38, 2001.
231 'Heinz story', September 2010. Kellogg: 'A historical overview', September 2010.
232 General Foods: Harvard Business School, Lehman Brothers Collection, General Foods; Kraft General Foods Archives, 'A chronological history of Kraft General Foods', 1994.
233 S. C. Johnson: 'S. C. Johnson – a family company', April 2011.
234 Ericsson: 'Ericsson-the facts'; 'Our corporate story', October 2009. Michelin: April 2010, 'The history of Michelin Group'; 'Where we have been: North America'.
235 General Motors: Annual Reports 1948–63; 'GM - history and heritage'; GM Holden, 'Holden history'; 'A history of General Motors in Canada', *Globe and Mail*, 22 June 2013; 'Opel–history and heritage'.
236 Volkswagen: 'Volkswagen chronicle: becoming a global player', Corporate Archives, 2008; 'Group history', 2009
237 Ibid.
238 ITT: 'History of ITT', May 2010, Annual Reports 1960–73.
239 Ibid. Kennecott Mines Corporation: Annual Reports 1950, 1973, Rio Tinto Group. Anaconda: Annual Reports 1950, 1973, BP–ARCO.

第5章　グローバル経済か：1980～2012年

1 *Wall Street Journal*, 11 January 2006, 19 June 2009. European Union, Directorate-General for Economic and Financial Affairs (ECFIN), Country Focus, January 2008.
2 *Economist*, 31 August 2000.
3 *Financial Times*, 19 September 1991, 8 October 1998, 1 January 2010.
4 Texas Instruments: company information, June 2013.
5 Wipro: www.wipro.com, June 2013; *Economic Times*, 'Wipro – a history', 17 November 2012.
6 Infosys Technologies: www.infosys.com/about/Pages/history.aspx, May 2013; 'N. R. Narayana Murthy', *Business Week*, 3 July 2000.
7 Ibid.
8 Wipro: www.wipro.com, June 2013; 'Wipro – a history', *Economic Times*, 17 November 2012.
9 Microsoft: www.microsoft.com/en-in/about/about_microsoft/microsoft–in-india.aspx, September 2013.
10 IBM: 企業への問い合わせ, April 2011, 'Chronological history of IBM'; 'History of IBM Global Services'.
11 IATA: *Annual Review*, 2003–11.

12 Cargill: www.cargill.com/company/history/index.jsp, January 2010.
13 Inchcape: www.inchcape.com/, March 2009; 'History, 1840–2000'.
14 Elementis: http://elementis-specialties.com/, March 2013; *Financial Times*, 25 October 2007.
15 Yule Catto: www.synthomer.com/, http://ssl.e-catto.com/yulecatto/site.nsf/page!openform&page=abouthomeeurope, April 2013.
16 Boustead: Boustead Singapore, www. boustead. sg/about_us/company_history. asp, April 2012; Affin Investment Bank, Boustead Holdings, July 2012; 'Company history'.
17 Booker McConnell: Booker Group, www.bookergroup.com/, September 2012.
18 Lonrho: www.lonrho.com/, October 2012. Lonmin: www.lonmin.com, October 2012.
19 Swire group: www.swire.com/en/index.php, March 2009; 'Swire: our story'.
20 Glencore: *Guardian*, 19 May 2011, 2 December 2012; *Sunday Times*, 14 October 2012. www.bbc.com/news/17702487, BBC News, 16 April 2012.
21 Mitsubishi Corporation: 三菱商事経済アナリストへの聴取り, February 2009; 会社への問合せ, June 2009, 'Mitsubishi Corporation and the Japanese economy'. Royal Dutch Shell: 聴取り, March 2009, and 'Shell Global: Our history', May 2010.
22 Hyundai Corporation: www.hyundaicorp.com/en, June 2013.
23 Samsung Corporation: www.samsungcnt.com/EN/cnt/index.do, June 2013.
24 www.hanjin.com/hanjin, July 2013. www.evergreen-line.com/, July 2013. www.yang-ming.com/english/ASP/index.asp, July 2013.
25 OOCL: www.oocl.com/eng/aboutoocl/companyprofile/ooclhistory/Pages/default.aspx, August 2013.
26 K-Line: www.kline.co.jp/en/corporate/history/index.html, August 2013. NYK: www.nykline.co.jp/english/profile/about/history.htm, June 2013.
27 Maersk: www.maersk.com/Aboutus, July 2013.
28 Cosco: http://en.cosco.com/col/col771/index.html, October 2013.
29 Citigroup: www.citigroup.com/citi/, March 2013.
30 Morgan Chase: www.jpmorganchase.com/, March 2013.
31 Citigroup: www.citigroup.com/citi/, March 2013; *Economist*, 31 August 2000.
32 Goldman Sachs: www.goldmansachs.com/, February 2013; *Washington Post*, 16 March 2012.
33 Barclays: www.barclays.co.uk/, 11 March 2013; BBC News, 27 June 2012.
34 Standard Chartered: www.sc.com/, March 2013; *Wall Street Journal*, 8 August 2012.
35 HSBC: www.hsbc.com/, September 2009; HSBC, 'HSBC's history'.
36 Deutsche Bank: www.db.com/index_e.htm, March 2010; 'Deutsche Bank 1870–2010'; *Wall Street Journal*, 3 August 2009; BBC News, 12 June 2012, 6 February 2013.
37 Société Générale: GDF Suez, June 2009, www.societegenerale.fr/; *New York Times*, 5 October 2010.
38 UBS: www.ubs.com/, June 2010; UBS, 'History of UBS: 150 years of interesting stories'; BBC News, 31 October 2012; *Wall Street Journal*, 18 June 2010, 26 August 2010; *Financial Times*, 19 September 1991, 8 October 1998, 1 Januar y 2010.
39 ABN AMRO: www.abnamro.nl/en, June 2013; Annual Report 2011; *Economist*, 15 July 2008.
40 Ibid.

41 BBVA: www.bbva.com.es, June 2013; 'History of BBVA, 1857-2011'.

42 Santander: www.santander.com, July 2013; BBC News, 27 May 2009; 'More than a century of history, 1857-2013'.

43 Danske Bank: www.danskebank.com, August 2013.

44 Skandinaviska Enskilda Bank: www.seb.se, November 2010.

45 Standard Bank Group: www.standardbank.com, June 2013; 'Standard Bank Group: historical overview', 2009. Bank of China: 販売担当マネジャーおよび調査部長への聴取り, March 2013; *Forbes*, 4 June 2011.

46 Mitsubishi UFJ Financial Group: www.mufg.com/english, April 2010.

47 Nomura: www.nomura.com, March 2010.

48 Daiwa: 会長および調査部長への聴取り, Februry 2010; 'Overview of Daiwa Securities', January 2010; www.daiwa.com.

49 MBTC: /www.metrobank.com.ph.

50 *Financial Times*, 19 September 1991, 8 October 1998, 1 January 2010.

51 AIG: www.aig.com/_3l7L_441789.html May 2010; 'Our 90 years of history'.

52 Allianz AG: www.allianz.com/en/about_us, June 2011; 'History of Allianz Australia'; 'History of Allianz', 1890-2009. *Der Zeit*, 7, 29 June 2009.

53 Zurich Financial Services: www.zurich.com/, April 2013.

54 Assicurazioni Generali: www.generali.com/Generali-Group.

55 AXA: www.axa.com/en/group/, June 2012; BBC News, 14 June 2006; Annual Report 2010.

56 Aviva: www.aviva.com/, January 2012.

57 Manulife Financial: www.manulife.com/, March 2012; 'Global company factsheet', May 2012; 'Manulife Financial - milestones'.

58 *Business Week*, October 2012; www.starbucks.com/, April 2012; *Wall Street Journal*, 11 January 2006, 19 June 2009.

59 Jollibee: www.jollibee.com.ph/, June 2010.

60 Wal-Mart: www.walmart.com, May 2013; *Washington Monthly*, April 2006; BBC News, 31 July 2006, 23 December 2012; *Washington Post*, June 2008.

61 Tesco: 韓国ゼネラル・マネジャーへの聴取り, March 2008; www.tesco.com/, September 2011.

62 GAP: www.gap.com/, May 2013.

63 Zara: www.zara.com, June 2013; *Business Week*, 4 April 2006; *Bloomberg*, 12 November 2006; www.businessweek.com/stories/2006- 09-03/fashion-conquistador.

64 Uniqlo: www.uniqlo.com/, January 2013; *New York Times*, 30 November 2006; www.forbes.com/profile/tadashi-yanai/.

65 Vodafone: www.vodafone.com, December 2011; 'Racal's key milestones'; *Financial Times*, 26 July 2011; http://investing.businessweek.com/research/stocks/private/snapshot.asp?privca pld =4702685; BBC News, 11 February 2000.

66 Vivendi: www.vivendi.com/home/, March 2010. Veolia: www.veolia.com/home/, March 2010.

67 News Corporation: www.newscorp.com/, May 2013; *Guardian*, 13 July 2011; BBC News, 26 June 2012; *Guardian*, 13 July 2011.

68 Hutchinson Whampoa: ヨーロッパ戦略マネジャーへの聴取り, March 2010; www.

hutchison-whampoa.com/en/global/home.php.

69 France Telecom: www.orange.com/en/home, November 2011.

70 Deutsche Telecom: www.telekom.com/, December 2011.

71 Telefonica: www.telefonica.es/, September 2011.

72 Orascom/WIND: company information, June 2013; BBC News, 1 August 2002; *Guardian*, 2 February 2010.

73 MTN: www.mtn.com/MTNGROUP/About/Pages/History.aspx, July 2013.

74 Zain: www.zain.com/, June 2013.

75 Endesa: www.endesa.com/en/aboutEndesa/ourOrganisation/Home, August 2013.

76 Edesur: www.edesur.corn.ar/index.aspx, August 2013.

77 GDF Suez: www. gdfsuez. com/; *Economist*, 8 September 2005, 27 October 2005; Reuters, 27 August 2010.

78 Ibid.

79 Enel: www.enel.com/en-GB/group/aboutus/history/, August 2013.

80 E-On: www.eon.com/en/about-us/profile/history.html, June 2013; *Guardian*, 9 April 2001; *Economist*, 8 August 2002.

81 RWE: www.rwe.com/web/cms/en/9134/rwe/about-rwe/profile/history/, September 2013.

82 BP: www.bp.com/en/global/corporate/about-bp/our-history/history-of-bp/late-century.html; www.bp.com/en/global/corporate/about-bp/our-history/history-of-bp/new-millennium.html; reports in *New York Times*, August 2010; BBC News, August 2008, June, 2010, October 2010, March 2013; *Fortune*, March 2013; BBC News, February 2013; *Daily Telegraph*, May 2007.

83 Fortune Global 500 (2001): *Fortune*, 7 May 2001; *Economist*, 31 August 2000.

84 Royal Dutch Shell: www.shell.com/, interviews with headquarters staff, March 2009; *Guardian*, 26 May 2009; BBC News, 30 January 2013.

85 ExxonMobil: http://corporate.exxonmobil.com/, May 2010; *Financial Times*, 6 June 2008.

86 Chevron: www.chevron.com/about/history/, May 2010.

87 Total: interview, February 2012, 企業広報担当役員への聴取り; www.total.com/en/corporate-profile/thumbnail/history, September 2012; *Business Week*, 24 January 2010.

88 ENI: www.eni.com/en_IT/company/history/our-history.page, August 2012; *Financial Times*, 28 May 2001, October 2004.

89 Statoil: www.statoil.com/en/about/history/pages/default3.aspx, May 2013; BBC News, 11 June 2004; *Bloomberg*, 4 October 2006.

90 Petronas: www.petronas.com.my/about-us/Pages/default.aspx, June 2009; www.saudiaramco.com/en/home/news/latest-news/2009.

91 Petrobras: www.petrobras.com/en/about-us/our-history/, May 2013; *New York Times*, 28 May 2006; BBC News, 2 May 2006.

92 ONGC Videsh Ltd: www.ongcindia.com/wps/wcm/connect/ongcindia/Home/Company/History/, August 2013.

93 Lukoil: www.lukoil.com/new/history/2014, August 2013; *Financial Times*, 28 July 2010.

94 *Financial Times*, 19 September 1991, 8 October 1998, 1 January 2010.

95 CNPC: 聴取り, June 2012; http://classic.cnpc.eom.cn/en/?COLLCC =3732474836&,

June 2013; *Financial Times*, 23 June 2010; *Bloomberg*, 6 March 2013; *Guardian*, 25 June 2009, 7 January 2011.

96 ENI: www.eni.com/en_IT/company/history/our-history.page, August 2012; *Financial Times*, 28 May 2001, October 2004.

97 Repsol YPF: www.repsol.com/es_en/corporacion/conocer-repsol/perspectiva_historica/, May 2013; *Economist*, 15 July 2013.

98 Rio Tinto Alcan: www.riotinto.com/aboutus/history-4705.aspx, August 2009.

99 BHP Billiton: www. bhpbilliton. com/home/aboutus/ourcompany/Pages/ourHiscory.aspx, January 2013; Reuters, 30 July 2009; *Wall Street Journal*, 17 June 2009.

100 *New York Times*, 29 March 2010; BBC News, 17 March 2010, 29 July 2010.

101 Xinhua News Agency, 24 April 2012. *Economist*, 31 August 2000.

102 BHP Billiton: www. bhpbilliton. com/home/aboutus/ourcompany/Pages/ourHistory.aspx, January 2013; Reuters, 30 July 2009; *Wall Street Journal*, 17 June 2009.

103 Glencore: *Guardian*, 19 May 2011, 2 December 2012; *Sunday Times*, 14 October 2012, 18 November 2012.

104 Anglo-American: www. angloamerican. com/about/history. aspx, May 2013; *Financial Times*, 12 December 2012; *Guardian*, 26 March 2003.

105 CVRD: Vale, www.vale.com/brasil/en/pages/search-results.aspx?k=history; www.vale.com/canada/EN/aboutvale/book-our-history/Pages/default.aspx, June 2013; *Economist*, 27 March 1999, 4 September 2010.

106 *Financial Times*, 19 September 1991, 8 October 1998, 1 January 2010. Reports in the *Financial Times*, July 2012, June 2013; *New Yorker*, June 2013; *Guardian*, November 2011; *Economist*, April 2011; *Guardian*, June 2006, October 2012. www.bbc.com/news/17702487, BBC News, 16 April 2012. China, Ministry of Finance, Annual Report on the Chinese Outward Investment, 2009.

107 Procter & Gamble: www.pg.com/en_US/company/globalstrucrure_operations/, May 2013; *Business Week*, 1 February 2013.

108 Hewlett-Packard: www.hp.com/sg/en/campaign/ebc/experience.html, March 2011.

109 Toyota: ヨーロッパ本社の役員たちへの聴取り, March 2010; www.toyota-global.com/company/history_of_toyota/, May 2010.

110 Ibid.

111 Vizio: http://store.vizio.com/about/, November 2010.

112 *New York Times*, 29 March 2010; BBC News, 17 May 2010, 29 July 2010.

113 www. novartis. com/about-novartis/company-history/, June 2010. www. astrazeneca.com/About-Us/History, November 2012. www.gsk.com/about-us/our-history.html, March 2012. http://en.sanofi.com/our_company/history/history.aspx. March 2012.

114 Takeda: www.takeda.com/company/history/, March 2012; JETRO, Newsletter, February 2012.

115 POSCO: www.poscoenc.com/english/about/history.asp, November 2012.

116 Mittal, http://corporate.arcelormittal.com/who-we-are/our-hiscory, September 2012.

117 Acer: www.acer-group.com/public/The_Group/overview.htm, September 2012; *Taipei Times*, 1 June 2002, 8 June 2003; ACER Annual Report 2008.

118 Cemex: www.cemex.com/AboutUs/Hiscory.aspx, June 2010.

参考文献

Abel, C., and Lewis, C., eds., 1985. *Latin America, Economic Imperialism and the State* (London: Athlone Press).

Abelhauser, W., Hippel, W., Van Johnson, J. A., and Stokes, R. G., 2004. *German Industry and Global Enterprise: BASF: The History of a Company* (Cambridge University Press).

Aharoni, Y., ed., 1993. *Coalitions and Competition: The Globalization of Professional Business Services* (London, Routledge).

Alejandro, C.D., 1970. *Essays in the Economic History of the Argentine Republic* (New Haven, CT: Yale University Press).

Alfaro, L., and Rodriguez-Clare, A., 2004. 'Multinationals and linkages: an empirical investigation', *Economia*, 4(2).

Allen, G.C., and Donnithorne, A.G., 1954. *Western Enterprise in Far Eastern Economic Development* (reprinted London: Routledge, 2003).

Allen, G. C., and Donnithorne, A. G., 1957. *Western Enterprise in Indonesia and Malaysia* (reprinted London: Routledge, 2003).

Amatori, F., and Jones, G., 2003. *Business History around the World* (Cambridge University Press).

Andaya, B.W., and Andaya, L.Y., 1982. *A History of Malaysia* (London: Macmillan).

Ando, K., 2004. *Japanese Multinationals in Europe* (Basingstoke: Edward Elgar).

Anstey, V., 1929. *The Trade of the Indian Ocean* (London: Longmans, Green).

Armstrong, C., and Nelles, H. V., 1988. *Southern Exposure: Canadian Promoters in Latin America and the Caribbean, 1896-1945* (University of Toronto Press).

Ashworth, W., 1964. *A Short History of the International Economy, 1850-1950* (London: Longmans). (尾上久雄・行澤健三訳『国際経済史』有斐閣, 1955年.)

Ayala, C., 1999. *Amercian Sugar Kingdom: The Plantation Economy of the Spanish Caribbean, 1889-1934* (Chapel Hill: University of North Carolina Press).

Bagchi, A. K., 1972. *Private Investment in India, 1900-39* (Cambridge University Press).

Baker, W. J., 1988. *The History of the Marconi Company* (London: Methuen).

Bamberg, J.H., 1994. *The History of the British Petroleum Company*, vol.II (Cambridge University Press).

Bamberg, J.H., 2000. *British Petroleum and Global Oil, 1950-1985: The Challenge of Nationalism* (Cambridge University Press).

Barisitz, S., 2006. 'Banking transformation (1989-2006) in Central and Eastern Europe', Oesterreichische Nationalbank Woking Paper.

Barjot, D., 1988. *From Tournon to Tancarville: The Contribution of French Civil Engineering to Suspension Bridge Construction, 1824-1959* (London: Taylor and Francis).

Barnett, P. G., 1943. 'The Chinese in Southeastern Asia and the Philippines', *Annals of the American Academy of Political and Social Science*, Vol. 226.

Barnett Smith, G., 1893. *The Life and Enterprises of Ferdinand de Lesseps* (London: W. H. Allen).

Bartlett, C. A., and Ghoshal, S., 1989. *Managing Across Borders* (Cambridge, MA: Harvard Business Press).（吉原英樹監訳『地球市場時代の企業戦略—トランスナショナル・マネジメントの構築』日本経済新聞社, 1990年.）

Battilossi, S., and Cassis, Y., eds., 2002. *European Banks and the American Challenge: Competition and Cooperation in International Banking under Bretton Woods* (Oxford University Press).

Bayley, C. A., 2004. *The Birth of the Modern World, 1780–1914* (Oxford: Blackwell).

Beamish, P. W., Delois, A., and Makino, S., eds., 2001. *Japanese Subsidiaries in the New Global Economy* (Basingstoke: Edward Elgar).

Beasley, W. G., 1963. *The Modern History of Japan* (Orlando: Harcourt).

Beasley, W. G., 1972. *The Meiji Restoration* (Stanford University Press).

Beasley, W. G., 1987. *Japanese Imperialism, 1894–1945* (Oxford University Press).（杉山伸也訳『日本帝国主義1894-1945—居留地制度と東アジア』岩波書店, 1990年.）

Beaton, K., 1957. *Enterprise in Oil: A History of Shell in the United States* (New York: Appleton Century Crofts).

Beaud, C., 1986, 'Investments and profits in the International Schneider Group, 1894–1943', in A. Teichova, M. Levy-Leboyer, and H. Nussbaum, eds., *Multinational Enterprise in Historical Perspective* (Cambridge University Press).（鮎沢成男・渋谷将・竹村隆雄監訳「多国籍企業シュネーデル・グループの投資と利潤—1894-1943年」『歴史のなかの多国籍企業』中央大学出版部, 1991年, 所収.）

Beaver, P., 1976. *Yes! We Have Some: The Story of Fyffes* (Stevenage: Publication for Companies).

Bebbington, T., 1998. *50 Years of Holden* (Sydney: Australian Publishing).

Behrman, J. N., and Fischer, W. A., 1980. 'Overseas R&D activities of transnational companies', *Thunderbird International Business Review*, 22 (3).

Behrman, J. N., and Grosse, R. E., 1990. *International Business and Governments* (New York: McGraw-Hill).

Belanger, J., 1999. *Being Local Worldwide: ABB and the Challenge of Global Management* (New York: Cornell University Press).

Bellak, C., 1997. 'Austrian manufacturing MNEs: long-term perspectives', *Business History*, 39.

Bideleux, R., and Jeffries, I., 1998. *A History of Eastern Europe: Crisis and Change* (London: Routledge).

Biersteker, T. J., 1987. *Multinationals, the State, and Control of the Nigerian Economy* (Princeton University Press).

Blake, R., 2000. *Jardine Matheson: Traders of the Far East* (London: Orion Press).

Blight, J.G., and Lang, J.M., 2004. *The Fog of War: Lessons from the Life of Robert S. McNamara* (Lanham, MD: Rowman and Littlefield).

Boehl, W.G., 1992. *Cargill: Trading the World's Grain* (Hanover, NH: University Press of New England).

Bolle, J., 1968. *Solvay* (Brussells: Weissenbruch).

Bonin, H., ed., 2002. *Transnational Companies: 19th–20th Centuries* (Paris: Plage).

Bonin, H., Lung. Y., and Tolliday, S., 2003. *Ford: 1903–2003: The European History,* 2 vols. (Paris: Plage).

Bordo, M. D., Taylor, A. M., and Williamson, J. G., 2003. *Globalization in Historical Perspective* (University of Chicago Press).
Borscheid, P., 1990. *100 Jahre Allianz 1890–1990* (Munich: AG Allianz).
Borscheid, P., and Haueter, N.V., eds,, 2012. *World Insurance: The Evolution of a Global Risk Network* (Oxford University Press).
Borscheid, P., and Pearson, R., eds., 2007. *Internationalisation and Globalisation of the Insurance Industry in the 19th and 20th Centuries* (Marburg: Philipps University).
Bosson, R., and Varon, B., 1977. *The Mining Industry and Developing Countries* (Oxford University Press).
Bostock, F., and Jones, G., 1989. 'British business in Iran, 1860s-1970s', in R. P. T. Davenport-Hines and G. Jones, eds., *British Business in Asia since 1860* (Cambridge University Press).
Bostock, F, and Jones, G., 1994. 'Foreign multinationals in British manufacturing, 1850–1962', *Business Hisotry*, 36.
Bowen, H.V., Lincoln, M., and Rigby, N., eds., 2002. *The Worlds of the East India Company* (Woodbridge: Boydell Press).
Brass, T., 1999. *Towards a Comparative Political Economy of Unfree Labour: Cases and Debates* (London: Frank Cass).
Braudel, F., 1949. *The Mediterranean and the Mediterranean World in the Age of Philip II* (Oakland, CA: University of California Press).（浜名優美訳『地中海』藤原書店, 1999年.）
Brech, M., and Sharp, M., 1984. *Inward Investment: Policy Options for the United Kingdom* (London: Routledge and Kegan Paul).
Broehl, W. G., 1998. *Cargill: Going Global* (Hanover, NH: Dartmouth College Press).
Brown Boveri, 1966. *75 Years of Brown Boveri: 1891–1966* (Baden: Brown Boveri).
Brown, I., 2011. 'Tracing Burma's economic failure to its colonial influence', *Business History Review*, vol. 85.
Brown, J., and Knight, A., 1992. *The Mexican Petroleum Industry in the 20th Century* (Austin: University of Texas Press).
Brown, M., and McKern, B., 1987. *Aluminium, Copper and Steel in Developing Countries* (Paris: OECD).
Brown, R., 1994. *Capital and Entrepreneuship in South East Asia* (New York: St Martin's Press).
Brown, R., 2000, *Chinese Big Business and the Wealth of Nations* (Basingstoke: Palgrave).
Brown, S. R., 1979. 'The transfer of technology to China in the nineteenth century: the role of foreign direct investment', *Journal of Economic History*, 39.
Brunschwig, H., 1970. 'Politique et économimie dans l'empire francais d'Afrique Noire 1870–1914, *Journal of African History*, 11.
Bucheli, M., 2005. *Bananas and Business: The United Fruit Company in Colombia, 1899–2000* (New York University Press).
Bucheli, M., 2010. 'Multinational corporations, business groups, and economic nationalism: Standard Oil (New Jersey), Royal Dutch-Shell, and Energy Politics in Chile, 1913–2005', *Enterprise and Society*, 11.
Buckley, P. J., and Casson, M., 1976. *The Future of Multinational Enterprise* (London:

MacMillan).（清水隆雄訳『多国籍企業の将来』文眞堂, 1993年.）
Buckley, P. J., and Casson, M., 1985. *The Economic Theory of Multinational Enterprise* (London: Macmillan).
Buckley, P. J., and Roberts, B., 1982. *European Direct Investment in the USA before World War I* (London: Mcmillan).
Bussiere., E., 1983. 'The interests of the Banque de l'Union Parissienne in Czechsolovakia, Hungary, and the Balkans, 1919–30', in A. Teichova, and P.L. Cottrell, eds., *International Business and Central Europe, 1918–1939* (London: Palgrave Macmillan).
Butler, L. J., 2000. 'Capitalism and nationalism at the end of empire: state and business in decolonising Egypt, Nigeria and Kenya, 1945–1963', *Journal of African History*, 41.
Butler, L. J., 2007. *Copper Empire: Mining and the Colonial State in Northern Rhodesia, c. 1930–64* (Basingstoke: Palgrave Macmillan).
Cailluet, L., 1999. 'Nation states as providers of capability: French industry overseas, 1950–1965', *European Yearbook of Business History*, 2 .
Cain, P., and Hopkins, A. G., 1993. *British Imperialism: Crisis and Deconstruction, 1914–1990* (London: Routledge).（木畑洋一・旦祐介訳『ジェントルマン資本主義の帝国 II—危機と解体1914～1990』名古屋大学出版会, 1997年.）
Calvo., A., 2008. 'State, firms and technology: the rise of multinational telecommunications companies: ITT and the Compania Telefonica Nacional de Espana, 1924–1945', *Business History*, 50.
Cameron, R., and Bovykin, V. I., 1990. *International Banking, 1870–1914* (New York: Oxford University Press).
Campbell-Kelly, M., 1990. *ICL: A Business and Technical History* (Oxford: Clarendon Press).
Cantwell, J. A., 1989. *Technological Innovation and Multinational Enterprise* (Oxford: Blackwell).
Cardoso, F. H., 1972. 'Dependent capitalist development in Latin America', *New Left Review*, I/74, July-August.
Cardoso, F. H., and Faletto, E., 1979. *Dependency and Development in Latin America* (Oakland, CA: University of California Press).
Carlos, A., and Kruse, J., 1996. 'The decline of the Royal African Company: fringe firms and the role of the charter', *Economic History Review*, 49.
Carlos, A., and Nicholas, S., 1988. 'Giants of an earlier capitalism: the chartered trading companies as modern multinationals', *Business History Review*, 62.
Carr, E. H., 1962. *What Is History?* (Cambridge University Press).（清水幾太郎訳『歴史とは何か』岩波書店, 1962年.）
Carstensen, F., 1984. *American Enterprise in Foreign Markets: Singer and International Harvester in Imperial Russia* (Chapel Hill: University of North Carolina Press).
Cassell, C. A., 1970. *Liberia: The History of the First African Republic* (London: Foutainhead).
Cassis, Y., 2006. *Capitals of Capital: A History of International Financial Centres, 1780–2005* (Cambridge University Press).
Casson, M., ed., 1983. *The Growth of International Business* (London: George Allen and Unwin).

Casson, M., 1986. *Multinationals and World Trade* (London: Routledge).
Casson, M., 1994. 'Institutional diversity in overeseas enterprise; explaining the free-standing company', *Business History*, 36.
Caves, R. E., 1982. *Multinational Enterprise and Economic Analysis* (Cambridge University Press).（岡本康雄・周佐喜和・長瀬勝彦・姉川知史・白石弘幸訳『多国籍企業と経済分析』千倉書房, 1992年.）
Cerretano, V., 2012. 'European cartels, European multinationals and economic de-globalization: insights from the rayon industry, c.1900–1939', *Business History*, 54.
Chalmin, P., 1987. 'The rise of international trading companies in Europe in the nineteenth century', in S. Yonekawa and H. Yoshihara., eds., *Business History of General Trading Companies* (University of Tokyo Press).
Chalmin, P., 1990. *The Making of a Sugar Giant: Tate and Lyle, 1859–1989* (London: Routledge).
Chamberlain, M. E., 1999. *The Scramble for Africa* (Essex: Pearson).
Chan, Y. K., 2006. *Business Expansion and Structural Change in Pre-war China: Liu Hongsheng and his Enterprises, 1920–37* (Hong Kong University Press).
Chandler, A. D., 1962. *Strategy and Structure: Chapters in the History of the American Industrial Enterprise* (Cambridge, MA: MIT Press).（有賀裕子訳『組織は戦略に従う』ダイヤモンド社, 2004年.）
Chandler, A. D., *The Visible Hand: The Managerial Revolution in American Businesss* (Cambridge, MA: Harvard University Press).（鳥羽欽一郎・小林袈裟治訳『経営者の時代—アメリカ産業における近代企業の成立』上・下, 東洋経済新報社, 1979年.）
Chandler, A. D., 1980. 'The growth of the transnational industrial firm in the United States and the United Kingdom: a comparative analysis', *Economic History Review*, 33.
Chandler, A. D., 1990. *Scale and Scope: The Dynamics of Industrial Capitalism* (Cambridge, MA.: Harvard University Press).（安部悦生・川辺信雄・工藤章・西牟田祐二・日高千景・山口一臣訳『スケール・アンド・スコープ—経営力発展の国際比較』有斐閣, 1993年.）
Chandler, A. D., Amatori, F., and Hikino, T., eds., 1997. *Big Business and the Wealth of Nations* (Cambridge University Press).
Chandler, A. D., and Mazlish, B., eds., 1997. *Leviathans Multinational Corporations and the New Global History* (Cambridge University Press).
Channon, D. F., 1973. *The Strategy and Structure of British Enterprise* (Basingstoke: Palgrave Macmillan).
Chapman, K., 1991. *The International Petrochemical Industry* (Oxford: Blackwell).
Chapman, P., 2007. *Bananas: How the United Fruit Company Shaped the World* (New York: Canongate).（小澤卓也・立川ジェームズ訳『バナナのグローバル・ヒストリー』ミネルヴァ書房, 2018年.）
Chapman, S. D., 1985. 'British-based investment groups before 1914', *Economic History Review*, 38.
Chapman, S. D., 1987. 'Investment groups in India and South Africa', *Economic History Review*, 40.
Chapman, S. D., 1992. *Merchant Enterprise in Britain* (Cambridge University Press).
Chaudhari, K. N., ed., 1971. *The Economic Development of India under the East India*

Company, 1814-1858 (Cambridge University Press).
Chaudhari, K.N., 1978. *The Trading World of Asia and the English East India Company, 1660-1760* (Cambridge University Press).
Cheape, C., 1999. 'Not politicians but sound businessmen: Norton and Company and the Third Reich', *Business History Review*, 73.
Chen, E. Y. K., ed., 1994. *Technology Transfer to Developing Countries* (London: Routledge).
Cheng, L., 1937. *The Chinese Railways: Past and Present* (Shanghai: China United Press).
Cheong, W. E., 1979. *Mandarins and Merchants* (London: Taylor & Francis).
Chew, E. C. T., and Lee, E., eds., 1991. *A History of Singapore* (Oxford University Press).
Chick, M., ed., 1990. *Governments, Industries and Markets* (Basingstoke: Edward Elgar).
Child, J., Faulkner, D., and Pitkelthy, R., 2001. *The Management of International Acquisitions* (Oxford University Press).
Cho, D. S., 1984. 'The anatomy of the Korean general trading company', *Journal of Business Research*, 12.
Cho, D. S., 1987. *The General Trading Company* (Lexington Books).
Church, R., 1986. 'The effects of American multinationals in the British motor industry, 1911-1983', in A. Teichova, M. Levy-Leboyer, and H. Nussbaum, eds., *Multinational Enterprises in Historical Perspective* (Cambridge University Press). (鮎沢成男・渋谷将・竹村隆雄監訳「英国自動車産業に対するアメリカ系多国籍企業の諸影響」『歴史のなかの多国籍企業』中央大学出版部, 1991年, 所収.)
Clarence-Smith, W. G., and Topik, S., eds., 2003. *The Global Coffee Economy in Africa, Asia and Latin America, 1500-1989* (New York: Cambridge University Press).
Clark, C., 2012. T*he Sleepwalkers: How Europe Went to War in 1914* (New York: HarperCollins). (小原淳訳『夢遊病者たち―第一次大戦はいかにして始まったか』みすず書房, 2017年.)
Clayton, L. A., 1985. *Grace. W. Grace & Co. The Formative Years: 1850-1930* (Erie, PA: Jameson Books).
Cleveland, H. V. B., and Huertas, T. F., 1985. *Citibank, 1812-1970* (Cambridge, MA: Harvard University Press).
Coase, R. H., 1937. 'The Nature of the Firm', *Economica*, 4.
Cobbe, J. H., 1980. *Governments and Mining Companies in Developing Countries* (Boulder, CO: Westview Press).
Cochran, S. G., 1980. *Big Business in China: Sino-Foreign Rivalry in the Cigarette Industry, 1890-1930* (Cambridge, MA: Harvard University Press).
Cochran, S. G., 2000. *Encountering Chinese Networks: Western, Japanese, and Chinese Corporations in China, 1880-1937* (Oakland, CA: University of California Press).
Cohan, W. D., 2011. *Money and Power: How Goldman Sacks Came to Rule the World* (New York: Doubleday).
Coleman, D. C., 1969. *Courtaulds: An Economic and Social History*, vol. i-ii (Oxford: Clarendon Press).
Coleman, D. C., 1980. *Courtaulds: An Economic and Social History*, vol.iii (Oxford: Clarendon Press).
Colijn, H., 1927. *World Economic Conference of 1927* (Geneva: League of Nations).
Colpan, A. M., Hikino, T., and Lincoln, J. R., eds., 2012. *The Oxford Handbook of Business*

Groups (Oxford University Press).
Corley, T. A. B., 1983. *A History of the Burmah Oil Company, 1886–1924* (London: Heineman).
Corley, T. A. B., 1986. *A History of the Burmah Oil Company, 1924–1966* (London: Heineman).
Corley, T. A. B., 1994. 'Britain's overseas investments in 1914 revisited', *Business History*, 36.
Coronel, G., 1983. *The Nationalization of the Venezuelan Oil Industry* (Lexington, MA: Lexington Books).
Cox, H., 2000. *The Global Cigarette: Origins and Evolution of British American Tobacco, 1880–1945* (Oxford University Press).（山崎広明・鈴木俊夫監修『グローバル・シガレット―多国籍企業 BAT の経営史 1880–1945』山愛書院, 2002年.）
Cray, D., 1980. *Chrome Colossus: General Motors and Its Times* (New York: McGraw-Hill).
Crisp, O., 1976. *Studies in the Russian Economy before 1914* (London: Mcmillan).
Croce, B., 1941. *History as the Study of Liberty* (London: Allen and Unwin).
Crouzet, F., 1982. *The Victorian Economy* (London: Routledge).
Däbritz, W., 1931. *Fünfzig Jahre Metallgesellschaft 1881–1931* (Frankfurt am Main: Metallgesellschaft).
Dalton, G., 1965. 'History, politics, and economic development in Liberia', *Journal of Economic History*, 25.
Darwin, J., 2009. *The Empire Project: The Rise and Fall of the British World System 1830–1970* (Cambridge University Press).
Dassbach, C. H. A. C., 1989. *Global Enterprises in the World Economy* (New York: Garland).
Daunton, M. J., 1989. 'Firm and family in the city of London in the nineteenth century: the case of F. G. Dalgety', *Economic History Review*, 42.
Davenport-Hines, R. P. T., 1986. 'Vickers as a multinational before 1945', in G. Jones, ed., *British Multinationals: Origins, Management and Performance* (London: Gower).
Davenport-Hines, R. P. T., and Jones, G., 1989. *British Business in Asia since 1860* (Cambridge University Press).
Davenpot-Hines, R. P. T., and Slinn, J., 1992. *Glaxo: A History to 1962* (Cambridge University Press).
Davidson, B., 1969. *Africa in History* (New York: Simon & Schuster).
Davies, P. N., 1973. *The Trade Makers: Elder Dempster in West Africa, 1852–1972* (London: Allen & Unwin).
Davies, P. N., 1977. 'The impact of the expatriate shipping lines on the economic development of British West Africa', *Business History*, 19.
Davies, P. N., 1990. *Fyffes and the Banana: musa sapientum: A Centenary History, 1888–1988* (London: Athlone Press).
Davis, R. B., 1976. *Peacefully Working to Conquer the World: Singer Sewing Machines in Foreign Markets, 1854–1920* (New York: Arno Press).
Davis, L. E., and Huttenback, R. A., 1986. *Mammon and the Pursuit of Empire: The Political Economy of British Imperialism, 1860–1912* (Cambridge University Press).
Deloitte, Plender, Griffiths & Co., 1958. *Deloitte & Co., 1845–1956* (London, privately published).
Devos, G., 1993. 'Agfa-Gevaert and Belgian multinational enterprise', in G. Jones and H. G.

Schroter, eds., *The Rise of Multinationals in Continental Europe* (Aldershot: Edward Elgar).

Dick, H., Houben, V. J. H., Lindblad, J. T., and Wie, T. K., 2002. *The Emergence of a National Economy: An Economic History of Indonesia, 1800–2000* (Honolulu, HI: University of Hawaii Press).

Dicken, P., 2005, *Global Shift* (London: Sage).

Dosal, P. J., 1993. *Doing Business with Dictators: A Political History of United Fruit in Guatemala, 1899–1944* (Wilmington: Scholarly Resources, 1993).

Drabble, J. H., 1999. *Malayan Rubber: The Interwar Years* (Oxford University Press).

Drabble, J. H., and Drake, P.J., 1981. 'The British agency houses in Malaysia: survival in a changing world', *Journal of South East Asian Studies,* 12.

Dunca, J. S., 1937. 'British Railways in Argentina', *Political Science Quarterly*, 52.

Dunning, J. H., 1958. *American Investment in British Manufacturing Industry* (London: Allen & Unwin).

Dunning, J. H., 1993. *Multinational Enterprises and the Global Economy* (Wokingham: Addison-Wesley).

Dunning, J. H., and Houston, T., 1976. *UK Industry Abroad* (New York: Financial Times).

Dunning. J. H., Kogut, B., and Blomstrom, M., 1990. *Globalization of Firms and the Competitiveness of Nations* (Lund: Institute of Economic Research).

Dunning, J. H., and Lundan, S., 2008. *Multinational Enterprises and the Global Economy* (Aldershot: Edward Elgar).

Dyer, H., 1904. *Dai Nippon: The Britain of the East,* (Glasgow: Blackie and Son). (平野勇夫訳『大日本—技術立国日本の恩人が描いた明治日本の実像』実業之日本社, 1999年.)

Eakin, M. C., 1989. *British Enterprise in Brazil* (Durham, NC: Duke University Press).

Easterbrook, W.T., and Aitken, H. G. J., 1988. *Canadian Economic History* (University of Toronto Press).

Edelstein, M., 1982. *Overseas Investment in the Age of High Imperialism: The United Kingdom, 1850–1914* (New York: Columbia University Press).

Edlin, C., 1992. *Philippe Suchard (1797–1884): Schokolade Fabrikant und Sozialpionier* (Zurich: Verein für Wirtschaftshistorische Studien).

Edwards, T., and Ferner, A., 2002. 'The renewed "American challenge": a review of employment practice in US multinationals', *Industrial Relations Journal*, 33.

Egelhof, W. G., 1982. 'Strategy and structure in multinational corporations: an informational approach', *Administrative Science Quarterly*, 27.

Egelhof, W. G., 1984. 'Patterns of control in US, UK and European multinational corporations,' *Journal of International Business Studies*, vol. 15, no. 2.

Eggers-Lurat, A., 1993. 'The Danes in Siam: their involvement in establishing the Siam Commercial Bank Ltd. at the end of the last century', *Journal of the Siam Society*, vol. 81. Pt 2, 131 40.

EIU (Economic Intelligence Unit), 2006. *World Investment Prospects in 2010: Boom or Blacklash?* (London: EIU).

Emmer, P.C., ed., 1986. *Colonialism and Migration: Indentured Labour before and after Slavery* (Dordrecht: Springer).

Encarnation, D. J., 1989. *Dislodging Multinationals: Industry's Strategy in Historical*

Perspective (Ithaca, NY: Cornell University Press).
Enderwick, P., 2013. *Multinational Business and Labour* (London: Routledge).
Enderwick, P., ed., 1989. *Multinational Service Firms* (London: Routledge).
Enri, P., 1999. *The Basel Marriagae: History of the Ciba-Gaigy Merger* (Zurich: Neve Zürcher Zeitung).
Estape-Triay, S., 1998. 'Economic nationalism, state intervention, and foreign multinationals: the case of the Spanish Ford subsidiary, 1936–1954', Paper presented to the European Business History Association conference.
Estape-Triay, S., 1999. 'State and industry in the '40s: the Spanish automobile industry'. Paper presented to the European Business History Association, Rotterdam, 24–26 September.
Evans, P. B., 1979. *Dependent Development: The Alliance of Multinational, State and Local Capital in Brazil* (Princeton University Press).
Evans, R. J., 2001. *Lying About Hitler: History, Holocaust, and the David Irving Trial* (New York: Basic Books).
Evans, R. J., 2005. *In Defence of History* (London: Granta Books).
Ewans, M., 2002. *European Atrocity, African Catastrophe: Leopold II, the Congo Free State and Its Aftermath* (London: Routledge).
Ewell, J., 1999. *Venezuela and the US: from Monroe's Hemisphere to Petroleum's Empire* (Athens, GA: University of Georgia Press).
Fairbank, J. K., and Liu, K.-C., eds., 1980. *The Cambridge History of China*. vol. 2: *Late Ch'ing, 1800–1911* (Cambridge University Press).
Falkus, M., 1989. 'Early British business in Thailand', in R. P. T. Davenport-Hines and G. Jones, *British Business in Asia since 1860* (Cambridge University Press).
Farnie, D. A., 1979. *The English Cotton Industry and the World Market, 1815–1896* (Oxford University Press).
Feinstein, C., 1990. 'Britain's overseas investments in 1913', *Economic History Review*, 43.
Feinstein, C. H., 2005. *An Economic History of South Africa* (Cambridge University Press).
Feldenkirchen, W., 2000. *Siemens, from Workshop to Global Player* (Columbus, OH: Ohio State University Press).
Feldman, M. P., 1989. 'FDI and spillovers in the Swiss manufacturing industry: interaction effects between spillover merchants and domestic absorptive capacities,' in M. P. Feldman and G. D. Santangelo, eds., *New Perspectives in International Business Research* (*Progress in International Business Research*, vol. Ⅲ) (Bingley: Emerald Group Publishing).
Fenton-O'Creevy, M., Gooderham, P. N., and Nordhaug, O., 2005. 'Diffusion of HRM to Europe and the role of US MNCs', *Management Revue*, 16(1).
Ferguson, N., 1998. *The World's Banker: The History of the House of Rothschild* (London: Weidenfield and Nicolson).
Ferrier, R. W., 1982. *The History of the British Petroleum Company*, vol. 1 (Cambridge University Press).
Fieldhouse, D. K., 1965. *Colonial Empires: A Comparative Survey from the 18th Century* (New York: Delacorte Press).
Fieldhouse, D. K., 1978. *Unilever Overseas* (London: Croom Helm).
Fieldhouse, D. K., *Merchant Capital and Economic Decolonization: The United Africa*

Company, 1929-87 (Oxford University Press, 1994).
Fieldhouse, D.K., 2006. *Western Imperialism in the Middle East, 1914-1958* (Oxford University Press).
Finch, M. H. J., 1985. 'British imperialism in Uruguay: the public utility companies and the British state, 1900-1939', in C. Abel and C. M. Lewis, eds., *Latin America, Economic Imperialism and the State* (London: Athlone Press).
Finlay & Co. Ltd, 1951. *James Finlay & Co. Ltd* (Glasgow: Jackson, Son & Company).
Fitzgerald, R., 1995. *Rowntree and the Marketing Revolution, 1862-1969* (Cambridge University Press).
Fitzgerald, R., 2009. 'Marketing and distribution', in G. Jones and J. Zeitlin, eds., *Oxford Handbook of Business History* (New York: Oxford University Press).
Forbes, N., 2000. *Doing Business with the Nazis: Britains's Financial and Economic Relations with Germany 1931-39* (London: Loutledge).
Forbes-Munro, J., 1998. 'From regional trade to global shipping: Mackinnon, Mackenzie & Co. within the Mackinnon Enterprise Network', in G. Jones, *The Multinational Traders* (London: Routledge).
Foremen-Peck, J., 1994. *A History of the World Economy* (New Jersey: Prentice Hall).
Frank, A. G., 1969. *Latin America: Underdevelopment or Revolution* (New York: Monthly Review Press).
Franko, L., 1976. *The European Multinationals* (Stamford, CT: Greyford Publishers).
French, D., 1991. *The US Tire Industry* (Boston, MA: G. K. Hall).
Friedenson, P., 1986. 'The growth of multinational activities in the French motor industry, 1890-1979', in P. Hertner and G. Jones, eds, *Multinationals: Theory and History* (Farnham: Ashgate).
Friedman, T., 2006. *The World Is Flat: A Brief History of the World Twenty Years from Now* (New York: Farrar, Straus and Giroux). (伏見威蕃訳『フラット化する世界—経済の大転換と人間の未来』日本経済新聞社, 2006年.)
Fritsch, W., and Franco., G., 1991. *Foreign Direct Investment in Brazil: Its Impact on Industrial Restructuring* (Paris: OECD).
Fritz, M. and Karlsson, B., 2007. *SKF: A Global History: 1867-2007* (Stockkholm: Informationsförlaget).
Fruin, W. M., 1992. *The Japanese Enterprise System: Competitive Strategies and Cooperative Structures* (Oxford University Press).
Fruin, W.M., 2002. *Japanese Enterprise System: Competitive Strategies and Cooperative Structures* (Oxford University Press).
Fuji Xerox, 1994. *Three Decades of Fuji Xerox 1960-1992* (Tokyo: Fuji Xerox). (富士ゼロックス『富士ゼロックス30年史』1994年.)
Gabel, M., and Bruner, H., 2003. *Global, Inc.: An Atlas of the Multinational Corporation* (New York: New Press).
Gaddis, J. L., 1998. *We Now Know: Rethinking Cold War History* (Oxford University Press).
Gales, B. P., and Sluyterman, K. E., 1993. 'Outward bound: the rise of the Dutch multinationals', in G. Jones and H, Schroter, eds., *The Rise of Multinationals in Continental Europe* (Aldershot: Edward Elgar).
Galey, J., 1979. 'Industrialist in the wilderness: Henry Ford's Amazon venture', *Journal of*

Interamerican Studies and World Affairs, 21.
Gall, L., Feldman, Gerald D., James, Harold, and Holtfrerich, Carl-Ludwig, 1995. *The Deutsche Bank 1870–1995* (Princeton University Press).
Gallard, P., 2004. *À l'assaut du monde: L'aventure Peugeot-Citroën* (Paris: F. Bourin).
Garfield, S., 2001. *Mauve* (New York: Norton).
Garretson, F. C., 1958. *History of the Royal Dutch*, 4 vols (privately published).（近藤一郎・奥田英雄訳『ロイヤル・ダッチ・シェルの歴史』第1巻, 石油評論社, 1959年.）
Gereffi, G., 1994. *Commodity Chains and Global Capitalism* (Westport, CT: Praeger).
Gerschenkron, A., 1965. *Economic Backwardness in Economic Development* (Cambride, MA: Belknap).（池田道子訳『経済後進性の史的展望』日本経済評論社, 2016年.）
Geyl, P., 1955. *Debates with Historians* (Groningen: Wolters).
Gibbs, G. S. and Knowlton, E. H., 1956. *The Resurgent Years, 1911–1927* (New York: Harper and Brothers).
Giddens, A., 1999. *Runaway World: How Globalization is Shaping our Lives* (London: Profile Books).（佐和隆光訳『暴走する世界―グローバリゼーションは何をどう変えるのか』ダイヤモンド社, 2001年.）
Giebelhaus, A. W., 1994. 'The pause that refreshed the world: the evolution of Coca Cola's global marketing strategy', in G. Jones, and N. J. Morgan, eds., *Adding Value: Brands and Marketing in Food and Drink* (London: Routledge).
Gillespie, R. W., 1972. 'The policies of England, France and Germany as recipients of foreign direct investment', in F. Machlup, W. S. Salant, and L. Tarshis, eds., *International Mobility and Movement of Capital* (New York: Columbia University Press).
Gimbel, P. J., 1990. *Science, Technology and Reparations: Exploitation and Plunder in Postwar Germany* (Stanford University Press).
Glaser-Smith, E., 1994. 'Foreign trade strategies of I. G. Farben after world war I', *Business and Economic History*, 23.
Godley, A. C., 1999. 'Pioneering foreign direct investment in British manufacturing', *Business History Review*, 73.
Godley. A. C., 2003. 'Foreign multinationals and innovation in British retailing, 1850–1962', *Business History*, 45.
Goldstein, A., 2007. *Multinational Companies from Emerging Economies: Composition, Conceptualization and Direction in the Global Economy* (Basingstoke: Palgrave).
Gondola, C. D., 2002. *The History of Congo* (Westport, CT: Greenwood Press).
Gonjo, Y., 1993. *Banque Coloniale ou Banque d'Affaires. La Banque de l'Indochine sous la IIIe Republique* (Paris, IGDPE).
Goodman, J. B., 1993. 'Insurance domestic regulation and international service competition', in D. B. Yoffie, ed., *Beyond Free Trade: Firms, Governments and Global Competition* (Boston, MA: Harvard University Press).
Gordon, A., 2003. *A Modern History of Japan: From Tokugawa Times to the Present* (Oxford Univerrsity Press).
Graham, R., 1968. *Britain and the Onset of Modernization in Brazil, 1850–1914* (Cambridge University Press).
Grandin, G., 2009. *Fordlandia: The Rise and Fall of Henry Ford's Forgotten Jungle City* (New York: Picador).

Gray, J., 1998. *False Dawn: The Delusions of Global Capitalism* (London: Granta).（石塚雅彦訳『グローバリズムという妄想』日本経済新聞社, 1999年.）
Greenhill, R., and Miller, R., 1998. 'British trading companies in South America after 1914,' in G. Jones, eds., *The Multinational Traders* (London: Routledge).
Guex, S., ed., 1998. *Switzerland and the Great Powers, 1914–1945* (Geneva: University of Geneva Centre of International Economic History).
Gupta, B., 1997. 'Collusion in the Indian tea industry in the Great Depression: an analysis of panel data', *Explorations in Economic History*, 34(2).
Häikiö, M., 2002. *Nokia: The Inside Story* (Upper Saddle River New Jersey: Prentice Hall, 2002).
Hall, D., and Lobina, E., 2012. *The Birth, Growth and Decline of Multinational Water Companies*. Public Services International Research Unit Report (May).
Hamilton, A., 1791. *Report on Manufactures*, cited in John Church, *The Works of Alexander Hamilton: Miscellanies, 1789–1795* (John F. Trow, 1850).
Harcourt, F., 'The P. & O. Company: flagships of imperialism', in S. Palmer and G. Williams, eds, 1981. *Chartered and Unchartered Waters* (London: National Maritime Museum).
Harlaftis, G., 1996. *A History of Greek-owned Shipping: The Making of an International Tramp Fleet, 1830 to the Present Day* (London: Taylor and Francis).
Harrison, P., and George, S., 1983. *L'Empire Nestlé* (Lausanne: Centre Europe-Tiers Monde Pierre-Marcel Farre).
Harrison, R. J., 1978. *Economic History of Modern Spain* (Manchester University Press).
Harvey, C., 1981. *The Rio Tinto Company: An Economic History of a Leading International Mining Concern, 1873–1954* (Penzance: Alison Hodge).
Harvey, C. E., and Press, J., 1990. 'The city and international mining, 1870–1914', *Business History*, 32.
Harvey, C. E., and Taylor, P., 1987. 'Mineral wealth and foreign direct investment in Spain, 1851–1913', *Economic History Review*, 60.
Hatton, T. J., and Williamson, J. G., 1998. *The Age of Mass Migration* (Oxford University Press).
Hausman, W. J., Hertner, P., and Wilkins, M., 2008. *Global Electrification: Multinational Enterprise and International Finance in the History of Light and Power, 1878–2007* (Cambridge University Press).
Heaton, M. W., 2008. *A History of Nigeria* (Cambridge University Press).
Heer, J., 1966. *World Events, 1866–1966: The First Hundred Years of Nestlé* (privately published).
Heer, J., 1991. *Nestlé 125 years (1866–1991)* (Vevey: Nestlé).
Held, D., McGrew, A., Goldblatt, D., and Perraton, J., 1999. *Global Transformations: Politics, Economics, and Culture* (Hoboken, NJ: Wiley).
Hennart, J.-F., 1982. *A Theory of Multinational Enterprise* (Ann Arbor: University of Michigan Press).
Hennart, J.-F., 1986. 'The tin industry', in M. Casson, ed., *Multinationals and World Trade* (London: Allen and Unwin).
Hennart, J.-F., 1994. 'Free-standing firms and the internationalization of markets for financial capital: a response to Casson', *Business History*, 36.

Hertner, P., and Jones, G., 1986. *Multinationals: Theory and History* (Farnham: Ashgate).
Hidy, R. W., and Hidy, M. E., 1955. *Pioneering in Big Business: The History of the Standard Oil Company (New Jersey), 1882-1911* (New York: Harper).
Hobsbawm, E., 1989. *The Age of Empire, 1875-1914* (London: Abacus). (野口健彦・野口照子訳『帝国の時代—1875-1914. 1』みすず書房, 1993年; 野口健彦・長尾史郎・野口照子訳『帝国の時代—1875-1914. 2』みすず書房, 1998年.)
Hobsbawm, E., 1998. *On History* (New York: New Press). (原剛訳『ホブズボーム歴史論』ミネルヴァ書房, 2001年.)
Hobsbawm, E., 2003. *The Age of Extremes: The Short Twentieth Century, 1914-1991* (London: Abacus). (河合秀和訳『20世紀の歴史—極端な時代(上・下)』三省堂, 1996年.)
Hobson, J. A., 1902. *Imperialism* (London: J. Nisbet). (矢内原忠雄訳『帝国主義論(上・下)』岩波書店, 1951, 1952年.)
Hochschild, A., 1988. *King Leopold's Ghost* (Boston, MA.: Houghton Mifflin).
Hochschild, A., 1998. *King Leopold's Ghost: A Story of Greed, Terror, and Heroism in Colonial Africa* (London: Pan Macmillan).
Hodges, M., 1974. *Multinational Corporations and National Government* (Oxford: Saxon House).
Hoesel, R. van, 1999. *New Multinational Enterprises from Korea and Taiwan: Beyond Export-Led Growth* (London: Routledge).
Hoesel, R. van, and Narula, R., 1999. *Multinational Enterprises from The Netherlands* (London: Routledge).
Hollander, S., 1970. *Multinational Retailing* (Ann Arbor, MI: University of Michigan Press).
Holliday, G. D. 1979. *Technology and East West Trade* (Santa Monica: Rand).
Hood, J., 2004. *John Brown Engineering: Power Contractors to the World* (privately published).
Hood, N., and Young, S., 1979. *The Economics of Multinational Enterprise* (Aldershot: Palgrave).
Hopkins, A. G., 1980. 'Property rights and empire building: Britain's annexation of Lagos', *Journal of Economic History*, 40.
Huang, Y., and Yu, M., 2012. *China's New Role in the World Economy* (New York, Routledge).
Hudson's Bay Company, 1934. *Hudson's Bay Company: A Brief History* (privately published).
Huff, W. G., 1994. *The Economic Growth of Singapore: Trade and Development in the Twentieth Century* (Cambridge University Press).
Humes, S., 1990. *Managing the Multinational* (New Jersey: Prentice Hall).
Hunt, W., 1951. *Heirs of Great Adventure: History of Balfour, Williamson and Son,* vol.1: 1852-1901 (London: Jarold & Son).
Hyde, F. E., and Harris, J. R., 1956. *Blue Funnel: A History of Alfred Holt & Co. of Liverpool from 1865 to 1914* (Liverpool University Press).
Hymer, S., 1960, 'The international operations of national firms: a study of direct foreign investment'. PhD thesis, MIT. (宮崎義一訳『多国籍企業論』岩波書店, 1976年, 所収.)
Iggers, G. C., and Powell, J. M., 1973. *Leopold von Ranke and the Shaping of the Historical*

Discipline (New York: Syracuse University Press).
IMF, various years. *World Economic Outlook* (Washington DC: World Bank).
Innes, D., 1984. *Anglo American and the Rise of Modern South Africa* (New York: Monthly Review Press).
James, H., 2004. *The Nazi Dictatorship and the Deutsche Bank* (Cambridge University Press).
Jeffreys, D., 2008. *Aspirin: The Remarkable Story of a Wonder Drug* (New York: Bloomsbury Publishing).
Jones, C., 1987. *International Business in the Nineteenth Century* (University of Chicago Press).
Jones, G, 1981. *The State and Emergence of the British Oil Industry* (Basingstoke: Palgrave McMillan).
Jones, G., 1986. *Banking and Empire in Iran* (Cambridge University Press).
Jones, G., ed., 1986. *British Multinationals: Origins, Management and Performance* (London: Gower).
Jones, G., 1987. 'The Imperial Bank of Iran and Iranian economic development, 1890-1952', *Business and Economic History*, 16 .
Jones, G., 1988. 'Foreign multinationals and British industry before 1945', *Economic History Review*, 41.
Jones, G., ed., 1990. *Banks as Multinationals* (New York: Routledge)
Jones, G., 1993. *British Multinational Banking, 1830-1990* (Oxford: Clarendon Press).（坂本恒夫・正田繁監訳『イギリス多国籍銀行史—1830-2007年』日本経済評論社, 2007年.）
Jones, G., 1996. *The Evolution of Modern Business: An Introduction* (London: Routledge).（桑原哲也・安室憲一・川辺信雄・榎本悟・梅野巨利訳『国際ビジネスの進化』有斐閣, 1998年.）
Jones, G., ed., 1998. *The Multinational Traders* (London: Routledge).
Jones, G., 1998. 'Multinational cross-investment between Switzerland and Britain, 1914-1945', in S. Guex, ed., *Switzerland and the Great Powers, 1914-1945* (University of Geneva Centre of International Economic History).
Jones, G., 2000. *Merchants to Multinationals* (Oxford University Press).（坂本恒夫・正田繁監訳『イギリス多国籍商社史—19・20世紀』日本経済評論社, 2009年.）
Jones, G., 2005a. *Multinationals and Global Capitalism: From the Nineteenth to the Twenty-First Century* (Oxford University Press).（安室憲一・梅野巨利訳『国際経営講義—多国籍企業とグローバル資本主義』有斐閣, 2007年.）
Jones, G., 2005b. *Renewing Unilever: Transformation and Tradition* (Oxford University Press).（江夏健一・山中祥弘・山口一臣監訳／ハリウッド大学院大学ビューティビジネス研究所訳『多国籍企業の変化と伝統—ユニリーバの再生（1965-2005）』文眞堂, 2013年.）
Jones, G., and Bostock, F., 1996. 'US multinationals in British manufacturing before 1962', *Business History Review*, 70.
Jones, G., and Galvez-Munoz, L., eds, 2001. *Foreign Multinationals in the United States* (London: Routledge).
Jones, G., and Khanna, T., 2006. 'Bringing history (back) into international business', *Journal*

of International Business Studies, 37.
Jones, G., and Schroter, H., eds, 1993. *The Rise of Multinationals in Continental Europe* (Aldershot: Edward Elgar).
Jones, G., and Trebilcock, C., 1982. 'Russian industry and British business, 1910–30: oil and armaments', *Journal of European Economic History*, 11.
Jones, S., 1986. *Two Centuries of Overseas Trading: Origins and Growth of the Inchcape Group* (Basingstoke: Palgrave Macmillan).
Jonker, J., and Sluyterman, K. E., 2005. *At Home on the World Markets: Dutch International Trading Companies between the Wars from the 16th Century to the Present* (Montreal : McGill Queen's University Press).
Karnow, S., 1994. *Vietnam: A History* (London: Penguin).
Kawabe, N., 1987. 'Development of overseas operations by general trading companies, 1868–1945', in S. Yonekawa and H. Yoshihara, eds., *Business History of General Trading Companies* (University of Tokyo Press).
Kawabe, N., 1989. 'Japanese business in the United States before the Second World War: the case of Mitsui and Mitsubishi', in A. Teichova, M. Levy-Leboyer, and H. Nussbaum, eds., *Historical Studies in International Corporate Business* (Cambridge University Press). (浅野栄一・鮎沢成男・渋谷将・竹村隆雄・徳重昌志・日高克平訳「第２次世界大戦前のアメリカ合衆国における日本企業—三井と三菱の事例について」『続 歴史のなかの多国籍企業—国際事業の拡大と深化』中央大学出版部, 1993年, 所収.)
Kenwood, A.G., and Lougheed, A.L., 1992. *The Growth of the International Economy, 1820–1960* (London: Taylor and Francis). (岡村邦輔・岩城剛・飯沼博一・長谷川幸生訳『国際経済の成長—1820～1960』文眞堂, 1977年.)
Kenwood, A. G., and Lougheed, A. L., 1999. *The Growth of the International Economy 1820–2000: An Introductory Text* (London: Routledge).
Kershaw, I., 2004. *Making Friends with Hitler: Lord Londonderry and Britain's Road to War* (London: Allen Lane).
Keswick, M., 1982. *The Thistle and the Jade* (London: Frances Lincoln).
Keynes, J. M., 1919. *The Economic Consequences of the Peace* (New York: Harcourt, Brace & Co.). (早坂忠訳『平和の経済的帰結』東洋経済新報社, 1977年.)
Keynes, J. M., 1936. *General Theory of Employment, Interest and Money* (New York: Harcourt, Brace & Co.). (塩野谷祐一訳『雇用・利子および貨幣の一般理論』東洋経済新報社, 1983年.)
Kindleberger, C. P., 1960. *American Business Abroad* (New Haven, CT: Yale University Press). (小沼敏監訳『国際化経済の論理』ぺりかん社, 1970年.)
Kindleberger, C. P., ed., 1970. *The International Corporation* (Cambridge, MA: MIT Press). (藤原武平・和田和訳『多国籍企業—その理論と行動』日本生産性本部, 1971年.)
King, F. H. H., King, C. E., and King, D. J. S., 1987–88. *The History of the Hong Kong and Shanghai Banking Corporation*, 4vols. (Cambridge University Press).
Kinzer, S., 2006. *Overthrow: America's Century of Regime Change from Hawaii to Iraq* (New York: Macmillan).
Kirchner, W., 1981. 'Russian tariffs and foreign industries before 1914: the German entrepreneur's perspective', *Journal of Economic History*, 41.
Kirkpatrick, C., and Mixson, F., 1961. 'Transnational corporations and economic develop-

ment', *Journal of Modern African Studies*, 1.
Klein, H. S., 1965. 'The creation of the Patino tin empire', *Inter-American Economic Affairs*, 19.
Klein, H. S., 2003. *Concise History of Bolivia* (Cambridge University Press). (星野靖子訳『ボリビアの歴史』創土社, 2011年.)
Kobrak, C., 2002. *National Cultures and International Competition: The Experience of Schering AG, 1851-1950* (Cambridge University Press).
Kobrak, C., 2007. *Banking on Global Markets: Deutsche Bank and the US, 1870 to the Present* (Cambridge University Press).
Kogut, B., and Parkinson, D., 1993. 'The diffusion of American organizing principles to Europe', in B. Kogut, ed., *Country Competitiveness, Technology and the Organizing of Work* (Oxford University Press).
Kojima, K., 1978. *Direct Foreign Investment: A Japanese Model of Multinational Business Operations* (London: Croom Helm).
Kojima, K., 1985. 'Japanese and American direct investment in Asia: a comparative analysis', *Hitotsubashi Journal of Economics*, 26.
Kojima, K., and Ozawa, T., 1984. *Japan's General Trading Companies: Merchants of Economic Development* (Paris: OECD).
Kudo, A., 1994. 'IG Farben in Japan: the transfer of technology and managerial skills', *Business History*, 36.
Kudo, A., and Hara, T., 1992. *International Cartels in Business History* (University of Tokyo Press).
Kumar, N., ed., 1980. *Transnational Enterprises: Their Impact on Third World Societies and Cultures* (Boulder, CO: Westview Press).
Kumar, N., 2012. *India's Emerging Multinationals* (London: Routledge).
Kuwahara, T., 1990. 'Trends in research on overseas expansion by Japanese enterprises prior to World War 2', *Japanese Yearbook on Business History*, 7.
Kuznets, S., 1966. *Modern Economic Growth: Rate, Structure and Spread* (New Haven: Yale University Press). (塩野谷祐一訳『近代経済成長の分析(上・下)』東洋経済新報社, 1968年.)
Lai, C. K., 1994. 'China merchants' steam navigation company, 1872-1902', *Journal of Economic History*, 54.
Lall, S., 1985. *Multinationals, Technology and Exports* (London: Macmillan).
Lall, S., ed., 1993. *Transnational Corporations and Economic Development* (London: Routledge).
Lall, S., and Streeten, P., 1977. *Foreign Investment, Transnationals and Developing Countries* (Boulder, CO: Westview Press).
Lange, O., 1971. 'Denmark in China, 1839-42: a pawn in a British game', *Scandinavia Economic History Review*, 65.
Langlois, R. N., 1989. *Microelectronics: An Industry in Transition* (London: Unwin).
Lanthier, P., 1989. 'Multinaitonals and the French electrical industry, 1889-1940', in A. Teichova, M. Levy-Leboyer, and H. Nussabaum, eds., *Historical Studies in International Corporate Business* (Cambridge University Press). (浅野栄一・鮎沢成男・渋谷将・竹村隆雄・徳重昌志・日高克平訳「多国籍企業とフランス電機産業, 1889-1940年」『続

歴史のなかの多国籍企業—国際事業の拡大と深化』中央大学出版部, 1993年, 所収.)
Larsen, L., 2000. 'Seizing the opportunities: Chinese merchants in Korea, 1876-1910', *Chinese Business History*, 7.
Larson, H. M., 1971. *New Horizons: History of Standard Oil Company, 1927-50* (New York: Harper and Row).
Lasker, B., 1946. 'The Role of the Chinese in the Netherlands East Indies', *Far Eastern Quaterly*, 5.
Laux, J., 1992. *European Automobile Industry* (Boston, MA: Twayne).
LeFevour, E., 1971. *Western Enterprise in Late Ch'ing China* (Cambridge, MA: Harvard University Press).
Leff, N., 1978. 'Multinationals in a hostile world', *The Wharton Magazine* (Summer).
Lenin, V. I., 1916. *Imperialism: The Highest Stages of Capitalism* (reprinted Moscow: Progress Books, 1963). (青野季吉訳『帝国主義—資本主義の最後の段階としての帝国主義』希望閣, 1924年.)
Leonard, T. M., 2011. *The History of Honduras* (Westport, CT: Greenwood).
Levitt, K., 1970. *Silent Surrender: The Multinational Corporation in Canada* (Montreal: McGill Queen's University Press).
Lewis, C., 1983a. *British Railways in Argentina, 1857-1914* (London: Athlone Press).
Lewis, C., 1983b. 'The financing of railway development in Latin America, 1850-1914', *Ibero-Amerikanisches Archiv*, 9.
Lewis, C., 1985. 'Railways and industrialization: Argentina and Brazil, 1870-1929', in C. Abel and C. M. Lewis, eds., *Latin America, Economic Imperialism and the State* (London: Athlone Press).
Lewis, C., and Shlotterbeck, K. T., 1938. *America's Stake in International Investments* (New York: Arno Press).
Lewis, W. A., 1978. *Theory of Economic Growth* (Homewood, IL: Richard D. Irown).
Lief, A., 1951. *The Firestone Story: A History of the Firestone Tire and Rubber Co.* (New York: Whittlesea House).
Lin, C., 1937. *The Chinese Railways: Past and Present* (Shanghai: China United Press).
Lin, M. H., 2001. 'Overseas Chinese merchants and multiple nationality: a means for reducing commercial risk, 1895-1935', *Modern Asian Studies*, 35.
Linder, M., 1994. *Projecting Capitalism: A History of the Internationalization of the Construction Industry* (Westport, CT: Greenwood).
Lippman, W., 1947. *The Cold War* (New York: Harper).
List, F., 1841. *The National System of Political Economy* (reprinted London: Longmans, Green, 1909). (谷口吉彦・正木一夫訳『國民經濟體系』改造社, 1938年.)
Little, D. J., 1979. 'Twenty years of turmoil: ITT, the State Department, and Spain, 1924-1944', *Business History Review*, 53.
Litvin, D., 2003. *Empires of Profit* (Knutsford, Cheshire: Texere).
Liu, K.C., 1962. *Anglo-American Rivalry in China, 1862-74* (Cambridge, MA: Harvard University Press).
Lombard, D., and Aubin, J., 2000. *Asian Merchants and Businessmen in the Indian Ocean and the China Sea* (Oxford University Press).
Longhurst, H., 1956. *The Borneo Story: The First 100 Years* (London: Newman Neame).

Lopes, T., 2006. *Global Brands: The Evolution of Multinationals in Alcoholic Beverages* (Cambridge University Press).

Lottman, H., 2003., *The Michelin Men: Driving an Empire* (London: I. B. Tauris).

Louis, W. R., 2007. *Ends of British Imperialism: The Scramble for Empire, Suez, and Decolonization* (London: I. B. Tauris).

Lundstrom, R., 1986a. 'Banks and early Swedish multinationals', in A. Teichova, M. Levy-Leboyer, and H. Nussbaum, eds., *Multinational Enterprise in Historical Perspective* (Cambridge University Press).（鮎沢成男・渋谷将・竹村隆雄監訳「銀行とスェーデンの初期の多国籍企業」『歴史のなかの多国籍企業』中央大学出版部, 1991年, 所収.）

Lundstrom, R., 1986b. 'Swedish multinational growth before 1930', in P. Hertner and G. Jones, eds., *Multinationals: Theory and History* (Farnham, Surrey: Ashgate).

Lyttleton, O., Lord Chandos, 1962. *Memoirs* (London: Bodley Head).

MacCameron, R., 1983. *Bananas, Labor and Politics in Honduras, 1954-1963* (New York: Syracuse University Press).

MacIntyre, B., 2004. *Josiah the Great* (New York: Harper Collins).

Maddison, A., 1999. *Monitoring the World Economy* (Paris: OECD).（政治経済研究所訳『世界経済の成長史 1820～1992年—199カ国を対象とする分析と推計』東洋経済新報社, 2000年.）

Maddison, A., 2007. *Contours of the World Economy 1-2030: Essays in Macroeconomic History* (Oxford University Press).（政治経済研究所訳『政治経済史概観—紀元1年～2030年』岩波書店, 2015年.）

Maizels, A., 1963. *Industrial Growth and World Trade* (New York: Cambridge University Press).（渡部福太郎訳『工業発展と世界貿易』春秋社, 1970年.）

Marriner, S., and Hyde, F.E., 1967. *The Senior: John Samuel Swire, 1825-1898* (Liverpool University Press).

Marshall, A., 1959（初版1890年）. *Principles of Economics* (London, Mcmillan).（長沢越郎訳『経済学原理—序説』岩波ブックセンター信山社, 1985年.）

Marx, K., and Engels, F., 1848. *The Communist Manifesto* (republished Moscow: Progress Publishers, 1969).（大内兵衛・向坂逸郎訳『共産党宣言』岩波書店, 1951年.）

Mason, M., 1987. 'Foreign direct investment and Japanese economic development, 1899-1931', *Business and Economic History*, 16.

Mason, M., 1990. 'With reservations: pre-war Japan as host to Western Electric and ITT', in T. Yuzawa and M. Udagawa, eds., *Foreign Business in Japan before World War II* (University of Tokyo Press).

Matsusaka, Y. T., 2003. *The Making of Japanese Manchuria, 1904-1932* (Cambridge, MA: Harvard University Press).

Mathews, J. A., 2002. *Dragon Multinationals: A New Model for Global Growth* (Oxford University Press).

Mathews, R. C. O., Feinstein, C. H., and Odling-Smee, J. C., 1982. *British Economic Growth, 1856-1873* (Stanford University Press).

Maude, W., 1958. *Merchants and Bankers: A Brief History of Anthony Gibbs and Sons and Its Associated Houses' Business during 150 Years, 1808-1958* (London, privately published).

Maurer, N., 2011. 'The Empire struck back: sanctions and compensation in the Mexican oil

expropriation of 1938', *Journal of Economic History*, 71.
Maxcy, G., 1981. *The Multinational Motor Industry* (London: Routledge).
May, S., and Plaza, G., 1958. *The United Fruit Company in Latin America* (London: Forgotten Books).
McCabe, I. B., Harflatis, G., and Minoglou, I. P., 2005. *Diaspora Entrepreneurial Networks: Five Centuries of History* (New York: Berg).
McCann, T. P., 1976. *An American Company: The Tragedy of United Fruit* (New York: Random House). (石川博友訳『乗取りの報酬—バナナ帝国・崩壊のドラマ』筑摩書房, 1979年.)
McCreary, E. A., 1964. *The Americanization of Europe: The Impact of Americans and American Business on the Uncommon Market* (New Jersey: Wiley). (荒川孝・神尾昭男・八木甫訳『襲われたヨーロッパ—ドルの勝利と敗北』竹内書店, 1967年.)
McCullough, D., 1977. *The Path Between the Seas: The Creation of the Panama Canal, 1870-1914* (New York: Simon and Schuster). (鈴木主税訳『海と海をつなぐ道—パナマ運河建設史(上・中・下)』フジ出版社, 1986年.)
McDonald, J., 2002, *A Ghost's Memoir: The Making of Alfred P. Sloan's 'My Years with General Motors'* (Cambridge, MA: MIT Press).
McDowell, D., 1988. *The Light: Brazilian Traction, Light and Power Company Limited, 1899-1945* (University of Toronto Press).
McKay, J. P., 1970. *Pioneers for Profit: Foreign Entrepreneurship and Russian Industrialization, 1885-1913* (University of Chicago Press).
McKern, R. B., 1976. *Multinational Enterprise and Natural Resources* (Sydney: McGraw-Hill).
McKern, R. B., ed., 1993. *Transnational Corporations and the Exploitation of Natural Resources* (London: Routledge).
McMillan, J., 1989. *The Dunlop Story: The Life, Death and Rebirth of a Multinational* (London: Weidenfield and Nicolson).
McNeill, W. H., 1963. *The Rise of the West* (University of Chicago Press).
Mejcher, H., 1989. 'Banking and the German oil industry, 1890-1939', in R. W. Ferrier and A. Fursenko, eds., *Oil in the World Economy* (London: Routledge).
Melby, E. D. K., 1981. *Oil and the International System: The Case of France, 1918-1969* (New York: Arno Press).
Meredith, D., and Dyster, B., 1999. *Australia in the Global Economy* (Cambridge University Press).
Merret, D., 1985. *ANZ Bank: History of the Australia and New Zealand Bank* (London: Allen & Unwin).
Meuleau, M., 1990. *Des Pionniers en Extrême-Orient: Histoire de la Banque de l'Indochine, 1875-1975* (Paris: Fayard).
Meyer, L., 1977. *Mexico and the United States in the Oil Controversy, 1917-42* (Austin: University of Texas Press).
Meyer, M. C., and Sherman, W. L., 1987. *The Course of Mexican History* (Oxford University Press).
Michie, R., 1992. *The City of London* (Basingstoke: Palgrave McMillan).
Miller, M. B., 2012. *Europe and the Maritime World: A Twentieth Century History*

(Cambridge University Press).
Miller. R., 1982. 'Small business in the Peruvian oil industry: Lobitos Oilfields Limited before 1914', *Business History Review*, 56.
Miller, R., 1993. *Britain and Latin America in the 19th and 20th Centuries* (London: Longman).
Milward, A., and Saul, S. B., 1978. *The Development of the Economies of Continental Europe, 1850–1914* (London: Allen & Unwin).
Minami, R.. 1987. *Power Revolution in the Industrialization of Japan* (Oxford University Press).
Minoglou, I. P., 1998. 'The Greek merchant house of the Russian Black Sea: a 19th century example of a traders' coalition', *International Journal of Maritime History*, 9.
Minoglou, I. P., and Louri, H., 1997. 'Diaspora entrepreneurial networks of the Black Sea and Greece, 1870–1917', *Journal of European Economic History*, 28.
Mirza, H., 1986. *Multinationals and the Growth of the Singapore Economy* (New York: St Martin's Press).
Miyoshi, N., 2004. *Henry Dyer: Pioneer of Education in Japan* (Tokyo: Global Oriental).
Modig, H., 1979. *Swedish Match Interests in British India during the Interwar Years* (Stockholm: Liberfohl).
Monopolies and Mergers Commission, 1982. *BTR* (London: HHSO).
Montenegro, A., 1993. 'The development of Pirelli as an Italian multinational, 1872–1992', in G. Jones and H. Schroter, eds., *The Rise of Multinationals in Continental Europe* (Aldershot: Edward Elgar).
Morgan Rees, J., 1922. *Trusts in British Industry, 1914–1921* (Kitchener, Ontario: Batoche Books).
Munro, J. F., 1981. 'Monopolists and speculators: British investment in West African rubber, 1905–1914', *Journal of African History*, 22.
Munro, J. F., 1987. 'Shipping subsidies and railway guarantees: William McKinnon, Eastern Africa and the Indian Ocean, 1860–93', *Journal of African History*, 28.
Myint-U, T., 2001. *The Making of Modern Burma* (Cambridge University Press).
Nakagawa, K., ed., 1977. *Strategy and Structure of Big Business* (University of Tokyo Press).
Navin, T. R., 1978. *Copper Mining and Management* (Tucson, AZ: Univeristy of Arizona Press).
Nehmer, S., 2013. *Ford, General Motors and the Nazis: Marxist Myths about Production, Patriotism and Philosophies* (Bloomington, IN: Author House).
Neil-Tomlinson, B., 1998. 'The Nyassa Chartered Company: 1891–1929', *Journal of African History*, 1.
Nevins, A., and Hill, F. E., 1954. *Ford: The Times, the Man, the Company* (New York, Scribner).
Nevins, A., and Hill, F. E., 1957. *Ford: Expansion and Challenge 1915–1933* (New York, Scribner).
Nevins, A., and Hill, F. E., 1963. *Ford: Decline and Rebirth 1933–1962* (New York: Scribner).
Nicholas, S., 1982. 'British multinational investment before 1939', *Journal of European Economic History*, 11.
Nicholas, S., 1983. 'Agency contracts, institutional modes, and the transition to foreign direct

investment by British manufacturing multinationals before 1935', *Journal of Economic History*, 43.
North, D. C., 1990. *Institutions, Institutional Change and Economic Performance* (Cambridge University Press). (竹下公視訳『制度・制度変化・経済成果』晃洋書房, 1994年.)
Nwankwo, S., and Ibeh, K., eds., 2014. *The Routledge Companion to Business in Africa* (London: Routledge).
O'Creevy, M. F., 2002. 'Diffusion of HRM to Europe and the role of US MNCs', *Management Revue*, 13.
Odagiri, H., 1996. *Technology and Industrial Development in Japan* (Oxford University Press).
Ohmae, K., 1995. *The End of the Nation-State: The Rise of Regional Economies* (New York: Free Press).
Ohmae, K., 1999. *The Borderless World: Power and Strategy in the Interlinked Economy* (New York: Harper). (田口統吾訳『ボーダーレス・ワールド』プレジデント社, 1990年, 訳書は初版のもの.)
Okochi, A., and Inoue, T., eds., 1984. *Overseas Business Activities* (University of Tokyo Press).
Oonk, G., 2000. *The Karimjee Jivanjee Family: Merchant Princes of East Africa, 1800–2000* (Amsterdam University Press).
Ozawa, T., 1989. *Recycling Japan's Surpluses for Developing Countries* (Paris: OECD).
Ozawa, T., 1991. 'Japan in a new phase of MNCism and industrial upgrading: functional integration of trade, growth and FDI', *Journal of World Trade*, 25(1).
Paige, J. M., 1997. *Coffee and Power: Revolution and the Rise of Democracy in Central America* (Cambridge, MA: Harvard University Press).
Paquet, G., ed., 1972. *The Multinational Firm and the National State* (New York: Collier McMillan).
Partnoy, F., 2008. *The Match King: Ivar Kreuger. The Financial Genius behind a Century of Wall St Scandals* (New York: Public Affairs).
Paterson, D. G., 1976. *British Direct Investment in Canada, 1890–1914* (Toronto University Press).
Patrikeff, F., and Shukman, H., 2007. *Railways and the Russo-Japanese War: Transporting War* (New York: M. E. Sharpe).
Pearson, R., 2010. *The Development of International Insurance* (London: Pickering and Chatto).
Penrose, E., 1959. *The Theory of the Growth of the Firm* (Oxford University Press). (末松玄六訳『企業成長の理論』ダイヤモンド社, 1962年.)
Penrose, E., 1968. *The Large International Firm in Developing Countries: The International Petroleum Industry* (New York: Praeger). (木内嶢訳『国際石油産業論—メージャーのビヘイビアと戦略』東洋経済新報社, 1972年.)
Perez, T., 1998. *Multinational Enterprises and Technological Spillovers* (London: Taylor and Francis).
Perras, A., 2004. *Carl Peters and German Imperialism 1856–1918: A Political Biography* (Oxford University Press).
Petras, J. E., Morley, M., and Smith, S., 1977. *The Nationalization of Venezuelan Oil* (New

York: Praeger).
Philip, G., 1982. *Oil and Politics in Latin America: Nationalist Movements and State Companies* (Cambridge University Press).
Pike, F.B., 1967. *The Modern History of Peru* (New York: Praeger)
Piquet, C., 2004. 'The Suez Company's concession in Egypt, 1854–1956: Modern infrastructure and local economic development', *Enterprise and Society*, 5.
Pitelis, C. N. 2009. 'International business at 50 – a semi-celebration, challenges and ways ahead', *Academy of International Business Insights*, 9.
Platt, D. C. M., 1972. *Latin America and British Trade, 1806–1914* (New York: Barnes and Noble).
Platt, D. C. M., ed., 1977. *Business Imperialism, 1840–1930: An Inquiry Based on British Experience in Latin America* (Oxford: Clarendon).
Platt, D. C. M., 1980. 'British portfolio investment before 1870: some doubts', *Economic History Review*, 33.
Platt, D. C. M., 1986. *Britain's Investment Overseas on the Eve of the First World War* (New York: St Martin's Press).
Pohl, H., 1989. 'The Steaua Romana and the Deutsche Bank (1903–1920)', *Studies on Economic and Monetary Problems and on Banking History*, 24.
Pointon, A. C., 1964. *The Bombay Burmah Trading Corporation Limited, 1863–1963* (Southampton: Millbrook Books).
Pollard, S., 1985. 'Capital exports, 1870–1914: harmful or beneficial?', *Economic History Review*, 38.
Pollard, S., 1997. *The International Economy since 1945* (London: Routledge).
Pomfret, R., 1993. *The Economic Development of Canada* (London: Methuen).
Ponting, C., 2000. *World History: A New Perspective* (London: Pimlico).
Powell, J., 1956. *The Mexican Petroleum Industry, 1938–1950* (Berkeley: University of California Press).
Pozzi, D., 2010. 'Entrepreneurship and capabilities in a "beginner" oil multinational: the case of ENI', *Business History Review*, 84.
Pritchett, L., 1997. 'Divergence, big time', *Journal of Economic Perspectives*, 11.
PSIRU, 2004. *La Electricidad en América Latina* (London: Public Services International Research Unit).
Pugh, M., 2006. *Hurrah for the Blackshirts* (London: Pimlico).
Purcell, W.R., 1966. 'The development of Japan's trading company network in Australia, 1890–1941', *Australian Economic History Review*, 21.
Ramachandran, N., 1963. *Foreign Plantation Investment in Ceylon* (Central Bank of Ceylon).
Raphael, L., 1973. *The Cape-to-Cairo Dream* (New York: Columbia University Press).
Ray, I., 1999. *The French East India Company and the Trade of the Indian Ocean* (New Delhi: Munshiram Manoharlal).
Ray, R. K., 1979. *Industrialisation in India* (Oxford University Press).
Read, R., 1983. 'The growth and structure of multinationals in the banana export trade', in M. Casson, ed., *The Growth of International Business* (London: George Allen and Unwin).
Read, R., 1986a. 'The banana industry: oligopoly and barriers to entry', in M. Casson, ed., *Multinationals and World Trade* (Farnham: Ashgate).

Read, R., 1986b. 'The copper industry', in M. Casson, ed., *Multinationals and World Trade* (Farnham: Ashgate).
Reader, W. J., 1970. *Imperial Chemical Industries: A History*, vol. I (Oxford University Press).
Reader, W. J., 1975. *Imperial Chemical Industries: A History*, vol. II (Oxford University Press).
Reader, W. J., 1976. *Metal Box: A History* (London: Heinemann).
Reed, P. M., 1958. 'Standard Oil in Indonesia, 1898-1928', *Business History Review*, 32.
Regalsky, A. M., 1989. 'Foreign local capital, local interests and railway development in Argentina: French investments in railways, 1900-1914', *Journal of Latin American Studies*, 21.
Reich, L. S., 1992. 'General Electric and the world cartelization of electric lamps', in A. Kudo and T. Hara, eds., *International Cartels in Business History* (University of Tokyo Press).
Remer, C. F., 1933. *Foreign Investment in China* (New York: Macmillan).(『列国の對支投資(上・中・下)』東亞經濟調査局, 1934年.)
Reynolds, J., 1997. *André Citroën: The Man and the Motor Cars* (Basingstoke: Palgrave Macmillan).
Rippy, J. F., 1959. *British Investments in Latin America, 1822-1949* (Oxford University Press).
Rippy, M., 1972. *Oil and the Mexican Revolution* (Leiden: E. J. Brill).
Roberts, R., 1992. *Schroders, Merchants and Bankers* (London: Macmillan).
Rodrik, D., 1982. 'Changing patterns of ownership and integration in the international bauxite-aluminium industry', in L.P., Jones, ed., *Public Enterprise in Less Developed Countries* (Cambridge University Press).
Rothstein, M., 1963. 'A British firm on the American West Coast, 1869-1914', *Business History Review*, 37(4).
Roy, T., 2006. *The Economic History of India 1857-1947* (Oxford University Press).
Rugman, A. M., 2005. *The Regional Multinationals: MNEs and 'Global' Strategic Management* (Cambridge University Press).
Rugman, A. M., and Brewer, T., eds, 2001. *The Oxford Handbook of International Business* (Oxford University Press).
Ruffat, M., Caloni, E. V., and Laguerre, B., 1990. *L'UAP et l'histoire de l'assurance* (Paris: Maison des Sciences de l'Homme).
Sachs, J. D., 2005. *The End of Poverty: How We Can Make It Happen in Our Lifetime* (London: Penguin).(鈴木主税・野中邦子訳『貧困の終焉―2025年までに世界を変える』ハヤカワ書房, 2014年.)
Safarian, A. E., 1993. *Multinational Enterprise and Public Policy* (Basingstoke: Edward Elgar).
Sakamoto, M., 1990. 'Diversification: the case of Mitsui Bussan', in S. Yonekawa, ed., *General Trading Companies: A Comparative and Historical Study* (Tokyo: United Nations University Press).
Sampson, A., 1991. *The Seven Sisters: The Great Oil Companies and the World They Shaped* (New York: Viking Press).(大原進・青木栄一訳『セブン・シスターズ―不死身の国際石油資本』日本経済新聞社, 1976年.)

Saunders, K., 1984. *Indentured Labour in the British Empire, 1834–1920* (London: Croom Helm).
Sauvant, K. P. and Mallampally, P., 1993. *Transnational Corporations in Services* (Basingstoke: Edward Elgar).
Sauvant, K. P., Pradham, J. P., and Chatterjeee, A., and Harley, B., eds., 2010. *The Rise of Indian Multinationals: Perspectives on Indian Outward Foreign Direct Investment* (New York: Macmillan).
Savary, J., 1984. *French Multinationals* (Aldershot: Palgrave Macmillan).
Scherer, F. M., 1980. *Industrial Market Structure and Economic Performance* (Chicago: Rand McNally).
Schmitz, C., 1979. *World Non-Ferrous Metal Production and Prices, 1700–1976* (London: Routledge).
Schmitz, C., 1986. 'The rise of big business in the world copper industry, 1870–1930', *Economic History Review,* 39.
Schmitz, C., ed., 1995. *Big Business in Mining and Petroleum* (Basingstoke: Edward Elgar).
Schoenberg, R. J., 1985, *Geneen* (New York: W. W. Norton).（角真隆・古賀林幸訳『ジェニーン―ITT を築いた男　挑戦の経営』徳間書店, 1987年.）
Schroter, H., 1988. 'Risk and control in multinational enterprise: German businesses in Scandinavia, 1918–1939', *Business History Review*, 62.
Schroter, H., 1988. 'Cartels as a form of concentration in industry: the example of the international dyestuffs cartel from 1927 to 1939', *German Yearbook on Business History 1988*..
Schroter, H., 1993a. 'Continuity and change: German multinationals since 1850', in G. Jones and H. Schroter, eds., *The Rise of Multiationals in Continental Europe* (Basingstoke: Edward Elgar).
Schroter, H., 1993b. 'Swiss multinational enterprise in historical perspective', in G. Jones and H. G. Schroter, eds., *The Rise of Multinationals in Continental Europe* (Basingstoke: Edward Elgar).
Schroter, H., 2005. *Americanization of the European Economy* (Dordrecht: Springer).
Schults, R. L., 1972. *Crusader in Babylon: W. T. Stead and the Pall Mall Gazette* (Lincoln: University of Nebraska Press).
Scobie, R., 1971. *Argentina: A City and a Nation* (Oxford University Press).
Servan-Schreiber, J.-J., 1968. *The American Challenge* (London: Hamish Hamilton).（林信太郎・吉崎英男訳『アメリカの挑戦』タイムライフインターナショナル, 1968年.）
Service, R. J., 1997. *A History of 20th Century Russia* (Harvard University Press).
Shafer, M., 1983. 'Capturing the mineral multinationals: advantage or disadvantage? ', *International Organization*, 11.
Shapiro, H., 1994. *Engines of Growth: The State and Transnational Auto Companies in Brazil* (Cambridge University Press).
Shelp. R. K., ed., 1984. *Service Industries and Economic Development* (New York: Praeger).
Shillington, K., 2005. *A History of Africa* (Basingstoke: Edward Elgar).
Shimokawa, K., 1994. *The Japanese Automobile Industry: A Business History* (Atlantic Highlands, NJ: Athlone Press).
Sigmund, P. E., 1980. *Multinationals in Latin America: The Politics of Nationalization*

(Madison, WI: University of Wisconsin Press).
Sloan, A. P., 1964. *My Years with General Motors* (New York: Doubleday). (田中融二・狩野貞子・石川博友訳『GM とともに』ダイヤモンド社, 1967年.)
Sluglett, P., 2007. *Britain in Iraq: Contriving King and Country, 1914–1932* (New York: Columbia University Press).
Sluyterman, K. E., 1994. 'From licensor to multinational enterprise: the small Dutch firm Oce-van der Grinten in the international world, 1920–66', *Business History*, 34.
Sluyterman, K. E., 2003. *Dutch Enterprise in the Twentieth Century* (London: Routledge).
Sluyterman, K., Howarth, S., Jonker, S., and Van Zanden, J. L., 2007. *A History of Royal Dutch Shell,* 4 vols. (Oxford University Press).
Smith, A., 1776. *An Inquiry into the Nature and Causes of the Wealth of Nations* (London: W. Strahan and T. Cadell). (杉山忠平訳『国富論』岩波書店, 2000–2001年.)
Smith, C., McSweeney, B., and Fitzgerald, R., 2008. *Remaking Management: Neither Global Nor National* (Oxford University Press).
Smith, D. N., and Wells Jr, L. T., 1975. *Negotiating Third World Mineral Agreements: Promises as Prologue* (Cambridge, MA: Ballinger Publishing Company).
Smith, G. D., 1988. *From Monopoly to Competititon: The Transformation of Alcoa, 1886–1996* (Cambridge University Press, 1988).
Smith, J. K., 1982. 'National goals, industry structure and corporate strategies: chemical cartels between the wars', in A. Kudo and T. Hara, eds., *International Cartels in Business History* (University of Tokyo Press).
Smith, J.W., 1987. *Sojourners in Search of Freedom: The Settlement of Liberia of Black Americans* (Lanham, MD: University of America Press).
Sobel, R., 2003. *ITT: The Management of Opportunity* (Frederick, MD: Beard Books).
Southard, F. A., 1931. *American Industry in Europe* (Boston, MA: Houghton Mifflin).
Spar, D. L., 1994. *The Cooperative Edge: The Internal Politics of International Cartels* (Ithaca, NY: Cornell University Press).
Spender, J. A., 1930. *Weetman Pearson, First Viscount Cowdray, 1856–1927* (London: Cassell).
Spero, J. E., and Hart, J., 1997. *The Politics of Economic International Relations* (London: Routledge Chapman Hall).
Stead, W. T., 1902. *Americanization of the World* (London: Horace Markley).
Stern, F., 1973. *The Varieties of History from Voltaire to the Present* (London: McMillan).
Stiglitz, J. E, 2002. *Globalization and its Discontents* (New York: Norton). (鈴木主税訳『世界を不幸にしたグローバリズムの正体』徳間書店, 2002年.)
Stocking, G.W., and Watkins, M.W., 1946. *Cartels in Action: Case Studies in International Business Diplomacy* (New York: Twentieth Century Fund).
Stone, I., 1977. 'British direct and portfolio investment in Latin America before 1914', *Journal of Economic History*, 37
Stopford, J. M., 'The origins of British-based multinational manufacturing enterprise', *Business History Review*, 48.
Stopford, J. M., and Dunning, J. H., 1983. *Multinationals, Company Performance and Global Trends* (Basingstoke: Palgrave Macmillan).
Stopford, J.M., and Strange, S., 1991. *Rival States, Rival Firms* (Cambridge University

Press).（江夏健一監訳『ライバル国家、ライバル企業―世界市場競争の新展開』文眞堂, 1996年.）
Stopford, J. M., and Wells, L.T., 1972. *Managing the Multinational Enterprise* (New York: Basic Books).（山崎清訳『多国籍企業の組織と所有政策―グローバル構造を越えて』ダイヤモンド社, 1976年.）
Strange, R., 1993. *Japanese Manufacturing Investments in Europe* (London: Routledge).
Sugiyama, S., 1987. 'A British trading firm in the Far East: John Swire & Sons, 1867-1914', in S. Yonekawa and H. Yoshihara, eds., *Business History of General Trading Companies* (University of Tokyo Press).
Sutton, A. C., 1968. *Western Technology and Soviet Economic Development, 1945-65* (Stanford University Press).
Suzuki, T., 1990. 'Post-war development of general trading companies', in S. Yonekawa, ed., *General Trading Companies* (Tokyo: United Nations University).
Sverdberg, P., 1978. 'The portfolio-direct composition of private foreign investments in 1914 revisited', *Economic Journal*, 88.
Swedenborg, B., 1979. *The Multinational Operations of Swedish Firms* (Stockholm: Almqvist & Wiksell).
Tamaki, N., 1990. 'The Yokohama Specie Bank: a multinational in the Japanese business interest, 1879-1931', in G. Jones, ed., *Banks as Multinationals* (New York: Routledge).
Tarbell, M., 2009. *The History of the Standard Oil Company* (Minneapolis, MN: Harvey).
Tate, D. J. M., 1996. *The RGA History of the Plantation Industry in the Malay Peninsula* (New York: Oxford University Press).
Taylor, A. J. P., 1963. *The Struggle for Mastery in Europe, 1848-1918* (Oxford University Press).
Taylor, A. J. P., 1984. *A Personal History* (New York: Atheneum).
Taylor, G. D., and Baskerville, P. A., 1994. *A Concise History of Business in China* (Hong Kong University Press).
Taylor, G. D., and Sudnik, P. E., 1984. *Du Pont and the International Chemical Industry* (Boston, MA: Twayne).
Teichova, A., and Cottrell, P. L., eds., 1983. *International Business and Central Europe, 1918-1939* (Boston, MA: Twayne).
Teichova, A., Levy-Leboyer, M., and Nussbaum, H., eds., 1986a. *Historical Studies in International Corporate Business* (Cambridge University Press).（浅野栄一・鮎沢成男・渋谷将・竹村隆雄・徳重昌志・日高克平訳『続 歴史のなかの多国籍企業―国際事業の拡大と深化』中央大学出版部, 1993年.）
Teichova, A., Levy-Leboyer, M., and Nussbaum, H., eds, 1986b. *Multinational Enterprise in Historical Perspective* (Cambridge University Press).（鮎沢成男・渋谷将・竹村隆雄監訳『歴史のなかの多国籍企業』中央大学出版部, 1991年.）
Thoburn, J., 1981. *Multinationals, Mining and Development:* A *Study of the Tin Industry* (London: Gower).
Thoburm, J., 1997. *Primary Commodity Exports and Economic Development* (London: Wiley).（石井榮一・入江成雄・斎藤優・長谷川幸生訳『一次産品輸出と経済発展―理論、実証およびマレーシアに関する一研究』多賀出版, 1984年.）
Tilly, R., 1993. 'The internationalization of West German banks, 1945-87', in G. Jones and H.

Schroter, eds., *The Rise of Multinationals in Continental Europe* (Basingstoke: Edward Elgar).

Tinker, H., 1974. *A New System of Slavery: The Export of Indian Labour Overseas, 1830–1920* (Oxford University Press).

Tolentino, P. E. E., 1993. *Technological Innovation and Third World Multinationals* (London: Routledge).

Tomlinson, B. R., 1978. 'Foreign private investment in India, 1920–1950', *Modern Asian Studies*, 12.

Tomlinson, B. R., 1981. 'Colonial Firms and the Decline of Colonialism in Eastern India, 1914–1947', *Modern Asian Studies*, 15.

Tomlinson, B. R., 1989. *The Economy of Modern India, 1860–1970* (Cambridge University Press).

Topik, S. C., and Wells, A., eds., 1998. *The Second Conquest of Latin America: Coffee, Henequen, and Oil during the Export Boom, 1850–1930* (Austin: University of Texas Press).

Tortella, G., 2000. *The Development of Modern Spain: An Economic History of the Nineteenth and Twentieth Centuries* (Cambridge, MA: Harvard University Press).

Toynbee, A.J., 1934–61. *A Study of History* (reprinted Oxford University Press, 1987). (蝋山正道・阿部行蔵訳『歴史の研究』第1巻, 第2巻,社会思想研究会, 1949年, 1950年；蝋山正道・長谷川松治訳『歴史の研究』第3巻, 社会思想研究会, 1952年.)

Trebilcock, C., 1977. *The Vickers Brothers* (London: Europa).

Truitt, N. S., 1984. 'Mass merchandising and economic development: Sears, Roebuck and Co. in Mexico and Peru', in R. K. Shelp, ed., *Service Industries and Economic Development* (New York: Praeger).

Turnbull, M., 1989. *A History of Malaysia, Singapore and Brunei* (London: Allen & Unwin).

Turner, H. A., 2005. *General Motors and the Nazis: The Struggle for Control of Opel, Europe's Biggest Carmaker* (New Haven, CT: Yale University Press).

Turner, L., 1970. *Invisible Empires: Multinational Companies and the Modern World* (New York: Harcourt Brace).

Turrell, R., and van Helten, J.-J., 1986. 'The Rothschilds, the exploration company and mining finance', *Business History*, 28.

Udagawa, M., 1990. 'Business management and foreign-affiliated companies in Japan before World War II', in T. Yuzawa and M. Udagawa, eds., *Foreign Business in Japan before World War II* (University of Tokyo Press).

UNCTAD, various years. *World Investment Report* (Geneva: UNCTAD).

Van der Putten, F.-P., 2001. *Corporate Behaviour and Political Risk: Dutch Companies in China, 1903–1941* (Leiden: CNWS Publications).

Van der Wee, H., 1991. *Prosperity and Upheaval: World Economy, 1945–80* (New York: Viking).

Van Hoesel, R., 1997. *Beyond Export-Led Growth: The Emergence of New Multinational Enterprises from Korea and Taiwan* (London: Routledge).

Vaughn-Thomas, W., 1984. *Dalgety: The Romance of a Business* (London: Welland).

Vaupel, J. W, and Curhan, J. P., 1969. *The Making of Multinational Enterprise: A Sourcebook of Tables Based on a Study of 187 Major US Manufacturing Corporations* (Cambridge,

MA: Harvard University Press).
Vernon, R., 1966. 'International investment and international trade in the product cycle', *Quarterly Journal of Economics*, 95.
Vernon, R., 1971. *Sovereignty at Bay* (London: Longman).（霍見芳浩訳『多国籍企業の新展開—追いつめられる国家主権』ダイヤモンド社, 1973年.）
Vickers, A., 2005. *A History of Modern Indonesia* (New York: Cambridge University Press).
Wainwright, D, ed., 1969. *Brooke Bond: A Hundred Years* (privately published).
Walker, T. W., 2011. *Nicaragua: Living in the Shadow of the Eagle* (Boulder, CO: Westview Press).
Wallerstein, I. M., 1974-2011. *The Modern World System*, 4 vols. (Oakland, CA: University of California Press).（川北稔訳『近代世界システム I〜IV』名古屋大学出版会, 2013年.）
Waters, M., 1995. *Globalization* (London: Taylor and Francis).
Weber, M., 1903-04. *The Protestant Ethic and the Spirit of Capitalism* (reprinted London: Routledge, 1992).（大塚久雄訳『プロテスタントの倫理と資本主義の精神』岩波書店, 1989年.）
Weiher, S. von, and Goetzeler, H., 1984. *The Siemens Company: Its Historical Role in the Progress of Electrical Engineering 1847-1980: A Contribution to the History of the Electrical Industry* (Erlangen: Publicis MCD Werbeagentur Verlag).
Wells, H. G., 2010. *Outline of History* (reprinted Vancouver, BC: Read Books).
Wells, L. T., 1983. *Third World Multinationals* (Cambridge, MA: MIT Press).
Wendel, C. H., 1992. *150 Years of International Harvester* (Sarasota, FL: Crestline Publishing).
Wessel, H. A., 1997. 'Mannesmann in Great Britain 1888-1936: an investment dependent on politics and the market', *Journal of European Economic History*, 26(2).
West, D.C., 1988. 'Multinational competition in the British advertising agency business, 1936-1987', *Business History Review*, 62.
White, C., 1986. 'Ford in Russia: in pursuit of the chimerical market', *Business History*, 28.
Whitney, G. W. R., 1985. *General Electric and the Origins of US Industrial Research* (New York: Columbia University Press).
Wilcynski, J., 1976. *The Multinationals and East-West Relations* (London: McMillan).
Wilkins, M., 1970. *The Emergence of Multinational Enterprise: American Business Abroad from the Colonial Era to 1914* (Cambridge, MA: Harvard University Press)（江夏健一・米倉昭夫訳『多国籍企業の史的展開—植民地時代から1914年まで』ミネルヴァ書房, 1973.）
Wilkins, M., 1974. *The Maturing of Multinational Enterprise: American Business Abroad from 1914 to 1970* (Cambridge, MA: Harvard University Press).（江夏健一・米倉昭夫訳『多国籍企業の成熟 上下』ミネルヴァ書房, 1976年.）
Wilkins, M., 1977. 'Modern European economic history and the multinationals', *Journal of European Economic History*, 6.
Wilkins, M., 1986a. 'The history of European multinationals: a new look', *Journal of European Economic History*, 15.
Wilkins, M., 1986b. 'Japanese multinational enterprise before 1914', *Business History Review*, 60.
Wilkins, M., 1988a. 'European and North American multinationals, 1870-1914: comparisons

and contrasts', *Business History*, 30.
Wilkins, M., 1988b. 'The free standing company, 1870–1914', *Economic History Review*, 61.
Wilkins, M., 1989. *The History of Foreign Investment in the United States before 1914* (Cambridge, MA: Harvard University Press, 1989).（安保哲夫・山崎克雄監訳『アメリカにおける外国投資の歴史』ミネルヴァ書房, 2016年.）
Wilkins, M., 1990. 'Japanese multinational in the United States: continuity and change, 1879–1990', *Business History Review*, 64.
Wilkins, M., 1993. 'French multinationals in the United States: an historical perspective', *Enterprises et Histoire*, 3.
Wilkins, M., 1994. 'Comparative hosts', *Business History*, 36.
Wilkins, M., 2004. *The History of Foreign Investment in the United States 1914–1945* (Cambridge, MA: Harvard University Press).
Wilkins, M. 2005. 'Europe and home and host to multinational enterprise', in H. G. Schroter, ed., *The European Enterprise: Historical Investigation into a Future Species* (New York: Springer).
Wilkins, M., 2009. 'Multinational enterprise in insurance: an historical overview', *Business History*, 51.
Wilkins, M., and Hill, F., 1964. *American Business Abroad: Ford on Six Continents* (Detroit, MI: Wayne State University).（岩崎玄訳『フォードの海外戦略 上下』小川出版, 1969年.）
Wilkins, M., and Schroter, H., eds., 1998. *The Free-Standing Company in the World Economy, 1830–1996* (Oxford University Press).
Williams, E. E., 1896. *Made in Germany* (London: Heinemann).
Williams, S., 2005. *Olga's Story* (London: Penguin).（大野晶子訳『オリガ—ロシア革命と中国国共内戦を生き抜いて』ソニー・マガジンズ, 2006年.）
Williamson, E., 1992. *Penguin History of Latin America* (London: Penguin).
Williamson, O. E., 1975. *Markets and Hierarchies: Analysis and Antitrust Implications* (New York: Macmillan).（浅沼万里・岩崎晃訳『市場と企業組織』日本評論社, 1980年.）
Wilson, C., 1954. *A History of Unilever: A Story of Economic Growth and Social Change*, 2 vols.(London: Cassell).（上田昊 訳『ユニリーバ物語』上・下, 1967, 1968年.）
Wilson, C., 1968. *A History of Unilever*, vol.III (London: Cassell).
Wolfgang, P., de Kuyper, J.-Q. and de Candolle, B., 1995. *Arbitration and Renegotiation of International Investment Agreements* (The Hague, Kluwer Law International).
Wilson, M. W., 1947. *Empire in Green and Gold: The Story of the American Banana Trade* (New York: H. Holt).
Wolmar, C., 2009. *Blood, Iron and Gold: How the Railway Changed the World Forever* (New York: Public Affairs Press).
Wray, W. D., 1984. *Mitsubishi and the NYK, 1870–1914* (London: Routledge).
Wright, W.R., 1974. *British-Owned Railways in Argentina* (Austin: University of Texas Press).
WTO, various years (not 2006). *International Trade Statistics* (Geneva: World Trade Organization).
WTO, 2006. *Air Transport and the GATS* (Geneva: World Trade Organization).
Wurms, C., 1993. *Business, Politics and International Relations* (Cambridge University

Press).
Wurtzburg, C. E., 1986. *Raffles of the Eastern Isles* (London: Hodder and Stoughton).
Wyatt, D., 2003. *Thailand: A Short History* (New Haven: Yale University Press).
Yacob, S., 2003. 'Beyond borders: Ford in Malaya 1926–1957', *Business and Economic History*, 32.
Yacob, S., 2009. 'Ford's investment in colonial Malaya, 1926–1957', *Business History Review*, 77.
Yamashita, S., ed., 1991. *The Transfer of Japanese Technology and Management to the ASEAN Countries* (University of Tokyo Press).
Yamazaki, H., 1987. 'The logic of general trading companies in Japan', in S. Yonekawa and H. Yoshihara, eds., *Business History of Tradaing Companies* (University of Tokyo Press).
Yang, D., 2010. *Technology of Empire: Telecommunications and Japanese Expansion in Asia, 1883–1945* (Cambridge, MA: Harvard University Press).
Yasumuro, K., 1984. 'The contribution of sogo shosha to the multinationalization of Japanese industrial enterprises in historical perspective', in A. Okochi and T. Inoue, eds. *Overseas Business Activities* (University of Tokyo Press).
Yen, C. H., 1982. 'Overseas Chinese and late Ch'ing economic modernization', *Modern Asian Studies,* 16.
Yergin, D., 1992. *The Prize: The Epic Quest for Oil, Money, and Power* (New York: Free Press) (日高義樹・持田直武訳『石油の世紀―支配者たちの攻防 上下』日本放送出版協会, 1991年.)
Yoffie, D., 1993. *Beyond Free Trade: Firms, Governments and Global Competition* (Cambridge, MA: Harvard Business School Press).
Yonekawa, S., and Yoshihara, H., eds., 1987. *Business History of General Trading Companies* (University of Tokyo Press).
Yonekawa, S., ed., 1990. *General Trading Companies: A Comparative and Historical Study* (Tokyo: United Nations University).
Young, L., 1999. *Japan's Total Empire: Manchuria and the Culture of Wartime Imperialism* (Aukland, CA: University of California Press).
YPFB, 2011. 'Historical background to the rise of MAS, 1952–2005', in A. Pearce, ed., *Evo Morales and the Movimint o al Socialismo in Bolivia* (London: Institute of the Americas).
Yuzawa, T., and Udagawa, M., 1990. *Foreign Business in Japan before World War II* (University of Tokyo Press).
Zhongli, Z., Zengrian, C., and Xinrong, Y., 1995. *The Swire Group in Old China* (Shanghai People's Publishing House).
Zurwicki, L., 1979. *Multinational Enterprises in the West and East* (New York: Springer).

訳者あとがき

本書は，Robert Fitzgerald, *The Rise of the Global Company: Multinationals and the Modern World*（Cambridge University Press, 2015）の全訳である。

著者のロバート・フィッツジェラルド教授は，現在，ロンドン大学ロイヤルホロウエイ校経営学部の教授であり，経営史・国際経営などを担当している。同教授は，日本経営史学会の「富士コンファレンス」や全国大会にも招待されて，何度か来日している。同教授の代表的な業績の１つである *British Labour Management & Industrial Welfare, 1846-1936*（London: Croom Helm, 1988）は，山本通訳『イギリス企業福祉論――イギリスの労務管理と企業内福利給付：1846－1939』（白桃書房，2001年）として翻訳・出版されている。また，フィッツジェラルド教授は明治大学の安部悦生教授との共著である *The Origins of Japanese Industrial Power: Strategy, Institutions and the Development of Organizational Capability*（London: Frank Cass, 1995）などの業績もあり，日本では馴染み深い研究者でもある。

フィッツジェラルド教授は，その業績（著者紹介参照）からも分かるように，欧米のみならず日本を含むアジア，新興国や移行経済国など広範な国や地域の経済や企業に関心を持っている。こうしたこれまでの広範かつ深い研究の集積をもとに，「近代的な多国籍企業の起源から今日までの発展や影響に関する包括的な研究を世に出したい」という強い目的をもって出版された本書『多国籍企業の世界史』は，野心的な研究成果と言える。

本書は大きく以下の内容をカバーしている。第１に，多国籍企業が，19世紀から現在まで150年以上にわたって，グローバル化を進展させ，現代の世界経済システムを形成する上でいかに大きな役割を果たしたか。第２に，世界史における多国籍企業の役割と国境を超えたビジネスの成長が，いかに世界規模の変容と国家間の相互依存をもたらしたか。そして第３に，国際ビジネスが各国の経済発展と競争優位，さらには政治システムや主権をいかに構築したか，である。

伝統的な歴史研究の分析枠組を使い，上述の内容が，第１期（1870～1914年），第２期（1914～1948年），第３期（1948～1980年），そして第４期（1980～2012年）の４時期について，年代順に議論されている。

第１期は，特許会社が大きな役割を果たした重商主義に始まり，欧米が近代化をとげ，自由主義にもとづく国際ビジネス活動が誕生し発展した時期である。英国をはじめとするヨーロッパ諸国の産業革命によって，輸送・通信が発展し，工業化・都市化が進み，英国，フランス，オランダ，少し遅れて米国などの欧米諸国は，原材料・食料の調達を必要とするようになり，天然資源追求型の海外投資を，植民地を含むラテンアメリカ，アジア，アフリカなど途上国へ向けた。

この資源取引を支援するために，貿易会社や銀行，さらには公益企業の直接投資が行われた。これらの企業の多くはフリースタンディング企業で，経営や資金調達は本国を中心としたパートーナーシップや，人間関係に基づいて行なわれていたことが示されている。1914年以前には，製造業の海外投資はそれほど一般的ではなかったが，すでにミシンのシンガー社やシーメンス社などの海外展開がみられた。

第2期は，1914年に勃発した第1次大戦，1929年に始まる大恐慌，そして1939年に勃発した第2次大戦を含む時期である。この時代は，各国政府が自国の利益を守るために，関税や為替管理の導入，さらには多国籍企業資産の接収も始まり，グローバル化の進展が後戻りした時期であると位置づけられている。第1次産業革命で大国になった英国が衰退し始め，第2次産業革命の進展とともに米国やドイツが台頭し，既存の世界秩序が崩壊した時期である。共産主義国家が誕生するきっかけとなったロシア革命，民族主義の台頭によるメキシコやウルグアイによる石油資源の国有化が始まった。また，中東における石油資源も，石油会社と石油を取り巻く国際関係に巻き込まれていった。

第1次大戦後は各国が集まり，大戦以前の自由主義をベースにした経済秩序を回復しようとした。しかし，大恐慌をきっかけに，各国が関税や為替管理，輸入割当，さらには国内産業の育成を図るための保護主義を強めることにより，最終的には第2次大戦に突入してしまった。こういった逆境にあって，戦時下での英国，米国，そしてドイツの多国籍製造企業が，敵国となった受入国政府にいかに対応し発展したのか，その経緯が詳述されている。そうしたなかで，比較的後発のドイツや日本政府の多国籍企業に対する政策，スウェーデンやスイスなど小規模経済国出自の多国籍企業の動きなどにも触れられている。

第3期は，第2次大戦が終結し，戦後の経済秩序としてIMF・ガット体制が確立して，自由な貿易や投資活動の制度が構築される時期である。こうした枠組みが形成される過程で，米ソを中心とした東西の冷戦が進展し，第三世界の台頭が見られた。西側では直接戦場にならなかった米国が圧倒的な経済力を誇った。米国の経済力の基礎となった専門経営者によって経営される統合化された大規模な多国籍企業が，ヨーロッパを皮切りに海外進出を活発化させた。その結果，先進国間での投資が増加すると同時に，米国型のマネジメント・スタイルが広範に普及することになり，米国型多国籍企業を対象とする多国籍企業研究が始まったことが指摘されている。

一方で，この時期には，旧植民地の独立や途上国の民族主義の台頭によって多国籍企業に対する懐疑主義が生じた。そのため，資源の国有化やOPECの結成にみられるように，資源保有国の主権と多国籍企業の財産権が対立するような事例が多く見られるようになった。

第4期は，多国籍企業の持つマネジメント，資本，技術，マーケティングなどの占有技術や知識が，受入国の経済成長に重要なことが再び理解され始め，グローバル化が急速に進展する時期である。この時期には新たな産業構造の変化が生じ，大量生産・大量販売をベースとする重厚長大型の産業に代わって，IBMや後のGAFAにみられるようなMEやIEをベースとするハイテク型の知識集約型産業や，ホテル，外食，小売，投資銀行やコンサルティングなどのサービス企業の国際展開が活発になった。これらの企業のグローバルな展開に当たっては，合弁，戦略的提携，FCなどが重要になり，かつてのフリースタンディング企業が利用したネットワークが，見直されるようになったことが強調されている。

またこの時期は，ドラゴン・マルチナショナルズと呼ばれる中国などの移行経済国や新興国出自の多国籍企業の台頭が見られるようになった時期でもある。

このように本書は，4つの時期に分けられる時間軸を縦糸とし，ヨーロッパ，南北アメリカ，アジア，アフリカなどの地理的分布を横糸として，国際政治・経済の動向を織り上げている。こうした生地の上に，さらに多国籍企業の活動や競争と協調，母国と受入国，外交・軍事，国際機関との相互関係など，無数の事例が描き出され，今まで見ることのなかった壮大なスケールを誇る書物となっている。

本書の議論には，多国籍企業が経済のグローバル化の推進要因であることが前提とされている。その背景にあるものとして，多国籍企業のもつ技術，資本，マネジメント，市場アクセス能力が強調されている。このため，多国籍企業は企業同士の競争や協調のみならず，その母国や受入国や国際機関との相互作用により，現代の国際経済秩序の形成に大きな役割を果たすことができたのである。今日みられる中東での紛争，南米での経済的な混乱，各国間の貿易摩擦，新しく台頭したGAFAと国や地域との対立など，一見新しい問題のように見えるが，その原因や解決策を模索する動きは過去において繰り返し見られたのである。また，常に変化する経営環境の中で，適応と生き残りのために多国籍企業の経営者は，迅速な意思決定を行なうことが求められていることも分かる。

こういった意味で，本書は学生や研究者にとってのみならず，世界をまたにかけて活躍する国際ビジネス人が現在の国際経済秩序を理解し，当面する問題を実際に解決する上で多くの指針を与えてくれる絶好の教養書と評価できるであろう。

一方で，このように長期にわたり，広範な国や地域を包括し，しかも多様な産業分野における多国籍企業の活動や，多国籍企業と政府や国際機関を含む経営環境との相互作用を分析した，本書のような内容の濃い歴史書を翻訳することは大変な仕事であった。

4人の訳者が文献などにあたってもなかなか把握できない企業名・人名や歴史的事実が多くあり，翻訳作業は困難を極めた。まず，出発点となる本書の基本的な概念である歴史のいろいろなアプローチの訳語について問題に直面した。問題は残るかもしれないが，とりあえず，'national history'（「国家史」）に対応して，'transnational history' は「超国家史」と訳した。他にも，'international history' は「国際関係史」，'world history' を「世界史」，'global history' を「グローバル史」とした。

とりわけ，多数の企業名の翻訳については悩ましいものがあった。英語圏の企業の場合はオリジナルの企業名から事業活動の内容を比較的容易に理解できる。しかし，非英語圏の会社名の場合はそのまま見ただけでは事業内容が分からない。そのため，できる限り企業の事業内容や性格がわかるように企業名を日本語に訳すことに努めた。

さらに，原著において企業名，人名，地名，年度などについて明らかに誤ったものがあったため，これらは正しいものに修正している。例えば，原著書495頁にあるSouthland社は本来Southdown社と表記すべきものである。また，事実関係の誤認については，著者に了解を得て内容を変更した。例えば，原著100頁のアフリカにおけるポルトガル領の範囲，114頁後半の三井と岡田組との関係については誤認があり，誤解を招くことを避けるために内容をかなり変更した。ユニリーバ社関連では，原著61頁と99頁でリーバ・ブラザーズ社がマーガリン生産のためにパーム油のプランテーションを開設したとある点，136頁のヴァンデンバーグ社とユルヘンス社が1908年に合併し，1914年までに英国の小売業を買収したとある点，そして207頁でユニリーバ社が1931年にインドの子会社を買収したとある点は誤認と思われるので，各々修正した。さらに，234頁においてはGMの経営者でドイツ・イーグル大十字勲章を授与された人物の名前には直接触れられていないが，アルフレッド・P. スローンとの混同を避けるため，ジェームズ・D. ムーニーの名前を表示した。

原著の疑問点や翻訳の難しい部分については，Eメールを使ってフィッツジェラルド教授と連絡を取り，話し合った。幸い教授は，2018年9月末の経営史学会第54回全国大会の「富士コンファレンス」に参加するために来日された。その際，直接お会いして翻訳上の問題点について最終確認を得ることができた。

このように本書の翻訳にあたっては，十分に注意を払ったつもりである。それでも，内容が時間的には長期にわたり，地理的には多数の国や地域を含み，多くの企業の事例について詳細に触れられている本書の翻訳には，誤訳や不適切な訳語などが避け難く含まれると思われる。それらは，機会を見て訂正したいと考えている。

翻訳作業が大幅に遅れてしまって迷惑をおかけすることになったが，大部な本書の翻訳の意義を理解して，出版を快く引き受けていただいた早稲田大学出版部編集統括の木内洋育氏には，心よりお礼申し上げたい。また，編集作業にあたっては，プロの編集者である伊東晋氏に大変お世話になった。原著にまで照合して翻訳文を詳細にチェックし，様々な助言をいただいた。同氏の変わらない編集者としての熱意と能力に改めて謝意を表したい。

なお，国際ビジネス人としてみずから活躍されたばかりではなく，早稲田大学商学研究科経営大学院の「グローバル経営戦略」コースの客員教授あるいは講師として教育にも携わった経験を持つ3人の先生方からは，本書の実務家への意義を認めていただき，推薦文を寄せてもらうことができた。元三井物産株式会社代表取締役副社長の永田宏先生，元住友銀行代表取締役欧州本部長の佃孝之先生，そして元三井造船株式会社代表取締役会長の加藤泰彦先生には，心より感謝申し上げる次第である。

2019年5月1日

訳者一同

索　　引

アルファベット

あ

い

う

え

お

か

き

く

け

こ

さ

し

す

そ

た

ち

つ

て

と

な

に

ぬ

ね

の

は

ひ

ふ

へ

ほ

ま

み

む

め

も

や

ゆ

よ

ら

り

る

れ

ろ

わ

著者紹介

ロバート・フィッツジェラルド（Robert Fitzgerald）

現職：ロンドン大学ロイヤル・ホロウェイ校経営学部教授（経営史担当）

主な業績："International Business and the Development of British Electrical Manufacturing, 1886–1929," *Business History Review,* vol. 91（Spring, 2017）.

"Whose Fall and Whose Rise?： Lessons of Japanese MNCs for Developing Economy MNCs,"（with Rui, H.）*Asia Pacific Business Review*, vol. 22（4）, 2016.

Operating in Emerging Markets: A Guide to Management Strategy in the New International Economy,（with Ciravegna, L. and Kundu, S.）（London: Pearson/Financial Time Press, 2013）.

The Origins of Japanese Industrial Power: Strategy, Institutions and the Development of Organizational Capability（with Abe, E.）（London: Frank Cass, 1995）.

Rowntree and the Marketing Revolution, 1862–1969（Cambridge University Press, 1996）.

British Labour Management & Industrial Welfare, 1846–1936（London: Croom Helm, 1988）.（山本通訳『イギリス企業福祉論——イギリスの労務管理と企業内福利給付：1846–1939』白桃書房，2001年。）

訳者紹介

川邉　信雄（かわべ　のぶお）

現職：早稲田大学・文京学院大学名誉教授

主な業績：『「国民食」から「世界食」へ――日系即席麺メーカーの国際展開』（文眞堂，2017年）。

『タイトヨタの経営史――海外子会社の自立と途上国産業の自立』（有斐閣，2011年）。

訳書：スーザン・ストラッサー『欲望を生み出す社会――アメリカ大量消費社会の成立史』（東洋経済新報社，2011年）。

小林　啓志（こばやし　ひろし）

現職：経営史家

主な業績：「ユニリーバとP&Gの比較経営史――インドと中国における海外子会社活動」『大東アジア学論集』第15号（2015年3月）。

「P&G社のマーケティング」マーケティング史研究会編『海外企業のマーケティング』（同文舘出版，2010年）。

訳書：ルイス・ガランボス/ジョセフ・プラット『企業国家アメリカの興亡』（新森書房，1990年）。

竹之内　玲子（たけのうち　れいこ）

現職：成城大学社会イノベーション学部教授

主な業績：“Honda's Business Expansion Strategy: Development of Honda Jet”,（IP Training Program Development, Japan Patent Office, 2017年）。

「新興国企業の国際戦略――ブラジル化粧品メーカーNatura to O Boticarioの事例研究」『ビューティビジネスレビュー』第3巻1号（2014年）。

「グローバル戦略のコンテクストデザイン」戦略研究学会編/原田保・三浦俊彦・高井透編著『コンテクストデザイン戦略――価値発見のための理論と実践』（芙蓉書房出版，2012年）。

竹内　竜介（たけうち　りょうすけ）

現職：横浜国立大学大学院国際社会科学研究院准教授

主な業績：「外資系企業の日本市場参入とビジネス・システム――コカ・コーラ社の事例」『横浜経営研究』第39巻3・4号（2019年）。

『外資系製薬企業の進化史――社会関係資本の活用と日本での事業展開』（中央経済社，2018年。第9回多国籍企業学会賞〔学術研究奨励賞〕受賞）。

「海外子会社における進化の失敗――外資系製薬企業を事例として」『日本経営学会誌』第39巻（2017年）。

多国籍企業の世界史
――グローバル時代の人・企業・国家

2019年11月30日　初版第1刷発行

◉著者　ロバート・フィッツジェラルド
◉訳者　川邉信雄・小林啓志・竹之内玲子・竹内竜介
◉発行者　須賀晃一
◉発行所　株式会社早稲田大学出版部
〒169-0051
東京都新宿区西早稲田1-9-12
TEL03-3203-1551
http://www.waseda-up.co.jp
◉装丁　三浦正已
◉印刷・製本　精文堂印刷株式会社

ISBN978-4-657-19019-2